20世纪中国古代文学研究文献总目

钱振民　主编

明代论文卷

下

曹鑫　编著

国家图书馆出版社

下册目录

三四一、沈德符（1578–1642）

中 10807285
《万历野获编》校补
王立中
文澜学报　2：2　1936.6

中 10807286
跋《万历野获编》
庞石帚
四川大学学报　1959：4　1959

中 10807287
沈德符与《野获编》（1–3）
高阳
中华日报　1979.5.26–28

中 10807288
对《顾曲微言》的几点订正
马少波
人民日报　1983.5.31

中 10807289
沈德符《野获编》重要钞本校读记
苏铁戈
九州学刊　5：1　1992.7

三四二、刘宗周（1578–1645）

中 10807290
刘宗周卓绝伦表
邓耀秋
畅流　55：9　1977

中 10807291
读《刘蕺山集》
钱穆
中国学术思想史论丛　7　东大图书有限公司　1979.7

中 10807292
论蕺山学派思想的若干问题
张岂之
西北大学学报　1980：4　1980

中 10807293
黄宗羲刘宗周思想比较初探
朱义禄
浙江学刊　1987：2　1987

中 10807294
刘宗周“四句”的诠释
黄敏浩
中国文哲研究通讯　8：3　1998.9

三四三、吕天成（1580–1618）

中 10807295
《曲品》与《曲录》
赵景深（邹啸）
读曲随笔　北新书局　1936.11
中国戏曲初考　中州书画社　1983.8
读曲随笔　上海文艺出版社　1999.1

中 10807296
《曲品》真本的考见——曲海钩沉探源录
吴新雷
文汇报　1962.4.20

中 10807297
增补本《曲品》的发现
赵景深（邹啸）
复旦大学学报　1964：1　1964
曲论初探　上海文艺出版社　1980.7

中 10807298
跋《曲品》
孙楷第
沧州集　中华书局　1965.12

中 10807299
吕天成与《曲品》
钱亚新
书评（南京）1979：4　1979

中 10807300
《曲品》考
叶德均
戏曲小说丛考　中华书局　1979.5

中 10807301
吕天成《曲品》
赵景深（邹啸）
曲论初探　上海文艺出版社　1980.7

中 10807302
明代戏曲评论家吕天成：附录《曲品》
路工
戏剧论丛　1982：2　1982
访书见闻录　上海古籍出版社　1985.8

中 10807303
吕天成和他的作品考
吴书荫
戏剧学习　1982：4　1982

中 10807304
吕天成品评戏剧作品的美学标准
蓝凡
古代文学理论研究丛刊　8　上海古籍出版社　1983.10

中 10807305
从《曲品》看吕天成的戏曲理论
吴书荫
中国文艺思想史论丛　1　北京大学出版社　1984.5

中 10807306
吕天成《曲品》庚戌稿本初探
邓长风
上海师范大学学报　1985：4　1985

中 10807307
吕天成和他的《曲品》
吴书荫
文史知识　1985：9　1985

中 10807308
通行本《曲品》校补
刘跃进
文史新探　上海社会科学院出版社　1988.2
结网漫录·中国古代经典文学作品探幽　学苑出版社　1997.6
古典文学文献学丛稿　学苑出版社　1999.1

中 10807309
《曲品校注》评介
赵伯陶
书品　1991：1　1991

中 10807310
王骥德吕天成年谱引论
徐朔方
艺术百家　1992：1　1992

中 10807311
《绣榻野史》：中国最早的个人创作的长篇小说
徐朔方
文史知识　1996：10　1996

三四四、凌濛初（1580–1644）

中 10807312
"二拍"
孔另境
中国小说史料　中华书局　1936.7
中国小说史料　古典文学出版社　1957.5
中国小说史料　中华书局　1959.6
中国小说史料　上海古籍出版社　1982.12

中 10807313
《二刻拍案惊奇》的来源和影响
赵景深（邹啸）
小说论丛　日新出版社　1947.6
中国小说丛考　齐鲁书社　1980.10

中 10807314
凌濛初的《衫襟记》
赵景深（邹啸）
明清曲谈　古典文学出版社　1957.8

中 10807315
关于新刊《拍案惊奇》
王古鲁
文汇报　1957.11.18

中 10807316
关于《三言》和《两拍》的今刊本
王知伊
新民报晚刊　1957.12.1

中 10807317
从新刊《拍案惊奇》说起
王知伊
文汇报　1957.12.19

中 10807318
和青年读者谈《三言》《二拍》
辛夷
北京日报　1958.2.26

中 10807319
学生读“拍案惊奇”的毒害
丁文
读书月报　1958：3　1958

中 10807320
“三言”“二拍”与市民文学——读书札记
郭贺
羊城晚报　1958.3.12

中 10807321
谈在“三言”“二拍”中所反映的市民生活的两个特色
邓绍基（邓允建）
光明日报　1958.3.30
文学遗产选集　3　中华书局　1960.5

中 10807322
试论凌濛初的“二拍”
徐凌云
光明日报　1958.4.27；5.4

中 10807323
《拍案惊奇二集》二十四卷
刘修业
古典小说戏曲丛考　作家出版社　1958.5

中 10807324
关于“二拍”的作者凌濛初
李厚基
光明日报　1958.5.4

中 10807325
“三言”“二拍”的精华和糟粕
刘世德
文学知识　1959：3　1959

中 10807326
拍案惊奇最后四卷的原文（上、下）
［美］李田意
新竹清华学报　2：2、3：1　1961–1962

中 10807327
三言二拍源流考
孙楷第
沧州集　中华书局　1965.12

中 10807328
原板拍案惊奇
［美］李田意著　刘青莲　陈庆浩译
中国学人　4　1972.7

中 10807329

凌濛初的初、二刻拍案惊奇

［美］帕特里克·D·韩南（Patrick Hanan）著　姜台芬译

中外文学　5：8　1977

韩南中国古典小说论集　联经出版事业公司　1979.9

中 10807330

三言二拍话黑白

朱铭源

大华晚报　1977.9.17

中 10807331

凌濛初事迹系年

叶德均

戏曲小说丛考　中华书局　1979.5

中 10807332

康熙刻本《南音三籁》

叶德均

戏曲小说丛考　中华书局　1979.5

中 10807333

三言二拍来源考小补

叶德均

戏曲小说丛考　中华书局　1979.5

中 10807334

《三言》《二拍》反映的明代后期物价和市民经济生活

周舸岷

浙江师范学院学报　1980：1　1980

中 10807335

从“说话”到“三言二拍”

顾先

广州日报　1980.4.22

中 10807336

徐复祚与凌濛初

赵景深（邹啸）

曲论初探　上海文艺出版社　1980.7

中 10807337

谈《拍案惊奇》第二十五卷

赵景深（邹啸）

中国小说丛考　齐鲁书社　1980.10

中 10807338

四十卷本《拍案惊奇》的发现

赵景深（邹啸）

中国小说丛考　齐鲁书社　1980.10

中 10807339

《拍案惊奇》的来源和影响

赵景深（邹啸）

中国小说丛考　齐鲁书社　1980.10

中 10807340

《拍案惊奇》

李知文

北京日报　1980.12.18

中 10807341

谭正璧及其《三言两拍资料》

穆尼

解放日报　1980.12.23

中 10807342
杂谈“两拍”
章培恒
书林　1981：3　1981

中 10807343
惊人的相似
张文彦
外国文学研究　1981：3　1981

中 10807344
谈二刻拍案惊奇的真伪问题
杜若
自由谈　32：10　1981.10

中 10807345
凌濛初的小说理论和实践
王达津
古典文学论丛　3　齐鲁书社　1982.11
古代文学理论研究论文集　南开大学出版社　1985.8

中 10807346
三言二拍与善书
［日］小川阳一著　孔宪富译
语文教学与研究　1983：2　1983

中 10807347
凌濛初的戏曲批评
傅晓航
上海戏剧　1983：3　1983

中 10807348
冯梦龙凌濛初在福建
官桂铨
福建戏剧　1983：3　1983

中 10807349
《三言两拍资料》
王稼句
读书　1983：3　1983

中 10807350
试论凌濛初的“两拍”
章培恒
文艺论丛　17　上海文艺出版社　1983.4
灾枣集　山东友谊出版社　1998.12

中 10807351
中国的《十日谈》——试论“三言二拍”对宗教的批判
胡邦炜
未定稿　5　中国社会科学杂志社　1983
中国古典小说艺术的思考　重庆出版社、华夏出版社　1986.2

中 10807352
明代短篇白话小说的繁荣——兼析《三言》《二拍》
柳向春
语文学习　1983：5　1983

中 10807353
关于凌濛初的《拍案惊奇》
柳无忌
读书　1983：6　1983

中 10807354

《拍案惊奇》残已久　原刊孤本扶桑归

陈建平

文学报　1983.10.6

中 10807355

《拍案惊奇》不宜广泛流传

吴小如

读书　1984：1　1984

小说论稿合集　北京大学出版社　1989.10

中 10807356

《三言》《二拍》与资本主义萌芽

王齐明

南昌师专学报　1984：1　1984

中 10807357

“三言”“二拍”表现的明代历史变迁

冯天瑜

明清文化史散论　华中工学院出版社　1984.2

中 10807358

“三言”“二拍”所表现的明代历史的新变迁

冯天瑜　涂文学

史学集刊　1984：2　1984

中 10807359

关于《二拍》的再评价

陈星鹤　郑军健

南宁师院学报　1984：3　1984

中 10807360

“三言”“二拍”对商人的描写及其反映的经济思想

张稼人　杨仁蓉

齐齐哈尔师范学院学报　1985：1　1985

中 10807361

历史变动时期的短篇小说——评凌濛初的初、二刻《拍案惊奇》

吴功正

文学遗产　1985：3　1985

中 10807362

凌濛初之生平和其二刻拍案惊奇

徐文助

中华文化复兴月刊　18：3　1985

中 10807363

三言两拍本事源流述考

谭正璧著　谭寻补正

话本与古剧（重订本）　上海古籍出版社　1985.4

中 10807364

“三言”“二拍”中“发迹变泰”主题新说

欧阳健

文史哲　1985：5　1985

中 10807365

也说《二拍》

蔡国梁

明清小说探幽　浙江文艺出版社　1985.12

中 10807366
破镜重圆　妙笔生辉——《顾阿秀喜舍檀那物，崔俊臣巧会芙蓉屏》赏析
贝远辰　廖可斌
古代白话短篇小说鉴赏集　人民文学出版社　1986.1

中 10807367
平淡中见奇巧——《女秀才移花接木》的思想和艺术
黄秉泽
古代白话短篇小说鉴赏集　人民文学出版社　1986.1

中 10807368
"三言""二拍"的价值
宁宗一
中国古典小说戏曲探艺录　中州古籍出版社　1986.2

中 10807369
冯梦龙、凌濛初和"三言""二拍"
魏同贤
文史知识　1986：2　1986
漫话明清小说　中华书局　1991.7

中 10807370
凌濛初戏曲理论三题
黄强
文学研究丛刊　2　上海社会科学院出版社　1986.5

中 10807371
元宵·社火·春设——《二拍》中的民俗节日
吴晓明
明清小说论丛　5　春风文艺出版社　1987.9

中 10807372
凌濛初和他的《南音三籁》
陈多
中国文学研究　1988：1　1988

中 10807373
凌濛初戏曲理论批评
陈年希
上海师范大学学报　1988：1　1988

中 10807374
略谈《二刻拍案惊奇》
刘叶秋
齐齐哈尔师范学院学报　1988：1　1988

中 10807375
简评"二拍"中的徽商特征
杨明明
徽州社会科学　1988：2　1988

中 10807376
《拍案惊奇》的刊行、删改与流传
戚建农　商秀坤
徐州教育学院学报　1988：3　1988

中 10807377
《三言二拍》与宋史研究
漆侠
河北大学学报　1988：3　1988

中 10807378
试谈“三言”“二拍”中几类妇女形象的社会意义
田国梁
西北民族学院学报　1988：4　1988

中 10807379
“三言”“二拍”、《聊斋》与明清之际的进步思潮
王显春
社会科学研究　1988：5　1988

中 10807380
触扪晚明社会的大众心声——读《从“三言”“二拍”看中国市民心态》
廖奔
光明日报　1989.1.10

中 10807381
明末著名的通俗小说家凌濛初及其《拍案惊奇》
王枝忠
宁夏教育学院·银川师专学报　1989：2　1989

中 10807382
论“二拍”的喜剧艺术
冯保善
明清小说研究　1989：3　1989

中 10807383
“三言两拍”在日本的流传及影响
马兴国
日本研究　1989：4　1989

中 10807384
从“三言”“两拍”看中国市民的心态
毛德富
学术百家　1989：5　1989

中 10807385
论“二拍”的艺术特色
冯保善
社会科学辑刊　1989：6　1989

中 10807386
关于《两拍》体裁的若干思考
李延
上海师范大学学报　1990：1　1990

中 10807387
凌濛初晚年二事考
贾三强
西北大学学报　1990：3　1990

中 10807388
棋中伉俪志趣同——凌濛初笔下的棋童形象
徐时仪
古典文学知识　1990：3　1990

中 10807389
论“二拍”的现实意蕴
冯保善
社会科学研究　1990：4　1990

中 10807390
《二拍》走向人间来
高秀坤　戚建农

徐州教育学院学报　1991：1　1991

中 10807391
论凌濛初的思想及其形成的土壤
冯保善
中国文学研究　1991：1　1991

中 10807392
论凌濛初的戏曲创作
冯保善
贵州文史丛刊　1991：1　1991

中 10807393
凌濛初戏曲艺术观探微
冯保善
艺术百家　1991：2　1991

中 10807394
凌濛初戏曲存目考补
许建中
扬州师院学报　1991：2　1991

中 10807395
浅谈《初刻拍案惊奇》
王枝忠
宁夏教育学院・银川师专学报　1991：2　1991

中 10807396
两刻《拍案惊奇》的伦理意识——古代小说文化散论
石育良
山东大学学报　1991：4　1991

中 10807397
《三言》《二拍》故事来源考补正：读王同轨《耳谈》和《耳谈类增》后
吕友仁　米格智
河南师范大学学报　1991：4　1991

中 10807398
三言二拍短篇小说里的社会性和艺术性
［澳］柳存仁
和风堂文集　上海古籍出版社　1991.10

中 10807399
“二拍”来源补
石昌渝
古典文学知识　1992：2　1992

中 10807400
双重超越：聊斋与三言、二拍之比较
王平
山东大学学报　1992：2　1992
蒲松龄研究　1992：2　1992

中 10807401
论凌濛初的小说理论
冯保善
社会科学研究　1992：3　1992

中 10807402
论《二拍》情爱作品的文化心理内涵
王平
中国文学研究　1992：3　1992

中 10807403
三言二拍研究综述（上、下）（1949–1989）

王立言　荀人民
中国文学研究　1992：4、1993：1　1992–1993

中 10807404
“三言”和“二拍”
宁宗一
古典小说十讲　中华书局　1992.4

中 10807405
两刻《拍案惊奇》的伦理意识
石育良著　应宇编
古典文学知识　1992：6　1992

中 10807406
《二拍》中也有话本
陈辽
益阳师专学报　1993：2　1993

中 10807407
《三言》《二拍》与民俗
陈辽
南通师专学报　1993：2　1993

中 10807408
三言二拍与中晚明社会思潮
张义光
汉中师范学院学报　1993：3　1993

中 10807409
《二拍》的思想价值初探
龚茂华
益阳师专学报　1993：3　1993

中 10807410
谈谈凌濛初“二拍”中的闪光之点
王枝忠
古典文学知识　1993：4　1993

中 10807411
“三言两拍”与仙道
伍伟民　蒋见元
道教文学三十谈　上海社会科学院出版社　1993.5

中 10807412
《三言二拍》中的情感世界——一种“心态史”趣味的尝试
王鸿泰
史原　19　1993.10

中 10807413
近十余年三言二拍研究之回顾
王立言　荀人民
文史知识　1993：10　1993

中 10807414
“二拍”评价问题论析
马良
大庆高等专科学校学报　1994：2　1994

中 10807415
“三言”“二拍”话台州
周琦
东南文化　1994：2　1994

中 10807416
婚恋观念的嬗变及其启示：“三言”“二拍”

名篇心解
刘敬圻
北方论丛　1994：2　1994

中 10807417
凌濛初的新贡献——"二拍"平议
王枝忠
东岳论丛　1994：6　1994

中 10807418
"三言""二拍"摭谈
刘敬圻
中国古代小说十二讲　中州古籍出版社　1994.8

中 10807419
凌濛初交游新探
冯保善
明清小说研究　1995：1　1995

中 10807420
《南音三籁》曲韵研究
马重奇
福建师范大学学报　1995：1　1995

中 10807421
掩不住的民主性精华：对"二拍"婚姻爱情描写的再评价
干生　建国
文科教学　1995：2　1995

中 10807422
论《二刻拍案惊奇》的反封建倾向
张雅安　张振河
佳木斯师专学报　1995：2　1995

中 10807423
试论凌濛初《二刻拍案惊奇》
王枝忠
固原师专学报　1995：2　1995

中 10807424
论"二拍"的劝世说教
冯保善
明清小说研究　1995：3　1995

中 10807425
经商亦是善业，不是贱流：谈"三言""二拍"中的商业题材小说
朱全福
铁道师院学报　1995：4　1995

中 10807426
论"三言二拍"对《夷坚志》的继承与改造
刘勇强
文学遗产　1995：4　1995

中 10807427
从"三言""二拍"看作者的妇女观
黄焕新
天中学刊　1995 增刊　1995

中 10807428
论《二拍》中知识分子的心态
伏漫戈
唐都学刊　1996：3　1996

中 10807429
论“三言”“二拍”中的商贾之道
朱全福
明清小说研究　1996：4　1996

中 10807430
从元杂剧与《三言》《二拍》的情变故事看商人形象的变化
霍现俊
河北师院学报　1997：1　1997

中 10807431
“二拍”思想艺术浅说
陈曦钟
明清小说研究　1997：1　1997

中 10807432
“以平为奇”的凌濛初
卢润祥
古典文学知识　1997：2　1997

中 10807433
生命意识的浮沉：“三言”“二拍”两性公案题材小说文化论
吴光正　赖琼玉
求是学刊　1997：2　1997

中 10807434
凌濛初生命历程探析
徐定宝
华东师范大学学报　1997：3　1997

中 10807435
试论凌濛初《谭典杂札》的戏曲本色观
徐定宝
宁波师院学报　1997：3　1997

中 10807436
对传统“贱商”观念的重大突破：论“三言二拍”的重商意识
周健自
贵州文史丛刊　1997：3　1997

中 10807437
市民文学中的士人趣味：凌濛初“二拍”的艺术精神阐释
高小康
文艺研究　1997：3　1997

中 10807438
从贱商到重商：论《三言二拍》对传统观念的冲击
周健自
黔南民族师专学报　1998：1　1998

中 10807439
论《二拍》的喜剧性讽刺
徐定宝
南京师大学报　1998：2　1998

中 10807440
论凌濛初《南音三籁》的审美指归
徐定宝
苏州大学学报　1998：2　1998

中 10807441
两难境界中的挣扎：“二拍”谈片
石麟

明清小说研究　1998：3　1998

中 10807442
凌濛初先世和迁徙情况考索
赵红娟
明清小说研究　1998：3　1998

中 10807443
新发现的《凌氏宗谱》光绪甲辰重修本（乙巳刊）
刘振华　赵红娟
明清小说研究　1998：3　1998

中 10807444
论“二拍”创作的市场经济意识
李桂奎
黄淮学刊　1998：4　1998

中 10807445
重评凌濛初笔下的唐赛儿形象
徐定宝
宁波大学学报　1998：4　1998

中 10807446
历史的盲点：“三言”“二拍”两性公案题材小说文化论证之二
吴光正　赖琼玉
海南师院学报　1998：4　1998

中 10807447
从《三言》《二拍》看王学左派思潮对晚明文学的影响
李涓
云南民族学院学报　1998：4　1998

中 10807448
凌濛初戏曲创作概观
徐定宝
文教资料　1998：5　1998

中 10807449
《三言》《两拍》中所见的明代官吏
［美］李田意
古今论衡　1　1998.10

中 10807450
《情史》与“三言二拍”关系考补
欧阳代发
文献　1999：1　1999

中 10807451
凌濛初交游考
冯保善
明清小说研究　1999：1　1999

中 10807452
“三言”“二拍”中的吝啬鬼
纪德君
广州师院学报　1999：1　1999

中 10807453
凌濛初政治定位再观照
徐定宝
复旦学报　1999：2　1999

中 10807454
功利观的萌发与市民道德观的升值：“三言二拍”思想新变阐释
吴明　葛卫东

齐齐哈尔大学学报　1999：3　1999

中 10807455
理学与《三言》《二拍》中的道德说教
段江丽
湖南师范大学社会科学学报　1999：3　1999

中 10807456
论《二拍》中的商贾形象：兼论晚明社会价值观与个体人生观的变易
徐定宝
西北师大学报　1999：3　1999

中 10807457
《金玉奴棒打薄情郎》简析
袁世硕
文学史学的明清小说研究　齐鲁书社　1999.12

中 10807458
“三言”“二拍”所显示的男女平等意识
王引萍
西北第二民族学院学报　2000：1　2000

中 10807459
《三言》《二拍》与雅俗文化选择
吴建国
中国文学研究　2000：2　2000

中 10807460
“两拍”所体现的凌濛初的人才观
赵红娟
湖州师范学院学报　2000：2　2000

中 10807461
试论“二拍”的金钱观念及其积极意义
王少梅　韩西满
陕西师范大学继续教育学报　2000：2　2000

中 10807462
论“三言”“两拍”的角色设计
李桂奎
贵州师大学报　2000：2　2000

中 10807463
从“三言”“二拍”看明代商人的心理
康清莲
广西教育学院学报　2000：2　2000

中 10807464
从“二拍”的女性形象看明代后期女性文化的演变
曹亦冰
明清小说研究　2000：3　2000

中 10807465
凌濛初《游杼山赋》管见
赵红娟
明清小说研究　2000：3　2000

中 10807466
凌濛初与晚明文艺思潮
冯保善
明清小说研究　2000：3　2000

中 10807467
凌濛初与王稚登

冯保善
江海学刊　2000：4　2000

中 10807468
论“三言”“二拍”的科举观与门第观
沈金浩
明清小说研究　2000：4　2000

中 10807469
《拍案惊奇》是否凌濛初独创
蔡海云
新亚学报　20　2000.8

中 10807470
越界现身的异类——“三言二拍”中女性神仙鬼怪角色探究
林丽美
南台工商专校学报　24　2000.11

三四五、施绍莘（1581–1640）

中 108074711
小谈《石点头》
张健
青年战士报　1981.3.11

中 10807472
桂林一枝　昆山片玉——《侯官县烈女歼仇》赏析
孙一珍
古代白话短篇小说鉴赏集　人民文学出版社　1986.1

中 10807473
话说《石点头》
薛洪
明清小说论丛　4　春风文艺出版社　1986.6

中 10807474
施绍莘花影集散曲赏析
范长华
台中师院学报　1　1987.12

中 10807475
似花还似非花——施绍莘〔南双调·清江引〕《荷花》赏析
吉明周
元明散曲鉴赏集　人民文学出版社　1989.1

中 10807476
站在生活危急的临界线上：关于《石点头》人物变态行为的心理分析
于平
明清小说研究　1990：1　1990

中 10807477
“浪仙”钩沉
杨晓东
学术研究　1991：5　1991

中 10807478
论《石点头》的人物形象及其时代特征
张智华
明清小说研究　1999：2　1999

三四六、艾南英（1583–1646）

中 10807479
艾南英与陈子龙
徐寿凯
古代文艺思想漫话　浙江文艺出版社　1984.2

中 10807480
艾南英是非辨述
谢苍霖
九江师专学报　1988：3　1988

中 10807481
艾南英及其散文理论与创作
邹自振
苏州大学学报　1995：2　1995

三四七、沈自晋（1583–1665）

中 10807482
明末曲家沈自晋
赵景深（邹啸）
文艺春秋　1946：5　1946
明清曲谈　古典文学出版社　1957.8

中 10807483
沈自晋与沈自征
应裕康
南洋大学学报（人文科学）8/9：1　1974–1975

中 10807484
论沈自晋散曲
翁晓芹
扬州师院学报　1991：2　1991

三四八、刘若愚（1584–？）

中 10807485
关于“明抄本《立斋闲录》”和“明刻本《宫闺秘典》”——为新版《鲁迅全集》的注释提供一些资料
张荣起
北京大学学报　1979：5　1979

三四九、袁崇焕（1584–1630）

中 10807486
袁崇焕评传
王恢
人生　7：4　1954.2

中 10807487
袁崇焕诗编年管见
刘映华
广西大学学报　1984：2　1984

中 10807488
从袁崇焕的诗来看他的一生
梁超然
广西社会科学　1986：1　1986

中 10807489
袁崇焕的《临刑》诗
维元
北京日报　1986.7.19

三五〇、张明弼（1584–1652）

中 10807490
张明弼事略
顾启　姜光斗
徐州师范学院学报　1982：1　1982

中 10807491
“猖狂”的“退避”——读张明弼《避风岩记》
何永康
名作欣赏　1995：1　1995

三五一、黄道周（1585–1646）

中 10807492
黄石斋为人及其诗
毛一波
畅流　4：2　1951

中 10807493
记黄道周先生手书出山诗
罗家伦
畅流　4：7　1951

中 10807494
略谈黄石斋先生
箫笠云
畅流　7：1　1953

中 10807495
黄道周传
叶英
台南文化　6：12　1958.8.9

中 10807496
明黄道周先生
吕佛庭
畅流　24：4　1961

中 10807497
黄道周与徐霞客
一苇
福建日报　1962.4.1

中 10807498
一代忠烈黄道周
林剑忱
艺文志　9　1966.6

中 10807499
黄道周之忠节与学业（上、下）
吴蕤
畅流　37：3–4　1968

中 10807500
一代完人黄道周别记
叶英
中国国学　4　1975.12

中 10807501
忠贞直谏——黄道周传（1–4）
陈大络
民声日报　1979.7.11–14

中 10807502
节义千秋的黄道周
陈大络
中华文化复兴月刊　13：1　1980

中 10807503
黄道周赋评述
于浴贤
漳州师院学报　1992：1　1992

中 10807504
董其昌、黄道周书法之比较
金琤
美苑　1993：5/6　1993
书法研究　1994：2　1994

中 10807505
忧患的诗魂：黄道周诗歌评述之一
于浴贤
漳州师院学报　1996：1　1996

三五二、谭元春（1586–1637）

中 10807506
略谈谭元春的诗歌创作
尹恭弘
光明日报　1983.5.3

中 10807507
读钟、谭小品的一点感受
殷翔
艺谭　1985：4　1985
竟陵派与晚明文学革新思潮　武汉大学出版社　1987.5

中 10807508
试论谭元春"批点《想当然》传奇"
黄中模
重庆师范学院学报　1986：1　1986

中 10807509
"清物""情物""孤物""活物"：钟惺、谭元春的诗歌理论述评
刘泰山
武汉大学学报　1986：5　1986

中 10807510
钟惺生卒年及谭元春卒年考辨
张业茂
华中师范大学学报　1986：5　1986
竟陵派与晚明文学革新思潮　武汉大学出版社　1987.5

中 10807511
钟、谭《诗归》的风格理论浅述
王熩
南京师大学报　1987：2　1987

中 10807512
从《诗归》看钟、谭的真诗观
叶松林
竟陵派与晚明文学革新思潮　武汉大学出版社　1987.5

中 10807513
谭元春传
张业茂
竟陵派与晚明文学革新思潮　武汉大学出版社　1987.5

中 10807514
论谭元春批点《想当然传奇》
黄中模
竟陵派与晚明文学革新思潮　武汉大学出版社　1987.5

中 10807515
关于谭元春先生的佚事和传说
谭代英
竟陵派与晚明文学革新思潮　武汉大学出版社　1987.5

中 10807516
钟、谭诗歌意境论
王恺
竟陵派与晚明文学革新思潮　武汉大学出版社　1987.5

中 10807517
钟、谭遗迹、遗物简介
刘安国
竟陵派与晚明文学革新思潮　武汉大学出版社　1987.5

中 10807518
钟惺、谭元春与晚明党争的关系

邬国平
竟陵派与晚明文学革新思潮　武汉大学出版社　1987.5

中 10807519
钟、谭的山水文学理论
喻学才
竟陵派与晚明文学革新思潮　武汉大学出版社　1987.5

中 10807520
钟、谭提倡“幽深孤峭”风格的思想探微
胡恒永
竟陵派与晚明文学革新思潮　武汉大学出版社　1987.5

中 10807521
拓展诗境的语言结构：为李贺、谭元春一辩
程亚林
江汉论坛　1987：8　1987

中 10807522
冒辟疆、谭友夏世谊考
顾言　姜光斗
南通师专学报　1988：2　1988

中 10807523
瑕瑜互见　毁誉参半——介绍钟惺、谭元春的《唐诗归》
孙琴安
古典文学知识　1992：3　1992

中 10807524
昭雪沉冤三百年，敢为“竟陵”作郑笺：评《竟陵派钟惺、谭元春选集》“谭集部分”
李申
镇江师专学报　1994：1　1994

中 10807525
竟陵巨子谭元春评传
祝诚
镇江师专学报　1994：1　1994

中 10807526
评谭元春的山水游记
顾晓宇
苏州大学学报　1994：3　1994

中 10807527
竟陵巨子谭元春
祝诚
古典文学知识　1996：1　1996

中 10807528
以通感领转换，组旧象成新篇：谭元春《舟闻》赏析
沈金浩
古典文学知识　1997：5　1997

中 10807529
谨严峭拔　意深味长——谈谭元春的小品艺术
尹恭弘
古典文学知识　1998：2　1998

中 10807530
谭元春及其著作
陈杏珍
文献　1998：4　1998

中 10807531
引古人精神，接后人心目——《唐诗归》初探
陈国球
岭南学报　1999.1　1999

中 10807532
从《游玄岳记》看谭元春的山水欣赏理论
郭顺玉
郧阳师范高等专科学校学报　2000：4　2000

三五三、蔡懋德（1586–1644）

中 10807533
明蔡懋德《文心》述要
何永清
中国语文（台北）84：5　1999

三五四、越其杰（1586–1645）

中 10807534
越其杰诗歌研究
赵平略
贵阳师专学报　2000：4　2000

三五五、纪振伦（1586？–？）

中 10807535
关于《杨家府演义》
豪雨
新民报晚刊　1953.10.6

中 10807536
《杨家府》与《宋传续集》
赵景深（邹啸）
新民报晚刊　1953.10.23
中国小说丛考　齐鲁书社　1980.10

中 10807537
论《杨家府演义》在妇女婚姻观上的进步性
汪德羞
明清小说研究　1991：8　1991

中 10807538
评《杨家府演义》的崭新妇女观
曾良
汉中师范学院学报　1997：2　1997

三五六、陆云龙（1586？–1653？）

中 10807539
词菁（历代词选集叙录 4）
舍之
词学　4　华东师范大学出版社　1986.8

中 10807540
《清夜钟》初探
李汉秋
明清小说研究　1988：2　1988

中 10807541
陆云龙考略
夏咸淳
明清小说研究　1988：4　1988

中 10807542
论陆云龙的文艺观
孙一珍
社会科学辑刊　1994：4　1994

中 10807543
竟陵派的又一重要选本——陆云龙选辑《翠娱阁评选行笈必携》简介
罗立刚
古典文学知识　1998：6　1998

中 10807544
《梼杌闲评》与《魏忠贤小说斥奸书》比较研究
莎日娜
明清小说研究　2000：1　2000

三五七、范文若（1587–1634）

中 10807545
明代上海大剧作家范文若
蒋星煜（布谷、白甲）
新民报晚刊　1957.12.5

中 10807546
范文若《花筵赚》
周贻白
周贻白戏剧论文选　湖南人民出版社　1982.5

中 10807547
范文若乃吴江派传奇家
赵景深（邹啸）
中国戏曲初考　中州书画社　1983.8

三五八、徐霞客（1587–1641）

中 10807548
徐霞客游记
丁文江
小说月报 17（号外・中国文学研究）1926
中国文学研究　上海书店　1981

中 10807549
谈《徐霞客游记》
沈中
新民报晚刊　1951.11.20

中 10807550
徐霞客的旅行（上、中、下）
石珍
新民报晚刊　1953.4.30；5.2–3

中 10807551
旅行家徐霞客
熊忠英
旅行家　1955：2　1955

中 10807552
旅行家徐霞客
吴晓报
新华日报　1957.4.3

中 10807553
徐霞客
熊忠英
中国古代科学家　科学出版社　1959.9
中国古代科学家（修订本）科学出版社　1963.3

中 10807554
徐宏祖（霞客）
甲凯
"中央日报"　1960.6.9–10

中 10807555
徐霞客
英度
北京晚报　1960.9.23

中 10807556
关于《徐霞客游记》
顾廷龙
文汇报　1961.3.5

中 10807557
问奇于名山大川——纪念徐霞客逝世三百二十周年
楼兰
科学画报　61：6　1961

中 10807558
徐霞客雁荡探奇
石予
福建日报　1961.12.17

中 10807559
足踏天下半——记地理学家、旅行家徐霞客
张习孔
中国青年报　1961.12.24

中 10807560
徐霞客记游大理
马忠民
云南日报　1962.1.22

中 10807561
访徐霞客故乡（江苏、江阴）
侯仁之
人民日报　1962.2.25

中 10807562
徐霞客及其遗迹
江苏省文物管理委员会
文物　1962：3　1962

中 10807563
《徐霞客游记》的稿本
金英
天津晚报　1962.3.9

中 10807564
游踪半天下——记旅行家、地理学家徐霞客
仓修良
杭州日报　1962.3.14

中 10807565
黄道周与徐霞客
一苇
福建日报　1962.4.1

中 10807566
谈徐霞客和他的游记
华振之
新文艺　202　1974

中 10807567
穷山川跋涉万里　徐霞客著作《游记》
凌迟　方继文
解放日报　1974.11.11

中 10807568
徐霞客
天津大学水利系理论研究小组
天津日报　1974.12.27

中 10807569
奇人奇文——徐霞客的游记
蔡义忠
中国八大散文家　南京出版公司　1977.12
中国八大散文家　志明出版社　1977

中 10807570
徐霞客的传说（三则）
溪源
江苏文艺　1978：2　1978

中 10807571
简论徐霞客及其游记
秦子卿
扬州师院学报　1978：3　1978

中 10807572
徐霞客赠妙行七律二首墨迹跋
史树青
中华文史论丛　1978：8　1978

中 10807573
徐霞客手书赠鸡足山僧妙行诗稿
孙太初
文物　1978：10　1978

中 10807574
问奇于名山大川——徐霞客及其游记
黄经邦
湖北日报　1978.11.26

中 10807575
《徐霞客游记》的由来
冯佐哲
解放军报　1978.11.28

中 10807576
也谈徐霞客的“奇”
解放
甘肃日报　1978.11.28

中 10807577
徐霞客在云南
吴静
云南日报　1978.12.18

中 10807578
读《游黄山记》
董长青
沈阳师范学院学报　1979：3　1979

中 10807579
《徐霞客游记》原始抄本的发现和探讨
周宁霞　吴应寿　褚绍唐
中华文史论丛　1979：4　1979

中 10807580
谈徐宏祖的《游黄山记》
姜光斗　顾启
语文教学（锦州师院）　1979：4　1979

中 10807581
《游黄山日记（后）》（节选）略谈
苗洪林
中学语文（开封师院）　1979：4　1979

中 10807582
《游黄山记》串讲
徐应佩　周溶泉
教学与研究（南通师专）　1979：4　1979

中 10807583
《游黄山记》浅析
陆海
中学语文（武汉师院）　1979：4　1979

中 10807584
霞客堂漫话
溪源
新华日报　1979.4.13

中 10807585
徐霞客和他的《游黄山记》
田小琳
中学语文教学　1979：5　1979

中 10807586
徐霞客及其游记
吴应寿
复旦学报　1979：5　1979

中 10807587
徐霞客在云南的考察贡献
葛本芳
昆明师院学报　1979：5　1979

中 10807588
《游黄山记》和我国古代的山水游记
姜光斗　顾启
语文战线　1979：6　1979

中 10807589
探险践胜　步步生奇——谈《游黄山记》的景物描写
刘宗德
辽宁师院学报　1979：6　1979

中 10807590
步行遍历祖国名山大川——介绍地理学家徐霞客及其游记
张明华
福建日报　1979.6.10

中 10807591
非志在登高，焉知其奇若此——读徐霞客《游黄山日记（后）》
谢竹友
教学参考　1979：7　1979

中 10807592
旅行家徐霞客
蒋星煜（布谷、白甲）
随笔　2　广东人民出版社　1979.7

中 10807593
《徐霞客游记》原始抄本发现
林夏
文汇报　1979.7.15

中 10807594
徐霞客和他的《游黄山记》
李振生
河北教育　1979：10　1979

中 10807595
徐霞客在广西
黄继树
广西日报　1979.11.18

中 10807596
明末奇人徐霞客
守白
华文世界　20　1980

中 10807597
徐霞客和《徐霞客游记》
侯仁之
社会科学战线　1980：1　1980

中 10807598
《徐霞客游记》校注选
朱惠荣
山茶　1980：1　1980

中 10807599
《徐霞客游记》在历史地理研究中的科学价值
于希贤
社会科学战线　1980：1　1980

中 10807600
读《徐霞客游记》
孙蔼真
语文学习　1980：1　1980

中 10807601
依然虹影卧南旸——访徐霞客故乡
王文忠
光明日报　1980.2.4
中学生阅读文选　内蒙古昭乌达盟教育学院　1980.6
现代游记选　湖南人民出版社　1980.9
徐霞客和他的游记　江苏人民出版社　1981.5
中国当代游记选（下）　中国旅游出版社　1982.5
中国名胜古迹大观　国际文化出版公司　1996.10

中 10807602
《游黄山记》注析
南宁师院中文系古典文学教研组
南宁师院学报　1980：3　1980

中 10807603
登高方知奇若此——读《游黄山记》
刘宗德
语文教学研究（山东师院聊城分院）1980：3/4　1980

中 10807604
从徐霞客的“江源考”说起
王立青
青海日报　1980.3.6

中 10807605
徐霞客犯了“逻辑错误”吗?
周文显
语文教学（江西师院）1980：4　1980

中 10807606
徐霞客在腾冲
唐沛泽
云南群众文艺　1980：4　1980

中 10807607
《徐霞客游记》与《徐霞客西游记》
田尚　冯佐哲
读书　1980：5　1980

中 10807608
徐霞客
马子华
云南群众文艺　1980：5　1980

中 10807609
徐宏祖及其《游黄山记》
钱文辉
语言文学　1980：5　1980

中 10807610
《游黄山记》教学设计

卢元
语文教学通讯　1980：6　1980

中 10807611
澄源和尚的风格——读《游黄山日记》
游家轩
长江日报　1980.6.9

中 10807612
关于《徐霞客游记》文章的说明
编者
读书　1980：10　1980

中 10807613
壮丽山河的颂歌——徐宏祖《游黄山记》试析
周福云
教学与研究（中学语文版·浙江师院）1980：10　1980

中 10807614
《游黄山记》评注
孔庆圭
语文学习　1980：12　1980

中 10807615
《游黄山记》中的三个“独”字
盛廷钟
教学与研究（中学语文版·浙江师院）1980：12　1980

中 10807616
徐霞客之“奇”与他母亲之“异”
赵铭善
人物　1981：1　1981

中 10807617
徐霞客和他的《游黄山记》
胡秀眉
邵阳师专学报（教与学·文科）1981：1/2　1981

中 10807618
徐霞客考察广西地理的贡献
李茂真
南宁师院学报　1981：2　1981

中 10807619
《游黄山记》中谓语动词的省略
黄元心
云南教育　1981：3　1981

中 10807620
湮没三百多年　终于重见天日:《徐霞客游记》原始抄本发掘出来了，这部巨著的新版本已出版，内容比传世本大大增加
《文汇报》报讯
文汇报　1981.4.9

中 10807621
《游黄山记》首句的断句
张宝峰
陕西教育　1981：5　1981

中 10807622
《徐霞客西游记》的重大发现
吉昌　庆平
广西日报　1981.6.6

中 10807623
徐霞客和他的母亲
李知文
人民日报　1981.7.20

中 10807624
徐霞客和新版《徐霞客游记》
周宁霞
百科知识　1981：8　1981

中 10807625
新版《徐霞客游记》
冯菊年
世界图书（A辑）　1981：11　1981
文汇报　1981.12.7

中 10807626
捕捉·侧击·多变——谈《游黄山记》的写作技巧
斯尔螽
中学语文教学　1981：12　1981

中 10807627
徐霞客与两位回族文艺家
单羽
宁夏日报　1981.12.20

中 10807628
徐霞客和他的母亲
姚昌淦
随笔　20　花城出版社　1982

中 10807629
《游黄山记》的写作特点
冯元方
四川师院学报　1982：1　1982

中 10807630
徐霞客在曲靖
王学义
民族文化　1982：2　1982

中 10807631
徐霞客和《徐霞客游记》
马肖华
宁夏日报　1982.2.21

中 10807632
《徐霞客游记》的文学价值
朱东润
读书　1982：3　1982

中 10807633
徐霞客的九嶷山之行
李长廷
湖南日报　1982.3.31

中 10807634
移步换形　妙笔生花——谈《游黄山记》
徐应佩　周溶泉　吴功正
中国古典文学名著赏析　山西人民出版社　1982.5

中 10807635
徐霞客游记漫谈
乔衍琯
汉学论文集　1　文史哲出版社　1982.12

中 10807636
徐霞客笔下的云南各民族生活
周文林
民族文学 1983：1 1983

中 10807637
认真学习我国优秀科学文艺遗产——谈徐霞客和《徐霞客游记》
郑公盾
杭州师范学院学报 1983：1 1983

中 10807638
徐霞客携骨入滇
蔡汉晖
云南日报 1983.3.13

中 10807639
奇人、奇书、奇母——徐霞客母子之间
牧草
生活之友 1983：4 1983

中 10807640
祖国的河山在召唤——纪念徐霞客的信息（四则）
于光远 潘琪 王维屏 刘福厚
新观察 1983：10 1983

中 10807641
徐霞客的生活之路
周宁霞
解放日报 1983.7.24

中 10807642
徐霞客与东林党人
陶白
新观察 1983：14 1983

中 10807643
徐霞客桂东南游程踏勘记
周宁霞 刘英
社会科学 1983：8 1983

中 10807644
徐霞客与游记文学
梁昭
云南日报 1983.9.28

中 10807645
徐霞客曾否游川质疑
褚绍唐
华东师范大学学报 1984：2 1984

中 10807646
千姿百态 风格各异的两束画卷——读“两游”札记
陈麟德 刘兆清
语文教学与研究 1984：2 1984

中 10807647
山水跃然文章间——《徐霞客游记·游桂林日记》写景艺术初探
李时新
广西师范大学学报 1984：2 1984
大学毕业论文选评 广西大学中文系编印 1984.11

中 10807648
《徐霞客游记》的文学特色

乐维华
上海师范学院学报　1984：2　1984

中 10807649
白描写真　意境奇瑰——读徐霞客《游五台山日记》和《游恒山日记》
胡太春
名作欣赏　1984：2　1984

中 10807650
以身许山水的人——地理学家徐霞客
黄锡之
文史知识　1984：3　1984

中 10807651
徐霞客游八闽
黄慧
科学与文化　1984：3　1984

中 10807652
《游黄山记》的写作特色
左兵
宁夏教育学院学刊　1984：4　1984

中 10807653
徐霞客和他的游记
金用
书林　1984：5　1984

中 10807654
评介《徐霞客游记》及其第一部注释本
李惠铨
思想战线　1984：5　1984

中 10807655
徐霞客游程踏勘记
刘英
语文园地　1984：6　1984

中 10807656
一页探奇测幽的日记——《游黄山后记》赏析
赵景瑜
名作欣赏　1985：5　1985

中 10807657
写在徐霞客滇游道上
周宁霞
云南日报　1985.5.8

中 10807658
一篇独具特色的山水游记——徐宏祖《游黄山记》赏析
李如鸾
古代诗文名篇赏析　北京出版社　1985.6

中 10807659
关于徐霞客生年问题
张屯　徐俊良
江海学刊　1985：6　1985

中 10807660
关于徐霞客研究的几个问题
郑公盾
语文园地　1985：7　1985

中 10807661
徐霞客《粤西游日记》价值浅述

苏林岗
学术论坛　1985：10　1985

中 10807662
徐霞客桂东南游踪
邓生才
广西日报　1985.10.14–17

中 10807663
简评《徐霞客游记校注》
李惠铨
云南日报　1985.10.23

中 10807664
黄鹄游寥廓　赤子仰岱宗——读徐霞客陈眉公两件往来书信
夏咸淳
文学研究丛刊　2　上海社会科学院出版社　1986.5

中 10807665
西岳峥嵘何壮哉——华山踏勘记
刘英
语文园地　1986：5　1986

中 10807666
徐霞客和他的游记散文
闻璐
辽宁大学学报　1987：1　1987

中 10807667
略论《徐霞客游记》的艺术魅力
刘嘉言
南都学坛　1987：3　1987

中 10807668
徐霞客籍贯考
吕锡生
学术月刊　1987：4　1987

中 10807669
论《徐霞客游记》中的山水描写
张清河
贵阳师专学报　1988：1　1988

中 10807670
旅游与文学——谈谈《徐霞客游记》
朱惠荣
云南日报　1989.7.26

中 10807671
徐霞客地学成就原因试析
贺圣迪
上海大学学报　1990：2　1990

中 10807672
简约清峻，于山水中见精神——《徐霞客游记》赏析一例
王仲生
唐都学刊　1990：3　1990

中 10807673
素手把芙蓉　虚步蹑太清——徐霞客《芙蓉秀发》赏析
孙豹隐　张书省
名作欣赏　1990：6　1990

中 10807674
徐霞客与陶渊明处世方式之比较

蒋明宏
社会科学（上海） 1990：8 1990

中 10807675
徐霞客东归的时间与路线
廖惠群
云南日报 1990.8.15

中 10807676
徐霞客与漱玉泉
黄方东
广西日报 1990.10.23

中 10807677
《徐霞客游记》中的史料述略
吕锡生
无锡教育学院学报 1991：2 1991

中 10807678
《徐霞客游记》艺术特色散论
覃正 潘碧清
广西大学学报 1991：2 1991

中 10807679
徐霞客黔游路线地名考
朱爱美 邓宏
贵州民族学院学报 1991：3 1991

中 10807680
徐霞客与灵隐飞来峰
卜束
传记文学 1991：6 1991

中 10807681
徐霞客游滇池（传说）
王国祥
山茶 1992：1 1992

中 10807682
《徐霞客游记》勘误举例
吴郁芳
无锡教育学院学报 1992：2 1992

中 10807683
徐霞客与上海名士
冯菊年
上海师范大学学报 1993：1 1993

中 10807684
《徐霞客游记》的美学价值
王小舒
求是学刊 1993：1 1993

中 10807685
《徐霞客游记》对于书碑的考察
吴金山
艺苑 1993：4 1993

中 10807686
徐霞客与金华三洞
徐朝晖
浙江日报 1993.5.2

中 10807687
徐霞客游记之文学特色研究
方丽娜
台南师院学报 26 1993.6

中 10807688
徐霞客与佛教
江桂苞
文史知识 1993：12 1993

中 10807689
从《徐霞客游记》看明代云南的道教
郭武
云南民族学院学报 1994：4 1994

中 10807690
徐霞客和他的《游记》
王清华
春城晚报 1994.11.17

中 10807691
徐霞客研究方兴未艾
唐章
春城晚报 1994.11.19

中 10807692
徐霞客滇游游资来源考略
王安庭
忻州师专学报 1995：1 1995

中 10807693
徐霞客西南游旅费杂考
王安庭
山西师大学报 1995：1 1995

中 10807694
全面结识徐霞客
江曾培
书城杂志 1995：1 1995

中 10807695
劈开混沌天，骑鹤崆峒游：徐霞客诗歌及其思想简评
朱睦卿
无锡教育学院学报 1995：4 1995
杭州师范学院学报 1995：5 1995

中 10807696
《徐霞客游记》探源
盖国梁
读者导报 1995.10.9

中 10807697
论徐霞客写于云南的诗
卢永康
云南师范大学学报 1996：1 1996

中 10807698
脱口而出的诗辞，沁人心脾的挚情：徐霞客《哭静闻禅侣》诗的情和艺
陈雁谷
无锡教育学院学报 1996：1 1996

中 10807699
论《徐霞客游记》的美学特质
张智辉
陕西师范大学学报 1996：2 1996

中 10807700
徐霞客与家乡的山山水水
田柳
文史知识 1996：9 1996

中 10807701
《徐霞客游记》中作者的自我形象
张清河
贵阳师专学报 1998：2 1998

中 10807702
人格追求、文化追求与审美追求的实录：论《徐霞客游记》的文体特点及其形成原因
刘振东
齐鲁学刊 1998：6 1998

中 10807703
小品中的大品：《徐霞客游记》与晚明小品
朱睦卿
无锡教育学院学报 2000：1 2000

三五九、木增（1587–1646）

中 10807704
明代纳西族诗人木公和木增
赵银棠
山茶 1980：2 1980

中 10807705
试谈明代纳西族诗人木公和木增的诗
张信
文学遗产 1981：4 1981

三六〇、阮大铖（1587–1646）

中 10807706
阮圆海之词
琼
北平晨报 1936.9.24

中 10807707
专搞"误会""巧合"的阮大铖
吴国钦
中国戏曲史漫话 上海文艺出版社 1980.6

中 10807708
咏怀堂诗
黄裳
读书 1981：6 1981

中 10807709
阮大铖——明代安徽剧作家简介之四
许诺
艺谭 1982：1 1982

中 10807710
评阮大铖《石巢四种》
孟繁树
艺谭 1984：1 1984

中 10807711
无行才子的悲剧

王岗
文史知识　1984：10　1984

中 10807712
阮大铖的戏剧实践简述
孟毓华
地方戏艺术　1985：3　1985

中 10807713
阮大铖《石巢四种》平议
黄钧
文学遗产　1986：5　1986

中 10807714
阮大铖《石巢四种》：在剧场艺术上的杰出表现
林鹤宜
大陆杂志　23：5　1986

中 10807715
关于《石巢四种》的三个问题
王永健
光明日报　1987.3.24

中 10807716
阮大铖剧作的艺术特征
林鹤宜
中外文学　16：2　1987

中 10807717
冯梦龙阮大铖交游小考
冯保善
江海学刊　1988：1　1988

中 10807718
《石巢传奇四种》浅论
顾晓东
戏曲艺术　1988：4　1988

中 10807719
阮大铖批评论
邱建新
江淮论坛　1989：4　1989

中 10807720
孔雀虽有毒，不可废文章：阮大铖四种曲后谈
徐凌云　胡金望
安庆师范学院学报　1990：2　1990

中 10807721
试谈戏曲家的阮大铖
季国平
扬州师院学报　1991：2　1991

中 10807722
天才作家　无行文人：略话阮大铖
张留保
古典文学知识　1991：3　1991

中 10807723
阮大铖《咏怀堂诗》简论
钟明奇
中国文学研究　1993：2　1993

中 10807724
谈阮大铖

何满子
上海戏剧　1994：5　1994

中 10807725
在明末党争中宦海沉浮——阮大铖曲折复杂的人生四部曲
胡金望
安庆师范学院学报　1998：2　1998

中 10807726
谈《春灯谜》的幽默艺术
蔡运长
戏曲艺术　1998：3　1998

中 10807727
阮大铖诗歌的历史境遇与其诗集版本论略
胡金望
安庆师范学院学报　1999：2　1999

中 10807728
阮大铖《双金榜》中的政治影射发微
李金松
福建师范大学学报　1999：3　1999

中 10807729
从明末剧作风气辨阮大铖《石巢四种》之影射动机
陈树德
艺术学报　65　1999.12

中 10807730
阮大铖映照时代风云的志时诗
胡金望
安庆师范学院学报　2000：1　2000

三六一、宋应星（1587–1666）

中 10807731
宋应星——中国最伟大的科技著作家（上、下）
李乔苹
江西文献　59–60　1971：2–3
"中央日报"　1971.3.2–4

中 10807732
宋应星补遗（上、下）
彭树楷
"中央日报"　1971.3.23–24

中 10807733
《天工开物》及其作者宋应星
胡道静
辞书研究　1982：5　1982

中 10807734
宋应星《怜愚诗》试析
黄长椿
江西社会科学　1982：6　1982

中 10807735
宋应星《思怜诗》探析
杨维增　陈庚

江西社会科学　1985：2　1985

中 10807736
也谈宋应星的《思怜诗》：与杨维增、陈庚两同志商榷
谢先模
江西教育学院学报　1987：4　1987

中 10807737
《天工开物》一书生：谈宋应星其人其文
刘君灿
幼狮　417　1987

中 10807738
《宋应星思想研究及诗文注译》评介
王煜
中山大学学报　1989：1　1989

中 10807739
宋应星和《天工开物》
于筱枝
宁夏日报　1989.7.7

中 10807740
宋应星《思怜诗》创作年代质疑：兼与朱水龄同志商榷
邹仕松
南方文物　1990：1　1990

中 10807741
从宋应星诗文看其文化人格选择
李静
宜春师专学报　1998：3　1998

三六二、柳敬亭（1587–1670）

中 10807742
记明末艺人柳敬亭（1–2）
关遂人
新希望　58–59　1955.3–4

中 10807743
说书大家柳敬亭
庄练（苏同炳）
人物与掌故丛谈　1973.12

中 10807744
三百年前的大说书家
杨微
说演弹唱　1980：5　1980

中 10807745
说书大家柳敬亭
毛佩琦
人物　1981：5　1981

中 10807746
关于柳敬亭的生年及其他——与陈汝衡先生商榷
何龄修
清史论丛　3　1982.2

中 10807747
柳敬亭学说书
徐振邦
布谷鸟　1983：1　1983

中 10807748
明清人忆柳敬亭说书
竹安
语文教学　1983：3　1983

中 10807749
论柳敬亭及其说书艺术
廖玉蕙
中正岭学术研究集刊　11　1992.6

中 10807750
文士舌，武夫色——明末清初的说书大家柳敬亭
俞允尧
国文天地　14：11　1999

三六三、陈元赟（1587–1671）

中 10807751
陈元赟评传
梁容若
大陆杂志　9：10　1954
传记及外国史研究论集　大陆杂志社　1967.3
中日文化交流史论　商务印书馆　1985.7

中 10807752
评小松原涛著《陈元赟研究》
梁容若
国语日报·书和人　143　1970.9
中日文化交流史论　商务印书馆　1985.7

中 10807753
陈元赟及其与元政的《元元唱和集》
衷尔钜
光明日报　1985.11.19

三六四、卢世㴶（1588–1653）

中 10807754
卢世㴶《读杜私言》发微
沈时蓉　庾光蓉
杜甫研究学刊　2000：4　2000

三六五、叶绍袁（1589–1648）

中 10807755
叶天寥的日记
觉堂
新生报　1970.8.6

中 10807756
叶氏一家及其《午梦堂集》的流传
冀勤
文献　1990：3　1990

中 10807757
《午梦堂集》主题探讨及板本叙录
李栩钰
岭东学报　6　1995.2

三六六、薛近衮（1589？–？）

中 10807758
谈《绣襦记》
章台柳
杭州日报　1957.5.12

中 10807759
从《绣襦记》到《曲江歌女》
金葳
陕西日报　1961.5.18

中 10807760
看川剧《绣襦记》
文灿
河南日报　1961.5.21

中 10807761
关于《绣襦记》和《曲江歌女》
姜炳泰
陕西日报　1961.5.22

三六七、田玄（1590–1646）

中 10807762
湖广地区最早的土司诗人田玄
祝注先
中南民族学院学报　1988：3　1988

三六八、瞿式耜（1590–1650）

中 10807763
明末爱国诗人瞿式耜
昭民
语文园地　1983：2　1983

三六九、沈自征（1591–1641）

中 10807764
跋“沈自征的生平”
赵景深（邹啸）
明清曲谈　古典文学出版社　1957.8

中 10807765
王衡与沈自征的生平及其剧作（上、下）
曾永义
现代学苑　8：12、9：1　1971–1972

中 10807766
沈自晋与沈自征
应裕康
南洋大学学报（人文科学）8/9：1　1974–1975

中 10807767
沈自征的生平
严敦易
元明清戏曲论集　中州书画社　1982.8

三七〇、侯纳言（1591–1645）

中 10807768
侯纳言传（按：附陈去病跋）
夏允彝
国粹学报　3：7　1907.7.20

三七一、马士英（1591–1646）

中 10807769
史可法与马士英（上、下）
李振华
畅流　8：8–9　1953

中 10807770
马士英的诗文画艺
刘汉忠
贵州文史丛刊　1999：3　1999

三七二、王铎（1592–1652）

中 10807771
王铎年表
孙国彬
书法研究　1993：5　1993

中 10807772
分解秩序与拓展空间——王铎书法艺术谈
百川
书法研究　1993：5　1993

中 10807773
王铎：一个历史死结的解析——兼论中国书法的“魏晋情结”
马啸
书法研究　1995：2　1995

中 10807774
王铎与《阁帖》
曹军
书法研究　1997：6　1997

三七三、黄粹吾（1592？–？）

中 10807775
戏剧史上现实主义与反现实主义斗争的一个侧面——评《续西厢升仙记》和《翻西厢》
钟林斌
社会科学辑刊　1982：3　1982

三七四、邵景詹（1592？–？）

中 10807776
《觅灯因话》
赵景深（邹啸）
中国小说丛考　齐鲁书社　1980.10

三七五、刘侗（1593–1636）

中 10807777
竟陵派散文的一本力作——《帝京景物略》
毕敏
竟陵派与晚明文学革新思潮　武汉大学出版社　1987.5

中 10807778
一部奇书——《帝京景物略》的语言风格谈
尹恭弘
古典文学知识　1992：1　1992

中 10807779
《帝京景物略》与竟陵文风
吴承学
学术研究　1996：1　1996

中 10807780
刘侗生平创作考补
贺亚先
黄冈师专学报　1998：2　1998

中 10807781
《促织》与《帝京景物略》
孟昭连
齐鲁学刊　2000：3　2000

三七六、王彦泓（1593–1642）

中 10807782
王次回研究（1593–1642）
郑清茂
台湾大学文史哲学报　14　1965.11

中 10807783
王彦泓探考
钟来因
徐州师范学院学报　1985：3　1985

中 10807784
王次回"疑云""疑雨"诗探考
黄世中
古代诗人情感心态研究　浙江大学出版社　1990.8

三七七、陈是集（1593–1648）

中 10807785
忠忱遗著垂千秋——陈是集及其诗
周济夫
海南日报　1986.3.9

三七八、陈璧（？–1656？）

中 10807786
馆藏明遗民陈璧诗文残稿初探
江村
明清诗文研究丛刊　1　江苏师院中文系

明清诗文研究室　1982.3

三七九、谈迁（1593–1657）

中 10807787
谈迁和《国榷》
吴晗（辰伯）
光明日报　1959.7.23
明清人物论集　四川人民出版社　1983.8

中 10807788
谈迁的干劲
林元
光明日报　1959.8.12

中 10807789
爱国的历史家谈迁
吴晗（辰伯）
新观察　1959：15　1959

中 10807790
《爱国的历史家谈迁》读后
樵渔
新观察　1959：15　1959

中 10807791
发愤著史的穷秀才——谈迁
康达
羊城晚报　1960.9.27

中 10807792
谈迁与吴梅村
田畯
羊城晚报　1961.5.9

中 10807793
读谈迁的诗
缪钺
光明日报　1961.7.16

中 10807794
读谈迁《北游录》有感
易枫
河南日报　1962.6.10

中 10807795
谈迁咏天津诗
王树村
天津晚报　1962.9.9

中 10807796
《北游录》及其他日记
瞿蜕园
文汇报　1962.12.20

中 10807797
谈迁写《国榷》
展歌
哈尔滨晚报　1963.4.27

中 10807798
搜集歌谣丢了乌纱帽

林中
天津晚报　1964.3.5

中 10807799
何谓“发潜德之幽光”
永品
光明日报　1965.1.3

中 10807800
吴承恩、谈迁、朱彝尊在天津——流寓天津的前代文人
朱泽　张仲
天津日报　1981.4.8

中 10807801
谈迁及其《国榷》
罗仲辉
史学史研究　1983：3　1983

三八〇、洪承畴（1593–1665）

中 10807802
洪承畴二三事
黄博靖
艺文志　182　1980

三八一、释担当（1593–1673）

中 10807803
明末爱国诗僧和书画家担当
徐嘉瑞
边疆文艺　1962：9　1962

中 10807804
担当的诗书画
黄苗子
文物　1979：4　1979

中 10807805
大理感通寺与担当和尚
杨中兴
边疆文艺　1980：5　1980

中 10807806
谈谈《大理感通寺与担当和尚》一文与史实的出入
李硕
戏剧与电影　1980：6　1980

中 10807807
一支向南色更丹——明末爱国诗人担当和他的诗
菡芳
昆明师范学院学报　1981：1　1981

中 10807808
唐泰（担当）出家原因初探

万揆一
昆明师范学院学报　1983：3　1983

中 10807809
明末著名诗画家担当
陈正强
云南师范大学学报　1984：4　1984

中 10807810
担当大师其人其诗
杨开达
云南师范大学学报　1991：4　1991

中 10807811
担当审美倾向的形成及特点——为担当和尚诞生 400 周年作
李伟卿
云南民族学院学报　1993：3　1993

中 10807812
担当生卒年及其山水——励耘书屋旧藏担当山水册研究
邢文
清华汉学研究　2　清华大学出版社　1997.11

三八二、茅元仪（1594–1640）

中 10807813
茅元仪著作考略
丁原基
东吴文史学报　3　1978.6

三八三、吴应箕（1594–1645）

中 10807814
爱国知识分子吴应箕
陈村
安徽日报　1959.2.7

中 10807815
明末爱国诗人吴应箕
梁家林　余永发
艺谭　1984：2　1984

三八四、吴炳（1595–1647）

中 10807816
吴祭酒的悲哀
公孙楚
畅流　22：9　1960

中 10807817
《诗文会》与《绿牡丹》
劲梅
北京晚报　1961.2.24

中 10807818
看昆剧《西园记》小记
陆兼之
上海戏剧　1962：10　1962

中 10807819
吴炳的《情邮记》
卫明
新民晚报　1963.2.22

中 10807820
吴炳《粲花五种》传奇研究
张敬
台湾大学文史哲学报　20　1971.6

中 10807821
略谈《西园记》的改编及其他
贝庚
西湖　1980：1　1980

中 10807822
《西园记》和吴炳
吴国钦
艺术世界　1980：3　1980

中 10807823
《玉簪记》《绿牡丹》《娇红记》的思想意义和艺术特征
中山大学戏曲史师资培训班
文艺理论研究　1981：3　1981

中 10807824
关于吴炳戏剧艺术的评价问题
于成鲲
复旦学报　1982：2　1982

中 10807825
借言题曲论还魂
洛地
戏剧艺术（上海戏剧学院学报）1982：4　1982

中 10807826
江苏二戏曲家卒年考略（邱园、吴炳）
王永宽
江苏戏剧　1982：8　1982

中 10807827
吴炳和他的剧作
罗斯宁
研究生论文选集　江苏人民出版社　1983.3

中 10807828
吴炳死节考略
于成鲲
复旦学报　1985：1　1985

中 10807829
《绿牡丹》主题探索
徐洪火
西南师院学报　1985：3　1985

中 10807830
吴炳降清后死于痢疾考
蒋星煜（布谷、白甲）
学林漫录　10　中华书局　1985.5

中 10807831
评吴炳的《情邮记》
于成鲲
上海大学学报　1986：2　1986

中 10807832
明代戏剧家吴炳及其晚节问题：兼与蒋星煜先生商榷
王同运
徐州教育学院学报　1987：4　1987

中 10807833
论吴炳之死——与蒋星煜先生商榷
于成鲲
学术月刊　1987：5　1987

中 10807834
《绿牡丹》引起的一场误会
王永宽
古典文学知识　1988：1　1988

中 10807835
吴炳的曲词艺术
于成鲲
中州学刊　1989：4　1989

中 10807836
论吴炳与才子佳人小说
李劲松
明清小说研究　1992：3/4　1992

中 10807837
明月长留照短缨——纪念吴炳诞辰 400 周年
于成鲲
上海戏剧　1995：5　1995

中 10807838
吴炳晚节考
车文明
艺术百家　1996：4　1996

中 10807839
吴炳《粲花斋五种》剧人物试析
［韩］车泫定
中国典籍与文化　1999：1　1999

三八五、牛金星（1595–1652）

中 10807840
牛金星事迹考辨（上、下）
栾星
文献　1982：4、1983：1　1982–1983
甲申史商（增订本）　中州古籍出版社　1997.4

中 10807841
牛金星事迹订补
栾星
文献　1985：2　1985

中 10807842
关于牛金星降清问题的讨论：牛金星降清

考——与栾星同志商榷
刘德鸿
文献　1985：2　1985

三八六、王微（1596–？）

中 10807843
女词人王微及其期山草词
马祖熙
中国国学　22　1994.10

三八七、洪应明（1596–？）

中 10807844
一部焕发青春的古书——《菜根谭》小议
吴敬
浙江日报　1990.7.28

中 10807845
从洪自诚《菜根谭》看王鼎钧“人生三书”的沿承与蜕变
郭宗烈
明道文艺　224　1994.11

中 10807846
《菜根谭》中的人生哲学
江惜美
北市师院语文学刊　2　1995.5

中 10807847
洪应明与《菜根潭》
林家骊
中国典籍与文化　1997：1　1997

中 10807848
《菜根谭》与儒家中庸之道
周铁项
河南大学学报　2000：6　2000

三八八、魏学洢（1596–1625）

中 10807849
就《观巴黎油画记》和《核舟记》谈一些叙述和描写的方法
振甫
语文学习　1960：2　1960

中 10807850
读《核舟记》
胡凌秋
语文　1960：3　1960

中 10807851
《核舟记》分析
叶百丰
语文教学 1960：3 1960
中学语文教材研究 周口师范中文专业教研组编 1979.7
初中古文研究资料选编 山东师范学院中文系编 1979.11

中 10807852
谈《核舟记》的艺术技巧
王松盛
语文战线 1978：6 1978

中 10807853
从《核舟记》看作者的观察与想象
朱正仕
语文学习 1978：8 1978

中 10807854
《核舟记》试析
季涛
中学语文（武汉师院） 1979：1 1979

中 10807855
《核舟记》试析
何风奇
齐齐哈尔师范学院学报 1979：1 1979

中 10807856
《核舟记》评说
梁杞林
语文教学（江西师院） 1979：1 1979

中 10807857
《核舟记》评注
必成
教学与进修 1979：2 1979

中 10807858
剖析毫厘 探索幽微——谈《核舟记》的记叙和描写
刘宗德
辽宁师范学院学报 1979：2 1979

中 10807859
关于核舟作者王叔远
钱文辉
教学与研究（南通师专） 1979：2 1979

中 10807860
《核舟记》译文·分析
焦文彬
中学语文教学参考 1979：3/4 1979

中 10807861
一篇出色的状物记叙文——读魏学洢的《核舟记》
周舸岷
教学与研究（中学语文版·浙江师院） 1979：4 1979

中 10807862
《核舟记》的结构安排
张广志
语文学习 1980：5 1980

中 10807863
对《核舟记》中“二黍”的理解
关书敏
语文教学研究（山东师院聊城分院） 1980：3/4 1980

中 10807864
《核舟记》的记叙和描写
王朵
陕西教育 1980：6 1980

中 10807865
解“黍”
郑长庚
语文学习 1980：6 1980

中 10807866
也谈《核舟记》中的窗
李建中
语文学习 1980：6 1980

中 10807867
核舟之窗可以开合
李建中
陕西教育 1980：7 1980

中 10807868
《核舟记》中的“船背”与“初平山人”
钱文辉
南京师院学报 1981：1 1981

中 10807869
也谈《核舟记》
沈义芙
赣南师专学报 1981：2 1981

中 10807870
匠心熔裁写天工——读《核舟记》札记
邓星雨 石延顺
徐州师范学院学报 1981：2 1981

中 10807871
琐谈《核舟记》的写作特色
鲍志伸
语文教学（江西师院） 1981：6 1981

中 10807872
对《核舟记》一条注释的不同意见
程淑娟
中学语文 1982：1 1982

中 10807873
读《核舟记》
马啸风
阅读和欣赏（古典文学部分 4） 北京出版社 1982.7

中 10807874
刻者惨淡经营 笔者织锦成文——漫话“核舟”人物
陶继新
中学语文教学 1983：1 1983

中 10807875
不雕明月 明月自出——读《核舟记》札记
邓星雨
名作欣赏 1988：5 1988

中 10807876
纵一叶之微，凌万顷之波：读魏学洢《核舟记》
何永康
文史知识　1994：11　1994

三八九、夏允彝（1596–1645）

中 10807877
夏允彝传
侯玄涵
国粹学报　2：2　1906.2.20

中 10807878
夏允彝完淳父子合传
南史
中美周刊　1：30　1940

中 10807879
书写忠烈——明末夏允彝、夏完淳父子殉节故事的形成与流传
孙慧敏
台大历史学报　26　2000.12

三九〇、杨文骢（1596–1646）

中 10807880
论杨龙友
杨积庆
华东师范大学学报　1981：3　1981

中 10807881
杨龙友诗文简论
陈训明
贵州文史丛刊　1982：2　1982

中 10807882
杨龙友诗歌的爱国思想初探
全建华
贵阳师院学报　1982：4　1982
贵州明清作家论丛　贵州人民出版社　1986.7

中 10807883
青山秀水　情真意浓——杨龙友《台荡日记》探微
关贤柱
贵州师大学报　1985：2　1985

中 10807884
画家手眼，诗人肝肠——试论杨龙友诗文的艺术特点
陈训明
贵州明清作家论丛　贵州人民出版社　1986.7

中 10807885
杨龙友生卒年考
关贤柱
贵州师大学报　1987：1　1987

中 10807886
诗画兼长的贵州历史名人杨文骢
张宪瑞
贵州师大学报　1987：4　1987

中 10807887
读杨龙友《过五人之墓有感》想到的
关贤柱
贵州师大学报　1990：1　1990

中 10807888
《黔诗纪略 · 杨文骢卷》校补
关贤柱
贵州文史丛刊　1990：1　1990

中 10807889
杨文骢其人其诗其画
白坚
南京社会科学　1990：3　1990

中 10807890
杨龙友的咏兰诗
李云飞
贵州文史丛刊　1993：1　1993

中 10807891
杨龙友诗歌的爱国思想与民族气节
顾绍炯
贵州师大学报　1993：4　1993

中 10807892
再说杨龙友
王毅
湖北大学学报　1993：5　1993

三九一、陈子壮（1596–1647）

中 10807893
明末殉国之陈子壮及其遗集
余祖明
广东文献　8：1　1978.3

三九二、方拱乾（1596–1667）

中 10807894
黑龙江现存第一部诗集的作者方拱乾
李兴盛
黑龙江日报　1992.5.18

三九三、肖云从（1596–1673）

中 10807895
肖云从事迹考
刘尚恒
安徽师大学报　1979：3　1979

中 10807896
鲁连蹈海　典属还家——谈画家萧云从的诗歌题跋
史金城
艺苑　1984：1　1984

三九四、杨珽（1596？–？）

中 10807897
杨珽的龙膏记
赵景深（邹啸）
红茶　1938：9　1938
明清曲谈　古典文学出版社　1957.8

中 10807898
杨珽的龙膏记（续）
赵景深（邹啸）
红茶　1938：10　1938

三九五、杨之炯（1596？–？）

中 10807899
杨之炯作《蓝桥玉杵记》辨
赵俊玠
晋阳学刊　1995：2　1995

三九六、张岱（1597–1679）

中 10807900
读明张岱著《史阙》
商鸿逵
新思潮月刊　1：2　1957.9

中 10807901
张岱《闵老子茶》
白庐
羊城晚报　1961.2.19

中 10807902
布帛菽粟之父——张岱《答袁箨庵》书后
戴不凡（柏繁）
戏剧报　1961：3　1961

中 10807903
张岱改诗
申屠奇
天津晚报　1961.12.14

中 10807904
心肝·面目·口角——读张岱《彭天锡串戏》
温凌
戏剧报　1962：2　1962

中 10807905
张岱与明史
李里
自立晚报　1963.6.27

中 10807906
工匠的地位
谢山子
羊城晚报　1963.12.6

中 10807907
亡明怪叟张岱
张斗衡
人生　29：4　1965

中 10807908
《陶庵梦忆》中的陶庵与梦忆
周紫明（中岚）
现代文学　33　1965.12
中国古典文学研究丛刊·散文与论评之部　巨流图书公司　1979.2

中 10807909
张岱的戏剧生活
俞大纲
戏剧纵横谈（文星丛刊 262）　文星书店股份有限公司　1967.11

中 10807910
张岱文学之评介
黄桂兰
东南学报　2　1976.12

中 10807911
《石匮书后集》后记——略考明遗民张岱及其所著《石匮书》
吴幅员
东方杂志　10：12　1977

中 10807912
张岱及其所作《陶庵梦忆》（上、下）
俞大纲
大成　46–47　1977.9–10

中 10807913
评介：张岱生平及其文学（黄桂兰著）
吴智和
明史研究专刊　1　大立出版社　1978.7

中 10807914
品茶行家——张岱
吴智和

台湾日报　1979.3.27

中 10807915
讽刺妙品《西湖七月半》(张岱著)
罗青
明道文艺　40　1979.7

中 10807916
诗的小品，小品的诗——读张岱《湖心亭看雪》
吴战垒
散文　1980：7　1980

中 10807917
两处江南　一种情怀——从杜甫到张岱的笔下伶人
康来新
幼狮文艺　52：3　1980

中 10807918
《陶庵梦忆》的艺术成就
陈娟芬
绍兴师专学报　1981：4　1981

中 10807919
张岱《琅嬛文集》跋
黄裳
学林漫录　4　中华书局　1981.10

中 10807920
散文家张岱的戏曲造诣
蒋星煜(布谷、白甲)
散文　1981：12　1981

中 10807921
熙攘过后是空静——谈谈张岱的《西湖七月半》
翟秀
语言文学　1982：1　1982

中 10807922
读张岱《西湖七月半》
梁锡华
中华日报　1982.1.12

中 10807923
《西湖七月半》浅释
张志善
宁夏大学学报　1982：2　1982

中 10807924
张岱字号、籍里、卒年辨
陈卫民　周晓平
文学遗产　1982：2　1982

中 10807925
《西湖七月半》浅析
陈裕鸿
语文教学与研究　1982：4　1982

中 10807926
绝代的散文家张宗子
黄裳
读书　1982：4　1982

中 10807927
析张岱《西湖七月半》
周先慎

文史知识　1982：6　1982

中 10807928
读《湖心亭看雪》
吴小如
阅读和欣赏（古典文学部分 4）　北京出版社　1982.7

中 10807929
论张岱的小品散文
夏咸淳
社会科学　1982：11　1982

中 10807930
张岱两《梦》的艺术特色
盛晓峰
书林　1983：2　1983

中 10807931
读张岱《西湖七月半》
邹志方
绍兴师专学报　1983：2　1983

中 10807932
张岱散文识
许淇
光明日报　1983.2.19

中 10807933
恣意描摹　尽情刻画——张岱《白洋潮》赏析
李伟
语文园地　1983：3　1983

中 10807934
鲁迅与张岱
顾农
聊城师范学院学报　1983：3　1983

中 10807935
秋月冬雪两轴画——《记承天寺夜游》与《湖心亭看雪》的写景欣赏
梁衡
名作欣赏　1983：3　1983

中 10807936
对《张岱字号、籍里、卒年辨》的几点异议
刘致中
文学遗产　1983：4　1983

中 10807937
冷眼观世态——谈张岱的《西湖七月半》
翟秀　周紊
语文学刊　1984：1　1984

中 10807938
张岱与《石匮书》
李新达
河北大学学报　1984：2　1984

中 10807939
张岱小议
严新民
戏文　1984：4　1984

中 10807940
设意新奇　境界幽趣——《湖心亭看雪》

赏析
甫云
艺苑聚光灯——古诗文赏析　重庆出版社　1984.8

中 10807941
张岱《四书遇》的发现及其价值
朱宏达
杭州大学学报　1985：1　1985

中 10807942
陶庵张岱
包月泉
绍兴师专学报　1985：1　1985

中 10807943
张岱《西湖七月半》赏析
吴郑
中国古典文学鉴赏　1985：5　1985

中 10807944
张岱的散文小品——读《琅嬛文集》
潘运告
书林　1985：6　1985

中 10807945
张岱和他的《陶庵梦忆》
王建
语文园地　1985：6　1985

中 10807946
论张岱诗稿——《张子诗秕》
夏咸淳
上海社会科学院学术季刊　1986：3　1986

中 10807947
明遗民张岱的文学境界
毛一波
东方杂志　19：9　1986.3

中 10807948
张岱的《琅嬛文集》
毛一波
明报　21：4　1986.4

中 10807949
张岱的祖籍及其字号考略
蒋金德
文献　1986：4　1986

中 10807950
晚明爱国学者张岱
陈美林
南京师大学报　1986：4　1986

中 10807951
笔墨精炼　风神绰约——读张岱《湖心亭看雪》
谢国平　李元华
语文园地　1986：5　1986

中 10807952
张岱曲论管窥
袁震宇
文史哲　1987：3　1987

中 10807953
张岱的诗文与晚明的戏剧
彭飞
艺术百家　1987：4　1987

中 10807954
张岱和他的《夜航船》
伏琛
书林　1987：10　1987

中 10807955
晚明散文家、史学家张岱
何永康
文史知识　1987：11　1987

中 10807956
平中见奇，语淡意浓：读张岱《湖心亭看雪》
王景琳
文史知识　1988：3　1988

中 10807957
张岱《快园道古》佚文五则
权儒学
文献　1988：3　1988

中 10807958
满篇寄寓故国情——张岱《西湖香市》赏析
唐嗣德
阅读与写作　1988：5/6　1988

中 10807959
张岱对戏曲史论之贡献
蒋星煜（布谷、白甲）
戏剧艺术（上海戏剧学院学报）　1988：6　1988

中 10807960
美在艺术创造——介绍张岱《柳敬亭说书》
卜安淳
阅读和欣赏（古典文学部分 12）　广播出版社　1988.8

中 10807961
《陶庵梦忆》的节令表演——目莲戏
杨振良
“中央日报”　1988.8.22

中 10807962
张岱《柳敬亭说书》讲析
若然
中文自学指导　1988：11　1988

中 10807963
《红楼梦》与张岱
侯会
红楼梦学刊　1989：1　1989

中 10807964
张岱的戏剧生活
王安祈
历史月刊　13　1989.2

中 10807965
一代奇才，小品圣手：略说张岱
夏咸淳
古典文学知识　1989：6　1989

中 10807966
张岱别名、字号与籍贯新考
何冠彪
书目季刊　23：1　1989.6

中 10807967
《陶庵梦忆》论
潘贤强
福建学刊　1990：3　1990

中 10807968
沉郁愤懑的历史反思：浅谈张岱的《西湖香市》
焦忠祝
南通学刊　1991：2　1991

中 10807969
张岱的“水浒”观：兼议明末清初部分封建士子的文化心态
佘德余
绍兴师专学报　1991：4　1991

中 10807970
纵横挥洒　酣畅淋漓——张岱《白洋潮》欣赏
娄元华　陈田青
写作　1991：8　1991

中 10807971
试赏张岱的《湖心亭看雪》
刘崇义
孔孟月刊　30：5　1992.1

中 10807972
睡眼惺松看夜戏：《陶庵梦忆》中的繁华世界
王玉林
文史杂志　1992：5　1992

中 10807973
张岱交游录
佘德余
绍兴师专学报　1993：1　1993

中 10807974
论张岱小品文的绘画美
朱建军
东南文化　1993：6　1993

中 10807975
痴人说梦，宁恒在梦——论张岱的寻梦情结
曹淑娟
鹅湖　19：3　1993.9

中 10807976
梦醒忽惊啼秋语，易代兴亡总似梦：说张岱《西湖梦寻·自序》
乔力
文史知识　1995：1　1995

中 10807977
一幅明末社会绝妙的风俗图——读张岱的《西湖七月半》
程翔章
语文教学与研究　1995：3　1995

中 10807978
张岱与《古今义烈传》
丁红
浙江学刊　1996：1　1996

中 10807979
痴情与梦忆：张岱与《陶庵梦忆》
吕逸新
语文函授　1996：4　1996

中 10807980
研究小品文须认识张岱：从明末的两个“陶庵”谈起
陶继明
社会科学报　1996.5.23

中 10807981
声色俱呈，情态毕现：《西湖七月半》赏析
沈鸿鑫
名作欣赏　1996：6　1996

中 10807982
张岱和他的《夜航船》
吴鸿
吉林日报　1996.6.14

中 10807983
“自然之声”——小议张岱《陶庵梦忆》和《西湖寻梦》的散文风格
胡冠莹
中央政法管理干部学院学报　1997：1　1997

中 10807984
记张岱未刊稿本《古今义烈传》
丁红
中国典籍与文化　1997：1　1997

中 10807985
一片冰雪铸诗魂：试论张岱诗歌的总体特征
鲍恒
文艺理论与批评　1997：2　1997

中 10807986
我与《陶庵梦忆》
[日]松枝茂夫著　田洪宝译
书城杂志　1997：5　1997

中 10807987
《陶庵梦忆》主旨新说
王海燕
山东大学学报　1998：3　1998

中 10807988
张岱的诗画界线论
胡益民
文艺理论研究　1998：6　1998

中 10807989
《陶庵梦忆》新论
王海燕
文史知识　1998：7　1998

中 10807990
散文奇葩　小品极致：试论《陶庵梦忆》的创作艺术

王海燕
甘肃社会科学　1999：1　1999

中 10807991
张岱《快园道古》辑佚（上）
权儒学
文献　1999：2　1999

中 10807992
“一往深情”：张岱散文情感底蕴论
张则桐
浙江社会科学　1999：3　1999

中 10807993
张岱和《夜航船》
张则桐
文史杂志　2000：1　2000

中 10807994
论张岱及其《陶庵梦忆》《西湖梦寻》
夏咸淳
天府新论　2000：2　2000

中 10807995
略谈张岱小品散文的清刚品格
裘新江
古典文学知识　2000：2　2000

中 10807996
张岱的艺术范畴论
胡益民
殷都学刊　2000：2　2000

中 10807997
张岱《夜航船》与笔记小说
张则桐
明清小说研究　2000：3　2000

中 10807998
张岱艺术家论的特质与历史意义
胡益民
安徽大学学报　2000：4　2000

中 10807999
张岱小品文简论
杜豫
济宁师专学报　2000：4　2000

中 10808000
试论晚明作家对张岱的影响
王承丹
天府新论　2000：5　2000

中 10808001
张岱传记文学创作初探
王慧颖
浙江师范大学学报　2000：6　2000

中 10808002
张岱艺术论二题
胡益民
文学评论丛刊　3：2　江苏文艺出版社　2000.11

三九七、卢若腾（1598–1664）

中 10808003
卢若腾之诗文
陈陛章　陈汉光
台湾文献　10：3　1959.9

中 10808004
明末卢若腾诗考
龚琅玕
畅流　32：6　1965

中 10808005
从卢若腾诗文看有关郑成功史事
邓孔昭
台湾研究集刊　1996：1　1996

中 10808006
南明金门诗人卢若腾
陈庆元
中国典籍与文化　1996：4　1996

三九八、胡夏客（1599– ？）

中 10808007
“气往轹古，辞来切今”——评胡夏客《昭君辞》
周本淳
淮阴师专学报　1980：1　1980

中 10808008
是“轹古”，还是继往？——与《气往轹古，辞来切今》一文商榷
夏振明
江苏师院学报　1980：4　1980

中 10808009
明清诗坛上不可无此一席——试论胡夏客其人其诗
周本淳
文学评论　1982：2　1982

三九九、张正声（1599–1648）

中 10808010
《永安王宫人梨园行》考
蒋星煜（布谷、白甲）
中国戏曲史索隐　齐鲁书社　1988.10

四〇〇、毛晋（1599–1659）

中 10808011
汲古阁六十种曲叙录
金梦华
台湾师范大学国文研究所集刊 10 1966.5

中 10808012
六十种曲叙录（庋榢偶识）
王伯祥
中华文史论丛 1979：4 1979

中 10808013
一代文学的画廊——浅论《六十种曲》
徐安怀
四川师院学报 1985：1 1985

中 10808014
明代吴中著名藏书家、出版家毛晋
何忠林
苏州大学学报 1985：1 1985

中 10808015
毛晋与《六十种曲》
徐扶明（辅民）
中国文学研究 1987：2 1987

中 10808016
古代篇幅最大流传最广的戏曲选集《六十种曲》
李复波
文史知识 1987：4 1987

中 10808017
《六十种曲》妇女形象研究
许瑞玲
台湾师范大学国文研究所集刊 35 1991.6

中 10808018
从《宋六十名家词》诸跋看毛晋的词学观
雷虹
徐州师范学院学报 1994：4 1994

中 10808019
《六十种曲》的文献学研究
蒋星煜（布谷、白甲）
戏剧艺术（上海戏剧学院学报） 1999：1 1999

中 10808020
关于《汲古阁未刻词》知圣道斋钞本的讨论
王水照 ［日］村上哲见
词学 12 华东师范大学出版社 2000.4

中 10808021
关于《汲古阁未刻词》知圣道斋钞本的通信
王水照
王水照自选集 上海教育出版社 2000.5

四〇一、徐孚远（1599–1665）

中 10808022
徐孚远及其他
尹文彬
台北文物　6：4　1958.6

中 10808023
为《两篇徐孚远传的商榷》答毛一波先生
陈香
食货月刊　2：8　1972

中 10808024
再谈徐孚远传中的问题——质陈香先生
毛一波
食货月刊　2：12　1973

四〇二、郭都贤（1599–1672）

中 10808025
郭都贤的《水阁吟》
王启初
湖北日报　1980.7.9

四〇三、易震吉（1599？–？）

中 10808026
可谓“明代辛稼轩”之易震吉
止庵
中央日报　1948.11.20

四〇四、张泰阶（1600–？）

中 10808027
张泰阶《宝绘录》探伪
郑骞
文学史学哲学——施友忠先生八十寿辰纪念论文集　时报文化出版事业有限公司　1982.2

四〇五、卢象升（1600–1639）

中 10808028
移孝作忠的明末民族英雄卢象升
张玉麟
畅流　12：1–2　1956

中 10808029
民族英雄卢象升
张玉麟
“中央日报”　1957.1.2

中 10808030
明卢象升散记
磊庵
“中央日报”　1959.6.1

中 10808031
明末民族英雄宜兴卢象升传略
徐荫祥
江苏文物　12–13　1978.6–7

四〇六、史可法（1601–1645）

中 10808032
梅花岭吊史阁部文
汉儿
江苏　4　1904.6

中 10808033
为民族流血史公可法传
汉儿
江苏　6　1904.8

中 10808034
史可法的生前死后
向诚
畅流　6：11　1953

中 10808035
史可法与马士英（上、下）
李振华
畅流　8：8–9　1953

中 10808036
史可法事略
王恢
人生　7：11　1954.4

中 10808037
史可法的典型
黄逸民
畅流　13：11　1956

中 10808038
史可法的家世
严明
畅流　16：7　1957

中 10808039
史可法墨迹的新发现
蒋星煜（布谷、白甲）
羊城晚报 1961.1.10
随笔 2 广东人民出版社 1979.7

中 10808040
史可法殉难考
杜负翁
“中央日报” 1961.6.6–9

中 10808041
史可法复多尔衮书的作者问题
蒋逸雪
江海学刊 1961：11 1961
扬州师院学报 1961：12 1961

中 10808042
梅花岭下的史可法祠墓
耿鉴庭
人民日报 1962.7.22

中 10808043
史可法
程百让
河南日报 1962.7.26

中 10808044
史可法杀身成仁
刘景辉
中华日报 1965.3.29

中 10808045
史可法传论
吴蕤
人生 29：10 1965

中 10808046
史可法之乡里及其遗烈
段醒豫
畅流 37：7 1968

中 10808047
忠魂永在的史可法
景唐
生力月刊 4：44 1971

中 10808048
史可法传（1–5）
朱文长
东方杂志 6：12、7：1–4 1973

中 10808049
一代忠烈史可法
恒老
中原文献 8：7 1976

中 10808050
明代儒将史可法
罗云家
畅流 33：4 1977

中 10808051
论史可法
谭振强
珠海书院文史学报 13 1977.12

中 10808052
大节凛然的史可法
陈时昌
中原文献　10：11　1978

中 10808053
忠骨永伴梅花香——写扬州殉国的史可法
鲁弓长
畅流　63：2　1981

中 10808054
史可法
王大任
中国历史人物广播讲座专集　1982.9

中 10808055
评介:《史可法先生年谱》(史元庆著)
周家安
明史研究专刊　3　大立出版社　1983.9

中 10808056
血泪谱成的强音——读史可法《燕子矶口占》
钟尚钧
语文月刊　1989：7　1989

中 10808057
史可法《复多尔衮书》是谁写的
罗忼烈
广州日报　1989.9.26

中 10808058
史可法《复多尔衮书》作者考
罗忼烈
云南师范大学学报　1990：3　1990
两小山斋杂著　中国和平出版社　1994.10

中 10808059
史可法《复多尔衮书》
江举谦
明道文艺　241　1996.4

中 10808060
史可法《复多尔衮书》的捉刀人
刘孔伏
明道文艺　241　1996.4

四〇七、左懋第（1601–1645）

中 10808061
南明左懋第殉国诗词
香棣方
亚洲诗坛　21　1979.12

中 10808062
左懋第不辱使命
杨廷福
人物杂志　1980：4　1980

四〇八、张名振（1601–1654）

中 10808063
一字之讹，差以千里——张名振题金山诗的解释
沈吟
镇江师专学报　1988：3　1988

四〇九、陶汝鼎（1601–1683）

中 10808064
楚陶三绝，爽气殊伦——纪念明末著名诗人陶密庵
陶先淮
湖南诗词　1994：1　1994
中国文学研究　1994：3　1994

四一〇、刘士鏻（1601？–？）

中 10808065
《文致》：明人不传秘笈
蔡镇楚
湖南师范大学社会科学学报　1997：1　1997

四一一、高桂枝（1601？–？）

中 10808066
白族乡土诗人高桂枝
吴棠
民族文化　1983：5　1983

四一二、张溥（1602–1641）

中 10808067
关于《五人墓碑记》
吴颖
语文学习　1955：12　1955

中 10808068
张天如先生年谱
蒋逸雪
扬州师院学报　1962：16　1962

中 10808069
《五人墓碑记》疑年考实——兼述《五人墓碑记》拓本读后感
段熙仲
南京师院学报　1963：1　1963

中 10808070
评张溥《五人墓碑记》
蒋逸雪
扬州师院学报　1978：3　1978

中 10808071
读书七焚的故事
沙振宇
黑龙江日报　1978.10.29

中 10808072
有关《五人墓碑记》的几则史料
唐文
教学与进修　1979：3　1979

中 10808073
关于《五人墓碑记》
周本淳
教学与研究（中学语文版・浙江师院）1980：5　1980

中 10808074
《五人墓碑记》评析
谢蓬
语文教学（烟台师专）1980：6　1980

中 10808075
反阉党斗争的赞歌——评《五人墓碑记》及其他
霍松林
人文杂志　1981：1　1981

中 10808076
《五人墓碑记》评注
韩唯一
中学语文教学参考　1981：1/2　1981

中 10808077
《五人墓碑记》注析
南宁师院中文系古典文学教研组
南宁师院学报　1981：1　1981

中 10808078
《五人墓碑记》浅析
寇兴富
唐山师专学报　1981：2　1981

中 10808079
读《五人墓碑记》
龚学文
中学语文（武汉师院）1981：2　1981

中 10808080
谈《五人墓碑记》
蓝锡麟
四川师院学报　1981：2　1981

中 10808081
读《五人墓碑记》
姚郁杰
宁夏大学学报　1981：4　1981

中 10808082
《五人墓碑记》析
毛品璋
云南教育　1981：5　1981

中 10808083
张溥的《五人墓碑记》试析
郭鲸鲲
绍兴师专学报　1982：1　1982

中 10808084
“五人义”“五人墓”及《五人墓碑记》
陈经华　张帆
语文教学通讯　1982：5　1982

中 10808085
《五人墓碑记》中对比的巧妙运用
成炳顺
语文教学与研究　1982：5　1982

中 10808086
叙壮烈之行　明死生之大——谈《五人墓碑记》的叙议结合
徐应佩　周溶泉　吴功正
中国古典文学名著赏析　山西人民出版社　1982.5

中 10808087
张溥和他的《五人墓碑记》
许德楠
文史知识　1982：5　1982

中 10808088
《五人墓碑记》稽考
李丹
语文教学研究　1983：2　1983

中 10808089
“周公之被逮”与“周公之逮”句法辨——说“之”的两种作用
田玉衡
沈阳师范学院学报　1983：2　1983

中 10808090
关于《五人墓碑记》的两个问题
黄岳洲　梁纪林
北京师范大学学报　1983：4　1983

中 10808091
《五人墓碑记》虚词例释
张绍靖
中学语文　1983：5　1983

中 10808092
一篇有卓越历史眼光的传记
周小立
教学通讯　1984：5　1984

中 10808093
《五人墓碑记》的写作年代及其他——与徐红先同志商榷
朱文安
中学语文教学　1985：3　1985

中 10808094
对《五人墓碑记》理解上的异议
郝玉珍
新疆师范大学学报　1988：1　1988

中 10808095
关于《五人墓碑记》的一个问题
曹海东
语文教学与研究　1988：12　1988

中 10808096
析张溥《惜行》
朱永平
名作欣赏　1989：2　1989

中 10808097
明代复社领袖张溥
岳岐
文史知识　1989：6　1989

中 10808098
死后是非　身后哀荣——读张溥《五人墓碑记》札记
未尝
中文自修　1989：12　1989

四一三、祁彪佳（1602–1645）

中 10808099
民族戏曲存目的新发展（1–4）——跋明祁彪佳《曲品》残稿
黄裳
新民报晚刊　1953.1.14–16、18

中 10808100
评《远山堂曲品校录》
叶德均
戏剧论丛　1957：3　1957

中 10808101
祁氏《曲品》《剧品》补校
叶德均
戏曲小说丛考　中华书局　1979.5

中 10808102
王编《祁忠敏公年谱》述评
应裕康
中国学术年刊　3　1979.6

中 10808103
祁彪佳《曲品》《剧品》
赵景深（邹啸）
曲论初探　上海文艺出版社　1980.7

中 10808104
略论祁彪佳《曲品》《剧品》
赵景深（邹啸）
古代文学理论研究丛刊　3　上海古籍出版社　1981.2

中 10808105
祁彪佳和远山堂曲品剧品
何东宪
戏曲研究　12　文化艺术出版社　1984.6

中 10808106
祁彪佳戏曲论文的新发现——简介祁彪佳氏的《孟子塞五种曲序》
陈多

曲苑　1　江苏古籍出版社　1984.7

中10808107
浅谈祁彪佳的戏曲人物论
陆林
艺谭　1985：2　1985

中10808108
《远山堂曲品剧品》臆说
齐森华
曲论探胜　华东师范大学出版社　1985.4

中10808109
祁彪佳著作考
应裕康
木铎　11　1987.2

中10808110
祁彪佳的生平及其传记资料
应裕康
高雄师院学报　5　1987.3

中10808111
祁彪佳远山堂《曲品》及《剧品》初探
应裕康
故宫学术季刊　9：2　1991冬

中10808112
追求高尚的戏剧品格——祁彪佳的戏剧观
王长安
戏曲研究　42　文化艺术出版社　1992.9

中10808113
王国维与祁彪佳——论哲学、心学与剧曲的审美意识
孙中曾
古典文学　13　学生书局　1995.9

四一四、黎美周（1602–1646）

中10808114
“牡丹状元”黎美周
江涛
南方日报　1957.2.17

四一五、单恂（1602–1671）

中10808115
《击楫题跋》选录——八、明崇祯本《枯树斋诗集》
李一氓
社会科学战线　1978：2　1978

四一六、万寿祺（1603–1652）

中 10808116
万寿祺《遁渚唱和集》词册墨迹考
李人俞
徐州师范学院学报　1992：3　1992

四一七、萨囊·彻辰（1604–？）

中 10808117
《蒙古源流》
白
民族团结　1962：9　1962

四一八、邝露（1604–1650）

中 10808118
邝湛若与阮大铖
邝笑庵
广东文献　2：4　1973

中 10808119
作为小说家的邝露
李育中
随笔　1　广东人民出版社　1979.6

中 10808120
邝露与《赤雅》
昭民
南宁晚报　1981.4.2

中 10808121
邝露与明代广西少数民族歌舞
顾乐真
广西民族学院学报　1983：2　1983

中 10808122
明末广东诗人邝露
宁祥
佛山大学·佛山师专学报　1988：1　1988

中 10808123
古代南方文学关系的结晶——《赤雅》
梁庭望
广西民族研究　2000：3　2000

四一九、卓人月（1606–1636）

中 10808124
词统与明曲家词
赵景深（邹啸）
文史杂志　6：1　1948.3
俗文学专号（文史杂志复刊号）　东方文化书局　1971

中 10808125
一部罕见的古典戏曲悲剧论著——卓人月氏《新西厢序》简介
陈多
曲苑　2　江苏古籍出版社　1986.5

中 10808126
孟称舜的《古今词统》序
朱颖辉
古代文学理论研究丛刊　11　上海古籍出版社　1986.8

中 10808127
文学奇才卓人月的生平行状
邓长风
文学遗产　1992：6　1992

中 10808128
明代重要之大型词选——《古今词统》试论
陶子珍
国文学志　4　2000.12

四二〇、李自成（1606–1645）

中 10808129
不屈不挠斗敌顽——读李自成诗《商洛杂忆》
朱学宽
河南日报　1975.3.23

中 10808130
评明末反映李自成起义的文学作品
殷光熹
思想战线　1978：3　1978

中 10808131
论李自成农民军的宣传鼓动工作
王兴亚
开封师院学报　1978：4　1978

中 10808132
石门发现李自成《百梅诗韵》木刻
陈俊武
湖南日报　1981.3.11

中 10808133
李自成故乡考察记
邹兆辰　郗志群
北京师院学报　1983：2　1983

四二一、卫周胤（1606–1660）

中 10808134
卫周胤与《寄园藏稿》
李豫
沧桑　1997：5　1997

中 10808135
卫周胤与《寄园藏稿》
周君平
文物季刊　1998：2　1998

四二二、王铑（1607–1672）

中 10808136
王铑与《拟寻梦》
陆萼庭
戏剧艺术（上海戏剧学院学报）1990：3　1990

四二三、倪仁吉（1607–1685）

中 10808137
明女诗人倪仁吉的刺绣和发绣
洪亮
文物参考资料　1958：9　1958

四二四、陈子龙（1608–1647）

中 10808138
陈子龙慷慨志节
真历
"中央日报"　1960.8.2

中 10808139
陈子龙词学观刍议
王英志
明清诗文研究丛刊　1　江苏师院中文系明清诗文研究室　1982.3
古典美学传统与诗论　南京出版社　1991.4

中 10808140
陈子龙及其时代（选载）
朱东润
中华文史论丛　1983：2　1983

中 10808141
明诗的光辉终结——略论陈子龙的诗
朱则杰
苏州大学学报　1983：2　1983

中 10808142
陈子龙“婉约”说词例一则——简析《念奴娇·春雪咏兰》
王英志
名作欣赏　1983：5　1983
诗词曲赋名作赏析　2　山西人民出版社　1985.8

中 10808143
陈子龙年谱卷上、卷中
陈子龙
陈子龙诗集（附录二）　上海古籍出版社　1983.7

中 10808144
陈子龙年谱卷下
王沄
陈子龙诗集（附录二）　上海古籍出版社　1983.7

中 10808145
“故人慷慨多奇节”——读《陈子龙诗集》
吴德铎
人民日报　1984.1.3

中 10808146
艾南英与陈子龙
徐寿凯
古代文艺思想漫话　浙江文艺出版社　1984.2

中 10808147
陈子龙词学观初论
王英志
齐鲁学刊　1984：3　1984

中 10808148
词赋才高一代雄，千秋青史见孤忠：明末名士陈子龙
王守稼　缪振鹏
上海社会科学院学术季刊　1986：1　1986

中 10808149
陈子龙的词学思想
邱世友
第二次全国词学讨论会论文　1986.12
岭南古代文艺思想论坛　1　暨南大学出版社　1993.6

中 10808150
明末词人陈子龙
培军
固原师专学报　1987：4　1987

中 10808151
论陈子龙词
朱惠国
上海教育学院学报　1989：2　1989

中 10808152
陈子龙的词和词论
赵山林
词学　7　华东师范大学出版社　1989.2

中 10808153
从一个新的理论角度谈令词之潜能与陈子龙词之成就
叶嘉莹
四川大学学报　1990：1　1990
中华诗词年鉴（1990、1991）学林出版社　1992.4

中 10808154
浓纤婉丽，寄兴深微：论陈子龙词
王英志
中州学刊　1990：2　1990

中 10808155
由词之特质论令词之潜能与陈子龙词之成就
叶嘉莹
中外文学　19：1　1990

中 10808156
陈子龙词学观的创作实践——论陈子龙的婉约词
王英志
古典美学传统与诗论　南京出版社　1991.4

中 10808157
评析大樽词的风格技巧
刘月珠
中国文化月刊　143　1991.9

中 10808158
孙康宜著《晚明诗人陈子龙》评介
王瑷玲
中外文学　20：6　1991

中 10808159
从令词的潜能看陈子龙词作的成就
应宇
古典文学知识　1992：2　1992

中 10808160
陈大樽词的研究
涂茂龄
高雄师范大学国文研究所硕士论文　1992.6

中 10808161
论陈子龙词——从一个新的理论角度谈令词之潜能与陈子龙词之成就
叶嘉莹
词学古今谈　万卷楼图书公司　1992.10
词学古今谈　岳麓书社　1993.2

中 10808162
读《皇明诗选》
刘永翔
华东师范大学学报　1993：2　1993

中 10808163
陈子龙《诗问略》研探
蒋秋华
中国文哲研究集刊　5　1994.9

中 10808164
从“陈柳情缘”（孙宜康：陈子龙柳如是诗词情缘）看明清妇女诗词
张凤
二十一世纪　27　1995.2

中 10808165
“文武并懋，忠义兼资”的明末词人——陈子龙：论陈子龙的诗歌理论及其词作
陈美
岭东学报　7　1996.2

中 10808166
陈子龙佚词辑存
张宏生
文史　41　中华书局　1996.4

中 10808167
论陈子龙湘真阁词——《渔家傲》记梦词诠解
马祖熙
中国国学　24　1996.10

中 10808168
飞雪龙山何处是：陈子龙《念奴娇·春雪咏兰》词作年、作地及主题考
柳文耀
学术月刊　1997：2　1997

中 10808169
明代陈子龙词学观析论
涂茂龄　费臻懿
建国学报　18（上）　1999.6

中 10808170
诗与抵抗（1644–1664）（1–6）
杨牧
中国时报　1999.12.16–21

四二五、李长祥（1609–1673）

中 10808171
李长祥《天问阁集》四跋——明清史籍题记之一
周采泉
杭州大学学报　1979：3　1979

四二六、顾苓（1609–1682？）

中 10808172
顾苓生卒年考
冯保善
江海学刊　1994：6　1994

四二七、陆时雍（1610–1644）

中 10808173
明代主神韵之说的陆时雍
龚显宗
华学月刊　135　1983.3

中 10808174
从“真趣”到“神韵”的执着追寻——陆时雍《诗镜总论》肤说
祝峰
广西师院学报　1989：3　1989

中 10808175
略论明代陆时雍的《诗镜》
赵永纪
南开学报　1990：3　1990

四二八、陆人龙（1610–1645）

中 10808176
《幻影》第六回的来源（小说琐谈）
叶德均
戏曲小说丛考　中华书局　1979.5

中 10808177
《三刻拍案惊奇》部分篇目本事考略
陈敏杰
明清小说研究　1988：4　1988

中 10808178
悲歌慷慨《丹忠录》:《辽海丹忠录》初探
欧阳健
宁夏教育学院学报　1988：4　1988

中 10808179
《三刻拍案惊奇》本事考补
胡晨
明清小说研究　1990：2　1990

中 10808180
《三刻拍案惊奇》反映的明代社会生活
姜守鹏
东北师大学报　1990：3　1990

中 10808181
《型世言》——一部佚失了三百多年的短篇小说集
陈庆浩
中国文哲研究通讯　2：4　1992.12

中 10808182
遗失三百多年的珍品——话本体小说《型世言》
司马师
中国图书评论　1993：2　1993

中 10808183
韩国所见奎章阁藏本《型世言》
［韩］朴在渊著 ［韩］朴德俊译
文学遗产 1993：3 1993

中 10808184
《型世言》与明代商品货币经济
王平
东岳论丛 1993：4 1993

中 10808185
《型世言》及《三刻拍案惊奇》等书考略
金荣华
华冈文科学报 19 1993.7

中 10808186
关于《型世言》的发现及出版
钟来因
社科信息 1993：7 1993

中 10808187
三言二拍一型：明代白话短篇小说集《型世言》的发现与研究
屈小玲
文艺报 1993.9.25

中 10808188
《型世言》研究三题
陈辽
杭州大学学报 1994：1 1994

中 10808189
一部新发掘出的明末奇书——《型世言》漫议
朱成蓉
临沂师专学报 1994：4 1994

中 10808190
燕山版《型世言》脱文衍文俯拾
李国庆
中国图书评论 1994：5 1994

中 10808191
《型世言》刍论
赵俊玠
小说评论 1994：5 1994

中 10808192
陆人龙《型世言》思想探究
孙秀君
中华文化学报 1 1994.6

中 10808193
毛文龙是英雄还是罪人：关于《辽海丹忠录》的思考
白坚
明清小说研究 1995：1 1995

中 10808194
论梦觉道人、西湖浪子的编写心态
张建川
四川师范学院学报 1995：2 1995

中 10808195
《型世言》的叙述与审美视角论
朱成蓉
西南民族学院学报 1995：2 1995

中 10808196
怎样阅读《型世言》
黄霖
古典文学知识　1995：4　1995

中 10808197
《型世言》与明末拟话本的走向
欧阳代发
社会科学研究　1995：4　1995

中 10808198
《型世言》考略补述
金荣华
华冈文科学报　20　1995.4

中 10808199
明代拟话本小说《型世言》语词例释
董志翘
古汉语研究　1995：4　1995

中 10808200
斑斓的明代市井图：兼议《型世言》的叙述与审美视角
朱成蓉
中国文化研究　1996：1　1996

中 10808201
《型世言》词语札记
徐之明
贵州文史丛刊　1996：2　1996

中 10808202
《型世言》词语札记
丁晓山
首都师范大学学报　1996：4　1996

中 10808203
《三言》与《型世言》礼教观
金孝真
辅大中研所学刊　6　1996.6

中 10808204
《型世言》中之型世典范及所反映之社会乱象
关尚智
台北技术学院学报　29：2　1996

中 10808205
《型世言》本事考述
关尚智
大陆杂志　93：5　1996

中 10808206
《型世言·题辞》校议
王锳
贵州大学学报　1997：2　1997

中 10808207
中华书局版《型世言》标点商兑
徐之明
贵州文史丛刊　1997：3　1997

中 10808208
《型世言》与“三言”的比较研究
刘兴汉
社会科学战线　1997：4　1997

中 10808209
《型世言》对原始素材之改写加工——以第三回为例
关尚智
台北技术学院学报　30：2　1997.9

中 10808210
《型世言》素材来源（1–3）
张安峰
明清小说研究　1998：1–3　1998

中 10808211
关于《〈型世言〉词语札记》的几点不同意见
关尚智
书目季刊　32：1　1998.6

中 10808212
《型世言》各回前评者所署名号考述
关尚智
台北科技大学学报　31：2　1998.9

中 10808213
《型世言》：300 年后重现于世的小说集
［法］陈庆浩著　孙凯译
欧洲中国古典文学研究名家十年文选　江苏人民出版社　1998.12

中 10808214
《型世言》札记四题
关尚智
大陆杂志　98：1　1999

中 10808215
首部《型世言》校注本述评
张启成
贵州文史丛刊　1999：4　1999

中 10808216
《型世言评注》注释订正
王锳　吴书荫
贵州文史丛刊　1999：4　1999

中 10808217
《型世言评注》的启示
张明高　陈曦钟
明清小说研究　2000：1　2000
红楼疑思录　新华出版社　2000.1

中 10808218
《型世言》第十二回李时勉本事辨析
万晴川
中国典籍与文化　2000：1　2000

中 10808219
短篇小说集《型世言》及其成书年代
刘美源
古典文学知识　2000：3　2000

中 10808220
《型世言》人物语言艺术
康国章
殷都学刊　2000：4　2000

四二九、沈嵊（1610–1645）

中 10808221
沈嵊与且居批评《息宰河》传奇
陈美林　陈一民　冯保善
文献　1987：3　1987

四三〇、黄周星（1611–1680）

中 10808222
曲自有体——读黄周星《制曲枝语》
戴不凡（柏繁）
艺谭　1980：3　1980

中 10808223
试论黄周星及其《人天乐》传奇
龙传仕（龙华）
中国文学研究　1985：1　1985

中 10808224
既情深而兴雅　亦悱恻而洒落——黄周星《满庭芳·送友人还会稽》试析
赵齐平
文史知识　1990：3　1990

四三一、杨宛（1612–1644）

中 10808225
挚诚率直的杨宛词
张毅
龙岩师专学报　1998：1　1998

四三二、方文（1612–1669）

中 10808226
《六声猿》及其他——读方文《涂山集》一得
蒋星煜（布谷、白甲）
艺谭　1985：3　1985

四三三、蔡玉卿（1612–1694）

中 10808227
黄道周夫人的诗
张守洽
福建日报　1962.10.11

中 10808228
略论黄道周夫人蔡玉卿的生平及诗歌
黄高宪
宁德师专学报　1993：2　1993

四三四、叶小纨（1613–1657）

中 10808229
明末杂剧女作家
李大珂
人民日报　1981.3.9

中 10808230
我国历史上第一个女剧作家——叶小纨
刘晓伟
河南戏剧　1983：1　1983

中 10808231
明代戏剧家叶小纨卒年及作品考
李真瑜
文学遗产　1989：2　1989

四三五、魏耕（1614–1662）

中 10808232
魏耕的人品与诗风
张宏生
古典文学知识　1995：6　1995

四三六、徐延寿（1614–1662）

中 10808233
读《尺木堂集》
黄曾樾
福建师范学院学报　1957：2　1957

四三七、陈子升（1614–1692）

中 10808234
读陈子升先生《中洲草堂遗集》书后
余祖明
广东文学　8：2　1978.6

四三八、沈一枝（1614–1697）

中 10808235
《桃花寨》传奇作者问题
马蹄疾
江海学刊　1962：5　1962

四三九、张家玉（1615–1647）

中 10808236
张家玉及其诗
赵景深（邹啸）
宇宙风（乙刊）　4　1939.9.3

中 10808237
张家玉和"军中遗稿"
麦少麟
羊城晚报　1959.9.3

四四〇、陈忱（1615–1670）

中 10808238
《水浒后传》作者陈忱的爱国思想
徐扶明（辅民）
文学遗产　111　1956.7
文学遗产选集　2　作家出版社　1957.4
水浒研究论文集　作家出版社　1957.7

中 10808239
陈忱和《水浒后传》
成柏泉
水浒研究论文集　作家出版社　1957.7
中国古典小说评论集　北京出版社　1957.12

中 10808240
陈忱与《水浒后传》
熊德基
文学遗产增刊　7　中华书局　1959.12

中 10808241
《水浒后传》作者的诗
赵景深（邹啸）
中国小说丛考　齐鲁书社　1980.10

中 10808242
论《水浒后传》的创作意图
刘靖安
安阳师专学报　1983：3　1983

中 10808243
陈忱诗抄
郑公盾
水浒传论文集　宁夏人民出版社　1983.5

中 10808244
关于陈忱和《水浒后传》
郑公盾
水浒传论文集　宁夏人民出版社　1983.5

中 10808245
论《水浒后传》的爱国主义主题
刘靖安
贵州文史丛刊　1985：4　1985

中 10808246
略论《水浒后传》的作者陈忱
陈周昌
明清小说研究　1　中国文联出版公司　1985.8

中 10808247
陈忱《水浒后传》杂议
萧相恺
明清小说研究　1　中国文联出版公司　1985.8

中 10808248
《水浒后传》作者陈忱的小说理论
周伟民
水浒争鸣　5　武汉大学出版社　1987.8

中 10808249
《水浒后传》对泷泽马琴的影响
［美］魏爱莲
明清小说论丛　5　春风文艺出版社　1987.9

中 10808250
乌托边缘：评威德莫尔《乌托边缘〈水浒后传〉与明代忠义文学研究》
桑鲁卿
联合文学　4：8　1988.6

中 10808251
评陈忱《水浒后传》的情节与人物
李平科
广东教育学院学报　1990：2　1990

中 10808252
《水浒》续书评析（1）：金鳌背上起蛟龙——水浒后传
戈壁
明道文艺　208　1993.7

四四一、叶小鸾（1616–1632）

中 10808253
题小鸾《疏香阁集》后：小鸾前明才女集名返生香［闺秀摘珠集续第五期］
黄浚　金嗣献　杨芸
国学杂志　1916：6　1916

中 10808254
叶小鸾及其词
区宗坤
厦大周刊　12：8　1932.11

中 10808255
叶小鸾与《疏香阁集》
谢康
国语日报·书和人　129　1970.2

中 10808256
绝世才女叶小鸾
周宗盛
词林探胜　水牛出版社　1976.12

中 10808257
九天亦复称才乏　独向人间索女郎：明末才女叶小鸾述概
夏咸淳
古典文学知识　1991：4　1991

四四二、无遮道人（1616？–？）

中 10808258
论新发现的孤本小说“出像批评海陵佚史”及其他
沈津
书目季刊　29：1　1995.6

四四三、丘园（1617–1690）

中 10808259
丘园（江苏戏曲家）
云秋
江苏戏曲　1959：11　1959

四四四、杨炤（1617–1692）

中 10808260
《怀古堂诗选》考
江村
苏州大学学报　1985：4　1985

四四五、金瓶梅（1617？–？）

（一）综论

中 10808261
《金瓶梅词话》随录
赵景深（邹啸）
红茶　1938：2　1938
小说戏曲新考　世界书局　1939.1
金瓶梅资料续编　北京大学出版社　1991.1

中 10808262
《金瓶》小札
姚灵犀
瓶外卮言　天津书局　1940.8
瓶外卮言　天津市古籍书店　1989.11
金瓶梅资料续编　北京大学出版社　1991.1

中 10808263
《金》《红》胜语
姚灵犀
瓶外卮言　天津书局　1940.8
瓶外卮言　天津市古籍书店　1989.11
金瓶梅资料续编　北京大学出版社　1991.1

中 10808264
谈《金瓶梅词话》
郑振铎（西谛、郭源新）
瓶外卮言　天津书局　1940.8
中国文学研究（上）　作家出版社　1957.12
文学　1：1　1975.4
论金瓶梅　文化艺术出版社　1984.12
瓶外卮言　天津市古籍书店　1989.11
金瓶梅资料续编　北京大学出版社　1991.1
名家解读金瓶梅　山东人民出版社　1998.1

中 10808265
谈《金瓶梅》
叶庆炳
公论报　1950.8.22

中 10808266

明代小说与子弟书——《金瓶梅》之故事

傅惜华

曲艺论丛（中国戏曲理论丛书） 上杂出版社 1953.2

金瓶梅资料续编 北京大学出版社 1991.1

中 10808267

《金瓶梅》创作时代考索——兼与吴晗同志商榷《金瓶梅》著作时代问题

龙传仕（龙华）

湖南师范学院社会科学学报 1962：4 1962

古典文学论文选 湖南人民出版社 1984.5

金瓶梅评注 漓江出版社 1986.8

中 10808268

为什么要如此推崇《金瓶梅》？

张德顺 刘秀身 吕全来 彭志超

开封师院学报 1964：2 1964

中 10808269

《金瓶梅》的沿革

令琛

公教智识 350 1968.3

中 10808270

明末司法的黑幕重重——《金瓶梅》是一部好书

剑鸣

生力月刊 5：53 1972

中 10808271

《金瓶梅》里的饮食和物价

胡圣如

中国文选 69 1973.1

中 10808272

《金瓶梅》与《续金瓶》

周越然

春秋 19：3 1973.9

中 10808273

谈《金瓶梅》

罗振民

中国古典小说研究 黎明文化事业股份有限公司 1975.10

中 10808274

袁小修与《金瓶梅》

魏子云

国语日报·书和人 272 1975.10

中 10808275

袁中郎与《金瓶梅》

魏子云

中国古典小说论集 1 幼狮文化公司期刊部 1975.12

金瓶梅探原 巨流图书公司 1979.4

中 10808276

《金瓶梅》的面面观

黄得时

中华文化复兴月刊 9：5 1976

中 10808277
浅谈奇书《金瓶梅》
缪天华
国语日报・书和人　293　1976.8

中 10808278
《金瓶梅》与人情小说
吴双翼
明清小说讲话　香港上海书局　1976.8
明清小说讲话　台北木铎出版社　1983.9

中 10808279
庞春梅:《金瓶梅》的命名
孙述宇
晚报月刊（香港）　12　1976.12
明报　12：12　1977
金瓶梅的世界　北方文艺出版社　1987.2

中 10808280
《红楼梦》与《金瓶梅》
林以亮
联合报　1977.6.6

中 10808281
《金瓶梅》别探（上、下）
魏子云
青年战士报　1977.6.17–18

中 10808282
《金瓶梅词话》的成书年代（上、下）
魏子云
出版与研究　3–4　1977.8
金瓶梅探原　巨流图书公司　1979.4

中 10808283
《水浒传》与《金瓶梅词话》(上、下)
魏子云
出版与研究　17–18　1978.3
金瓶梅探原　巨流图书公司　1979.4

中 10808284
《金瓶梅》端引
魏子云
出版与研究　23　1978.6
金瓶梅探原　巨流图书公司　1979.4

中 10808285
《金瓶梅》的饮食世界（1–19）
童世璋
民众日报　1979.2.21–3.17

中 10808286
《金瓶梅》名物考
张易克
民众日报　1979.3.23–27

中 10808287
《金瓶梅》的盲点
戴良
民众日报　1979.4.3、6

中 10808288
《金瓶梅》里所保存数术（上、下）
郭立诚
爱书人　1979.4.11、21

中 10808289
为《金瓶梅探原》作答（上、中、下）

魏子云
中华日报　1979.5.11–13

中 10808290
《金瓶梅》的命名
陈斌
民众日报　1979.5.12

中 10808291
《金瓶梅》的著作时代
刘心皇
民众日报　1979.6.19

中 10808292
《金瓶梅》之前的粉籍（上、下）
刘心皇
民众日报　1979.6.19、25

中 10808293
《金瓶梅》写作的时代背景
刘心皇
民众日报　1979.6.21

中 10808294
《金瓶梅》的探原
魏子云
台湾新闻报　1979.10.18

中 10808295
《金瓶梅》所反映的阶级斗争
朱星
河北大学学报　1980：1　1980
金瓶梅考证　百花文艺出版社　1980.10

中 10808296
《金瓶梅》零札六题
戴不凡（柏繁）
小说见闻录　浙江人民出版社　1980.2

中 10808297
《金瓶梅》的故事梗概和主要人物评介
朱星
河北大学学报　1980：3　1980
论金瓶梅　文化艺术出版社　1984.12

中 10808298
《金瓶梅》小考
陈诏
上海师范学院学报　1980：3　1980
北方论丛　1981：6　1981
红楼梦与金瓶梅　宁夏人民出版社　1982.8
论金瓶梅　文化艺术出版社　1984.12
金瓶梅研究　复旦大学出版社　1984.12
上海师范大学学报　1986：4　1986
名家解读金瓶梅　山东人民出版社　1998.1
金瓶梅小考　上海书店出版社　1999.12

中 10808299
《金瓶梅》编年说
魏子云
中外文学　8：11　1980
中国古代小说研究——台湾香港论文选辑　上海古籍出版社　1983.5

中 10808300
《金瓶梅》头上的王冠

魏子云
中国古典小说研究专集 2 联经出版事业公司 1980.6
金瓶梅的世界 北方文艺出版社 1987.2

中 10808301
论《金瓶梅》谢跋书
[美] 马幼垣
中国古典小说研究专集 2 联经出版事业公司 1980.6

中 10808302
《金瓶梅》编年纪事(1–16)
魏子云
台湾日报 1980.7.2–17

中 10808303
《金瓶梅》和《红楼梦》的关系
朱星
金瓶梅考证 百花文艺出版社 1980.10

中 10808304
《金瓶梅》的故事梗概和主要人物简介
朱星
金瓶梅考证 百花文艺出版社 1980.10

中 10808305
《金瓶梅词话》与曲子
赵景深(邹啸)
中国小说丛考 齐鲁书社 1980.10
论金瓶梅 文化艺术出版社 1984.12
金瓶梅资料续编 北京大学出版社 1991.1

中 10808306
谈《金瓶梅词话》
赵景深(邹啸)
中国小说丛考 齐鲁书社 1980.10

中 10808307
《金瓶梅》引言
[英] 阿瑟・戴维・韦利著 顾希春译
河北大学学报 1981:1 1981
金瓶梅研究 复旦大学出版社 1984.12
金瓶梅的世界 北方文艺出版社 1987.2

中 10808308
论《金瓶梅》
徐朔方
浙江学刊 1981:1 1981
论金瓶梅 文化艺术出版社 1984.12
论金瓶梅的成书及其它 齐鲁书社 1988.1
名家解读金瓶梅 山东人民出版社 1998.1

中 10808309
《金瓶梅》成书补证
徐朔方
杭州大学学报 1981:1 1981
论汤显祖及其他 上海古籍出版社 1983.8
金瓶梅研究 复旦大学出版社 1984.12

中 10808310
试论《红楼梦》与《金瓶梅》
张俊
北京师范大学学报 1981:3 1981

红学三十年论文选编　中卷　百花文艺出版社　1984.7
论金瓶梅　文化艺术出版社　1984.12
金瓶梅研究　复旦大学出版社　1984.12

中 10808311
《金瓶梅》的政治讽喻
魏子云
中华文艺　21：1　1981
金瓶梅考论　辽宁人民出版社　1989.10

中 10808312
谈谈《金瓶梅词话》成书及其他
杜维沫
文献　1981：1　1981
论金瓶梅　文化艺术出版社　1984.12

中 10808313
《金瓶梅》渊源的传说
郁乃尧
贵阳晚报　1981.4.2

中 10808314
《金瓶梅》不易读
魏子云
联合报　1981.4.15

中 10808315
《金瓶梅》里演《西厢记》
刘厚醇
“中央日报”　1981.4.29

中 10808316
灯市、圆社、卜筮、相面——《金瓶梅》反映的明代风习
蔡国梁
华东师范大学学报　1981：6　1981
金瓶梅考证与研究　陕西人民出版社　1984.7
论金瓶梅　文化艺术出版社　1984.12
金瓶梅研究　复旦大学出版社　1984.12
名家解读金瓶梅　山东人民出版社　1998.1

中 10808317
汤显祖和《金瓶梅》
徐朔方
群众论丛　1981：6　1981
论金瓶梅　文化艺术出版社　1984.12
论金瓶梅的成书及其它　齐鲁书社　1988.1

中 10808318
《红楼梦》和《金瓶梅》
徐朔方
红楼梦研究集刊　7　上海古籍出版社　1981.10

中 10808319
杂谈《金瓶梅词话》
夏闳
文汇月刊　1981：11　1981

中 10808320
麻城刘家和《金瓶梅》
［美］马泰来
中华文史论丛　1982：1　1982

中 10808321
论《红楼梦》和《金瓶梅》的继承和发展关系
孙逊
红楼梦新论　黑龙江人民出版社　1982.2

中 10808322
《红楼梦》与《金瓶梅》
朱捷
山西师院学报　1982：3　1982
金瓶梅研究　复旦大学出版社　1984.12

中 10808323
《红楼梦》与《金瓶梅》
虚生
红楼梦学刊　1982：3　1982

中 10808324
《忠义水浒传》与《金瓶梅词话》
黄霖
水浒争鸣　1　长江文艺出版社　1982.4
金瓶梅考论　辽宁人民出版社　1989.10

中 10808325
从《金瓶梅词话》看明人的饮食风貌
戴鸿森
中国烹饪　1982：4–5　1982
论金瓶梅　文化艺术出版社　1984.12
中国食品报　1985：9　1985
烹饪史话　中国商业出版社　1986.12
学人谈吃　中国商业出版社　1991.2
名家解读金瓶梅　山东人民出版社　1998.1

中 10808326
隔帘花影的书名
魏子云
金瓶梅审探　台北商务印书馆　1982.6

中 10808327
关于《金瓶梅》这部书
魏子云
金瓶梅审探　台北商务印书馆　1982.6

中 10808328
审探《金瓶梅》十题
魏子云
金瓶梅审探　台北商务印书馆　1982.6

中 10808329
关于《金瓶梅》编年记事
魏子云
金瓶梅审探　台北商务印书馆　1982.6

中 10808330
《金》《红》杂谈
陈诏
红楼梦与金瓶梅　宁夏人民出版社　1982.8

中 10808331
关于《金瓶梅》的社会历史背景
孙逊
红楼梦与金瓶梅　宁夏人民出版社　1982.8

中 10808332
《红楼梦》与《金瓶梅》

孙逊
红楼梦与金瓶梅　宁夏人民出版社　1982.8

中 10808333
《金瓶梅》
张健
中国文学与文学家　时报文化出版事业有限公司　1982.10

中 10808334
《清明上河图》与《金瓶梅》的瓜葛
林家治
艺谭　1983：1　1983

中 10808335
《金瓶梅》中“金华酒”非“兰陵酒”考辨
李时人
徐州师范学院学报　1983：2　1983
金瓶梅研究　复旦大学出版社　1984.12
金瓶梅新论　学林出版社　1991.8

中 10808336
《金瓶梅》反映的明后期的城市经济生活
蔡国梁
古典文学专号《齐鲁学刊》编辑部编　1983.3
金瓶梅研究　复旦大学出版社　1984.12

中 10808337
磨镜、画裱、银作、雕漆、织造——《金瓶梅》反映的明代技艺
蔡国梁
华东师范大学学报　1983：3　1983
金瓶梅考证与研究　陕西人民出版社　1984.7
金瓶梅研究　复旦大学出版社　1984.12

中 10808338
《金瓶梅》的成书年代
魏子云
中华文艺　25：1　1983

中 10808339
《金瓶梅》的影子:《肉蒲团》
水晶
中国时报　1983.3.3

中 10808340
《金瓶梅词话》谈屑
徐铭延
江海学刊　1983：4　1983
徐铭延文存　上海古籍出版社　1988.9

中 10808341
论《金瓶梅词话》
章培恒
复旦学报　1983：4　1983
金瓶梅研究　复旦大学出版社　1984.12
名家解读金瓶梅　山东人民出版社　1998.1
灾枣集　山东友谊出版社　1998.12

中 10808342
《金瓶梅》札记自序（上、中、下）
魏子云
新生报　1983.8.20–22

中 10808343
《金瓶梅》中饮酒与坐马桶的问题
［美］郑培凯（程步奎）
中国时报　1983.9.22

中 10808344
关于《金瓶梅》中的酒与马桶
魏子云
中国时报　1983.9.28

中 10808345
《金瓶梅词话》与明人饮酒时尚
［美］郑培凯（程步奎）
中外文学　12：6　1983
金瓶梅西方论文集　上海古籍出版社　1987.7

中 10808346
论《金瓶梅》的色情问题
魏子云
文讯月刊　5　1983.11

中 10808347
《金瓶梅》与严分宜（上、下）
费海玑
新生报　1983.11.10–11

中 10808348
《金瓶梅》小说与中国社会研究（上、下）
费海玑
新生报　1983.12.10–11

中 10808349
《金瓶梅》的术数与迷信
郭立诚
中国艺文与民俗　汉光文化事业股份有限公司　1984

中 10808350
从民俗角度看《金瓶梅》
郭立诚
中国艺文与民俗　汉光文化事业股份有限公司　1984

中 10808351
就《金瓶梅》研究问题答师友
张远芬
东岳论丛　1984：2　1984

中 10808352
诸城丘家与《金瓶梅》
［美］马泰来
中华文史论丛　1984：3　1984

中 10808353
宝剑锋从砥砺出——也谈《红》之“深得《金瓶》壸奥”
杨信义
盐城师专学报　1984：3　1984

中 10808354
《金瓶梅》成书新探
徐朔方
中华文史论丛　1984：3　1984
论金瓶梅的成书及其它　齐鲁书社　1988.1
小说考信编　上海古籍出版社　1997.10

中 10808355
谈《金瓶梅》
聂绀弩
读书　1984：4　1984

中 10808356
词曰：四贪词、眼儿媚——《金瓶梅》原貌探索之一
魏子云
中外文学　12：12　1984

中 10808357
在《金瓶梅》与《红楼梦》之间填补历史的空白
卢兴基
明清小说论丛　1　春风文艺出版社　1984.5

中 10808358
《金瓶梅》简论
郭豫适
华东师范大学学报　1984：6　1984

中 10808359
《金瓶梅》与古代世情小说
黄霖
江汉论坛　1984：6　1984

中 10808360
《金瓶梅》反映的明代城市经济生活
蔡国梁
金瓶梅考证与研究　陕西人民出版社　1984.7

中 10808361
《金瓶梅》反映的明代商业
蔡国梁
金瓶梅考证与研究　陕西人民出版社　1984.7

中 10808362
《金瓶梅》——一部现实主义小说
蔡国梁
金瓶梅考证与研究　陕西人民出版社　1984.7

中 10808363
从《金瓶梅》到《红楼梦》
蔡国梁
金瓶梅考证与研究　陕西人民出版社　1984.7

中 10808364
从《水浒传》到《金瓶梅》
蔡国梁
金瓶梅考证与研究　陕西人民出版社　1984.7

中 10808365
清河、东京、严州：《金瓶梅》原貌探索
魏子云
书目季刊　18：3　1984.12

中 10808366
《金瓶梅》的题材、主题与人物
赵景深（邹啸）
论金瓶梅　文化艺术出版社　1984.12

中 10808367
论《金瓶梅》
郭豫适
中国古代小说论集　华东师范大学出版社　1985.1

中 10808368
现实的，更是批判的——论《金瓶梅》
赵庆元
艺谭　1985：2　1985

中 10808369
《金瓶梅》平议
袁世硕
文史哲　1985：3　1985
文学史学的明清小说研究　齐鲁书社　1999.12

中 10808370
关于《金瓶梅》的创作成书问题——与徐朔方先生商榷
李时人
上海师范大学学报　1985：3　1985
金瓶梅新论　学林出版社　1991.8

中 10808371
《金瓶梅》的神话
［美］郑培凯（程步奎）
中国时报　1985.3.23

中 10808372
《红楼梦》与《金瓶梅》两书写作关系探微（上、下）
曾其秋
中华文艺　29：1–2　1985
红楼梦研究——台港及海外中文报刊资料专辑（特辑）　书目文献出版社　1987.3

中 10808373
《金瓶梅》刍议
郭博
牡丹江师范学院学报　1985：4　1985

中 10808374
《金瓶梅》的时代性
韩培基
宁夏大学学报　1985：4　1985

中 10808375
《金瓶梅》成书问题三考
黄霖
复旦学报　1985：4　1985
语文学习与研究　1987：3　1987
金瓶梅考论　辽宁人民出版社　1989.10

中 10808376
谈《金瓶梅》的文学性
韦君宜
华声报　1985.4.23

中 10808377
“说唱词话”和《金瓶梅词话》
李时人
复旦学报　1985：5　1985

中 10808378
古今指点《金瓶梅》

熊寒江
厦门日报　1985.6.10

中 10808379
《金瓶梅词话》故事编年
朱一玄
明清小说研究　1　中国文联出版公司　1985.8

中 10808380
《金瓶梅》杂说
孙犁
天津日报　1985.9.19

中 10808381
《金瓶梅》其书
阎中英
百科知识　1985：11　1985

中 10808382
从词话本到说散本——《金瓶梅》成书过程及作者问题研究之一
刘辉
中国古典文学论丛　3　人民文学出版社　1985.12
金瓶梅成书与版本研究　辽宁人民出版社　1986.6

中 10808383
《万历野获编》与《金瓶梅》
刘辉
徐州师范学院学报　1986：1　1986

中 10808384
袁中郎与《金瓶梅》
周钧韬
徐州师范学院学报　1986：1　1986

中 10808385
《金瓶梅》· 汤显祖 · 利玛窦 · 王彦泓父子：明季文学史上的文人关系
钟来因
福建论坛　1986：2　1986

中 10808386
《金瓶梅》萌发的小说新观念及其以后之衍化
宁宗一
中国古典小说戏曲探艺录　中州古籍出版社　1986.2

中 10808387
《金瓶梅》妇女的财色世界
魏子云
联合文学　2：5　1986.3

中 10808388
《金瓶梅》成书问题三考（论文摘编）
黄霖
文学遗产　1986：3　1986

中 10808389
《金瓶梅》补作述评
郑庆山
克山师专学报　1986：4　1986

中 10808390
从“来保押送生辰担”看《金瓶梅词话》的成书
邓瑞琼　吴敢
明清小说论丛　4　春风文艺出版社　1986.6

中 10808391
杂谈《金瓶梅》
施蛰存
随笔　1986：6　1986

中 10808392
《金瓶梅》成书年代“万历说”商兑
周钧韬
江海学刊　1986：6　1986

中 10808393
《金瓶梅成书与版本研究》序
杜维沫
金瓶梅成书与版本研究　辽宁人民出版社　1986.6

中 10808394
《金瓶梅》写作时代初探
徐扶明（辅民）
金瓶梅论集　人民文学出版社　1986.11

中 10808395
我国暴露文学的杰构《金瓶梅》
黄霖
金瓶梅论集　人民文学出版社　1986.11
金瓶梅考论　辽宁人民出版社　1989.10

中 10808396
《金瓶梅》的成书以及对它的评价
徐朔方
金瓶梅论集　人民文学出版社　1986.11

中 10808397
入笋、脱卸及“搓草绳”
黄霖
金瓶梅漫话　学林出版社　1986.12

中 10808398
晚明社会的一面镜子
黄霖
金瓶梅漫话　学林出版社　1986.12

中 10808399
千秋功罪大家评
黄霖
金瓶梅漫话　学林出版社　1986.12

中 10808400
第一部个人创作的长篇
黄霖
金瓶梅漫话　学林出版社　1986.12

中 10808401
《金瓶梅》之鸟瞰
黄霖
金瓶梅漫话　学林出版社　1986.12

中 10808402
明神宗与《金瓶梅》
黄霖
金瓶梅漫话　学林出版社　1986.12

中 10808403
于细微处见神理
黄霖
金瓶梅漫话　学林出版社　1986.12

中 10808404
袁中郎初透春消息
黄霖
金瓶梅漫话　学林出版社　1986.12

中 10808405
袁小修与《金瓶梅》
周钧韬
徽州师专学报　1987：1　1987

中 10808406
《红楼梦》《金瓶梅》求同比较异议——兼再论曹雪芹的借鉴与创新
傅憎享
社会科学辑刊　1987：1　1987
红楼梦大观　香港《百姓》半月刊编辑部　1987.9

中 10808407
《金瓶梅》与蒲松龄
刘辉
复旦学报　1987：1　1987

中 10808408
《金瓶梅》与中国茶文化：致张远芬先生、胡文彬先生
[日] 池本义男著　董玉舫译
徐州教育学院学报　1987：1　1987

中 10808409
浅谈《金瓶梅》对《水浒传》的继承与发展
田耒
徐州师范学院学报　1987：1　1987

中 10808410
也谈《金瓶梅》与《西厢记》：与蒋星煜先生商榷
周钧韬
华东师范大学学报　1987：2　1987

中 10808411
《金瓶梅》与明代戏曲
徐扶明（辅民）
戏剧艺术（上海戏剧学院学报）1987：2　1987

中 10808412
《金瓶梅》新论
[美] 夏志清
金瓶梅的世界　北方文艺出版社　1987.2
金瓶梅西方论文集　上海古籍出版社　1987.7

中 10808413
《金瓶梅》探源
[美] 帕特里克·D·韩南（Patrick Hanan）著　顾希春译
温州师范学院学报　1987：2　1987
金瓶梅西方论文集　上海古籍出版社　1987.7

中 10808414
《金瓶梅》是小说创作的里程碑？——中外学者谈论《金瓶梅》的价值
马安一
金瓶梅的世界　北方文艺出版社　1987.2

中 10808415
《金瓶梅》食话
张士魁
徐州教育学院学报　1987：2　1987

中 10808416
《金瓶梅》的时代背景
［日］后藤基巳
金瓶梅的世界　北方文艺出版社　1987.2

中 10808417
《金瓶梅》的文学
［日］小野忍
金瓶梅的世界　北方文艺出版社　1987.2

中 10808418
《金瓶梅》与明代的两种"善书"
周绍良
文献　1987：3　1987

中 10808419
《金瓶梅》故事地点考
陈诏
徐州师范学院学报　1987：3　1987
金瓶梅小考　上海书店出版社　1999.12

中 10808420
《金瓶梅》阅读札记二则
张远芬
徐州教育学院学报　1987：3　1987

中 10808421
《金瓶梅词话》的地理观念与徐州
一丁
徐州师范学院学报　1987：3　1987

中 10808422
《金瓶梅词曲》序言
王利器
徐州师范学院学报　1987：3　1987

中 10808423
《歧路灯》与《金瓶梅》
陈桂声
徐州师范学院学报　1987：3　1987

中 10808424
南戏《拜月亭》和《金瓶梅》
徐朔方
徐州师范学院学报　1987：3　1987
论金瓶梅的成书及其它　齐鲁书社　1988.1

中 10808425
从《金瓶梅》谈起——读书随感录
杨蒲
学术研究丛刊　1987：3　1987

中 10808426
《金瓶梅》与民间文学
曹晋杰　朱步楼
盐城师专学报　1987：3　1987

中 10808427
《金瓶梅》的时代背景的再思考
周钧韬
金瓶梅新探　百花文艺出版社　1987.4

中 10808428
袁小修与《金瓶梅》的早期面貌
周钧韬
金瓶梅新探　百花文艺出版社　1987.4

中 10808429
《金瓶梅》成书于明代隆庆前后考探
周钧韬
金瓶梅新探　百花文艺出版社　1987.4

中 10808430
《金瓶梅》书名辨识
鲁歌　马征
云南民族学院学报　1987：4　1987

中 10808431
《金瓶梅》饮食风貌
张学峰
复旦学报　1987：4　1987

中 10808432
从《金瓶梅》看明代“家庭奴隶”：“《金瓶梅》与明代社会”之一
王缵叔
宝鸡师范学院学报　1987：4　1987

中 10808433
论《金瓶梅》对《水浒传》的归化与异化
傅憎享
北方论丛　1987：5　1987

中 10808434
《金瓶梅》地理背景为今山东临清市考
王萤
晋阳学刊　1987：5　1987

中 10808435
《林兰香》与《金瓶梅》
[美]陆大伟
文学遗产　1987：5　1987

中 10808436
《金瓶梅》：中国十六世纪后期社会风俗史
李时人
文学遗产　1987：5　1987
金瓶梅新论　学林出版社　1991.8

中 10808437
关于《金瓶梅》的时代背景的再思考
周钧韬
明清小说研究　5　中国文联出版公司　1987.6

中 10808438
“陈四箴”辨正：与黄霖先生商榷《金瓶梅》成书时代问题
卜键
北京师范大学学报　1987：6　1987

中 10808439
论《金瓶梅》
[苏]娥尔嘉·费舒曼
金瓶梅西方论文集　上海古籍出版社

1987.7

中 10808440
《金瓶梅》与《林兰香》
［美］陆大伟
明清小说论丛　5　春风文艺出版社
1987.9

中 10808441
论《林兰香》与《红楼梦》——兼谈联结《金瓶梅》与《红楼梦》的“链环”
张俊
明清小说论丛　5　春风文艺出版社
1987.9

中 10808442
《金瓶梅》与山东风俗
刘辉
文史知识　1987：10　1987

中 10808443
《金瓶梅》的内容
徐君慧
从金瓶梅到红楼梦　广西人民出版社
1987.10

中 10808444
《金瓶梅》的旁流——短篇白话世情小说（拟话本）
徐君慧
从金瓶梅到红楼梦　广西人民出版社
1987.10

中 10808445
《金瓶梅》的分流
徐君慧
从金瓶梅到红楼梦　广西人民出版社
1987.10

中 10808446
《金瓶梅》产生的时代背景
徐君慧
从金瓶梅到红楼梦　广西人民出版社
1987.10

中 10808447
《金瓶梅》的异流
徐君慧
从金瓶梅到红楼梦　广西人民出版社
1987.10

中 10808448
《红楼梦》脱胎于《金瓶梅》——《红》《金》关系之一
徐君慧
从金瓶梅到红楼梦　广西人民出版社
1987.10

中 10808449
社会风习种种之一
徐君慧
从金瓶梅到红楼梦　广西人民出版社
1987.10

中 10808450
艺术的发展——拟话本与《金瓶梅》关系之一

徐君慧
从金瓶梅到红楼梦　广西人民出版社
1987.10

中 10808451
境界的开拓——拟话本与《金瓶梅》关系之二
徐君慧
从金瓶梅到红楼梦　广西人民出版社
1987.10

中 10808452
超过前人的思想高度——《红》《金》关系之二
徐君慧
从金瓶梅到红楼梦　广西人民出版社
1987.10

中 10808453
社会风习种种之二
徐君慧
从金瓶梅到红楼梦　广西人民出版社
1987.10

中 10808454
从一个家庭看社会——《红》《金》关系之三
徐君慧
从金瓶梅到红楼梦　广西人民出版社
1987.10

中 10808455
思想的升华——拟话本与《金瓶梅》关系之三
徐君慧
从金瓶梅到红楼梦　广西人民出版社
1987.10

中 10808456
前进的脚步——拟话本与《金瓶梅》关系之四
徐君慧
从金瓶梅到红楼梦　广西人民出版社
1987.10

中 10808457
或浓或淡的人影——《红》《金》关系之五
徐君慧
从金瓶梅到红楼梦　广西人民出版社
1987.10

中 10808458
历史的惰性——拟话本与《金瓶梅》关系之五
徐君慧
从金瓶梅到红楼梦　广西人民出版社
1987.10

中 10808459
动机·题材·体裁
郑庆山
金瓶梅论稿　辽宁人民出版社　1987.11

中 10808460
规模宏大的有机整体
郑庆山
金瓶梅论稿　辽宁人民出版社　1987.11

中 10808461
《金瓶梅》与《峄县志》
郑庆山
金瓶梅论稿　辽宁人民出版社　1987.11

中 10808462
《金瓶梅》所反映的明代经济和社会生活
郑庆山
金瓶梅论稿　辽宁人民出版社　1987.11

中 10808463
一部讽时刺世的书
郑庆山
金瓶梅论稿　辽宁人民出版社　1987.11
蒲峪学刊　1987：4　1987

中 10808464
吃馇・偷酒・学徒
伊永文
明清小说研究　6　中国文联出版公司　1987.12

中 10808465
六十名专家分析《金瓶梅》思想和艺术价值
长友
文汇报　1988.1.3

中 10808466
读《瓶》杂臆（四则）
李金波
上海师范大学学报　1988：1　1988

中 10808467
《金瓶梅》常谈
杜维沫
金瓶梅研究集　齐鲁书社　1988.1

中 10808468
《金瓶梅》对中国小说思想的变革
孟昭琏
金瓶梅研究集　齐鲁书社　1988.1

中 10808469
《金瓶梅》和《红楼梦》
徐朔方
论金瓶梅的成书及其它　齐鲁书社　1988.1
小说考信编　上海古籍出版社　1997.10

中 10808470
《金瓶梅词话》的时代特征
马美信
金瓶梅研究集　齐鲁书社　1988.1

中 10808471
《如意君传》与《金瓶梅》
刘辉
金瓶梅研究集　齐鲁书社　1988.1

中 10808472
论《醒世姻缘传》及其和《金瓶梅》的关系
徐朔方
论金瓶梅的成书及其它　齐鲁书社　1988.1
小说考信编　上海古籍出版社　1997.10

中 10808473
小说观念的更新与《金瓶梅》的价值
宁宗一
金瓶梅研究集　齐鲁书社　1988.1

中 10808474
也谈《金瓶梅》的作者及其成书时间
赵兴勤
金瓶梅研究集　齐鲁书社　1988.1

中 10808475
怎样读《金瓶梅》
石昌渝
古典文学知识　1988：1　1988

中 10808476
《肉蒲团》与《金瓶梅》:《李渔小说论稿》之七
崔子恩
学术交流　1988：1　1988
李渔小说论稿　中国社会科学出版社　1989.3

中 10808477
关于《金瓶梅》卷首"词曰"四首
徐朔方
论金瓶梅的成书及其它　齐鲁书社　1988.1
小说考信编　上海古籍出版社　1997.10

中 10808478
《金瓶梅词话》成书新证
王利器
金瓶梅研究集　齐鲁书社　1988.1
名家解读金瓶梅　山东人民出版社　1998.1

中 10808479
《金瓶梅成书与版本研究》序
徐朔方
论金瓶梅的成书及其它　齐鲁书社　1988.1

中 10808480
《金瓶梅》中的三个明代人——探讨《金瓶梅》成书年代与作者问题的又一途径
顾国瑞
金瓶梅研究集　齐鲁书社　1988.1

中 10808481
《论金瓶梅成书及其他》自序
徐朔方
金瓶梅研究集　齐鲁书社　1988.1

中 10808482
《论〈金瓶梅〉的成书及其它》前言
徐朔方
河北师院学报　1988：2　1988

中 10808483
《林兰香》《金瓶梅》《红楼梦》
王永健
红楼梦学刊　1988：3　1988

中 10808484
论《金瓶梅》《林兰香》《红楼梦》题材、主题的继承和发展
郑继家

盐城教育学院学刊　1988：3/4　1988

中 10808485
略论《水浒传》与《金瓶梅》的关系
鲁歌
贵州师大学报　1988：3　1988

中 10808486
怎样认识《金瓶梅》
流舟
文科月刊　1988：3　1988

中 10808487
“金钱崇拜”与《金瓶梅词话》
张靖龙
温州师范学院学报　1988：4　1988

中 10808488
《金瓶梅》——弱国民性的展览
朱邦国
西南民族学院学报　1988：4　1988

中 10808489
《金瓶梅》成书年代新线索
叶桂桐
北京师范大学学报　1988：4　1988

中 10808490
从《金瓶梅》谈明代的爆竹
龚亮之
“中央日报”　1988.4.14

中 10808491
冯梦龙与《金瓶梅》
魏子云
汉学研究　6：1　1988.6

中 10808492
市井文字与诗笔：《金瓶梅》《红楼梦》美学风貌比较分析
啸马（马萱剑）
江海学刊　1988：6　1988

中 10808493
海盐腔与《金瓶梅》
蒋星煜（布谷、白甲）
中国戏曲史索隐　齐鲁书社　1988.10

中 10808494
关于《金瓶梅》传奇
蒋星煜（布谷、白甲）
中国戏曲史索隐　齐鲁书社　1988.10

中 10808495
一件有意义的工作
蒋和森
文艺报　1988：12　1988

中 10808496
《金瓶梅》成书问题管见
鲁歌　马征
江汉论坛　1988：12　1988

中 10808497
也谈《金瓶梅》头上的王冠：与魏子云先生商榷
周钧韬
南京师大学报　1989：1　1989

中 10808498
《金瓶梅》是非之我见
宗德生
江西社会科学　1989：1　1989

中 10808499
《金瓶梅》寓意层次论
田秉锷
徐州师范学院学报　1989：1　1989

中 10808500
村姑·闺秀：略谈《金瓶梅》与《红楼梦》
谈凤梁　王欲祥
古典文学知识　1989：1　1989

中 10808501
腰缠十万贯，骑鹤下扬州——《金瓶梅》描写的商品经济生活摭谈
董芳　顾栋
齐齐哈尔师范学院学报　1989：1　1989

中 10808502
读《金瓶梅故事》
唐弢
文艺报　1989.1.14

中 10808503
《金瓶梅词话》的创作努力
[加]刘烈
西门庆与潘金莲——《金瓶梅词话》主人公及其他　黑龙江教育出版社　1989.2

中 10808504
《金瓶梅》与《百家公案全传》
周钧韬
明清小说研究　1989：2　1989

中 10808505
《金瓶梅词话》的创作动机
[加]刘烈
西门庆与潘金莲——《金瓶梅词话》主人公及其他　黑龙江教育出版社　1989.2

中 10808506
《野获编》所记《金瓶梅》事辨误
刘孔伏　潘良炽
齐鲁学刊　1989：2　1989

中 10808507
《金瓶梅词话》和其他小说的关系
[加]刘烈
西门庆与潘金莲——《金瓶梅词话》主人公及其他　黑龙江教育出版社　1989.2

中 10808508
一个罕见的女性世界：兼及《金瓶梅》的道德与美学思考
吕红
上海文论　1989：2　1989

中 10808509
从《金瓶梅》到《歧路灯》
弦声
殷都学刊　1989：2　1989

中 10808510
《金瓶梅》所反映的明代商业
姜守鹏

东北师大学报　1989：3　1989

中 10808511
论《红楼梦》与《金瓶梅》是两种文化
周中明
红楼梦学刊　1989：3　1989

中 10808512
《金瓶梅》思辨录
宁宗一
南开学报　1989：3　1989

中 10808513
《金瓶梅》——明代商品经济的泡沫
张子敬
蒲峪学刊　1989：3　1989

中 10808514
《金瓶梅》被禁
高洪钧
明清小说研究　1989：3　1989

中 10808515
《红楼梦》与《金瓶梅》的比较
陈昌恒
红楼　1989：3　1989

中 10808516
运河经济文化与《金瓶梅》：论《金瓶梅》的文化背景
陈东有
萍乡教育学院学报　1989：3　1989

中 10808517
《金瓶梅》成书三阶段说：兼谈《金瓶梅》的作者问题
陈辽
东岳论丛　1989：4　1989

中 10808518
《金瓶梅》之谜新解
张远芬
桥　1989：6　1989
金瓶梅说　江西教育出版社　1999.1

中 10808519
简论《醒世姻缘传》同《金瓶梅》的渊源关系
金学斯
上海大学学报　1989：6　1989

中 10808520
《金瓶梅词话》里的清河即以嘉靖时期的北京为模型初探
吴晓铃
中外文学　18：2　1989

中 10808521
《金瓶梅》为何这么贵
吴秋文
深圳特区报　1989.8.11

中 10808522
随笔《金瓶梅》
［日］泽田瑞穗
日本研究金瓶梅论文集　齐鲁书社　1989.10

中 10808523
从《水浒传》到《金瓶梅》
［日］上野惠司
日本研究金瓶梅论文集　齐鲁书社　1989.10

中 10808524
《水浒传》与《金瓶梅》
［日］大内田三郎
日本研究金瓶梅论文集　齐鲁书社　1989.10

中 10808525
《金瓶梅》解说
［日］小野忍
日本研究金瓶梅论文集　齐鲁书社　1989.10

中 10808526
《〈金瓶梅词话〉编年稿》备忘录
［日］鸟居久晴
日本研究金瓶梅论文集　齐鲁书社　1989.10

中 10808527
《金瓶梅》成书年代考
［日］日下翠
日本研究金瓶梅论文集　齐鲁书社　1989.10

中 10808528
《金瓶梅》与古代世情小说论
黄霖
金瓶梅考论　辽宁人民出版社　1989.10

中 10808529
《金瓶梅》所叙剧曲考
孙崇涛
文献　1990：1　1990

中 10808530
《金瓶梅》与明后期社会的财色疯狂
毛忠贤
宜春师专学报　1990：1　1990

中 10808531
《金瓶梅》与性心理
谢骏
暨南大学研究生学报　1990：1　1990

中 10808532
《金瓶梅》职官小考二则
成积春
史学集刊　1990：1　1990

中 10808533
从民俗描写看《金瓶梅》的时代背景
陈诏
宁波大学学报　1990：1　1990
金瓶梅小考　上海书店出版社　1999.12

中 10808534
《金瓶梅》对《水浒传》的继承与发展
刘永良
内蒙古民族师院学报　1990：2　1990

中 10808535
《金瓶梅》反映的中国资本主义萌芽
赵云忠　李洁

云南财贸学院学报　1990：2　1990

中 10808536
关于《金瓶梅》的几个问题
周维行
复旦学报　1990：2　1990

中 10808537
《金瓶梅》文化意义刍论
陈东有
明清小说研究　1990：3　1990

中 10808538
站在新的时代文化的高度观照《金瓶梅》
李时人
学习与探索　1990：3　1990
金瓶梅新论　学林出版社　1991.8

中 10808539
再论《金瓶梅》与道教
钟来因
明清小说研究　1990：3　1990

中 10808540
古代小说类型新探：兼论《金瓶梅》在小说文体演变史上的地位
宁宗一
天津社会科学　1990：3　1990

中 10808541
《金瓶梅》——一部荒诞而深邃的人生悲剧
朱德发　张清华
济宁师专学报　1990：3　1990

中 10808542
《金瓶梅》故事编年补正：与朱一玄先生商榷
朱亚平
南开学报　1990：3　1990

中 10808543
《金瓶梅》与明代宦官
陈诏
上海师范大学学报　1990：3　1990
金瓶梅小考　上海书店出版社　1999.12

中 10808544
《金瓶梅词话》中的宣卷：兼谈《金瓶梅词话》的成书过程
车锡伦
明清小说研究　1990：3　1990

中 10808545
再论《金瓶梅词话》的成书
邓瑞琼
明清小说研究　1990：3　1990

中 10808546
象牙牌及其它——读《瓶》记失（之六）
悠悠
上海师范大学学报　1990：4　1990

中 10808547
《金瓶梅》反映的明代奴婢制度
姜守鹏
史学集刊　1990：4　1990

中 10808548

《金瓶梅》故事背景年代考

洪城　董明

徐州师范学院学报　1990：4　1990

中 10808549

《金瓶梅》写作空间环境考

洪城　武钧

淮海论坛　1990：4　1990

中 10808550

《金瓶梅》与运河文化

田秉锷

徐州师范学院学报　1990：4　1990

中 10808551

《金瓶梅》中的选官制度与明王朝的衰亡

朱玉英

徐州师范学院学报　1990：4　1990

中 10808552

就《金瓶梅》食事与魏子云先生商榷

张士魁

徐州师范学院学报　1990：4　1990

中 10808553

为什么说《金瓶梅》是一部既有较高价值又有严重问题的现实主义作品?

钟小燕

中文自修　1990：5　1990

中 10808554

《金瓶梅》面面观及其价值

沈天佑

红楼梦金瓶梅纵横谈　北京大学出版社　1990.5

中 10808555

论《红楼梦》对《金瓶梅》的继承和发展

沈天佑

红楼梦金瓶梅纵横谈　北京大学出版社　1990.5

中 10808556

《金瓶梅》成书的上限

梅节

金瓶梅研究　1　江苏古籍出版社　1990.9

中 10808557

从两处更改看《金瓶梅》的成书时间

孙逊

金瓶梅研究　1　江苏古籍出版社　1990.9

中 10808558

《金瓶梅》与《红楼梦》的时间观念及其审美效应

李裴

贵州社会科学　1990：10　1990

中 10808559

《清明上河图》与《金瓶梅》

齐介文

人民日报（海外版）　1990.10.10

中 10808560

《金瓶梅》反映南清河说质疑

张家英
复旦学报　1991：1　1991

中 10808561
中国小说的第二期（节录）
郑振铎（西谛、郭源新）
金瓶梅资料续编　北京大学出版社　1991.1

中 10808562
长篇小说的进展（节录）
郑振铎（西谛、郭源新）
金瓶梅资料续编　北京大学出版社　1991.1

中 10808563
探颐索隐话《金瓶梅》——读《明代文学批评史》谈片
西村夫
绥化师专学报　1991：1　1991

中 10808564
说《金瓶梅传奇》零折旦剧第一
陈墨香
金瓶梅资料续编　北京大学出版社　1991.1

中 10808565
试论《金瓶梅》的宗教背景及宗教流行
黄吉昌
昭通师专学报　1991：1　1991

中 10808566
灯市——《金瓶梅词话》风俗考之一
阿英
金瓶梅资料续编　北京大学出版社　1991.1

中 10808567
春画——由《金瓶梅》图像谈到春宫画
谢五知
金瓶梅资料续编　北京大学出版社　1991.1

中 10808568
《金史・后妃传》与《金主亮荒淫》
郑振铎（西谛、郭源新）
金瓶梅资料续编　北京大学出版社　1991.1

中 10808569
《金瓶梅词话》故事编年考察
张家英
绥化师专学报　1991：1　1991

中 10808570
《金瓶梅》书名翻译探讨
张森林
徐州教育学院学报　1991：1　1991

中 10808571
《金瓶梅》
水
金瓶梅资料续编　北京大学出版社　1991.1

中 10808572
《金瓶梅》

三行
金瓶梅资料续编　北京大学出版社
1991.1

中 10808573
《金瓶》小景
研德
金瓶梅资料续编　北京大学出版社
1991.1

中 10808574
《金瓶》辨
阿英
金瓶梅资料续编　北京大学出版社
1991.1

中 10808575
《金瓶梅》杂话
阿英
金瓶梅资料续编　北京大学出版社
1991.1

中 10808576
说《金瓶梅传奇》零折旦剧第二
陈墨香
金瓶梅资料续编　北京大学出版社
1991.1

中 10808577
关于“运河文化”的研讨
宋体金　雍启昌
人民日报　1991.1.21

中 10808578
再论运河经济文化与《金瓶梅》
陈东有
江西大学学报　1991：2　1991

中 10808579
《金瓶梅》的地理背景
徐朔方
文学遗产　1991：2　1991
小说考信编　上海古籍出版社　1997.10

中 10808580
《金瓶梅》壸奥之我见
李公韬
抚顺师专学报　1991：2　1991

中 10808581
《金瓶梅》与道教
陈辽
南通师专学报　1991：2　1991

中 10808582
论《金瓶梅》和文化传统
陈辽
淮海论坛　1991：2　1991
社会科学研究　1991：6　1991

中 10808583
《金瓶梅》当成书于万历中期
鲁歌　马征
云南民族学院学报　1991：2　1991
金瓶梅纵横谈　北京燕山出版社　1992.2

中 10808584
散曲、剧曲与《金瓶梅》成书年代
蔡敦勇
社会科学辑刊　1991：2　1991

中 10808585
“金瓶梅现象”剖析
毛毳
郑州大学学报　1991：3　1991

中 10808586
《金瓶梅》的两条重要正误
鲁歌　马征
贵州文史丛刊　1991：3　1991

中 10808587
关于《金瓶梅》编年的“隐喻”问题——敬复魏子云先生
周中明
安徽大学学报　1991：3　1991

中 10808588
酒色财气与安身立命：《金瓶梅词话》的文化情结
陈维昭
汕头大学学报　1991：3　1991

中 10808589
中国小说的里程碑
［美］帕特里克·D·韩南（Patrick Hanan）著　包振南译
金瓶梅及其他　吉林文史出版社　1991.3

中 10808590
“白铜顿罐”与“景东人事”
王可宾
史学集刊　1991：3　1991

中 10808591
《金瓶梅》故事年代与写作年代
洪城　明武
江苏社会科学　1991：3　1991

中 10808592
吴晗先生关于《金瓶梅》成书年代的论断不能成立
周钧韬
淮海论坛　1991：3　1991

中 10808593
《金瓶梅》书名英译刍议
张森林　王小铁
徐州师范学院学报　1991：4　1991

中 10808594
《金瓶梅》写作空间环境再考
洪城　董明
淮海论坛　1991：4　1991

中 10808595
《金瓶梅词话》是一部探讨人生的小说
许建平
明清小说研究　1991：4　1991

中 10808596
《金瓶梅》：我国第一部拟话本长篇小说
周钧韬

社会科学辑刊　1991：6　1991

中 10808597
《金瓶梅》泛解
何满子
文史哲　1991：6　1991

中 10808598
明中叶后的社会本相——长篇名著《金瓶梅》
沈天佑
漫话明清小说　中华书局　1991.7

中 10808599
《金瓶梅》的作者、版本与写作背景
李时人
金瓶梅新论　学林出版社　1991.8

中 10808600
从《金瓶梅》中的妓女看明代社会对人性的摧残
载湘　苏石
徐州师范学院学报　1992：1　1992

中 10808601
从《金瓶梅》看大运河文化的特色与局限
马征
社会科学辑刊　1992：1　1992

中 10808602
从《金瓶梅》对官僚制度的揭露看明朝的灭亡
周金降　朱玉英
徐州师范学院学报　1992：1　1992

中 10808603
《金瓶梅》打秋千诗与解学士
程有庆
文献　1992：1　1992

中 10808604
《金瓶梅》写作年代的重要鉴证：兼与香港梅节先生商榷
洪城　董明
淮海论坛　1992：1　1992

中 10808605
谈《金瓶梅》中的人名谐音与成书
孟昭连
徐州师范学院学报　1992：1　1992

中 10808606
《浮生六记》与《金瓶梅》
张蕊青
明清小说研究　1992：2　1992

中 10808607
《金瓶梅》的题材、人物和结构
蒋庆山　滕培莒
中南民族学院学报　1992：2　1992

中 10808608
《金瓶梅》明季城镇私园
孙小力
广西师范大学学报　1992：2　1992

中 10808609
漫谈《如意君传》与《金瓶梅传》
鲁歌　马征

金瓶梅纵横谈　北京燕山出版社　1992.2

中 10808610
试论《金瓶梅》《红楼梦》的美学分野
董芳
绥化师专学报　1992：3　1992

中 10808611
游移视角与固定视角:《水浒传》与《金瓶梅》的视角差异
田秉锷
淮阴师专学报　1992：3　1992

中 10808612
《金瓶梅》与晚明历史走向
杜学平　杨传珍
淮阴师专学报　1992：3　1992

中 10808613
论《金瓶梅》对明代社会失范的描写
毛忠贤
江西大学学报　1992：4　1992

中 10808614
《金瓶梅词话》简析
章培恒
古典小说十讲　中华书局　1992.4

中 10808615
已见塞梅发，复闻鸟啼声：试论《金瓶梅》《红楼梦》的美学分野
董芳
广东社会科学　1992：6　1992

中 10808616
老舍与《金瓶梅》(文摘)
沙北
新闻出版报　1992.7

中 10808617
《金瓶梅》：一个特权商人的恶性膨胀史——与"新兴商人悲剧"说商榷
高培华　杨清莲
河南大学学报　1992：5　1992

中 10808618
读《金》琐记
陈鸿祥
明清小说研究　1992：3/4　1992

中 10808619
兰不挡门，不锄何害:《金瓶梅》性文化说
田秉锷
枣庄师专学报　1993：1　1993

中 10808620
《金瓶梅》谈巫
高潮
枣庄师专学报　1993：1　1993

中 10808621
红学・金学・文学：胡文彬先生访谈录
钱文亮
通俗文学评论　1993：2　1993

中 10808622
从服饰看《金瓶梅》反映的时代背景
黄强

江苏教育学院学报　1993：2　1993

中 10808623
《金瓶梅》中的古代体育活动
赵锡春
萍乡高等专科学校学报　1993：2　1993

中 10808624
“书帕”含义的演变与《金瓶梅词话》的成书年代
李忠明
南京师大学报　1993：2　1993

中 10808625
《金瓶梅》与《红楼梦》对谈二题
季学原
宁波师院学报　1993：3　1993

中 10808626
《金瓶梅》与中国古代性文化
丁东
名作欣赏　1993：3　1993

中 10808627
行人卦·相思卦·鞋崇拜:《金瓶梅》风俗漫谈之一
刘桂秋
东南文化　1993：3　1993

中 10808628
性·人物·审美——《金瓶梅》谈片
张国星
中国古代小说中的性描写　百花文艺出版社　1993.3
名家解读金瓶梅　山东人民出版社　1998.1

中 10808629
《金瓶梅》——批判现实主义的杰作
徐洪岐　汤国梁
济宁师专学报　1993：4　1993

中 10808630
略谈《金瓶梅》中的职官名
黄立新
上海大学学报　1993：4　1993

中 10808631
关于《金瓶梅》的漫谈
吴组缃
文学遗产　1993：5　1993
中国小说研究论集　北京大学出版社　1998.1

中 10808632
明代文化背景下的《金瓶梅》创作及评论
郑颂
社会科学战线　1993：5　1993

中 10808633
先吃饭　后饮酒
陈诏
金瓶梅六十题　上海书店出版社　1993.12

中 10808634
漫谈金瓶宴
陈诏

金瓶梅六十题　上海书店出版社
1993.12

中 10808635
明代人的喝汤
陈诏
金瓶梅六十题　上海书店出版社
1993.12

中 10808636
拍电视剧《金瓶梅》的三难
陈诏
金瓶梅六十题　上海书店出版社
1993.12

中 10808637
清河县和阳谷县
陈诏
金瓶梅六十题　上海书店出版社
1993.12

中 10808638
曲笔写宦官
陈诏
金瓶梅六十题　上海书店出版社
1993.12

中 10808639
筛酒
陈诏
金瓶梅六十题　上海书店出版社
1993.12

中 10808640
宋徽宗和明世宗
陈诏
金瓶梅六十题　上海书店出版社
1993.12

中 10808641
马桶、坑厕和其他
陈诏
金瓶梅六十题　上海书店出版社
1993.12

中 10808642
王世贞不爱喝金华酒
陈诏
金瓶梅六十题　上海书店出版社
1993.12

中 10808643
古代的“看春”风俗
陈诏
金瓶梅六十题　上海书店出版社
1993.12

中 10808644
晏公庙考
陈诏
金瓶梅六十题　上海书店出版社
1993.12

中 10808645
遥念香港一枝梅
陈诏
金瓶梅六十题　上海书店出版社

1993.12

中 10808646
刘伶坟在何处
陈诏
金瓶梅六十题　上海书店出版社
1993.12

中 10808647
头脑酒
陈诏
金瓶梅六十题　上海书店出版社
1993.12

中 10808648
龙袍附图
陈诏
金瓶梅六十题　上海书店出版社
1993.12

中 10808649
看新编京剧《金瓶二莲》
陈诏
金瓶梅六十题　上海书店出版社
1993.12

中 10808650
何谓“天心五雷法”？
陈诏
金瓶梅六十题　上海书店出版社
1993.12

中 10808651
古代筵席菜点知多少？
陈诏
金瓶梅六十题　上海书店出版社
1993.12

中 10808652
对孔子的大不敬
陈诏
金瓶梅六十题　上海书店出版社
1993.12

中 10808653
答荒木猛先生
陈诏
金瓶梅六十题　上海书店出版社
1993.12

中 10808654
从一句俗谚看《金瓶梅》
陈诏
金瓶梅六十题　上海书店出版社
1993.12

中 10808655
蔡京贺表与严嵩的《庆云赋》
陈诏
金瓶梅六十题　上海书店出版社
1993.12

中 10808656
《金瓶梅》中的避讳
陈诏
金瓶梅六十题　上海书店出版社
1993.12

中 10808657
《金瓶梅》与《怀春雅集》
陈诏
金瓶梅六十题　上海书店出版社 1993.12

中 10808658
《金瓶梅》书名新解
陈诏
金瓶梅六十题　上海书店出版社 1993.12

中 10808659
“兰桂齐芳”和“桂子兰孙”
陈诏
金瓶梅六十题　上海书店出版社 1993.12

中 10808660
以鹅为贵　以鹅为先
陈诏
金瓶梅六十题　上海书店出版社 1993.12

中 10808661
关于“雷震凝神殿鸱尾”
陈诏
金瓶梅六十题　上海书店出版社 1993.12

中 10808662
《金瓶梅》名贴考
潘建国
上海师范大学学报　1994：1　1994

中 10808663
《红楼梦》与《金瓶梅》及唐诗汉赋
肖甫春
大庆高等专科学校学报　1994：1　1994

中 10808664
世情小说的佳构——《金瓶梅》
张强
淮阴教育学院学报　1994：2　1994

中 10808665
《金瓶梅》所见晚明市镇音乐活动
梁今知
徐州师范学院学报　1994：2　1994

中 10808666
《金瓶梅》的多元世界
张立德
固原师专学报　1994：2　1994

中 10808667
由《金瓶梅》的“斗草”习俗谈其源流：《〈金瓶梅〉风俗漫谈》之三
刘桂秋
无锡教育学院学报　1994：3　1994

中 10808668
从《金瓶梅》“借用”中的新发现论其作者及成书方式
邵夻
明清小说研究　1994：3　1994

中 10808669
《金瓶梅》琐议

舒永衡
黔南民族师专学报　1994：4　1994

中 10808670
对人类悲剧的思索与揭示：《金瓶梅》人际关系概论
田秉锷
名作欣赏　1994：4　1994

中 10808671
从“金瓶梅现象”到“贾宝玉情结”：中国古代性意识之美学嬗变
李建中
华中师范大学学报　1994：4　1994

中 10808672
《金瓶梅》与徽州
潘志义
徽州社会科学　1994：4　1994

中 10808673
《金瓶梅》：世情书与怪才奇书的双重品格
杨义
文学评论　1994：5　1994

中 10808674
《金瓶梅》与中国古代性观念
王志武
华夏文化　1994：5　1994

中 10808675
《红楼梦》是“脱胎”于《金瓶梅》吗？
胡邦炜
红楼梦中的悬案　四川人民出版社　1994.6

中 10808676
《金瓶梅》与齐鲁文化
栾昌大
齐鲁学刊　1994：6　1994

中 10808677
《金瓶梅》与《废都》对读
种衍璋（种扬）
内蒙古电大学刊　1995：1　1995

中 10808678
《金瓶梅》现象
冯子礼
明清小说研究　1995：1　1995

中 10808679
从水产品看《金瓶梅》的生活场景
高梁
明清小说研究　1995：2　1995

中 10808680
《金瓶梅》中的酒文化
吴晓明
徐州师范学院学报　1995：2　1995

中 10808681
《金瓶梅》请贴考
潘建国
上海师范大学学报　1995：2　1995

中 10808682
读《金瓶梅》杂记

刘心武
明清小说研究　1995：3　1995

中 10808683
关于《金瓶梅》
萧相恺
明清小说研究　1995：3　1995

中 10808684
从《金瓶梅》看明季对儒学的继承和撞击
王胜运
东方文化　1995：4　1995

中 10808685
倒踏门·割衫襟·望门寡：《金瓶梅》风俗漫谈之五
刘桂秋
无锡教育学院学报　1995：4　1995

中 10808686
李开先和《金瓶梅》
孟凡模
青年思想家　1995：4　1995

中 10808687
陆云龙和《金瓶梅》
傅憎享
中国图书评论　1995：4　1995

中 10808688
关于《金瓶梅》的断想
钟礼平
浙江学刊　1995：5　1995

中 10808689
《金瓶梅》——由神到人的回归
杨爱群
社会科学辑刊　1995：6　1995

中 10808690
《金瓶梅》与明代道教活动
王尧
道家文化研究　7　上海古籍出版社　1995.6

中 10808691
《金瓶梅》论源
陈伯衡
中国文化大学中文学报　3　1995.7

中 10808692
《金瓶梅》琐说
史至深
社会科学报　1995.8.10

中 10808693
色与美：《金瓶梅》性主题的复调变奏——笑笑生的自我解构与性主题变奏
叶舒宪
原学　3　广播出版社　1995.8

中 10808694
《金瓶梅》中的茶文化
张菊生
新疆军垦报　1995：10　1955
价格信息报　1996：3　1995

中 10808695
从《金瓶梅》例说小说的史地问题
魏子云
明清小说研究 1996：1 1996
书目季刊 30：1 1996.6

中 10808696
《金瓶梅》：文化裂变孕育的畸形儿
王平
山东大学学报 1996：1 1996

中 10808697
拨开迷雾，重新认识《金瓶梅》
韩希明 周少伯
牡丹江师范学院学报 1996：1 1996

中 10808698
《金瓶梅》：半部中国古代妇女苦难史
余岢
枣庄师专学报 1996：2 1996

中 10808699
《金瓶梅》与东京开封：《金瓶梅》社会价值初探
王基
河南师范大学学报 1996：3 1996

中 10808700
《废都》与《金瓶梅》比较论
陈留生
通俗文学评论 1996：3 1996

中 10808701
畸形的反叛 大胆的否定：也说《金瓶梅》
吴帼屏
中国文学研究 1996：4 1996

中 10808702
《金瓶梅》的构思——《金瓶梅》与《封神演义》《三国志演义》的关系
［日］大塚秀高作 胡德友译
明清小说研究 1996：4 1996

中 10808703
略论《金瓶梅》中的商官一体化现象
牛贵琥
晋阳学刊 1996：4 1996

中 10808704
《金瓶梅》价值新论
姚莽
学术交流 1996：4 1996

中 10808705
试解《金瓶梅》诸谜
盛鸿郎
绍兴文理学院学报 1996：4 1996

中 10808706
《金瓶梅》导言
［美］芮效卫
北美中国古典文学研究名家十年文选 江苏人民出版社 1996.5

中 10808707
从接受美学看《金瓶梅》的解读
韩玲
内蒙古社会科学 1997：1 1997

中 10808708
《金瓶梅》各类性变态的形成以及封建礼教的文化罪责
梁佛根
河池师专学报　1997:1　1997

中 10808709
从“逼上梁山”看《金瓶梅》:试论《金瓶梅》与《水浒传》的主题关联
毛德彪
临沂师专学报　1997:2　1997

中 10808710
《金瓶梅》,一部没有写完的书
薛洪
社会科学战线　1997:3　1997

中 10808711
试析《金瓶梅》中的世界图景
高小康
江海学刊　1997:3　1997

中 10808712
试论《金瓶梅》的商业史料价值
米万锁
山西财经学院学报　1997:4　1997

中 10808713
《金瓶梅》与中国酒文化
田秉锷
名家解读金瓶梅　山东人民出版社　1998.1
金瓶梅研究　1　江苏古籍出版社　1990.9

中 10808714
世纪末的困惑
马理
重庆师范学院学报　1998:1　1998

中 10808715
诸城与《金瓶梅》
魏子云
丁耀亢研究　中州古籍出版社　1998.1

中 10808716
《金瓶梅》与话本
程毅中
名家解读金瓶梅　山东人民出版社　1998.1

中 10808717
佛、道教描写与《金瓶梅》的成书时代新探
潘承玉
中外文学　26:10　1998

中 10808718
《金瓶梅》履痕寻踪
李忠昌　傅憎享
徐州教育学院学报　1998:4　1998

中 10808719
《金瓶梅》和“金瓶梅文化”
余岢　解庆兰
金瓶梅与佛道　北京燕山出版社　1998.7

中 10808720
《金瓶梅》品格辨

余嵩　解庆兰
金瓶梅与佛道　北京燕山出版社　1998.7

中 10808721
《金瓶梅》宗教典籍小考（十则）
余嵩　解庆兰
金瓶梅与佛道　北京燕山出版社　1998.7

中 10808722
黑乎乎大地　一片真齷齪——《金瓶梅》·性恶论的标本
余嵩　解庆兰
金瓶梅与佛道　北京燕山出版社　1998.7

中 10808723
《金瓶梅》面面观——一位《金瓶梅》研讨会与会者的述评与回忆
［法］André Lévy（安德列·雷威安、安德鲁·莱维）著　田宇译
欧洲中国古典文学研究名家十年文选　江苏人民出版社　1998.12

中 10808724
佛、道教描写：有关《金瓶梅》成书时代的新启示
潘承玉
金瓶梅新证　黄山书社　1999.1

中 10808725
淫母血崩——《金瓶梅》的欲望阅读
丁乃非
联合文学　15：4　1999.2

中 10808726
从《金瓶梅》看明代奴婢
陈伟明
历史月刊　135　1999.4

中 10808727
《金瓶梅》与饮食养生
黄强
国文天地　15：2　1999.7

中 10808728
金瓶梅宴与《金瓶梅》宴饮风貌
李志刚
中国饮食文化基金会会讯　5：3　1999.8

中 10808729
《金瓶梅》与明代饮食文化
陈伟明
中国饮食文化基金会会讯　5：3　1999.8

中 10808730
《金瓶梅》饮食烹饪之美学风格
赵建民
中国饮食文化基金会会讯　5：3　1999.8

中 10808731
《金瓶梅》隐喻明代厂卫考——从西门庆官职谈起
陈诏
金瓶梅小考　上海书店出版社　1999.12

中 10808732
《金瓶梅》与江南——兼评《金瓶梅与北京》

陈诏
金瓶梅小考　上海书店出版社　1999.12

中 10808733
《金瓶梅》指斥嘉靖时事考
陈诏
金瓶梅小考　上海书店出版社　1999.12

中 10808734
《金瓶梅》冒犯皇帝考
陈诏
金瓶梅小考　上海书店出版社　1999.12

中 10808735
《金瓶梅词话》札记
梅节
徐州教育学院学报　2000：1　2000

中 10808736
从《金瓶梅词话》的命名说开去——《金瓶梅》主体结构和主题思想论纲
张锦池
中国古典小说心解　黑龙江人民出版社　2000.1

中 10808737
《金瓶梅》《红楼梦》不同生命感的解读
周远斌
济宁师专学报　2000：1　2000

中 10808738
由《金瓶梅词话》中的一段笑乐院本所引起的思考
周亮
信阳师范学院学报　2000：1　2000

中 10808739
别具深意的痛史《金瓶梅》
史成明
盐城师范学院学报　2000：2　2000

中 10808740
《金瓶梅》饮食习俗管窥
叶涛
烟台师范学院学报　2000：2　2000

中 10808741
从《金瓶梅》看明代商人的政治人格
郭芳　杨德华
青岛大学师范学院学报　2000：3　2000

中 10808742
《金瓶梅》的多重义蕴
范天成
人文杂志　2000：3　2000

中 10808743
《金瓶梅》《笑笑录》之异同
傅憎享　孙炜
社会科学辑刊　2000：4　2000

中 10808744
《金瓶梅》与明代社会的金钱观念
王猛
中国矿业大学学报　2000：4　2000

中 10808745
论《金瓶梅词话》的服饰文化

孔繁华
徐州师范大学学报　2000：4　2000

中 10808746
文人小说的文化反叛:《金瓶梅》文化现象管窥
余自言
枣庄师专学报　2000：4　2000

中 10808747
《金瓶梅》与鲁西饮食文化
李志刚
中国饮食文化基金会会讯　6：4　2000.11

中 10808748
从《金瓶梅》看明代士商关系的变化
施晔
上海师范大学学报　2000：12　2000

（二）作者

中 10808749
《金瓶梅》的著者时代及其社会背景
吴晗（辰伯）
瓶外卮言　天津书局　1940.8
瓶外卮言　天津市古籍书店　1989.11

中 10808750
《金瓶梅》的产生和作者
潘开沛
光明日报　1954.8.29
论金瓶梅　文化艺术出版社　1984.12

中 10808751
关于《金瓶梅》的作者
徐梦湘
光明日报　1955.4.17

中 10808752
试谈《金瓶梅》的作者、时代、取材
张鸿勋
兰州大学学生科学论文集（人文）1957：1　1957
文学遗产增刊　6　作家出版社　1958.5
论金瓶梅　文化艺术出版社　1984.12

中 10808753
《金瓶梅》的作者
姜贵
“中央日报”　1976.6.23

中 10808754
《金瓶梅词话》的作者（1–4）
魏子云
中华日报　1977.7.28–31

中 10808755
论兰陵笑笑生
魏子云
出版与研究　12　1977.12.16
金瓶梅探原　巨流图书公司　1979.4

中 10808756

《金瓶梅》的作者究竟是谁？［《金瓶梅》考证（2）］

朱星

社会科学战线　1979：3　1979

金瓶梅考证　百花文艺出版社　1980.10

中 10808757

黑塔山与奔山——试解《金瓶梅》作者及地点之谜并为沈德符辨诬（上、中、下）

高阳

中华日报　1979.4.26–28

文学思潮　1979：5　1979

中 10808758

《金瓶梅》的作者（上、下）

刘心皇

民众日报　1979.6.11、18

中 10808759

《金瓶梅》著者的另一说

刘心皇

民众日报　1979.6.20

中 10808760

《金瓶梅》的作者问题

杜若

台肥月刊　20：11　1979.11

中 10808761

《金瓶梅》的写定者是李开先

徐朔方

杭州大学学报　1980：1　1980

论汤显祖及其他　上海古籍出版社　1983.8

金瓶梅研究　复旦大学出版社　1984.12

中 10808762

也谈《金瓶梅》作者的籍贯——对戴不凡“金华说”的考辨

张远芬

徐州师范学院学报　1981：2　1981

中 10808763

《金瓶梅》的作者是山东峄县人——再与朱星先生商榷

张远芬

徐州师范学院学报　1981：4　1981

中 10808764

《金瓶梅》的作者

田宗尧

书目季刊　15：4　1982.3

中 10808765

《金瓶梅》作者新证

张远芬

徐州师范学院学报　1982：3　1982

论金瓶梅　文化艺术出版社　1984.12

金瓶梅研究　复旦大学出版社　1984.12

名家解读金瓶梅　山东人民出版社　1998.1

中 10808766

《金瓶梅》作者是谁？——江苏教师张远芬有新发现

姚奇

文学报　1982.9.23

中 10808767

《金瓶梅》的作者是谁（1–5）

魏子云

联合报　1982.9.24–28

中 10808768

《金瓶梅》的作者究竟是谁?

晓辛

文汇报　1983.2.28

中 10808769

贾三近作《金瓶梅》说不能成立——兼谈我们考证的态度和方法问题

李时人

徐州师范学院学报　1983：4　1983

金瓶梅新论　学林出版社　1991.8

中 10808770

贾三近不是《金瓶梅》作者

李锦山　齐沛

文汇报　1983.5.30

中 10808771

“残红水上飘”衍说——论《金瓶梅词话》非李开先作（上、中、下）

魏子云

新生报　1983.6.8–10

中 10808772

《金瓶梅》作者是屠隆考

魏子云

中外文学　12：4　1983

中 10808773

屠龙（隆）是《金瓶梅》作者

魏子云

中国时报　1983.9.20

中 10808774

《金瓶梅》的写作时代与作者

王达津

文学评论丛刊　18　中国社会科学出版社　1983.10

中 10808775

我是怎样考证《金瓶梅》作者的

张远芬

文学报　1983.10.13

中 10808776

《金瓶梅作者屠隆考》补说

魏子云

古典文学　5　学生书局　1983.12

中 10808777

《金瓶梅作者屠隆考》质疑

徐朔方

杭州大学学报　1984：3　1984

论金瓶梅的成书及其它　齐鲁书社　1988.1

金瓶梅考论　辽宁人民出版社　1989.10

小说考信编　上海古籍出版社　1997.10

中 10808778

《金瓶梅》作者屠隆考

黄霖

复旦学报　1984：3–4　1984

论金瓶梅　文化艺术出版社　1984.12
金瓶梅研究　复旦大学出版社　1984.12
金瓶梅考论　辽宁人民出版社　1989.10
名家解读金瓶梅　山东人民出版社　1998.1

中 10808779
《金瓶梅》作者屠隆考续
黄霖
复旦学报　1984：4　1984
金瓶梅研究　复旦大学出版社　1984.12
金瓶梅考论　辽宁人民出版社　1989.10

中 10808780
屠隆之说两题（《金瓶梅》）
魏子云
新生报　1984.6.1

中 10808781
贾三近作《金瓶梅》说不能成立——兼谈我们应该注意考证的态度和方法问题
李时人
金瓶梅研究　复旦大学出版社　1984.12

中 10808782
《金瓶梅》的著作时代及其社会背景
吴晗（辰伯）
论金瓶梅　文化艺术出版社　1984.12
金瓶梅资料汇录　黄山书社　1986.9
金瓶梅资料续编　北京大学出版社　1991.1
名家解读金瓶梅　山东人民出版社　1998.1
金瓶梅古今研究集成　延边大学出版社　1999.6

中 10808783
关于《金瓶梅》的作者问题
朱沐
语文导报　1985：1　1985

中 10808784
《金瓶梅作者屠隆考》答疑
黄霖
杭州大学学报　1985：2　1985
金瓶梅考论　辽宁人民出版社　1989.10

中 10808785
《金瓶梅作者屠隆考》质疑之二
徐朔方
杭州大学学报　1985：2　1985
金瓶梅考论　辽宁人民出版社　1989.10

中 10808786
刻露尽相　幽伏含讥——《金瓶梅》的社会意义及作者的思想
张玄平　王良惠
鞍山师专学报　1985：2　1985

中 10808787
《金瓶梅》作者非“大名士”说——从几个方面“内证”看《金瓶梅》作者
孙逊　陈诏
上海师范大学学报　1985：3　1985

中 10808788
论《金瓶梅》的情感特性和兰陵笑笑生的创作动机

及巨涛
徐州师范学院学报　1985：3　1985

中 10808789
我心目中《金瓶梅词话》的作者
戴鸿森
读书　1985：4　1985

中 10808790
屠本畯和《金瓶梅》
顾国瑞
北京大学学报　1985：4　1985

中 10808791
《金瓶梅》的作者呼之欲出
马森
中国时报　1985.4.24
文学报　1985.7.25

中 10808792
《金瓶梅》作者考证
［日］日下翠著　夏姮翔译
明清小说论丛　3　春风文艺出版社　1985.6

中 10808793
《金瓶梅》作者之谜
刘刚直
文学知识　1985：10　1985

中 10808794
屠本畯的《金瓶梅》跋
魏子云
书目季刊　19：3　1985.12
古典文学　8　学生书局　1986.4

中 10808795
《西厢记》对《金瓶梅》的影响：兼谈《金瓶梅》的作者问题
蒋星煜（布谷、白甲）
华东师范大学学报　1986：1　1986

中 10808796
冯梦龙是《金瓶梅词话》的补足者
赵伯英
盐城师专学报　1986：1　1986

中 10808797
小议《金瓶梅》的作者是河北籍人
王强
复旦学报　1986：1　1986

中 10808798
也谈《金瓶梅》词话的作者
朱建明
复旦学报　1986：1　1986

中 10808799
《汤显祖著作金瓶梅考》的简介和质疑
徐朔方
温州师专学报　1986：1　1986
论金瓶梅的成书及其它　齐鲁书社　1988.1

中 10808800
兰陵笑笑生和他的长篇小说《金瓶梅》
［苏］李福清（李福亲、勃·里弗京、鲍·利·李福清）著　白嗣宏译

文艺理论研究　1986：4　1986

中 10808801

李开先与《金瓶梅》中有关《西厢记》之描写:《金瓶梅》作者考的一项重要参证

卜键

戏剧（中央戏剧学院学报）　1986：4　1986

中 10808802

《金瓶梅》原是评话说：兼谈《金瓶梅》的作者问题

陈辽

社会科学研究　1986：5　1986

中 10808803

屠本畯的《山林经济籍》与《金瓶梅》

刘辉

金瓶梅成书与版本研究　辽宁人民出版社　1986.6

中 10808804

《金瓶梅》作者李开先补证

卜键

金瓶梅论集　人民文学出版社　1986.11

中 10808805

屠隆与笑笑生

黄霖

金瓶梅漫话　学林出版社　1986.12

中 10808806

作者是“山东人”吗?

黄霖

金瓶梅漫话　学林出版社　1986.12

中 10808807

笑笑生究竟是谁?

黄霖

金瓶梅漫话　学林出版社　1986.12

中 10808808

王世贞被附会之始末

黄霖

金瓶梅漫话　学林出版社　1986.12

中 10808809

关于《金瓶梅》作者的二十三说

周钧韬

江汉论坛　1986：12　1986

中 10808810

《别头巾文》不能证明《金瓶梅》作者是屠隆

徐朔方

社会科学战线　1987：1　1987

论金瓶梅的成书及其它　齐鲁书社　1988.1

中 10808811

答台湾魏子云先生：兼评他的《金瓶梅》作者屠隆说

徐朔方

吉林大学社会科学学报　1987：1　1987

论金瓶梅的成书及其它　齐鲁书社　1988.1

中 10808812
"兰陵笑笑生"与"笑笑先生":《金瓶梅作者屠隆考》存疑
张庆善
大庆师专学报　1987：2　1987

中 10808813
从《金瓶梅》的问世演变推论作者是谁
魏子云
金瓶梅的世界　北方文艺出版社　1987.2

中 10808814
兰陵笑笑生和他的《金瓶梅》
［苏］李福清（李福亲、勃·里弗京、鲍·利·李福清）著　陈惇译　陆桂荣校
金瓶梅的世界　北方文艺出版社　1987.2

中 10808815
《金瓶梅》作者问题的探索
王汝梅（滋阳）
吉林大学社会科学学报　1987：3　1987

中 10808816
关于长篇小说《金瓶梅》的作者
［苏］B.C. 马努欣著　杨士毅译
吉林大学社会科学学报　1987：3　1987

中 10808817
"丘诸城"是谁？——兼与马泰来先生商榷
顾国瑞
徐州师范学院学报　1987：3　1987

中 10808818
论《金瓶梅》作者的美学追求:《金瓶梅艺术论》之一（节录）
邓星雨
徐州师范学院学报　1987：3　1987

中 10808819
李开先不可能写定《金瓶梅》
魏子云
新生报　1987.3.21

中 10808820
《开卷一笑》与《金瓶梅》作者问题：从答《笑笑先生何许人也》说起
黄霖
复旦学报　1987：4　1987

中 10808821
《金瓶梅》是王世贞及其门人的联合创作
周钧韬
金瓶梅新探　百花文艺出版社　1987.4
明清小说研究　1988：1　1988

中 10808822
《金瓶梅》作者二十三说考略
周钧韬
金瓶梅新探　百花文艺出版社　1987.4

中 10808823
《金瓶梅》作者王世贞说的再思考
周钧韬
金瓶梅新探　百花文艺出版社　1987.4

中 10808824
欣欣子是谁?
魏子云
“中央日报” 1987.5.3

中 10808825
兰陵笑笑生的世界和人生——对《金瓶梅词话》的诗浅见
胡发贵
明清小说研究 5 中国文联出版公司 1987.6

中 10808826
汤显祖创作《金瓶梅》考
［美］芮效卫
金瓶梅西方论文集 上海古籍出版社 1987.7

中 10808827
呼之欲出的笑笑生
陈诏
读书 1987：9 1987
金瓶梅六十题 上海书店出版社 1993.12
金瓶梅小考 上海书店出版社 1999.12

中 10808828
《金瓶梅》的作者
徐君慧
从金瓶梅到红楼梦 广西人民出版社 1987.10

中 10808829
《金瓶梅》趣话：作者是谁又一新说
陈诏
新民晚报 1987.10.24

中 10808830
《宝剑记》与《金瓶梅》的再比较——李开先作《金瓶梅》探考之二
卜键
金瓶梅研究集 齐鲁书社 1988.1

中 10808831
《金瓶梅》作者问题漫议
鲁歌
西北大学学报 1988：1 1988

中 10808832
“非大名士”参与《金瓶梅》创作之内证
周钧韬
徐州师范学院学报 1988：2 1988

中 10808833
从社会环境描写看《金瓶梅》作者的思想倾向
张文华
阜新师专学报 1988：2 1988

中 10808834
《金瓶梅》作者冯梦龙考述
陈昌恒
华中师范大学学报 1988：3 1988

中 10808835
《金瓶梅》作者王穉登考
鲁歌 马征
社会科学研究 1988：4 1988

中 10808836
《金瓶梅》作者冯梦龙续考
陈昌恒
湖北大学学报 1988：6 1988

中 10808837
也谈《金瓶梅》作者之谜
冯其庸
文艺报 1988.6.25

中 10808838
从《金瓶梅词话》事和回目诗看作者
［加］刘烈
西门庆与潘金莲——《金瓶梅词话》主人公及其他 黑龙江教育出版社 1989.2

中 10808839
《金瓶梅》作者的心态
刘绍智
明清小说研究 1989：2 1989

中 10808840
兰陵笑笑生
李时人
十大小说家 上海古籍出版社 1989.8

中 10808841
论屠隆罢官及其雕虫罪尤——屠隆可能写作《金瓶梅》的动机
魏子云
金瓶梅考论 辽宁人民出版社 1989.10

中 10808842
《金瓶梅作者屠隆考》答疑之二
黄霖
金瓶梅考论 辽宁人民出版社 1989.10

中 10808843
屠隆是《金瓶梅》作者
魏子云
金瓶梅考论 辽宁人民出版社 1989.10

中 10808844
《金瓶梅》作者试探
［日］鸟居久晴
日本研究金瓶梅论文集 齐鲁书社 1989.10

中 10808845
《金瓶梅词话》中的作者介入文——“看官听说”考
［日］寺村政男
日本研究金瓶梅论文集 齐鲁书社 1989.10

中 10808846
兰陵笑笑生建构《金瓶梅》的艺术视角
李永昶 李作运
文史哲 1990：1 1990

中 10808847
《金瓶梅》作者不是冯梦龙
鲁歌 马征
西北大学学报 1990：1 1990
金瓶梅纵横谈 北京燕山出版社 1992.2

中 10808848
《金瓶梅》作者诸说

张进德
殷都学刊　1990：2　1990

中 10808849
近年来《金瓶梅》作者研究综述
杨美琴
上海师范大学学报　1990：2　1990

中 10808850
“谢榛就是‘兰陵笑笑生’”说纠谬
李庆立
聊城师范学院学报　1990：3　1990

中 10808851
《金瓶梅》作者应是南方人
新林
古典文学知识　1990：3　1990

中 10808852
《金瓶梅词话》作者兰陵笑笑生即谢榛考辨
王连洲
东岳论丛　1990：3　1990

中 10808853
《金瓶梅》的道德困惑：兼谈作者的创作心态
魏崇新
徐州师范学院学报　1990：4　1990

中 10808854
《金瓶梅》著者及其年代之质疑
姚灵犀
金瓶梅资料续编　北京大学出版社　1991.1

中 10808855
《金瓶梅》作者不是谢榛：与王连洲先生商榷
鲁歌　马征
东岳论丛　1991：1　1991
金瓶梅纵横谈　北京燕山出版社　1992.2

中 10808856
《金瓶梅作者为李开先考》质疑
王辉斌
荆门大学学报　1991：1　1991

中 10808857
揭开《金瓶梅》作者之谜：《金瓶梅》作者为贾梦龙
李芳元
枣庄师专学报　1991：1　1991

中 10808858
吴晗对《金瓶梅》作者“王世贞说”的否定不能成立
周钧韬
江苏社会科学　1991：1　1991

中 10808859
王世贞未作《金瓶梅》之确证
王采石
金瓶梅资料续编　北京大学出版社　1991.1

中 10808860
《金瓶梅》作者的妇德观

程然
文艺学习　1991：1　1991

中 10808861
关于《〈金瓶梅〉作者补证》的马后炮
李庆立
聊城师范学院学报　1991：2　1991

中 10808862
《金瓶梅》作者“屠隆”说考释
李燃青　郑闰
宁波师院学报　1991：3　1991

中 10808863
《金瓶梅》是累积型作品说驳论
刘孔伏　潘良炽
烟台师范学院学报　1991：3　1991
书目季刊　24：4　1991.3

中 10808864
从动词后缀“子”的运用推测《金瓶梅》的作者
白水
古籍整理研究学刊　1991：3　1991

中 10808865
廿公是谁？东吴弄珠客又是谁？
王利器
社会科学战线　1991：3　1991

中 10808866
由《金瓶梅》回前诗词看其作者
张家英
学习与探索　1991：3　1991

中 10808867
《金梅瓶》作者“笑笑生”的连锁双关谐隐的猜想——试用明人的《七发》观探索《金瓶梅》作者贾三近的谜语
［美］谭彼岸
广东教育学院学报　1991：4　1991

中 10808868
《金瓶梅》作者屠隆考补证
魏子云
吉林大学社会科学学报　1991：6　1991

中 10808869
关于“兰陵笑笑生”
李时人
金瓶梅新论　学林出版社　1991.8

中 10808870
为《金瓶梅》作者屠隆画句点
魏子云
书目季刊　25：3　1991.12

中 10808871
谈《金瓶梅》与《红楼梦》作者的审美理想
马名革
江西社会科学　1992：1　1992

中 10808872
再论笑笑生是屠隆
黄霖
复旦学报　1992：2　1992

中 10808873
为《金瓶梅》作者画句点
魏子云
宁波师院学报　1992：2　1992

中 10808874
屠隆与屠本畯：笑笑生与欣欣子
吕珏
宁波师院学报　1992：2　1992

中 10808875
兰陵笑笑生屠隆考论
郑闫
复旦学报　1992：2　1992

中 10808876
情欲描写　移植错位：《金瓶梅》非文士之作
傅憎享
学习与探索　1992：2　1992

中 10808877
《金瓶梅》作者是贾梦龙吗？
鲁歌　刘娜
枣庄师专学报　1992：3　1992

中 10808878
《金瓶梅词话》作者的文化心态
张家英
绥化师专学报　1992：3　1992

中 10808879
论《金瓶梅》作者考证热
陈大康
华东师范大学学报　1992：3　1992

中 10808880
笑笑生与儒道佛：《金瓶梅》创作的主体意识蠡测
闰桐　韶玉
广西师范大学学报　1992：4　1992

中 10808881
欣欣子不是屠本畯，笑笑生不是屠隆、屠大年
鲁歌
西北大学学报　1992：4　1992
红楼梦金瓶梅新探　远方出版社　1997.2

中 10808882
从《金瓶梅词话》所写官场生活看其作者
张家英
绥化师专学报　1992：4　1992

中 10808883
卢楠三考：兼驳卢楠创作或参与创作了《金瓶梅》诸说
李庆立
东岳论丛　1992：5　1992

中 10808884
屠隆·刘金吾·《金瓶梅》
郑闰
明清小说研究　1992：3/4　1992

中 10808885
屠本畯所记《金瓶梅》事辨析
刘孔伏　潘良炽

许昌师专学报　1993：1　1993

中 10808886

《金瓶梅》与山西及作者文谜

鲁歌　马征

山西大学学报　1993：1　1993

中 10808887

再谈“刘金吾”与屠隆及冯梦龙：答胡小伟先生

黄霖

文学遗产　1993：2　1993

中 10808888

关于《金瓶梅》作者的十种说法

鲁歌

贵州师大学报　1993：2　1993

中 10808889

“刘金吾”的疑案

胡小伟

文学遗产　1993：2　1993

中 10808890

兰陵笑笑生·西门庆·《金瓶梅》

种衍璋（种扬）

内蒙古电大学刊　1993：3　1993

中 10808891

《金瓶梅》的作者不是“兰陵笑笑生”

洪城　董明

淮海论坛　1993：3　1993

中 10808892

论兰陵笑笑生的妇女观及其意义

闫来恩

济宁师专学报　1993：4　1993

中 10808893

《金瓶梅》的改定者是谁?

王利器

社会科学战线　1993：6　1993

中 10808894

《金瓶梅》作者之谜揭开

李芳元

天津日报　1993.6.28

中 10808895

“东吴弄珠客”是董其昌吗?

陈诏

金瓶梅六十题　上海书店出版社　1993.12

中 10808896

笑笑生字迹之谜

陈诏

金瓶梅六十题　上海书店出版社　1993.12

中 10808897

《金瓶梅》作者在北京考

丁朗

明清小说研究　1994：2　1994

中 10808898

从《金瓶梅》梦境的情调看作者的创作意

绪
杨敏
阜阳师范学院学报　1994：2　1994

中 10808899
《金瓶梅》作者新考
彭见明
湖南师范大学学报　1994：3　1994

中 10808900
关于《金瓶梅》作者问题的重新思考
姬乃军
延安大学学报　1995：2　1995

中 10808901
萧瑟凄凉，幽冷寂寥：从《金瓶梅》的自然景物描写看作者的审美情趣
杨敏
徐州师范学院学报　1995：2　1995

中 10808902
《金瓶梅》之背景及其作者考辨
陈鸿祥
学术论丛　1995：4　1995

中 10808903
冯梦龙非《金瓶梅》作者辨说
王辉斌
荆门大学学报　1995：4　1995

中 10808904
《金瓶梅》"累积型集体创作说"质疑
刘振农
中国人民警官大学学报　1995：9　1995

中 10808905
从时代背景谈《金瓶梅》作者的创作心态
周永祥
济宁师专学报　1996：1　1996

中 10808906
论笑笑生对人欲的二重心态及其因果观
南矩容
固原师专学报　1996：1　1996

中 10808907
试论兰陵笑笑生的佛教思想
程国赋
历史文献与传统文化　5　广东人民出版社　1996.3

中 10808908
兰陵笑笑生解
张炳森
河北师范大学学报　1996：4　1996

中 10808909
《金瓶梅》作者新说述略
张玉萍
洛阳师专学报　1997：1　1997

中 10808910
"第一奇书"序者考
种衍璋（种扬）
内蒙古电大学刊　1997：1　1997

中 10808911
兰陵笑笑生的时间观：漫谈《金瓶梅》的叙事时间

李延贺
辽宁大学学报　1997：1　1997

中 10808912
再论《水浒传》和《金瓶梅》不是个人创作
徐朔方
小说考信编　上海古籍出版社　1997.10

中 10808913
笑笑先生非兰陵笑笑生补证
徐朔方
小说考信编　上海古籍出版社　1997.10

中 10808914
贾三近是《金瓶梅》的作者
高念卿
徐州师范大学学报　1998：1　1998

中 10808915
也谈《金瓶梅词话》的作者问题
程极平
徽州师专学报　1998：1　1998

中 10808916
谈《水浒》与《金瓶梅》作者和北京的关系
江彤
徐州教育学院学报　1998：1　1998

中 10808917
《金瓶梅》作者考
张清吉
丁耀亢研究　中州古籍出版社　1998.1

中 10808918
《金瓶梅》与《钱本草》——谈兰陵笑笑生的创作主体意识
种衍璋（种扬）
广播电视大学学报　1998：2　1998

中 10808919
民族主义:《金瓶梅》作者的隐微情怀
潘承玉
金瓶梅新证　黄山书社　1999.1

中 10808920
“兰陵笑笑生”揭秘
潘承玉
金瓶梅新证　黄山书社　1999.1

中 10808921
小说家之外:《金瓶梅》作者的三重特殊角色
潘承玉
金瓶梅新证　黄山书社　1999.1

中 10808922
《金瓶梅》作者的扑朔迷离
陈诏
金瓶梅小考　上海书店出版社　1999.12

中 10808923
《金瓶梅》书中有作者署名
李洪政
徐州师范大学学报　2000：1　2000

中 10808924
《金瓶梅》作者与河东有缘

高坤让
运城高等专科学校学报　2000：2　2000

中 10808925
《金瓶梅》作者新议
赵国栋
开封教育学院学报　2000：4　2000

中 10808926
近年《金瓶梅》作者研究新说四种检讨
潘承玉
北京师范大学学报　2000：5　2000

中 10808927
《金瓶梅》作者研究新说四种检讨
潘承玉
古今论衡　4　2000.6

（三）思想内容

中 10808928
论《金瓶梅》的思想意义
孙逊
上海师范学院学报　1980：3　1980
论金瓶梅　文化艺术出版社　1984.12
金瓶梅研究　复旦大学出版社　1984.12
名家解读金瓶梅　山东人民出版社　1998.1

中 10808929
论《金瓶梅》的思想意义及其严重缺陷
孙逊
红楼梦与金瓶梅　宁夏人民出版社　1982.8

中 10808930
《金瓶梅词话》序跋所反映的社会道德意识
［美］郑培凯（程步奎）
抖擞　53　1983.7

中 10808931
试论《金瓶梅》萌发的小说新观念及其以后之衍化
宁宗一
明清小说论丛　1　春风文艺出版社　1984.5

中 10808932
论《金瓶梅词话》的政治性
黄霖
学术月刊　1985：1　1985
金瓶梅考论　辽宁人民出版社　1989.10

中 10808933
《金瓶梅》反映了什么样的社会思潮？
胡邦炜
中国古典小说艺术的思考　重庆出版社、华夏出版社　1986.2

中 10808934
《金瓶梅》的主题和思想价值
于承武

东北师大学报　1986：3　1986

中 10808935
《金瓶梅》时空观念的美学贡献
罗德荣
天津社会科学　1986：4　1986

中 10808936
人性弱点的思考
黄霖
金瓶梅漫话　学林出版社　1986.12

中 10808937
性解放乎？淫首恶乎？
黄霖
金瓶梅漫话　学林出版社　1986.12

中 10808938
《金瓶梅》是否淫书？
殷霞明
金瓶梅的世界　北方文艺出版社　1987.2

中 10808939
关于《金瓶梅》的主旨
［日］池本义男著　戴克俊译
徐州师范学院学报　1987：3　1987

中 10808940
十六世纪一个新兴商人的悲剧故事——《金瓶梅》主题研究
卢兴基
金瓶梅研究集　齐鲁书社　1988.1

中 10808941
《金瓶梅》社会意义管窥
邓星雨
明清小说研究　1989：1　1989

中 10808942
《金瓶梅》行为哲学浅论
田秉锷
明清小说研究　1989：2　1989

中 10808943
浅谈《金瓶梅》的思想倾向
郭青
牡丹江师范学院学报　1989：3　1989

中 10808944
简析《金瓶梅》“生殖崇拜”文化返祖现象
王启忠
求是学刊　1989：4　1989

中 10808945
也谈《金瓶梅》的主旨
邓韶玉　王弘达
沈阳师范学院学报　1990：1　1990

中 10808946
由传统文化向近代文化嬗变的形象写照：试论《金瓶梅》中文化异质新态的时代价值
王启忠
北方论丛　1990：1　1990

中 10808947
金钱的肆虐与宗法传统的贬值——《金瓶梅》对宗法社会的悖逆
张进德
河南大学学报 1990：2 1990

中 10808948
从西门庆的发迹与夭亡看中国封建社会末期资本主义萌芽的必然命运
王芳智
山东社联通讯 1990：2 1990

中 10808949
古代小说"写实"艺术的升华——《金瓶梅》对古典小说题材的新开拓
王启忠
齐鲁学刊 1990：2 1990

中 10808950
《金瓶梅》主题纵横谈
萧世杰
社会科学动态 1990：4 1990

中 10808951
《金瓶梅》"性目的论"初探
李建中
江淮论坛 1990：5 1990

中 10808952
中国十六世纪的社会与《金瓶梅》的悲剧主题——论《金瓶梅》之二
卢兴基
金瓶梅研究 1 江苏古籍出版社 1990.9

中 10808953
《金瓶梅》是否仅仅写了人的"欲"：论"金学"研究如何走向 21 世纪
黄霖
社会科学报 1990.12.20

中 10808954
试论《金瓶梅》中的"财"与"色"
李建中
思想战线 1991：1 1991

中 10808955
《金瓶梅》悲剧内涵初探
董芳
牡丹江师范学院学报 1991：2 1991

中 10808956
《金瓶梅》指斥的明代时人时事
姜黾
史学集刊 1991：3 1991

中 10808957
对封建社会的有力暴露与讽刺：论《金瓶梅》的思想价值
朱继琢
广东民族学院学报 1991：3 1991

中 10808958
古典小说《金瓶梅》悲剧内涵初探
董芳
甘肃社会科学 1991：4 1991

中 10808959
《金瓶梅》中法律制度丛谈

胡世凯
吉林大学社会科学学报 1991：6 1991

中 10808960
文龙的《金瓶梅》题旨论
孙蓉蓉
明清小说研究 1991：8 1991

中 10808961
《金瓶梅》对人欲的张扬与反拨
李永昶 刘连庚
枣庄师专学报 1992：1 1992

中 10808962
试论《金瓶梅》的“德”与“色”
李建中
中国文学研究 1992：1 1992

中 10808963
关于《金瓶梅》中儒释道的双重效应
陈辽
明清小说研究 1992：1 1992

中 10808964
传统家庭伦理与《金瓶梅》的“家反宅乱”
赵兴勤
徐州师范学院学报 1992：1 1992

中 10808965
《金瓶梅》的宗教意识与深层结构
魏崇新
徐州师范学院学报 1992：1 1992

中 10808966
古典悲剧概念的蜕变:《金瓶梅》悲剧意义散论
董芳
天津教育学院学报 1992：1 1992

中 10808967
《金瓶梅》性文化意识批评
鲁歌 马征
金瓶梅纵横谈 北京燕山出版社 1992.2

中 10808968
论《金瓶梅》悲剧的社会意义
朱俊亭
文史哲 1992：2 1992

中 10808969
试论《金瓶梅》对天命观念的承袭
王启忠
齐鲁学刊 1992：2 1992

中 10808970
人欲的正视和人生的困惑:《金瓶梅》的价值取向论析
宋克夫
湖北大学学报 1992：5 1992

中 10808971
在“历史的十字路口”寻找精神家园——《金瓶梅》市井信仰民俗管窥
周红
明清小说研究 1992：3/4 1992

中 10808972
《金瓶梅》主题论
王志武
唐都学刊　1993：1　1993

中 10808973
女性自我的失落与蜕变：简析《金瓶梅》《红楼梦》的妇女观
董芳
内蒙古师大学报　1993：1　1993
大庆高等专科学校学报　1995：1　1993

中 10808974
新审美价值对旧审美理想的突破：论《金瓶梅》的美学意义
陈东有
枣庄师专学报　1993：1　1993

中 10808975
两部殊途同归的小说：《西游记》《金瓶梅》主旨新探
朱邦国
淮阴教育学院学报　1993：2　1993

中 10808976
论《金瓶梅》中的宗教文化
周金降
徐州师范学院学报　1993：2　1993

中 10808977
《金瓶梅词话》的因果观
徐季子
宁波师院学报　1993：3　1993

中 10808978
论《金瓶梅》的悲剧性
王肇亨
宁波师院学报　1993：3　1993

中 10808979
《金瓶梅》佛道意识初探
余岢
济宁师专学报　1993：4　1993

中 10808980
《金瓶梅词话》对理学和宗教的选择
陈东有
争鸣　1993：4　1993

中 10808981
简论《金瓶梅》《红楼梦》的妇女观
董芳
佳木斯教育学院学报　1993：4　1993

中 10808982
试析《金瓶梅词话》的男权价值倚重
林树明
贵州大学学报　1993：4　1993

中 10808983
无所指归的文化悲凉：论《金瓶梅》的思想矛盾及主题的终极指向
王彪
文学遗产　1993：4　1993

中 10808984
《金瓶梅》所展示的伦理世界
郭学信

贵州文史丛刊 1993：6 1993

中 10808985
论《金瓶梅》的道德伦理
辛文
徐州师范学院学报 1994：1 1994

中 10808986
一条突不破的人生闭合之路：西门府中妻妾之间悲剧冲突浅说
南矩容
固原师专学报 1994：2 1994

中 10808987
社会、历史与人性的大悲剧：《金瓶梅》主题思想新论
王彪
徐州师范学院学报 1994：2 1994

中 10808988
论《金瓶梅》中的伦理道德（续）
辛文
徐州师范学院学报 1994：2 1994

中 10808989
《金瓶梅》佛道人性论
田秉锷
徐州师范学院学报 1994：2 1994

中 10808990
《金瓶梅》创作主旨探
周永祥
齐鲁学刊 1994：2 1994

中 10808991
《金瓶梅》创作主旨新探
张进德
河南大学学报 1994：4 1994
中国古典文学论考 河南大学出版社 1998.1

中 10808992
打个瞌睡，都做主子梦：《金瓶梅人性论》之二——奴婢论
田秉锷
徐州师范学院学报 1995：2 1995

中 10808993
纱帽戴上头，人格早已落地：《金瓶梅人性论》之四——官吏论
田秉锷
枣庄师专学报 1995：3 1995

中 10808994
从李瓶儿之死看《金瓶梅》的悲剧意识
杨敏
淮北煤师院学报 1995：3 1995

中 10808995
反常态而露新意：论《金瓶梅词话》的人的主体意识观念
金善 润忠
河北师范大学学报 1996：1 1996

中 10808996
从《金瓶梅》看伦理道德观念在晚明的裂变
黄幼珍

职大学刊　1996：1　1996

中 10808997
《红楼梦》《金瓶梅》色空观念之比较
王平
红楼梦学刊　1996：2　1996

中 10808998
人性悖论:《金瓶梅》创作意向探
肖扬碚
河池师专学报　1996：3　1996

中 10808999
《金瓶梅》求助鬼神观刍议
朱越利
江西社会科学　1997：2　1997

中 10809000
《金瓶梅》对"一夫多妻制"弊端的诠释
庄文福
华冈研究学报　2　1997.3

中 10809001
《金瓶梅》与古代妇女命运的观照
孔繁华
徐州师范大学学报　1998：1　1998

中 10809002
《金瓶梅》主旨探微
赵明奇
徐州师范大学学报　1998：1　1998

中 10809003
《金瓶梅》宗教文字再思辨
张士魁
徐州教育学院学报　1998：1　1998

中 10809004
论《金瓶梅词话》对皇帝统治的暴露
孟进厚
高等函授学报　1998：2　1998

中 10809005
《金瓶梅》——世俗佛道意识的艺术再现
余岢　解庆兰
金瓶梅与佛道　北京燕山出版社　1998.7

中 10809006
《金瓶梅》的女性观与徐渭的"祟"疾
潘承玉
金瓶梅新证　黄山书社　1999.1

中 10809007
《金瓶梅》的欲中之情
梁归智
明清小说研究　2000：2　2000

中 10809008
《金瓶梅》女性意识文化折光
罗德荣　胡如光
天津社会科学　2000：2　2000

中 10809009
论《金瓶梅》中的伦理世界
李承宗
湖南大学学报　2000：3　2000

中 10809010
《金瓶梅》天命鬼魂、轮回报应观念与儒佛道思想
刘孝严
东北师大学报　2000：6　2000

（四）情节结构

中 10809011
《水浒传》中武松之故事与《金瓶梅》之比较
施瑞生
东吴大学中文系系刊　2　1976.6

中 10809012
《金瓶梅》的第一回
魏子云
台湾新闻报　1979.7.27

中 10809013
吴月娘潘金莲合气斗口——《金瓶梅词话》第七十五回、七十六回评点
邕人
古典小说戏曲探艺录　天津人民出版社　1982.9

中 10809014
李瓶儿丧礼研究
郭立诚
中国艺文与民俗　汉光文化事业股份有限公司　1984

中 10809015
从西门庆相亲谈起——读《金瓶梅》第七回有感
方平
名作欣赏　1985：3　1985

中 10809016
聚光镜对准了皇帝
黄霖
金瓶梅漫话　学林出版社　1986.12

中 10809017
情节设置的相似——《红》《金》关系之四
徐君慧
从金瓶梅到红楼梦　广西人民出版社　1987.10

中 10809018
妻妾争宠的争斗和《金瓶梅》的故事情节
郑庆山
金瓶梅论稿　辽宁人民出版社　1987.11

中 10809019
《金瓶梅》中“步戏”摭谈
蔡敦勇
金瓶梅研究集　齐鲁书社　1988.1
《金瓶梅词话》剧曲品探　江苏文艺出版社　1989.6

中 10809020
论《金瓶梅》中西门氏家族社会

及巨涛
金瓶梅研究集　齐鲁书社　1988.1

中 10809021
《金瓶梅》里的经济改革——闲话《金瓶梅》之一
陈诏
解放日报　1988.1.5

中 10809022
如此“清官”——闲话《金瓶梅》之三
陈诏
解放日报　1988.1.24
金瓶梅六十题　上海书店出版社　1993.12

中 10809023
《金瓶梅》的“沉冤”究指何事?
王莹
山西师大学报　1988：2　1988

中 10809024
试论《金瓶梅》中的人口买卖
黄吉昌
昭通师专学报　1988：2　1988

中 10809025
水银・磨镜・惊闺叶——《金瓶梅》中的镜子
吴晓明
华东师范大学学报　1988：6　1988

中 10809026
《金瓶梅词话》中演唱剧目本事源流考述
蔡敦勇
《金瓶梅词话》剧曲品探　江苏文艺出版社　1989.6

中 10809027
《金瓶梅词话》第六十五回中“十节目”浅探
蔡敦勇
《金瓶梅词话》剧曲品探　江苏文艺出版社　1989.6

中 10809028
论《金瓶梅词话》叙述之混乱
[日]阿部泰记
日本研究金瓶梅论文集　齐鲁书社　1989.10

中 10809029
浅论《金瓶梅》艺术结构在中国长篇小说发展史上的意义
许建平
河北师范大学学报　1990：2　1990

中 10809030
《金瓶梅》典型情节蕴含的历史价值
王启忠
学术交流　1990：4　1990

中 10809031
《金瓶梅》的辐射式环靶结构
萧宿荣
争鸣　1990：6　1990

中 10809032
《金瓶梅》讽喻万历宫闱宠幸事件吗？——与台湾学者魏子云先生商榷
陈诏
金瓶梅研究　1　江苏古籍出版社　1990.9
金瓶梅小考　上海书店出版社　1999.12

中 10809033
《金瓶梅》这五回
魏子云
金瓶梅研究　1　江苏古籍出版社　1990.9

中 10809034
《〈清明上河图〉与〈金瓶梅〉的故事及其衍变》补记
吴晗（辰伯）
金瓶梅资料续编　北京大学出版社　1991.1

中 10809035
《金瓶梅》本事考略
许固生
金瓶梅资料续编　北京大学出版社　1991.1

中 10809036
《清明上河图》与《金瓶梅》的故事及其衍变（王世贞年谱附录之一）
吴晗（辰伯）
金瓶梅资料续编　北京大学出版社　1991.1

中 10809037
试论《金瓶梅词话》后二十回
张家英
绥化师专学报　1991：4　1991

中 10809038
《金瓶梅》的布局
张国风
文史知识　1991：11　1991

中 10809039
关于《金瓶梅》全书构成问题
薛洪
明清小说研究　1992：1　1992

中 10809040
《金瓶梅》写临清缘由初探
鲁歌　马征
许昌师专学报　1992：1　1992
金瓶梅纵横谈　北京燕山出版社　1992.2

中 10809041
《金瓶梅》与临清及运河文化
鲁歌　马征
金瓶梅纵横谈　北京燕山出版社　1992.2

中 10809042
谈《金瓶梅》对万历帝宠郑贵妃的影射
鲁歌　马征
金瓶梅纵横谈　北京燕山出版社　1992.2

中 10809043
《金瓶梅》中的市民意识和商业活动
吴双全

河北财经学院学报　1992：2　1992

中 10809044
纵欲与死亡——《金瓶梅》情节进程的剖析
卜键
中国古代小说中的性描写　百花文艺出版社　1993.3

中 10809045
“春不老”是一种什么菜?
陈诏
金瓶梅六十题　上海书店出版社　1993.12

中 10809046
短了骂詈，成不的《金瓶梅》——“骂大会”琐议
鲍延毅
枣庄师专学报　1994：3　1994

中 10809047
唐牛儿和郓哥在情节发展中的作用
赵百成
佳木斯师专学报　1995：1　1995

中 10809048
朝代兴亡的镜鉴：谈朱元璋的吏治与《金瓶梅》中的腐败
于素捷　苏石
徐州师范学院学报　1995：2　1995

中 10809049
《金瓶梅》里的四“泉”
陈建生
文史知识　1995：2　1995

中 10809050
相面与中国古代小说艺术的审美关系：从《金瓶梅词话》相面情节说起
陈东有
中国典籍与文化　1995：3　1995

中 10809051
时代的错位　荒谬的误读：“武松爱上潘金莲”说质疑
刘书成
社科纵横　1995：3　1995

中 10809052
酒色祸患:《金瓶梅》中官哥之死因探微
刘晓林
衡阳师专学报　1996：2　1996

中 10809053
《金瓶梅》中直写政治的第四十八回
陈辽
古典文学知识　1997：2　1997

中 10809054
试析《金瓶梅》情节中的偶然因素
吴道毅
通俗文学评论　1997：3　1997

中 10809055
世风的浇漓与生命的惩戒——《金瓶梅》情节进程的剖析
卜键

名家解读金瓶梅　山东人民出版社　1998.1

中 10809056
纵谈《金瓶梅》承袭、借用宋人话本小说《张主管志诚脱奇祸》
苏兴遗著　苏铁戈整理
东北师大学报　1998：2　1998

中 10809057
《金瓶梅词话》第十回——读“笑笑生话金瓶市井风月”
魏子云
书目季刊　32：1　1998.6

中 10809058
《金瓶梅》情节梗概和佛道故事
余岢　解庆兰
金瓶梅与佛道　北京燕山出版社　1998.7

中 10809059
《金瓶梅》中的绍兴民俗
潘承玉
金瓶梅新证　黄山书社　1999.1

中 10809060
《金瓶梅》中的绍兴酒及其它绍兴风物
潘承玉
金瓶梅新证　黄山书社　1999.1

中 10809061
《金瓶梅》的这五回
魏子云
中外文学　27：11　1999

中 10809062
论《金瓶梅》劝戒的三种方式
杨绪容
明清小说研究　2000：2　2000

中 10809063
丑中现美，性中显人：《金瓶梅》第 27、79 回谈
种衍璋（种扬）
广播电视大学学报　2000：3　2000

（五）艺术

1. 综论

中 10809064
《金瓶梅》的社会意义及其艺术成就
李西成
山西师院学报　1957：1　1957
论金瓶梅　文化艺术出版社　1984.12

中 10809065
《金瓶梅》的艺术世界
孙述宇
中国时报　1977.10.16

中 10809066
《金瓶梅》讽刺艺术（上）——《儒林外史》的先河
孙述宇
中国时报　1977.12.19
金瓶梅的艺术　时报文化出版事业有限公司　1978.2

中 10809067
《金瓶梅》讽刺艺术（下）——宋惠莲
孙述宇
中国时报　1977.12.20
金瓶梅的艺术　时报文化出版事业有限公司　1978.2

中 10809068
《金瓶梅的艺术》之出版意义
李淑芳
书评书目　66　1978.10

中 10809069
《金瓶梅》做爱描写的社会背景
刘心皇
民众日报　1979.6.23

中 10809070
论《金瓶梅》的现实主义成就及其严重缺陷
孙逊
学术月刊　1980：11　1980

中 10809071
从《金瓶梅》到《红楼梦》——兼论我国小说创作的现实主义传统
孙逊
红楼梦研究集刊　7　上海古籍出版社　1981.10

中 10809072
论《金瓶梅》的艺术成就
孙逊
红楼梦与金瓶梅　宁夏人民出版社　1982.8

中 10809073
《金瓶梅》对小说美学的贡献
宁宗一
南开学报　1984：2　1984
金瓶梅研究　复旦大学出版社　1984.12
名家解读金瓶梅　山东人民出版社　1998.1

中 10809074
金圣叹“独恶宋江”真的是所谓“曲笔”吗？——与周学禹同志商榷
张德学
信阳师范学院学报　1984：4　1984

中 10809075
《金瓶梅》细针密线例举
蔡国梁
金瓶梅考证与研究　陕西人民出版社　1984.7

中 10809076
《金瓶梅》的艺术
孙述宇
论中国古典小说的艺术　南开大学出版

社　1984.11

中 10809077

“深得《金瓶》壸奥”——略谈曹雪芹对《金瓶梅》的艺术借鉴

陈曦钟

金瓶梅研究　复旦大学出版社　1984.12

小说论稿合集　北京大学出版社　1989.10

中 10809078

现实主义还是自然主义——试论《金瓶梅》创作方法

郑庆山

徐州师范学院学报　1985：4　1985

金瓶梅论稿　辽宁人民出版社　1987.11

中 10809079

《金瓶梅》写真风格及其形成原因

赵兴勤

复旦学报　1986：1　1986

中 10809080

“真”中见“奇”:《金瓶梅》之“奇”琐议之一

赵兴勤

徐州师范学院学报　1986：1　1986

中 10809081

描写丑恶的艺术——论《金瓶梅》

吴红

中国古典小说艺术的思考　重庆出版社、华夏出版社　1986.2

中 10809082

《金瓶梅》艺术新论

吴红

江海学刊　1986：3　1986

中 10809083

《金瓶梅》的讽刺艺术

梅桐生

贵州民族学院学报　1986：3　1986

中 10809084

白描手法在《金瓶梅》《红楼梦》中的运用

林文山

河北学刊　1986：4　1986

中 10809085

《金瓶梅》中的官场描写

林文山

社会科学研究　1986：5　1986

中 10809086

白描传神

黄霖

金瓶梅漫话　学林出版社　1986.12

中 10809087

悲喜交集

黄霖

金瓶梅漫话　学林出版社　1986.12

中 10809088

闲笔不闲

黄霖

金瓶梅漫话　学林出版社　1986.12

中 10809089
写丑见美
黄霖
金瓶梅漫话　学林出版社　1986.12

中 10809090
长于讽刺
黄霖
金瓶梅漫话　学林出版社　1986.12

中 10809091
自觉对比
黄霖
金瓶梅漫话　学林出版社　1986.12

中 10809092
寄意时俗
黄霖
金瓶梅漫话　学林出版社　1986.12

中 10809093
“平”中见“奇”:《金瓶梅》之“奇”琐议之二
赵兴勤
徐州师范学院学报　1987：1　1987

中 10809094
《金瓶梅》写实艺术
孙述宇
金瓶梅的世界　北方文艺出版社　1987.2

中 10809095
诱发·载体·内核：试论《金瓶梅》艺术创作三因子
叶新源　钟家莲
赣南师范学院学报　1987：3　1987

中 10809096
《金瓶梅》及其污秽描写成因的研究
周钧韬
金瓶梅新探　百花文艺出版社　1987.4

中 10809097
成功的形象与失败的性描写——《金瓶梅》艺术琐谈
徐柏容
牡丹江师范学院学报　1987：4　1987

中 10809098
论《金瓶梅》《红楼梦》对现实主义的发展与深化
啸马（马萱剑）
福建论坛　1987：6　1987

中 10809099
《金瓶梅》和《红楼梦》中的花园意象
［美］史梅蕊
金瓶梅西方论文集　上海古籍出版社　1987.7

中 10809100
《金瓶梅》中表现人的手法
［苏］B.C. 马努欣
金瓶梅西方论文集　上海古籍出版社　1987.7

中 10809101

著此一家，骂尽诸色：从社会环境描写看《金瓶梅》

张文华

语文学习与研究　1987：9　1987

中 10809102

以诗为媒的婚姻——《金瓶梅》异流之一

徐君慧

从金瓶梅到红楼梦　广西人民出版社　1987.10

中 10809103

宣扬名教的才子佳人——《金瓶梅》异流之二

徐君慧

从金瓶梅到红楼梦　广西人民出版社　1987.10

中 10809104

向英雄美人演进——《金瓶梅》异流之三

徐君慧

从金瓶梅到红楼梦　广西人民出版社　1987.10

中 10809105

向世态人情发展——《金瓶梅》异流之四

徐君慧

从金瓶梅到红楼梦　广西人民出版社　1987.10

中 10809106

编织奇巧的故事——《金瓶梅》异流之五

徐君慧

从金瓶梅到红楼梦　广西人民出版社　1987.10

中 10809107

《金瓶梅》的人物描写

郑庆山

金瓶梅论稿　辽宁人民出版社　1987.11

中 10809108

《金瓶梅》的艺术技巧

郑庆山

金瓶梅论稿　辽宁人民出版社　1987.11

中 10809109

论《金瓶梅词话》中的佛道教描写

朱越利

金瓶梅研究集　齐鲁书社　1988.1

名家解读金瓶梅　山东人民出版社　1998.1

中 10809110

《金瓶梅》的艺术视角

田秉锷

徐州教育学院学报　1988：1　1988

中 10809111

《金瓶梅》美学价值初探

萧世杰

湖北教育学院学报　1988：1　1988

中 10809112

《金瓶梅》的美学意义

陈东有

江西大学研究生学刊　1988：2　1988

中 10809113
《金瓶梅》婚丧礼仪考
陈诏
上海师范大学学报　1988：2　1988

中 10809114
在现实的反思中求永恒:《金瓶梅》的情感意向分析
罗小东
文学评论　1988：4　1988

中 10809115
孽海之花，丑恶之花：也谈《金瓶梅》的美学价值
贺信民
汉中师范学院学报　1988：4　1988

中 10809116
论《金瓶梅词话》讽刺艺术的特色
姜云
安徽大学学报　1988：4　1988

中 10809117
从历史走向现实:《金瓶梅》对古代小说审美领域的拓展
孟昭连
南开学报　1988：5　1988

中 10809118
李瓶儿的梦象与心象:《金瓶梅》心理描写探胜之一
傅憎享
辽宁师范大学学报　1988：6　1988

中 10809119
谈谈《金瓶梅》的对比艺术
盛坚
徐州师范学院学报　1989：1　1989

中 10809120
论《金瓶梅》的近代现实主义特色
周中明
安徽大学学报　1989：1　1989

中 10809121
《金瓶梅》艺术简论
魏崇新
徐州师范学院学报　1989：1　1989

中 10809122
《金瓶梅》写性的特点与价值
赵庆元
明清小说研究　1989：2　1989

中 10809123
美的艺术与丑的艺术：从西门庆之死看《水浒》和《金瓶梅》的审美特征
陈金泉
齐鲁学刊　1989：2　1989

中 10809124
论《金瓶梅词话》中的证诗
周双利
内蒙古民族师院学报　1989：3　1989

中 10809125
浅谈《金瓶梅》中的讽刺手法
张简

内蒙古民族师院学报　1989：3　1989

中 10809126
论《金瓶梅》的性行为描写
于雷　徐凤生
南通社会科学　1989：3　1989

中 10809127
比较《金瓶梅》与《红楼梦》戏曲描写
徐扶明（辅民）
红楼梦学刊　1989：3　1989

中 10809128
物欲横流　本末颠倒——《金瓶梅》对经济文化异质新态描写的价值
王启忠
社会科学战线　1989：4　1989

中 10809129
《金瓶梅》写人叙事浅论
邓韶玉　杨尊白
四川师范大学学报　1989：6　1989

中 10809130
古代小说中复制出的第一个家庭环境：《金瓶梅》家庭描写的历史价值
王启忠
学习与探索　1989：6　1989

中 10809131
《金瓶梅》笔法探幽
邓韶玉　杨尊白
运城高等专科学校学报　1990：1　1990

中 10809132
《金瓶梅》服饰小考二则
张瑞泉
史学集刊　1990：1　1990

中 10809133
《金瓶梅》节日描写中的人文精神
王启忠
沈阳师范学院学报　1990：2　1990

中 10809134
《金瓶梅》大量性描写出现之原因初探
韶玉　尊白
松辽学刊　1990：2　1990

中 10809135
试论《金瓶梅》的讽刺艺术
张文华
阜新师专学报　1990：3/4　1990

中 10809136
《金瓶梅》与《红楼梦》审美价值比较
厉平
社会科学辑刊　1990：3　1990

中 10809137
《金瓶梅》对比艺术探微：兼谈《红楼梦》的嬗变
董芳
人文杂志　1990：3　1990

中 10809138
由类型化向个性化的真正转折：《金瓶梅》性格描写的历史贡献

王启忠
徐州师范学院学报　1990：4　1990

中 10809139
《金瓶梅》的诙谐因素及其喜剧风格
孟昭连
南开学报　1990：5　1990

中 10809140
对封建政治肌体的整体性解剖：《金瓶梅》对官场描写的认识价值
王启忠
社会科学辑刊　1990：5　1990

中 10809141
古代小说复制出的第一个商品市场环境——试论《金瓶梅》对经济环境描写的历史价值
王启忠
齐齐哈尔师范学院学报　1990：5　1990

中 10809142
《金瓶梅》艺术技巧的一些探索
［美］浦安迪（Andrew H. Plaks）著　沈亨寿译
金瓶梅研究　1　江苏古籍出版社　1990.9

中 10809143
《金瓶梅》与白描手法
牧惠
广州日报　1990.9.27

中 10809144
《金瓶梅》表意含蓄化探绎
许建平
河北师范大学学报　1991：1　1991

中 10809145
《金瓶梅》之意识及技巧
阿丁
金瓶梅资料续编　北京大学出版社　1991.1

中 10809146
中国文学内的性欲描写
沈雁冰
金瓶梅资料续编　北京大学出版社　1991.1

中 10809147
《金瓶梅》仿拟艺术谈
张汉基　孟宪章
徐州教育学院学报　1991：2　1991

中 10809148
《金瓶梅词话》的小说个性
萧学禹
云南教育学院学报　1991：2　1991

中 10809149
《金瓶梅词语》的“人欲”描写及其评价
张兵
明清小说研究　1991：2　1991

中 10809150
《金瓶梅》服饰描写蕴含的物化价值

王启忠
佳木斯师专学报　1991：2　1991

中 10809151
莫将痈疽作桃花：我看《金瓶梅》中的性描写
田耒
徐州师范学院学报　1991：4　1991

中 10809152
枣肉与橄榄：《金瓶梅》鉴赏心理探幽
李建中
名作欣赏　1991：5　1991

中 10809153
《金瓶梅》的二律背反及其艺术思维
陈东有
争鸣　1991：6　1991

中 10809154
论《金瓶梅》的白描艺术
蔡效全
齐鲁学刊　1991：6　1991

中 10809155
论《金瓶梅》的性描写
李时人
金瓶梅新论　学林出版社　1991.8
中国古代小说中的性描写　百花文艺出版社　1993.3

中 10809156
《金瓶梅》《红楼梦》小说创作中的模糊手法
于承武
枣庄师专学报　1992：1　1992

中 10809157
论《金瓶梅》独特的艺术思维指向
陈东有
萍乡教育学院学报　1992：1　1992

中 10809158
《金瓶梅》性描写的美学批判
刘中光
聊城师范学院学报　1992：1　1992

中 10809159
《金瓶梅》呼唤对它审美
宁宗一
天津社会科学　1992：3　1992

中 10809160
论《金瓶梅词话》中诗的艺术效用
夏春豪
淮海论坛　1992：3　1992

中 10809161
人性之恶与生命之恶的寓言：《金瓶梅》性描写新论
王彪
学术研究　1992：5　1992

中 10809162
托笔于梦，实写心声：谈《金瓶梅》中的梦
郑祥
北方论丛　1992：5　1992

中 10809163
论《金瓶梅词话》的谐趣艺术
傅憎享
江海学刊　1992：6　1992

中 10809164
深浅有别，雅俗异致:《金瓶梅》与《红楼梦》中宗教描写之比较
冯子礼
明清小说研究　1992：3/4　1992

中 10809165
《金瓶梅》婚恋描写的文化新质
张进德
信阳师范学院学报　1993：2　1993

中 10809166
心理、心态、心史——读《金瓶梅》的心理心态描写及其意义
魏崇新
徐州师范学院学报　1993：2　1993

中 10809167
谈《金瓶梅》的委婉艺术
孟宪章　杜元会
徐州教育学院学报　1993：3　1993

中 10809168
《金瓶梅》性描写思辩
田秉锷
中国古代小说中的性描写　百花文艺出版社　1993.3

中 10809169
《金瓶梅》的突破与失落——《金瓶梅》性描写的文化批判
吕红
中国古代小说中的性描写　百花文艺出版社　1993.3

中 10809170
《红楼梦》诲淫辨诬——《红楼梦》与《金瓶梅》情欲描写之比较
傅憎享
中国古代小说中的性描写　百花文艺出版社　1993.3

中 10809171
简论《金瓶梅》宗教描写中的新形态
王启忠
南京社会科学　1993：3　1993

中 10809172
谈《金瓶梅》中的女子形体描写
陈辽
书目季刊　27：3　1993.12

中 10809173
《金瓶梅》性描写的历史意义
侯宝源
聊城师范学院学报　1994：2　1994

中 10809174
《金瓶梅》中的亮色
甘建民
铁道师院学报　1994：2　1994

中 10809175
作为叙述视角与叙述动力的性描写:《金瓶梅》性描写的叙事功能及审美评价
王彪
社会科学战线　1994:2　1994

中 10809176
中国古代小说的美学新风貌:谈《金瓶梅》的艺术创造
李时人
河北师范大学学报　1994:3　1994

中 10809177
论《金瓶梅》的讽刺艺术
钟云星
中国文化研究　1994:3　1994

中 10809178
论《金瓶梅》的性描写
徐朔方
浙江学刊　1994:3　1994
小说考信编　上海古籍出版社　1997.10

中 10809179
论《金瓶梅》的讽刺艺术
李金善
河北大学学报　1994:4　1994

中 10809180
《金瓶梅》人欲描写新论——兼与张兵先生商榷
张进德
明清小说研究　1994:4　1994

中 10809181
令人会心一笑的"笑":读《金瓶梅》修辞艺术一得
胡佑章
修辞学习　1994:5　1994

中 10809182
精细和俭省的统一——《金瓶梅》叙事艺术片言
邱胜威
写作　1994:6　1994

中 10809183
论《金瓶梅》的妒态与心态描写——兼谈潘金莲性格的心理依据
里正
学习与探索　1994:6　1994

中 10809184
梅香缕缕出金瓶:《金瓶梅》审丑——审美特色管窥
潘承玉
池州师专学报　1995:3　1995
徐州师范学院学报　1996:3　1996

中 10809185
污秽西门府,纯洁《金瓶梅》:《金瓶梅》斥淫描写辨正
潘承玉
东岳论丛　1995:5　1995

中 10809186
世态人情的巨幅画卷:谈《金瓶梅》的世情描写

黄谟军
赣南师范学院学报　1996：5　1996

中10809187
《金瓶梅》的艺术风貌——由《七发》论及其讽谕意义与美学特色
郭玉雯
台湾大学文史哲学报　44　1996.6

中10809188
《金瓶梅》如何“借树开花”
刘心武
博览群书　1996：6　1996

中10809189
对男权中心的文化批判：略论《金瓶梅》《肉蒲团》性描写的象征意义
谢真元
社会科学研究　1996：6　1996

中10809190
《金瓶梅》中犯笔的运用
苗宝明
学术交流　1997：1　1997

中10809191
《金瓶梅》审“丑”谈
罗家坤
信阳师范学院学报　1997：2　1997

中10809192
绝妙的讽刺：《金瓶梅》中西门庆祭文欣赏
苗宝明
名作欣赏　1997：2　1997

中10809193
略论《金瓶梅》的借树开花手法
周廉明
黄海学坛　1997：2　1997

中10809194
试论《金瓶梅》对旧叙事模式的突破
吴矛
江汉大学学报　1997：4　1997

中10809195
关于《金瓶梅》婚姻描写研究
吴溢球
历史文献与传统文化　江西教育出版社　1999.1

中10809196
《红楼梦》与《金瓶梅》的艺术笔法
郭玉雯
台湾大学文史哲学报　50　1999.6

中10809197
例证《金瓶梅》写官员对史实“我化”
蒲向明
沈阳师范学院学报　2000：1　2000

中10809198
营构生命之幻：《红楼梦》与《金瓶梅》梦幻描写之比较
葛永海
红楼梦学刊　2000：2　2000

中10809199
论《金瓶梅》与《红楼梦》的“一线两描写”

雷会生
鞍山师范学院学报　2000：2　2000

中 10809200
文坛模拟风气与《金瓶梅》撰写方法考察
许建平
河北师范大学学报　2000：2　2000

中 10809201
也谈《金瓶梅》的性描写：与鲁歌、马征两先生商榷
韦妙才
广西教育学院学报　2000：2　2000

中 10809202
服饰描写在《金瓶梅》中的作用
施晔
上海师范大学学报　2000：4　2000

中 10809203
《金瓶梅词话》的人物描写与叙事艺术
魏崇新
徐州师范大学学报　2000：4　2000

中 10809204
《红楼梦》与《金瓶梅》细节刻画比较点滴
杨巨中　王小侠
西北大学学报　2000：4　2000

中 10809205
一字寓褒贬：也谈《金瓶梅》的取名艺术
杨连民
聊城师范学院学报　2000：5　2000

中 10809206
古典美学的拓展与突破：《金瓶梅》美学风貌论要
王坤
学术研究　2000：5　2000

中 10809207
悖论与反讽：论《金瓶梅》的讽刺手法与非主观性特质
段法雷
南京社会科学　2000：12　2000

2. 人物形象

中 10809208
潘金莲贾宝玉相对论
李敬
亦报　1950.9.19、23

中 10809209
略论《金瓶梅》中的人物形象及其艺术成就
任访秋（任维焜）
开封师院学报　1962：2　1962
中国古典文学论文集　河南人民出版社　1981.3
论金瓶梅　文化艺术出版社　1984.12
名家解读金瓶梅　山东人民出版社　1998.1

中 10809210
从《水浒传》潘金莲到《金瓶梅》风格的

变异
乐蘅军
纯文学　7：3　1970.3
中国古典小说散论　纯文学出版社　1976

中 10809211
庞春梅——《金瓶梅》第三女主角
剑鸣
生力月刊　5：51　1971

中 10809212
《金瓶梅》书中的权贵之一——蔡京
剑鸣
生力月刊　5：54　1972

中 10809213
《金瓶梅》书中的权贵之二——朱勔
剑鸣
生力月刊　5：55　1972

中 10809214
西门庆的财富及其他——《金瓶梅》是一部好书
剑鸣
生力月刊　5：56　1972

中 10809215
孟玉楼处世有道——《金瓶梅》人物论丛
魏子云
中华日报　1975.5.11–13
台湾新闻报　1979.4.21

中 10809216
《金瓶梅》人物论之六——省时一生的孙雪娥
魏子云
台湾新闻报　1978.1.11

中 10809217
西门庆的形象与《金瓶梅》的成就
孙述宇
明报　13：2　1978.2

中 10809218
德行：吴月娘与武松
孙述宇
金瓶梅的艺术　时报文化出版事业有限公司　1978.2

中 10809219
应伯爵
孙述宇
金瓶梅的艺术　时报文化出版事业有限公司　1978.2

中 10809220
西门庆：贪欲与淫心
孙述宇
金瓶梅的艺术　时报文化出版事业有限公司　1978.2
金瓶梅的世界　北方文艺出版社　1987.2

中 10809221
活力的表现：几个小妓女
孙述宇
金瓶梅的艺术　时报文化出版事业有限公司　1978.2

中 10809222
痴爱：李瓶儿
孙述宇
金瓶梅的艺术　时报文化出版事业有限公司　1978.2
金瓶梅的世界　北方文艺出版社　1987.2

中 10809223
庞春梅:《金瓶梅》的命名
孙述宇
金瓶梅的艺术　时报文化出版事业有限公司　1978.2
金瓶梅的世界　北方文艺出版社　1987.2

中 10809224
《金瓶梅》人物论之一——西门庆的人生与他的那个社会
魏子云
出版与研究　29　1978.9

中 10809225
李娇儿下了这一手——《金瓶梅》人物论之七
魏子云
台湾新闻报　1979.3.14

中 10809226
关于潘金莲的刻划
任蜚声
中华日报　1980.2.28

中 10809227
“磨镜叟”及其他
水晶
联合报　1981.6.4

中 10809228
贾廉、贾庆、西门庆——《金瓶梅》的问题
魏子云
新生报　1983.2.11

中 10809229
试论西门庆
刘绍智
宁夏教育学院学刊　1983：4　1983
金瓶梅评注　漓江出版社　1986.8

中 10809230
试论西门庆的阶级出身
李新祥
嘉应师专学报　1984：1　1984

中 10809231
论《金瓶梅》中的潘金莲
张玄平　王良惠
鞍山师专学报　1984：2　1984

中 10809232
王三官、林太太、六黄太尉——《金瓶梅》原貌探索
魏子云
书目季刊　18：1　1984.6

中 10809233
武松、武大、李外传:《金瓶梅》原貌探索（上、下）
魏子云

文艺月刊　180–181　1984.6–7

中 10809234
《金瓶梅》人物三题
蔡国梁
金瓶梅考证与研究　陕西人民出版社　1984.7
明清小说研究　3　中国文联出版公司　1986.4

中 10809235
善心未泯的堕落者——论《金瓶梅》中宋惠莲的形象
孔繁华
徐州师范学院学报　1985：4　1985

中 10809236
《金瓶梅》中的武松——《金瓶梅》原貌探索（节录）
魏子云
集粹　1985：4　1985

中 10809237
《金瓶梅》人物漫谈
郑庆山
齐齐哈尔师范学院学报　1985：4　1985

中 10809238
蒋竹山和他的生药铺——《金瓶梅》和《女妖魅人案》中商人形象
方平
小说界　1985：5　1985

中 10809239
漫谈《金瓶梅》人名
詹进锋
语文月刊　1985：12　1985

中 10809240
潘金莲与王熙凤性格之比较
罗宪敏
红楼梦学刊　1986：1　1986

中 10809241
《金瓶梅》人物谱之一：西门庆
俞泓
古典文学知识　1986：1　1986

中 10809242
《金瓶梅》中潘金莲形象的时代意义和历史地位：谈明末清初小说中的妇女问题
石麟
湖北师范学院学报　1986：2　1986

中 10809243
《金瓶梅》人物谱之二：潘金莲
俞泓
古典文学知识　1986：2　1986

中 10809244
应伯爵论
林文山
锦州师范学院学报　1986：2　1986

中 10809245
《金瓶梅》人物谱之三：李瓶儿
俞泓

古典文学知识　1986：3　1986

中 10809246

胸有城府，善自为谋：论《金瓶梅》中孟玉楼的形象

孔繁华

徐州师范学院学报　1986：3　1986

中 10809247

关于人物性格的塑造：从《金瓶梅》到《红楼梦》之一

林文山

汕头大学学报　1986：3　1986

中 10809248

反抗·追求·幻灭：对潘金莲的再认识

张明月

常德师专学报　1986：3　1986

中 10809249

《金瓶梅》人物谱之四：庞春梅

俞泓

古典文学知识　1986：4　1986

中 10809250

《金瓶梅》人物谱之六：陈经济

俞泓

古典文学知识　1986：6　1986

中 10809251

《金瓶梅》人物谱之七：宋惠莲

俞泓

古典文学知识　1986：7　1986

中 10809252

从人物形象看《金瓶梅》与《红楼梦》

陈曦钟

金瓶梅论集　人民文学出版社　1986.11

小说论稿合集　北京大学出版社　1989.10

中 10809253

论西门庆形象的典型意义

沈天佑

金瓶梅论集　人民文学出版社　1986.11

中 10809254

潘金莲是对有罪社会的叛逆和牺牲

陈华云

重庆日报　1986.11.28

中 10809255

浪子陈经济

黄霖

金瓶梅漫话　学林出版社　1986.12

中 10809256

恶不全恶

黄霖

金瓶梅漫话　学林出版社　1986.12

中 10809257

帮闲应伯爵

黄霖

金瓶梅漫话　学林出版社　1986.12

中 10809258

婢作夫人庞春梅

黄霖
金瓶梅漫话　学林出版社　1986.12

中 10809259
一个暴发户的糜烂生活——西门庆剖析之三
黄霖
金瓶梅漫话　学林出版社　1986.12

中 10809260
如此官场——西门庆剖析之一
黄霖
金瓶梅漫话　学林出版社　1986.12

中 10809261
肉欲狂潘金莲
黄霖
金瓶梅漫话　学林出版社　1986.12

中 10809262
克尽妇道的吴月娘
黄霖
金瓶梅漫话　学林出版社　1986.12

中 10809263
情孽种李瓶儿
黄霖
金瓶梅漫话　学林出版社　1986.12

中 10809264
良心尚存的宋惠莲
黄霖
金瓶梅漫话　学林出版社　1986.12

中 10809265
“奸巧”致富经——西门庆剖析之二
黄霖
金瓶梅漫话　学林出版社　1986.12

中 10809266
论吴月娘:《金瓶梅》人物论之一
沈伯俊
西南师范大学学报　1987:1　1987

中 10809267
《金瓶梅》人物谱之十:官场群丑
俞泓
古典文学知识　1987:1　1987

中 10809268
金莲析:《金瓶梅》人物论之二
陈东有
江西大学研究生学刊　1987:2　1987

中 10809269
畸形时代造就的畸形性格:谈《金瓶梅》中潘金莲形象的社会蕴涵
张进德
河南大学学报　1987:2　1987

中 10809270
《金瓶梅》人物关系简图及其他
张玄平　王良惠
鞍山师专学报　1987:2　1987

中 10809271
论《金瓶梅》中孙雪娥的形象
孔繁华

盐城师专学报　1987：2　1987

中 10809272
无德、无行之纨绔儿陈经济
孔繁华
徐州师专学报　1987：2　1987

中 10809273
《金瓶梅》人物考：兼论作者之谜
陈昭
学术月刊　1987：3　1987
金瓶梅小考　上海书店出版社　1999.12

中 10809274
《金瓶梅》人物谱之十二：玳安・书童和平安
俞泓
古典文学知识　1987：3　1987

中 10809275
论《金瓶梅》：16 世纪一个新兴商人的悲剧
卢兴基
中国社会科学　1987：3　1987

中 10809276
面冷心热、乘时趋附的贵妇：论吴月娘
孔繁华
徐州师范学院学报　1987：3　1987

中 10809277
性格・命运——一个奇特的怪圈：关于《金瓶梅》人物性格及其结构系统定向形成模式的思考
魏崇新
徐州师范学院学报　1987：3　1987

中 10809278
《金瓶梅》人际关系概论
张玄平　王良惠
徐州教育学院学报　1987：3　1987

中 10809279
《金瓶梅》人物谱之十三：孟玉楼
俞泓
古典文学知识　1987：4　1987

中 10809280
潘金莲和王熙凤
赵兴勤
淮海论坛　1987：4　1987

中 10809281
西门大姐与潘姥姥——《金瓶梅》人物谱
俞泓
古典文学知识　1987：5　1987

中 10809282
《金瓶梅》人物谱之十五：媒婆・尼姑・秀才・地痞
俞泓
古典文学知识　1987：6　1987

中 10809283
宋惠莲及其在《金瓶梅》中的象征作用之研究
［美］杨沂
金瓶梅西方论文集　上海古籍出版社

1987.7

中 10809284

吴月娘是怎样一个人物形象？——与朱星先生商榷

黄立新

中国古典小说戏曲论集　2　上海古籍出版社　1987.8

中 10809285

三个弱者的反抗

徐君慧

从金瓶梅到红楼梦　广西人民出版社　1987.10

中 10809286

西门庆的外助

徐君慧

从金瓶梅到红楼梦　广西人民出版社　1987.10

中 10809287

三姑六婆

徐君慧

从金瓶梅到红楼梦　广西人民出版社　1987.10

中 10809288

话如其人

徐君慧

从金瓶梅到红楼梦　广西人民出版社　1987.10

中 10809289

反映社会本质的西门庆

徐君慧

从金瓶梅到红楼梦　广西人民出版社　1987.10

中 10809290

《金瓶梅》里的读书人

徐君慧

从金瓶梅到红楼梦　广西人民出版社　1987.10

中 10809291

西门庆的内助

徐君慧

从金瓶梅到红楼梦　广西人民出版社　1987.10

中 10809292

《金瓶梅》之金

徐君慧

从金瓶梅到红楼梦　广西人民出版社　1987.10

中 10809293

《金瓶梅》之瓶

徐君慧

从金瓶梅到红楼梦　广西人民出版社　1987.10

中 10809294

《金瓶梅》之梅

徐君慧

从金瓶梅到红楼梦　广西人民出版社

1987.10

中 10809295
由潘金莲与西门庆谈到古代的婚姻问题
萨孟武
水浒与中国社会　岳麓书社　1987.11

中 10809296
《金瓶梅》人物漫谈（1–3）
郑庆山
金瓶梅论稿　辽宁人民出版社　1987.11

中 10809297
论西门庆的商业活动：与卢兴基商榷
甘建民
铁道师院学报　1988：1　1988

中 10809298
不幸的幸运儿——论《金瓶梅》中春梅的形象
孔繁华
金瓶梅研究集　齐鲁书社　1988.1

中 10809299
瓶儿这个女人：《金瓶梅》人物论之三
陈东有
江西大学研究生学报　1988：1　1988

中 10809300
从心理分析观赏看潘金莲的性问题
王溢嘉
台北评论　3　1988.1

中 10809301
潘金莲爱嗑瓜子——闲话《金瓶梅》之二
陈诏
解放日报　1988.1.17
金瓶梅六十题　上海书店出版社　1993.12

中 10809302
时代的畸形儿：试谈《金瓶梅》中的几个人物
桂荣华
桂林市教育学院学报　1988：2　1988

中 10809303
论潘金莲
姜超
学术界　1988：3　1988

中 10809304
潘金莲的心路
陈兆南
“中央日报”　1988.3.21

中 10809305
潘金莲的风流文采
周复
“中央日报”　1988.3.21

中 10809306
潘金莲之死
魏子云
“中央日报”　1988.3.21

中 10809307
潘金莲与中国传统文化
邓志芳
文艺学习　1988：4　1988

中 10809308
林太太：招宣府里的叛逆者——《金瓶梅》人物刍议
萧世杰
湖北教育学院学报　1988：4　1988

中 10809309
潘金莲的再评价
张岳林
辽宁教育学院学报　1988：4　1988

中 10809310
官哥儿的病态与心态
傅憎享
社会科学辑刊　1988：5　1988

中 10809311
武大郎的悲剧
魏子云
“中央日报”　1988.5.23

中 10809312
试论《金瓶梅》典型形象的历史地位
王启忠
江海学刊　1988：6　1988

中 10809313
浅谈《金瓶梅》中的潘金莲形象
刘孝严
东北师大学报　1988：6　1988

中 10809314
李瓶儿与尤二姐——《金瓶梅》《红楼梦》人物比较
张福庆
文史知识　1988：7　1988

中 10809315
潘金莲这个女人
魏子云
联合文学　4：11　1988.9

中 10809316
浅谈《金瓶梅》中的妇女群像
陈继勇
文科月刊　1988：12　1988

中 10809317
论《金瓶梅》中的花子虚
姜志信　杨艳梅
松辽学刊　1989：1　1989

中 10809318
潘金莲的性悲剧及其他
朱邦国
淮阴师专学报　1989：1　1989

中 10809319
拙中藏智，冷眼待时：论《金瓶梅》中李娇儿形象
孔繁华
徐州师范学院学报　1989：1　1989

中 10809320
论西门庆
罗德荣
明清小说研究　1989：2　1989

中 10809321
西门庆是怎样发迹的:《金瓶梅》与明代商品经济
李文焕
殷都学刊　1989：2　1989

中 10809322
真切、完整的人物形象——也谈李瓶儿
沈天佑
文史知识　1989：2　1989

中 10809323
李瓶儿性格转变的多重因素
石麟
明清小说研究　1989：2　1989

中 10809324
韩爱姐杂话:《金瓶梅》人物摭谈
黄毓文
吉林师范学院学报　1989：2　1989

中 10809325
西门庆是扬州人么?
[加]刘烈
西门庆与潘金莲——《金瓶梅词话》主人公及其他　黑龙江教育出版社　1989.2

中 10809326
西门庆（1）
[加]刘烈
西门庆与潘金莲——《金瓶梅词话》主人公及其他　黑龙江教育出版社　1989.2

中 10809327
西门庆（2）——西门庆与潘金莲
[加]刘烈
西门庆与潘金莲——《金瓶梅词话》主人公及其他　黑龙江教育出版社　1989.2

中 10809328
潘金莲（1）
[加]刘烈
西门庆与潘金莲——《金瓶梅词话》主人公及其他　黑龙江教育出版社　1989.2

中 10809329
潘金莲（2）——潘金莲和西门庆
[加]刘烈
西门庆与潘金莲——《金瓶梅词话》主人公及其他　黑龙江教育出版社　1989.2

中 10809330
关于西门庆的性观念:《金瓶梅》研究之一
正风　心平
佳木斯师专学报　1989：3　1989

中 10809331
善恶殊途，美丑判然:《金瓶梅》与《红楼梦》中女性形象之比较
冯子礼
青海社会科学　1989：4　1989

中 10809332
苗青、苗员外、苗小湖:《金瓶梅》原貌探索之一
魏子云
文讯　15　1984.12

中 10809333
《金瓶梅》妒妇论
茉莉
北大研究生学刊　1989：4　1989

中 10809334
论李瓶儿形象的矛盾性及其悲剧性
申士尧
广东教育学院学报　1989：4　1989

中 10809335
川剧潘金莲
罗继祖
墐户录　黑龙江人民出版社　1989.6

中 10809336
《金瓶梅词话》人物小论十题
黄霖
金瓶梅考论　辽宁人民出版社　1989.10

中 10809337
相悖互依，逆向同归:《金瓶梅》《红楼梦》主人公比较
冯子礼
明清小说研究　1990：1　1990

中 10809338
论春梅与潘金莲性格的同一性与纵向归异
李贵银
中山大学研究生学刊　1990：3　1990

中 10809339
论应伯爵
姜涛
新疆师范大学学报　1990：3　1990

中 10809340
两个不同社会圈子里的模范女性——孟玉楼与薛宝钗形象之比较
冯子礼
明清小说研究　1990：3/4　1990

中 10809341
也谈西门庆的商业属性与历史功罪
高培华
中国社会科学　1990：4　1990

中 10809342
帮闲有术，古今一绝：论《金瓶梅》中应伯爵
载湘　苏石
徐州师范学院学报　1990：4　1990

中 10809343
一个发人深思的悲剧人物——潘金莲
沈天佑
金瓶梅红楼梦纵横谈　北京大学出版社　1990.5

中 10809344
真切、完整的人物形象——李瓶儿
沈天佑

金瓶梅红楼梦纵横谈　北京大学出版社　1990.5

中 10809345

中国文学史上一个别开生面的反面典型——西门庆

沈天佑

金瓶梅红楼梦纵横谈　北京大学出版社　1990.5

中 10809346

集古今帮闲大成的形象——应伯爵

沈天佑

金瓶梅红楼梦纵横谈　北京大学出版社　1990.5

中 10809347

屈从于市侩势力下的贵妇人——林太太

沈天佑

金瓶梅红楼梦纵横谈　北京大学出版社　1990.5

中 10809348

心高气傲、聪明狡黠的婢女——庞春梅

沈天佑

金瓶梅红楼梦纵横谈　北京大学出版社　1990.5

中 10809349

丑的揭露和美的升华——《金瓶梅》《红楼梦》人物论

啸马（马萱剑）

中国古典小说人物审美论　华东师范大学出版社　1990.6

中 10809350

社会的畸形儿——潘金莲

余岢

济宁师专学报　1991：1　1991

中 10809351

《金瓶梅词话》里的帮闲人物

张天畴

金瓶梅资料续编　北京大学出版社　1991.1

中 10809352

酒色财气的奴隶：论《金瓶梅》中的西门庆

孔繁华

大庆师专学报　1991：1　1991

中 10809353

论“混帐恶人”西门庆的形象

朱继琢　何焕群

广东民族学院学报　1991：1　1991

中 10809354

扭曲的灵魂　悲剧的命运——《金瓶梅》中的潘金莲

宋培宪　叶桂桐

文史知识　1991：2　1991

中 10809355

“骚动”与“喧哗”——论潘金莲与西门庆

姜志信　李文和

辽宁教育学院学报　1991：2　1991

中 10809356
论西门庆之死
高志忠
牡丹江师范学院学报　1991：2　1991

中 10809357
西门庆谋财娶妇的时代意蕴
南矩容
固原师专学报　1991：3　1991

中 10809358
初论《金瓶梅》的人物性格系统
陈建生
明清小说研究　1991：3　1991

中 10809359
李瓶儿之追求与幻灭
载湘　苏石
徐州师范学院学报　1991：4　1991

中 10809360
潘金莲：执着追求的女性
靳绍彤
真善美　1991：6　1991

中 10809361
论《金瓶梅》奴婢形象的塑造
张芙
齐鲁学刊　1991：6　1991

中 10809362
《金瓶梅》人物论
李时人
金瓶梅新论　学林出版社　1991.8

中 10809363
鲜明的时代烙印：略谈西门庆之死
叶桂桐　宋培宪
文史知识　1991：9　1991

中 10809364
一代淫棍的“贤”内助：论《金瓶梅》中的吴月娘
余岢
大庆师专学报　1992：1　1992

中 10809365
貌似神离胞兄弟，另起炉灶创新业：《金瓶梅》《水浒传》西门庆潘金莲考较
周克良
大庆师专学报　1992：1　1992

中 10809366
《金瓶梅》为什么要写林太太
阎增山
徐州师范学院学报　1992：1　1992

中 10809367
官哥孝哥形象塑造中佛事情节的文化象征
梁佛根
河池师专学报　1992：1　1992

中 10809368
浪荡败家、浪荡兴家——西门庆与贾琏形象之比较
吴维智
明清小说研究　1992：1　1992

中 10809369
招摇撞骗的明王八——试析韩道国
李凤仪
大庆师专学报　1992：1　1992

中 10809370
两副嘴脸，一副灵魂：论王六儿、韩道国
孔繁华
大庆师专学报　1992：1　1992

中 10809371
一个概括晚明社会情态的特殊平凡人：《金瓶梅》之西门庆论
周克良
徐州师范学院学报　1992：1　1992

中 10809372
潘金莲：长在男权主义粪土上的恶之花
潘承玉
阜阳师范学院学报　1992：2　1992

中 10809373
李瓶儿性格的转变
张国风
古典文学知识　1992：2　1992

中 10809374
一个在追求和抗争中的堕落者：潘金莲形象分析
孙丕文
陕西工商学院学报　1992：2　1992

中 10809375
追魂摄魄探“奇书”——《金瓶梅的女性世界》读札
古耜
明清小说研究　1992：2　1992
荧灯下的心迹　中国矿业大学出版社　1993.5

中 10809376
金散、瓶碎、梅枯：《金瓶梅》三女主角异同
种衍璋（种扬）
内蒙古电大学刊　1992：2　1992

中 10809377
潘金莲与酒
黄毓文
吉林师范学院学报　1992：3　1992

中 10809378
“大家风范”与“小家子气”：《红楼梦》与《金瓶梅》中两种不同的主妇群的形象之比较
冯子礼
红楼梦学刊　1992：3　1992

中 10809379
也论吴月娘：兼说《金瓶梅》之佛教意识
周克良
大庆师专学报　1992：3　1992

中 10809380
暴发户的胜利与最终败绩：论西门庆形象的阶级本质和社会意义
张业敏
学术论坛　1992：3　1992

中 10809381
一个帮嫖贴食的帮闲——应伯爵形象浅析
李凤仪
蒲峪学刊　1992：4　1992

中 10809382
淫妇李瓶儿的审美价值
余岢
聊城师范学院学报　1992：4　1992

中 10809383
《金瓶梅》人物塑造模糊美管窥
种衍璋（种扬）
内蒙古电大学刊　1992：6　1992
古今摭谭　北京图书馆出版社　1997.8

中 10809384
扁平·过渡·圆形：论《金瓶梅》人物性格塑造
厉平
辽宁师范大学学报　1992：6　1992

中 10809385
情感世界的"多余人"：论《金瓶梅》中的吴月娘形象
萧宿荣
争鸣　1992：6　1992

中 10809386
逐潮踏浪：《金瓶梅》女性论
红芦
中州学刊　1992：6　1992

中 10809387
《金瓶梅》人物谈：南开大学中文系座谈会纪要
雷勇
古典文学知识　1993：1　1993

中 10809388
潘金莲的人格心理防御机制及其文化诠释
谭邦和
通俗文学评论　1993：2　1993

中 10809389
论西门庆的宗教心态
盛坚
徐州师范学院学报　1993：2　1993

中 10809390
试论西门庆
李凤仪
齐齐哈尔师范学院学报　1993：2　1993

中 10809391
论西门庆的文化特征
齐欣荣
社会科学研究　1993：3　1993

中 10809392
再谈如何评价潘金莲这个文学形象：与许有伦先生"商榷"的商榷
孙丕文
陕西工商学院学报　1993：3　1993

中 10809393
潘金莲的悲剧及其认识意义

金玉田
汕头大学学报　1993：3　1993

中 10809394
论《金瓶梅》中林太太形象
宋培宪
徐州教育学院学报　1993：3　1993

中 10809395
历史的选择和选择历史:《金瓶梅》西门庆再论
周克良
牡丹江师范学院学报　1993：3　1993

中 10809396
西门庆东京庆寿诞的时代效应
南矩容
固原师专学报　1993：3　1993

中 10809397
《金瓶梅》刻画潘金莲人物技法小议
王美春
阅读与写作　1993：4　1993

中 10809398
"地位升降"中的角色变换：西门庆与儒林仕宦关系扫描
谭学亮
中国文学研究　1993：4　1993

中 10809399
关于《金瓶梅三女性透视》的思考
罗德荣
古典文学知识　1993：4　1993

中 10809400
帮闲篾片论：从应伯爵到夏逢若
王基
河南师范大学学报　1993：6　1993

中 10809401
吴月娘——悲莫大者
种衍璋（种扬）
内蒙古电大学刊　1993：6　1993

中 10809402
西门庆——特务头子
陈诏
金瓶梅六十题　上海书店出版社　1993.12

中 10809403
西门庆经商的秘诀
陈诏
金瓶梅六十题　上海书店出版社　1993.12

中 10809404
西门庆与明代的官商
陈诏
金瓶梅六十题　上海书店出版社　1993.12

中 10809405
应伯爵——马屁精的艺术典型
陈诏
金瓶梅六十题　上海书店出版社　1993.12

中 10809406
西门庆和潘金莲真有其人吗?
陈诏
金瓶梅六十题　上海书店出版社 1993.12

中 10809407
人物命名中的谜
陈诏
金瓶梅六十题　上海书店出版社 1993.12

中 10809408
"陈四箴"寓意又一说
陈诏
金瓶梅六十题　上海书店出版社 1993.12

中 10809409
薛宝钗与潘金莲
陈诏
金瓶梅六十题　上海书店出版社 1993.12

中 10809410
陈敬济人物形象浅析
刘文学　赵冰瑞
聊城师范学院学报　1994:1　1994

中 10809411
潘金莲与宋惠莲
刘绍智
固原师专学报　1994:1　1994

中 10809412
李瓶儿的性格及其成因
毛荣发
桂林市教育学院学报　1994:2　1994

中 10809413
西门庆经商之性质及作用
杨乐堂
徐州师范学院学报　1994:2　1994

中 10809414
"船多不碍路"——谈孟玉楼的人生哲学及其形象
孙丕文
陕西工商学院学报　1994:2　1994

中 10809415
美丑善恶多面的《金瓶梅》人物
张立德
宁夏大学学报　1994:2　1994

中 10809416
人性觉醒与堕落的典型:论《金瓶梅》之潘金莲
贾鹏
许昌师专学报　1994:2　1994

中 10809417
论《金瓶梅》的原型意象
吴盛枝
广西民族学院学报　1994:2　1994

中 10809418
我看李瓶儿

傅瑶
中国文化研究　1994：3　1994

中 10809419
《金瓶梅》与《红楼梦》人物比较
柳田
红楼梦学刊　1994：3　1994

中 10809420
潘金莲语言的交际特征和个性特征
曹炜　蔡永良
镇江师专学报　1994：3　1994
齐齐哈尔师范学院学报　1994：4　1994

中 10809421
西门庆的公关"艺术"
赵培玺
杂文报　1994.3.4

中 10809422
《金瓶梅》三女性文化透视
张绰
广东社会科学　1994：4　1994

中 10809423
从叛逆到皈依：谈李瓶儿形象
孙丕文
陕西工商学院学报　1994：4　1994

中 10809424
荡妇春梅的发迹与忠义效应的失落
南矩容
东方论坛　1994：4　1994
固原师专学报　1995：1　1995

中 10809425
西门庆：中国封建经济和早期商品经济杂交而生的畸形儿
孙逊
文学遗产　1994：4　1994

中 10809426
追求　幻灭　抗争——宋蕙莲形象分析
马树国　程爱红
名作欣赏　1994：5　1994

中 10809427
《金瓶梅》的人物与主题
王汝梅（滋阳）
中国古代小说十二讲　中州古籍出版社　1994.8

中 10809428
从作者的介入看潘金莲
刘绍智
宁夏社会科学　1995：1　1995

中 10809429
西门庆复杂性格的生理——心理分析
甘建民
铁道师院学报　1995：1　1995

中 10809430
殉道与背忤的撞击：试论吴月娘形象的悲剧性
孙丕文
济宁师专学报　1995：1　1995

中 10809431
论《金瓶梅》人物形象体系及其意义
黄伟
长沙水电师院学报　1995：2　1995

中 10809432
明末清初世情小说妇女形象的演化——从《金瓶梅》到《红楼梦》
雷勇
海南大学学报　1995：2　1995

中 10809433
论《金瓶梅》对明武宗的影射
黄强
江苏教育学院学报　1995：3　1995

中 10809434
西门庆形象再认识
王金寿
西北师大学报　1995：4　1995

中 10809435
论西门庆
王前良
求索　1995：4　1995

中 10809436
论潘金莲悲剧
周先慎
中国文化研究　1995：4　1995

中 10809437
对西门庆形象悲剧意蕴的深层透视
霍现俊
河北师院学报　1995：4　1995

中 10809438
《红楼梦》与《金瓶梅》中妾的不同地位及原因初探
侯宝源
聊城师范学院学报　1995：4　1995

中 10809439
论孟玉楼
周生
甘肃社会科学　1995：6　1995

中 10809440
西门庆：中国“前资本主义”商人的悲剧象征
李时人
光明日报　1995.7.19

中 10809441
弱小生灵的抗争：论《金瓶梅》奴婢形象的塑造
张振军
传统小说与中国文化　广西师范大学出版社　1996.1

中 10809442
惠莲悲剧成因试析：兼论《金瓶梅》中惠莲悲剧的社会文化意义
唐小华
深圳大学学报　1996：2　1996

中 10809443
应当怎样认识潘金莲？——向刘孝严先生

请教
李凤仪
大庆高等专科学校学报　1996：2　1996

中 10809444
西门庆——明代官商的典型
陈诏
上海师范大学学报　1996：2　1996
金瓶梅小考　上海书店出版社　1999.12

中 10809445
佞幸帮闲的绝妙画像：论《金瓶梅》中的应伯爵
边家珍
河南大学学报　1996：3　1996

中 10809446
西门庆消费心态管窥
李明
徐州师范学院学报　1996：3　1996

中 10809447
孽由自作：西门庆疾病生死释义
刘晓林
衡阳师专学报　1996：4　1996

中 10809448
李瓶儿性格新论
罗宪敏
零陵师专学报　1996：4　1996

中 10809449
一幕奴隶之间自杀自灭的悲剧：论潘金莲、李瓶儿的悲剧冲突
南矩容
固原师专学报　1996：5　1996

中 10809450
女人·性爱·道德——试析莎乐美、潘金莲形象的文化意蕴
张帆
社会科学研究　1996：6　1996

中 10809451
明清时期的潘金莲戏曲
齐晓枫
辅仁国文学报　12　1996.8

中 10809452
《金瓶梅》性恶论的标本（上、下）
余岢
徐州教育学院学报　1997：1、3　1997

中 10809453
论西门庆角色与《金瓶梅》结构及古小说循环模式之关系
宋培宪
聊城师范学院学报　1997：1　1997

中 10809454
潘金莲形象的历史演变
魏崇新
徐州师范大学学报　1997：1　1997

中 10809455
休道欢娱处，流光逐晚霞：论封建浪子的典型陈经济
南矩容

固原师专学报　1997：1　1997

中 10809456
《金瓶梅》人物琐议
刘心武
书屋　1997：2　1997

中 10809457
西门庆：资本主义萌芽时期的新兴商人
王文彬
延边大学学报　1997：2　1997

中 10809458
地平线下的风景：《金瓶梅》女性弱者形象浅论
潘承玉
东岳论丛　1997：3　1997

中 10809459
李瓶儿形象辨析
周永祥
聊城师范学院学报　1997：3　1997

中 10809460
潘金莲浅论
万刚
南昌职业技术师范学院学报　1997：3　1997

中 10809461
论王六儿与"迟发展效应"
南矩容
固原师专学报　1997：5　1997

中 10809462
非常贴近淫妇及恶女——如何阅读《金瓶梅》（1695）和《恶女书》（1995）
丁乃非著　沃璟伶译
中外文学　26：3　1997

中 10809463
西门庆形象新探
霍现俊
明清小说研究　1998：1　1998

中 10809464
西门庆是"新兴商人阶级"的典型吗?
钟扬
文艺理论与批评　1998：1　1998

中 10809465
试论《金瓶梅》中的宦官
刘静
陕西师范大学学报　1998：1　1998

中 10809466
两副臭皮囊　一副丑嘴脸——《续金瓶梅》《金瓶梅》中应伯爵形象谈
孔繁华
丁耀亢研究　中州古籍出版社　1998.1

中 10809467
晚明社会性崇拜与性偶像西门庆
吴存存
明清小说研究　1998：1　1998

中 10809468
《金瓶梅》宗教人物、名号考（五十则）

余岢　解庆兰
金瓶梅与佛道　北京燕山出版社　1998.7

中 10809469
《金瓶梅》的喜剧人物原型
傅正明
中国研究　34　1998.9

中 10809470
潘金莲形象的意义
吴礼权
古今艺文　25：1　1998.11

中 10809471
缘何泄愤为谁冤
潘承玉
金瓶梅新证　黄山书社　1999.1

中 10809472
《金瓶梅》闲话——西门庆这个人物
魏子云
国文天地　15：3　1999.8

中 10809473
从继承到创新——潘金莲与王熙凤的比较
陈美玲
中国文化月刊　233　1999.8

中 10809474
流氓的寓言——论西门庆（上、下）
钟扬
大陆杂志　99：3-4　1999

中 10809475
美丑都在情和欲之间：李瓶儿与尤二姐的比较
陈美玲
华冈文科学报　23　1999.12

中 10809476
潘金莲形象再认识
彭效田
徐州教育学院学报　2000：1　2000

中 10809477
论吴月娘
肖露
湖北师范学院学报　2000：1　2000

中 10809478
论玉面狐狸孟玉楼的形象
王广新
西安教育学院学报　2000：2　2000

中 10809479
社会剧变期的畸形儿：西门庆新评
方明光
上海交通大学学报　2000：2　2000

中 10809480
论秋菊在《金瓶梅》中的作用
李九华
宁夏大学学报　2000：2　2000

中 10809481
《金瓶梅》中妇女形象初探
杨一吾

沧州师范专科学校学报　2000：3　2000

中 10809482
评《金瓶梅》中的应伯爵
徐景洲
徐州教育学院学报　2000：3　2000

中 10809483
试论《金瓶梅》中官哥儿的艺术作用
史礼心
信阳师范学院学报　2000：3　2000

中 10809484
试论西门庆和贾宝玉情欲世界的内在联系和分野
聂付生
黑龙江社会科学　2000：3　2000

中 10809485
一朵被折损的花儿的凋谢：论宋惠莲之死
丁畅松
吉首大学学报　2000：4　2000

中 10809486
鞭打中的性施虐和性受虐心态：兼谈西门庆的鞭恋性唤起意识
陈家桢
船山学刊　2000：4　2000

中 10809487
道是无情还是情：试论西门庆这一反面人物形象的复杂性
肖兰英
聊城师范学院学报　2000：4　2000

中 10809488
论西门庆
孙开东　李政
枣庄师专学报　2000：4　2000

中 10809489
对西门庆家族模式的文化审视
霍现俊
河北师范大学学报　2000：4　2000

中 10809490
《金瓶梅》中宋蕙莲形象透视
王振彦
南都学坛　2000：5　2000

中 10809491
西施和潘金莲情欲撕裂的同一命运：兼论男权的操纵模式及运作机制
孙旭
松辽学刊　2000：5　2000

中 10809492
新论陈经济:《金瓶梅》研究之一
梁丽岚
辽宁大学学报　2000：6　2000

3. 语言

中 10809493
《金瓶梅》里的“俗话”
方醒
联合报　1955.10.7

中 10809494
《金瓶梅》的“与”·“来”二字
高维先
中文研究　3　1963.1

中 10809495
关于《金瓶梅》中的“鬼”字
高维先
中文研究　4　1964.1

中 10809496
《金瓶梅》原本无秽语说质疑——与朱星先生商榷
黄霖
复旦学报　1979：5　1979
金瓶梅研究　复旦大学出版社　1984.12
金瓶梅考论　辽宁人民出版社　1989.10

中 10809497
《金瓶梅》中的歇后语
王强
天津师院学报　1981：6　1981
金瓶梅研究　复旦大学出版社　1984.12

中 10809498
《金瓶梅词话》特殊词语例释
白维国
学习与思考　1981：6　1981

中 10809499
《金瓶梅》的词汇、词汇札记
朱星
河北大学学报　1982：1　1982
论金瓶梅　文化艺术出版社　1984.12
金瓶梅研究　复旦大学出版社　1984.12
名家解读金瓶梅　山东人民出版社　1998.1

中 10809500
《金瓶梅》的“吃”
郭立诚
中国艺文与民俗　汉光文化事业股份有限公司　1984

中 10809501
《金瓶梅》的谚语歇后语集说
蔡国梁
金瓶梅考证与研究　陕西人民出版社　1984.7

中 10809502
笑话·传说·急口令——《金瓶梅》的俗文学摭拾
蔡国梁
金瓶梅考证与研究　陕西人民出版社　1984.7

中 10809503
《金瓶梅》中杭州一带有语考

张惠英
中国语文（北京） 1986：3 1986

中 10809504
《金瓶梅》中值得注意的语言现象
张惠英
语文研究 1986：3 1986

中 10809505
《金瓶梅》语释
陈辽
社会科学辑刊 1986：3 1986

中 10809506
《金瓶梅》所用方言讨论综述
白维国
中国语文（北京） 1986：3 1986

中 10809507
《〈金瓶梅〉用的是山东话吗？》质疑
刘钧杰
中国语文（北京） 1986：3 1986

中 10809508
《金瓶梅》和市语
白维国
明清小说论丛 4 春风文艺出版社 1986.6

中 10809509
《金瓶梅》的语言问题：读《金瓶梅》用的是山东话吗？
魏子云
国语日报 · 书和人 553 1986.9

中 10809510
《金瓶梅》与鲁南方言
张远芬
明清小说研究 4 中国文联出版公司 1986.12

中 10809511
妙在家常口头语
黄霖
金瓶梅漫话 学林出版社 1986.12

中 10809512
《金瓶梅》的六音特点
张鸿魁
中国语文（北京） 1987：2 1987

中 10809513
《金瓶梅》的语言
［日］鸟居久靖
金瓶梅的世界 北方文艺出版社 1987.2

中 10809514
“浇手”解
王利器
文学遗产 1987：5 1987

中 10809515
《金瓶梅》所用方言的性质及考证
董绍克
山东师大学报 1987：5 1987

中 10809516
论《金瓶梅》的语言艺术
周中明

文史哲　1987：5　1987

中 10809517

《金瓶梅》中的双关语和隐语——评第二十七回

［美］柯丽德

金瓶梅西方论文集　上海古籍出版社　1987.7

中 10809518

《金瓶梅》的语言艺术

徐君慧

从金瓶梅到红楼梦　广西人民出版社　1987.10

中 10809519

《金瓶梅》的方言

郑庆山

金瓶梅论稿　辽宁人民出版社　1987.11

中 10809520

《金瓶梅》对中国小说语言艺术的发展

周中明

金瓶梅研究集　齐鲁书社　1988.1

名家解读金瓶梅　山东人民出版社　1998.1

中 10809521

《金瓶梅词话》是一种扬州评话

陈诏

金瓶梅研究集　齐鲁书社　1988.1

中 10809522

《金瓶梅词话》的若干俗语词

白维国

语言研究　1988：2　1988

中 10809523

试评魏子云先生对《金瓶梅》语言的看法

张天堡　王昌华

淮北煤师院学报　1988：2　1988

中 10809524

《金瓶梅》方言释略

赵兴勤

盐城师专学报　1988：4　1988

中 10809525

《金瓶梅词话》的语言问题

杨振良

“中央日报”　1988.4.20

中 10809526

《金瓶梅》用字流俗：是俚人耳录而非文人创作

傅憎享

北方论丛　1988：6　1988

学习与探索　1988：6　1988

中 10809527

《金瓶梅》词语例释

李申

河北师院学报　1989：1　1989

中 10809528

《金瓶梅》疑难词语试释

王汝梅（滋阳）

徐州师范学院学报　1989：1　1989

中 10809529
《金瓶梅》用的是“南北混合的官话”吗?
张天堡
淮北煤师院学报　1989：1　1989

中 10809530
论《金瓶梅》中运用俗语的艺术
周中明
徐州师范学院学报　1989：1　1989

中 10809531
浅谈《金瓶梅》的语言艺术
潘国饮　子玉
牡丹江师范学院学报　1989：1　1989

中 10809532
自然美:《金瓶梅》诗词的语言特色
刘继超
宝鸡师范学院学报　1989：1　1989

中 10809533
《金瓶梅》词语考释订补
李一平
河南大学学报　1989：2　1989

中 10809534
论《金瓶梅词话》的“乞”字句
许仰民
信阳师范学院学报　1989：2　1989

中 10809535
试论《金瓶梅》的语言研究
张鸿魁
烟台师范学院学报　1989：2　1989

中 10809536
关于《金瓶梅》中数条语词的诠释
李之亮
中国语文（北京）　1989：3　1989

中 10809537
《金瓶梅》词语考释
张涌泉
杭州大学学报　1989：4　1989

中 10809538
《金瓶梅》词语误释归因
傅憎享
社会科学辑刊　1989：4　1989

中 10809539
《金瓶梅词话》中曲艺资料辑释
蔡敦勇
《金瓶梅词话》剧曲品探　江苏文艺出版社　1989.6

中 10809540
《金瓶梅》中的“儿”尾不全是儿化音
董绍克
古汉语研究　1990：1　1990

中 10809541
《金瓶梅词话》释语论难
傅憎享
中国图书评论　1990：1　1990

中 10809542
释“丁香”
隋文昭

中国语文（北京） 1990：1 1990

中 10809543
《金瓶梅》清唱曲辞考
周钧韬
明清小说研究 1990：2 1990

中 10809544
《金瓶梅》方言词语注商榷
张炳森
明清小说研究 1990：3 1990

中 10809545
论《金瓶梅》的俗语与民俗
傅憎享
沈阳师范学院学报 1990：3 1990

中 10809546
谈《金瓶梅》中的歇后语
孟宪章
徐州师范学院学报 1990：4 1990

中 10809547
论《金瓶梅词话》的“把”（将）字句
张仰民
信阳师范学院学报 1990：4 1990

中 10809548
《金瓶梅》中对妻子的称谓
侯友兰
松辽学刊 1990：4 1990

中 10809549
《金瓶梅》的语言艺术
张家英
北方论丛 1990：5 1990

中 10809550
《金瓶梅》隐语揭秘
傅憎享
社会科学辑刊 1990：5 1990

中 10809551
《红楼梦》和《金瓶梅》的语言比较
张惠英
红楼梦学刊 1991：1 1991

中 10809552
《金瓶梅》清唱曲辞考（续）
周钧韬
明清小说研究 1991：1 1991

中 10809553
《金瓶梅》语言艺术略论
洪兆平
唐山师专·唐山教育学院学报 1991：1 1991

中 10809554
《金瓶梅词话》与《聊斋俚曲》的方言比较
郑庆山
蒲峪学刊 1991：1 1991

中 10809555
《金瓶梅》里的句尾“着”
高福生
江西教育学院学报 1991：2 1991

中 10809556
《金瓶梅》“淫书”析——第二十七回中的双关语和谜语
［美］凯瑟琳 · 卡利茨著　包振南译
金瓶梅及其他　吉林文史出版社　1991.3

中 10809557
《金瓶梅词话》语词札记
蒋礼鸿
文献　1991：3　1991

中 10809558
《金瓶梅》词语补释
顾冠华
徐州师范学院学报　1991：4　1991

中 10809559
论《金瓶梅词话》的多音节状态形容词
许仰民
信阳师范学院学报　1991：4　1991

中 10809560
《金瓶梅词话》语词校释
隋文昭
天津师大学报　1991：6　1991

中 10809561
《金瓶梅方言俗语汇释》序
王学奇
天津师大学报　1991：6　1991

中 10809562
《金瓶梅》中的“达达”考
魏聊
东岳论丛　1991：6　1991

中 10809563
《金瓶梅》的语言多元系统及其形成的原因
孙维张
社会科学战线　1992：1　1992

中 10809564
《金瓶梅》鲁南方言俗语例释
孙天胜
枣庄师专学报　1992：1　1992

中 10809565
《金瓶梅》方言新证
吴聿明
东南文化　1992：3　1992

中 10809566
《金瓶梅》与近代汉字研究
张鸿魁
东岳论丛　1992：6　1992

中 10809567
也说“倒过醮来了”
魏连科
文史知识　1992：11　1992

中 10809568
释李瓶儿之“数”——《金瓶梅词话》校订札记
梅节
徐州师范学院学报　1993：2　1993

中 10809569
《金瓶梅》方言词语零札
鲍延毅
徐州师范学院学报　1993：2　1993

中 10809570
论《金瓶梅词话》的副词“自”
许仰民
河北师院学报　1993：2　1993

中 10809571
《金瓶梅》词语校释
张涌泉
杭州师范学院学报　1993：4　1993

中 10809572
《金瓶梅》人物语言描写的艺术特色
陈家生
写作　1993：4　1993

中 10809573
《金瓶梅》俗谚求因
傅憎享　杨爱群
社会科学辑刊　1993：4　1993

中 10809574
关于《金瓶梅》几个词语的解释
李申
文献　1993：4　1993

中 10809575
《金瓶梅》词语深层结构与文化内涵
傅憎享
学习与探索　1993：5　1993

中 10809576
《金瓶梅》方言俗语臆释（上、下）
魏连科
河北学刊　1993：5、1994：6　1993-1994

中 10809577
《金瓶梅》中的宁波话
陈诏
金瓶梅六十题　上海书店出版社　1993.12

中 10809578
释“醉闹葡萄架”
陈诏
金瓶梅六十题　上海书店出版社　1993.12

中 10809579
释“挨光”
陈诏
金瓶梅六十题　上海书店出版社　1993.12

中 10809580
“金勒马嘶芳草地”语出何处?
陈诏
金瓶梅六十题　上海书店出版社　1993.12

中 10809581
“蛋”字的四种写法
陈诏
金瓶梅六十题　上海书店出版社　1993.12

中 10809582
释“宽蒸茶儿”
陈诏
金瓶梅六十题　上海书店出版社　1993.12

中 10809583
《金瓶梅》词语补释
陈霞村
文献　1994：2　1994

中 10809584
《金瓶梅词话》的方言
张日凯
小说林　1994：2　1994

中 10809585
关于《〈金瓶梅词话〉语词札记》的札记
刘运兴
吉首大学学报　1994：2　1994

中 10809586
再释《金瓶梅》中的鲁南方言俗语
孙天胜
徐州教育学院学报　1994：3　1994

中 10809587
《金瓶梅词话》方言新证
马永胜　姚力芸
山西大学学报　1994：4　1994

中 10809588
《金瓶梅词话》中的“是的”
曹广顺
语文研究　1994：4　1994

中 10809589
圆社、圆情、蹴圆——《金瓶梅》中的足球术语
刘秉果
文史知识　1994：7　1994

中 10809590
《金瓶梅》东北方言 100 例
李凤仪
大庆高等专科学校学报　1995：1　1995

中 10809591
《金瓶梅词话》语词杂释
侯兰笙
西北师大学报　1995：1　1995

中 10809592
从《金瓶梅》词汇特点看文化因素的影响
张鸿魁　王大新
求是学刊　1995：1　1995

中 10809593
《金瓶梅》清河方言诠释质疑——与魏子云、王利器、黄霖诸先生商榷
许超
河北师院学报　1995：2　1995

中 10809594
《金瓶梅词话》切口语的构成
白维国
语言研究　1995：2　1995

中 10809595
《金瓶梅词话》中的“藏词”
鲍延毅
湖南教育学院学报　1995：3　1995

中 10809596
王八源流小考:《金瓶梅》难语“望江南、巴山虎儿、汗东山、斜纹布”新解
傅憎享
枣庄师专学报　1995：3　1995

中 10809597
《金瓶梅》中的内蒙古西部方言、方音及习俗
张简
内蒙古电大学刊　1995：3　1995

中 10809598
《金瓶梅》“掮”字的形音义——纪念吴晓铃先生
张鸿魁
枣庄师专学报　1995：3　1995

中 10809599
《金瓶梅》中的体育词语
刘秉果
徐州师范学院学报　1995：4　1995

中 10809600
论《金瓶梅词话》的判断句
许仰民　韩伟
信阳师范学院学报　1995：4　1995

中 10809601
也谈《金瓶梅》的方言
毛德彪
临沂师专学报　1995：4　1995

中 10809602
《金瓶梅》中的动词重叠及相关句式考察
张鸿魁
东岳论丛　1995：4　1995

中 10809603
《金瓶梅词话》中异采纷呈的“死亡”用语
鲍延毅
衡阳师专学报　1995：5　1995

中 10809604
《金瓶梅》中的蒙语词汇和喇嘛教的法事活动
张简
内蒙古电大学刊　1995：5　1995

中 10809605
《金瓶梅》中的数A数B四字结构
何洪峰　程明安
江汉大学学报　1995：5　1995

中 10809606
《金瓶梅》美语审美
傅憎享
社会科学辑刊　1995：6　1995

中 10809607
平中见奇骂亦精——谈《金瓶梅》“还鞋”

一节的对话艺术
徐景洲
名作欣赏　1995：6　1995

中 10809608
《金瓶梅词话》的方言语音
吴晓铃
汉学研究之回顾与前瞻（上册：文学、语言卷）　中华书局　1995.9

中 10809609
《金瓶梅》难解歇后语匡释
鲁沂
山东教育学院学报　1996：1　1996

中 10809610
《金瓶梅东北方言 100 例》指误
李雪
大庆高等专科学校学报　1996：1　1996

中 10809611
收惊（《金瓶梅》语释之一）
傅憎享
学习与探索　1996：2　1996

中 10809612
开光明（《金瓶梅》语释之二）
傅憎享
学习与探索　1996：2　1996

中 10809613
《金瓶梅词话》的回首与回末：词话定式言语研究之一
章一鸣
电大教学　1996：3　1996

中 10809614
语音史研究的新境界：张鸿魁《〈金瓶梅〉语言研究》序
李行杰
青岛大学师范学院学报　1996：3　1996

中 10809615
人称代词的"错位"用法——《金瓶梅》易代辞格说略
鲍延毅
徐州师范学院学报　1996：3　1996

中 10809616
炼字铸词，写人状物：《金瓶梅》创造性词语探析
种衍璋（种扬）
内蒙古电大学刊　1996：3　1996

中 10809617
《金瓶梅词话》难读歇后语例释
谭秀东
徐州教育学院学报　1996：3　1996

中 10809618
《金瓶梅》中江淮次方言臆札
宋德慈　王毅
徐州师范学院学报　1996：3　1996

中 10809619
《金瓶梅》中的内蒙古西部方言
刘成荫
阴山学刊　1996：3　1996

中 10809620
《金瓶梅词话》中的东北方言词话
聂志平
大庆高等专科学校学报　1996：3　1996

中 10809621
小太乙儿（《金瓶梅》语释之三）
傅憎享
学习与探索　1996：3　1996

中 10809622
趧镫（《金瓶梅》语释之四）
傅憎享
学习与探索　1996：3　1996

中 10809623
水鬓（《金瓶梅》语释之五）
傅憎享
学习与探索　1996：3　1996

中 10809624
蔓字异读（《金瓶梅》语释之六）
傅憎享
学习与探索　1996：3　1996

中 10809625
《金瓶梅词话》中的同素反序词
潘攀
江汉大学学报　1996：4　1996

中 10809626
《金瓶梅词话》难解词语释义校补拾遗
赵景波
丹东师专学报　1996：4　1996

中 10809627
《金瓶梅》的市井语言特色
姜丽珍
浙江师范大学学报　1996：6　1996

中 10809628
《金瓶梅》歇后语正名
傅憎享
徐州教育学院学报　1997：1　1997

中 10809629
论《金瓶梅词话》的疑问句及疑问词
许仰民
信阳师范学院学报　1997：1　1997

中 10809630
一字之奇，千古瞩目:《金瓶梅》中“脸打绿了”的“绿”
鲍延毅
临沂师专学报　1997：1　1997

中 10809631
《金瓶梅》移用耳录口语例说
谭秀东
吉林省教育学院学报　1997：1–2　1997

中 10809632
《金瓶梅》人物语言中的称谓语
曹炜
镇江师专学报　1997：2　1997

中 10809633
《金瓶梅词话》语词札记
蒋宗福

文献　1997：2　1997

中 10809634
《金瓶梅》与怀庆府方言俗语
高培华　杨清莲
寻根　1997：2　1997

中 10809635
《金瓶梅》骂语的艺术功能
潘攀
武汉教育学院学报　1997：2　1997

中 10809636
《金瓶梅》词语拾诂
杨琳
烟台大学学报　1997：2　1997

中 10809637
《金瓶梅词话》细节描写中的程式化语言：词话定式言语研究之二
章一鸣
电大教学　1997：2　1997

中 10809638
试论《金瓶梅》人物语言的总体特色
曹炜
苏州大学学报　1997：3　1997

中 10809639
《金瓶梅词话》难解词语释义校补与拾遗（续）
赵景波
丹东师专学报　1997：4　1997

中 10809640
《金瓶梅词话》和《宝剑记》语言风格的差异：兼论词话写定者不是李开先
章一鸣
中国语文（北京）　1997：5　1997

中 10809641
《金瓶梅》方言俗语臆释
王毅
明清小说研究　1998：1　1998

中 10809642
《金瓶梅》语言的讽刺效果与谐趣特色
周建民
徐州师范大学学报　1998：1　1998

中 10809643
《金瓶梅词话》难解词语汇释
卢甲文
平原大学学报　1998：1　1998

中 10809644
《金瓶梅》中的绍兴方言
潘承玉
金瓶梅新证　黄山书社　1999.1

中 10809645
《金瓶梅》中的“岂有此理”和“多”
乔秋颖
湛江师范学院学报　2000：1　2000

中 10809646
《金瓶梅》词语补释
吴庆峰

徐州师范大学学报　2000：1　2000

中 10809647
《金瓶梅词话》的语言——抽样指出三几字
魏子云
国文天地　16：10　2001.3

（六）文献

中 10809648
《金瓶梅》及其续书
宁远
小说新话　香港上海书局　1972.12

中 10809649
《金瓶梅》版本及其他
［美］帕特里克·D·韩南（Patrick Hanan）著　丁贞婉译
台湾编译馆馆刊　4：2　1975

中 10809650
《金瓶梅》的日译和欧译
［日］小野忍著　黄得时译
中外文学　4：8　1976

中 10809651
《金瓶梅》中所含的一篇白话短篇小说
［美］John L. Bishop 著　苏友贞译
中外文学　4：10　1976
中国文学论著译丛（上册·小说之部）　学生书局　1985.4

中 10809652
论明代的《金瓶梅》史料
魏子云
中外文学　6：6　1977
金瓶梅探原　巨流图书公司　1979.4

中 10809653
谈《金瓶梅》的电影和小说
鲁稚子
书评书目　53　1977.9

中 10809654
《金瓶梅》所采用的资料（1–2）
［美］帕特里克·D·韩南（Patrick Hanan）著　丁真婉译
出版与研究　15–16　1978.2

中 10809655
《金瓶梅》的叙跋
魏子云
台湾新闻报　1978.10.29

中 10809656
《金瓶梅》被窜伪的经过［《金瓶梅》考证（3）］
朱星
社会科学战线　1979：4　1979
金瓶梅考证　百花文艺出版社　1980.10

中 10809657
补谈《金瓶梅》的上海版本

郑逸梅
社会科学战线　1979：4　1979

中 10809658
《金瓶梅》的版本
刘心皇
民众日报　1979.6.14

中 10809659
《金瓶梅》的出世与流行（上、下）
魏子云
台湾新闻报　1979.6.25–26

中 10809660
苏联出版俄译本《金瓶梅》
于韦
外国文学研究　1980：3　1980

中 10809661
《金瓶梅》刻本及其他——寄法国雷伟教授
魏子云
中国时报　1980.3.11

中 10809662
《金瓶梅》初刻本年代商榷
［法］André Lévy（安德列·雷威安、安德鲁·莱维）著　周昭明译
中外文学　8：11　1980
中国文学论著译丛（上册·小说之部）　学生书局　1985.4
金瓶梅评注　漓江出版社　1986.8
金瓶梅的世界　北方文艺出版社　1987.2

中 10809663
新发现的《金瓶梅》研究资料初探——兼与朱星先生商榷
张远芬
徐州师范学院学报　1980：4　1980
论金瓶梅　文化艺术出版社　1984.12
金瓶梅研究　复旦大学出版社　1984.12

中 10809664
《金瓶梅》出世与流行——《金瓶梅编年说》第三章
魏子云
中华文艺　20：1　1980

中 10809665
评维利《金瓶梅》英译本序
朱星
金瓶梅考证　百花文艺出版社　1980.10

中 10809666
《金瓶梅》第二十六回校勘
朱星
金瓶梅考证　百花文艺出版社　1980.10

中 10809667
《金瓶梅》的版本问题
朱星
金瓶梅考证　百花文艺出版社　1980.10
论金瓶梅　文化艺术出版社　1984.12
名家解读金瓶梅　山东人民出版社　1998.1

中 10809668
《金瓶梅》的编年改元与出世行程（上、下）

魏子云
文艺月刊　136–137　1980.10–11

中 10809669
《金瓶梅》的问世与演变
魏子云
台湾编译馆馆刊　9：2　1980.12

中 10809670
苏联出版《金瓶梅》
石公
苏联文学　1981：1　1981

中 10809671
宝卷在《金瓶梅》中
蔡国梁
河北大学学报　1981：1　1981
金瓶梅考证与研究　陕西人民出版社　1984.7
论金瓶梅　文化艺术出版社　1984.12
金瓶梅研究　复旦大学出版社　1984.12

中 10809672
《金瓶梅》版本杂说
魏子云
"中央日报"　1981.2.3

中 10809673
《金瓶梅词话》的版本及其它
能捷
贵州日报　1981.2.14

中 10809674
《金瓶梅》抄引他书琐述
蔡国梁
社会科学辑刊　1981：4　1981
金瓶梅考证与研究　陕西人民出版社　1984.7

中 10809675
论沈德符"有陋儒补以入刻"之《金瓶梅》五回
魏子云
台湾编译馆馆刊　10：2　1981.12
金瓶梅审探　台北商务印书馆　1982.6

中 10809676
关于《金瓶梅词话》注释
魏子云
金瓶梅审探　台北商务印书馆　1982.6

中 10809677
论《金瓶梅》的版本
魏子云
金瓶梅审探　台北商务印书馆　1982.6

中 10809678
引录韩南研究沈德符说的《金瓶梅》这五回是陋儒补写的问题
魏子云
金瓶梅审探　台北商务印书馆　1982.6

中 10809679
《金瓶梅》最早付刻人浅探——兼与张远芬同志商榷
李锦山
徐州师范学院学报　1983：3　1983
金瓶梅研究　复旦大学出版社　1984.12

中 10809680
满文《金瓶梅》译本序
黄润华　王小虹译辑
文献　1983：2　1983

中 10809681
评魏子云《金瓶梅词话注释》
田宗尧
书目季刊　17：1　1983.6

中 10809682
《金瓶梅》中的戏曲和杂曲
郭立诚
中国艺文与民俗　汉光文化事业股份有限公司　1984

中 10809683
《金瓶梅》所保存的民间传说
郭立诚
中国艺文与民俗　汉光文化事业股份有限公司　1984

中 10809684
《金瓶梅词话》中第五十三至五十七回的补作问题
田宗尧
文学评论　8　1984.2

中 10809685
从《金瓶梅》序跋探全书原貌（上、下）
魏子云
国语日报 · 书和人　494–495　1984.6

中 10809686
新刻绣像批评《金瓶梅》（内阁文库藏本）出版书肆之研探
［日］荒木猛著　任世雍译
中外文学　13：2　1984

中 10809687
《金瓶梅》的史料探索
魏子云
中华日报　1984.10.19

中 10809688
《金瓶梅》中的戏曲和纺织史料
戴不凡（柏繁）
论金瓶梅　文化艺术出版社　1984.12
名家解读金瓶梅　山东人民出版社　1998.1

中 10809689
《金瓶梅》的新史料探索
魏子云
古典文学　6　学生书局　1984.12

中 10809690
因果、宿命、改字问题——《金瓶梅》原貌探索
魏子云
中外文学　13：9　1985
台湾中国古代文学研究文选　人民文学出版社　1988.1

中 10809691
谈《金瓶梅》的初刻本
李时人

文学遗产　1985：2　1985
金瓶梅新论　学林出版社　1991.8

中 10809692
《金瓶梅》的重要版本
王汝梅（滋阳）
吉林大学社会科学学报　1985：2　1985
金瓶梅评注　漓江出版社　1986.8

中 10809693
北图馆藏《山林经济籍》与《金瓶梅》
刘辉
文献　1985：2　1985

中 10809694
《金瓶梅》传世的第一个信息——袁中郎致董思白书考辨
周钧韬
苏州大学学报　1985：3　1985

中 10809695
北图藏《金瓶梅》文龙批本回评辑录（上、中、下）
刘辉
文献　1985：4；1986：1–2　1985–1986

中 10809696
《金瓶梅》的删节本
王汝梅（滋阳）
吉林大学社会科学学报　1985：4　1985

中 10809697
《金瓶梅》法译本在法国出版
清
外国文学报道　1985：5　1985

中 10809698
我们为什么印洁本《金瓶梅》？
韦君宜
书林　1985：5　1985

中 10809699
论《金瓶梅的问世与演变》
徐朔方
吉林大学社会科学学报　1985：5　1985

中 10809700
满文《金瓶梅》
王汝梅（滋阳）
吉林大学社会科学学报　1985：5　1985

中 10809701
《金瓶梅》的刻本与作者
秦树艺
重庆日报　1985.6.22

中 10809702
关于《金瓶梅》初刻本的考证
周钧韬
社会科学评论　1985：7　1985

中 10809703
现存《金瓶梅词话》是《金瓶梅》的最早刊本吗？——与马泰来先生商榷
刘辉
光明日报　1985.11.5

中 10809704
崇祯本删掉了什么?
［苏］B.C. 马努欣著　杨士毅译
复旦学报　1986：1　1986

中 10809705
袁小修何时见到半部《金瓶梅》
周钧韬
学术月刊　1986：2　1986

中 10809706
再谈《金瓶梅词话》的写作时代
章培恒
复旦学报　1986：2　1986

中 10809707
《金瓶梅》主要版本所见录
刘辉
复旦学报　1986：2　1986
金瓶梅成书与版本研究　辽宁人民出版社　1986.6

中 10809708
美国学者韩南的《金瓶梅》版本研究述略
包振南
江海学刊　1986：3　1986

中 10809709
从《金瓶梅》抄本之流传情况谈作者问题
刘孔伏
明代史研究　14　1986.3

中 10809710
《金瓶梅》抄本的流传、付刻与作者问题新探
陈毓罴
河北师范大学学报　1986：3　1986

中 10809711
《谈〈金瓶梅〉的初刻本》补证
李时人
文学遗产　1986：4　1986
金瓶梅新论　学林出版社　1991.8

中 10809712
《金瓶梅》的日译、欧译
［日］小野忍著　张宇红译
日本学者中国文学研究译丛　1　吉林教育出版社　1986.5

中 10809713
《金瓶梅》版本考
刘辉
金瓶梅成书与版本研究　辽宁人民出版社　1986.6
金瓶梅论集　人民文学出版社　1986.11

中 10809714
略谈满文译本《金瓶梅》
黄润华
金瓶梅论集　人民文学出版社　1986.11

中 10809715
《金瓶梅》之蓝本为《水浒传》
王利器
金瓶梅论集　人民文学出版社　1986.11

中 10809716
《古本金瓶梅》与王文濡
黄霖
金瓶梅漫话　学林出版社　1986.12

中 10809717
词话本的发现与版本
黄霖
金瓶梅漫话　学林出版社　1986.12

中 10809718
何来庚戌初刻本?
黄霖
金瓶梅漫话　学林出版社　1986.12

中 10809719
另成一统的评改本
黄霖
金瓶梅漫话　学林出版社　1986.12

中 10809720
书当成于万历间
黄霖
金瓶梅漫话　学林出版社　1986.12

中 10809721
《金瓶梅词典》词条选登
李穆之　李文焕　李昭恂　王汝梅（滋阳）徐波　于凤树
吉林大学社会科学学报　1987：1　1987

中 10809722
《金瓶梅》的版本及其他
［美］帕特里克·D·韩南（Patrick Hanan）
金瓶梅的世界　北方文艺出版社　1987.2

中 10809723
《金瓶梅》的传抄、付梓与流行
魏子云
金瓶梅的世界　北方文艺出版社　1987.2

中 10809724
谈《新刻绣像批评金瓶梅》
薛亮
徐州师范学院学报　1987：3　1987

中 10809725
《金瓶梅词典》词条选登
及巨涛　吴敢
徐州师范学院学报　1987：3　1987

中 10809726
《如意君传》的刊刻年代及其与《金瓶梅》之关系
刘辉
徐州师范学院学报　1987：3　1987

中 10809727
论《新刻绣像批评金瓶梅》
刘辉
文学遗产　1987：3　1987

中 10809728
《金瓶梅》初刻本问世年代考辨
周钧韬
金瓶梅新探　百花文艺出版社　1987.4

中 10809729
袁中郎与《金瓶梅》传世的第一个信息
周钧韬
金瓶梅新探　百花文艺出版社　1987.4

中 10809730
《金瓶梅》抄引《水浒传》考探
周钧韬
金瓶梅新探　百花文艺出版社　1987.4

中 10809731
《金瓶梅》抄引话本、戏曲考探
周钧韬
金瓶梅新探　百花文艺出版社　1987.4

中 10809732
瑕中之瑜——论崇祯本《金瓶梅》的评注
［美］浦安迪（Andrew H. Plaks）
金瓶梅西方论文集　上海古籍出版社　1987.7

中 10809733
《金瓶梅》法文全译本前言
［法］艾金布勒著　樊祖鼎译
金瓶梅西方论文集　上海古籍出版社　1987.7

中 10809734
《金瓶梅》法译本导言
［法］André Lévy（安德列・雷威安、安德鲁・莱维）著　樊祖鼎译
金瓶梅西方论文集　上海古籍出版社　1987.7

中 10809735
《金瓶梅》的续书
徐君慧
从金瓶梅到红楼梦　广西人民出版社　1987.10

中 10809736
《金瓶梅》流变零拾
黄霖
中国古典文学丛考　2　复旦大学出版社　1987.11
金瓶梅考论　辽宁人民出版社　1989.10

中 10809737
关于《金瓶梅》崇祯本的问题
魏子云
书目季刊　21：3　1987.12

中 10809738
《金瓶梅》抄引话本小说考探
周钧韬
苏州大学学报　1988：1　1988

中 10809739
《金瓶梅》原是评话再论
陈辽
扬州师院学报　1988：1　1988

中 10809740
全校本《金瓶梅词话》前言
梅节
吉林大学社会科学学报　1988：1　1988

中 10809741
读《金瓶梅词典》词条选登
王迈
苏州大学学报　1988：2　1988

中 10809742
《金瓶梅》溯源与考证
周钧韬
明清小说研究　1988：2　1988

中 10809743
《金瓶梅》与《水浒传》重迭部分的比较研究
周钧韬
汉中师范学院学报　1988：3　1988

中 10809744
《金瓶梅》抄本考
叶桂桐
文学遗产　1988：3　1988

中 10809745
中日所藏《金瓶梅词话》应是同一刻本
鲁歌
明清小说研究　1988：3　1988

中 10809746
《金瓶梅》的传抄底本
魏子云
"中央日报"　1988.4.9

中 10809747
袁氏兄弟知见《金瓶梅》的时间考辨
刘孔伏　潘良炽
烟台师范学院学报　1988：4　1988

中 10809748
《万历野获编》卷廿五《金瓶梅》解说
魏子云
中国国学　16　1988.10

中 10809749
《金瓶梅》溯源与考证续
周钧韬
明清小说研究　1989：1　1989

中 10809750
对《魏著〈金瓶梅词话注释〉辨正》的辨正：与张远芬同志商榷
孟宪章
徐州师范学院学报　1989：1　1989

中 10809751
《金瓶梅》来历的传说
徐君慧
阅读与写作　1989：1　1989

中 10809752
马价银和其他——论吴晗先生《金瓶梅词话》著作时代论证
[加] 刘烈
西门庆与潘金莲——《金瓶梅词话》主人公及其他　黑龙江教育出版社　1989.2

中 10809753
民间流传的《金瓶梅》——《金瓶传外传》简介
张呈富

解放日报　1989.2.25

中 10809754
《金瓶梅》戏剧史料辑说
孙崇涛
文献　1989：3　1989

中 10809755
现存《新刻金瓶梅词话》为原刻本考
刘孔伏　潘良炽
信阳师范学院学报　1989：3　1989

中 10809756
关于《金瓶梅》最早收藏者的补证
刘宏
文学遗产　1989：3　1989

中 10809757
《金瓶梅》版本考再补
［日］鸟居久晴
日本研究金瓶梅论文集　齐鲁书社　1989.10

中 10809758
《金瓶梅》从词话本到改订本的转变
［日］寺村政男
日本研究金瓶梅论文集　齐鲁书社　1989.10

中 10809759
《金瓶梅词话》版本考补说
［日］鸟居久晴
日本研究金瓶梅论文集　齐鲁书社　1989.10

中 10809760
《金瓶梅词话》影印的经过
［日］长泽规矩也
日本研究金瓶梅论文集　齐鲁书社　1989.10

中 10809761
关于《新刻绣像批评金瓶梅》(内阁文库藏本)的出版书肆
［日］荒木猛
日本研究金瓶梅论文集　齐鲁书社　1989.10

中 10809762
关于《绣像金瓶梅》
［日］鸟居久晴
日本研究金瓶梅论文集　齐鲁书社　1989.10

中 10809763
关于大安本《金瓶梅词话》的价值
［日］饭田吉郎
日本研究金瓶梅论文集　齐鲁书社　1989.10

中 10809764
关于毛利本《金瓶梅词话》
［日］上村幸次
日本研究金瓶梅论文集　齐鲁书社　1989.10

中 10809765
《金瓶梅》版本考
［日］鸟居久晴

日本研究金瓶梅论文集　齐鲁书社　1989.10

中 10809766
《金瓶梅》版本考订补
［日］鸟居久晴
日本研究金瓶梅论文集　齐鲁书社　1989.10

中 10809767
关于《金瓶梅》传世的第一个信息
黄霖
金瓶梅考论　辽宁人民出版社　1989.10

中 10809768
《金瓶梅大辞典》介绍［黄霖主编］
魏子云
书目季刊　23：3　1989.12

中 10809769
建国后《金瓶梅》的七个版本
周光夏
人民日报（海外版）　1989.12.5

中 10809770
越南出版《金瓶梅》
翔
世界文学　1990：1　1990

中 10809771
《金瓶梅》借用《青琐高议》材料考
赵逵夫
广州日报　1990.2.28

中 10809772
《金瓶梅》早期抄本流传梳理
王辉斌
荆门大学学报　1990：3　1990

中 10809773
《金瓶梅》导读和导游的百科全书：《金瓶梅鉴赏辞典》读后
沪韶
沈阳师范学院学报　1990：3　1990

中 10809774
会校本《新刻绣像批评金瓶梅》述评
孙慰川
社科信息　1990：3　1990

中 10809775
读《金瓶梅词话辞典》札记
王汝梅（滋阳）
明清小说研究　1990：3　1990

中 10809776
《金瓶梅》旧诗寻源
傅憎享
辽宁大学学报　1990：4　1990

中 10809777
《金瓶梅词话》中歌曲的索引（提要）
［美］柯丽德
金瓶梅研究　1　江苏古籍出版社　1990.9

中 10809778
关于《金瓶梅》抄本的问题——敬复魏子云先生

陈毓罴
金瓶梅研究　1　江苏古籍出版社　1990.9

中 10809779
关于《金瓶梅》崇祯本的若干问题
黄霖
金瓶梅研究　1　江苏古籍出版社　1990.9

中 10809780
《金瓶梅》咏打秋千诗及唐寅原作
郑平昆
文献　1991：1　1991

中 10809781
《金瓶梅》版本考
周越然
金瓶梅资料续编　北京大学出版社　1991.1

中 10809782
《〈金瓶梅词话〉中的文学史料》跋
冯沅君
金瓶梅资料续编　北京大学出版社　1991.1

中 10809783
《金瓶梅》法文译本（节录）
李辰冬
金瓶梅资料续编　北京大学出版社　1991.1

中 10809784
《金瓶梅词话》跋
施蛰存
金瓶梅资料续编　北京大学出版社　1991.1

中 10809785
《金瓶梅词话》里的戏剧史料
澀斋
金瓶梅资料续编　北京大学出版社　1991.1

中 10809786
《金瓶梅词话》中的文学史料
冯沅君
金瓶梅资料续编　北京大学出版社　1991.1

中 10809787
《金瓶梅词话》中的"宝卷"
刘永滑
金瓶梅资料续编　北京大学出版社　1991.1

中 10809788
《金瓶梅词话》诗词文化二三论
陈东有
萍乡教育学院学报　1991：1　1991

中 10809789
再论《金瓶梅》付刻问题
刘孔伏　潘良炽
西南民族学院学报　1991：2　1991

中 10809790
《金瓶梅词话》刻本第九十一回错误辨正

张天堡
淮北煤师院学报　1991：3　1991

中 10809791
《金瓶梅》版本及素材来源研究
［美］帕特里克·D·韩南（Patrick Hanan）著　包振南译
金瓶梅及其他　吉林文史出版社　1991.3

中 10809792
《金瓶梅》批判研究——《金瓶梅》日译本译后记
［日］小野忍著　包振南译
金瓶梅及其他　吉林文史出版社　1991.3

中 10809793
关于鲁南风俗的质疑：台湾魏子云《金瓶梅词话注释》读后
一冰
民俗研究　1991：3　1991

中 10809794
《金瓶梅词话》留文索隐
王利器
社会科学辑刊　1991：5　1991

中 10809795
《万历野获编》"金瓶梅"条写作时间考
李时人
金瓶梅新论　学林出版社　1991.8

中 10809796
《金瓶梅》全本早期收藏者"刘金吾"考
胡小伟
文学遗产　1992：1　1992

中 10809797
《金瓶梅词典》释义补正
李芳元
枣庄师专学报　1992：1　1992

中 10809798
关于《金瓶梅》德文全译本：译者祁拔兄弟及其它
李士勋
徐州师范学院学报　1992：1　1992

中 10809799
对魏子云《金瓶梅词话注释》的若干补订
俞明芳
上海师范大学学报　1992：1　1992

中 10809800
谈《金瓶梅》的四种版本
鲁歌　马征
金瓶梅纵横谈　北京燕山出版社　1992.2

中 10809801
《金瓶梅》早期史料信息研究
鲁歌　马征
金瓶梅纵横谈　北京燕山出版社　1992.2

中 10809802
《金瓶梅》正误及校点商榷
鲁歌　马征
金瓶梅纵横谈　北京燕山出版社　1992.2

中 10809803
《金瓶梅》话本内证
傅憎享
枣庄师专学报　1992：3　1992

中 10809804
《金瓶梅辞典》拾补小辑
鲍延毅
枣庄师专学报　1992：3　1992

中 10809805
词话本・崇祯本两个版本两种文化：《金瓶梅》词语俗与文的异向分化
傅憎享
社会科学辑刊　1992：3　1992

中 10809806
袁氏兄弟与《金瓶梅》抄本新考
王辉斌
西南民族学院学报　1992：4　1992

中 10809807
"李渔评改《金瓶梅》"考辨：兼谈崇祯本系统的某些版本特征
王汝梅（滋阳）
吉林大学社会科学学报　1992：5　1992

中 10809808
《新刻绣像批评金瓶梅评话》试校（待续）
周生
甘肃社会科学　1992：6　1992

中 10809809
《新刻绣像批评金瓶梅评语》试校（续）
周生
甘肃社会科学　1993：1　1993

中 10809810
《金瓶梅词话注释》质疑（续 1）
姜志信
河北师院学报　1993：2　1993

中 10809811
一部值得推荐的专书词典——读白维国《金瓶梅词典》
刘镜英
辞书研究　1993：2　1993

中 10809812
《金瓶梅词典》拾误
侯兰笙
西北师大学报　1993：2　1993

中 10809813
李渔评点、改定《金瓶梅》考
童天虑
浙江学刊　1993：2　1993

中 10809814
谈《金瓶梅》崇祯本
顾青
文献　1993：3　1993

中 10809815
奇书导读，金学揽胜：《金瓶梅鉴赏辞典》及其它
邓韶玉　王弘达
阴山学刊　1993：4　1993

中 10809816
略谈《金瓶梅》法文全译本
李治华
欧华学报　3　1993.5

中 10809817
试谈《金瓶梅》的序跋
李凤仪
求是学刊　1993：6　1993

中 10809818
关于《金瓶梅》的几种版本
鲁歌　马征
贵州文史丛刊　1993：6　1993

中 10809819
“王冠词”及其作者
陈诏
金瓶梅六十题　上海书店出版社　1993.12

中 10809820
《金瓶梅》中有王世贞的诗句
陈诏
金瓶梅六十题　上海书店出版社　1993.12

中 10809821
校勘偶拾
陈诏
金瓶梅六十题　上海书店出版社　1993.12

中 10809822
从花太监看《金瓶梅》写作年代
陈诏
金瓶梅六十题　上海书店出版社　1993.12

中 10809823
读《译注评析金瓶梅诗选》
王毅
湘潭师范学院学报　1993 增刊　1993

中 10809824
《金瓶梅词话》校点商兑——兼及方言问题
谭秀东
山东教育学院学报　1994：1　1994

中 10809825
简说《金瓶梅》的几种版本
鲁歌
枣庄师专学报　1994：1　1994

中 10809826
多伦多大学东亚图书馆藏《金瓶梅》版本考
王汝梅（滋阳）
吉林大学社会科学学报　1994：4　1994

中 10809827
《金瓶梅词典》的成就与不足漫议
蒋宗福
辞书研究　1994：4　1994

中 10809828
说得天花乱坠:《金瓶梅》话本内证续
傅憎享
社会科学辑刊　1994：6　1994

中 10809829
中国古代小说史上的连体儿：浅谈《金瓶

梅续书三种》的成因及其它
刘淦
聊城师范学院学报　1995：2　1995

中 10809830
《金瓶梅词话》校补
蒋宗福
文献　1995：3　1995

中 10809831
《金瓶梅》词语源流考
萧泰芳
文献　1995：4　1995

中 10809832
传世之《金瓶梅》非原作
魏子云
古典文学　13　学生书局　1995.9

中 10809833
《金瓶梅词话注释》质疑（续 2）
姜志信
河北师院学报　1996：1　1996

中 10809834
《金瓶梅》诗词漫评
方纲
内蒙古民族师院学报　1996：1　1996

中 10809835
《金瓶梅词话》订误
卢甲文
语文研究　1996：1　1996

中 10809836
《金瓶梅词典》词释小议
种衍璋（种扬）
文献　1996：2　1996

中 10809837
隔海说“瓶”：魏注《〈金瓶梅词话〉注释》试补
悠悠
上海师范大学学报　1996：2　1996

中 10809838
试论《金瓶梅词话》的引用成分
陈浮
佳木斯师专学报　1996：3　1996

中 10809839
关于《金瓶梅》里笑话的性质及作用
王年双
彰化师范大学国文系集刊　1　1996.6

中 10809840
关于《金瓶梅》执笔时代的推定
［日］荒木猛著　刘静译
徐州师范大学学报　1997：1　1997

中 10809841
《金瓶梅》五十三至五十七回真伪论考（上、下）
潘承玉
绍兴文理学院学报　1997：2–3　1997.2–3
中外文学　27：4　1998

中 10809842
关于《金瓶梅》张评本的新发现
王汝梅（滋阳）
吉林大学社会科学学报　1997：3　1997

中 10809843
多伦多访“金”散记
王汝梅（滋阳）
光明日报　1997.4.5

中 10809844
《金瓶梅词话》的第一个英文全译本
徐朔方
小说考信编　上海古籍出版社　1997.10

中 10809845
《金瓶梅词话》英译本《绪论》述评
徐朔方
小说考信编　上海古籍出版社　1997.10

中 10809846
《金瓶梅》五十三回至五十七回辨——《金瓶梅》版本系统再认识
石昌渝
名家解读金瓶梅　山东人民出版社　1998.1

中 10809847
《金瓶梅词话》法译本介绍
［法］André Lévy（安德列·雷威安、安德鲁·莱维）著　犹家仲译
欧洲中国古典文学研究名家十年文选　江苏人民出版社　1998.12

中 10809848
《金瓶梅》地理原型考探
潘承玉
金瓶梅新证　黄山书社　1999.1

中 10809849
《金瓶梅》文本与徐渭文字相关性比较
潘承玉
金瓶梅新证　黄山书社　1999.1

中 10809850
《金瓶梅》五十三至五十七回真伪论
潘承玉
金瓶梅新证　黄山书社　1999.1

中 10809851
《金瓶梅》抄本考源
潘承玉
金瓶梅新证　黄山书社　1999.1

中 10809852
《金瓶梅》苗青命案两回是补改之作
薛洪勣
社会科学战线　2000：1　2000

中 10809853
《新刻金瓶梅词话》是初刻抑或三刻
许建平
枣庄师专学报　2000：1　2000

中 10809854
《金瓶梅词话》出版轶闻
黄伊
光明日报　2000.2.24

中 10809855

《金瓶梅》叙事时序中“舛误”干支揭秘：《金瓶梅》创作年代新考之一

杨国玉

河北建筑科技学院学报　2000：3　2000

中 10809856

《金瓶梅》人物命词索隐：《金瓶梅》创作年代新考之二

杨国玉

河北建筑科技学院学报　2000：4　2000

中 10809857

《金瓶梅》的版本与艺术创新

王启忠

文明向导　2000：6　2000

（七）研究史与评介

中 10809858

评《金瓶梅》之张竹坡

一丁

新民报晚刊　1956.10.23

中 10809859

根本分歧在哪里？——评刘大杰先生对《金瓶梅》的评价

复旦大学中文系四年级明清文学小组

中国文学发展史批判　中华书局　1958.12

中 10809860

张竹坡评《金瓶梅》

潘寿康

话本与小说（黎明文丛 18）　黎明文化事业股份有限公司　1973.12

中 10809861

《金瓶梅》研究

王孝廉

中外文学　3：8　1975

文人小说与中国文化（劲草丛书 2）　劲草文化事业有限公司　1975.2

中国古典小说研究（文化丛刊 3）　中华文化复兴月刊社　1977.11

中 10809862

评《金瓶梅闲话》

魏子云

青年战士报　1978.6.29

中 10809863

评介：闲话《金瓶梅》（东郭先生著）

吴智和

明史研究专刊　1　大立出版社　1978.7

中 10809864

魏子云精考《金瓶梅》

周安仪

青年战士报　1978.8.30

中 10809865

评介：重拂人间尘土——介绍孙述宇《金瓶梅的艺术》

方瑜

书评书目　66　1978.10

明史研究专刊　2　大立出版社　1983.9

中 10809866
《金瓶梅》考证（1）
朱星
社会科学战线　1979：2　1979

中 10809867
《金瓶梅探原》读后感
宋瑞
中华日报　1979.4.16

中 10809868
关于《金瓶梅探原》
庄练（苏同炳）
台湾新闻报　1979.5.11

中 10809869
有关《金瓶梅》评论的问题（《报应和赎罪：从〈金瓶梅〉观察中国宗教和社会》之一章）
［美］Paul V. Martinson 著　陈苍多译
出版与研究　46　1979.5.16

中 10809870
看《金瓶梅探原》
王集丛
中华日报　1979.5.21
明史研究专刊　3　大立出版社　1983.9

中 10809871
研究《金瓶梅》的一条新资料（魏子云《金瓶梅探原》）
［美］马幼垣
中国古典小说研究专集　1　联经出版事业公司　1979.8
明史研究专刊　3　大立出版社　1983.9
中国古典小说研究资料汇编·研究中国小说序目　天一出版社　1982.9
金瓶梅的世界　北方文艺出版社　1987.2

中 10809872
评介:《金瓶梅探原》(魏子云著)
程榕宁　王集丛　［美］马幼垣
中国古典小说研究专集　1　联经出版事业公司　1979.8
明史研究专刊　3　大立出版社　1983.9

中 10809873
评《金瓶梅探原》
黄章明
台湾新闻报　1979.8.1

中 10809874
论谢肇淛《金瓶梅跋》
魏子云
中外文学　8：7　1979

中 10809875
常洛太子的册立事件——《金瓶梅》研究旁证之一（上、下）
魏子云
青年战士报　1980.1.19–20

中 10809876
《金瓶梅》的文学评价以及对《红楼梦》的影响
朱星

河北大学学报　1980：2　1980
金瓶梅研究　复旦大学出版社　1984.12

中 10809877
《金瓶梅》是一本什么样的书
孙逊
书林　1980：3　1980

中 10809878
谢肇淛的《金瓶梅跋》
［美］马泰来
中华文史论丛　1980：4　1980

中 10809879
评朱星同志《金瓶梅》三考
赵景深（邹啸）
上海师范学院学报　1980：4　1980
金瓶梅研究　复旦大学出版社　1984.12

中 10809880
我的《金瓶梅》研究——《金瓶梅编年说》绪论
魏子云
文学思潮　7　1980.7

中 10809881
中外学者评析《金瓶梅》
马安一
联合报　1980.8.16

中 10809882
《金瓶梅》的文学评价
朱星
金瓶梅考证　百花文艺出版社　1980.10

中 10809883
评张竹坡的《金瓶梅》评论
王汝梅（滋阳）
文艺理论研究　1981：2　1981
论金瓶梅　文化艺术出版社　1984.12

中 10809884
《金瓶梅》评价新议
支冲
上海师范学院学报　1981：2　1981
论金瓶梅　文化艺术出版社　1984.12
金瓶梅研究　复旦大学出版社　1984.12

中 10809885
读《金瓶梅》一得
水晶
联合报　1981.3.4

中 10809886
一本勇于探索的书——评《金瓶梅考证》
涂宗涛
天津日报　1981.7.25

中 10809887
最近论《金瓶梅》的中文著述
［法］André Lévy（安德列・雷威安、安德鲁・莱维）著　何欣译
中外文学　10：3　1981

中 10809888
《金瓶梅》是一部自然主义的小说吗?
蔡国梁
社会科学辑刊　1982：3　1982

中 10809889
谢肇淛与《金瓶梅》
蔡国梁
学术评论　1982：4　1982
论金瓶梅　文化艺术出版社　1984.12

中 10809890
与高阳先生讨论《金瓶梅》
魏子云
金瓶梅审探　台北商务印书馆　1982.6

中 10809891
《金瓶梅审探》序
黄庆萱
金瓶梅审探　台北商务印书馆　1982.6

中 10809892
与法国波都大学雷威安（André Lévy）教授论《金瓶梅》
魏子云
金瓶梅审探　台北商务印书馆　1982.6

中 10809893
论袁宏道给谢肇淛的这封信
魏子云
金瓶梅审探　台北商务印书馆　1982.6

中 10809894
论孙述宇著《金瓶梅的艺术》
魏子云
金瓶梅审探　台北商务印书馆　1982.6

中 10809895
论《金瓶梅考证》
魏子云
金瓶梅审探　台北商务印书馆　1982.6

中 10809896
《金瓶梅》研究的历史和现状
孙逊
红楼梦与金瓶梅　宁夏人民出版社　1982.8

中 10809897
张竹坡对《金瓶梅》的评论
［美］戴维特·罗依著　王汝梅（滋阳）　张晓洋译
古代文学理论研究丛刊　6　上海古籍出版社　1982.9
金瓶梅的世界　北方文艺出版社　1987.2

中 10809898
《新刻绣像批评金瓶梅》评点初探
黄霖
成都大学学报　1983：1　1983
金瓶梅研究　复旦大学出版社　1984.12
金瓶梅考论　辽宁人民出版社　1989.10

中 10809899
酒色财气与《金瓶梅词话》的开头——兼评《金瓶梅》研究的“索引派”
［美］郑培凯（程步奎）
中华文史论丛　1983：4　1983

中 10809900
鲁迅论《金瓶梅》
王永生
青海师范学院学报　1983：4　1983

金瓶梅研究　复旦大学出版社　1984.12

中 10809901
明人清人今人评《金瓶梅》
蔡国梁
社会科学战线　1983：4　1983
明清小说探幽　浙江文艺出版社　1985.12

中 10809902
序《金瓶梅札记》
何欣
文艺月刊　172　1983.10

中 10809903
日起有功：魏子云先生的《金瓶梅札记》
杜松柏
中华文艺　26：2　1983

中 10809904
张竹坡生平述略——张竹坡与《金瓶梅》研究之一
吴敢
徐州师范学院学报　1984：3　1984

中 10809905
也谈《金瓶梅》中的一诗一文——与黄霖同志商榷
张远芬
复旦学报　1984：3　1984
金瓶梅考论　辽宁人民出版社　1989.10

中 10809906
既是突破　又是起点——简介吴敢同志关于张竹坡与《金瓶梅》的研究
郑云波
徐州师范学院学报　1984：3　1984

中 10809907
《清毅先生谱稿》——有关张竹坡的重要资料
于盛庭　吴耀忠
徐州师范学院学报　1984：4　1984

中 10809908
《金瓶梅》是怎样一部书
赵富平
山西青年　1984：4　1984

中 10809909
明人评《金瓶梅》
蔡国梁
金瓶梅考证与研究　陕西人民出版社　1984.7

中 10809910
一部阅读《金瓶梅》的工具书——《瓶外卮言》引介
蔡国梁
金瓶梅考证与研究　陕西人民出版社　1984.7

中 10809911
张竹坡评点《金瓶梅》辑评
蔡国梁
金瓶梅考证与研究　陕西人民出版社　1984.7

中 10809912
评《〈金瓶梅〉的艺术》
［法］André Lévy（安德列·雷威安、安德鲁·莱维）著　白黎译
文学研究动态　1984：10　1984
金瓶梅资料汇录　黄山书社　1986.9

中 10809913
《金瓶梅》研究的历史和现状
王煦
社会科学动态　1984：11　1984

中 10809914
《金瓶梅》研究综述
章舟
金瓶梅研究　复旦大学出版社　1984.12

中 10809915
《金瓶梅》研究论著索引
述闻
论金瓶梅　文化艺术出版社　1984.12

中 10809916
张竹坡评本《金瓶梅》
戴不凡（柏繁）
论金瓶梅　文化艺术出版社　1984.12

中 10809917
张竹坡与《金瓶梅》评点考论
王汝梅（滋阳）
吉林大学社会科学学报　1985：1　1985

中 10809918
《金瓶梅》是一本什么样的书——郑振铎谈《金瓶梅词话》
郑振铎（西谛、郭源新）
集粹　1985：1　1985

中 10809919
首届《金瓶梅》学术讨论会在徐州召开
孔繁华
徐州师范学院学报　1985：2　1985

中 10809920
《金瓶梅》张竹坡评本“谢颐序”的作者及其影响
刘辉
艺谭　1985：2　1985
金瓶梅成书与版本研究　辽宁人民出版社　1986.6

中 10809921
魏著《金瓶梅词话注释》辨正
张远芬
徐州师范学院学报　1985：2　1985

中 10809922
《瓶外卮言》——《金瓶梅》研究的第一部论文集
王汝梅（滋阳）
吉林大学社会科学学报　1985：3　1985

中 10809923
新发现的《金瓶梅》评者张竹坡《族谱》述考
吴敢
文献　1985：3　1985

中 10809924
首届《金瓶梅》学术讨论会在徐州举行
长远
文学遗产　1985：3　1985

中 10809925
六十年《金瓶梅》研究述评（上、下）
石昌渝　尹恭弘
社会科学研究　1985：4–5　1985

中 10809926
《金瓶梅》是一部什么样的小说
沈天佑
文史知识　1985：4　1985

中 10809927
《金瓶梅》是一部什么样的书
唐富龄
中国古典文学鉴赏　1985：4　1985

中 10809928
谈文龙对《金瓶梅》的批评
刘辉
文献　1985：4　1985

中 10809929
评《金瓶梅的问世与演变》
徐朔方
吉林大学社会科学学报　1985：5　1985
论金瓶梅的成书及其它　齐鲁书社　1988.1

中 10809930
近年来《金瓶梅》研究综述
张庆善
思想战线　1985：5　1985

中 10809931
脂砚斋之前的《金瓶梅》批评
王汝梅（滋阳）
吉林大学社会科学学报　1985：5　1985

中 10809932
略谈文龙批评《金瓶梅》
刘辉
光明日报　1985.5.21
金瓶梅成书与版本研究　辽宁人民出版社　1986.6
金瓶梅评注　漓江出版社　1986.8

中 10809933
《金瓶梅原貌探索》序（魏子云著）
翁同文
书目季刊　19：1　1985.6

中 10809934
再谈张竹坡的小说评点
王汝梅（滋阳）
中国古代小说理论研究　华中工学院出版社　1985.6

中 10809935
不能为褒扬《金瓶梅》而贬低《水浒》——与章培恒同志商榷
宋谋玚
晋阳学刊　1985：6　1985

中 10809936
张竹坡及其《金瓶梅》评本
顾国瑞　刘辉
中国古典小说戏曲论集　上海古籍出版社　1985.6

中 10809937
张竹坡及其《金瓶梅》评本
黄霖
中国古典文学丛考　1　复旦大学出版社　1985.7
金瓶梅考论　辽宁人民出版社　1989.10

中 10809938
《金瓶梅》是一部什么样的书
凌君彦
青年世界　1985：7　1985

中 10809939
闲话《金瓶梅》
罗广石
四川日报　1985.7.24

中 10809940
研究《金瓶梅》应走的正确方向
魏子云
古典文学　7（下）学生书局　1985.8

中 10809941
沈德符论《金瓶梅》一文中的之工部问题
魏子云
中外文学　14：6　1985

中 10809942
张竹坡家世概述——张竹坡与《金瓶梅》研究之一
吴敢
明清小说研究　2　中国文联出版公司　1985.12

中 10809943
张竹坡《十一草》考评——张竹坡与《金瓶梅》研究之四
吴敢
明清小说研究　2　中国文联出版公司　1985.12

中 10809944
应该正确评价《金瓶梅》
萧作铭
中国古典文学论丛　3　人民文学出版社　1985.12

中 10809945
美国学者韩南《〈金瓶梅〉素材探源》述略
包振南
汉中师范学院学报　1986：3　1986

中 10809946
《金瓶梅西方论文集》前言
徐朔方
杭州大学学报　1986：3　1986
论金瓶梅的成书及其它　齐鲁书社　1988.1
小说考信编　上海古籍出版社　1997.10

中 10809947
文龙及其批评《金瓶梅》
刘辉
金瓶梅成书与版本研究　辽宁人民出版社　1986.6

中 10809948
再谈张竹坡的家世、生平及其评《金瓶梅》的年代
刘辉　顾国瑞
金瓶梅成书与版本研究　辽宁人民出版社　1986.6
文学遗产增刊　17　中华书局　1991.9

中 10809949
《金瓶梅》是一部什么样的书
孙逊
明清小说论稿　上海古籍出版社　1986.9

中 10809950
徐州形成《金瓶梅》学术研究群
雍启昌
文学报　1986.10.30

中 10809951
略论《金瓶梅》评论中的溢美倾向
宋谋玚
金瓶梅论集　人民文学出版社　1986.11

中 10809952
谈满文本《金瓶梅》序
王汝梅（滋阳）
金瓶梅论集　人民文学出版社　1986.11

中 10809953
我对《金瓶梅》及其研究的几点看法
吴小如
金瓶梅论集　人民文学出版社　1986.11

中 10809954
张竹坡与《第一奇书》
黄霖
金瓶梅漫话　学林出版社　1986.12

中 10809955
张翃与张竹坡——张竹坡与《金瓶梅》研究之一
吴敢
明清小说研究　4　中国文联出版公司　1986.12

中 10809956
现代中国的《金瓶梅》研究
周钧韬
明清小说研究　4　中国文联出版公司　1986.12

中 10809957
怎能忽略历史因素？——从大陆学人研究《金瓶梅》说起
魏子云
国文天地　2：7　1986.12

中 10809958
论张竹坡批评《金瓶梅》康熙本
王汝梅（滋阳）
吉林大学社会科学学报　1987：1　1987

中 10809959
第二届《金瓶梅》学术讨论会在江苏省徐州市举行
萧力
文学遗产　1987：1　1987

中 10809960
第二届《金瓶梅》学术讨论会述评
林之满
社会科学战线　1987：2　1987

中 10809961
生机，育化于别具一格的探求——《金瓶梅》与《水浒传》的比较评析
田秉锷
名作欣赏　1987：2　1987

中 10809962
《金瓶梅》的研究与资料
[日]泽田瑞穗
金瓶梅的世界　北方文艺出版社　1987.2

中 10809963
《金瓶梅》研究新收获
徐仁
文汇报　1987.2.10

中 10809964
《金瓶梅词话》与《西厢记》:《金瓶梅词话》与戏曲研究之二
蔡敦勇
艺术百家　1987：3　1987
《金瓶梅词话》剧曲品探　江苏文艺出版社　1989.6

中 10809965
《金瓶梅》研究的新开拓：评蔡国梁著《金瓶梅考证与研究》
彭黎明
河北大学学报　1987：4　1987

中 10809966
美丑都在情和欲之间:《牡丹亭》与《金瓶梅》比较谈片
卜键
文学评论　1987：5　1987

中 10809967
《金瓶梅资料汇编》已出版
中
明清小说研究　5　中国文联出版公司　1987.6

中 10809968
《金瓶梅》研究的新成果——《金瓶梅成书与版本研究》出版
徐彻
理论信息报　1987.6.15

中 10809969
一九八六年《金瓶梅》研究综述
金屏
江汉论坛　1987：9　1987

中 10809970
新的里程碑
徐君慧
从金瓶梅到红楼梦　广西人民出版社　1987.10

中 10809971
读孟超的《金瓶梅人物论》
王晨
人民日报（海外版） 1987.10.26

中 10809972
《金瓶梅词话》本与张竹坡评本
郑庆山
金瓶梅论稿 辽宁人民出版社 1987.11

中 10809973
《金瓶梅西方论文集》
莹
书林 1987：11 1987

中 10809974
《金瓶梅书录》评介
张庆善
徐州师范学院学报 1988：1 1988

中 10809975
论《金瓶梅》及其研究:《金瓶梅词话》文献研究丛书十五编之九序言
［日］池本义男著 董玉航译
徐州教育学院学报 1988：1 1988

中 10809976
《张竹坡与金瓶梅》序
刘辉
徐州师范学院学报 1988：1 1988

中 10809977
《张竹坡批评第一奇书金瓶梅》校点后记
王汝梅（滋阳）
吉林大学社会科学学报 1988：1 1988

中 10809978
《〈金瓶梅〉的修辞》评介
吴晓铃
吉林大学社会科学学报 1988：1 1988

中 10809979
对《金瓶梅》研究的新贡献——评《张竹坡批评第一奇书金瓶梅》校点本
朱一玄
吉林大学社会科学学报 1988：1 1988

中 10809980
论张竹坡《金瓶梅》批评
徐朔方
论金瓶梅的成书及其它 齐鲁书社 1988.1

中 10809981
张竹坡《金瓶梅》批评三则浅析
陈桂声
金瓶梅研究集 齐鲁书社 1988.1

中 10809982
《金瓶梅》在国外续述
王丽娜
金瓶梅研究集 齐鲁书社 1988.1

中 10809983
用新观念审视《金瓶梅》——读《金瓶梅的思想和艺术》
希夷
四川日报 1988.1.15

中 10809984
《金瓶梅》研著知多少
纯朴
大学文科园地　1988：4　1988

中 10809985
论金圣叹《读第五才子书法》
曲家源
东北师大学报　1988：4　1988

中 10809986
外国学者评赞《金瓶梅资料汇录》
王政白
中国图书评论　1988：4　1988

中 10809987
从接受美学看《金瓶梅》研究
李延
上海师范大学学报　1988：4　1988

中 10809988
张竹坡批评《金瓶梅》的言意论与欣赏观
吴晓明
汉中师范学院学报　1988：4　1988

中 10809989
《金瓶梅及小说戏曲比较研究》序
冯其庸
徐州师范学院学报　1989：1　1989

中 10809990
一部值得阅读的专著：谈郑庆山的《金瓶梅论稿》
张子敬
学习与探索　1989：1　1989

中 10809991
谈《读书》对《金瓶梅》的评论
宁宗一
读书　1989：2　1989

中 10809992
《金瓶梅》研究浅议——在全国第三届《金瓶梅》学术讨论会开幕式上的讲话
盛思明
明清小说研究　1989：2　1989

中 10809993
《金瓶梅》研究的可喜进展：全国第三届《金瓶梅》学术讨论会概述
林之满
社会科学战线　1989：2　1989

中 10809994
全国第三届《金瓶梅》学术讨论会综述
一土
明清小说研究　1989：2　1989

中 10809995
《金瓶梅》研究之历史回顾
陈昌恒
中国文学研究　1989：2　1989

中 1089996
《金瓶梅》研究论著辑览及其他
金屏
社会科学战线　1989：4　1989

中 1089997
《金瓶梅》研究四说
王辉斌
荆门大学学报　1989：4　1989

中 1089998
国际《金瓶梅》学术讨论会综述
孔繁华
徐州师范学院学报　1989：4　1989

中 1089999
《金瓶梅》研究形成新格局新浪潮：首届国际金瓶梅学术讨论会学术观点综述
徐仁
文学遗产　1989：5　1989

中 10810000
首届国际《金瓶梅》学术讨论会举行
桂心仪
文汇报　1989.6.16

中 10810001
我对《金瓶梅》的几点看法
吴小如
小说论稿合集　北京大学出版社　1989.10

中 10810002
《金瓶梅》研究小史
[日]饭田吉郎
日本研究金瓶梅论文集　齐鲁书社　1989.10

中 10810003
《金瓶梅词话》和李开先的家世与交游——《金瓶梅词话》研究之二
吴晓铨
中外文学　18：7　1989

中 10810004
评鲁迅的《金瓶梅》论三题
钟来因
明清小说研究　1990：1　1990

中 10810005
《金瓶梅》研究十年
刘辉
中国社会科学　1990：1　1990

中 10810006
读《金瓶梅人物谱》
谢广田
书林　1990：2　1990

中 10810007
对文学审美品格的逆向反映——评《金瓶梅》对人性弱点无节制的展示
王启忠
南京社会科学　1990：2　1990

中 10810008
代表当代中国金学研究水平的力作——评《金瓶梅考论》
陈诏
社会科学辑刊　1990：3　1990

中 10810009
《金瓶梅》与《红楼梦》研究比证
郑克晟　冯尔康

史学集刊　1990：3　1990

中 10810010
评《金瓶梅成书的上限》
徐朔方
明清小说研究　1990：3　1990
小说考信编　上海古籍出版社　1997.10

中 10810011
第四届全国《金瓶梅》学术讨论会综述
张文德
徐州师范学院学报　1990：4　1990

中 10810012
锐识深究，别开生面：评《〈金瓶梅〉的思想和艺术》
何开四
文史杂志　1990：5　1990

中 10810013
《金瓶梅》：小说家的小说——“金学”思辨录之二
宁宗一
金瓶梅研究　1　江苏古籍出版社　1990.9

中 10810014
回顾与瞻望——《金瓶梅》研究十年
刘辉
金瓶梅研究　1　江苏古籍出版社　1990.9

中 10810015
《金瓶梅》的文学风貌与张竹坡的“市井文字”说
吴敢
金瓶梅研究　1　江苏古籍出版社　1990.9

中 10810016
科学在于发现：《金瓶梅考论》读后
张兵
社会科学报　1990.9.27

中 10810017
《瓶外卮言》序
魏病侠
金瓶梅资料续编　北京大学出版社　1991.1

中 10810018
闲话《金瓶梅》
冯汉镛
金瓶梅资料续编　北京大学出版社　1991.1

中 10810019
关于《金瓶梅》研究的争论
海宜
学术月刊　1991：1　1991

中 10810020
站在权威肩上的反思与拓展：谈《金瓶梅探谜与艺术赏析》
林之满
社会科学战线　1991：2　1991

中 10810021
读《〈金瓶梅〉素材来源》
盛思明
人民日报　1991.2.5

中 10810022
第五届全国《金瓶梅》学术讨论会综述
张文德
徐州师范学院学报　1991：3　1991

中 10810023
中华全国第五次《金瓶梅》学术讨论会纪要
王汝梅（滋阳）
吉林大学社会科学学报　1991：6　1991

中 10810024
今年的《金瓶梅》研讨会
魏子云
书目季刊　25：2　1991.9

中 10810025
剖析《金瓶梅》人物的力作——读《金瓶梅人物谱》
广田
瞭望　1991：41　1991

中 10810026
《金瓶梅》研究的新开拓：评周中明著《金瓶梅艺术论》
周钧韬
社科信息　1992：1　1992

中 10810027
解读与重构：读王汝梅著《金瓶梅探索》
杨春忠（春忠）
社会科学辑刊　1992：1　1992

中 10810028
面对《金瓶梅》的文化思索：《金瓶梅与中国文化》序章
张之
徐州师范学院学报　1992：1　1992

中 10810029
思辨考证　双向汇流——周钧韬金学专著读后
鲁吟
学海　1992：1　1992

中 10810030
谢肇淛评《金瓶梅》
刘绍智
固原师专学报　1992：1　1992

中 10810031
《金瓶梅》的价值何在：王启忠新著《金瓶梅价值论》平议
傅憎享
社会科学辑刊　1992：2　1992

中 10810032
深刻的历史文化观照：《金瓶梅新论》评介
丛坤
学习与探索　1992：2　1992

中 10810033
金学之路：《我与金瓶梅》读后感言
吴野
社会科学研究　1992：2　1992

中 10810034
《金瓶梅》研究的新水平与新成果：评李时人《金瓶梅新论》
魏崇新
天津社会科学 1992：3 1992

中 10810035
一部"金学"研究的力作：《金瓶梅注评》评介
刘文
山东社会科学 1992：3 1992

中 10810036
《〈金瓶梅〉价值论》评介
关四平
求是学刊 1992：3 1992

中 10810037
第二届国际《金瓶梅》学术讨论会综述
辛文
徐州师范学院学报 1992：4 1992

中 10810038
借历史的巨眼观照小说——漫评王启忠新著《〈金瓶梅〉价值论》
刘敬圻
北方论丛 1992：4 1992

中 10810039
《金瓶梅》研究的新开拓：简评《〈金瓶梅〉价值论》
梅庆吉
黑龙江日报 1992.4.25

中 10810040
《金瓶梅》考证要实事求是
徐朔方
吉林大学社会科学学报 1992：5 1992
小说考信编 上海古籍出版社 1997.10

中 10810041
突破与超越：《金瓶梅》研究的现实走向
杨春忠（春忠） 王汝梅（滋阳）
吉林大学社会科学学报 1992：5 1992

中 10810042
古典文学中唯一的自然主义力作——《金瓶梅词话》的新评估（1–3）
戈壁
明道文艺 195–197 1992.6–8

中 10810043
评《〈金瓶梅〉三女性透视》综述
马黎明
天津社会科学 1992：6 1992

中 10810044
评《〈金瓶梅〉三女性透视》
陈洪
天津社会科学 1992：6 1992

中 10810045
"金学"研究走势随谈
杨传珍 姚天雪
文汇报 1992.6.3

中 10810046
"递出金针，洞鉴原形"——张竹坡与《金

瓶梅》的评点
黄霖　万君宝
古代小说评点漫话　辽宁教育出版社　1992.10

中 10810047
畸形文化形态下的人物悲剧——《〈金瓶梅〉人物悲剧论》评介
邱作霖
唐都学刊　1993：1　1993

中 10810048
重檐下的生灵:《金瓶梅三女性透视》读后
吴楚
文艺报　1993：1　1993

中 10810049
胡编乱选即欺世，以假充真好盗名：新编《金瓶梅全传》琐评
王志尧
南都学坛　1993：3　1993

中 10810050
求实求是，搞学术不搞骗术：第六届全国《金瓶梅》学术讨论会侧记
辛文
徐州师范学院学报　1993：4　1993

中 10810051
《张竹坡评点〈金瓶梅〉》的叙事理论
陶原珂
社会科学家　1993：4　1993

中 10810052
书评二则：1《〈金瓶梅〉法文全译本》；2《〈烟壶〉法译本》
逯红
欧华学报　3　1993.5

中 10810053
畸形文化形态下的人物悲剧——《〈金瓶梅〉人物悲剧论》评介
雨之
博览群书　1993：5　1993

中 10810054
施蛰存先生谈《金瓶梅》
陈诏
金瓶梅六十题　上海书店出版社　1993.12

中 10810055
《金瓶梅》的遭遇和中国人的心态
陈诏
金瓶梅六十题　上海书店出版社　1993.12

中 10810056
徐朔方先生谈《金瓶梅》
陈诏
金瓶梅六十题　上海书店出版社　1993.12

中 10810057
读孙述宇的《金瓶梅的艺术》
陈诏
金瓶梅六十题　上海书店出版社　1993.12

中 10810058
张爱玲论《金瓶梅》

陈诏
金瓶梅六十题　上海书店出版社　1993.12

中 10810059
读《瓶外卮言》
陈诏
金瓶梅六十题　上海书店出版社　1993.12

中 10810060
记台湾金学家魏子云先生
陈诏
金瓶梅六十题　上海书店出版社　1993.12

中 10810061
《金瓶梅》研究论著索引（1–4）
徐全太　王秀云
驻马店师专学报　1994：1–4　1994

中 10810062
毛泽东论《红楼梦》及其与《金瓶梅》关系
郑松生
福州师专学报　1994：1　1994

中 10810063
明代《金瓶梅》批评论
齐鲁青
内蒙古大学学报　1994：1　1994

中 10810064
《金瓶梅》性学史料初探：兼谈著名汉学家高罗佩先生的一个考证失误
徐飞
性学　1994：1　1994
大自然探索　1994：4　1994

中 10810065
毛泽东论《金瓶梅》及对其研究的意义
蔡琼
毛泽东思想论坛　1994：2　1994

中 10810066
开掘丰富多彩的人物性格世界——评孔繁华《金瓶梅的女性世界》
巍崇新
上海师范大学学报　1994：2　1994

中 10810067
张竹坡论《金瓶梅》的人物系统刻画
周书文
固原师专学报　1994：3　1994

中 10810068
晴空一鹤排云上，便引诗情到碧霄——《译注评析金瓶梅诗选》给人的启示
何睫
中国文学研究　1994：3　1994

中 10810069
关于《金瓶梅》考证问题的通讯
魏子云
吉林大学社会科学学报　1994：4　1994

中 10810070
《金瓶梅》辞书四种失误评述
刘瑞明
武汉教育学院学报　1994：4　1994

中 10810071
论张竹坡评点《金瓶梅》的道德理性思维

方式
蔡一鹏
文学遗产　1994：5　1994

中 10810072
标新立异的《金瓶梅》语言解读：评《金瓶梅隐语揭秘》
杨宇
中国图书评论　1994：6　1994

中 10810073
《金瓶梅》研究论著索引（5–6、9、11–12）
徐全太　王秀云
天中学刊　1995：1–2；1996：1、3–4　1995–1996

中 10810074
论张竹坡的《金瓶梅》批评
齐鲁青
内蒙古大学学报　1995：1　1995

中 10810075
谈胡适对《金瓶梅》的认识
张远芬
徐州师范学院学报　1995：2　1995

中 10810076
读《金瓶梅词话》校注本
冯其庸
文艺报　1995.3.25

中 10810077
吴敢著《张竹坡与金瓶梅》评介
朴炫玡
中华学苑　46　1995.10

中 10810078
读冯子礼《金瓶梅与红楼梦人物比较》
李灵年
明清小说研究　1996：1　1996

中 10810079
《新刻绣像批评金瓶梅》评点研究
叶雅玲
岭东学报　7　1996.2

中 10810080
“金学”研究的新贡献——评陈昌恒《冯梦龙·金瓶梅·张竹坡》
陈东有
华中师范大学学报　1996：2　1996

中 10810081
新时期《金瓶梅》研究述评
许建平
河北师院学报　1996：2　1996

中 10810082
新时期《金瓶梅》研究述评（续）
许建平
河北师院学报　1996：3　1996

中 10810083
陈独秀论《金瓶梅》
钟扬
徐州师范学院学报　1996：3　1996

中 10810084
“金学”研究切莫媚俗
雍启昌
文汇报 1996.3.31

中 10810085
《金瓶梅》研究的深化与拓展:《金瓶梅研究》1–4 辑综评
冯保善
明清小说研究 1996:4 1996

中 10810086
金瓶梅中的青楼与妓女［陶慕宁著］
衣若兰
新史学 7:4 1996.12

中 10810087
我读《金瓶梅》
宁宗一
津图学刊 1997:1 1997

中 10810088
交叉视野中的《金瓶梅》:与夏志清《金瓶梅新论》对话
高小康
明清小说研究 1997:2 1997

中 10810089
回归文本:21 世纪《金瓶梅》研究走势臆测
宁宗一
佳木斯大学社会科学学报 1998:1 1998

中 10810090
《金瓶梅》的历史命运与现实评价——之一:非淫书辩
刘辉
名家解读金瓶梅 山东人民出版社 1998.1

中 10810091
《金瓶梅》与《红楼梦》比较研究述评
梅新林 葛永海
红楼梦学刊 1998:2 1998

中 10810092
再论毛泽东对《金瓶梅词话》的评价
孟进厚
咸宁师专学报 1998:2 1998

中 10810093
古典艳情小说巅峰巨作——《金瓶梅词话》评析
杨昌年
历史月刊 128 1998.9

中 10810094
《金瓶梅考论》序言
章培恒
灾枣集 山东友谊出版社 1998.12

中 10810095
二十世纪《金瓶梅》研究的回顾:“中国古代小说研究史”之三
李时人
零陵师专学报 2000:4 2000

中 10810096
兼具考据与思辨之长：评《金瓶梅妙语》
李文山
中国图书评论　2000：4　2000

中 10810097
明清人解读《金瓶梅》
张进德
明清小说研究　2000：4　2000

中 10810098
新时期《金瓶梅》研究概述
吴敢
文教资料　2000：5　2000

中 10810099
1979–1989 年《金瓶梅》研究论文索引
马衍
文教资料　2000：5　2000

中 10810100
新时期《金瓶梅》研究专著书目（1980–2000）
赵天为
文教资料　2000：5　2000

（八）影响

中 10810101
《水浒》和《金瓶梅》在我国现实主义文学发展中的地位
李希凡
文艺报　1957：38　1957
论人和现实　长江文艺出版社　1958.8
论金瓶梅　文化艺术出版社　1984.12

中 10810102
《水浒》和《金瓶梅》在我国古典小说发展中的地位
李希凡
论中国古典小说的艺术形象　上海文艺出版社　1961.4

中 10810103
《金瓶梅》在国外
王丽娜
河北大学学报　1980：2　1980
论金瓶梅　文化艺术出版社　1984.12
金瓶梅研究　复旦大学出版社　1984.12

中 10810104
《金瓶梅》在法国
铮
世界图书　1980：2　1980

中 10810105
《金瓶梅》在日本
冀振武
社会科学辑刊　1980：3　1980

中 10810106
法国报界评论《金瓶梅》
福
世界图书　1980：6　1980

中 10810107
《金瓶梅》的历史价值
朱星
金瓶梅考证　百花文艺出版社　1980.10

中 10810108
有关《金瓶梅》早期传播的一条资料
[美]马泰来
光明日报　1984.8.14

中 10810109
历史性的贡献——简论《金瓶梅》在中国小说史上的地位
张俊
金瓶梅论集　人民文学出版社　1986.11

中 10810110
《金瓶梅》在法国
钱林森
文艺报　1987.12.12

中 10810111
《金瓶梅》在日本的流传及影响
马兴国
阴山学刊　1989：3　1989

中 10810112
匈牙利舞台上的《金瓶梅》
史迁
福建戏剧　1989：3　1989

中 10810113
舞台上的《金瓶梅》——匈牙利“中国热”浪潮中的一朵浪花
史迁
世界知识　1989：6　1989

中 10810114
《儒林外史》对《金瓶梅》的继承和发展
黄霖
金瓶梅考论　辽宁人民出版社　1989.10
名家解读《儒林外史》　山东人民出版社　1999.1

中 10810115
明清传播媒介研究——以《金瓶梅》为例
朱传誉
金瓶梅研究　1　江苏古籍出版社　1990.9

中 10810116
小说观念的巨大变革：论《金瓶梅》的贡献
张进德
河南大学学报　1992：2　1992
中国古典文学论考　河南大学出版社　1998.1

中 10810117
《金瓶梅》在德国
李士勋
欧华学报　3　1993.5

中 10810118
《金瓶梅》传入朝鲜时间考
陈大康　漆瑗
延边大学学报　1996：2　1996

中 10810119
《金瓶梅》本文与接受分析
刘勇强
北京大学学报　1996：4　1996

四四六、黄宗会（1618–1663）

中 10810120
“浙派”名家黄宗会诗论
张如安
西北师大学报　2000：5　2000

四四七、刘淑英（1620–1657）

中 10810121
读《天雨花》旧抄二十六回本札记
阿英
中华文史论丛　1978：7　1978

中 10810122
《天雨花》作者为明末奇女子刘淑英考
熊德基
中华文史论丛　1979：4　1979

中 10810123
我国第一位弹词女作家
杨林
北京艺术　1983：10　1983

四四八、张煌言（1620–1664）

中 10810124
张煌言传
黄节
国粹学报　1：3　1905.3.20

中 10810125
张苍水敬修堂钓业自叙
张煌言
国粹学报　2：13　1906.12.20

中 10810126
旧著新刊——张苍水全集
黄节　邓实
国粹学报　5：10　1909.10.20

中 10810127
张煌言年谱（冯励青著）
畸人
图书季刊　4：3–4　1943.9

中 10810128
民族诗人张苍水
刘蔼如
人生　7：10　1954.4

中 10810129
张苍水
徐飞
浙江日报　1961.5.3

中 10810130
张苍水墓
申屠奇
杭州日报　1961.12.11

中 10810131
张煌言殉难事迹考异
李鸿球
畅流　25：3　1962

中 10810132
张煌言的绝命词
吴有恒
羊城晚报　1963.4.16
随笔　1　广东人民出版社　1979.6

中 10810133
试论张苍水
路敏
光明日报　1964.1.29

中 10810134
明末忠魂张煌言的诗歌
黄立懋
建设　16：7　1967

中 10810135
张煌言之忠节及其诗文
吴蕤
畅流　37：11–12；38：1–3　1968

中 10810136
爱国诗人张苍水
冉欲达
辽宁大学学报　1978：5　1978

中 10810137
张苍水先生传（1–28）（原缺 27）
李振华
宁波同乡　129–155　1979.4.1–6.1

中 10810138
“垂节义于千龄”——读张苍水的晚期诗歌
周承珩
宁波师专学报　1981：1　1981

中 10810139
张苍水在杭州
周承珩
杭州师范学院学报　1981：2　1981

中 10810140
张苍水先生年谱
全祖望
宁波同乡　158　1981.9

中 10810141
明兵部侍郎苍水张公墓志铭
黄宗羲
宁波同乡　158　1981.9

中 10810142
英雄足迹　爱国诗篇——张煌言的《壶江即事》
张宪生
福建日报　1982.8.11

中 10810143
张苍水和他的诗篇
刘耀祖
北京日报　1983.7.19

中 10810144
《张忠烈公墨迹》刻帖考
周铮
文物　1985：10　1985

中 10810145
张煌言的抗清思想
陈永明
九州学刊　5：3　1993.2

四四九、顾景星（1621–1687）

中 10810146
顾景星和他的乐府民歌
余彦文
黄冈师专学报　1987：2　1987

四五〇、毕著（1622–？）

中 10810147
明末女杰毕著其人及“流寇”说辩正——读珍本小说《中国十二女杰演义》一得
沈立东
明清小说研究　1995：2　1995

四五一、吴见思（1622–1685）

中 10810148
论吴见思《杜诗论文》的特色及其对杜诗学的贡献
许总
草堂　1983：1　1983

四五二、韩纯玉（1625–1703）

中 10810149
蘧庐词校记
易大厂
蘧庐词　民智书局　1933

四五三、黄居石（1626–？）

中 10810150
新会诗人黄居石
绿波
羊城晚报　1958.12.7

中 10810151
晚明诗人黄居石的控诉诗
新知
羊城晚报　1962.8.2

中 10810152
爱国诗人黄居石
谢公惠
学术研究（广东）1963：4　1963

四五四、朱寄林（1628–1661）

中 10810153
朱寄林及其《倒鸳鸯》传奇
朱建明
艺术百家　1996：1　1996

四五五、李延昰（1628–1697）

中 10810154
《南吴旧话录》考
宁稼雨
南开学报　1996：2　1996

四五六、夏完淳（1631–1647）

中 10810155
夏孝子传
王山史
国粹学报　3：7　1907.7.20

中 10810156
夏允彝完淳父子合传
南史
中美周刊　1：30　1940

中 10810157
夏完淳年表
南史
中美周刊　1：31　1940

中 10810158
江左少年夏完淳传
南史
宇宙风（乙刊）37–39　1941

中 10810159
江左少年夏完淳传
南史
当代文艺　1：1　1944

中 10810160
江左少年夏完淳传
柳亚子
怀旧集　耕耘出版社　1947

中 10810161
诗人夏完淳和越剧《南冠草》
韦毅
新民报晚刊　1953.12.17

中 10810162
纪念民族英雄夏完淳（1–2）
范叔寒
国魂　80–81　1954.1–2

中 10810163
记诗人夏完淳墓
洪滔
新华日报　1956.8.8

中 10810164
夏完淳墓依旧荒凉
周革
新华日报　1956.8.31

中 10810165
夏完淳（上、下）
郭沫若
历史人物　新文艺出版社　1956.11
沫若文集　4　香港三联书店　1957–1963
郭沫若古典文学论文集　上海古籍出版社　1985.2

中 10810166
夏完淳的诗

白坚
文史哲　1957：11　1957

中 10810167
“神童”夏完淳
张习孔
北京晚报　1959.12.3

中 10810168
年轻的爱国诗人夏完淳
甘泽
解放日报　1961.9.18

中 10810169
笔椽胆斗说完淳
白坚
新华日报　1961.10.19

中 10810170
夏完淳
白坚
雨花　1961：11　1961

中 10810171
短暂而又光辉的一生——明末少年民族英雄夏完淳
沙振宇
哈尔滨晚报　1962.2.21

中 10810172
夏完淳
束棘
吉林日报　1962.7.20

中 10810173
天才、泥土、园丁
曹与美
哈尔滨晚报　1962.7.20

中 10810174
大义凛然的少年夏完淳
关踦
羊城晚报　1963.3.18

中 10810175
夏完淳骂叛贼
述古
哈尔滨晚报　1963.9.7

中 10810176
三百年前一位青年抗战的民族文艺家——夏完淳
汪辟疆
学粹　11：1　1968.12

中 10810177
爱国神童夏完淳
刘太希
畅流　48：1　1973

中 10810178
满门忠烈的夏完淳
罗云家
艺文志　116　1975.5

中 10810179
明代神童夏完淳
刘太希

"中央月刊" 11：1 1978.11

中 10810180
青年楷模——夏完淳
张经邦
"中央日报" 1979.4.17

中 10810181
少年民族英雄夏完淳
田居俭
人物 1980：2 1980

中 10810182
神童夏完淳的诗
杨仲揆
台湾日报 1980.4.17

中 10810183
丹青垂古——谈谈夏完淳的诗
姜肖军
河北大学学报 1981：4 1981

中 10810184
夏完淳和他的《南冠草》
何振球 袁雪洪
明清诗文研究丛刊 1 江苏师院中文系明清诗文研究室 1982.3

中 10810185
今生已矣，来世为期——少年民族英雄夏完淳
白坚
文史知识 1982：6 1982

中 10810186
评郭沫若的夏完淳研究
白坚
郭沫若研究专刊 4（四川大学学报丛刊 17） 1983.2

中 10810187
关于夏完淳事迹——评《夏完淳集・前言》
张纵逸
文学遗产增刊 15 中华书局 1983.9

中 10810188
翩翩文采 铮铮铁骨——夏完淳诗文创作浅论
刘秉铮
安徽大学学报 1984：1 1984

中 10810189
毅魄归来日 灵旗空际看——读夏完淳《别云间》
师长泰
西安晚报 1984.9.7

中 10810190
由葛录亚想到夏完淳
郭沫若
郭沫若古典文学论文集 上海古籍出版社 1985.2

中 10810191
少年爱国诗人夏完淳
郭沫若
郭沫若古典文学论文集 上海古籍出版社 1985.2

中 10810192
引刀成一快，不负少年头：夏完淳及其文学成就
陈美
明道文艺　108　1985.3

中 10810193
夏完淳年谱卷首传略（初稿）
朱舒甲
镇江师专学报　1986：4　1986

中 10810194
文学史上年纪最小的爱国诗人——夏完淳
吴学宣
海南日报　1986.7.20

中 10810195
简论夏完淳的生平及其作品
白坚
社会科学战线　1987：4　1987

中 10810196
柳亚子和夏完淳
白坚
江海学刊　1987：5　1987
国际南社学会丛刊　1　1990.6

中 10810197
含婀娜于刚健，诉愁思于江水——读夏完淳《采桑子》
白坚
诗词　1989：14　1989

中 10810198
明末英雄夏完淳及其散曲
范长华
国文天地　4：10　1989.3

中 10810199
夏完淳陈子龙研究的珍贵史料
白坚
文献　1989：4　1989

中 10810200
儿女柔情深几许——读夏完淳《卜算子·断肠》
白坚
诗词　1989：5　1989

中 10810201
说夏完淳《别云间》
诸天寅
华声报　1990.1.31

中 10810202
夏完淳事迹考辨
秦训习
郑州大学学报　1990：3　1990

中 10810203
简论夏完淳诗歌的艺术表现特色——《夏完淳传论》的一节
白坚
中国文化月刊　136　1991.2

中 10810204
同心结不成，翻就相思结——说夏完淳

《卜算子》词
陈邦炎
大公报（香港） 1991.6.21

中 10810205
夏完淳词的几个语言特点
谭学亮
中国文学研究 1992：3 1992

中 10810206
夏完淳“西行湘鄂”考辨
曲冠杰
社会科学战线 1992：4 1992

中 10810207
爱国拳拳笺“夏集”——读白坚《夏完淳集笺校》
张纵逸
文教资料 1993：1 1993

中 10810208
挽歌当哭，淋漓寄意：夏完淳《细林野哭》析说
柳文耀
古典文学知识 1996：4 1996

中 10810209
虚冢祭奠日，洒泪题诗时：夏完淳《吴江野哭》作年辨
柳文耀
文学遗产 1996：5 1996

中 10810210
片风丝雨破碎心——读夏完淳《采桑子》词
毛远明
阅读与写作 1996：11 1996

中 10810211
夏完淳及其爱国诗赋
丁惠英
文藻学报 11 1997.3

中 10810212
夏完淳诗文中的爱国主义思想及其悲剧审美特质
徐柏青 王诗桥
湖北师范学院学报 1998：2 1998

中 10810213
诗与抵抗（1644–1664）（1–6）
杨牧
中国时报 1999.12.16

中 10810214
书写忠烈——明末夏允彝、夏完淳父子殉节故事的形成与流传
孙慧敏
台大历史学报 26 2000.12

四五七、奥上人诗钞

中 10810215
明清之际奥上人诗钞释义
马国维
珠海学报　3　1971.6

四五八、抱瓮老人

中 10810216
《今古奇观》之解剖
汪馥泉（殊）
文艺月刊　6：4　1934.10

中 10810217
略谈《今古奇观》
傅璇琮
光明日报　1956.6.10

中 10810218
《今古奇观》是什么样的书
任访秋（任维焜）
河南日报　1956.7.27

中 10810219
《今古奇观》
刘修业
古典小说戏曲丛考　作家出版社　1958.5

中 10810220
《今古奇观》是怎样一部书
贾林
书林　1981：1　1981

中 10810221
《今古奇观》的思想与艺术
任访秋（任维焜）
中国古典文学论文集　河南人民出版社　1981.3

中 10810222
《天方夜谭》与《今古奇观》
枕书
集萃　1981：5　1981

中 10810223
大官变船工——《逞钱多白丁横带》
吴羊璧（双翼）
今古奇观杂谈　百花文艺出版社　1981.8

中 10810224
一幅画破案——《崔俊臣巧会芙蓉屏》
吴羊璧（双翼）
今古奇观杂谈　百花文艺出版社　1981.8

中 10810225
贫富“注定”论——《看财奴刁买冤家主》
吴羊璧（双翼）

今古奇观杂谈　百花文艺出版社　1981.8

中 10810226
鲜于同考试——《老门生三世报恩》
吴羊璧（双翼）
今古奇观杂谈　百花文艺出版社　1981.8

中 10810227
王娇鸾的恨——《王娇鸾百年长恨》
吴羊璧（双翼）
今古奇观杂谈　百花文艺出版社　1981.8

中 10810228
唐伯虎与秋香——《唐解元玩世出奇》
吴羊璧（双翼）
今古奇观杂谈　百花文艺出版社　1981.8

中 10810229
谈苏小妹——《苏小妹三难新郎》
吴羊璧（双翼）
今古奇观杂谈　百花文艺出版社　1981.8

中 10810230
谈骗术——《赵县君乔送黄柑子》《夸妙术丹客提金》
吴羊璧（双翼）
今古奇观杂谈　百花文艺出版社　1981.8

中 10810231
知音的故事——《俞伯牙摔琴谢知音》
吴羊璧（双翼）
今古奇观杂谈　百花文艺出版社　1981.8

中 10810232
时来运到的人——《转运汉巧遇洞庭红》
吴羊璧（双翼）
今古奇观杂谈　百花文艺出版社　1981.8

中 10810233
庄子与“劈棺”——《庄子休鼓盆成大道》
吴羊璧（双翼）
今古奇观杂谈　百花文艺出版社　1981.8

中 10810234
“三孝廉”与孔子——《三孝廉让产立高名》
吴羊璧（双翼）
今古奇观杂谈　百花文艺出版社　1981.8

中 10810235
李白脱靴事件——《李谪仙醉草吓蛮书》
吴羊璧（双翼）
今古奇观杂谈　百花文艺出版社　1981.8

中 10810236
古代的拐人案件——《十三郎五岁朝天》
吴羊璧（双翼）
今古奇观杂谈　百花文艺出版社　1981.8

中 10810237
嘲笑封建礼教——《钱秀才错占凤凰俦》《女秀才移花接木》
吴羊璧（双翼）
今古奇观杂谈　百花文艺出版社　1981.8

中 10810238
蔡瑞虹之死——《蔡小姐忍辱报仇》
吴羊璧（双翼）

今古奇观杂谈　百花文艺出版社　1981.8

中 10810239
薄情郎该打——《金玉奴棒打薄情郎》
吴羊璧（双翼）
今古奇观杂谈　百花文艺出版社　1981.8

中 10810240
爱情的封建烙印——《宋金郎团圆破毡笠》《裴晋公义还原配》
吴羊璧（双翼）
今古奇观杂谈　百花文艺出版社　1981.8

中 10810241
猛虎斗地头蛇——《卢太学诗酒傲公侯》
吴羊璧（双翼）
今古奇观杂谈　百花文艺出版社　1981.8

中 10810242
花与种花人——《灌园叟晚逢仙女》
吴羊璧（双翼）
今古奇观杂谈　百花文艺出版社　1981.8

中 10810243
我观《今古奇观》
金性尧
读书　1983：2　1983

中 10810244
重印今古奇观序
孙楷第
沧州后集　中华书局　1985.8

中 10810245
《今古奇观》辑者抱瓮老人考
冯保善
文学遗产　1988：5　1988

中 10810246
惊世骇俗　各不相让——《今古奇观》与歌德
杨梦茹
国文天地　12：6　1996.11

中 10810247
论《〈今古奇观〉序》对中国古代小说理论发展的贡献
吴波
怀化师专学报　1998：4　1998

中 10810248
《今古奇观》的德译文本及其传播
张桂贞
南开学报　1999：3　1999

四五九、程羽文

中 10810249
程羽文“乱点鸳鸯谱”——介绍晚明小品《鸳鸯牒》
吴承学
古典文学知识　1995：5　1995

四六〇、痴婆子传

中 10810250
《痴婆子传》发覆
王星琦
明清小说研究 1995：1 1995

中 10810251
明代禁毁小说《痴婆子传》的警世寓意
张堂锜
人文及社会学科教学通讯 6：2 1995.8

中 10810252
明末艳情小说《痴婆子传》探析
黄东阳
中国文化月刊 213 1997.12

四六一、赤心子

中 10810253
晚明通俗小说《绣谷春容》简介
徐朔方
小说考信编 上海古籍出版社 1997.10

四六二、冲和居士

中 10810254
怡春锦
赵景深（邹啸）
明清曲谈 古典文学出版社 1957.8

四六三、戴笠

中 10810255
明末吴杭两戴笠
陈乐素
求是集 广东人民出版社 1984.9

四六四、灯花婆婆

中 10810256
《灯花婆婆》话本考
［日］堀诚著　徐允平译
中国古典小说戏曲论集　2　上海古籍出版社　1987.8

四六五、狄玄集

中 10810257
四贤记
赵景深（邹啸）
明清曲谈　古典文学出版社　1957.8

四六六、董述夫

中 10810258
跋董述夫自书诗
陈垣
文物　1964：2　1964

四六七、范运吉

中 10810259
关于《范运吉传》
刘汉忠
书城杂志　1997：6　1997

四六八、方汝浩

中 10810260
《禅真逸史》和《禅真后史》
黄丽真
国语日报·书和人　273　1975.10

中 10810261
试述《禅真逸史》的文学语言与时曲新声
蔡国梁
明清小说探幽　浙江文艺出版社　1985.12

中 10810262
明代中州小说大家方汝浩及其代表作《禅真逸史》
中畅
河南师范大学学报　1991：1　1991

四六九、飞龙传

中 10810263
赵匡胤与《飞龙传》
秦瘦鸥
小说纵横谈　花城出版社　1986.12

四七〇、高琦

中 10810264
引用典故的修辞艺术——明·高琦的“用事十四法”论析
柴青华　李之亮
字词天地　1984：3　1984

四七一、高儒

中 10810265
《百川书志》版本流传浅谈
钱亚新
图书馆研究与工作　1985：4　1985

四七二、高奕

中 10810266
从《春秋笔》的故事分析它的主题思想
邵曾祺
新民报晚刊　1954.1.8

中 10810267
如何正确对待文学艺术遗产——读郿鄠剧《曲江歌女》的改编
金葳
陕西日报　1961.6.8

中 10810268
应该去芜存精
王绍猷
陕西日报　1961.6.15

中 10810269
从《李娃传》到《绣襦记》
蒋星煜（布谷、白甲）
新民晚报　1963.1.28

四七三、高斎映

中 10810270
白族作家高斎映及其《妙香国草》
李硕
山茶　1982：5　1982

中 10810271
明代彝族诗人高斎映与《妙香国草》
李良
西南民族学院学报　1986：2　1986

四七四、谷子敬

中 10810272
桃柳的仙路历程：谈《城南柳》杂剧
张宏庸
中外文学　4：10　1976

中 10810273
司牡丹借尸还魂（元明杂剧琐记二）
叶德均
戏曲小说丛考　中华书局　1979.5

四七五、顾采屏

中 10810274
明代二戏曲家小考
赵景深（邹啸）
明清曲谈　古典文学出版社　1957.8

四七六、顾大峻

中 10810275
顾大峻的文学思想
丁赋生
南通师专学报　1987：2　1987

四七七、顾思义

中 10810276
顾思义及其作品《余慈相会》的发现
谭正璧
上海戏剧　1962：2　1962
曲海蠡测　浙江人民出版社　1983.1

四七八、何璧

中 10810277
何璧与《明何璧校本北西厢记》
蒋星煜（布谷、白甲）
厦门大学学报　1979：4　1979

四七九、荷珠配

中 10810278
试论《荷珠配》改编问题
吴小如
光明日报　1961.4.25
吴小如戏曲文录　北京大学出版社　1995.5

四八〇、黑暗传

中 10810279
《黑暗传》文献源头确定
刘守华
文汇报　2000.3.8

四八一、胡汝嘉

中 10810280
初论在韩国新发现的剑侠小说《韦十一娘传》（附《韦十一娘传》全文）
王汝梅（滋阳）　薛洪功
吉林大学社会科学学报　1994：3　1994

四八二、壶中天

中 10810281
《壶中天》小说
胡士莹
宛春杂著　浙江文艺出版社　1984.8

四八三、花关索传

中 10810282
关索及说唱词话《花关索传》
成濂
艺谭　1981：4　1981

中 10810283
《花关索传》校点记
朱一玄
三国演义学刊　2　四川省社会科学院出版社　1986.8

中 10810284
关羽之子与孙悟空：明成化本说唱词话《花关索传》的神话意义
金文京
中外文学　15：4　1986

中 10810285
明成化本说唱词话《花关索传》的神话意义
腊枝
古典文学知识　1987：3　1987

中 10810286
评（井上泰山等著）《花关索传研究》
李庆
九州学刊　4：2　1991.7

中 10810287
《西蜀梦》与《花关索传》之比较研究——论词话与杂剧之关系
李宜涯
文史学报（中兴大学文学院）30　2000.6

四八四、花阵绮言

中 10810288
《花阵绮言》
沈夔元
新华日报　1957.4.26

中 10810289
《花阵绮言》对戏曲、小说的影响——明末清初小说述要之二
张发颖　刁云展
社会科学辑刊　1982：6　1982

中 10810290
现代的作伪
阮传新
明清小说研究　1994：4　1994

四八五、黄文华

中 10810291
从《词林一枝》与《八能奏锦》看明代嘉靖隆庆青昆舞台流行的戏曲
李平
中国古代戏曲论集　中国展望出版社　1986.4

中 10810292
《昙花记》的创作时间与《词林一枝》的刊刻年代
马美信
中西学术　1　学林出版社　1995.6

四八六、戈戈居士

中 10810293
戈戈居士（谭某）评传
薛洪勣
明清小说研究　2000：4　2000

四八七、江楫

中 10810294
明人江楫的传奇《芙蓉记》
抒怡
文学遗产　1986：4　1986

四八八、焦玉

中 10810295
《火龙经・序》与《三国志通俗演义》
任昭坤
明清小说研究　1988：1　1988

四八九、金木散人

中 10810296 传统文化心理与世俗人生观念的冲突——《鼓掌绝尘·月集》意蕴摭谈	徐定宝 苏州大学学报 1991：3 1991

四九〇、金丸记

中 10810297 关于《金丸记》的作者问题	吴书荫 书品 1987：2 1987

四九一、京江醉竹居士

中 10810298 《龙阳逸史》与晚明的小官阶层 吴存存	中国文化 1996：春季号（总 13 期）1996

四九二、景居士

中 10810299 《玉谷调簧》非明万历元年刊本	卜键 地方戏艺术 1985：1 1985

四九三、据梧子

中 10810300 研究明代戏曲的一份珍贵史料——读据梧子《笔梦》	陆树仑 李平 复旦学报 1983：3 1983

四九四、懒道人

中 10810301
《剿闯小说》文化意蕴探微
关四平　陈砚平
学术交流　1998：2　1998

四九五、雷泽遇仙记

中 10810302
《雷泽遇仙记》的来源（元明杂剧琐记四）
叶德均
戏曲小说丛考　中华书局　1979.5

四九六、冷谦

中 10810303
冷谦考略
翁同文
新社学报　2　1968.12

中 10810304
冷谦生平考略
翁同文
艺林丛考　联经出版事业公司　1977.6

四九七、李彬

中 10810305
简评李彬的人品与词品
韦湘秋
广西师范大学学报　1994：1　1994

四九八、李待

中 10810306
李待问书
罗继祖
墐户录　黑龙江人民出版社　1989.6

四九九、李慧娘

中 10810307
从《绿衣人传》到《李慧娘》
冯其庸
北京文艺　1962：11　1962

五○○、李梅实

中 10810308
读传奇《精忠旗》
冯其庸
戏剧报　1961：11/12　1961
春草集　上海文艺出版社　1979.10

中 10810309
“愤懑心头借笔头”——从《精忠记》到《精忠旗》
王永健
江苏师院学报　1982：2　1982
汤湿祖与明清传奇研究　志一出版社　1995.12

中 10810310
试论《精忠旗》的悲剧冲突和主题
宋克夫
湖北大学学报　1987：2　1987

五○一、李生六一天缘

中 10810311
《李生六一天缘》考
陈益源
南开学报　1996：1　1996

五○二、李晓水

中 10810312
《蝴蝶村》的原作者是谁?
右零
天津晚报　1961.12.24

五〇三、李玄玉

中 10810313
《四美记》不是李玄玉的《洛阳桥记》——《古本戏曲丛刊》编余偶得之四
吴晓玲
文汇报　1962.9.1

五〇四、丽史

中 10810314
新发现的明代文言小说《丽史》
官桂铨
文献　1993：3　1993

五〇五、荔枝记

中 10810315
明传奇《荔支记》演变初探——兼谈南戏在福建的遗响
蔡铁民
厦门大学学报　1979：3　1979

中 10810316
《荔枝记》及其他
薛汕
书曲散记　书目文献出版社　1985.5

五〇六、廉惇

中 10810317
《水调歌头・读书岩》作者质疑（按：非廉希宪，应为廉惇）
杨镰
中华文史论丛　1984：2　1984

五〇七、刘士龙

中 10810318
刘士龙的数学诗词（上、下）
黎凯旋
台湾新生报　1971.11.8-9

五〇八、刘希必金钗记

中 10810319
宣德抄本南戏《金钗记》的发现
赵景深（邹啸）
文学遗产　1980：3　1980

中 10810320
五百年前南戏《金钗记》手抄演出本在潮安县出土，它给我们带来了一把探索南戏历史的钥匙
陈历明
羊城晚报　1980.3.31

中 10810321
读宣德写本《刘希必金钗记》札记
陈历明
文学遗产　1982：1　1982

中 10810322
宣德写本《金钗记》校后记
刘念兹
学术研究　1982：4　1982

中 10810323
明初南戏演出本《刘希必金钗记》
陈历明
文物　1982：11　1982

中 10810324
《宣德写本金钗记》校注补
侯百朋
温州师范学院学报　1988：4　1988

中 10810325
南戏《刘文龙》的演变及其在池州的遗存
王兆干
民俗曲艺　89　1994.5

中 10810326
论明本潮州戏文《刘希必金钗记》
吴国钦
中山大学学报　1997：5　1997

中 10810327
斜阳影里话《金钗》：宣德写本《刘希必金钗记》的发现与研究
李舜华
东南学术　2000：6　2000

五〇九、刘玉

中 10810328
《元明小说选译》注释献疑一则
徐时仪
古籍整理研究学刊　2000：2　2000

五一〇、卢明表

中 10810329
《寻芳雅集》并非《怀春雅集》
孙一珍
光明日报　1985.2.12

中 10810330
《金瓶梅》与《怀春雅集》
陈诏
金瓶梅六十题　上海书店出版社　1993.12

五一一、陆天麟

中 10810331
明末遗民陆天麟及其诗歌
张士儒
云南师范大学学报　1986：2　1986

五一二、禄洪

中 10810332
明代彝族诗人禄洪与《北征集》
陶学良　李寒森
中南民族学院学报　1987：2　1987

五一三、马伶

中 10810333
明末艺人马伶"深入生活"
吴国钦
艺术世界　1979：1　1979
中国戏曲史漫话　上海文艺出版社　1980.6

五一四、茅映

中 10810334
词的四卷（词集提要）
赵尊岳
词学季刊　1：1　1933.4

中 10810335
词的（历代词选集叙录 3）
舍之
词学　3　华东师范大学出版社　1985.2

五一五、梅正妍

中 10810336
明代二戏曲家小考
赵景深（邹啸）
明清曲谈　古典文学出版社　1957.8

五一六、讷音居士

中 10810337
读《三续金瓶梅》
鲁歌　马征
徐州师范学院学报　1992：1　1992
金瓶梅纵横谈　北京燕山出版社　1992.2

中 10810338
且看海内孤本《三续金瓶梅》之真伪
葛邦祥
淮阴师专学报　1992：3　1992

五一七、女贞观

中 10810339
试论杂剧《女贞观》和传奇《玉簪记》
陈美林
文学遗产　1986：1　1986
复兴剧艺学刊　9　1994.7

中 10810340
《女贞观》与《玉簪记》
罗锦堂
台湾中国古代文学研究文选　人民文学出版社　1988.1

五一八、潘游龙

中 10810341
《古今诗余醉》(历代词选集叙录 4)
舍之
词学　4　华东师范大学出版社　1986.8

五一九、齐心孝

中 10810342
人间自是有情痴——齐心孝《答女郎贻鸳鸯枕》
黄永武
中华日报　1984.11.19

五二〇、秦之鉴

中 10810343
《翻西厢》《卖相思》传奇是秦之鉴作的
张曾
文学遗产　1981：4　1981

五二一、青莲室主人

中 10810344
关于《后水浒传》
陈宽
光明日报　1965.2.21

中 10810345
关于两种《后水浒》的现实主义
刁云展
社会科学辑刊　1981：1　1981

中 10810346
《后水浒传》是部好书
林辰
读书　1981：8　1981

中 10810347
第一部反映杨么起义的小说《后水浒传》
司马师
世界图书（A 辑）　1982：9　1982

中 10810348
关于《后水浒传》
吴晓铃
社会科学辑刊 1983：3 1983

中 10810349
《后水浒传》失传了吗？
郑公盾
水浒传论文集 宁夏人民出版社 1983.5

中 10810350
关于《后水浒全传》——双棔掇琐之三
吴晓铃
光明日报 1983.6.7

中 10810351
并非狗尾——说《后水浒传》
苗壮
书林 1984：5 1984

中 10810352
明季进步《水浒》观的体现——读《后水浒传》论
欧阳健
明清小说论丛 3 春风文艺出版社 1985.6

中 10810353
评《后水浒传》
陶诚
明清小说论丛 3 春风文艺出版社 1985.6

中 10810354
第一部写杨幺起义的小说——罕见孤本《后水浒传》
林辰
明清小说研究 2 中国文联出版公司 1985.12

中 10810355
现存最好的一部《水浒》续书——论青莲室主人的《后水浒传》
佘大平
水浒争鸣 5 武汉大学出版社 1987.8

中 10810356
《后水浒传》三题
刘兴汉
东北师大学报 1991：2 1991

五二二、人镜春秋

中 10810357
介绍一部明代的图书故事——人镜春秋
戴丽珠
幼狮文艺 52：4 1980

五二三、沈敕

中 10810358
喜见《荆溪外纪》重印（明沈敕撰）
邵品刚
“中央日报” 1984.6.3

五二四、施武

中 10810359
诗的音乐美——施武《相见坡》《乌鸦关》
李元洛
楚诗词艺术欣赏 长江文艺出版社 1984.12

五二五、释澹归

中 10810360
徧行堂集词之一
龙榆生
词学季刊 3：3 1936.9

中 10810361
徧行堂集词之二
龙榆生
同声月刊 2：1 1942

中 10810362
徧行堂集词之二（续）
龙榆生
同声月刊 2：2 1942

中 10810363
徧行堂集词之二（续）
龙榆生
同声月刊 2：3 1942

中 10810364
徧行堂集词之三
龙榆生
同声月刊 2：4 1942

中 10810365
徧行堂集词之三（续）
龙榆生
同声月刊 2：5 1942

中 10810366
徧行堂集词之三（续）
龙榆生
同声月刊 2：6 1942

中 10810367
澹归著作补谈
于今
艺林丛录　9　商务印书馆香港分馆　1973.9
艺林丛录　9　谷风出版社　1986.9

中 10810368
谈澹归和尚
冼玉清
艺林丛录　9　商务印书馆香港分馆　1973.9
艺林丛录　9　谷风出版社　1986.9

五二六、释智旭

中 10810369
藕益大师年谱
释演音
弘一大师法集　新文丰出版股份有限公司　1976.10

中 10810370
藕益大师山居诗之园林思想
释晓云
中华文化复兴月刊　10：4　1977

中 10810371
明代天目山大和尚——藕益大师
维思
浙江月刊　10：12　1978.12

五二七、苏瑄

中 10810372
眼底生云雾　脚下数千年——《游龙门记》赏析
皇甫涛
名作欣赏　1984：6　1984

五二八、素娥篇

中 10810373
金赛研究所的镇山宝《素娥篇》——明代小说
［美］马幼垣
中国时报　1979.9.16

中 10810374
关于《素娥篇》
徐朔方
明清小说研究　1995：4　1995
小说考信编　上海古籍出版社　1997.10

五二九、陶凯

中 10810375
陶凯《长平戈头歌》与王世贞《过长平作长平行》
陈麟德
江海学刊 1996：1 1996

五三〇、通百本

中 10810376
陕南秘藏类书《通百本》初探
黄笙闻
戏剧（中央戏剧学院学报） 1994：2 1994

五三一、屠本畯

中 10810377
屠本畯和《金瓶梅》
顾国瑞
北京大学学报 1985：4 1985

中 10810378
屠本畯的《金瓶梅》跋
魏子云
书目季刊 19：3 1985.12
古典文学 8 学生书局 1986.4

中 10810379
屠本畯的《山林经济籍》与《金瓶梅》
刘辉
金瓶梅成书与版本研究 辽宁人民出版社 1986.6

中 10810380
欣欣子屠本畯考释
郑闰
社会科学战线 1992：1 1992

中 10810381
屠本畯《觞政》跋的史实启示
魏子云
复旦学报 1992：2 1992

中 10810382
屠隆与屠本畯：笑笑生与欣欣子
吕珏
宁波师院学报 1992：2 1992

中 10810383
欣欣子不是屠本畯，笑笑生不是屠隆、屠大年
鲁歌
西北大学学报　1992：4　1992
《红楼梦》《金瓶梅》新探　远方出版社　1997.2

中 10810384
屠本畯所记《金瓶梅》事辨析
刘孔伏　潘良炽
许昌师专学报　1993：1　1993

五三二、王弼

中 10810385
《永丰谣》与明代诗人王弼
方山
台州师专学报　1988：3　1988

五三三、王錂

中 10810386
王錂的《春芜记》
赵景深（邹啸）
读曲随笔　北新书局　1936.11
中国戏曲初考　中州书画社　1983.8
读曲随笔　上海文艺出版社　1999.1

中 10810387
读《彩楼记》——读剧札记
程毅中
光明日报　1961.1.29

中 10810388
漫谈《王宝钏》的改编
陶君起
北京文艺　1961：8　1961

中 10810389
从《破窑记》到《彩楼记》——论川剧《评雪辨踪》的渊源及其艺术特色
沈蔚德
川剧艺术　1981：3　1981
论悲剧与喜剧　上海文艺出版社　1983.9

中 10810390
《周羽教子寻亲记》
赵景深（邹啸）
中国戏曲初考　中州书画社　1983.8

五三四、王磐

中 10810391
王西楼乐府（读曲纪要之五）
罗锦堂
大陆杂志　10：6　1955

中 10810392
王磐的《朝天子》二首
隋树森
语文学习　1957：2　1957

中 10810393
词和曲四首（白居易、王磐）
河南省开封市教学参考材料编写小组
语文教学通讯　1957：3/4　1957

中 10810394
谈王磐的《朝天子》二首
黄志辉
语文教学　1958：3　1958
中学语文名篇十七年分析文章汇编（古典作品）下　成都市东城区教师进修学校教研组编　1980.1

中 10810395
浅析散曲两首
刘宗德
语文教研　1984：1　1984

中 10810396
元明散曲二首浅说
吴祁仁
宁夏大学学报　1984：1　1984

中 10810397
读《朝天子・咏喇叭》
张军　德均
语文教研　1984：2　1984

中 10810398
一幅绝妙的讽刺漫画——谈王磐的《朝天子・咏喇叭》
李文钟
古典文学名篇赏析　3　中州书画社　1984.3

中 10810399
明代散曲家王磐
谷茝
集萃　1984：3　1984

中 10810400
王磐及其《朝天子・咏喇叭》
黄德生　陈岳来
中学语文（武汉师院）　1984：4　1984

中 10810401
刺贪刺虐　入骨三分——读《朝天子・咏喇叭》
张庆
语文教学　1984：6　1984

中 10810402
王磐和他的《朝天子·咏喇叭》
于海洲
语文教学与研究　1984：6　1984

中 10810403
一曲朝天子　声声血泪情——读王磐的《朝天子·咏喇叭》
甘久生
语文月刊　1985：5　1985

中 10810404
感于哀乐　缘事而发——读王磐《古调蟾宫·元宵》
王继斌　丁大勇
阅读与写作　1987：8-9　1987

中 10810405
辛辣讽嘲的号角——王磐〔朝天子〕《咏喇叭》鉴赏
赵景瑜
元明散曲鉴赏集　人民文学出版社　1989.1

中 10810406
王磐的生卒年、家世和交游
丰家骅
文献　1990：2　1990

中 10810407
咏物名篇　讽世佳作——读王磐《朝天子·咏喇叭》
丰家骅
文史知识　1993：4　1993

中 10810408
吹出一腔怨愤——试析王磐《朝天子·咏喇叭》
宋远凌
名作欣赏　1999：1　1999

五三五、王仁

中 10810409
三百年前改革诗人——王仁
罗继祖
墐户录　黑龙江人民出版社　1989.6

五三六、王尚纲

中 10810410
王尚纲及其文学创作
张长法
郑州大学学报　1986：4　1986

五三七、王玹

中 10810411
明王玹《重修乐楼之记》碑的文化内涵
冯俊杰
戏剧（中央戏剧学院学报） 1998：2 1998

五三八、王元功

中 10810412
《赠书记》作者考
王汉民
文献 1999：1 1999

五三九、魏浩

中 10810413
魏氏乐谱读记
赵尊岳
词乐丛刊 1 坐忘斋 1958.10

中 10810414
魏氏乐谱管窥
饶宗颐
词乐丛刊 1 坐忘斋 1958.10

五四〇、无心子

中 10810415
无心子的《金雀记》
赵景深（邹啸）
读曲随笔 北新书局 1936.11
中国戏曲初考 中州书画社 1983.8
读曲随笔 上海文艺出版社 1999.1

五四一、吴初还

中 10810416
《天妃娘妈传》故事源流考——兼论海神天妃兴衰的时代背景
高梁

明清小说研究　1991：8　1991

五四二、吴敬所

中 10810417
《国色天香》
赵景深（邹啸）
中国小说丛考　齐鲁书社　1980.10

中 10810418
《国色天香》周文炜刻本补考
刘奉文
明清小说研究　1991：1　1991

中 10810419
《龙会兰池录》产生时代考
李剑国　何长江
南开学报　1995：5　1995

中 10810420
《刘生觅莲记》考
陈益源
明清小说研究　1996：3　1996

五四三、吴沛

中 10810421
《西墅草堂遗集》和吴沛
崔建英
文物　1985：10　1985

五四四、五金鱼传

中 10810422
稀见小说《五金鱼传》考辨
陈益源
中国文化月刊　187　1995.5

五四五、西山纪游

中 10810423
《西山纪游》（云烟过眼新录）
黄裳
中华文史论丛　1979：2　1979

五四六、席浪仙

中 10810424 | 徐志平
从作品比较看席浪仙小说的写作艺术 | 中国文学研究 7 1993.5

五四七、小孙屠

中 10810425 | 王延龄
南戏《小孙屠》成于明代考 | 江海学刊 1984：6 1984

五四八、谢天瑞

中 10810426 | 龚剑锋
谢天祐和谢天瑞非一人辨 | 浙江师范大学学报 1988：2 1988

五四九、谢天祐

中 10810427 | 龚剑锋
谢天祐和谢天瑞非一人辨 | 浙江师范大学学报 1988：2 1988

五五〇、新嘉驿

中 10810428 | 高洪钧
传奇《新嘉驿》本事考 | 天津师大学报 1987：6 1987

五五一、徐昌龄

中 10810429
《如意君传》与《金瓶梅》
刘辉
金瓶梅研究集　齐鲁书社　1988.1

中 10810430
漫谈《如意君传》与《金瓶梅传》
鲁歌　马征
金瓶梅纵横谈　北京燕山出版社　1992.2

五五二、徐元

中 10810431
《八义记》辨证
吴歌　邓瑞琼
文学遗产　1983：4　1983

五五三、许宇

中 10810432
词林逸响述要
龙榆生
同声月刊　3：2　1943.4
龙榆生词学论文集　上海古籍出版社　1997.7

五五四、盐梅记

中 10810433
孤本明传奇《盐梅记》述略
康保成（宝城）
文献　1999：1　1999

五五五、一枕奇

中 10810434
晚明短篇小说的一篇佳作——谈《一枕奇》卷二《轻财色真强盗说法　出生死大义侠传心》
朱世滋
辽宁大学学报　1983：6　1983

五五六、英雄谱

中 10810435
关于《英雄谱》
黄华
光明日报　1962.6.14

中 10810436
《英雄谱》的三国插图
黄华
新民晚报　1962.8.5

五五七、雨窗欹枕集

中 10810437
《雨窗欹枕集》
赵景深（邹啸）
中国小说丛考　齐鲁书社　1980.10

五五八、玉洞金

中 10810438
再跋明刊《玉洞金》
李一氓
光明日报　1982.1.4

五五九、臧贤

中 10810439
《盛世新声》的辑者问题
汪蔚林
光明日报　1961.9.24

中 10810440
《盛世新声》与臧贤：附说《雍熙乐府》与郭勋
王钢　王永宽
文学遗产　1991：4　1991

五六〇、占花魁弹词

中 10810441
《占花魁弹词》钩沉
阿英
小说三谈　上海古籍出版社　1979.8

五六一、张禄

中 10810442
《词林摘艳》与《雍熙乐府》
赵景深（邹啸）
小说戏曲新考　世界书局　1939.1
中国戏曲初考　中州书画社　1983.8

五六二、张同德

中 10810443
昭甫集二十六卷（“中央图书馆”善本书志）
刘兆祐
“中央图书馆”馆刊　6：1　1973

五六三、张子翼

中 10810444
鱼不食兮倚江干——张子翼的《鱼不食词》
周济夫
海南日报　1987.6.28

五六四、赵弼

中 10810445
赵弼生平与著述考
赖瑞和
中国古典小说研究专集　2　联经出版事业公司　1980.6

五六五、甄伟

中 10810446
《续前汉书平话》与《西汉演义》
赵景深（邹啸）
小说论丛　日新出版社　1947.6

五六六、郑子珍

中 10810447
《哑背疯》小考
赵景深（邹啸）
新民报晚刊　1953.5.10

五六七、钟馗降妖传

中 10810448
《钟馗降妖传》述略
程毅中
明清小说研究　1988：2　1988

中 10810449
《钟馗全传》札记
刘世德
文学遗产　1989：3　1989

中 10810450
从“侈谈神怪”到“揶揄世态”——钟馗系列小说的演变
胡胜
社会科学辑刊　1997：1　1997

五六八、周清原

中 10810451
关于《西湖二集》
赵景深（邹啸）
小说戏曲新考　世界书局　1939.1
中国小说丛考　齐鲁书社　1980.10

中 10810452
关于两位小说作家
阿英
小说三谈　上海古籍出版社　1979.8

中 10810453
《西湖二集》取材的来源
戴不凡（柏繁）
小说见闻录　浙江人民出版社　1980.2

中 10810454
《西湖二集》作者周清原辨误
杨玉峰
中华文史论丛　1983：3　1983

中 10810455
汤显祖、虞淳熙序《西湖一集》考
陈大康
华东师范大学学报　1989：5　1989

中 10810456
《西湖二集》：一部很值得研究的小说
吴礼权
明清小说研究　1991：2　1991

中 10810457
《西湖二集》与《牡丹亭》
陈皆平
浙江大学学报　1993：1　1993

五六九、朱星祚

中 10810458
谈谈《二十四尊得道罗汉传》
方胜
明清小说研究　1988：4　1988

篇名笔画字头索引

一　画

二　画

三　画

四　画

五　画

六　画

七　画

八　画

九　画

十　画

十一画

十二画

十三画

十四画

十五画

十六画

十七画

十八画

十九画

二十画

二十一画

其　他

篇名笔画索引

一　画

二　画

三　画

四　画

五　画

六 画

七 画

八　画

九　画

十　画

十一画

十二画

十三画

十四画

十五画

十六画

十七画

十八画

十九画

二十画

二十一画

其　他

著者笔画字头索引

一　画

二　画

三　画

四　画

五　画

六 画

七　画

八　画

九　画

十　画

十一画

十二画

十三画

十四画

十五画

十六画

十七画

十八画

二十画

其　他

著者笔画索引

一　画

二　画

三　画

四 画

五　画

六　画

七　画

八　画

九　画

十　画

十一画

十二画

十三画

十四画

十五画

十六画

十七画

十八画

二十画

其　他

20世纪中国古代文学研究文献总目

钱振民 主编

明代论文卷

上

曹鑫 编著

国家图书馆出版社

图书在版编目（CIP）数据

20 世纪中国古代文学研究文献总目·明代论文卷：全二册 / 钱振民主编，曹鑫编著 . — 北京：国家图书馆出版社，2021.5

ISBN 978-7-5013-6549-4

Ⅰ . ①2… Ⅱ . ①钱… ②曹… Ⅲ . ①中国文学—古典文学研究—专题目录—20 世纪 Ⅳ . ① Z88：I207.2

中国版本图书馆 CIP 数据核字（2018）第 186400 号

书　　名 20 世纪中国古代文学研究文献总目·明代论文卷（全二册）
著　　者 钱振民 主编　曹鑫 编著
责任编辑 宋志英　张慧霞　张珂卿
封面设计 程言工作室

出版发行 国家图书馆出版社（北京市西城区文津街 7 号　100034）
（原书目文献出版社　北京图书馆出版社）
010-66114536　63802249　nlcpress@nlc.cn（邮购）
网　　址 http: // www. nlcpress. com
排　　版 九章文化
印　　装 河北三河弘翰印务有限公司
版次印次 2021 年 5 月第 1 版　2021 年 5 月第 1 次印刷

开　　本 787 × 1092（毫米） 1/16
印　　张 80
字　　数 1250 千字
书　　号 ISBN 978-7-5013-6549-4
定　　价 980.00 元

前　言

中国古代文学始于先秦，终于晚清，历史悠久，作家众多，作品丰富，体类完备。20世纪的中外中国古代文学研究大体呈现以下态势：上半个世纪，大家辈出，开启现代学术，筚路蓝缕，硕果累累；下半个世纪，尤其是七八十年代以后，群星灿烂，局面繁盛，成果丰硕。全面而系统地著录这一百年间积累下的大量宝贵的中国古代文学研究文献资料，对于中外研究中国文学的后来者全面了解、借鉴上个世纪的研究成果和研究方法，从而推进中国文学研究工作，有其不可替代的意义。

目前国内外已经发表、出版了数以百计的著录20世纪中国古代文学研究文献资料方面的目录、索引类文章或图书（含数据库）。专题性或地域性的著述，多著录得较为完善，如林玫仪主编《词学论著总目（1901—1992）》，日本樽本照雄编《日本清末小说研究文献目录》，邝健行、吴淑钿编《香港中国古典文学研究论文目录》。综合性的著述往往受限于时地等客观因素，或仅著录论文，或仅著录图书，或仅著录某一时段、某一群体的研究成果，或仅摘要著录，或滥收鉴赏类图书中的条目，或缺少论文集以及以书代刊类刊物中的数据，或未著录六七十年代以前的数据等等。

《20世纪中国古代文学研究文献总目》（以下简称《总目》）广泛深入收罗发表在中外各种报纸杂志、学报纪要、论文集等出版物中的各种学术层次的论文、译文、评介等，以及已经出版的各种学术层次的图书，同时注意吸收前贤时彦的目录索引类文章、图书、资料卡片、数据库等成果（复旦大学中文学科的中国古代文学研究资料是《总目》中文部分的基础），取长补短，尽可能为学界提供一种全面著录20世纪中外学者研究中国古代文学文献的专业的、集成的目录著作。

在著录体例方面，《总目》正文采用中国传统目录学的简目体式著录各资料条目，其长处在于“部次甲乙”“辨章学术”，方便使用者翻览各类目下的研究成果；而其短处在于面对数量巨大的资料条目时，容易令编者、使用者都陷入藤缠树绕的琐细类目而费时费力的窘境之中。源于西学的索引体式虽无简目体式之长处，但面对数量巨大的资料条目时，可以在一定程度上弥补其短处，让使用者可以通过篇名或撰著者名检索，提高快速找到所需资料的概率，因而《总目》各卷后皆编制有"篇名笔画索引""著者笔画索引"。《总目》的具体做法，详见"凡例"。

恩师章培恒先生一直很重视文献目录的建设工作。他在 2002 年写给复旦大学校领导的报告中指出："人文学科的目录、索引工作，在我国长期遭到忽视，这是我国人文学科研究的重大缺陷之一。"在此之前，他早已亲自组织与指导了《总目》资料的搜集整理工作，此后也尽可能地给予关心与支持。2011 年陈广宏、郑利华两位先生主持古籍所工作后，一如既往地给予支持、帮助。2012 年，以"20 世纪中国古代文学研究文献总目"之目获在教育部全国高等院校古籍整理研究工作委员会立项。在"英文卷"资料搜集期间，曾获得教育部国际合作与交流司的经费支持。2017 年，所领导又给予上海高校高峰高原重点学科建设经费的有力支持。

从 2014 年起，邀请杜怡顺、杨婧、曹鑫三位博士，参加《总目》中英文各卷的编纂成稿工作。

在中文各卷资料搜集整理及编制数据库初期，郑利华、黄毅、朱邦薇、查屏球等先生曾先后或长或短地参加过有关工作。孙麒、吴冠文、张桂丽、雍琦、葛春蕃、梁春胜、杜怡顺、杨婧、曹鑫、杨月英、黄尽穗、贺诗菁等君曾先后以助教或助管身份参加过资料搜集、文字校对等工作。

2001 年笔者赴日本庆应义塾大学访学，2005 年又赴日本关西大学访学，此间基本完成了日文卷资料的搜集整理工作。在此期间，庆应义塾大学冈晴夫、高桥智先生，关西大学井上泰山先生等，对笔者多有支持与帮助。

在日文卷的资料搜集整理、篇名翻译期间，洪伟民先生、赵善嘉先生及其夫人分别承担了大部分论文篇名的翻译工作，西川芳树、林辰达、黄尽穗等君参加了部分资料的补充、校对等工作。

罗开云教授于 2007 年 8 月至 2008 年 7 月应邀来古籍所参加了英文卷的审订工作，颜庆余君在读博期间也曾以助教身份参加过该编资料的搜集工作。

在《总目》成稿出版期间，华东师范大学图书馆研究馆员吴平先生热心相助，给予了宝贵支持。

如此大部头工具性图书的出版是一大难题。国家图书馆出版社领导和编审宋志英、廖生训两位主任以其为中国文化建设而勇于担当的使命感和专业眼光，慷慨接受了《总目》的出版，并在审稿、定稿期间给予了许多具体而宝贵的指导意见。编辑张慧霞、张珂卿、潘竹等也为《总目》的编辑出版付出了艰辛劳动，助益良多。

借《总目》出版之际，谨向上述方方面面给予支持帮助的师友致以诚挚谢忱！亦谨向本《总目》采录了其成果的前贤时彦致以诚挚谢忱！

《总目》的编纂经多年努力，其间甘苦不足为外人道，而挂一漏万，势必难免。限于学力、人力，法、德、俄、意等语种中研究中国古代文学文献的资料条目，亦不敢轻易阑入。有机会为学界贡献绵薄，幸矣！诚祈方家不吝赐教！

钱振民

2020 年 1 月

凡　例

一、著录范围和构成

（一）本书主要著录20世纪一百年间中外学者发表的关于中国古代文学方面的研究文献，与古代作家作品密切相关的史哲类文献酌予摘要著录。一是发表在各种杂志报纸、学报纪要、论文集等中的各种学术层次的论文、译文、评介等，鉴赏类图书中的条目、会议简讯，学术图书的章节一般不予著录；二是各种学术层次的图书。

（二）对于研究跨时代作家作品的研究文献，一般遵照学术界的通常做法予以著录；对于研究近代作家作品（如南社）的研究文献，酌予从宽著录。

（三）全书由十四卷组成，即《通代论文卷》《先秦论文卷》《秦汉论文卷》《魏晋南北朝论文卷》《隋唐五代论文卷》《宋代论文卷》《辽金元论文卷》《明代论文卷》《清代论文卷》《通代图书卷》《唐以前图书卷》《宋元明清图书卷》《日文卷》《英文卷》。

（四）每卷后编制“篇名笔画索引”“著者笔画索引”。

二、类目设置

（一）全书有“中文”“外文”两大板块。中文依据条目数量和时代先后，论文设置“通代”“先秦”“秦汉”“魏晋南北朝”“隋唐五代”“宋代”“辽金元”“明代”“清代”九卷，图书设置“通代”“唐以前”“宋元明清”三卷；外文设置日文、英文两卷。

（二）“通代论文”下设置“总论”“文学史”“文论”“诗词曲”“文赋”“小说戏

曲”“民间文学”“少数民族文学”“文学与宗教”“比较文学”“教学与赏析”“文献”“专家学者”“评介”“工具书”等类目。凡条目内容属于总体上论述或涉及三个时段以上而不宜列置于某一时段者，皆分别归置于上述各类目中。各类目所收条目较多而分置下一级细目类可让使用者易于查到所需资料者，酌予分出下一级细目，如“诗词曲”类目下再分置“综论”“诗”“词”“曲”等细目；否则，仅以文章、图书发表出版时间先后予以著录。

（三）其他各时段下设置“总论”“作家作品”两个类目。“总论”依据各时代文体的具体情况，参照“通代”酌予分类。“作家作品”中的具体作家、作品，以其时代先后为序；作家、作品时代不详者，置于卷末，以汉语拼音为序。每一作家或作品的条目不是很多者，一般不再设置下一级类目，仅以研究文章发表先后为序编制；条目多至数百条者，依据具体情况酌予设置“综论”“传记”“作品”等细目。“作家”下条目很多者，酌予设置“生平”“思想”等细目；“作品”下条目很多者，酌予设置“总论”“思想内容”“艺术”“比较文学”“文献”“研究史与评介”等细目。

（四）外文各卷类目的设置参照中文各卷。

三、著录内容

（一）论文

篇名项：一律按照原题著录，外文条目已经译为中文者，仅著录中文篇名。

著者项：含撰著、注译、评介等各类作者。

出处项：含刊物名、论文集名、期（卷、辑）号、出版日期等。

（二）图书

书名项：一律按照原题著录，外文条目已经译为中文者，仅著录中文书名。

著者项：含撰著、编选、注译等各类作者。

版本项：含出版者名称、出版日期等。

（三）各著录项中的缺字，以“□”表示。

四、著录格式

（一）版式

1. 一面双栏。

2. 书眉处标注总书名、卷名。

（二）论文条目格式

序号：占 1 行。中文各卷序号由 1 个汉字加论文各卷总号、各卷卷号、每卷条目序次号组成唯一代码。例：中 10100001。中：中文；1：论文；01：通代论文卷；00001：该卷条目序次号。

篇名：占 1 行，超出 1 行以上者，缩 1 字回行。

著者：占 1 行，超出 1 行以上者，缩 1 字回行。

出处：占 1 行，超出 1 行以上者，缩 1 字回行。

例：

中 10101227[①]

中国文学深刻地嵌入中国历史——法国汉
学家侯思孟教授答编辑部问

文学遗产编辑部

文学遗产　1989：4　1989

外文各卷因条目较少，其序号为：分“论文卷”“图书卷”者，其序号由 1 个汉字加卷号、每卷条目序次号组成唯一代码；不分卷者，其序号由 1 个汉字加每卷条目序次号组成唯一代码。

（三）图书条目格式

序号：占 1 行。序号由 1 个汉字加图书各卷总号、各卷卷号、每卷条目序次号组成唯一代码。例：中 21100001。中：中文；2：图书；11：唐以前图书卷；00001：图书条目序次号。

书名：占 1 行，超出 1 行以上者，缩 1 字回行。

---

① 该条目的准确序号请见正文。

著者：占 1 行，超出 1 行以上者，缩 1 字回行。

版本：占 1 行，超出 1 行以上者，缩 1 字回行。

例：

中 20100050①

世纪之交的对话：古典文学研究的

回顾与展望

文学遗产编辑部

上海古籍出版社　2000.10

（四）外文各卷条目格式

外文各卷因条目较少，各卷先论文后图书，统编序号。序号由 1 个汉字加总卷号、每卷条目序次号组成唯一代码。例：日 1300001。日：日文；13：日文卷；00001：日文卷条目序次号。

五、各著录项细则

（一）篇名、书名项

该著录项包括论文篇名、书名。

1. 中文各卷的篇名、书名一般依照原文或资料来源著录。书名中有附带文字者，也一同著录。

2. 日文卷的篇名、书名译为中文。

3. 篇名相同，著者名不同（本名、笔名等），而能够查得实为同一人者，合并为一条，并在著者项中对著者名号进行完整标注，参见“著者项 2”。

4. 篇名相同的系列论文，作者为同一人，发表于同一刊物且时间相近者，尽可能合为一处；否则，尊重原貌，不作合并统一。

5. 篇名、书名中的书名号、引号，尊重原文或来源资料著录，不作增减。但篇名、书名中有书名号、引号者，分别统一作“《》”“‘’”。

① 该条目的准确序号请见后文。

（二）著者项

该著录项包括著者姓名、撰著方式。

1. 姓名按照原署名著录。所依据资料中有著者国别者，统一用简称加方括号方式置于姓名之前，如“[日]吉川幸次郎”。

2. 著者使用本名或笔名、字号发表不同论文者，能够确定为同一人者，使用括注的方式，对著者名号进行完整标注，括号前为本名或常用笔名，括号内为其他名号。

3. 国内发表出版的报刊图书中国外著者的译名不一致者，在能够确定为同一人的前提下，对其进行完整著录。括号前为常用译名或外文名，括号内为其他译名或其他外文名。

4. 著者两个以上者，每姓名之间空一格。

5. 撰著方式，除少数须著录其撰著方式才能明了其性质者外，一般予以省略。翻译类论文、图书，分别著录著译者的撰著方式；古代著述因其著者众所周知，其著者与撰著方式一并省略，一般仅依据资料来源著录其现当代选、编、译、注者及其撰著方式。撰著方式不明而不易查得者，暂付阙如。

（三）出处项

1. 出处为期刊者，著录包含刊名、卷期号、出版时间、页次等项，每项之间空一格。同一期刊的名称有变化者，尊重原貌，不进行合并统一。卷期号著录采用阿拉伯数字加标点符号的方法，刊号项省去“第”“卷”“期”等字；时间项省去“年”“月”“日”等字。

（1）既有卷号又有期号者，在卷号与期号之间加“：”号，如“18：3”，表示第18卷第3期；仅有卷号或期号者，则只著录卷号或期号；某年某期者，在年次与期号之间加一冒号，如“1995：3”，表示1995年第3期。

（2）创刊号的刊号用“1”标示，试刊号仍用“试刊号”。

（3）两期合刊者，一般在期号之间加“/”号，如“15：3/4”，表示第15卷第3、4期合刊。

（4）数期连刊者，在起始期号与结束期号之间加“–”号，如“1–4”，表示第1期至第4期。

（5）数期不连刊者，在各期号之间加“、”号，如“3、5、7”，表示第3期、第5期、第7期。

（6）既有该卷卷期号又有总卷期号者，根据资料来源，择其一著录之。

（7）时间项一般著录到年月，有到日者酌予保留。

（8）同一期刊排序，一般以刊期（号）为序，特殊情况除外。

（9）辑刊、增刊保留“辑刊”“增刊”字样。出版时间不明确者，一般列之于该年末。

2. 出处为论文集者，著录包含论文集名、出版者、出版时间（年、月）等项。

3. 出处为报纸者，著录包括报纸名、出版年月日等项。

（1）同一报纸的名称有变化者，以该报纸当时的实际名称为准，不进行追溯式统一。

（2）出版地名一般不著录，但对于同一报纸多地出版者，条目所依据资料有者予以保留，能够查得者补之。格式为在该报纸名后以圆括号形式予以著录，如，“大公报（香港）”。

（3）年月日之间加“.”号，如“光明日报 1983.9.20”，表示 1983 年 9 月 20 日出版的《光明日报》。

（4）数日连载者，在起始日与结束日之间加“–”号，如“光明日报 1983.9.20–22”。

（5）在同年同月中数日不连载者，在各日之间加“、”号，如“光明日报 1983.9.20、23、25”；在不同年份或不同月份不连载者，于不同年份或不同月份之间加“；”号，如“光明日报 1983.9.28；10.1”“光明日报 1983.12.25、28；1984.1.2、5”。

（6）报纸副刊一般不加“副刊”“艺圃”等副刊栏目名称，特殊情况者酌予著录。

4. 期刊名、图书名，尊重原文或资料来源著录，不作增减。期刊名、图书名中有书名号者，统一作“《》”。

5. 页次明确者，标明起讫页次，起讫页次之间加“–”号，如“页 12–20”，表示第 12 页至第 20 页；页次不明者暂不补充。

6. 同一篇论文有多种出处者，一般合并为同一条目，在其出处项依据时间先后为序分别列出各出处，每一出处另行编排。

7. 少数论文初次发表之刊物不易查得，而见于 2000 年后出版之文献者，酌予收录。

（四）图书的出版项

该著录项包括出版者、出版时间、册数、页次等。

1. 出版者，著录各级各类出版机构，以及私人写印者；属于某出版社出版的某丛书者，在出版者后著录该丛书名以及卷次，外加圆括号。

2. 出版时间，著录至月份；月份不明而又不易查得者，只著录年份。

3. 册数、页数，单册者著录页数，多册者著录册数；册数、页数不明者暂不补充。

4. 同一种图书由不同出版社先后出版者，依据出版时间先后，在同一出版项中分别列出出版者及其出版时间，不同出版者之间加“；”号。

六、外文各卷

外文各卷大体依照上述体例著录，而因各自语言文字特点、学界习惯等原因而形成的差异，以实用性为原则，酌予调整著录细则。

主要参考资料

《20世纪中国古代文学研究文献总目》参考文献资料甚多，如中外各种报纸杂志、学报纪要、纸本图书、数据库等，此处仅摘要列出部分综合性或专题性目录索引类出版物、网站或数据库，其余请见正文中的条目出处项。

复旦大学中文系资料室的中国古代文学研究资料（中文系前辈所做资料卡片）。

《中国古典文学研究论文索引（1949—1966.6）》（增订本），河北师范学院中文系资料室、中国社会科学院文学研究所图书资料室编，中华书局，1979年。

《中国古典文学研究论文索引（1905—1979）》，北京师范学院中文系，北京师范学院中文系，1981年。

《中国古典文学研究论文索引（1966.7—1979.12）》，中国社会科学院文学研究所图书资料室编，中华书局，1982年。

《中国古典文学研究论文索引》，中山大学中文系资料室，广西人民出版社，1984年。

《中国古典文学研究论文索引（1980.1—1981.12）》，中国社会科学院文学研究所图书资料室编，中华书局，1985年。

《中国古典文学研究论文索引（1982.1—1983.12）》，中国社会科学院文学研究所图书资料室编，中华书局，1985年。

《中国文学史书目提要》，陈玉堂编著，黄山书社，1986年。

《中国古典戏曲小说研究索引（上、下）》，于曼玲编，广东高等教育出版社，1992年。

《中国文学史著版本概览》，吉平平、黄晓静编，辽宁大学出版社，1992年。

《词学论著总目（1901—1992）》，林玫仪主编，“中央研究院”中国文哲研究所筹备处，1995年。

《中国古典文学研究论文索引（1984.1—1985.12）》，中国社会科学院文学研究所图书资料室编，中华书局，1995 年。

《中国文学论著集目》，台湾编译馆主编，五南图书出版有限公司，1996 年。

《台湾出版文学史书目提要》，黄文吉主编，万卷楼图书有限公司，1996 年。

《中国比较文学论文索引》，王向远主编，江西教育出版社，2002 年。

《中国文学史书目提要（上、下）》，陈飞主编，大象出版社，2004 年。

《香港中国古典文学研究论文目录》，邝健行、吴淑钿编，上海古籍出版社，2005 年。

《中日学者中国神话研究论著目录总汇》，贺学君、蔡大成、[日] 樱井龙彦编，中国社会科学出版社，2012 年。

《东洋学文献类目》（1934 年度以后），其中 1934—1960 年度名为《东洋史研究文献类目》（东方文化学院京都研究所编纂），1961 年度、1962 年度更名为《东洋学研究文献类目》，京都大学人文科学研究所附属东洋学文献中心（1998 年度改“汉字情报研究中心”）编纂。

《日本中国学会报 · 学界展望》，日本中国学会编。

《文学、哲学、史学文献目录—3—东洋文学、语学篇》，京都大学文学部吉川幸次郎、仓石武四郎等编著，日本学术会议，1954 年。

《中国思想、宗教、文化关系论文目录》，东京教育大学文学部东洋史研究室、中国思想宗教史研究会编，1957 年。

《全国短期大学纪要论文索引》（1950 年以后），图书馆科学会编集，日本图书中心，1982—1996 年。

《中国文学研究文献要览（1945—1977 战后编）》，[日] 石川梅次郎监修，アソシエーツ，1978 年。

《中国文学专门家事典》，日外アソシエーツ编集部编，日外アソシエーツ株式会社，1980 年。

《文选研究论著目录》（网络版），[日] 牧角悦子主编，九州岛大学文学部中国文学研究室文选学史研究会，1986 年。

《诗经研究文献目录》，[日] 村山吉广、江口尚纯编著，汲古书院，1992 年。

《西游记研究专著论文目录》，[日] 矶部彰编，《富山大学人文学部纪要》第 16 号，

1990 年 2 月。

《中国文学论丛第 1 卷—第 19 卷总目次》，樱美林大学文学部中文科编，1995 年。

《中国文学报既刊总目（1–50）》，中国文学会编，1995 年。

《新编东洋学论集内容总览》，[日] 川越泰博、荷见守义编著，风响社，1997 年。

《日本清末小说研究文献目录》，[日] 樽本照雄编，2002 年。

《日本国内词学文献目录》（1868 年以后），[日] 松尾肇子编，宋词研究会（小樽商科大学言语中心萩原正树研究室）补编，2005 年。

《中国文学研究文献要览・古典文学（1978—2007）》，[日] 川合康三监修，アソシエーツ，2008 年。

《杂志记事索引》（1985 年以后为网络版），日本国立国会图书馆。

CiNii（NII 学術情報ナビゲータ网络版），日本国立情报学研究所。

日本の古本屋（https://www.kosho.or.jp），日本全国旧书籍商业协会。

总目录

上册目录

总　论

一、综论

中 10800001

读明人的诗画笔记之类

郁达夫

正气　1：2　1936.1

郁达夫全集（第七卷）　浙江文艺出版社　1992.12

卖文买书——郁达夫和书　生活·读书·新知三联书店　1995.3

郁达夫书话（近人书话系列）　浙江人民出版社　1999.1

中 10800002

明大诰与明初之政治社会

邓嗣禹

燕京学报　1936：20　1936

书目季刊　1：1　1966.9

中 10800003

由元明曲词谈活文学与死文学

周绍贤

建设　4：8　1956.1

中 10800004

元明之际文坛概观

郑振铎（西谛、郭源新）

中国文学研究（中）　作家出版社　1957.12

郑振铎选集（第二卷）　四川文艺出版社　1990.6

中 10800005

明清"北台"文秩人物表

陈汉光

台北文物　8：1　1959.4

中 10800006

给词插画的版画集

黄华

新民晚报　1960.4.11

中 10800007

哈佛大学哈佛燕京学社图书馆藏明代类书概述

裘开明

新竹清华学报　2：2　1961

中 10800008

明末农民起义政权对文学革命的措施

鲁深

光明日报　1961.6.4

中 10800009
明代中叶文学的浪漫主义运动
袁世硕
文汇报　1961.6.29
文学史学的明清小说研究　齐鲁书社　1999.12

中 10800010
明代的戏曲和散曲
赵景深（邹啸）
戏曲笔谈　中华书局　1962.11

中 10800011
晚明考证学风的兴起
嵇文甫
郑州大学学报　1963：3　1963

中 10800012
谢廷循杏园雅集图卷
陆九皋
文物　1963：4　1963

中 10800013
读明初开国诸臣诗文集
钱穆
新亚学报　6：2　1965

中 10800014
明代台湾之儒风及其影响
黄典权
孔孟月刊　4：9　1966

中 10800015
明史艺文志渊源考
周骏富
图书馆学报　8　1967.5

中 10800016
有关明代文学研究的一些珍贵资料
［美］Frederick W. Mote（牟复礼）著　陈修武译
“中央图书馆”馆刊　1：2　1967

中 10800017
明代艺术家集汇刊叙录
包遵彭
“中央图书馆”馆刊　2：1　1968

中 10800018
明季三大儒与永历帝
黄玉斋
台湾文献　19：4　1968

中 10800019
明代士风
费海玑
反攻　326　1969.5

中 10800020
《明代史籍汇刊》叙录
刘兆祐
书目季刊　4：2　1969.12

中 10800021
明洪武建文朝别集考略
刘本栋
幼狮学志　9：1　1970

中 10800022
《明代史籍汇刊（第二辑）》叙录
刘兆祐
书目季刊　5：2　1970.12

中 10800023
初明学术风气之分析
程运
中华文化复兴月刊　4：3　1971

中 10800024
中明学术风气之分析
程运
中华文化复兴月刊　4：4　1971

中 10800025
晚明学术风气之分析
程运
中华文化复兴月刊　4：5　1971

中 10800026
明清文学之特色（1–3）
吴巨卿
人文世界　2：4–5、7　1972.4–5；7

中 10800027
顾璘、徐阶与张居正
王善旺
警光　158　1972.10

中 10800028
明人论宋代习尚
郑骞
书目季刊　7：2　1972.12

中 10800029
记文学、戏曲和版画史上的一次重要发现
汪庆正
文物　1973：11　1973

中 10800030
明代的学风与士习
甲凯
中国历史学会史学集刊　7　1975.5

中 10800031
台湾珍藏的古籍稿本及其价值——兼谈《明清未刊稿汇编》的出版
刘兆祐
“中央日报”　1975.12.15

中 10800032
明代中叶吴中诸名士相貌
郑骞
书目季刊　10：2　1976

中 10800033
明季文人与绘画
饶宗颐
中国文化研究所学报　8：2　1976

中 10800034
《明清未刊稿汇编（初辑）》叙录
刘兆祐
幼狮学志　14：1　1977

中 10800035
明季知识份子的救国运动
毛铸伦

仙人掌　1：3　1977

中 10800036
南明甬籍忠烈小传
滃洲老民
宁波同乡　106　1977.5

中 10800037
《明人传记资料索引》补正
［美］马泰来
明代史研究　5　1977.12

中 10800038
晚明画家与画论
饶宗颐
香港中文大学中国文化研究所学报　9：1　1978

中 10800039
论明代胡正言的木刻书画
张延民
嘉义师专学报　8　1978.5

中 10800040
评介：明末四公子（高阳著）
吴智和
明史研究专刊　1　大立出版社　1978.7

中 10800041
《听雨录》——读明清文史书籍题记
谢国桢（谢刚主）
文史　5　中华书局　1978.12

中 10800042
明代印书最多的建宁书坊
张秀民
文物　1979：6　1979

中 10800043
明末的反山人文学
阿英
阿英文集　香港三联书店　1979.6
阿英文集　生活 · 读书 · 新知三联书店　1981.11

中 10800044
明代的著作家名单之重要性
费海玑
人与社会　7：5　1979.12

中 10800045
明代广东六边才合谱初稿
黄麟书
边塞研究　下编　造阳文学社　1979.12

中 10800046
明清两代文学特色
吴巨卿
天然　2：2　1981.2

中 10800047
明末苏州织工斗争在文学上的反映
潘树广
江苏师院学报　1981：3　1981

中 10800048
漫谈明代四大家（沈周、唐寅、文征明、仇英）
刘平衡
艺术家　70　1981.3

中 10800049
学仕官名类释（宋濂、方孝儒、王守仁、归有光、杨继盛、袁宏道、史可法）
李慕如
今日中国　119　1981.3

中 10800050
明代四大画家小传（沈周、唐寅、文征明、仇英）
梦谷
艺坛　156　1981.3

中 10800051
儒释道的融合和宋明理学的产生
贾顺先
四川大学学报　1982：4　1982

中 10800052
从《易传》和《老子》两大哲学体系看宋明理学的“理气之辩”
杨柳桥　韩强
天津师大学报　1982：5　1982

中 10800053
《明史》记李万庆史事考异
王兴亚
史学月刊　1982：6　1982

中 10800054
台湾学术界研究宋明理学的概况
高令印
福建论坛　1982：6　1982

中 10800055
明清的时代背景及其影响
张健
中国文学与文学家（时报书系）　时报文化出版事业有限公司　1982.10

中 10800056
明别集版本审订札记
崔建英
图书情报工作　1983：1　1983

中 10800057
明代宫廷绘画——《宣宗行乐图》
穆益勤
故宫博物院院刊　1983：2　1983

中 10800058
隆武年间闽粤中式举人表传
郑喜夫
台湾文献　34：1　1983.3

中 10800059
明清时期“六经皆史”说的社会意义
仓修良　夏瑰琦
历史研究　1983：6　1983

中 10800060
万历苏州织工斗争在文学上的反映
潘树广

文学遗产增刊　15　中华书局　1983.9

中 10800061
《明清类书丛书》编纂评述
冯天瑜
明清文化史散论　华中工学院出版社　1984.2

中 10800062
明代宦官干政及其对明代文化的影响
冯天瑜
明清文化史散论　华中工学院出版社　1984.2

中 10800063
明清文字狱述略
冯天瑜
明清文化史散论　华中工学院出版社　1984.2

中 10800064
《补编明人传记资料索引》举例
王德毅
明代史研究　12　1984.3

中 10800065
忠顺夫人三娘子
胡宜柔
文史知识　1984：3　1984

中 10800066
李开先与康海、王九思
曲林
柳泉　1984：4　1984

中 10800067
明清诗文集中的增修本及其它
崔建英
图书情报工作　1984：5　1984

中 10800068
明四家传（1）——苏州的复苏
王家诚
故宫文物月刊　2：9　1984

中 10800069
赵齐平老师谈明清文学的学习（上、下）
赵齐平
电大文科园地　1985：4–5　1985

中 10800070
明清文化史研究的新成果
郭齐勇
社会科学评论　1985：10　1985

中 10800071
明代文学专题讲稿（1–5）
冯沅君作　黄祖良整理
许昌师专学报　1986：2–4、1987：2、1988：3　1986–1988

中 10800072
明代中期学术思想的变化和诗文复古运动
马积高
中国文学研究　1986：2　1986

中 10800073
明清之际儒家思想的变迁与发展
林聪舜

明史研究通讯 1 1986.9

中 10800074
明代妓女精神觉醒的明证
赵尉杰
吉林师范学院学报 1987：1 1987

中 10800075
从淫荡的蛇妖到爱与美的化身：论东西方《白蛇传》中人物形象的演化
陈建宪
华中师范大学学报 1987：2 1987

中 10800076
略论明中后期的诗文革新运动
［日］福本雅一著 王齐洲译
荆州师专学报 1987：2 1987

中 10800077
明史学记
黄冕堂
文史哲 1987：3 1987

中 10800078
淮安明墓出土书画简析
徐邦达
文物 1987：3 1987

中 10800079
其他各类小说和散文
李殿魁
中国文学讲话 9（明代文学） 巨流图书公司 1987.5

中 10800080
明代文化纵谈
陈宝良
光明日报 1987.11.11

中 10800081
论明前期文学升降盛衰原因
吴志达
武汉大学学报 1988：5 1988

中 10800082
浅描淡绘明代三女性
杨虹
上海大学学报 1988：6 1988

中 10800083
中国哲学与近代新学之间的桥梁——明清实学
葛荣晋
文史知识 1988：6 1988

中 10800084
永恒的沉默——写在朱泽吉先生《明清文学论集》出版之际
周月亮
读书 1988：12 1988

中 10800085
帮派、女性、梦
李渝
现代社会与知识份子 1989：1 1989

中 10800086
明代的文学与哲学

章培恒
复旦学报　1989：1　1989

中 10800087
明四家传（50）——溪山渔隐
王家诚
故宫文物月刊　6：10　1989

中 10800088
明清之际文学中的自由人格理想
王忠阁
信阳师范学院学报　1988：3　1988

中 10800089
明初的文字狱
魏连科
文史知识　1989：4　1989

中 10800090
中国文人山水狂一瞥
管玉贤
社会科学战线　1989：4　1989

中 10800091
宫廷的风致皇家的气魄——明初文化随笔
陈宝良
文史知识　1989：5　1989

中 10800092
明朝宫廷的出版事业（上、下）
吴哲夫
国魂　525–526　1989.8–9

中 10800093
明清徽商的藏书与刻书
刘尚恒
安徽师范大学学报　1990：1　1990

中 10800094
论明清之际通俗文学中社会价值取向的嬗变
许建中
盐城师专学报　1990：1　1990
明清小说研究　1990：3/4　1990

中 10800095
明人选唐三部曲——从《唐诗品汇》《唐诗选》《唐诗归》看明人的崇唐文化心态
朱易安
上海师范大学学报　1990：2　1990

中 10800096
明末清初市民文学与江南社会
钟婴
明清小说研究　1990：3/4　1990

中 10800097
晚明文化新论
陈宝良
江汉论坛　1990：6　1990

中 10800098
金元明清词集、曲集简介
田军　王洪　刘欧玲　刘亚玲
金元明清诗词曲鉴赏辞典　光明日报出版社　1990.8

中 10800099
晚明文人的“自娱”心态与其时代折光
吴调公
社会科学战线　1991：2　1991

中 10800100
明清民俗文艺学史论纲
董晓萍
中国文学研究　1991：2　1991

中 10800101
明代的文化与思想论纲
［日］冈田武彦著　吴光　钱明　屠承先译
孔子研究　1991：2　1991

中 10800102
明初士大夫的审美情趣
王忠阁
信阳师范学院学报　1991：2　1991

中 10800103
从雅到俗：明代美学札记
赵士林
中国社会科学院研究生院学报　1991：3　1991

中 10800104
明清两淮盐商与扬州青楼文化
王振忠
复旦学报　1991：3　1991

中 10800105
晚明文人的情爱观
夏咸淳
天府新论　1991：4　1991

中 10800106
诗画共通理论与文人文化之成长——以宋明二代之转化历程为例
郑文惠
中华学苑　41　1991.6

中 10800107
世纪末的转变——元明易代与明初蜕变
李东华
联合文学　7：8　1991.6

中 10800108
明清科举与文学
赵善嘉
上海师范大学学报　1992：1　1992

中 10800109
晚明文学的“实用”特性——兼及文学的“世俗化”
陈潜之
延安大学学报　1992：3　1992

中 10800110
明代党争与明代文学
王齐洲
古典文学知识　1992：6　1992

中 10800111
明代中期苏州文人“尚趣”之研究
邵曼珣
古典文学　12　学生书局　1992.10

中 10800112
论明代市民文人
黄爱华
南京社会科学　1993：1　1993

中 10800113
论明清小说戏剧对诗文发展的影响
陈少松
南京师大学报　1993：2　1993

中 10800114
“海”上升明月？——明朝文人“下海”一瞥
王春瑜
北京日报　1993.9.29
明清史散论　东方出版中心　1996.1

中 10800115
重新认识明清才女
康正果
中外文学　22：6　1993

中 10800116
晚明文士与市民阶层
夏咸淳
文学遗产　1994：2　1994

中 10800117
明代楚雄地区的文人文学
杨玉华
楚雄师专学报　1994：4　1994

中 10800118
明末新兴的人文精神？——从中国资本主义萌芽的停滞谈起
胡衍南
问学集　4　1994.6

中 10800119
明清文学中的“自然”
［意］史华罗（Santangelo Paolo）
当代　104　1994.12

中 10800120
论明代文学
谭锦家
北市师院语文学刊　2　1995.5

中 10800121
拨开笼罩明代复古运动的迷雾
周明初
文学遗产　1995：5　1995

中 10800122
晚明文艺社会“山人崇拜”之研究
林宜蓉
台湾师范大学国文研究所集刊　39　1995.6

中 10800123
晚明谐谑文学的艺术特色与影响
叶九如
电大教学　1995：6　1995

中 10800124
一位东林党人的仕隐故事——定远斋旧藏刘宗周、文震孟五封书信书后
杨儒宾

故宫学术季刊 12：4 1995 夏

中 10800125
明武宗：从历史人物到文艺形象
陈抱成
郑州大学学报 1995：6 1995

中 10800126
明代云南儒学文化的地域差异
康健
原学 3 广播出版社 1995.8

中 10800127
明清云南游记与民俗——兼论边疆游记对山水文学的贡献
陈友康
云南民族学院学报 1996：1 1996

中 10800128
形式的贫困：明代前期文坛沉寂内因初探
华德柱
长沙水电师院学报 1996：3 1996

中 10800129
雅俗文学的碰撞与交融：明代诗文小说漫评
林骅
明清小说研究 1996：3 1996

中 10800130
妖艳的梦幻：试谈明清狐文学中的性心理
山民
明清小说研究 1996：3 1996

中 10800131
明清白话文学的读者层辨识——个案研究
［美］何谷理
北美中国古典文学研究名家十年文选 江苏人民出版社 1996.5

中 10800132
士人与市民的不解之缘
高小康
东方 1996：5 1996

中 10800133
明代后期文学中的妇女形象刍议
王引萍
宁夏教育学院·银川师专学报 1996：5 1996

中 10800134
晚明文学与五四文学的时差与异质
张福贵 刘中树
中国社会科学 1996：6 1996

中 10800135
《明代传记丛刊》评介
安毓淼
书评 25 1996.12

中 10800136
晚明山人之活动及其来源
［韩］金文京
中国典籍与文化 1997：1 1997

中 10800137
明代“畸人”与“畸人文学”

郑利华
中国典籍与文化　1997：1　1997

中 10800138
明代文学对于商人的愿望与幻想的表现及其意义
邵毅平
中国典籍与文化　1997：1　1997

中 10800139
浅论明代苏州在野文人风气的演变
沈骅
铁道师院学报　1997：2　1997

中 10800140
不拘一格成家数，书到晚明体变新：读张宗祥《论书绝句》五首
谷辉之
文史知识　1997：3　1997

中 10800141
明清之际文学的崇实潮流
夏咸淳
天府新论　1997：4　1997

中 10800142
明清作家关于英雄形象的论述
马成生
甘肃社会科学　1997：4　1997

中 10800143
晚明文人纤细感知的名物世界
毛文芳
大陆杂志　95：2　1997

中 10800144
晚明闲赏美学之品味鉴识系统
毛文芳
台湾编译馆馆刊　26：2　1997

中 10800145
明清文人闲情观——事在耳目之内，思出风云之表
吴美凤
历史博物馆馆刊　7：9　1997

中 10800146
鬼语秋坟韵味长
沈新林
古典文学知识　1998：1　1998

中 10800147
趣：晚明新派文士一种重要的审美追求
王成
淮北煤师院学报　1998：1　1998

中 10800148
明中后期市民文学中的价值变异与消费观念
毛德富
文艺研究　1998：2　1998

中 10800149
贴近历史真实与更新研究视角
陈书录
古典文学知识　1998：3　1998

中 10800150
明清怨愤著书说的三维审美机制

黄南珊
贵州社会科学 1998：3 1998

中 10800151
花、美女、癖人与游舫——晚明文人之美感境界与美感经营
毛文芳
中国学术年刊 19 1998.3

中 10800152
陆王心学对晚明文学的影响
邹自振
福州大学学报 1998：4 1998

中 10800153
明代福建文学述论
何绵山
辽宁广播电视大学学报 1998：4 1998

中 10800154
明清吴地妇女与通俗文学
许周鹣
铁道师院学报 1998：5 1998

中 10800155
中国文化的历史转折点——明初
章培恒
灾枣集 山东友谊出版社 1998.12

中 10800156
《新编明人年谱丛刊》序
章培恒
灾枣集 山东友谊出版社 1998.12

中 10800157
《明代文学研究》序
章培恒
灾枣集 山东友谊出版社 1998.12

中 10800158
略论晚明云南作家
陶应昌
学术探索 1999：1 1999

中 10800159
闲赏——晚明美学之风格意涵析论
毛文芳
中正大学中文学术年刊 2 1999.3

中 10800160
明清文学研究的一部力作
胡义文
济南大学学报 1999：3 1999

中 10800161
考据与研究：从年谱的编写谈起
徐朔方
文艺研究 1999：3 1999

中 10800162
英雄与美人——晚明晚清文化景观再探
龚鹏程
中国文哲研究通讯 9：4 1999.12

中 10800163
“世变与维新：晚明与晚清的文学艺术研讨会”纪要
李丽凉

中国文哲研究通讯　9：4　1999.12

中 10800164
历史之幻与文字之真——折照晚清与晚明
熊秉真
中国文哲研究通讯　9：4　1999.12

中 10800165
“世变中的文学世界”系列座谈会之五：晚明与晚清文化景观再探——历史现实与文学想像
蒋宜芳纪录　胡晓真主持
中国文哲研究通讯　9：4　1999.12

中 10800166
世俗情趣与表现自我：论明清之际文学与绘画思想的新特色
邓乔彬
泰安师专学报　2000：1　2000

中 10800167
“体兼说部”的“诗话”与明代“诗文小说”
王冉冉
明清小说研究　2000：1　2000

中 10800168
新民，亲民，平民：论阳明心学与晚明文学的平民化进程
刘万里
嘉应大学学报　2000：4　2000

中 10800169
论明中期文权的外移：弘治朝文学振兴活动考略
黄卓越
中国文化研究　2000：夏之卷　2000

中 10800170
“世变中的文学世界”系列座谈会之六：世变中的通俗与雅道——再思晚明与晚清的文化与社会
蒋宜芳纪录　胡晓真主持
中国文哲研究通讯　10：3　2000.9

二、文学史

中 10800171
明代文学复古之论述
吴重翰
广大学报复刊　1：1　1949.8

中 10800172
明清文学概述（上、下）
李春祥
文学知识　1983：5–6　1983

中 10800173
明代文学（上、下）
葆成
百花园　1983：8–9　1983

中 10800174
麻城与明代中叶文学
周腊生
黄冈师专学报　1984：1　1984

中 10800175
明代文学复古运动的历史评价
冯天瑜
明清文化史散论　华中工学院出版社　1984.2

中 10800176
明清时期中朝文学的交流
杨昭全
国外文学　1984：2　1984

中 10800177
略谈明代文学
邓绍基（邓允建）
文史知识　1984：3　1984

中 10800178
明清诗文概述（上、下）
李春祥
文学知识　1984：3–4　1984

中 10800179
明代文学（上、下）
王立言
自修大学　1984：7–8　1984

中 10800180
明代文学复古主义的历史评价
冯天瑜　周积明
文艺论丛　21　上海文艺出版社　1985.2

中 10800181
明清文学
唐骥
宁夏日报　1987.3.27

中 10800182
明代文学概说
叶庆炳
中国文学讲话　9（明代文学）　巨流图书公司　1987.5

中 10800183
明代文学复古运动酝酿阶段的文论家学说
汪正章
渤海学刊　1988：1　1988

中 10800184
明代文学何以走上复古之路?
简恩定
古典文学　10　学生书局　1988.12

中 10800185
论明代文学的演进轨迹、内容结构及其成因
沈金浩
广州师院学报　1994：2　1994

中 10800186
元明文学史观散论
郭英德
北京师范大学学报　1995：3　1995

中 10800187
明代诗文研究史 1368–1911
陈正宏
中国文学研究 2 江西教育出版社 2000.2

中 10800188
晚明世风的渐变与文学的新进
张乃良
榆林高等专科学校学报 2000：2 2000

三、文论

中 10800189
明代之文艺思潮
杨即墨
东方文化 1：6 1942.11
中国古代文论研究论文集 上海古籍出版社 1989.2

中 10800190
明代文学批评的特征
郭绍虞
新语 4 1945.11
照隅室古典文学论集（上编） 上海古籍出版社 1983.9

中 10800191
晚明文学理论中的“情真”说
杨天石
光明日报 1965.9.5

中 10800192
明代文学批评的特色及流派
邵红
中国文学批评资料汇编 7（明代文学批评资料汇编） 成文出版社有限公司 1979.9

中 10800193
明代的文学理论
王文生
武汉大学学报 1981：1 1981
临海集 陕西人民出版社 1983.11

中 10800194
关于明清文艺思潮的短记
李泽厚
中国古代美学艺术论文集 上海古籍出版社 1981.3

中 10800195
评张健著《明清文学批评》
陈国球
东方文化 20：1 1982

中 10800196
文艺启蒙的曙光——晚明文艺思潮鸟瞰
吴调公
枣庄师专学报 1984：1 1984
古典文论与审美鉴赏 齐鲁书社 1985.12

中 10800197

明代诗文批评中的拟古与反拟古论争

顾易生

文史知识　1984：2　1984

中 10800198

明代浪漫主义美学思潮的产生及其特征

程林辉

争鸣　1984：2　1984

中 10800199

明末清初三大学者的文艺思想

徐寿凯

古代文艺思想漫话　浙江文艺出版社　1984.2

中 10800200

“人”和“人学”解放的新潮——明代文学新思潮的简论

漆绪邦

北京师范学院学报　1984：3　1984

中 10800201

陆王心学与明清文艺思潮——明清文艺思潮札记

潘知常

郑州大学学报　1984：3　1984

中 10800202

王学的崛起和晚明社会思潮

包遵信

中国文化研究集刊　2　复旦大学出版社　1985.2

中 10800203

“独抒性灵，不拘格套”——试论晚明的“言情”文学主张及其对文学的影响

庞旸

电大语文　1985：3　1985

中 10800204

文艺复兴与明代文艺思潮比较

洋肆僧

广东社会科学　1985：4　1985

中 10800205

试论晚明文论中的“自娱”说

王恺

南京师大学报　1985：4　1985

中 10800206

对“吟咏情性”要具体分析——明清文艺思潮札记

潘知常

光明日报　1985.4.23

中 10800207

关于晚明以来文学浪漫思潮的断想

林岗

内蒙古社会科学　1985：5　1985

中 10800208

论晚明思潮——一个反儒文化断层

陈建华

复旦学报　1986：3　1986

中 10800209

论明代文学思潮中的学古与求真

简锦松
古典文学 8 学生书局 1986.4

中 10800210
洪建二朝文学理论之背景
龚显宗
台南师专学报 19 1986.6

中 10800211
晚明文艺思潮与民间文学及通俗文学之关系
罗永麟
论中国四大民间故事 中国民间文艺出版社 1986.8

中 10800212
“以警当世之道”：试述明清作家对“发愤抒情说”的继承与发展
马成生
浙江学刊 1987：1 1987

中 10800213
晚明文学革新思潮初探
潘琪
鄂西大学学报 1987：1/2 1987

中 10800214
“格调”源流辨略
祝峰
广西师范大学学报 1987：2 1987

中 10800215
明清美学的两个基调
杜寒风
河北学刊 1987：3 1987

中 10800216
明代文学评论的社会文化背景
汪正章
百家论坛 1987：4 1987

中 10800217
明代诗文的庸俗化与反庸俗化
简锦松
中国文学讲话 9（明代文学） 巨流图书公司 1987.5

中 10800218
明代文学批评
张健
中国文学讲话 9（明代文学） 巨流图书公司 1987.5

中 10800219
晚明文学批评
邵红
中国文学讲话 9（明代文学） 巨流图书公司 1987.5

中 10800220
晚明审美思潮和散文美学
吴文
中州学刊 1987：6 1987

中 10800221
有关文学与文化的晚明思潮研究
龚鹏程
“中央日报” 1987.12.5

中 10800222
论晚明时期文学批评的主体认识
孙蓉蓉
学术月刊　1988：9　1988

中 10800223
晚明唯美思潮描述
徐炼
湘潭大学学报　1989：4　1989

中 10800224
“文不幻不文，幻不极不幻”：明清作家关于浪漫主义方法的论述
马成生
杭州师范学院学报　1989：5　1989

中 10800225
晚明浪漫思潮与西方近代浪漫主义
姚文放
学术月刊　1989：8　1989

中 10800226
明代理学的演变与文学复古
王忠阁
信阳师范学院学报　1990：1　1990

中 10800227
评《四库全书总目》的晚明文风观
邵毅平
复旦学报　1990：3　1990
文科学报文摘　1990：5　1990
中国古典文学论集　韩国蔚山大学校出版社　1996.9

中 10800228
明洪武至正统间的文学思想
阮国华
南开文学研究 1988 年　天津古籍出版社　1990.4

中 10800229
从“苍古以蓄词”到“文章代口舌”：明后期美学趣味变革之一：语言工具和文体风格的变化
李旭
荆门大学学报　1991：1　1991

中 10800230
明代文人文学中的游侠主题
陈广宏
汕头大学学报　1991：2　1991

中 10800231
论明代景泰至弘治中期的文学思潮
廖可斌
杭州大学学报　1991：3　1991

中 10800232
晚明创作论中的自然情性论
韩泉欣
杭州大学学报　1991：4　1991

中 10800233
生死谬悠：试论晚明思潮的萎缩
周毅
上海文论　1991：6　1991

中 10800234
明清之际文艺思潮的转折
高小康
文艺评论 1992:1 1992

中 10800235
明代文学理论中的“自得”说
王斑
信阳师范学院学报 1992:4 1992

中 10800236
从“童心”到“性灵”——兼论晚明文坛“狂弹”之变的蜕变
孙昌武
中国文学研究 1993:1 1993

中 10800237
真相的描述与价值的发现:《明代文学批评史》试评
韩经太
文学遗产 1993:1 1993

中 10800238
明代诗文创作与理论批评的交叉演进
陈书录
文献 1993:2 1993
文学遗产 1994:3 1994

中 10800239
地域文人集团的兴替与元末明初文学思潮的变迁
廖可斌
社会科学战线 1993:4 1993

中 10800240
晚明尊情论者的文艺观
夏咸淳
天府新论 1994:3 1994

中 10800241
明代理学与文学思想
董国炎
山西大学学报 1995:3 1995

中 10800242
明代隆庆、万历间文风的转变
饶龙隼
文学评论 1996:1 1996

中 10800243
试论明季文艺思潮中的经典主义倾向
郦波
镇江师专学报 1996:3 1996

中 10800244
向后倒退的革新:论明末清初的求实文学观念
郭英德
湖北大学学报 1996:6 1996

中 10800245
从矫枉过正到自我修正:明代文论中的一个特异现象
孙书磊
江西师范大学学报 1997:1 1997

中 10800246
试论明清时期古代文论“养气”说的理论

发展
祁海文
松辽学刊　1997：2　1997

中 10800247
浅论明代文学尊情观的发展脉络
曾中辉
江西师范大学学报　1998：1　1998

中 10800248
简论明代前期的文学评点
孙琴安
上海教育学院学报　1998：2　1998

中 10800249
明代文艺生态学思想史论
高翔
社会科学辑刊　1998：3　1998

中 10800250
晚明美学之主体体验的美感型态
毛文芳
国文学志　2　1998.6

中 10800251
晚明浪漫文学思潮美学理想的三个层次
廖可斌
浙江社会科学　1999：2　1999
诗稗鳞爪　浙江大学出版社　1999.10

中 10800252
王学分化与明代文学思潮
许总
云南社会科学　2000：1　2000

中 10800253
略论明代文学思潮
贾三强
西北大学学报　2000：1　2000

中 10800254
论明代中晚期的学术思潮与文学发展
王琅
文理通识学术论坛　3　2000.1

中 10800255
论明清小说理论对艺术真实的探索
楚永桥
湖北大学学报　2000：2　2000

中 10800256
晚明新派文士“贵真论”的审美考察
王成
淮北煤师院学报　2000：2　2000

中 10800257
明清文论情理之辨的把握方式和精神特色
黄南珊
沈阳师范学院学报　2000：4　2000

中 10800258
晚明浪漫文学思潮的演变
吴世永
台州师专学报　2000：5　2000

中 10800259
从本色论到童心说：明代性灵文学思想的流变
左东岭

社会科学战线　2000：6　2000

四、诗词曲

（一）综论

中 10800260
《明刻诗词乐谱五十调》跋
顾一樵
一樵文存　11　台北商务印书馆　1961.1

中 10800261
明清至今思茅地区古典诗词创作发展史略
黄桂枢
思茅师专学报　1994：2　1994

中 10800262
试论明清悼亡诗词的艺术特色
林彬晖
中国文学研究　1995：1　1995

中 10800263
明清时代的澳门诗词
章文钦
文化杂志　38　1999

中 10800264
从诗词见证明清时代澳门的历史文化
章文钦
中山大学学报　1999：2　1999

（二）诗

中 10800265
吴骚合编
罗锦堂
大陆杂志　11：9　1955

中 10800266
明诗典论
梁石
文学世界　27　1960.9

中 10800267
明诗的分析
金达凯
民主评论　12：8　1961.4

中 10800268
读“明遗民诗”偶记
林青
新华日报　1961.11.29

中 10800269
南明遗诗录
毛一波
台湾文献　13：2　1962.6

中 10800270
平倭诸将诗壁
方丈图
福建日报 1962.12.23

中 10800271
明人主宋诗者：孙大雅——黄容江——唐荆川——陈白沙——黄黎洲——吕晚村——叶星期（附论亭林船山黎洲诗）
钱锺书
谈艺录 香港龙门书店 1965

中 10800272
明诗人小传稿（“中央图书馆”善本书志）
刘兆祐
“中央图书馆”馆刊 3：1 1970

中 10800273
明末民族义士之血泪诗
李再添
新埔学报 3 1977.4

中 10800274
《击楫题跋》选录——七、明本《明诗十二家》
李一氓
社会科学战线 1978：2 1978

中 10800275
明代围棋诗话
朱铭源
青年战士报 1980.1.2

中 10800276
明代诗人笔下的“居庸叠翠”
彭卿云
文物天地 1981：1 1981

中 10800277
明代题画诗鸟瞰
季子（曾霁虹）
书画家 7：1 1981

中 10800278
明代青海边塞诗
赵宗福
青海师范学院学报 1982：4 1982

中 10800279
明末爱国诗人陈子龙、夏完淳、张煌言的诗
赵山林
语文学习 1983：5 1983

中 10800280
《粤西诗载》拾零——兼谈对明代复古理论盛行时期诗歌评价问题
刘树清
南宁师院学报 1984：2 1984

中 10800281
从竹枝词看汉口资本主义的萌芽
刘昌润 潘际湘
武汉春秋 1984：2 1984

中 10800282
洋务与国粹——读烟花诗有疑

黄维梁
“中华日报” 1984.3.17

中 10800283
《明史乐府》与《明乐府》
蒋星煜（布谷、白甲）
光明日报 1984.4.24

中 10800284
海南明代女诗人
周济夫
海南日报 1984.11.25

中 10800285
明诗
李曰刚
中国诗学季刊 16：1 1985.3

中 10800286
明代探讨诗歌创作的几封书信
路工
访书见闻录 上海古籍出版社 1985.8

中 10800287
晚明的诗坛风气
吴岑一
国文天地 2：8 1987.1

中 10800288
从明人对杜甫的评价看明代诗学的风尚
刘明今
文学遗产 1987：6 1987

中 10800289
《元明诗概说》序
［日］吉川幸次郎著 李庆译
日本学者中国文学研究译丛 2 吉林教育出版社 1987.9

中 10800290
明诗简论:《明诗选注》前言
黄瑞云
湖北师范学院学报 1988：3 1988

中 10800291
明清杜诗学概观
许总
文学遗产 1988：6 1988

中 10800292
明初政治与吴中诗歌的感伤情调
陈建华
复旦学报 1989：1 1989

中 10800293
明代复古诗论的文学史意识
陈国球
文艺理论研究 1989：2 1989

中 10800294
明诗论略
袁行云
社会科学战线 1989：4 1989

中 10800295
以地域分野的明初诗歌派别论
王学泰（王学太）

文学遗产　1989：5　1989

中 10800296
船山对明诗的评价与研究
谭承耕
中国文学研究　1990：1　1990

中 10800297
略论明代诗歌理论的进展
张辉
北京师范大学学报　1990：3　1990

中 10800298
论《续本事诗》：兼论明清爱情诗的主要范围
钟来因
东南文化　1990：4　1990

中 10800299
《全明诗》前言
章培恒
复旦学报　1990：5　1990

中 10800300
读王英志《明人绝句三十家赏评》并由此想到一些问题
廖可斌
江淮论坛　1992：3　1992

中 10800301
明郑时期的台湾诗
施懿琳
中国学术年刊　13　1992.4

中 10800302
简论唐诗选本与明代复古诗说
陈国球
文学评论　1993：2　1993

中 10800303
明清诗媛与女子才德观
［美］孙康宜著　李奭学译
中外文学　21：11　1993

中 10800304
明代诗意图之诗画对应形式及其文化内涵
郑文惠
台北师院学报　6　1993.6

中 10800305
明人咏八闽古迹诗三首
黄井文
福州师专学报　1994：1　1994

中 10800306
重估明代诗歌的价值
羊春秋
中国韵文学刊　1994：2　1994

中 10800307
明诗正变论：有关衍展进程的描述与文化特质之剖析
乔力
天府新论　1994：3　1994

中 10800308
论明代诗话
蔡镇楚

社会科学战线　1994：5　1994
古典文学知识　1995：2　1994

中 10800309
明清女诗人选集及其采辑策略
［美］孙康宜著　马耀民译
中外文学　23：2　1994

中 10800310
明代园林山水题画诗之研究——以文人园林为主
郑文惠
政治大学学报　69（上）　1994.9

中 10800311
明清时代澳门诗所反映的中西文化交流
章文钦
文化杂志　25　1995

中 10800312
明诗拟古主潮：格调禁锢下才情的毁灭
沈检江
学习与探索　1995：1　1995

中 10800313
《诗渊》全编求原
陈尚君
文献　1995：1　1995

中 10800314
嘉靖万历间闽中戍边抗倭诗人略论
陈庆元
理论学习月刊　1995：3　1995

中 10800315
壮志歼贼寇　正气薄云天——明嘉靖抗倭诗一瞥
王英志
文学遗产　1995：5　1995

中 10800316
毛泽东论明诗
鄢传恕
江汉论坛　1995：5　1995

中 10800317
明诗总集编刊史略——明代篇（上）
陈正宏　朱邦薇
中西学术　1　学林出版社　1995.6

中 10800318
明代诗坛复古思潮述论
丁放
原学　3　广播出版社　1995.8

中 10800319
竹枝词与北京民俗
段天顺
北京社会科学　1996：3　1996

中 10800320
勇敢踏实的探索——周伟民教授《明清诗歌史论》评介
石川
海南大学学报　1996：4　1996

中 10800321
明诗总集编刊史略——明代篇（下）

陈正宏 朱邦薇
中西学术 2 复旦大学出版社 1996.11

中 10800322
明诗总集述要
陈正宏
古典文学知识 1997：1 1997

中 10800323
跨世纪的古籍整理工程——《全明诗》
戴衍
中国典籍与文化 1997：1 1997

中 10800324
元明诗概说
王英志
苏州大学学报 1997：4 1997

中 10800325
明末殉节诗人之研究
王玫珍
嘉义技术学院学报 56 1998.2

中 10800326
明诗正变论：有关衍展进程的描述及文化特质之剖析
乔力
东岳论丛 1998：3 1998

中 10800327
说说《明诗话全编》
傅璇琮
书与人 1998：6 1998

中 10800328
造福子孙后代的基础工程——读《明诗话全编》
王运熙
中国图书评论 1998：11 1998

中 10800329
为后人的研讨提供便利——评《明诗话全编》
徐中玉
中国图书评论 1998：11 1998

中 10800330
讲究实学 不尚空谈——推荐《明诗话全编》
傅璇琮
中国图书评论 1998：11 1998

中 10800331
《明诗纪事》前言
章培恒
灾枣集 山东友谊出版社 1998.12

中 10800332
试论明清时期两种诗学的对立与互补
殷满堂 韩玺吾
荆州师专学报 1999：1 1999

中 10800333
一个期待关注的学术领域：明清诗文研究三人谈
吴承学 曹虹 蒋寅
文学遗产 1999：4 1999

中 10800334
明代诗学伪作与《鲁诗世学》
王学泰（王学太）
文学遗产　1999：4　1999

中 10800335
从文学批评里的“经典论”看明清才女诗歌的经典化
［美］孙康宜
人民政协报　1999.4.7

中 10800336
诗史可有女性的位置？——以两部明代诗话为论述中心
连文萍
汉学研究　17：1　1999.6

中 10800337
“汉族中心”神话与明代复古诗学思想
李孝弟　张磊
临沂师范学院学报　2000：1　2000

中 10800338
明清诗歌描述的汉中安康自然环境
梁中效
汉中师范学院学报　2000：2　2000

中 10800339
明代诗学批评中的唐宋之论
邱美琼　胡建次
江西教育学院学报　2000：2　2000

中 10800340
明初江西诗歌的崇唐抑宋倾向简论
刘海燕
江西社会科学　2000：2　2000

中 10800341
论诗文体性之异——明代诗学的一项重要建树
陈文新
武汉大学学报　2000：3　2000

中 10800342
明人“韵”论的诗学本体意蕴
刘方喜
华中师范大学学报　2000：5　2000

中 10800343
论明代诗学的诗性化
周远斌
齐鲁学刊　2000：6　2000

中 10800344
从明代流人诗《九日联句》看明诗的文化内蕴及其特点
陈永宏
天府新论　2000：6　2000

中 10800345
明代诗学三论
陈文新
文学评论丛刊　3：2　2000.11

中 10800346
明清“格调”诗说研究知见书目
陈国球
书目季刊　34：3　2000

（三）词

中 10800347
惜阴堂汇刻明词提要
赵尊岳
词学季刊 1：3 1933

中 10800348
惜阴堂汇刻明词提要（续）
赵尊岳
词学季刊 2：1 1934

中 10800349
词学讲义（续）——明人词学
寿鑈
湖社月刊 77 1934.4

中 10800350
惜阴堂明词丛书序
孟森
词学季刊 3：3 1936

中 10800351
惜阴堂明词丛书叙录
赵尊岳
词学季刊 3：4 1936
明词汇刊 上海古籍出版社 1992.7

中 10800352
惜阴堂汇刻明词记略
赵尊岳
大公报 1936.8.13
明词汇刊 上海古籍出版社 1992.7

中 10800353
惜阴堂明词丛书叙例
赵叔雍
同声月刊 1：7 1941

中 10800354
论词衰于明曲衰于清
郑骞
艺文杂志 2：10 1944
从诗到曲 科学出版社 1961.7
从诗到曲 中国文化杂志社 1971.3
景午丛编（上编） 台北中华书局 1972.1
从诗到曲 顺先出版社 1976.10

中 10800355
明词衰落的原因
郑骞
大陆杂志 15：7 1957
语文丛书 1 大信印书馆 1963.10

中 10800356
元明两代是词的没落时代
周宗盛
大华晚报 1978.11.26；12.10

中 10800357
明代词论研究
林永珠
文化大学中国文学研究所硕士论文 1980

中 10800358
明词不可抹杀
张璋
光明日报　1984.12.25

中 10800359
《全明词》编纂工作已全面展开
《全明词》编纂组
古籍整理出版情况简报　134　1985.1

中 10800360
明末忠义词人研究
陈美
东吴大学中文研究所硕士论文　1986.4

中 10800361
兰皋明词汇选（历代词选集叙录 4）
舍之
词学　4　华东师范大学出版社　1986.8

中 10800362
明词综（历代词选集叙录 5）
舍之
词学　5　华东师范大学出版社　1986.10

中 10800363
从明宫词看明代宫廷妇女的悲惨命运
丘良任
故宫博物院院刊　1987：3　1987

中 10800364
明词要籍简目
张璋
金元明清词鉴赏辞典　南京大学出版社　1989.4

中 10800365
明词拾翠
缪启昆
名作欣赏　1990：2　1990

中 10800366
听我说句公道话——论明代的词及《全明词》的编纂
张璋
国文天地　6：2　1990

中 10800367
惜阴堂汇刻明词述略
吴格（致之）
古籍整理出版情况简报　231　1990.9

中 10800368
《明词汇刊》词名辨误
周玉魁
中国韵文学刊　1994：2　1994

中 10800369
明清浙籍词人考论
周少雄
中华词学　东南大学出版社　1994.7

中 10800370
明代的词风与词论
刘明今
中华词学　东南大学出版社　1994.7

中 10800371
金元明词简论
钟东
广州师院学报 1996：3 1996

中 10800372
明、清词纪事序
钱仲联
苏州大学学报 1997：2 1997

中 10800373
论明词中衰
金一平
江海学刊 1997：4 1997

中 10800374
明代词论的主情论与音律论
段学俭
学术月刊 1998：6 1998

中 10800375
《兰皋明词汇选》版刻年代小议
王兆鹏
文献 1999：1 1999

中 10800376
明代词论主潮辨述
李康化
华东师范大学学报 1999：2 1999

中 10800377
无限伤心夕照中——试论明词的爱国思想
徐培均
社会科学 1999：6 1999

中 10800378
明代词学的构建
张仲谋
徐州师范大学学报 2000：3 2000

中 10800379
论明末清初的遗民词
汪泰陵
贵州师大学报 2000：4 2000

（四）散曲

中 10800380
南北曲律新论
缘依
剧学月刊 4：8 1935.8

中 10800381
《曲学通论》与《词余讲义》
野鹤
剧学月刊 4：12 1935.12

中 10800382
明人散曲的辑逸
赵景深（邹啸）
明清曲谈 古典文学出版社 1957.8

中 10800383
南北小令新论
罗锦堂
大陆杂志 特刊 2 1962

锦堂论曲　联经出版事业公司　1977.3

中 10800384
明代散曲用韵探试
王忠林
文学汇刊　1　1968.8

中 10800385
散曲杂考二题
谢伯阳
南京大学学报　1984：3　1984

中 10800386
元明散曲比较
田守真
四川师范大学学报　1987：3　1987

中 10800387
虽小却好，虽好却小——明人的小令
陈如江（汝东）
大公报（香港）　1988.10.3
寻找古典之美——诗词探艺录　陕西人民教育出版社　1993.1

中 10800388
《全明散曲》序
谢伯阳
扬州师院学报　1989：4　1989

中 10800389
明人散曲作者互见考（1）
谢伯阳
河北师院学报　1991：2　1991

中 10800390
明人散曲作者互见考（3、3续）
谢伯阳
扬州师院学报　1991：2–3　1991

中 10800391
明人散曲作者互见考
谢伯阳
中国文学研究　1991：3　1991
中国韵文学刊　6　1992.6

中 10800392
明代散曲作者互见考（4）
谢伯阳
江海学刊　1991：6　1991

中 10800393
明人散曲作者互见考（6）
谢伯阳
渤海学刊　1991：3/4　1991

中 10800394
明代散曲作者互见考（7–9）
谢伯阳
江海学刊　1992：4–6　1992

中 10800395
试论明代散曲的流变
田守真
四川师范大学学报　1992：5　1992

中 10800396
明代散曲作者互见考（16–19）
谢伯阳

江海学刊　1994：1–4　1994

中 10800397
三组《西厢十咏》的价值
张人和
东北师大学报　1996：6　1996

中 10800398
晚明散曲漫议
欧明俊
中国韵文学刊　1998：1　1998

中 10800399
散曲导读有良师
陈松柏
零陵师专学报　1998：1　1998

中 10800400
明代山右散曲四家考论
王宁
山西大学师范学院学报　2000：4　2000

五、文、赋

中 10800401
明人尺牍
汪馥泉（殊）
申报自由谈　1934.5.9–10

中 10800402
归姚以来的古文运动究竟该给以怎样的评价
金兆梓
文学百题　生活书店　1935.7
文学百题　上海书店　1981.6
文学百题　岳麓书社　1987.10
文学百题　中州古籍出版社　1992.9

中 10800403
明代古文运动
易仁棠
新民报　1941.7.10

中 10800404
明代散文的初步探讨
吴鹤九
语文教学通讯（合并版）　1957：5/6　1957

中 10800405
论明代八股与太监
胡秋原
民主评论　10：4　1959.2

中 10800406
谈明代日记
陈左高
文汇报　1962.7.5

中 10800407
明清诗文总集漫录
路工
文汇报　1962.9.14

中 10800408
晚明小品一瞥
林洪文
新闻业务　1963：5–6　1963

中 10800409
明清间的小品文
张斗衡
联合书院学报　1964：3　1964

中 10800410
科举试考的八股文
商行鎏
艺林丛录　4　商务印书馆香港分馆　1964.4

中 10800411
影印《明人文集丛刊》前言及作者小传
沈云龙
新中国评论　39：6　1970

中 10800412
明代判决书的招由及其记载方法
巨焕武
中华文化复兴月刊　10：6　1977

中 10800413
明代的对话体佳作
费海玑
畅流　58：8　1978

中 10800414
八股文之害
刘心皇
民众日报　1979.7.19

中 10800415
《明代散文选注》选刊
殷呈祥　陆联星
淮北煤师院学报　1980：2　1980

中 10800416
论明清散文的发展和成就
方铭
安徽大学学报　1980：4　1980

中 10800417
八股文章的体制
邹蜀樵
“中央日报”　1980.6.17

中 10800418
明朝的文风
魏子云
台湾新闻报　1980.7.8

中 10800419
明代散文及其文论管窥
陈曼平
牡丹江师范学院学报　1982：1　1982

中 10800420
明清小品文八家
张健
“中央日报”　1982.5.8

中 10800421
晚明小品文蔚盛的原因

耿湘沅
汉学论文集 1 文史哲出版社 1982.12

中 10800422
《晚明小品论析》简介
何沛雄
明史研究季刊 5 1982.12

中 10800423
独抒性灵 不拘格套——试论明清短牍的艺术特色
周牧
写作 1983：3 1983

中 10800424
谈明代日记四种
陈左高
学林漫录 7 中华书局 1983.3

中 10800425
论晚明小品文之兴起
廖玉蕙
中正岭学术研究集刊 2 1983.6

中 10800426
论晚明小品的名称与特色
廖玉蕙
中正岭学术研究集刊 3 1984.6

中 10800427
晚明小品中的游记、传记与日记
廖玉蕙
中正岭学术研究集刊 4 1985.6

中 10800428
《今文选》——明末忠烈的纪念册
路工
访书见闻录 上海古籍出版社 1985.8

中 10800429
明清散文之美学观照
万陆
学术界 1987：3 1987

中 10800430
明代散文
周志文
中国文学讲话 9（明代文学） 巨流图书公司 1987.5

中 10800431
晚明的小品
廖玉蕙
中国文学讲话 9（明代文学） 巨流图书公司 1987.5

中 10800432
明清之际江西的古文家
谢苍霖
江西教育学院学报 1988：1 1988

中 10800433
明代散文流变初探
夏咸淳
上海社会科学院学术季刊 1988：3 1988

中 10800434
晚明人文学小品观念析论

曹淑娟
幼狮学志　20：1　1988

中 10800435
南园五先生
宁祥
佛山大学·佛山师专学报　1988：5　1988

中 10800436
明代游记初探
林雍中
旅游学刊　1989：4　1989

中 10800437
晚明小品文的批评
刘明今
复旦学报　1989：5　1989

中 10800438
晚明小品的审美特征
夏咸淳
上海社会科学院学术季刊　1990：1　1990

中 10800439
尺幅寸缣　韵味悠深——晚明小品二则赏析
诸天寅
名作欣赏　1990：4　1990

中 10800440
论明代中后期传记文学观的新突破
陈兰村
浙江师范大学学报　1991：3　1991

中 10800441
明末清初两名联
张碧雨
人民日报（海外版）　1992.4.11

中 10800442
仿古与趋新——明清辞赋艺术流变论
许结
江汉论坛　1993：8　1993

中 10800443
怎样读明清散文
郭预衡
古典文学知识　1994：1　1994

中 10800444
略谈晚明小品中文人美感品质
王恺
古典文学知识　1994：2　1994

中 10800445
明人小品述略
吴承学　董上德
中山大学学报　1994：2　1994

中 10800446
明代“唐无赋”说辨析——兼论明赋创作与复古思潮
许结
文学遗产　1994：4　1994

中 10800447
清灵的智慧形态　精审的编选眼光——《明清清言小品》简评

南阳
中国图书评论　1994：4　1994

中 10800448
明人小品
董上德
古典文学知识　1995：1　1995

中 10800449
遗音与前奏——论晚明小品文的历史地位
吴承学
江海学刊　1995：3　1995

中 10800450
晚明小品论略
陈平原
中州学刊　1995：4　1995

中 10800451
晚明小品新论
李金松
社会科学战线　1995：6　1995

中 10800452
晚明的香艳小品
吴承学
随笔　1995：6　1995

中 10800453
晚明小品文作家的思想及其生活
张忠良
台南家专学报　14　1995.6

中 10800454
满纸荒唐言——评《明小品三百篇》
陈曦钟
中国典籍与文化　1996：4　1996
红楼疑思录　新华出版社　2000.1

中 10800455
晚明的清赏小品
吴承学
古典文学知识　1996：5　1996

中 10800456
真情与享乐——论晚明小品的两个主题
周志文
中华学苑　48　1996.7

中 10800457
对晚明小品的几点反思
何寄澎
中华学苑　48　1996.7

中 10800458
晚明清言对人与宇宙关系之省思
曹淑娟
中华学苑　48　1996.7

中 10800459
游人记游：论晚明小品游记
龚鹏程
中华学苑　48　1996.7

中 10800460
论晚明清言
吴承学

文学评论　1997：4　1997

中 10800461
十年“辛苦”不寻常——再评《明小品三百篇》
陈曦钟
中国典籍与文化　1998：1　1998
红楼疑思录　新华出版社　2000.1

中 10800462
晚明小品文的“趣”与“真”
黄晖
河东学刊　1998：1　1998

中 10800463
人道主义启蒙思潮的散文载体：论明代小品文的思想实质
胡义成
湘潭师范学院学报　1998：4　1998

中 10800464
读《历代赋汇》明代都邑赋
马积高
中国文学研究　1999：1　1999

中 10800465
《晚明小品研究》评介
姜小青
社会科学战线　1999：2　1999
江苏古籍序跋与书评　江苏古籍出版社　2000.9

中 10800466
晚明性灵小品中的妇女形象
郭春萍
福州师专学报　2000：1　2000

中 10800467
晚明小品研究心得：兼谈拙著《晚明小品研究》
吴承学
古典文学知识　2000：1　2000

中 10800468
“有明文章正宗”质疑
郭预衡
文学遗产　2000：1　2000

中 10800469
张扬个性，凸显真情——评《明清小品：个性天趣的显现》
沈伯俊
中华文化论坛　2000：3　2000

中 10800470
明清的尺牍小品
欧阳俊
文史知识　2000：3　2000

中 10800471
论晚明骈文的复苏
李伶俐
中国文学研究　2000：4　2000

中 10800472
晚明小品文的审美阐释
朱小爱
锦州师范学院学报　2000：4　2000

中 10800473
小品的突破与局限——从文体演变的角度看晚明小品的价值
张德建
中国文学研究　2000：4　2000

中 10800474
晚明清言小品“幽尚”之思想内容研究
王玫珍
嘉义大学学报　70　2000.6

中 10800475
明代八股文文体散论
吴承学
中山大学学报　2000：6　2000

中 10800476
阅读与梦忆——晚明旅游小品试论
毛文芳
中正大学中文学术年刊　3　2000.9

中 10800477
“东坡临御”与晚明文风
周群
文学评论丛刊　2　江苏文艺出版社　2000.11

中 10800478
重组与对话：晚明小品文之自我书写
许丽芳
国文学志　4　2000.12

六、小说戏曲

（一）综论

中 10800479
明代的传奇小说
柳文英
光明日报　1958.2.23

中 10800480
明清小说戏曲中的王翠翘故事
蒋星煜（布谷、白甲）
光明日报　1961.3.26
中国戏曲史钩沉　中州书画社　1982.9

中 10800481
明清（鸦片战争前）戏曲和小说
屈守元
四川师院学报　1976：3/4　1976

中 10800482
元明两代的杨家将戏曲和小说
徐朔方
戏剧论丛　1982：3　1982.12
论汤显祖及其他　上海古籍出版社　1983.8

中 10800483
明代的小说与戏曲
郑振铎（西谛、郭源新）

郑振铎古典文学论文集　上海古籍出版社　1984.1

中 10800484
小说戏曲在明代文学的地位——在第二次明末清初小说座谈会上的发言（提纲）
王利器
明清小说论丛　3　春风文艺出版社　1985.6

中 10800485
再论《水浒》和《金瓶梅》不是个人创作：兼及《平妖传》《西游记》《封神演义》成书的一个侧面
徐朔方
徐州师范学院学报　1986：1　1986

中 10800486
论晚明清初才子佳人戏曲小说的审美趣味
郭英德
文学遗产　1987：5　1987

中 10800487
明代传奇小说的重要收获——略论《剪灯新话》《剪灯余话》《觅灯因话》
郑树平
明清小说研究　1988：1　1988

中 10800488
明代湖州小说戏曲概况
高万湖
湖州师专学报　1990：1　1990

中 10800489
妇女观不同，女性表象迥异：明清戏曲、小说比较研究
王永健
明清小说研究　1990：3　1990

中 10800490
论元明长篇传奇小说的发展历程
何长江
明清小说研究　1994：2　1994

中 10800491
面对"商人世界"：热情与冷漠——明末清初小说戏曲比较之一
李政
武汉大学学报　1994：2　1994

中 10800492
明代汉语词汇与明代白话小说戏曲整理
顾之川
文献　1995：4　1995

中 10800493
明末清初小说、戏曲创作中"冯小青热"初探
雷勇
明清小说研究　1995：4　1995

中 10800494
元明中篇传奇小说在中国文学发展史上的价值
陈益源
古典文学　13　学生书局　1995.9
从娇红记到红楼梦　辽宁古籍出版社

1996.7

中 10800495

论元明中篇传奇小说

陈大康

文学遗产 1998：3 1998

中 10800496

明代艳情传奇小说名篇的历史价值

王汝梅（滋阳）

吉林大学社会科学学报 1998：6 1998

中 10800497

小说戏曲在明代文学史中的地位：《明代文学史》前言

徐朔方

文学遗产 1999：1 1999

中 10800498

著人先鞭的力作——读陈益源先生的《元明中篇传奇小说研究》

张兵

宁波大学学报 1999：1 1999

书目季刊 32：4 1999.3

中 10800499

《热河日记》与中国明清小说戏曲

陈大康 漆瑗

明清小说研究 1999：2 1999

（二）小说

中 10800500

明之人情小说（上、下）

鲁迅

中国小说史略 北新书局 1927.8

金瓶梅资料续编（1919–1949） 北京大学出版社 1991.1

中 10800501

论明清武侠小说之产生及特质

石笋

新东方杂志 2：3 1941.5

中国近代文学论文集 中国社会科学出版社 1988.5

中 10800502

《七国春秋后集》与《前七国志》

赵景深（邹啸）

小说论丛 日新出版社 1947.6

中国小说丛考 齐鲁书社 1980.10

中 10800503

人民日报社论所推重的五大小说（1–6）

陈昆

新民报晚刊 1951.7.3

中 10800504

明朝的短篇小说（上、下）

豪雨

新民报晚刊 1953.2.25–26

中 10800505

江南籍的明清小说作者（上、下）

豪雨
新民报晚刊 1953.3.23–24

中 10800506
明小说刊本的图刻艺术
豪雨
新民报晚刊 1953.3.25

中 10800507
宋元以后的短篇小说——中国小说讲话之二
吴小如
文艺学习 1955：5 1955

中 10800508
明代的章回小说
吴小如
文艺学习 1955：6 1955
中国小说讲话及其它 上海出版公司 1955.10

中 10800509
明清的章回小说
谭丕模
教师报 1957.1.29；2.1、5、8、12、15、19、22、26；3.5
古典文学论文集 长江文艺出版社 1958.7

中 10800510
明清小说简论
宋松筠
语文教学通讯（合并版） 1957：3/4 1957

中 10800511
明清二代的平话集
郑振铎（西谛、郭源新）
中国文学研究（上） 作家出版社 1957.12

中 10800512
为什么要编注和出版这样一本书——评《熊龙峰四种小说》
周善
光明日报 1958.6.21

中 10800513
批判《中国文学发展史》明清小说部分
潘旭澜
中国文学发展史批判 中华书局 1958.12

中 10800514
明清短篇小说概论
徐亮之
文学世界 23 1959.9

中 10800515
明清笔记稗乘所见录
谢国桢（谢刚主）
文物 1961：3 1961.4

中 10800516
明清的小说理论
刘柏青
吉林大学社会科学学报 1962：1 1962

中 10800517
论明清中国通俗小说之版本
［澳］柳存仁
联合书院学报　2　1963.6
和风堂文集　上海古籍出版社　1991.10

中 10800518
明人小说记当代奇闻本事举例
杜联哲
新竹清华学报　7：2　1969

中 10800519
剪灯三种
罗振民
中国古典小说研究　黎明文化事业股份有限公司　1975.10

中 10800520
明清——小说创作最繁荣的时代
吴双翼
明清小说讲话　香港上海书局　1976.8
明清小说讲话　台北木铎出版社　1983.9

中 10800521
明清谴责小说中的官吏造型
钟越娜
东海大学中文研究所硕士论文　1977

中 10800522
中国通俗小说《三言》《二拍》《今古奇观》中的个人与社会
［美］Jean E. Kern 著　张艾茜译
中华国学　1：1　1977.1

中 10800523
明代的短篇白话小说
南开大学中文系古典文学教研组　天津碱厂工人理论组
南开大学学报　1977：3　1977

中 10800524
明清笔记摘录
高越天
台湾新生报　1977.8.2

中 10800525
论"章回小说"应正名"卷回小说"——明清长篇小说体制演进之考察
皮述民
中国学术年刊　2　1978.6

中 10800526
明清文言小说管窥
薛洪
学术研究丛刊　1980：1　1980

中 10800527
读明清话本集序文札记
王先霈
华中师范学院学报　1980：1　1980

中 10800528
明清小说中的戏曲史料
戴不凡（柏繁）
小说见闻录　浙江人民出版社　1980.2

中 10800529
明代短篇小说中"巧"的表现

任世雍
文艺月刊　131　1980.5

中 10800530
谈明代短篇小说
赵景深（邹啸）
中国小说丛考　齐鲁书社　1980.10

中 10800531
明清小说理论中的现实主义问题
韩同文　黄霖
学术月刊　1980：11　1980

中 10800532
卖儿行及其他——关于明清小说的通信
林辰
大连师专学报　1981：1　1981

中 10800533
试论晚明的现实主义小说理论
刘良明
武汉大学学报　1981：1　1981

中 10800534
明朝的白话短篇小说
杜若
台肥月刊　22：7　1981.8

中 10800535
元明建本通俗演义对我国小说发展的影响
方品光
福建师范大学学报　1982：1　1982

中 10800536
明代小说理论管窥
陈谦豫
华东师范大学学报　1982：3　1982

中 10800537
略谈明清章回小说
朱碧莲
书林　1982：4　1982

中 10800538
宋明理学与明清小说的程式化和教训化
陈铭
浙江学刊　1982：4　1982

中 10800539
论明末清初小说的历史地位
林辰
社会科学辑刊　1982：5　1982

中 10800540
中国小说美学与明清小说评点
叶朗
学术月刊　1982：11　1982

中 10800541
试论明清小说评点派对我国古典小说美学的贡献
陈年希
上海师范学院学报　1983：3　1983

中 10800542
明清白话小说若干标点辨误
白维国

中国语文（北京）　1983：3　1983

中 10800543
中国小说理论的雏形——读明清之际小说的序跋
林辰
光明日报　1983.4.26

中 10800544
熊龙峰所刊短篇小说四种考释
［美］马幼垣
中国古代小说研究——台湾香港论文选辑　上海古籍出版社　1983.5

中 10800545
明末清初小说座谈会在大连召开
李忠昌
光明日报　1983.5.31

中 10800546
现存快书资料之疏漏及补正
陈锦钊
汉学研究　1：1　1983.6

中 10800547
“三言”“两拍”和《今古奇观》
缪咏禾
中国古代通俗小说阅读提示　江苏人民出版社　1983.6

中 10800548
对明末清初才子佳人小说的估价
何满子
光明日报　1983.6.14

中 10800549
“备人鬼之态，兼真幻之长”——谈明清小说理论中的“奇”与“正”
路侃
文史知识　1983：10　1983

中 10800550
论晚明文人对小说的态度
周质平
中外文学　11：12　1983
台湾学者中国文学批评论文选　人民文学出版社　1986.9

中 10800551
明代之短篇平话小说
郑振铎（西谛、郭源新）
郑振铎古典文学论文集　上海古籍出版社　1984.1

中 10800552
“三言二拍”与《今古奇观》海外藏本、外文翻译及研究著作
王丽娜
中华文史论丛　1984：1　1984

中 10800553
明清小说传入朝鲜的历史过程考略
金秉洙
延边大学学报　1984：1　1984

中 10800554
明清小说美学中的典型理论
李燃青
文艺理论研究　1984：1　1984

中 10800555
明清评点派的文学典型思想初探
林衡勋
雷州师专学报　1984：1　1984

中 10800556
争艳斗奇的明代小说
范宁
文史知识　1984：3　1984

中 10800557
略谈才子佳人小说的历史发展
程毅中
明清小说论丛　1　春风文艺出版社　1984.5

中 10800558
关于开展明清小说研究的设想——为《明清小说论丛》创刊而作
彭定安
明清小说论丛　1　春风文艺出版社　1984.5

中 10800559
哈佛大学所藏高阳齐氏百舍斋善本小说跋尾
齐如山著　吴晓铃辑
明清小说论丛　1　春风文艺出版社　1984.5

中 10800560
试论才子佳人派小说
李骞
明清小说论丛　1　春风文艺出版社　1984.5

中 10800561
烟粉新诂
林辰
明清小说论丛　1　春风文艺出版社　1984.5

中 10800562
才子佳人小说的进步意义和消极意义
曹碧松
明清小说论丛　1　春风文艺出版社　1984.5

中 10800563
明末清初小说漫议
薛洪勣
明清小说论丛　1　春风文艺出版社　1984.5

中 10800564
明清描写甘肃的小说
元鸿仁
甘肃日报　1984.5.13

中 10800565
明清小说美学关于塑造典型人物的理论
叶朗
美学文献　1　1984.6

中 10800566
明代白话短篇小说中的市民形象
傅继馥
明清小说的思想与艺术　安徽人民出版

社　1984.6

中 10800567

提供新资料，开拓新领域——评《明清小说论丛》(第一辑)

钟离叔

光明日报　1984.6.12

中 10800568

略谈明代的小说理论

黄霖

语文学习　1984：11　1984

中 10800569

明清小说美学中的现实主义理论

李燃青

宁波师院学报　1985：1　1985

中 10800570

《明清小说的思想和艺术》读后

朱万曙

艺谭　1985：1　1985

中 10800571

明清小说丛谈

宋万学

鞍山师专学报　1985：2　1985

中 10800572

明清演义小说理论概说

赵明政

杭州大学学报　1985：3　1985

中 10800573

一九八四年明清小说研究中的新特点和新方法

许建中　杨凌芬

文学遗产　1985：3　1985

中 10800574

略论明末清初小说的基本特征

李忠昌

社会科学辑刊　1985：4　1985

中 10800575

明清小说美学中的真实论

刘健芬

西南师院学报　1985：4　1985

中 10800576

明清人情小说的命名及其范围

方东耀

南京师大学报　1985：4　1985

中 10800577

在探索和拓新中不断前进——一九八四年明清小说研究述评

许建中　杨凌芬

中外文学研究参考　1985：5　1985

中 10800578

论明清时期中国现实主义的小说美学

周来祥

美学与艺术评论　2　1985.5

中 10800579

略论明清白话小说艺术发展规律的几个问

题
鲁德才
中国古代小说理论研究　华中工学院出版社　1985.6

中 10800580
试论明末清初小说的历史贡献
李忠昌
明清小说论丛　3　春风文艺出版社　1985.6

中 10800581
明清之际的三部讲史小说——《剿闯通俗小说》《定鼎奇闻》与《樵史通俗演义》
栾星
明清小说论丛　3　春风文艺出版社　1985.6

中 10800582
明清小说理论的民族特色刍议
周伟民
古代文学理论研究丛刊　10　上海古籍出版社　1985.6

中 10800583
明末清初小说的历史地位
张碧波
明清小说论丛　3　春风文艺出版社　1985.6

中 10800584
明代中后期小说理论的发展及其原因
刘良明
中国古代小说理论研究　华中工学院出版社　1985.6

中 10800585
明清小说研究途径的随想
何满子
明清小说研究　1　中国文联出版公司　1985.8

中 10800586
从“新”处着眼，向“深”处掘进
陈辽
明清小说研究　1　中国文联出版公司　1985.8

中 10800587
从《明清小说研究》所想起的……
吴调公
明清小说研究　1　中国文联出版公司　1985.8

中 10800588
明代后期文言小说刊行概况（上、下）
［日］大塚秀高著　谢碧霞译
书目季刊　19：2–3　1985.9、12

中 10800589
论晚明时期小说戏剧创作的基本特征
尹恭弘
中国文学史研究集　上海古籍出版社　1985.11

中 10800590
明代拟话本心理描写叙论
蔡国梁

明清小说探幽　浙江文艺出版社　1985.12

中 10800591

明清平话六种小札

蔡国梁

明清小说探幽　浙江文艺出版社　1985.12

中 10800592

明清小说序跋初探

毛庆其（毛庆耆）

学术月刊　1985：12　1985

中 10800593

明清小说“读法”刍论

王永健

明清小说研究　2　中国文联出版公司　1985.12

中 10800594

谈谈明代的“四大奇书”

沈天佑

文史知识　1986：1　1986

中 10800595

我国明清时期“幻奇派”小说理论的成就

阮国华

南开学报　1986：1　1986

中 10800596

提高思辨活力，开阔思维空间：对明清小说研究方法的一点思考

许建中

盐城师专学报　1986：2　1986

中 10800597

傅继馥著《明清小说的思想和艺术》序

宁宗一

中国古典小说戏曲探艺录　中州古籍出版社　1986.2

中 10800598

宋元话本与明清拟话本叙事体制之比较

袁健

安庆师范学院学报　1986：2　1986

明清小说研究　4　中国文联出版公司　1986.12

中 10800599

明清小说评点美学二题：明清文艺思潮札记

潘知常

云南社会科学　1986：3　1986

中 10800600

爱伦·魏德玛博士谈美国的明、清小说研究

蔡宇知

安徽教育学院学报　1986：3　1986

中 10800601

江苏省明清小说研究会 1986 年年会在我市大丰县举行

林宇田

盐城师专学报　1986：3　1986

中 10800602
明清小说——古代城市文学的高峰
侯文正
城市文学　1986：4　1986

中 10800603
关于宋元南戏刻目的整理和辑佚
黄菊盛　彭飞
曲苑　2　江苏古籍出版社　1986.5

中 10800604
明末清初小说理论中的道德观
刘勇强
明清小说论丛　4　春风文艺出版社　1986.6

中 10800605
才与美——明末清初小说初探
赵兴勤
明清小说论丛　4　春风文艺出版社　1986.6

中 10800606
明清人情小说艺术方式的变化
方正耀
文学遗产　1986：6　1986

中 10800607
明末清初才子佳人小说的美学风貌——明清文艺思潮札记
潘知常
社会科学辑刊　1986：6　1986

中 10800608
明清小说批评与细节描写
董国炎
文学遗产　1986：6　1986

中 10800609
明清小说论纲
孙逊
明清小说论稿　上海古籍出版社　1986.9

中 10800610
明清长篇小说结构简论
孙逊
明清小说论稿　上海古籍出版社　1986.9

中 10800611
明清小说评点派的传统美学观
孙逊
明清小说论稿　上海古籍出版社　1986.9

中 10800612
明清小说理论中的“真”“假”概念及其内涵
孙逊
明清小说论稿　上海古籍出版社　1986.9

中 10800613
“经”与“权”——明末清初言情小说探讨之一
赵兴勤
明清小说研究　4　中国文联出版公司　1986.12

中 10800614
“情”与小说创作——明清小说理论研究之一
方胜
明清小说研究 4 中国文联出版公司 1986.12

中 10800615
五种古本小说与《最娱情》
程毅中
光明日报 1986.12.30

中 10800616
世界小说史上的奇葩：谈明清两代历史演义小说及其对古代历史小说创作的启示
陈辽
淮阴师专学报 1987：1 1987

中 10800617
胸蓄块垒之气，笔成孤愤之作：略谈明清小说理论中的“发愤说”
田耒
徐州教育学院学报 1987：1 1987

中 10800618
试谈明清小说对朝鲜小说的影响
许辉勋
延边大学学报 1987：1 1987

中 10800619
明清部分小说模式化、说教化倾向浅探
任菊秋
牡丹江师范学院学报 1987：1 1987

中 10800620
论明末清初才子佳人小说的美学思想
张靖兴
平原大学学报 1987：2 1987

中 10800621
明清小说与中国传统思维方式
赵明政
语文导报（杭州大学中文系） 1987：2 1987

中 10800622
试论明清小说批评中的两种主要模式
梁道理
陕西师范大学学报 1987：3 1987

中 10800623
理想的才女和才女的理想：三谈明末清初小说中的妇女问题
石麟
湖北师范学院学报 1987：3 1987

中 10800624
儒学·理学·世情小说
杨侠 邹晓
徐州师范学院学报 1987：4 1987

中 10800625
传统思想文化的深入反思：明代小说发展的一条线索
王齐洲
文学遗产 1987：5 1987

中 10800626
“情”与“理”——明末清初言情小说探讨之三
赵兴勤
明清小说研究　5　中国文联出版公司　1987.6

中 10800627
论“文必通俗”——明清小说理论研究之一
方胜
明清小说研究　5　中国文联出版公司　1987.6

中 10800628
外国百科全书关于明清小说的词条选译
王薇生　包振南　乔良兴　施学光　陆桃珍
明清小说研究　5　中国文联出版公司　1987.6

中 10800629
明清小说说话遗风述略
傅憎享
明清小说论丛　5　春风文艺出版社　1987.9

中 10800630
对“五代史”故事两种作品的考察
高明阁
水浒传论稿　辽宁大学出版社　1987.10

中 10800631
明清小说短话二则
王希杰
明清小说研究　6　中国文联出版公司　1987.12

中 10800632
明清章回小说书目急需重编——开拓明清章回小说研究新局面断想之一
张颖　陈速
明清小说研究　6　中国文联出版公司　1987.12

中 10800633
拓荒者的花束——读蔡国梁《明清小说探幽》
史平
明清小说研究　6　中国文联出版公司　1987.12

中 10800634
明清人情小说概探
方正耀
明清小说研究　6　中国文联出版公司　1987.12

中 10800635
明清小说理论家论小说鉴赏
田耒
明清小说研究　6　中国文联出版公司　1987.12

中 10800636
台湾明清小说研究专著综录
高国藩
明清小说研究　1988：1　1988

中 10800637
明清小说论中的几个相对应的基本理论
陆联星
淮北煤师院学报　1988：1　1988

中 10800638
明代小说兴盛的一些思考
郑军健
广西师范大学学报　1988：1　1988

中 10800639
《明清小说研究年鉴》1986 年卷编辑说明
江苏省社会科学院明清小说研究中心
明清小说研究　1988：1　1988

中 10800640
明清小说研究和社会主义精神文明建设——为《明清小说研究》季刊作
盛思明
明清小说研究　1988：1　1988

中 10800641
论“以文为戏”——明清小说理论研究札记
方胜
明清小说研究　1988：1　1988

中 10800642
广开深采宝藏多——读《明末清初小说述录》
心日
社会科学辑刊　1988：1　1988

中 10800643
关于明末白话小说的作者和读者
［日］大木康著　吴悦译
明清小说研究　1988：2　1988

中 10800644
“无甚结构而结构特妙”——明清作家关于小说结构艺术的论述
马成生
社会科学　1988：2　1988

中 10800645
编纂出版《明清章回说部大全》刍议
张颖　陈速
明清小说研究　1988：2　1988

中 10800646
明代文言短篇小说的美学观念
商韬
上海师范大学学报　1988：2　1988

中 10800647
中国白话小说的发展与市民文学的关系
谢桃坊
明清小说研究　1988：3　1988

中 10800648
古代的小说观念及通俗小说的起源
王开富
明清小说研究　1988：3　1988

中 10800649
明清小说和民俗
方胜

明清小说研究　1988：3　1988

中 10800650
论明清小说的真谛
刘冬
明清小说研究　1988：3　1988

中 10800651
古神话与明清长篇小说
龚维英
明清小说研究　1988：3　1988

中 10800652
明清之际爱情小说的裂变与断层趋向
唐富龄
武汉大学学报　1988：4　1988

中 10800653
晚明新闻小说试论
欧阳见拙
明清小说研究　1988：4　1988

中 10800654
略论明清小说理论批评的三个发展阶段
王国健
语文辅导（华南师大）1988：4　1988

中 10800655
明代小说理论鸟瞰
方胜
宁波师院学报　1988：5　1988

中 10800656
明代小说与善书
[日]小川阳一
汉学研究　6：1　1988.6

中 10800657
如何利用明清的野史笔记
任道斌
文史知识　1988：10　1988

中 10800658
明清小说与明清社会
方志远
文史知识　1988：12　1988
漫话明清小说　中华书局　1991.7

中 10800659
从王三巧、尤三姐形象看明清小说的时代差异
徐定宝
明清小说研究　1989：1　1989

中 10800660
明代中长篇小说类型辨
孙一珍
文学遗产　1989：1　1989

中 10800661
再论明清小说的真谛
刘冬
明清小说研究　1989：1　1989

中 10800662
论明代通俗小说的发展
陈大康
明清小说研究　1989：1　1989

中 10800663
明代白话短篇小说的贞烈观——《小说与妇女》之一
周俐
淮阴师专学报 1989：1 1989

中 10800664
江苏省明清小说研究会第三次年会综述
秋山
文教资料 1989：1 1989

中 10800665
明清小说和旅游
方胜
明清小说研究 1989：2 1989

中 10800666
明末清初时事小说述评
齐裕焜
福建师范大学学报 1989：2 1989
高等学校文科学报文摘 1989：4 1989

中 10800667
论晚明文言小说中的名士风度
陈文新
明清小说研究 1989：2 1989

中 10800668
《中国通俗小说总目提要》序
刘冬
明清小说研究 1989：2 1989

中 10800669
新儒学的嬗变与明清小说的发展
王显春
西南民族学院学报 1989：2 1989

中 10800670
从明清长篇小说看下层文人的叛逆轨迹
刘桂兰
文艺评论 1989：2 1989

中 10800671
理学家人格的追求与世情小说情节的构筑
赵兴勤
明清小说研究 1989：3 1989

中 10800672
明清小说研究纵横谈
陈辽
古典文学知识 1989：3 1989

中 10800673
历史悲剧向人间——喜剧转化的艰难历程：话本拟话本爱情小说审美意蕴片谈
啸马（马萱剑）
浙江学刊 1989：3 1989

中 10800674
江苏省明清小说研究会1988年学术讨论会综述
秋山 林坚
明清小说研究 1989：3 1989

中 10800675
明清长篇小说中几个类似形象成因探源——兼论喜剧性格人物的类型化问题
刘书成

西北师大学报　1989：4　1989

中 10800676

文化视野里的明清小说女性形象

何仲生

绍兴师专学报　1989：4　1989

中 10800677

因果、色空、宿命观念与明清长篇小说的叙事模式

陈维昭

华南师范大学学报　1989：4　1989

中 10800678

明清小说与八股取士制

黄清泉

语文教学与研究　1989：5　1989

中 10800679

试论才子佳人小说婚姻观念的演变

周建忠

南通师专学报　1988：4　1988

中 10800680

明清长篇白话小说发展规律简论

彭国元

社会科学研究　1989：6　1989

中 10800681

传统小说理论研究的新收获——《明清小说理论批评史》读札

程亚林

文艺报　1989.7.8

中 10800682

多角度地研究明清小说

索义

社会科学报　1989.10.19

中 10800683

张匀、张劭非同一人

苏兴

西游记及明清小说研究　上海古籍出版社　1989.12

中 10800684

台湾明清小说研究专著续录

高国藩

明清小说研究　1990：1　1990

中 10800685

全知视点与明清小说的艺术世界

李家红

明清小说研究　1990：1　1990

中 10800686

明清小说在中学语文教学中的意义

张培元

语文学习　1990：1　1990

中 10800687

明代长篇通俗小说与歇后语

孙洪德

明清小说研究　1990：1　1990

中 10800688

明末清初才子佳人小说平议

吴琼

章回小说 1990：1 1990

中 10800689
从真假虚实论看明清小说的审美机制
埝任
明清小说研究 1990：2 1990

中 10800690
明清文言小说的发展历程
薛洪
社会科学战线 1990：2 1990

中 10800691
开拓、建构、阐释：读《明清小说理论批评史》
王济民
文学评论 1990：2 1990

中 10800692
珍惜明清小说民族传统弘扬中华民族优秀文化——在明清小说金陵研讨会开幕式上的发言
盛思明
明清小说研究 1990：3/4 1990

中 10800693
“四大奇书”名称的确立与演变
苏兴
明清小说研究 1990：3/4 1990

中 10800694
大连明清小说研究中心近况：信息、述评及其他
大连市明清小说研究中心
辽宁师范大学学报 1990：3 1990

中 10800695
理学异端学说对世情小说的引发
赵兴勤
明清小说研究 1990：3/4 1990

中 10800696
论明清演义小说批评
齐鲁青
内蒙古大学学报 1990：3 1990

中 10800697
明代通俗小说理论的发展脉络
陈大康
文艺理论研究 1990：3 1990

中 10800698
明清小说的绘画美
杨子坚
明清小说研究 1990：3/4 1990

中 10800699
以文为戏的文学观对明清艺人小说与文人小说之不同影响
王先霈
华中师范大学学报 1990：3 1990

中 10800700
向命运之神膜拜、戏谑和挑战的合奏——明清小说和星相占卜
吴圣昔（吴胜昔）
明清小说研究 1990：3/4 1990

中 10800701
明清小说研究史上的空前盛会——明清小说金陵研讨会述评
何睫
明清小说研究　1990：3/4　1990

中 10800702
明清之际白话小说叙事艺术的发展
陈洪
南开文学研究 1988 年　天津古籍出版社　1990.4

中 10800703
明清小说的美学转化问题
何满子
社会科学战线　1990：4　1990

中 10800704
明清小说创作真实论初探
李惠明
文艺理论研究　1990：4　1990

中 10800705
明代的小说功能论
孟昭连
南开文学研究 1988 年　天津古籍出版社　1990.4

中 10800706
1990 年明清小说金陵研讨会述评
佩之　沁文
社科信息　1990：4　1990

中 10800707
明清小说研究的历史性变革
周钧韬
江海学刊　1990：5　1990

中 10800708
浅谈明清小说的“续书”问题
王若
辽宁师范大学学报　1990：5　1990

中 10800709
谈明代的“四大奇书”
沈天佑
红楼梦金瓶梅纵横谈　北京大学出版社　1990.5

中 10800710
拟话本三题
张兵
复旦学报　1990：5　1990

中 10800711
明清小说性描写分类
史牛
社会科学报　1990.10.18

中 10800712
明清小说研讨三题
黄祖良
厦门大学学报　1991：1　1991

中 10800713
明清小说与运河经济文化
陈东有

古典文学知识 1991：1 1991

中 10800714
回顾《明清小说理论批评史》的写作
王先霈
古典文学知识 1991：1 1991

中 10800715
明小说之两大主潮（节录）
鲁迅
金瓶梅资料续编 北京大学出版社 1991.1

中 10800716
关于明清通俗小说作者别号问题
孙京荣
西北师大学报 1991：2 1991

中 10800717
明清人情小说人物关系以利为轴心初探
王增鑫
龙岩师专学报 1991：2 1991

中 10800718
拟话本二论
陈大康
文学遗产 1991：2 1991

中 10800719
意存劝戒 不露褒贬——明清及近代讽刺小说理论浅探
韩春萌
江西教育学院学报 1991：3 1991

中 10800720
明清小说里的三教合流
马焯荣
明清小说研究 1991：3 1991

中 10800721
1989 年明清小说书目
江苏省社会科学院图书馆
明清小说研究 1991：3 1991

中 10800722
明清小说封建伦理观
盛巽昌
明清小说研究 1991：3 1991

中 10800723
“莫怪篇篇吟妇女，别无人物与形容”：明代小说女性主题拓展原因的历史学考察
董纪芦
黄冈师专学报 1991：4 1991

中 10800724
论明清之际的时事小说
陈大康
华东师范大学学报 1991：4 1991

中 10800725
孰高孰优 后人评说——谈我国古典小说五大名著的原本改本问题
陈辽
海南大学学报 1991：4 1991

中 10800726
争奇斗艳的明代小说

范宁
漫话明清小说　中华书局　1991.7

中 10800727
晚明文人对小说所呈现的真的认识
何秀娟
崇右学报　3　1991.9

中 10800728
女性在明清小说中地位的变化
田同旭
山西大学学报　1992：1　1992

中 10800729
中国小说史上的一个发展环节——明代“文言话本”纵横谈
薛洪
社会科学战线　1992：1　1992

中 10800730
明代小说的艺术观照
孙一珍
明清小说研究　1992：1　1992

中 10800731
漫谈明清文学中的才子佳人
郭英德
名作欣赏　1992：1　1992

中 10800732
困惑中的彻悟：读刘敬圻《困惑的明清小说》
关四平
学习与探索　1992：1　1992

中 10800733
明清讽刺小说平议
金鑫荣
明清小说研究　1992：2　1992

中 10800734
明清长篇小说艺术的民族特色刍议
何士龙
中南民族学院学报　1992：2　1992

中 10800735
“剪灯三话”新议
杨义
海南师范学院学报　1992：2　1992

中 10800736
明末清初时事小说综论
周维培
南京大学学报　1992：3　1992

中 10800737
明清宗教文化与神魔小说的思想内容
潘贤强
福建学刊　1992：4　1992

中 10800738
1990 年明清小说书目
文闽
明清小说研究　1992：3/4　1992

中 10800739
明清稀见小说经眼录
刘辉　薛亮
文学遗产　1993：1　1993

中 10800740
别开生面的大众文化研究：评王齐洲《四大奇书与中国文化》
张三夕
殷都学刊　1993：1　1993

中 10800741
小说的道德职责：1640 年的白话小说
［美］帕特里克·D·韩南（Patrick Hanan）著　王恺译
古典文学知识　1993：1　1993

中 10800742
试论明末清初艳情小说
杜守华　吴晓明
上海师范大学学报　1993：1　1993

中 10800743
论明清小说作家创作的矛盾二重性
吴波
松辽学刊　1993：1　1993

中 10800744
简论明清猥亵小说
陈辽
求索　1993：2　1993

中 10800745
明清讽刺小说艺术方式的转变
韩春萌
江西教育学院学报　1993：2　1993

中 10800746
“才子”的理想人格——才子佳人小说文化透视之一
刘坎龙
新疆师范大学学报　1993：3　1993

中 10800747
《如意君传》·《金瓶梅》·《肉蒲团》——兼论古代小说性描写的评价
王永健
中国古代小说中的性描写　百花文艺出版社　1993.3

中 10800748
“剿闯小说”与明末士人心态
石昌渝
古典文学知识　1993：3　1993

中 10800749
明代传记体小说略论
陈兰村
贵州社会科学　1993：4　1993

中 10800750
掩耳盗铃　自欺欺人——评“明清艳情小说”
徐行
中国图书评论　1993：4　1993

中 10800751
再议明清长篇小说艺术之民族特色
何士龙
中南民族学院学报　1993：4　1993

中 10800752
著名教授章培恒谈如何看待“明清艳情小

说”
章培恒
文学报　1993.5.13
通俗文学评论　1993：2　1993

中 10800753
“明清艳情小说”三人谈
上官缨　丁冰　黄浩
吉林日报　1993.5.29

中 10800754
论明清小说的宏观研究
陈大康
中国文化月刊　169　1993.11

中 10800755
明末淫秽小说泛滥的社会根源考释
江巨荣
大潮文丛　1　复旦大学出版社　1993.12

中 10800756
晚明小说理论中的几个基本问题
张少康
内蒙古师大学报　1994：1　1994

中 10800757
明清小说研究论文索引（1993 年 7 月—9 月）
于曼玲
明清小说研究　1994：1　1994

中 10800758
书生的困惑、愤懑与堕落——从小说笔记看明代儒贾关系之演变
陈大康
华东师范大学学报　1994：1　1994

中 10800759
明清小说研究论文索引（1993 年 10–12 月）
于曼玲
明清小说研究　1994：2　1994

中 10800760
论明清小说中的隋炀帝形象
曾亚
明清小说研究　1994：2　1994

中 10800761
明末清初的才女崇拜与才子佳人小说的创作
雷勇
明清小说研究　1994：2　1994

中 10800762
《明代小说辑刊》总序
侯忠义
明清小说研究　1994：2　1994

中 10800763
明清之际时事小说的基本特征及繁盛原因
刘书成
甘肃社会科学　1994：3　1994

中 10800764
各有千秋，一枝独秀：明末四部魏阉小说之比较
孙一珍

明清小说研究　1994：3　1994

中 10800765
传统小说的书名类聚现象
刘嘉陵
社会科学辑刊　1994：3　1994

中 10800766
1992 年明清小说新书目
杨文闽
明清小说研究　1994：3　1994

中 10800767
明清小说研究论文索引（1994 年 1–3 月）
于曼玲
明清小说研究　1994：3　1994

中 10800768
“补天情结”与明清长篇小说
黄崇浩
明清小说研究　1994：3　1994

中 10800769
明清小说研究论文索引（1994 年 4–6 月）
于曼玲
明清小说研究　1994：4　1994

中 10800770
明清拟话本小说创作与时代文化精神
吴建国
湖南师范大学社会科学学报　1994：4　1994

中 10800771
明清小说：审美的世界
竺洪波
明清小说研究　1994：4　1994

中 10800772
我看《明代小说四大奇书》
徐朔方
杭州师范学院学报　1994：5　1994
小说考信编　上海古籍出版社　1997.10

中 10800773
批评应该实事求是——也谈《明清小说十部系列》
北溟
中国图书评论　1994：5　1994

中 10800774
论明清艳情小说的文化意义
谢桃坊
社会科学战线　1994：5　1994

中 10800775
明清小说批评对日本汉文小说的影响
李进益
中国文化大学中文学报　2　1994.6

中 10800776
晚明的文化革新运动与清代小说
任访秋（任维焜）
中国古代小说十二讲　中州古籍出版社　1994.8

中 10800777
从“三言”“二拍”、《幻影》看徽商
李令媛
杭州师范学院学报　1994：5　1994

中 10800778
《江苏省明清小说研究会成立十周年》题记
刘冬
明清小说研究　1995：1　1995

中 10800779
关于明清小说研究格局的思考
陈大康
明清小说研究　1995：1　1995

中 10800780
论才子佳人小说作者的创作心态
刘坎龙
新疆社科论坛　1995：1　1995

中 10800781
明清长篇小说反映的妇女观
龚维英
合肥教育学院学报　1995：1　1995

中 10800782
文学思潮研究漫兴——王国健《明清小说思潮论稿》读后
童轩
学术研究　1995：1　1995

中 10800783
中国叙述学开篇：四部古典小说新论
傅修延
文艺争鸣　1995：1　1995

中 10800784
明清小说研究论文索引（1994 年 7–9 月）
于曼玲
明清小说研究　1995：1　1995

中 10800785
1993 年明清小说新书目
杨姚
明清小说研究　1995：2　1995

中 10800786
明清小说和吴语的历史语法
石汝杰
语言研究　1995：2　1995

中 10800787
观不完庐山风光，道不尽明清小说：庐山明清小说讲习研讨会纪要
张蕊青
明清小说研究　1995：3　1995

中 10800788
明清小说中的“两化”现象
龚维英
合肥教育学院学报　1995：3　1995

中 10800789
论明代夫妻离合小说的情节结构模式
曹萌
北方论丛　1995：3　1995

中 10800790
“发愤”说论小说的主体表现功能：明清小说理论研究札记
范道济
明清小说研究　1995：4　1995

中 10800791
明清小说女性形象论略——文学个性化研究系列之一
喻晓红
求是学刊　1995：4　1995

中 10800792
论明清小说作家对理想人格的探索
吴波
怀化师专学报　1995：4　1995

中 10800793
明代歌妓对通俗小说的影响
严明
明清小说研究　1995：4　1995

中 10800794
四部明代小说成书年代之辨正
陈大康
社会科学　1995：6　1995

中 10800795
怎样看待明清艳情小说
王星琦
古典文学知识　1995：6　1995

中 10800796
近年明清小说理论的研究概况
周伟民
汉学研究之回顾与前瞻（上册：文学、语言卷）　中华书局　1995.9

中 10800797
中国明清通俗小说在日本的流传与影响
何畏
学术月刊　1995：10　1995

中 10800798
略论《明清案狱故事选》
张盘文
贵州社会科学　1996：1　1996

中 10800799
评吴圣昔对明清小说中女性形象的论述
吴秀华
明清小说研究　1996：1　1996

中 10800800
明清小说世界独特的领悟——赵兴勤《明清小说论稿》
严军
明清小说研究　1996：1　1996

中 10800801
明清小说的历史意识：“补史”论与明清小说系列研究之一
范道济
黄冈师专学报　1996：1　1996

中 10800802
明代话本小说的勃兴及其原因
傅承洲

中国文学研究　1996：1　1996

中 10800803
明清小说研究论文索引
于曼玲
明清小说研究　1996：1　1996

中 10800804
论明清小说中商人的价值观念
宋俊华
湛江师范学院学报　1996：1　1996

中 10800805
论明清小说人物的弃世行为
韩希明
明清小说研究　1996：1　1996

中 10800806
明清说部的缺欠
龚维英
合肥教育学院学报　1996：1　1996

中 10800807
明代白话小说三考
过常职
青海师范大学学报　1996：2　1996

中 10800808
英雄与历史：以民间叙事为根基——明代章回小说论略
陈平原
中国文化研究　1996：2　1996

中 10800809
论明代中叶到清代中叶通俗小说批评的美学特色
朱振武
明清小说研究　1996：2　1996

中 10800810
取材隋唐英雄业迹的明清雅、俗说部之比较
龚维英
合肥教育学院学报　1996：2　1996

中 10800811
明中后期的社会与人情世态小说
刘海燕　吴剑安
萍乡高等专科学校学报　1996：2　1996

中 10800812
明清小说序跋的广告艺术
万晴川
江西师范大学学报　1996：2　1996

中 10800813
明清小说理论家论小说与社会生活
闫桂芬
求是学刊　1996：2　1996

中 10800814
小说乱谈
姚菊生　姚政
明清小说研究　1996：3　1996

中 10800815
明代小说整理的系统工程——读巴蜀书社

版《明代小说辑刊》
王学钧
明清小说研究 1996：3 1996

中 10800816
明末清初的"啸花轩现象"
陈辽
古典文学知识 1996：3 1996

中 10800817
明清长篇小说的终篇艺术
杜德禄
聊城师范学院学报 1996：3 1996

中 10800818
几部著名明清说部的妇女观
龚维英
社会科学家 1996：3 1996

中 10800819
文学对日常生活的批判：明清世情小说的文化透视
金民卿
求是学刊 1996：3 1996

中 10800820
小说"补史"论概观——明清小说功能论研究之一
范道济
明清小说研究 1996：4 1996

中 10800821
明清小说研究论文索引
于曼玲
明清小说研究 1996：4 1996

中 10800822
明清小说俗语辞杂考
徐之明
古汉语研究 1996：4 1996

中 10800823
落魄文人的白日梦——明清才子佳人小说论略
卢琳
古典文学知识 1996：4 1996

中 10800824
论明清历史演义小说作家的创作思想
纪德君
海南大学学报 1996：4 1996

中 10800825
巴山蜀水迎远客，明清小说话绵绵：'96明清小说研讨会综述
张蕊青
明清小说研究 1996：4 1996

中 10800826
'96 明清小说研讨会综述
曾良
社会科学研究 1996：4 1996

中 10800827
1994 年明清小说新书目
刘扬
明清小说研究 1996：4 1996

中 10800828
从明清小说看中国人的诉讼观念
徐忠明
中山大学学报　1996：4　1996

中 10800829
关于明清小说研究体系与格局的讨论体系：正面临严峻挑战
康成　孔剑　王令
中文自学指导　1996：5　1996

中 10800830
明清文人小说中的非因果模式及其意义
［美］何谷理
北美中国古典文学研究名家十年文选　江苏人民出版社　1996.5

中 10800831
道德责任小说：17 世纪 40 年代的中国白话故事
［美］帕特里克・D・韩南（Patrick Hanan）
北美中国古典文学研究名家十年文选　江苏人民出版社　1996.5

中 10800832
明清小说中的妒妇形象
刘嘉陵
社会科学辑刊　1996：5　1996

中 10800833
中国小说中的文人叙事——明清章回小说研究（上、下）
陈平原
郑州大学学报　1996：5-6　1996

中 10800834
大连国际明清小说学术研讨会述要
石川
辽宁师范大学学报　1996：6　1996

中 10800835
论明末言情小说观及其发展段落
曹萌
北方论丛　1996：6　1996

中 10800836
小说评点的萌兴：明万历年间小说评点述略
谭帆
文艺理论研究　1996：6　1996

中 10800837
明代艳情小说的发展与朱熹的“淫诗说”
张祝平
书目季刊　30：2　1996.9

中 10800838
明清小说与民间文化——《和风堂新文集》序
［美］余英时
联合文学　12：11　1996.9

中 10800839
九六明清小说研讨会简述
孟彦
社会科学动态　1996：9　1996

中 10800840

世纪之交明清小说研究：大连举行明清小说国际研讨会

孟彦

社会科学报　1996.9.5

中 10800841

徽州经商习俗与明清小说

赵兴勤

徐州师范大学学报　1997：1　1997

中 10800842

明清状元与明清小说

周腊生

明清小说研究　1997：1　1997

中 10800843

明末流行风——小官当道：明代的三部同性恋小说

陈益源

联合文学　13：4　1997.2

中 10800844

再论明末言情小说观及其发展段落

曹萌

南开学报　1997：2　1997

中 10800845

“模式”的研究与研究的“模式”：评曹萌《明代言情小说创作模式研究》

李永祥

东岳论丛　1997：3　1997

中 10800846

明末清初小说批评的特色与成就

王辉斌

新疆师范大学学报　1997：3　1997

中 10800847

近四十年台湾明清小说之整理

陈妙如

华冈文科学报　21　1997.3

中 10800848

徽商的生活情态与价值观念：从明清小说看徽商存在

章尚正

安徽大学学报　1997：3　1997

中 10800849

明清艳情小说结局模式的宗教分析

潘建国

中州学刊　1997：4　1997

中 10800850

明清小说与文学美育

邵京起

沈阳师范学院学报　1997：4　1997

中 10800851

论洪武至正德初婚恋小说的阻滞式结构模式

曹萌

学习与探索　1997：4　1997

中 10800852

对晚明白话短篇小说的再认识

柳依
中州学刊　1997：4　1997

中 10800853
覃思深虑，敢为人先：评《明代言情小说创作模式研究》
张翥
中国图书评论　1997：5　1997

中 10800854
明清小说研究对象窄空白多
陈大康
文汇报　1997.6.23

中 10800855
谈演史小说与历史教学二题
郑之洪
中国历史文献研究与教学　光明日报出版社　1997.8

中 10800856
明清小说研究论文索引
于曼玲
明清小说研究　1998：1　1998

中 10800857
明清小说中的政德观
卞良君　于春海
延边大学学报　1998：1　1998

中 10800858
明清小说评点对中国叙事学的意义
郑铁生
南开学报　1998：1　1998

中 10800859
明清小说的结局及其形成
马叶萍
函授教育　1998：1　1998

中 10800860
明清男同性恋现象初探——以笔记小说为主要建构
何志宏
史苑　58　1998.1

中 10800861
妒妇悍妻：类型叙述的语法与心理
陈泳超
南京师大学报　1998：1　1998

中 10800862
从史学谈明清小说野史的价值
王树民
河北师范大学学报　1998：1　1998

中 10800863
试论明清人情小说的因果报应思想
蔡良俊
苏州大学学报　1998：1　1998

中 10800864
“准话本”刍议
张兵
苏州大学学报　1998：1　1998
中国学研究　2　中国书籍出版社　1998.8

中 10800865
明清小说多元化文化建构
倪雅男
黔东南民族师专学报 1998:2 1998

中 10800866
周越然与明清小说
潘建国
浙江学刊 1998:2 1998

中 10800867
明清小说中的民德观
卞良君 于春海
延边大学学报 1998:2 1998

中 10800868
明代小说创作虚实论
孟昭连
南开学报 1998:2 1998

中 10800869
明代历史小说创作之得失
刘重一
南通师专学报 1998:2 1998

中 10800870
《明代小说史》导言
陈大康
明清小说研究 1998:2 1998

中 10800871
求真:实录原则的移植与扬弃
范道济
明清小说研究 1998:2 1998

中 10800872
明清小说中的家庭伦理观
卞良君 于春海
延边大学学报 1998:3 1998

中 10800873
明清小说文体的审美特征
王铁
文艺研究 1998:3 1998

中 10800874
明清白话小说中体现出的商业文化浅析
贾益东
商业文化 1998:3 1998

中 10800875
明清白话小说词汇与古籍整理
王文晖
徐州师范大学学报 1998:3 1998

中 10800876
从明代市民小说看市民阶层的世俗情怀
毛德富
郑州大学学报 1998:4 1998

中 10800877
相术学与明清小说
万晴川
上海师范大学学报 1998:4 1998

中 10800878
晚明色情小说中说教内容之嬗变及其特征
吴存存
明清小说研究 1998:4 1998

中 10800879
试论明清白话小说词汇的特点
王文晖
徐州教育学院学报　1998：4　1998

中 10800880
食色：明代小说性格描绘的人性深度一说
俞晓红
海南大学学报　1998：4　1998

中 10800881
明清史家对“小说”的分类及其相关问题
童庆松
浙江学刊　1998：4　1998

中 10800882
明清历史演义小说结构论
纪德君
社会科学战线　1998：4　1998

中 10800883
论明清之际小说评点学的文学自觉
林岗
文学遗产　1998：4　1998

中 10800884
明代历史演义小说的文体创作特征
纪德君
海南大学学报　1998：4　1998

中 10800885
论明代后期通俗小说刊刻之重说教特点及其成因
张淑琴
北方论丛　1998：5　1998

中 10800886
论明代小说批评中史学意识的流变
孙书磊
江西社会科学　1998：6　1998

中 10800887
说唐系列小说的产生与隋唐历史的题材优势
彭利芝
首都师范大学学报　1998：6　1998

中 10800888
论明清小说中的人口买卖中介者——以“牙婆”为例
陈惠美
侨光学报　16　1998.11

中 10800889
明清小说研究论文索引
于曼玲
明清小说研究　1999：1　1999

中 10800890
明清小说家的“演义”观与创作实践
洪哲雄　纪德君
文史哲　1999：1　1999

中 10800891
明清小说四种题材模式的文化涵义
季桂起　刘庆红
德州师专学报　1999：1　1999

中 10800892

明清白话小说俗语词考释

徐之明

贵州大学学报 1999：1 1999

中 10800893

嘉靖皇帝与明朝中后期的小说勃兴

冯道信

荆门职业技术学院学报 1999：1 1999

中 10800894

从明代市民小说看市民的审美情趣

毛德富

郑州大学学报 1999：2 1999

中 10800895

明清小说语言运用变化刍议

苏兴 苏铁戈

松辽学刊 1999：2 1999

中 10800896

“补史”论的产生与形成

范道济

明清小说研究 1999：2 1999

中 10800897

冲破理学的藩篱：从话本小说看中晚明的女性

蒙世南

玉林师专学报 1999：2 1999

中 10800898

明清世情小说的主体精神探析

康华

中州学刊 1999：2 1999

中 10800899

明代小说研究与文学遗产继承问题：评陈大康《明代小说史》及其他

郭豫适

文艺理论研究 1999：2 1999

中 10800900

明清小说人欲表现特征及其嬗变

许建平

河北师范大学学报 1999：2 1999

中 10800901

论明初文言小说创作

陈大康

华东师范大学学报 1999：2 1999

中 10800902

明清小说中的群体意识

卞良君 冯存礼

延边大学学报 1999：2 1999

中 10800903

悬置名著：明清小说史思辨录

郭英德

文学评论 1999：2 1999

中 10800904

叙事文结构的美学观念：明清小说评点考论

林岗

文学评论 1999：2 1999

中 10800905
说唐系列小说人物考辨
彭利芝
明清小说研究　1999：2　1999

中 10800906
书录中的明代小说观新变与定位
陈燕
大庆高等专科学校学报　1999：2　1999
赣南师范学院学报　2000：2　2000

中 10800907
明清小说中的武侠伦理观
张振亭
延边大学学报　1999：3　1999

中 10800908
明清小说与明清江苏经济
冯保善
江苏社会科学　1999：3　1999

中 10800909
明清小说的文化意蕴
郭英德
高校理论战线　1999：3　1999
中国教育报　1999.5.4

中 10800910
“四大奇书”的两种“读法”
苏建新
湖北大学学报　1999：3　1999

中 10800911
《明清世态人情小说史稿》序
张俊
山西日报　1999.3.29

中 10800912
论明清时期我国小说的发展与完善
李大敏
咸阳师范专科学校学报　1999：4　1999

中 10800913
论明代中后期市民传记的审美趣味
陈兰村
贵州社会科学　1999：4　1999

中 10800914
“君—臣—寇”：初兴期章回小说人物体系的建构
李舜华
赣南师范学院学报　1999：4　1999

中 10800915
失意・渴慕・梦幻：从创作主体看明末清初才子佳人小说的团圆结局
李鸿渊
湘潭师范学院学报　1999：4　1999

中 10800916
明清小说发展历史的变迁
苏兴
辽宁师范大学学报　1999：5　1999

中 10800917
明末清初话本小说对科举制度之批判
徐志平
嘉义技术学院学报　65　1999.8

中 10800918
明清小说与江苏论纲
王永健
苏州大学学报　2000：1　2000

中 10800919
明代的小说典型论
孟昭连
许昌师专学报　2000：1　2000

中 10800920
明清历史演义小说的艺术流变（待续）
纪德君
明清小说研究　2000：1　2000

中 10800921
论房中术对明清小说的影响
万晴川
晋阳学刊　2000：1　2000

中 10800922
试析明清小说对人生价值的探讨
佟瑞坤
武警学院学报　2000：2　2000

中 10800923
明清小说评点的广告意识及其传播功能
宋莉华
北方论丛　2000：2　2000

中 10800924
明代历史演义小说的创作倾向与发展演进
皋于厚
宁波大学学报　2000：2　2000

中 10800925
明代小说中所见的银钱名称
丁晓山
首都师范大学学报　2000：2　2000

中 10800926
明清通俗小说异族女性群像的形象学分析
王立
东方丛刊　2000：2　广西师范大学出版社　2000

中 10800927
明清白话小说俗语词例释
王文晖
徐州师范大学学报　2000：2　2000

中 10800928
明清白话小说校勘、标点举误
王文晖　杨会永
古籍整理研究学刊　2000：2　2000

中 10800929
明清历史演义小说的艺术流变（续完）
纪德君
明清小说研究　2000：2　2000

中 10800930
明清历史演义小说中的平民意识
皋于厚
南京理工大学学报　2000：2　2000

中 10800931
历史使命与文化心态的错位：对明代市民小说中商贾形象的一种解读

张路黎
武汉教育学院学报　2000：2　2000

中 10800932
明代后期通俗小说刊刻的商业特点
张淑琴
北方论丛　2000：3　2000

中 10800933
中国四大古典文学名著的现代伦理启示
雷希
云南师范大学学报　2000：3　2000

中 10800934
章回小说与故事评话的关系：明清小说研究的立体化新探
段宝林
明清小说研究　2000：3　2000

中 10800935
明清小说中的占候
万晴川
宁波大学学报　2000：3　2000

中 10800936
明清小说中的吏役形象
皋于厚
山东工业大学学报　2000：3　2000

中 10800937
论《啖蔗》与“三言两拍”和《今古奇观》的关系
马美信
明清小说研究　2000：3　2000

中 10800938
明清才子佳人小说的价值取向
杨芳芳
湖北广播电视大学学报　2000：3　2000

中 10800939
论明清小说对“说书模式”的超越
皋于厚
徐州师范大学学报　2000：3　2000

中 10800940
传神写照，千古如生：明清长篇小说细节描写审美浅谈
胡强
广西教育学院学报　2000：3　2000

中 10800941
明清小说评点艺术今观
联群
广播电视大学学报　2000：3　2000

中 10800942
明清小说中的金银变化母题与货币制度
王立
浙江大学学报　2000：4　2000

中 10800943
插图与明清小说的阅读及传播
宋莉华
文学遗产　2000：4　2000

中 10800944
明末清初小说反科举倾向及其讽刺艺术初探

吕立汉
明清小说研究　2000：4　2000

中 10800945
明清长篇小说的对比映衬艺术
胡强
衡阳师范学院学报　2000：4　2000

中 10800946
失落的栖居地：明清小说的寓意与反讽
唐根希　王翚
宁夏大学学报　2000：4　2000

中 10800947
说唐、说宋系列小说和家族文化
李明军
明清小说研究　2000：4　2000

中 10800948
论影响明代后期通俗小说刊刻的主要因素
张次第
济南大学学报　2000：4　2000

中 10800949
明代通俗小说中清官故事的兴盛及其文化意义——兼论皇权制度下国民政治心理幼稚化的路径
王毅
文学遗产　2000：5　2000

中 10800950
明清神魔小说创作思想试论
胡胜
辽宁大学学报　2000：5　2000

中 10800951
明清小说中近代审美因素的表现——历史转型期一种文体在审美理想上的的转变
周纪文
东岳论丛　2000：5　2000

中 10800952
明代小说观的跃进
侯民治
文史哲　2000：6　2000

中 10800953
悲凉之雾，遍被华林：明清家庭兴衰题材章回小说的文化意蕴
朱萍
学术研究　2000：8　2000

中 10800954
论明清小说的开放性文化视野
郝丹立
四川教育学院学报　2000：9　2000

中 10800955
《春秋》书法与小说评论——以明代小说序跋为例
阳平南
笕桥学报　7　2000.9

中 10800956
“明清艳情小说”中的诗歌用韵考
王淳美
南台工商专校学报　24　2000.11

中 10800957
明末时事小说产生的背景研究
王珍华
源远学报　12　2000.11

中 10800958
明清历史演义小说的叙事聚焦艺术
纪德君
学术研究　2000：12　2000

中 10800959
明清以来的语怪章回说部
张颖　陈速
科学中国人　2000：12　2000

（三）戏曲

中 10800960
明清以来戏剧的变迁说略
恒诗峰
晨报副刊　1926：13　1926
国剧运动　上海新月书店　1927.9

中 10800961
略述明代戏曲运动的概况
赵景深（邹啸）
文学百题　生活书店　1935.7
文学百题　上海书店　1981.6
文学百题　岳麓书社　1987.10
文学百题　中州古籍出版社　1992.9

中 10800962
《盛明杂剧初集》
赵景深（邹啸）
读曲随笔　北新书局　1936.11
中国戏曲初考　中州书画社　1983.8
读曲随笔　上海文艺出版社　1999.1

中 10800963
《盛明杂剧二集》
赵景深（邹啸）
读曲随笔　北新书局　1936.11
中国戏曲初考　中州书画社　1983.8
读曲随笔　上海文艺出版社　1999.1

中 10800964
读沃圃的《曲拾》
赵景深（邹啸）
读曲随笔　北新书局　1936.11
读曲随笔　上海文艺出版社　1999.1

中 10800965
中国戏曲史上的南北曲问题——论南北曲流派分化与合流
杨绍萱
人民戏剧　1950：2–3　1950

中 10800966
目连戏的源流和演变
陈忠美
戏曲报　1951：9　1951

中 10800967
明清两代北方之俗曲总集
傅惜华

曲艺论丛（中国戏曲理论丛书） 上杂出版社 1953.2

中 10800968
明代青阳腔剧本的新发现
赵景深（邹啸）
复旦学报 1956：1 1956
元明清戏曲研究论文集 人民文学出版社 1959.2
戏曲笔谈 中华书局 1962.11

中 10800969
明清传奇
戴不凡（柏繁）
戏剧报 1956：3 1956
戴不凡戏曲研究论文集 浙江人民出版社 1982.2

中 10800970
流落西班牙的四大传奇（上、下）
罗锦堂
大陆杂志 15：1–2 1957

中 10800971
杂剧三编与无锡曲家
赵景深（邹啸）
明清曲谈 古典文学出版社 1957.8

中 10800972
方志著录明清曲家考略
赵景深（邹啸）
明清曲谈 古典文学出版社 1957.8

中 10800973
从江西都昌、湖口高腔看明代的青阳腔
流沙 北萱 聿人
戏曲研究 1957：4 1957.10

中 10800974
明末清初的上海剧坛
蒋星煜（布谷、白甲）
新民报晚刊 1957.11.18

中 10800975
明代的时曲
郑振铎（西谛、郭源新）
中国文学研究（上） 作家出版社 1957.12

中 10800976
崔怀宝月夜闻筝
赵景深（邹啸）
元明南戏考略 作家出版社 1958.3
元明南戏考略 人民文学出版社 1990.1

中 10800977
九宫正始与明初南戏
赵景深（邹啸）
元明南戏考略 作家出版社 1958.3
元明南戏考略 人民文学出版社 1990.1

中 10800978
万花集（读曲纪要之十七）
罗锦堂
大陆杂志 17：4 1958

中 10800979
古典戏曲整理的新尝试——推荐一套明清戏曲的整理本
常建
文汇报 1959.10.14

中 10800980
苏州三张（江苏戏曲家）
段洛
江苏戏曲 1960：7 1960

中 10800981
子弟与弟子解
罗锦堂
大陆杂志 21：5 1960

中 10800982
明乐谱五十调
顾一樵
一樵文存 11 台北商务印书馆 1961.1

中 10800983
明代的优语（1–3）
赵景深（邹啸）
上海戏剧 1961：5 1961

中 10800984
明代的独脚戏
蒋星煜（布谷、白甲）
解放日报 1961.6.25

中 10800985
明代的昆曲
路工
雨花 1961：7 1961

中 10800986
传奇的“家门”
顾乐真
光明日报 1961.12.7

中 10800987
关于明清传奇中的“合”
李煜昆
光明日报 1962.3.1

中 10800988
《高文举珍珠记》的继承性和独创性——读剧札记
程毅中
光明日报 1962.5.20

中 10800989
“翻西厢”“锦西厢”辩
周绍良
光明日报 1962.5.26

中 10800990
明清戏曲散论
姚莘农
联合书院学报 1 1962.6

中 10800991
杨排风的衍化——曲海钩沉探源录
吴新雷
文汇报 1962.6.13

中 10800992
钟鼓司与明内廷戏剧
徐凌云
光明日报　1963.4.28

中 10800993
明代初、中期北杂剧的盛行和衰落
黄芝冈
中华文史论丛　1963：4　1963

中 10800994
全明杂剧拟目
杨家骆
中国一周　719　1964.2

中 10800995
论明清南曲谱的流派
钱南扬
南京大学学报　8：2　1964.6

中 10800996
对元明几个岳飞剧的分析批判——论古代岳飞剧中的爱国主义思想及其对投降派的批判之一
冯其庸
光明日报　1964.9.27

中 10800997
明清传奇之总核批判
黄天石
文学世界　46　1965.6

中 10800998
明代戏曲作家的性格
花庵
星岛日报　1965.6.6

中 10800999
重刊曲籍序言两则——影印大陆杂志董氏诵芬室盛明杂剧序言
卢元骏
大陆杂志　31：1　1965

中 10801000
重刊曲籍序言两则——重印大陆杂志太和正谱小序
卢元骏
大陆杂志　31：4　1965

中 10801001
明代剧作家总论
[日]八木泽元著　罗锦堂译
大陆杂志　31：4　1965

中 10801002
元明戏剧史上的阶级斗争
冯其庸
光明日报　1965.10.24
春草集　上海文艺出版社　1979.10

中 10801003
正确评价明清传奇中的反权奸斗争
刘辉
光明日报　1965.12.12

中 10801004
明杂剧体制提要
曾永义

中山学术文化集刊　2　1968.11
中华文化复兴月刊　9：11　1976

中 10801005
明清戏曲特色
顾敦鍒
文苑阐幽　东海大学出版社　1969.1

中 10801006
明代传奇之研究
陈世杰
台南师专季刊　2　1969.12

中 10801007
明代戏剧发达的原因
曾永义
现代学苑　8：6　1971

中 10801008
南剧中的谚语（上）
黄丽贞
国语日报·书和人　168　1971.8

中 10801009
明杂剧一百五十四种叙录（上、下）
陈万鼐
中山学术文化集刊　9-10　1972.3.11

中 10801010
明初杂剧概论
曾永义
台湾编译馆馆刊　1：3　1972

中 10801011
明代杂剧的资料
曾永义
国语日报·书和人　193　1972.8

中 10801012
谈明成化刊本“说唱词话”
赵景深（邹啸）
文物　1972：11　1972
曲艺丛谈　中国曲艺出版社　1982.12

中 10801013
上海发现一批明成化年间刻印的唱本、传奇
上海市文物管理委员会考古组
文物　1972：11　1972

中 10801014
明代的杂剧作家
曾永义
文史季刊　2：3/4　1972

中 10801015
明代杂剧演进的情势
曾永义
中外文学　1：5　1972

中 10801016
明代南杂剧概论
曾永义
台湾编译馆馆刊　2：1　1973

中 10801017
明杂剧研究提要

曾永义
木铎 2 1973.11

中 10801018
明代传奇尚律崇辞二派比较研究（上、下）
吕凯
中华学苑 13（庆祝熊翰叔教授八十大庆专号） 1974.3

中 10801019
六十年来元明杂剧的发现（上、中、下）
陈万鼐
幼狮 42：2、4；43：1 1975–1976

中 10801020
明代南化的北杂剧
曾永义
幼狮 42：2 1975

中 10801021
中国地方戏剧在明清两代的发展
［澳］Colin Mackerras 著 苏友贞译
中外文学 5：7 1976

中 10801022
《曲禁》疏证
罗忼烈
词曲论稿 中华书局香港分局 1977.8

中 10801023
明代传奇
汪志勇
文学论集 中国文化大学出版部 1978.7

中 10801024
论传奇之源流
刘慢卿
中华文化复兴月刊 11：11 1978

中 10801025
明代演剧状况的考察
赵景深（邹啸） 李平 江巨荣
戏剧艺术（上海戏剧学院学报） 1979：3/4 1979

中 10801026
元明杂剧中的黑旋风李逵
陈汝衡
戏剧艺术（上海戏剧学院学报） 1979：3/4 1979
元杂剧论集（下） 百花文艺出版社 1985.5

中 10801027
秋夜月中罕见剧名考
叶德均
戏曲小说丛考 中华书局 1979.5

中 10801028
曲目钩沈录——（甲）明代戏曲目
叶德均
戏曲小说丛考 中华书局 1979.5

中 10801029
明代南戏五大腔调及其支流
叶德均
戏曲小说丛考 中华书局 1979.5

中 10801030
读明代传奇文七种
叶德均
戏曲小说丛考　中华书局　1979.5

中 10801031
元明杂剧琐记
叶德均
戏曲小说丛考　中华书局　1979.5

中 10801032
乐府红珊考剧
［美］帕特里克·D·韩南（Patrick Hanan）著　王秋桂译
韩南中国古典小说论集　联经出版事业公司　1979.9

中 10801033
明成化说唱词话十六种——近年新发现最古的诗赞系说唱文学刊本
曾永义
中外文学　8：5　1979.10

中 10801034
明代成化刊本《说唱词话》之发现
尔泗
戏剧艺术论丛　1　人民文学出版社　1979.10

中 10801035
读《明传奇的一些关注和技巧》
张敬
中外文学　9：3　1980

中 10801036
明杂剧的演唱和影响
王芷章
戏曲艺术　1980：2　1980

中 10801037
明清传奇（上、下）
曾庆全　朱承朴
广西师范学院学报　1980：3–4　1980

中 10801038
明成化刊本说唱词话述考
谭正璧　谭寻
文献　1980：3　1980

中 10801039
明末戏曲中的苏州织工斗争
潘树广
江苏戏曲　1980：4　1980

中 10801040
论明清传奇
龙榆生
词曲概论　上海古籍出版社　1980.4

中 10801041
明成化刊本说唱词话述考（续完）
谭正璧　谭寻
文献　1980：4　1980

中 10801042
论明传奇中梦的运用（上）
陈贞吟
文学评论　6　1980.5

中 10801043
明中后期剧坛的繁荣
吴国钦
中国戏曲史漫话　上海文艺出版社　1980.6

中 10801044
明代戏曲形式的演进
吴国钦
中国戏曲史漫话　上海文艺出版社　1980.6

中 10801045
明代的川戏
王利器
学林漫录　1　中华书局　1980.6

中 10801046
禁戏的律令
吴国钦
中国戏曲史漫话　上海文艺出版社　1980.6

中 10801047
明代杂剧巡礼
吴国钦
中国戏曲史漫话　上海文艺出版社　1980.6

中 10801048
从明代戏曲评论家的争论谈到本色、当行
吴国钦
中国戏曲史漫话　上海文艺出版社　1980.6

中 10801049
论“迷失了的”余姚腔——从四个余姚腔剧本的发现谈起
戴不凡（柏繁）
戏曲研究　1　吉林人民出版社　1980.7

中 10801050
明清昆山腔的表演艺术
郭亮
戏曲研究　1　吉林人民出版社　1980.7

中 10801051
明代的民间戏曲
赵景深（邹啸）
曲论初探　上海文艺出版社　1980.7

中 10801052
明清昆曲的舞台美术
龚和德
戏曲研究　1　吉林人民出版社　1980.7

中 10801053
明传奇的一些关注与技巧
［美］白之（Birch Cyril）著　赖瑞和译
中外文学　9：3　1980.8

中 10801054
对《明代成化刊本〈说唱词话〉之发现》一文的两点辨正
丁宗一
戏剧艺术论丛　3　中国戏剧出版社　1980.10

中 10801055
四个最著名的传奇戏剧故事（《荆钗记》《白兔记》《杀狗记》《拜月亭》）（上、下）
张晓风
明道文艺　56–57　1980.11–12

中 10801056
中国的戏台与宫廷——洪武御构栏考
［荷］伊维德（W. L. Idema）著　赖瑞和译
中外文学　9：7　1980.12

中 10801057
海盐腔伴奏杂说
卢大中
上海师范学院学报　1981：1　1981

中 10801058
明代云南戏剧初探
顾峰
春城戏剧　1981：1　1981
云南戏剧研究评论集　云南省戏剧创作研究室　1981.12

中 10801059
明朝的“现代戏”
麦穗
春城晚报　1981.1.20

中 10801060
明清剧种源流谈
雷齐明
北京师范学院学报　1981：2　1981

中 10801061
山东戏曲史略三（明代山东的戏曲）
纪根垠
戏剧丛刊　1981：2　1981

中 10801062
明代的川剧
王利器
川剧艺术　1981：2　1981

中 10801063
试谈河南明清曲家
赵景深（邹啸）张增元
今昔谈　1981：3　1981

中 10801064
明代上海地区的戏曲诸腔
蓝凡
复旦学报　1981：4　1981

中 10801065
元明戏曲语词释义十三则
边星灿
杭州大学学报　1981：4　1981

中 10801066
《四帝仁宗有道君》——论明朝说唱词话的开场套语（附：王秋桂《四帝仁宗有道君》校后记）
［日］泽田瑞穗著　［日］前田一惠译
中国古典小说研究专集　3　联经出版事业公司　1981.6

中 10801067

重刷明代杂剧三种序言

吴晓铃

读书　1981：6　1981

中 10801068

关于明清戏曲家籍贯、名号的资料

张增元

学术月刊　1981：10　1981

中 10801069

明代民间戏曲的地位与作用

赵景深（邹啸）　李平

民间文艺集刊　1　上海文艺出版社　1981.11

中 10801070

明代戏剧的演出

周贻白

中国戏剧史讲座　中国戏剧出版社　1981.12

中 10801071

元末南戏与明初传奇

周贻白

中国戏剧史讲座　中国戏剧出版社　1981.12

中 10801072

明代杂剧传奇与所唱声腔

周贻白

中国戏剧史讲座　中国戏剧出版社　1981.12

中 10801073

明代传奇现实主义简论

海中

中州学刊　1982：1　1982

中 10801074

明代剧论中的本色说

许祥麟

文史知识　1982：1　1982

中 10801075

谈明成化刊本“说唱词话”

周启付

文学遗产　1982：2　1982

中 10801076

江西弋阳“调绝”辨

流沙

争鸣　1982：2　1982

中 10801077

谈明清戏曲文学徽派版画插图

林之耀

戏剧界　1982：3　1982

中 10801078

论汤沈之争及王骥德的评价问题——答陈建华同志

夏写时

学术月刊　1982：3　1982

中 10801079

海盐腔流入江西始末

流沙

戏曲研究　5　文化艺术出版社　1982.4

中 10801080

“乐平调”没有出现过吗？

朱建明

争鸣　1982：4　1982

中 10801081

元明戏曲中的“单音词＋非叠音单纯复音词”结构

边星灿

杭州大学学报　1982：4　1982

中 10801082

明代湖北楚调浅探

流沙

长江戏剧　1982：5　1982

中 10801083

略谈明代传奇

江巨荣

文史知识　1982：6　1982

中 10801084

长乐郑氏藏抄本《连环记》中的两段道白所提供的明清剧目

王毅

武汉师范学院学报　1982：6　1982

湖畔集　武汉出版社　1992.11

中 10801085

从“余姚腔”到“调腔”

蒋星煜（布谷、白甲）

中国戏曲史钩沉　中州书画社　1982.9

中 10801086

《水浒》剧目开拓一见

伍丁

文苑纵横谈　4　山东人民出版社　1982.10

中 10801087

元明剧曲语释（1–4）

王锳

文史　16　中华书局　1982.11

中 10801088

广东揭阳出土明抄戏曲《蔡伯皆》略谈

曹腾骈

文物　1982：11　1982

中 10801089

明清罕见戏曲存目二十种

张增元

文献　1982：4　1982

中 10801090

关于成化刊本“说唱词话”

赵景深（邹啸）

曲艺丛谈　中国曲艺出版社　1982.12

中 10801091

从岳西高腔略论明代青阳“滚调”的源与流

班友书

安庆师范学院学报　1983：1　1983

中 10801092

明清传奇中的“水浒戏”

王晓家
戏曲艺术（河南）　1983：2　1983

中 10801093
论明传奇中梦的运用（下）
陈贞吟
文学评论　7　1983.4

中 10801094
明清两代上海地区流传的花鼓戏
蓝凡
社会科学（上海）　1983：4　1983

中 10801095
太监编演的暴露太监的戏
蒋星煜（布谷、白甲）
戏剧界　1983：5　1983

中 10801096
明清传奇中喜剧情节和表现手法
徐扶明（辅民）
中国古典悲剧喜剧论集　上海文艺出版社　1983.5
元明清越曲探索　浙江古籍出版社　1986.7

中 10801097
无名氏传奇四种
赵景深（邹啸）
中国戏曲初考　中州书画社　1983.8

中 10801098
明、清杂剧中的“水浒戏”探源
王晓家
戏曲艺术（河南）　1983 增刊　1983

中 10801099
明清戏曲概述（上、下）
王世声
文学知识　1984：1–2　1984

中 10801100
略谈昆山腔向雅调的演变
流沙
戏曲研究　11　文化艺术出版社　1984.2

中 10801101
明清之际我国戏曲在日本
张杰
戏曲研究　12　文化艺术出版社　1984.6

中 10801102
明代戏曲作家作品考略
吴书荫
戏曲研究　12　文化艺术出版社　1984.6

中 10801103
明末清初时期的时事剧
徐扶明（辅民）
光明日报　1984.6.26
元明清越曲探索　浙江古籍出版社　1986.7

中 10801104
十八位明清戏曲作家的生平史料
张增元
文献　1984：3　1984

中 10801105
明末清初时期的市民剧
徐扶明（辅民）
光明日报　1984.12.18

中 10801106
明清河南戏曲作家
世声　永宽
中州今古　1985：1　1985

中 10801107
北曲在明代衰亡史略考
刘荫柏
复旦学报　1985：2　1985

中 10801108
明清之际时事剧的思想艺术特色
郭英德
中州学刊　1985：2　1985

中 10801109
明清时事剧概述
郭英德
江苏戏剧　1985：2　1985

中 10801110
山西洪洞明应王殿戏曲壁画新探
周国雄
华南师范大学学报　1985：3　1985

中 10801111
明代剧坛本色说的派别及其形成
滕振国
江西大学学报　1985：3　1985

中 10801112
明清戏曲作家事迹考略（1–3）
张增元
社会科学战线　1985：3　1985

中 10801113
评明清戏曲批评中的索隐风气
俞为民
南京大学学报　1985：4　1985

中 10801114
明清戏曲简介
陈衍
电大教学　1985：4　1985

中 10801115
方志著录明清罕见戏曲存目七十七种
张增元
文史　24　中华书局　1985.4

中 10801116
昆曲的创立与魏良辅和梁辰鱼
聂石樵　邓魁英
古代小说戏曲论丛　中华书局　1985.5

中 10801117
略谈明清水浒戏的思想特点——兼与小说《水浒传》比较
金宁芬
中国古典小说戏曲论集　上海古籍出版社　1985.6

中 10801118
明清传奇中的杰出女性

鹿忆鹿
中华文化复兴月刊 18：9 1985

中 10801119
明清戏曲腔调寻踪——试谈《太古传宗》附刊之《弦索时剧新谱》
傅雪漪
戏曲研究 15 文化艺术出版社 1985.9

中 10801120
明清曲论中的言情说
周育德
戏曲研究 17 文化艺术出版社 1985.12

中 10801121
一组妇女解放的协奏曲：明代戏曲《雌木兰》《女状元》与《牡丹亭》
张建川
南充师院学报 1986：1 1986

中 10801122
明代曲论中的本色论
俞为民
中华戏曲 1 山西人民出版社 1986.2

中 10801123
明杂剧讽刺作品的兴盛
许金榜
当代戏剧 1986：3 1986

中 10801124
明清戏曲作家生平事迹考略
张增元 郭治凤
文学遗产 1986：4 1986
戏曲研究 24 文化艺术出版社 1987.12

中 10801125
试论明清传奇长篇体制
徐扶明（辅民）
戏曲论丛 甘肃人民出版社 1986.5

中 10801126
怎样读明清传奇
章培恒
中文自修 1986：5 1986

中 10801127
明清女剧作家和作品初探
徐扶明（辅民）
元明清越曲探索 浙江古籍出版社 1986.7

中 10801128
明清应时戏
徐扶明（辅民）
元明清越曲探索 浙江古籍出版社 1986.7

中 10801129
明清目莲戏散论
朱恒夫
中华戏曲 2 山西人民出版社 1986.10

中 10801130
明清文人传奇的时代主题
郭英德

自修大学（文史哲经专业） 1986：12 1986

中 10801131
试论明初神仙道化杂剧的时代特征
方海洋
浙江师范大学学报 1987 年青年教师论文专辑 1987

中 10801132
明代讽刺喜剧艺术谈
郑宇宏
暨南大学研究生学报 1987：1 1987

中 10801133
方志著录明清罕见曲目二十二种
张增元
文献 1987：2 1987

中 10801134
论明代的短剧
王耕夫
华中师范大学学报 1987：2 1987

中 10801135
《明人杂剧选》简评
顾学颉
顾学颉文学论集 中国社会科学出版社 1987.8

中 10801136
试论明清传奇副末开场
徐扶明（辅民）
中国古典小说戏曲论集 2 上海古籍出版社 1987.8

中 10801137
明代传奇中的薛仁贵故事
李文彬
中国时报 1987.8.9
汉学研究 6：1 1988.6

中 10801138
上海明清戏曲家考略
周巩平
戏曲研究 24 文化艺术出版社 1987.12

中 10801139
试探明代的山西戏曲
杨太康
山西师大学报 1988：1 1988

中 10801140
略论杂剧入明后的两次重大转变
徐子方
江海学刊 1988：2 1988

中 10801141
试论明代的影戏及相关问题
江玉祥
社会科学研究 1988：5 1988

中 10801142
晚明戏曲创作论述略
吴新雷
江海学刊 1988：6 1988

中 10801143
传奇角色之配搭及场面之安排
张敬
汉学研究　6：1　1988.6

中 10801144
传统戏曲赏析：度脱与嘲讽——浅论三个明杂剧的主题
张火庆
鹅湖　13：12　1988.6

中 10801145
明传奇里的关公
王安祈
汉学研究　6：1　1988.6

中 10801146
明代曲论概观
田守真
四川师范大学学报　1988：6　1988

中 10801147
明杂剧中的曲艺
陈万鼐
汉学研究　6：1　1988.6

中 10801148
明杂剧的演出场合与舞台艺术
王安祈
中外文学　17：3　1988

中 10801149
阴司报应与冥界法庭：三本明杂剧的思想问题
张火庆
鹅湖　14：3　1988.9

中 10801150
明代传奇中的丫头角色（1–4）
鹿忆鹿
文艺月刊　232–235　1988.10–1989.1

中 10801151
明末书林的戏曲选本
蒋星煜（布谷、白甲）
中国戏曲史索隐　齐鲁书社　1988.10

中 10801152
《明史乐府》对清官与戏曲之反映
蒋星煜（布谷、白甲）
中国戏曲史索隐　齐鲁书社　1988.10

中 10801153
论明清文人传奇的理想人格范型
郭英德
北京师范大学学报增刊《学术之声》2　1988.11

中 10801154
明代的职业剧团
王安祈
历史月刊　11　1988.12

中 10801155
明代单折杂剧之研究
魏仲佑
中国文化月刊　111　1989.1

中 10801156
明清戏曲作家事迹考略续编
张增元
文献　1989：2　1989

中 10801157
明传奇兴盛原因初探
维斋
浙江师范大学学报　1989：2　1989

中 10801158
明代南杂剧略论
徐子方
陕西师范大学学报　1989：3　1989

中 10801159
论明代中叶以后杂剧创作的主体意识
陶慕宁
南开学报　1989：3　1989

中 10801160
喜看《明清传奇选刊》陆续出书
程毅中
书品　1989：4　1989

中 10801161
情与爱的礼赞：谈明传奇爱情剧的积极意义
董宁
山西大学学报　1989：4　1989

中 10801162
明代戏曲音乐革新的创举
薛若邻
文艺研究　1989：4　1989

中 10801163
明代戏曲批评中的悲剧意识
袁震宇
复旦学报　1989：5　1989

中 10801164
论明清文人传奇的时代主题
郭英德
北京师范大学学报　1989：5　1989

中 10801165
论元明两朝杂剧士人形象所反映的社会文化思潮之歧异
陶慕宁
天津师大学报　1989：5　1989

中 10801166
明代戏曲的悲剧观：怨谱说
谢柏梁（谢柏良）
文学遗产　1989：6　1989

中 10801167
南戏改本新论
郑尚宪
中山大学学报　1990：1　1990

中 10801168
明代戏曲语言理论中的本色论
王星琦　张宇声
艺术百家　1990：1　1990

中 10801169
八股文与明清戏曲
黄强
文学遗产　1990：2　1990

中 10801170
明代曲论中"本色"与"当行"相结合的理论
王星琦　张宇声
南京师大学报　1990：2　1990

中 10801171
明代戏剧人物论的整体研讨
谢柏梁（谢柏良）
戏剧艺术（上海戏剧学院学报）1990：2　1990

中 10801172
明清文人传奇的历史演进
郭英德
文学遗产　1990：2　1990

中 10801173
明清杂剧中的写心剧
许金榜
当代戏剧　1990：2　1990

中 10801174
"因情成梦，因梦成戏"——明清文人传奇作家文学观念散论
郭英德
中国文学研究　1990：3　1990

中 10801175
论明清文人传奇的忠奸斗争主题模式
郭英德
四川师范大学学报　1990：4　1990

中 10801176
是"风教"还是"风情"？——明清文人传奇作家的文学观念散论
郭英德
中州学刊　1990：4　1990

中 10801177
论明传奇中的才子佳人婚姻观
李中耀
新疆师范大学学报　1990：4　1990

中 10801178
晚明戏剧中的"巴洛克"艺术特点
张文珍
山东大学学报　1990：4　1990

中 10801179
晚明戏曲的主体化倾向和浪漫色彩
马美信
明代文学研究　江西人民出版社　1990.4

中 10801180
明清剧论中的悲剧美学
陈竹
华中师范大学学报　1990：5　1990

中 10801181
试论赋对明清传奇宾白的影响
袁震宇

文史哲　1990：5　1990

中 10801182
明清时期三国戏考略（《三国戏考略》之二）
陈翔华
文献　1991：1　1991

中 10801183
明清俗曲衍变探微
李明正　李景梅
戏文　1991：1　1991

中 10801184
试论明清英雄传奇的美学特质
张志红
甘肃社会科学　1991：3　1991

中 10801185
试论明代俗曲唱本
顾乐真
文艺研究　1991：3　1991

中 10801186
明初五种阙名水浒杂剧考论
佘大平
湖北大学学报　1991：3　1991

中 10801187
流落欧洲的三种晚明戏剧散出选集的发现
李平
复旦学报　1991：4　1991

中 10801188
晚明戏曲刊行概况
林鹤宜
汉学研究　9：1　1991.6
戏剧艺术　1993：3　1993

中 10801189
明代戏曲表演论举要
袁震宇
中国语言文学研究的现代思考　复旦大学出版社　1991.10

中 10801190
时事传奇与明代社会
高美华
嘉义师院学报　5　1991.11

中 10801191
古剧《高文举》民间演出本《水云亭》的新发现及其意义
班友书
文献　1992：1　1992

中 10801192
明清目连戏台本流变考
朱恒夫
文献　1992：2　1992

中 10801193
明清戏曲作家的名号、别署、室名及其作品
张增元
文献　1992：2　1992

中 10801194
大团圆时代的新特点
黄仕忠
中山大学学报 1992：3 1992

中 10801195
明清曲论中的“接受美学”
祁志祥
求索 1992：4 1992

中 10801196
明初皇族戏剧功利论试探
林宗毅
中国文学研究 6 1992.5

中 10801197
明末戏曲作家新考
张增元
扬州师院学报 1993：1 1993

中 10801198
明清“牢骚肮脏士”的抒怀写愤杂剧
沈炜元
戏剧艺术（上海戏剧学院学报） 1993：1 1993

中 10801199
明代帝王与戏曲
曾永义
台湾大学文史哲学报 40 1993.6

中 10801200
审美趣味的多元化走向——论明清文人传奇的丑的形象
郭英德
中华戏曲 14 山西古籍出版社 1993.8

中 10801201
明代剧论中的当行本色论
廖藤叶
大陆杂志 87：5 1993.11

中 10801202
从剧作家看晚明剧坛
林鹤宜
台湾编译馆馆刊 22：2 1993.12

中 10801203
明前期宫廷北杂剧论略
徐子方
河北师范大学学报 1994：2 1994

中 10801204
明清曲论中的用事论
祁志祥
上海艺术家 1994：2 1994

中 10801205
明代戏曲题材论新探
吴双
贵州民族学院学报 1994：2 1994

中 10801206
论明清传奇名作中“情境呈现”与“情节发展”之关联性
王瑷玲
中国文哲研究集刊 4 1994.3

中 10801207
从元明杂剧看那咤形象及故事之演变
陈晓怡
逢甲中文学报　2　1994.4

中 10801208
滦州影卷
魏力群
河北师院学报　1994：4　1994

中 10801209
明清戏曲与女性角色
叶长海
戏剧艺术　1994：4　1994

中 10801210
明代曲论中的“情”论探索
潘丽珠
国文学报　23　1994.6

中 10801211
明清昆山腔与弋阳诸腔戏发展概况
李啸仓
李啸仓戏曲曲艺研究论集　中国戏剧出版社　1994.10

中 10801212
论元明戏曲中“大团圆”结局的演化
李简
缀玉二集：北京大学中文系青年教师学术论文选编　北京大学出版社　1994.12

中 10801213
明末的戏剧与城市民变
巫仁恕
九州学刊　6：3　1994.12

中 10801214
明代前期的寓言剧
陈蒲清
枣庄师专学报　1995：1　1995

中 10801215
万历剧坛三家论：徐渭、汤显祖、沈璟
廖奔
河北学刊　1995：1　1995

中 10801216
明清戏曲作家新考
张增元
文献　1995：1　1995

中 10801217
晚明社会思潮与文人传奇
刘彦君
戏剧（中央戏剧学院学报）　1995：1　1995

中 10801218
重唤起一代词仙——读《晚明曲家年谱》
林辰
中国图书评论　1995：2　1995

中 10801219
中国古典寓言剧的黄金时代：浅谈明后期的寓言剧
陈蒲清
枣庄师专学报　1995：3　1995

中 10801220
明清杂剧的幽默情调
沈炜元
戏剧艺术（上海戏剧学院学报） 1995：4 1995

中 10801221
谈海外孤本明代戏曲集
徐朔方
文学遗产 1995：4 1995

中 10801222
明清传奇名作中主题意识之深化与其结构设计
王瑷玲
中国文哲研究集刊 7 1995.9

中 10801223
晚明戏曲中谐谑作品风格之探讨
杨丽华
德育学报 11 1995.10

中 10801224
明代的神仙道化剧考论
詹石窗
道教学探索 9 1995.12

中 10801225
明清传奇与杂剧的嬗变
江巨荣
古代戏曲思想艺术论 学林出版社 1995.12

中 10801226
明代“徽州腔”演出的民间色彩
江巨荣
古代戏曲思想艺术论 学林出版社 1995.12

中 10801227
明清剧家史剧见解述评
张正学
重庆师范学院学报 1996：2 1996

中 10801228
论明清杂剧中的主体价值体验
陈维昭
艺术百家 1996：2 1996

中 10801229
刺世伤时 显微阐幽：论苏州派传奇的文化内涵
郭英德
北京师范大学学报 1996：3 1996

中 10801230
元明戏曲观念之变迁：以《琵琶记》的评论与版本比较为线索
黄仕忠
艺术百家 1996：4 1996

中 10801231
明清两代的禁戏法令、民间告讦与戏曲文祸
周巩平
上海艺术家 1996：4 1996

中 10801232
明清南杂剧的发展轨迹
蒋中崎
戏剧艺术（上海戏剧学院学报） 1996：4 1996

中 10801233
晚明秦腔钩沉
焦文彬
陕西师范大学学报 1996：4 1996

中 10801234
从演鬼到演人之间的艺术过渡：论明中叶三部影射杂剧
田同旭
晋阳学刊 1996：6 1996

中 10801235
明清传奇的价值
郭英德
文史知识 1996：8 1996

中 10801236
论明清传奇之抒情性与人物刻画
王瑷玲
中国文哲研究集刊 9 1996.9

中 10801237
性别与戏曲批评——试论明清妇女之剧评特色
华玮
中国文哲研究集刊 9 1996.9

中 10801238
明代的新安商人与戏剧
韩结根
中国典籍与文化 1997：1 1997

中 10801239
韩国“中国古典戏曲研究”概况：以明代戏曲研究为中心
［韩］洪恩姬
中国典籍与文化 1997：1 1997

中 10801240
关于南杂剧的几个问题
王永健
艺术百家 1997：2 1997

中 10801241
旅宦湖南明清曲家事迹述略
唐挥之
艺海 1997：2 1997

中 10801242
明代杂剧的衰微与流变（节选）
谢柏梁（谢柏良）
戏剧（中央戏剧学院学报） 1997：2 1997

中 10801243
略论《满天春》文学剧本的审美价值
李国庭
戏曲艺术 1997：2 1997

中 10801244
明清杂剧创作“衰微”说质疑

宋子俊
甘肃社会科学　1997：2　1997

中 10801245
元明戏曲中的波斯阿拉伯语
方龄贵
云南师范大学学报　1997：3　1997

中 10801246
《三国志》戏文考
黄仕忠
中山大学学报　1997：5　1997

中 10801247
明清戏剧批评中的虚实论
李惠绵
台大中文学报　9　1997.6

中 10801248
元明戏曲“魂”脚色研究
廖藤叶
台中商专学报　29　1997.6

中 10801249
明本潮州五种戏文与南戏的流传
陈历明
文史知识　1997：9　1997

中 10801250
论明清传奇剧本长篇体制的演变
郭英德
聂石樵教授七十寿辰学术纪念文集　巴蜀书社　1997.11
湖北大学学报　1998：4　1998

中 10801251
试论唐传奇与明戏剧中的“红拂”形象
徐定宝
古今艺文　24：1　1997.11

中 10801252
论明代传奇剧本体制的规范化
郭英德
中国典籍与文化论丛　4　中华书局　1997.12

中 10801253
丹青圣手　南曲名家
周秦
苏州大学学报　1998：1　1998

中 10801254
明代文人剧在戏剧和文学史上的地位
徐子方
艺术百家　1998：1　1998

中 10801255
明清戏剧中的女性心路历程
王薇
辽宁师范大学学报　1998：1　1998

中 10801256
也谈明传奇的界定
朱建明
艺术百家　1998：1　1998

中 10801257
雅与俗的扭结
郭英德

北京师范大学学报　1998：2　1998

中 10801258
张灵与崔莹的传奇
王家诚
历史月刊　122　1998.3

中 10801259
实现惩恶扬善的价值判断
刘卫英　王立
戏剧文学　1998：3　1998

中 10801260
试论明清传奇的显在叙述特性和叙事策略
韩丽霞
河南教育学院学报　1998：3　1998

中 10801261
论晚明传奇的喜剧品格
张文珍
齐鲁学刊　1998：4　1998

中 10801262
明成化刊本说唱词话综述
苗怀明
贵州文史丛刊　1998：4　1998

中 10801263
明人推尊戏曲及其文学观念的转变
李金松
福建师范大学学报　1998：4　1998

中 10801264
晚明皖南戏曲家群体综论
朱万曙
江淮论坛　1998：4　1998

中 10801265
明人改本戏文通论
孙崇涛
文学遗产　1998：5　1998

中 10801266
明清戏曲存目钩沉录
吴书荫
中华文化论丛　1　中国文学出版社　1998.6

中 10801267
明清抒怀写愤杂剧之艺术特质与成分
王瑷玲
中国文哲研究集刊　13　1998.9

中 10801268
《明清戏曲国际研讨会论文集》导言
华玮　王瑷玲
中国文哲研究通讯　8：4　1998.12

中 10801269
诗人、大臣和僧侣的冲突：1250–1450 年间杂剧中的苏轼形象
［荷］伊维德（W. L. Idema）著　张旭春译
欧洲中国古典文学研究名家十年文选　江苏人民出版社　1998.12

中 10801270
明末戏曲作家新考续编

张增元
淮阴师范学院学报 1999：1 1999

中 10801271
论明清世俗喜剧
郑尚宪
戏剧艺术 1999：1 1991

中 10801272
晚明杂剧六题
徐子方
古籍整理研究学刊 1999：2 1999

中 10801273
《泰和记》与《太和记》考辨
张正学
重庆师范学院学报 1999：2 1999

中 10801274
谁驾玉轮入海底，辗破琉璃千顷：《脉望馆钞校本古今杂剧》的发现和流传
宋若云
学术研究 1999：8 1999

中 10801275
《顾曲斋元人杂剧选》审视
赵天为
中国文化报 1999.8.7

中 10801276
从西厢故事的流传看"传奇四变"
［日］黄冬柏
中国学研究 3 中国书籍出版社 1999.9

中 10801277
明清三国戏考论
关四平
中国古代文学丛论 大连出版社 1999.12

中 10801278
论明清戏曲作品中的游侠形象
王永宽
中州学术论集 1 中华书局 2000.1

中 10801279
明末清初苏州地区戏曲创作繁荣的社会原因
王永宽
中州学术论集 1 中华书局 2000.1

中 10801280
明清传奇的创作——兼谈分期和流派
黄竹三
古典文学知识 2000：4 2000

中 10801281
独白与对话：论明清传奇戏曲的抒情方式
郭英德
北京师范大学学报 2000：5 2000

中 10801282
李、陆《南西厢记》之先后优劣考——《也谈明传奇的界定》质疑
蒋星煜（布谷、白甲）
中华文史论丛 2000：3 2000

中 10801283
写怨说的生成及其对明清戏曲创作的影响
杨惠玲
学术交流 2000：6 2000

中 10801284
元明剧曲中“耨”的词义文化探源
曾昭聪
中国语文通讯（香港） 54 2000.6

中 10801285
明成化本说唱词话刊于北京说献疑
贾二强
古今论衡 4 2000.6

中 10801286
元明杂剧官吏形象之比较
游宗蓉
东华人文学报 2 2000.7

中 10801287
明嘉隆间杂剧所呈现之士人形象及其生命情怀
林立仁
辅仁国文学报 16 2000.7

中 10801288
明清传奇中的魂旦
刘楚华
新亚学报 20 2000.8

中 10801289
明传奇宗教角色的戏剧功能
赖慧玲
民俗曲艺 128 2000.11

七、民间文学

中 10801290
明代戏曲与子弟书
傅惜华
曲艺论丛（中国戏曲理论丛书） 上杂出版社 1953.2

中 10801291
明代小曲
罗锦堂
大陆杂志 9：1 1954

中 10801292
云南花灯与明代小曲
徐嘉瑞
光明日报 1954.7.25
元明清戏曲研究论文集 作家出版社 1957.7

中 10801293
明清两代小曲之流变
罗锦堂
大陆杂志 10：11 1955

中 10801294
明代流行的吴地山歌
高厚永
音乐研究　1959：4　1959

中 10801295
明代小曲
袁宸
建设　8：2　1959.7

中 10801296
明清作家论民歌
安民
光明日报　1960.4.10

中 10801297
明代的说书与版画
黄华
新民晚报　1960.6.22

中 10801298
元明地方志的妈祖传说之演变
李献璋
台湾风物　11：1　1961.1

中 10801299
明末的民谣和蜚书
韩道诚（寒爵）
反攻　233　1961.8

中 10801300
访书见闻录——明代的弹词
路工
人民日报　1961.9.16

中 10801301
明朝善书之研究
［日］酒井忠夫著　蔡懋棠译
台湾编译馆馆刊　1：2　1972.3

中 10801302
明代浙江谚谣
笠父
浙江月刊　4：8　1972.8

中 10801303
明代活财神沈万三的故事
舒兆基
新万象　1　1976.3

中 10801304
唤醒农民起来斗争的战鼓声——试谈明代反对封建剥削压迫的民歌
金文
思想战线　1977：6　1977

中 10801305
读《玉抱肚·官悟》
王春瑜
读书　1979：6　1979
土地庙随笔　光明日报出版社　1988.7
牛屋杂俎　成都出版社　1994.10

中 10801306
明代民歌（1–4）
林祖亮
自立晚报　1979.8.22–25

中 10801307
明代传奇中的山歌小曲
顾乐真
上海戏剧　1981：4　1981

中 10801308
明清时代的音乐、民歌和唱词
阴法鲁
词刊　1982：6　1982

中 10801309
明清两代的口技艺术
蒋星煜（布谷、白甲）
中国戏曲史钩沉　中州书画社　1982.9

中 10801310
明代歌谣散论
赵兴勤
徐州师范学院学报　1985：2　1985

中 10801311
明清戏曲与明清小曲
徐扶明（辅民）
地方戏艺术　1985：2　1985

中 10801312
明代俗语文学的东渐和日本江户时代小说的繁荣
严绍璗
北京大学学报　1985：3　1985

中 10801313
明代的弹词
路工
访书见闻录　上海古籍出版社　1985.8

中 10801314
明代民歌理论概说
齐鲁青
内蒙古大学学报　1986：1　1986

中 10801315
《况义》明抄本简说
杨扬
西北大学学报　1986：3　1986

中 10801316
明代民歌俗曲搜集整理的学术史意义
龚笃清
求索　1987：3　1987

中 10801317
尚真的文学观和明代民歌
周先慎
文史知识　1987：3　1987
中国文学史百题（下）　中华书局　1990.12

中 10801318
宝卷
曾子良
中国文学讲话　9（明代文学）　巨流图书公司　1987.5

中 10801319
民歌与明代文学批评
邬国平
民间文学论坛　1987：5　1987

中 10801320
跋《销释真空宝卷》
胡适
胡适古典文学研究论集　上海古籍出版社　1988.8

中 10801321
论民俗与民间故事的关系
陈平
云南民族学院学报　1992：2　1992

中 10801322
明代一绝——民歌
张留保
古典文学知识　1993：1　1993

中 10801323
明清民歌时调与黄梅戏剧本文学
王长安
戏剧艺术（上海戏剧学院学报）　1993：2　1993

中 10801324
从民间歌谣看明清之际人民的反礼教思潮
刘清阳
西北大学学报　1993：4　1993

中 10801325
中国梦文化与明清梦幻小曲
王毅
中国文学研究　1993：4　1993

中 10801326
论明清民俗文艺运动的基本特征
董晓萍
辽宁大学学报　1993：6　1993

中 10801327
明清小曲《剪靛花》曲牌考述
张继光
民俗曲艺　86　1993.11

中 10801328
明清小曲《银纽丝》曲牌考述
张继光
嘉义师院学报　8　1994.11

中 10801329
明清小曲的流变及其他
翁敏华
上海师范大学学报　1995：1　1995

中 10801330
浅探明代中、晚年至清末宝卷与宝卷中孟姜传说的递变——以《佛说贞烈贤孝孟姜女长城宝卷》《长城宝卷》《孟姜仙女宝卷》为例
范长华
台中师院学报　9　1995.6

中 10801331
明清小曲《劈破玉》曲牌探述
张继光
嘉义师院学报　9　1995.11

中 10801332
论明清弹词文化与吴地妇女
许周鹣

苏州大学学报　1996：2　1996

中 10801333
明代民歌批评的历史成就及其局限
崔晓西
厦门大学学报　1996：3　1996

中 10801334
论明清时调小曲的艺术价值
谢桃坊
贵州社会科学　1996：5　1996

中 10801335
明清时调小曲考原
谢桃坊
中国国学　24　1996.10

中 10801336
晚明著名寓言笑话集版本的研探
杨丽华
德育学报　12　1996.11

中 10801337
明代笑话寓言对道学的批判
叶九如
电大教学　1998：3　1998

中 10801338
明清女性弹词文学管见
张燕萍
信阳师范学院学报　1998：4　1998

中 10801339
明清的时调小曲
程千帆
俭腹抄　上海文艺出版社　1998.6

中 10801340
傩词与明代傩戏演出礼资
刘辉
中国文化报　1999.12.30

中 10801341
明清时期的台湾鬼怪传说
陈益源
联合文学　16：10　2000.8

中 10801342
明清时期的台湾民间文学
陈益源
中正大学中文学术年刊　3　2000.9
广西民族学院学报　2000：5　2000

八、少数民族文学

中 10801343
一部重要的傣族诗歌理论著作——读《论傣族诗歌》
李缵绪
山茶　1981：3　1981

中 10801344
明清时期瑶民起义的歌谣

谭秀芳
广西民族学院学报　1982：1　1982

中 10801345
论明清时期纳西族作家的崛起
杨世光
云南社会科学　1982：5　1982
云南少数民族文学论集　2　中国民间文艺出版社（云南版）　1983.8

中 10801346
论明清时期纳西族作家文学的崛起
杨世光
少数民族文学论集　2　中国民间文艺出版社　1985.6

中 10801347
漫议明清描写云南民族风情的竹枝词
李硕
云南社会科学　1986：4　1986

中 10801348
明郑时期的台湾文学的民族性
陈昭瑛
中外文学　22：4　1993

中 10801349
明清时期思南府土家族文人诗歌创作分析
田永红
贵州民族研究　1996：4　1996

中 10801350
一个消失民族的史诗："僰人"民间传说试析
刘复生
西南师范大学学报　1999：5　1999

九、文学与宗教

中 10801351
仅存的宗教剧——目连戏
陈忠美
戏曲报　1951：10　1951

中 10801352
明末诸高僧的禅理与诗才（上、下）
厚庵
畅流　13：3-4　1956

中 10801353
明清间耶苏会士著译汉籍目略
梁子涵
恒毅　9：3　1959.10

中 10801354
晚明江南佛学风气与文人画
吴因明
新亚书院学术年刊　2　1960.9

中 10801355
研究明代道教思想中日文书目举要
［澳］柳存仁
崇基学报　6：2　1967.5

中 10801356
明末清初天主教传教士的三种语音学著作
张奉箴
中华学术院天主教学术研究所学报　1　1969.8

中 10801357
浅谈明代刊刻的《径山藏》
李孝友
文献　1980：2　1980

中 10801358
明代遗民隐于僧者著述考
丁原基
东吴文史学报　6　1988.1

中 10801359
再现民间秘密宗教的本来面目
刘运勇
中国社会科学　1989：3　1989

中 10801360
试论道教对明代神魔小说的影响
徐振贵
齐鲁学刊　1989：6　1989

中 10801361
心学、禅宗与明中后期文学思潮
葛兆光
明代文学研究　江西人民出版社　1990.4

中 10801362
明清时期的佛教信仰
常建华
文史知识　1991：5　1991

中 10801363
明代传奇中的佛教资料
高显莹
狮子吼　30：6　1991.6

中 10801364
明清的寺院诗系
陆草
中州学刊　1992：2　1992

中 10801365
神魔小说与道教
蒋见元
古籍整理研究学刊　1993：1　1993

中 10801366
明初江南咏佛诗及其史料价值
陈进传
史学集刊　1993：3　1993

中 10801367
明代西大乘教的《灵应泰山娘娘宝卷》
车锡伦
扬州师院学报　1993：4　1993

中 10801368
道教与明清神魔小说
莫其逊
学术论坛　1993：4　1993

中 10801369
从《济颠语录》到《三会龙华普度收圆演

义》：描写佛菩萨题材章回说部的一个发展轮廓
张颖 陈速
河南师范大学学报 1993：4 1993

中 10801370
“四大奇书”中道士形象及道教思想
伍伟民 蒋见元
道教文学三十谈 上海社会科学院出版社 1993.5

中 10801371
明清时期的道教信仰
常建华
文史知识 1994：4 1994

中 10801372
晚明性灵说之佛学渊源
黄卓越
文学评论 1995：5 1995

中 10801373
明清小说化用佛经情节举隅
赵杏根
明清小说研究 1996：2 1996

中 10801374
元明“释教剧”的佛教思想
林伯谦
东吴中文学报 2 1996.5

中 10801375
元明杂剧中神怪道释题材之比较
游宗蓉
中外文学 25：9 1997

中 10801376
佛禅旨趣与竟陵派诗论
周群
江海学刊 1998：2 1998

中 10801377
心源说：唐宋派文论中佛学要素之考辨
黄卓越
中华文化论丛 1 中国文学出版社 1998.6

中 10801378
明清猥亵小说中“纵欲—顿悟—出家”情节模式的佛教文化根基
刘书成
西北师大学报 1999：2 1999

中 10801379
论万历佛风盛行对公安三袁游记的影响
吴惠珍
台中技术学院学报 1 2000.6

一〇、比较文学

中 10801380
谈利玛窦著作中翻译介绍的伊索寓言：明代中译伊索寓言史话之一
戈宝权
中国比较文学　1984：1　1984

中 10801381
谈庞迪我著作中翻译介绍的伊索寓言：明代中译伊索寓言史话之二
戈宝权
中国比较文学　1985：1　1985

中 10801382
谈金尼阁口授、张赓笔传的伊索寓言《况义》：明代中译伊索寓言史话之三
戈宝权
中国比较文学　1986：3　1986

中 10801383
官吏与国王：明清寓言与印度故事比较研究之一
薛克翘
南亚研究　1988：4　1988

中 10801384
幽默与悲悯：明清寓言与印度故事比较研究之二
薛克翘
南亚研究　1989：1　1989

中 10801385
报德与报怨：明清寓言与印度故事比较研究之三
薛克翘
南亚研究　1989：3　1989

一一、文学流派

（一）综论

中 10801386
明代复古派与唐宋文派之潮流
夏崇璞
学衡　9　1922.9

中 10801387
明代的文人集团
郭绍虞
文艺复兴（中国文学研究号上）　1948.9
照隅室古典文学论集（上编）　上海古籍出版社　1983.9

中 10801388
明人诗社渊源考

黄志民
中华学苑　11　1973.3.1

中 10801389
明代文人结社年表
郭绍虞
照隅室古典文学论集（上编）　上海古籍出版社　1983.9

中 10801390
东林与复社
刘朝湘
语文月刊　1984: 8　1984

中 10801391
明末三案和东林党
吴航斌
语文教研　1984: 10　1984

中 10801392
简述明代的几种文学流派
谭学习
语文月刊　1984: 12　1984

中 10801393
论明代文学的流派
裴树海
雷州师专学报　1985: 1　1985

中 10801394
明清之际理学特点及其流派
王俊才
晋阳学刊　1989: 2　1989

中 10801395
明代文人结社说略
郭英德
北京师范大学学报　1992: 4　1992

中 10801396
“明末三大家”之由来
夏晓虹
瞭望　1992: 35　1992

中 10801397
关于明清之际“苏州作家群”的名称和成员
李政
中国文学研究　1995: 2　1995

中 10801398
论明代的文学流派研究
郭英德
求是学刊　1996: 4　1996

中 10801399
论明代反拟古主义的先驱
王琅
文理通识学术论坛　2　1999.6

中 10801400
《列朝诗集小传》中的吴中文坛图象
范宜如
国文学报　28　1999.6

（二）台阁体

中 10801401
盛明诗台阁体与诸别体之流变
李曰刚
国文学报　4　1975.6
中国诗季刊　7：3　1976.9

中 10801402
论明代嘉靖以前之台阁体与台阁文权之下移
简锦松
古典文学　9　学生书局　1987.4

中 10801403
论台阁体
廖可斌
中华文史论丛　1990：1　1990

中 10801404
论台阁体
魏崇新
文学评论丛刊　1　江苏文艺出版社　1997.12

中 10801405
台阁体作家的创作风格及其成因
魏崇新
复旦学报　1999：2　1999

（三）前后七子

中 10801406
明代前后七子的复古运动有着怎样的社会背景
曹聚仁
文学百题　生活书店　1935.7
文学百题　上海书店　1981.6
文学百题　岳麓书社　1987.10
文学百题　中州古籍出版社　1992.9

中 10801407
明代前后七子的复古（1–2）
王贵苓
文学杂志　3：5–6　1958.1–2
中国古典文学论文精选丛刊（文学批评・散文与赋类）　幼狮文化事业公司　1979.7
台湾中国古代文学研究文选　人民文学出版社　1988.1

中 10801408
略谈明七子的文学思想与李、何的论争
马茂元
江海学刊　1962：1　1962
晚照楼论文集　上海古籍出版社　1981.4
马茂元说唐诗　上海古籍出版社　1999.7

中 10801409
明七子斥山谷诗艰涩

钱锺书
谈艺录 香港龙门书店 1965

中 10801410
明代七子派诗论之研究
龚显宗
台南师专学报 8–9 1975.12；1976.12

中 10801411
明代前后七子的诗文理论
敏泽
文学评论丛刊 3 中国社会科学出版社 1979.7

中 10801412
后七子交谊考（谢榛，李攀龙，王世贞，徐中行，梁有誉，宗臣，吴国伦）
许建昆
东海中文学报 1 1979.11

中 10801413
《明七子派诗文及其论评之研究》提要
龚显宗
华学月刊 103 1980.7

中 10801414
明代七子派诗文论产生之背景
龚显宗
静宜学报 4 1981.6

中 10801415
增补《明人传记资料索引》（后七子集部分一上、一下）
许建昆
东海中文学报 3–4 1982.6；1983.6

中 10801416
从前后七子到王夫之——论古代两大诗学思潮的汇流
肖驰
学术月刊 1983：1 1983

中 10801417
前后七子的文学复古主张
徐寿凯
古代文艺思想漫话 浙江文艺出版社 1984.2

中 10801418
明前七子文学主张及李、何之争
陈永标
信阳师范学院学报 1984：3 1984

中 10801419
明七子派的崛起
赵永纪
古代文学理论研究丛刊 9 上海古籍出版社 1984.4

中 10801420
明代前七子的时代背景及文学理论
邵红
幼狮学志 18：1 1984.5

中 10801421
杨升庵和明七子
王仲镛
光明日报 1984.9.11

中 10801422
明代前七子的时代背景及文学理论（续）
邵红
幼狮学志　18：2　1984

中 10801423
明清两朝有关前七子（王九思、李梦阳、王廷相、康海、边贡、徐祯卿、何景明）生平文献目录
颜婉云
书目季刊　18：3　1984.12

中 10801424
“前七子”的“复古”与何景明的文风
郭预衡
信阳师范学院学报　1985：3　1985
历代散文丛谈　山西人民出版社　1986.6

中 10801425
略述前后七子、公安派的文学主张
虹光
文科园地　1985：4　1985

中 10801426
明清两朝有关后七子生平文献目录
颜婉云
书目季刊　19：1　1985.6

中 10801427
增补《明人传记资料索引》（前七子集部分）
许建昆
东海中文学报　5　1985.6

中 10801428
明代前后七子与公安派的对立互补关系及其融合
陈文新
荆州师专学报　1987：2　1987

中 10801429
明代前后七子的审美情感论——从“因情立格”到“发抒性灵”的流动性结构
陈书录
学术月刊　1988：3　1988

中 10801430
明代前后七子的审美意象论及神韵论
陈书录
南京师大学报　1988：4　1988

中 10801431
明代前后七子与公安派的对立互补及清代神韵说的确立
赫朴宁
昆明师专学报　1989：4　1989

中 10801432
关于明代后七子诗派成员及其诗歌主张
吴金夫
汕头大学学报　1989：4　1989

中 10801433
“前后七子”新论
汤书昆
学术界　1989：6　1989

中 10801434
清初诗坛与明七子
赵永纪
江淮论坛　1989：6　1989

中 10801435
“宏襟宇而发其才情”：明代前后七子自赎性反思散点的聚集
陈书录
学术月刊　1989：9　1989

中 10801436
清代诗论家论明代前后七子
鄢传恕
荆州教育学院学报　1990：1　1990
华中师范大学学报　1993：3　1993

中 10801437
论前七子
徐朔方
杭州大学学报　1990：1　1990

中 10801438
明代前后七子的审美解悟说
陈书录
南京师大学报　1990：3　1990

中 10801439
前后七子与明代戏曲
傅晓航
戏剧（中央戏剧学院学报）　1990：3　1990

中 10801440
对明代中期前七子文学复古运动的再认识
刘明今
明代文学研究　江西人民出版社　1990.4

中 10801441
明后七子及其交游生卒备考（谢榛、李攀龙、徐中行、梁有誉、吴国伦、宗臣、王世贞）
汪世清
香港中文大学中国文化研究所学报　22　1991

中 10801442
后七子和明末文人的唐诗观：明代唐诗批评史研究之二
朱易安
上海师范大学学报　1991：3　1991

中 10801443
李何之争：复古主张的二律背反——前七子文学理论研究之二
廖可斌
中国文学研究　1992：1　1992

中 10801444
论明七子在诗论复古中对民间“真诗”的发微
董晓萍
北京师范大学学报　1992：4　1992

中 10801445
前七子复古运动的发展过程
廖可斌

文学论丛　杭州大学出版社　1992.5

中 10801446
论“前后七子”对“公安派”的启迪
范嘉晨
陕西师范大学学报　1993：1　1993

中 10801447
明代七子派复古运动新探
史小军
陕西师范大学学报　1993：4　1993

中 10801448
明代前七子“宗汉崇唐”心态膨胀的诱因
陈书录
南京师大学报　1994：4　1994

中 10801449
明代七子派与中国文艺复兴
史小军
人文杂志　1994：6　1994

中 10801450
论清初三大儒对明七子复古之风的批评
张兵
西北师大学报　1995：5　1995

中 10801451
论《四库全书总目提要》评明代前后七子
刘黎卿
台中商专学报　27　1995.6

中 10801452
浅论后七子的内部纷争及其影响
王承丹
临沂师专学报　1996：1　1996

中 10801453
前七子衰微的内部原因探析
王承丹
南都学坛　1996：2　1996

中 10801454
略论前后七子文学思想的内在矛盾
杨晓景
郑州大学学报　1996：2　1996

中 10801455
试论明代七子派的诗歌意象理论
史小军
陕西师范大学学报　1996：3　1996

中 10801456
明“后七子”结社始末考
李庆立
山东师范大学学报　1996：3　1996

中 10801457
论“末五子”对“前后七子”格调理论的发展与突破
史小军
学术研究　1998：11　1998

中 10801458
试论明代七子派的诗歌格调理论
史小军
陕西师范大学学报　1999：2　1999

中 10801459
明代七子派对才情与格调关系的思考
查清华
学术月刊　2000：9　2000

中 10801460
“后七子”文学阵营的形式、变迁及其活动特征
郑利华
中国文学研究　3　江西教育出版社　2001.5

（四）唐宋派

中 10801461
明代的唐宋派
徐寿凯
古代文艺思想漫话　浙江文艺出版社　1984.2

中 10801462
试论唐宋派的师法特点
李泽平
南京师大学报　1986：2　1986

中 10801463
明代唐宋派文论研究
梅家玲
明史研究通讯　1　1986.9

中 10801464
唐宋派
邓韶玉
文史知识　1987：2　1987

中 10801465
明代唐宋派古文四大家“以古文为时文”说
邝健行
香港中文大学中国文化研究所学报　22　1991
诗赋与律调　中华书局　1994.11

中 10801466
唐宋派与阳明心学
廖可斌
文学遗产　1996：3　1996
诗稗鳞爪　浙江大学出版社　1999.10

中 10801467
唐宋派文论的重新评价
黄毅
中西学术　2　复旦大学出版社　1996.11

中 10801468
论唐宋公安二派的文学主张之异同的成因
刘绍恒
西南民族学院学报　1998 增刊　1998

中 10801469
唐宋派新论
熊礼汇
文学评论　2000：3　2000

（五）公安派

中 10801470
公安竟陵是文妖
教书匠
晨报（上海） 1934.5.31

中 10801471
公安竟陵的疙瘩
怀琛
读书顾问 1：2 1934.7
读书顾问季刊 2 1980

中 10801472
关于公安小品文之一席话
刘燮
人间世 8 1934.7
人间小品乙集（人间世丛书） 上海良友图书公司 1935
林语堂主编《人间世》小品精华（名人卷・杂感卷） 中国友谊出版公司 1993.11
象牙塔之恋——三十年代闲适派杂文选（民国杂文大系 7） 文化艺术出版社 1996.10

中 10801473
公安竟陵小品文读后题
刘燮
人间世 16 1934.11
人间小品甲集（人间世丛书） 上海良友图书公司 1935

中 10801474
什么叫做公安派和竟陵派？他们的作风和影响怎样？
陈子展
文学百题 生活书店 1935.7
文学百题 上海书店 1981.6
文学百题 岳麓书社 1987.10
中国古代文论研究论文集 上海古籍出版社 1989.2
文学百题 中州古籍出版社 1992.9

中 10801475
公安竟陵派之文学
府丙麟
约翰声 46 1935.12

中 10801476
从明代文学讲到公安竟陵
佩韦
申报 1936.3.1

中 10801477
灵感派文人公安三袁略介
陈瑞
庸报 1938.8.15

中 10801478
“却是废他不得”
林庚
文艺报 1956.8.30

中 10801479
论公安派的思想和文学主张
徐铭延
江海学刊　1958：6　1958

中 10801480
三袁和公安派
晦之
湖北日报　1962.6.6

中 10801481
论公安竟陵诗派
钱锺书
谈艺录　香港龙门书店　1965

中 10801482
葡萄社与公安派
梁容若
纯文学　6：6　1969.12

中 10801483
公安三袁的文论及其小品
郑明娳
新文艺　1972.5

中 10801484
公安竟陵文学理论的探究
邵红
思与言　12：2　1974.7

中 10801485
公安派文学论
萧登福
中华文化复兴月刊　12：4　1979

中 10801486
公安三袁
江边
中学语文（武汉师院）　1979：4　1979

中 10801487
记公安三袁论学
钱穆
中国学术思想史论丛　7　东大图书有限公司　1979.7

中 10801488
公安派的创作论——"独抒性灵，不拘格套"综释
李健章
古代文学理论研究丛刊　2　上海古籍出版社　1980.7

中 10801489
清新活泼立文坛——公安派的成就
成本文　王勋安
布谷鸟　1980：10　1980

中 10801490
三袁诗歌初探
李健章
武汉大学学报　1981：1　1981

中 10801491
公安派前后的文章批评
张健
"中央日报"　1981.4.28

中 10801492
公安派及其散文
张中行
辽宁教育学院学报　1983：2　1983

中 10801493
略谈明代公安派的文学主张
李宪昭
语文学习　1983：3　1983

中 10801494
封建末世的又一异端——“公安派”
徐寿凯
古代文艺思想漫话　浙江文艺出版社　1984.2

中 10801495
评公安派的诗论
周质平
中外文学　12：10　1984

中 10801496
略述前后七子、公安派的文学主张
虹光
文科园地　1985：4　1985

中 10801497
论公安派与竟陵派的分歧
马美信
复旦学报　1985：5　1985

中 10801498
论公安派三袁美学观之异同
吴调公
文学评论　1986：1　1986

中 10801499
论公安派三袁文艺思想之异同
吴调公
社会科学战线　1986：1　1986

中 10801500
晚明“公安三袁”合论
魏际昌
邢台师专学报　1987：1　1987

中 10801501
明代前后七子与公安派的对立互补关系及其融合
陈文新
荆州师专学报　1987：2　1987

中 10801502
论公安竟陵绝句八首并序
羊春秋
船山学报　1987：2　1987

中 10801503
略论“公安派”的文学革新主张
周学禹
信阳师范学院学报　1987：4　1987

中 10801504
论竟陵派对公安派诗文理论的继承和发展
易锦海
竟陵派与晚明文学革新思潮　武汉大学出版社　1987.5

中 10801505
公安派骤衰原因试探
裴世俊
江汉论坛　1987：11　1987

中 10801506
四百年前提倡文学革新的“公安派”——兼论其对“五四”新文学运动的积极影响
张国光
古典文学论争集　武汉出版社　1987.12

中 10801507
试论公安三袁的创作特色——“快”“达”“了”
王愷
南京师大学报　1988：4　1988

中 10801508
公安派“独抒性灵、不拘格套”的主张及其主体意识
陶应昌
云南民族学院学报　1989：3　1989

中 10801509
公安派“独抒性灵”的审美内涵
刘健芬
西南师范大学学报　1989：4　1989

中 10801510
明代前后七子与公安派的对立互补及清代神韵说的确立
赫朴宁
昆明师专学报　1989：4　1989

中 10801511
公安派文学革新与民间文学
毛贤森
九江师专学报　1990：2　1990

中 10801512
明代社会思潮与公安派
张惠杰
北京大学研究生学刊　1990：2　1990

中 10801513
焦竑与公安三袁
李剑雄
社会科学辑刊　1990：3　1990

中 10801514
公安派研究简述
何大猷
社会科学动态　1990：4　1990

中 10801515
公安派的自我表现：非浪漫主义的个性主义
［美］乔纳森·查富斯著　王恺译
古典文学知识　1990：5　1990

中 10801516
论公安派的美学思想
姚文放
晋阳学刊　1990：5　1990

中 10801517
公安派文学在日本的传播和影响
衷尔钜

文史哲　1990：6　1990

中 10801518

晚明文艺启蒙曙色中的双子星座——公安与竟陵个体意识比较

吴调公

文学遗产　1991：3　1991

中 10801519

公安三袁家世考索

刘致中

文献　1991：3　1991

中 10801520

从异端出发——晚明社会与“公安派”文学

郑明娳

联合文学　7：8　1991.6

中 10801521

试谈公安派的性灵说

吴兆路

兰州大学学报　1993：1　1993

中 10801522

论“前后七子”对“公安派”的启迪

范嘉晨

陕西师范大学学报　1993：1　1993

中 10801523

公安派与阳明后学

吴兆路

浙江学刊　1995：2　1995

中 10801524

公安派的文学创作与庄子美学

张微

武汉大学学报　1995：5　1995

中 10801525

从愤世到自适——李贽与公安派人生观、文学观的比较研究

左东岭

首都师范大学学报　1998：2　1998

中 10801526

论唐宋公安二派的文学主张之异同的成因

刘绍恒

西南民族学院学报　1998 增刊　1998

中 10801527

论晚明公安派文论的“新变”思想

关道雄

南京大学学报　1999：2　1999

中 10801528

公安派与五四文学运动

赵雪倩

汉学论丛　2　复旦大学出版社　1999.7

中 10801529

“虽好之，不学之”：试论公安三袁对李贽的矛盾态度

王承丹

临沂师范学院学报　2000：2　2000

中 10801530

公安派诗学的重新考察

陈文新
社会科学研究　2000：4　2000

中 10801531
汤显祖与公安派关系论略
王承丹
齐鲁学刊　2000：4　2000

中 10801532
公安派形成时间和原因的考察
孟祥荣　毛洪文
荆门职业技术学院学报　2000：5　2000

中 10801533
明公安派诗社活动浅析
萨兆沩
新视野　2000：6　2000

中 10801534
公安三袁与李贽
孟祥荣
孔孟月刊　38：12　2000.8

（六）竟陵派

中 10801535
公安竟陵是文妖
教书匠
晨报（上海）　1934.5.31

中 10801536
公安竟陵的疙瘩
怀琛
读书顾问　1：2　1934.7
读书顾问季刊　2　1980

中 10801537
公安竟陵小品文读后题
刘夒
人间世　16　1934.11
人间小品甲集（人间世丛书）　上海良友图书公司　1935

中 10801538
什么叫做公安派和竟陵派？他们的作风和影响怎样？
陈子展
文学百题　生活书店　1935.7
文学百题　上海书店　1981.6
文学百题　岳麓书社　1987.10
中国古代文论研究论文集　上海古籍出版社　1989.2
文学百题　中州古籍出版社　1992.9

中 10801539
公安竟陵派之文学
府丙麟
约翰声　46　1935.12

中 10801540
从明代文学讲到公安竟陵
佩韦
申报　1936.3.1

中 10801541
竟陵诗论
郭绍虞
学林　5　1941.3

中 10801542
论公安竟陵诗派
钱锺书
谈艺录　香港龙门书店　1965

中 10801543
公安竟陵文学理论的探究
邵红
思与言　12：2　1974.7

中 10801544
竟陵派文学理论的研究
邵红
台湾大学文史哲学报　24　1975.11

中 10801545
竟陵派的文学思想
陈万益
大地文学　1　1978.10

中 10801546
为竟陵派一辩
吴调公
文学评论　1983：3　1983
古典文论与审美鉴赏　齐鲁书社　1985.12

中 10801547
独树一帜　影响深远——论竟陵派诗歌理论的进步意义（一、二）
张国光
荆州师专学报　1985：3-4　1985
竟陵派与晚明文学革新思潮　武汉大学出版社　1987.5

中 10801548
论公安派与竟陵派的分歧
马美信
复旦学报　1985：5　1985

中 10801549
论竟陵派的地位和影响
王恺
江海学刊　1986：1　1986

中 10801550
“流派芳千古，性灵照古今”：谈竟陵派在文学史上的贡献
张业茂
湖北大学学报　1987：1　1987

中 10801551
略论竟陵派“幽深孤峭”的创作宗旨
孙建模
湖北大学学报　1987：1　1987

中 10801552
论公安竟陵绝句八首并序
羊春秋
船山学报　1987：2　1987

中 10801553
应公正地评价竟陵派对文学史的贡献

焦知云
竞陵派与晚明文学革新思潮 武汉大学出版社 1987.5

中 10801554
钱谦益对竟陵派评价简析
胡诗华
竟陵派与晚明文学革新思潮 武汉大学出版社 1987.5

中 10801555
关于“幽深孤峭”的断想
蒋松源
竟陵派与晚明文学革新思潮 武汉大学出版社 1987.5

中 10801556
剪石台
郭义淦 黄身炽
竟陵派与晚明文学革新思潮 武汉大学出版社 1987.5

中 10801557
竟陵派三议
彭先兆
竟陵派与晚明文学革新思潮 武汉大学出版社 1987.5

中 10801558
竟陵派诗论的美学思想
潘运告
竟陵派与晚明文学革新思潮 武汉大学出版社 1987.5

中 10801559
竟陵派诗论的现实土壤和历史渊源
谭邦和
竟陵派与晚明文学革新思潮 武汉大学出版社 1987.5

中 10801560
竟陵派诗论及其实践
熊源祺
竟陵派与晚明文学革新思潮 武汉大学出版社 1987.5

中 10801561
竟陵派兴衰原因辨
王齐洲
竟陵派与晚明文学革新思潮 武汉大学出版社 1987.5

中 10801562
论竟陵派在明代诗文演变过程中的历史地位
尹恭弘
竟陵派与晚明文学革新思潮 武汉大学出版社 1987.5

中 10801563
也为竟陵派一辩
王毅
竟陵派与晚明文学革新思潮 武汉大学出版社 1987.5

中 10801564
“我所必起，人不能废”
周牧

竟陵派与晚明文学革新思潮　武汉大学出版社　1987.5

中 10801565
论竟陵派对公安派诗文理论的继承和发展
易锦海
竟陵派与晚明文学革新思潮　武汉大学出版社　1987.5

中 10801566
论晚明竟陵派的“幽深孤峭”说
周学禹
信阳师范学院学报　1988：4　1988

中 10801567
明代后期文学思想演变的一个侧面：从屠隆到竟陵派
谈蓓芳
复旦学报　1989：1　1989

中 10801568
论竟陵派的尊杜抑李及其对金圣叹的影响
张国光
湖北大学学报　1991：2　1991

中 10801569
晚明文艺启蒙曙色中的双子星座——公安与竟陵个体意识比较
吴调公
文学遗产　1991：3　1991

中 10801570
诗为“活物”：竟陵派文学鉴赏理论探析
曹红祥
山东师范大学学报　1994：3　1994

中 10801571
竟陵派的诗经学——以钟惺的评价为中心
［日］村山吉广著　林庆彰译
中国文哲研究通讯　5：1　1995.3

中 10801572
简论钟惺：兼论竟陵派在文学史上的地位
李先耕
文学评论　1995：6　1995

中 10801573
竟陵派的诗经学——兼谈对钟惺的评价
［日］村山吉广著　傅丽英译
河北学刊　1996：1　1996

中 10801574
论竟陵派形成、发展的四个阶段
陈广宏
中国文学研究　2　江西教育出版社　2000.2

中 10801575
竟陵派诗论及其源头初探
王晓顺
内蒙古社会科学　2000：6　2000

（七）其他流派

中 10801576
初明吴中四杰（张羽、高启、杨基、徐贲）
李荆
“中央日报” 1959.8.19–20

中 10801577
论戏曲史上临川派与吴江派之争
吴新雷
江海学刊 1962：12 1962

中 10801578
谈吴江派
钱南扬
中华文史论丛 1963：3 1963
汉上宧文存 上海文艺出版社 1980.8

中 10801579
论泰州学派——与侯外庐先生商榷
华山
山东大学学报 1964：1 1964

中 10801580
初明六大诗派之流变
李曰刚
台湾师大学报 18 1973.6
中国诗季刊 7：1 1976

中 10801581
明代的诗社和诗派
黄志民
“中央日报” 1978.5.30

中 10801582
论吴江派和汤沈之争
邵曾祺
中华文史论丛 1979：2 1979

中 10801583
戏曲史上临川派和吴江派的论争
吴国钦
中国戏曲史漫话 上海文艺出版社 1980.6

中 10801584
临川派与吴江派戏曲理论的斗争
赵景深（邹啸）
曲论初探 上海文艺出版社 1980.7

中 10801585
吴江派戏曲理论初探
夏写时
学术月刊 1980：8 1980

中 10801586
吴江派包括哪些成员？
佩
上海戏剧 1981：2 1981

中 10801587
略论昆山派的戏曲审美理论
王政
安阳师专学报 1983：3 1983

中 10801588
明清两代的西湖诗社
顾志兴
西湖 1984:1 1984

中 10801589
关于“击壤集派”
徐寿凯
古代文艺思想漫话 浙江文艺出版社 1984.2

中 10801590
论临川派的戏曲美学理论
王政
古代文学理论研究丛刊 9 上海古籍出版社 1984.4

中 10801591
“玉茗堂派”初探
王永健
汤显祖研究论文集 中国戏剧出版社 1984.5

中 10801592
“临川派”和“吴江派”的论争
杨毓龙
汤显祖研究论文集 中国戏剧出版社 1984.5

中 10801593
明初越派诗文论
龚显宗
台南师专学报 18 1985.5

中 10801594
明代的茶陵诗派
周寅宾
学林漫录 10 中华书局 1985.5

中 10801595
论苏州派戏剧的妇女观和爱情观
耿百鸣
华东师范大学学报 1985:5 1985

中 10801596
论商丘诗派
陆草
商丘师专学报 1986:1 1986

中 10801597
明初“闽中诗派”诗论评说
洪峻峰
福建论坛 1986:2 1986

中 10801598
略谈明末清初的商丘诗人群落
陆草
中州今古 1986:3 1986

中 10801599
我国戏曲史上的“吴江派”与“临川派”
金宁芬
文史知识 1986:8 1986

中 10801600
明末清初的河朔诗派:《清诗史》“遗民诗”的一章
刘世南

江西师范大学学报 1987：4 1987

中 10801601
“吴中诗派”与中唐诗歌
赵昌平
文学探讨撷英（上册） 陕西人民出版社 1988.7

中 10801602
“绿窗共把宫商辨”——苏州派的合作与交游
康保成（宝城）
戏曲研究 29 文化艺术出版社 1989.3

中 10801603
略论明清之际诗坛上的西泠派
朱则杰
杭州师范学院学报 1989：5 1989

中 10801604
闽中诗派的诗歌创作与明初社会、文化背景
蔡一鹏
福建论坛 1990：3 1990

中 10801605
格调派唐诗观的形成和发展——明代唐诗批评史研究之一
朱易安
上海师范大学学报 1991：1 1991

中 10801606
茶陵派与复古派
廖可斌
求索 1991：2 1991

中 10801607
论闽中诗派
蔡一鹏
文史哲 1991：2 1991

中 10801608
论茶陵派
廖可斌
求索 1991：2 1991
诗稗鳞爪 浙江大学出版社 1999.10

中 10801609
试论南园前五先生的诗
梁守中
中山大学学报 1992：1 1992

中 10801610
论浙东派
廖可斌
浙江学刊 1992：2 1992

中 10801611
试论明代茶陵派之形成
连文萍
古典文学 12 学生书局 1992.10

中 10801612
论明初文坛的浙江文派
王琦珍
江西师范大学学报 1993：1 1993

中 10801613
明代拟古派的困境
简恩定
台湾科学委员会研究汇刊（人文及社会科学） 4：1　1994.1

中 10801614
明代文学思潮研究的力作——评廖可斌《复古派与明代文学思潮》
周明初
浙江社会科学　1994：6　1994

中 10801615
性灵文人的心态择向
吴兆路
复旦学报　1995：1　1995

中 10801616
才子文士的风情雅趣：明代昆山派戏曲美学
李培坤　王政
宝鸡文理学院学报　1995：2　1995

中 10801617
明初闽中十子诗派兴起之考察
陈庆元
扬州师院学报　1995：4　1995

中 10801618
闽中诗派与闽中十子
杨起予
文史知识　1995：4　1995

中 10801619
格律二美与语言俚俗：明代吴江派戏曲美学之一
王政　李培坤
唐都学刊　1996：1　1996

中 10801620
论云间词派
黄士吉
沈阳师范学院学报　1996：3　1996

中 10801621
略论明清乡邦诗学中的“泛江西诗派”观
张寅彭
文学遗产　1996：4　1996

中 10801622
晚明福建地区的城市诗人
陈广宏
中西学术　2　复旦大学出版社　1996.11

中 10801623
复社及几社与台湾文化之影响
盛成
盛成文集　北京语言文化大学出版社　1997.1

中 10801624
略论西泠诗派的宗尚及创作
霍有明
文艺的复古与创新　中国戏剧出版社　1997.3

中 10801625

《柳州词选》与柳州词派——明清之际词派研究之一

吴熊和

中国文哲研究通讯　7：4　1997.12

中 10801626

《西陵词选》与西陵词派——明清之际词派研究之二

吴熊和

中国文哲研究通讯　7：4　1997.12

中 10801627

性灵派整体研究的开山之作：评王英志新著《性灵派研究》

钟明奇

西北师大学报　1999：2　1999

中 10801628

评王英志《性灵派研究》

程相占

文学评论　1999：4　1999

中 10801629

明清广东的诗社

李绪柏

广东社会科学　2000：3　2000

作家作品

一、王沂（1308–1383）

中 10801630

伊滨集中的王征士诗

楼占梅

史学汇刊　12　1983.10

二、宋濂（1310–1381）

中 10801631

宋濂的《文论》

益

晨报（上海）　1934.12.6

中 10801632

宋濂与方孝孺之文学理论（1–2）

高名凯

北平晨报　1935.9.10、13

中国古代文论研究论文集　上海古籍出版社　1989.2

中 10801633

宋濂

萧继宗

中国文学史论集　2　中华文化出版事业委员会　1958.4

中 10801634

宋濂《送东阳马生序》试评

成芳椒

语文学习　1958：9　1958

中 10801635

对《送东阳马生序》一文注释的意见

刘生力　冯培贤

语言文学　1959：11　1959

中 10801636

勤读苦学的宋濂

刘实

杭州日报　1961.11.18

中 10801637

刻苦勤奋的宋濂

张习孔

北京晚报　1962.1.18

中 10801638
读书今昔谈
李汉超
辽宁日报　1962.8.3

中 10801639
求知心切的宋濂
晓飞
哈尔滨晚报　1963.1.4

中 10801640
宋濂衣冠塚
健行
“中央日报”　1967.3.5

中 10801641
宋濂与徐达之死——明史中的两桩疑案
徐道邻
东方杂志　1：4　1967.10

中 10801642
记明初大儒宋濂
王杰谋
浙江月刊　3：1　1971.1

中 10801643
宋濂以学待从
章君毅
联合报　1971.4.5

中 10801644
宋濂
王序
中国文学作家小传　友联出版社有限公司　1974.10

中 10801645
刘基宋濂遗事补正
高越天
浙江月刊　10：10　1978.10

中 10801646
宋濂和他的《送东阳马生序》
李茂肃
柳泉　1980：1　1980

中 10801647
读宋濂《送东阳马生序》
李汉超
欣赏与评论　1980：2　1980

中 10801648
《送东阳马生序》注析
南宁师院中文系古典文学教研组
南宁师院学报　1980：3　1980

中 10801649
精诚所至，金石为开——读《送东阳马生序》
杨一仁　刘国义
教学与研究（南通师专）　1980：3　1980

中 10801650
宋濂的传记文
洪克夷
语文战线　1980：4　1980

中 10801651
明初大手笔宋濂
杜若
台肥月刊　21：10　1980.10

中 10801652
宋濂（浙江古代作家介绍）
单锦珩
教学与研究（中学语文版·浙江师院）　1980：11　1980

中 10801653
宋濂冒雪访名师
蔡斌芳
今昔谈　1981：1　1981

中 10801654
宋濂的文学批评（上、下）
张健
"中央日报"　1981.11.4–5

中 10801655
"沃灌"究竟何义
田丰
中学语文　1982：1　1982

中 10801656
以事明理　婉转感人——宋濂《送东阳马生序》赏析
杜黎均
阅读和欣赏（古典文学部分 4）　北京出版社　1982.7

中 10801657
宋濂诗论述评
龚显宗
华学月刊　128　1982.8

中 10801658
前辈教育后辈的典范——谈宋濂的《送东阳马生序》
潘成舟
语文学习　1982：8　1982

中 10801659
试论明初大儒——宋濂之死
詹长皓
明史研究季刊　5　1982.12

中 10801660
宋濂和王祎的史学成就
朱仲玉
史学史研究　1983：4　1983

中 10801661
宋濂不是死于茂州
王永湘
书林　1983：5　1983

中 10801662
宋濂的经师气象与人师风范
戚宜君
中华文艺　25：3　1983

中 10801663
宋濂死于何地
王永湘

读书　1983：8　1983

中 10801664
宋濂《送东阳马生序》探析
余崇生
中华文化复兴月刊　16：9　1983

中 10801665
宋濂寓言初探
马达
西南师院学报　1985：1　1985

中 10801666
画龙点睛，勾魂摄魄——简析《秦士录》的写人技巧
马瑞芳
散文　1985：3　1985

中 10801667
宋濂散文述略
陈葛满
浙江师范大学学报　1987：2　1987

中 10801668
宋濂散文的阳刚美
陈葛满
浙江学刊　1988：1　1988

中 10801669
宋濂用世思想刍议
陈葛满
浙江师范大学学报　1988：3　1988

中 10801670
宋濂《送东阳马生序》讲析
何克
中文自学指导　1988：10　1988

中 10801671
勉人以学的警世序——宋濂《送东阳马生序》解析
贾云晞
中文自修　1989：1　1989

中 10801672
婉转附物　情来神会——读宋濂《越歌》（恋郎思郎）
朱一飞　白楠
中文自修　1989：4　1989

中 10801673
月色泯尘念，淡泊返自然：浅说宋濂两首诗的意境
陈葛满
文史知识　1989：8　1989

中 10801674
宋濂文学思想探析
汪正章
吕梁学刊　1990：1　1990

中 10801675
记建楼之微事　明治国之大道：读宋濂《阅江楼记》
陈葛满
文史知识　1991：11　1991

中 10801676
宋濂——秦士录
江举谦
明道文艺 190 1992.1

中 10801677
宋濂与道教
龚显宗
道教学探索 6 1992.12

中 10801678
宋濂诗文拾遗（1–3）
龚剑锋 蒋英根 潜苗金
文献 1993：1–3 1993

中 10801679
宋濂诗文掇拾
龚剑锋
文献 1993：4 1993

中 10801680
明清书法题跋选释——宋濂书论五则
夏咸淳 陶湘生 王镐
书法 1993：5 1993

中 10801681
学者之文，重在于用：宋濂和他的散文
高志忠
北方论丛 1994：2 1994

中 10801682
论宋濂的传记文学
郭建球 邓剑波
中国文学研究 1994：4 1994

中 10801683
论宋濂前后期思想的变化及其它
廖可斌
中国文学研究 1995：3 1995
诗稗鳞爪 浙江大学出版社 1999.10

中 10801684
求学也是一种人格的考验——宋濂的《送东阳马生序》
戴朝福
中国语文（台北） 77：3 1995

中 10801685
送东阳马生序
江举谦
明道文艺 236 1995.11

中 10801686
论宋濂的文论与散文创作
张仲谋
徐州师范学院学报 1996：2 1996

中 10801687
朱元璋之为君和宋濂之为文
郭预衡
北京师范大学学报 1996：3 1996

中 10801688
青萝山前读宋濂
洪新年
江南 1996：5 1996

中 10801689
宋濂与江南第一家

浙人
文史知识　1996：10　1996

中 10801690
评宋谦、高启的诗文理论
刘宇
新东方　1997：1　1997

中 10801691
论宋濂的“为文”思想
谢其祥
广西师范大学学报　1997：2　1997

中 10801692
论宋濂的诗学理论
张涤云
华中师范大学学报　1997：5　1997

中 10801693
宋濂与佛教
龚显宗
正观　1　1997.6

中 10801694
宋濂《秦士录》等文汉语论
杨鸿铭
孔孟月刊　36：6　1998.2

中 10801695
宋濂的寓言创作刍议
谢其祥
广西师范大学学报　1998：2　1998

中 10801696
《宋濂诗文评注》序
章培恒
灾枣集　山东友谊出版社　1998.12

三、刘基（1311–1375）

中 10801697
刘伯温的词
朱健和
国闻周报　1928.3.25

中 10801698
拨乱反正的刘伯温
梁容若
中国一周　284　1955.10

中 10801699
漫步书林——刘基传：多能鄙事
郑振铎（西谛、郭源新）
人民日报　1956.8.1
郑振铎书话　北京出版社　1996.10

中 10801700
短小精悍　议论风生——介绍刘基《郁离子》中的议论文
徐凌云
新闻业务　1961：7　1961

中 10801701
谈刘基的《郁离子》
高海夫
文学遗产增刊　10　中华书局　1962.7

中 10801702
"金玉其外，败絮其中"
善文
新民晚报　1964.9.23

中 10801703
刘伯温是学者不是神仙
铁髯
中国文选　44　1971.12

中 10801704
诚意伯刘基
景唐
生力月刊　4：45　1971

中 10801705
刘基预言与迷惑——陈学霖先生访问记
徐芳玲
幼狮　38：3　1973

中 10801706
刘伯温其人其事
张玲惠
浙江月刊　5：3　1973.3

中 10801707
刘基宋濂遗事补正
高越天
浙江月刊　10：10　1978.10

中 10801708
刘基思想的渊薮
陈大裕
艺文志　157　1978.10

中 10801709
"叩齿"（居学偶记）
游国恩
文史　5　中华书局　1978.12

中 10801710
慷慨激昂　酣畅淋漓——读刘基的《卖柑者言》
阎凤梧
太原文艺　1979：5　1979

中 10801711
寓观点于记叙之中——读刘基《司马季主论卜》
张慕勋
哈尔滨广播　1980：4　1980

中 10801712
试论刘伯温的诗词
王馨一
教学与研究（丽水师范专科学校）　1981：1　1981

中 10801713
辛辣的讽刺，无情的揭露——谈谈《卖柑者言》
叶草
函授辅导　1981：2　1981

中 10801714
刘伯温和他的《郁离子》
魏建猷　肖善艺
上海师范学院学报　1982：1　1982

中 10801715
读刘基《郁离子》
熊宪光
重庆师范学院学报　1982：3　1982

中 10801716
谈《卖柑者言》
张汉丁
艺谭　1982：3　1982

中 10801717
一部出色的政治寓言集——《郁离子》管窥
鲍延毅
浙江师范学院学报　1982：4　1982

中 10801718
《郁离子》管窥
鲍延毅
明清诗文研究丛刊　2　苏州大学中文系明清诗文研究室　1982.12

中 10801719
《卖柑者言》及政治寓言浅释
桑榆
语文战线　1983：1　1983

中 10801720
《卖柑者言》评注
李运瑛　何必
沈阳师范学院学报　1983：1　1983

中 10801721
《卖柑者言》艺术特色初探
成炳顺
语文教学与研究　1983：1　1983

中 10801722
匠心独运　贵在创新——浅析刘基的《松风阁记》
奚锦顺
语文学习　1983：1　1983

中 10801723
《卖柑者言》译注
王吉明
中学语文教学参考　1983：2　1983

中 10801724
议论高简　鞭辟入里——读刘基《卖柑者言》
吴士余
名作欣赏　1983：2　1983

中 10801725
《卖柑者言》评讲
胡洪荫
承德师专学报　1983：2　1983

中 10801726
《卖柑者言》浅析
杨志林
语文教研　1983：2　1983

中 10801727
《卖柑者言》备课指要
许伯明　钱元杰
语文教学通讯　1983：3　1983

中 10801728
《卖柑者言》三巧
李运瑛　何必
山东师范大学学报　1983：3　1983

中 10801729
读《卖柑者言》
张仓礼
语文学习　1983：3　1983

中 10801730
评刘基
胡岩林
浙江师范学院学报　1983：3　1983

中 10801731
关于《郁离子》
卞集
山东师范大学学报　1983：4　1983

中 10801732
话说《卖柑者言》——教学通讯
袁枚
语文教学　1983：4　1983

中 10801733
《郁离子》点校本失误举偶
鲍延毅
山东师范大学学报　1983：4　1983

中 10801734
《卖柑者言》的教学——《卖柑者言》的语言艺术
张汉清　方弢
语文教学之友　1983：4　1983

中 10801735
寓意深刻　对话巧妙
李俊倂　徐威仪
教学通讯　1983：5　1983

中 10801736
《卖柑者言》的构思艺术
万萍
语文教学　1983：5　1983

中 10801737
《卖柑者言》的论辩艺术
刘璞
中学语文　1983：6　1983

中 10801738
《卖柑者言》中的类比推理
黄正瑶
语文教学通讯　1983：7　1983

中 10801739
刘基的哲学思想及其社会政治观点
容肇祖
明清人物论集　四川人民出版社　1983.8

中 10801740
刘基生平史料辨析
郝兆矩

杭州师范学院学报　1984：1　1984

中 10801741
《郁离子》的成就
关肇昕
南京师大学报　1984：1　1984

中 10801742
朱明王朝神化刘伯温的历史过程——兼谈《烧饼歌》产生的几何轨迹
蒋星煜（布谷、白甲）
杭州大学学报　1984：1　1984

中 10801743
松风百态　情景一体——读刘基《松风阁记》
邹志方
绍兴师专学报　1984：2　1984

中 10801744
《郁离子》与元明之际的社会矛盾
冯天瑜
明清文化史散论　华中工学院出版社　1984.2

中 10801745
刘基的文学观
龚显宗
华学月刊　148　1984.4

中 10801746
刘基和他的《郁离子》
邱树森
元史及北方民族史研究集刊　8　1984.5

中 10801747
《卖柑者言》写作二题
蔡世连　陶继新
语文教学　1984：6　1984

中 10801748
《卖柑者言》浅析
朱安庆
昭通师专学报　1985：1　1985

中 10801749
论刘基
鲍昌
唐山教育学院学报　1985：1　1985

中 10801750
《郁离子》一书考释
胡岩林
浙江师范大学学报　1986：2　1986

中 10801751
刘基杂文的思想内容和艺术特色
许廷桂
重庆师范学院学报　1986：4　1986

中 10801752
刘基灵丘丈人轻重论
杨鸿铭
孔孟月刊　25：3　1986.11

中 10801753
《苦斋记》评注
卢元
中学语文教学　1988：4　1988

中 10801754

为人“老诚”为文“狡猾”——刘基《卖柑者言》赏析

项雷（刘刈）

阅读和欣赏（古典文学部分 12） 广播出版社 1988.8

中学语文赏析（初中部分） 广播出版社 1990.6

中 10801755

古典剧目神化刘伯温的历史背景

蒋星煜（布谷、白甲）

中国戏曲史索隐 齐鲁书社 1988.10

中 10801756

评《郁离子评注》

李汉秋 马晓芳

天津社会科学 1990：1 1990

中 10801757

《苦斋记》的语言特色

苍舒

修辞学习 1990：1 1990

中 10801758

刘伯温文学思想初探

汪正章

无锡教育学院学报 1990：2 1990

中 10801759

放词无方，措旨至当：从比喻看《郁离子》的艺术特色

张秉政 赵家新

淮北煤师院学报 1990：2 1990

中 10801760

精思巧喻 入木三分——简析刘基《卖柑者言》

易真

中文自修 1990：5 1990

中 10801761

《郁离子》风格特征论

周群

山东社联通讯 1991：1 1991

中 10801762

刘基寓言文学的审美特征

张秉政 赵家新

淮北煤师院学报 1991：3 1991

中国文化研究 1998：3 1998

中 10801763

《郁离子》浅论

朱绍秦

山东医科大学学报 1991：3 1991

中 10801764

功著开国元勋，文高一代宗师：刘基和他的诗文简介

龙连荣

黔东南民族师专学报 1992：2 1992

中 10801765

《郁离子》的内容类型及表现方法：兼谈刘基寓言创作的巨作意识

赵家新 张秉政

淮北煤师院学报 1992：4 1992

中 10801766
刘基的政治思想
孙广德
社会科学论丛　40　1992.6

中 10801767
刘基灵丘丈人
江举谦
明道文艺　201　1992.12

中 10801768
刘基文集版本考述
周群
南京大学学报　1993：2　1993

中 10801769
刘基和他的《郁离子》
周先慎
文史知识　1994：7　1994

中 10801770
评《卖柑者言》：刘基犯“矛盾谬误”？
黄展骥
云南学术探索　1995：3　1995

中 10801771
刘基《司马季主论卜》
江举谦
明道文艺　234　1995.9

中 10801772
刘基的绝句
张健
明道文艺　234　1995.9

中 10801773
《司马季主论卜》义蕴之探究
邱敏捷
国文天地　12：3　1996.8

中 10801774
刘基《司马季主论卜》析评
杨鸿铭
国文天地　12：6　1996.11

中 10801775
刘基《司马季主论卜》反笔论
杨鸿铭
孔孟月刊　35：4　1996.12

中 10801776
刘基对宋濂的友谊及其《二鬼》诗索隐
徐朔方
书目季刊　30：3　1996.12

中 10801777
论刘基和高启的词创作
孙家政
南京师大学报　1998：2　1998

中 10801778
从《苏平仲文集序》看刘基的文学思想
吕立汉
丽水师范专科学校学报　1998：3　1998

中 10801779
刘基《郁离子》探论
车行健
书目季刊　31：4　1998.3

中 10801780
刘基诗论
周群
中国文哲研究集刊　13　1998.9

中 10801781
从《郁离子》看刘基的士绅倾向
何良昊
古典文学知识　1999：3　1999

中 10801782
刘基词论
周群
首都师范大学学报　2000：1　2000

中 10801783
论刘基以诗议政的创作倾向
吕立汉
丽水师范专科学校学报　2000：1　2000

中 10801784
榛芜原野的一朵奇葩：论刘基的词
吕立汉
杭州师范学院学报　2000：2　2000

中 10801785
论刘基诗歌的生命观念
吕立汉
丽水师范专科学校学报　2000：3　2000

中 10801786
刘基集句词二考
潘丽琳
东吴中文研究集刊　7　2000.6

中 10801787
《刘基寓言研究》书后
纪健生
安徽大学学报　2000：6　2000

四、宋讷（1311–1390）

中 10801788
明初宋讷为大学士时上守边策质疑
吴缉华
明代制度史论丛　学生书局　1971.2

五、程明远（1311–1398）

中 10801789
程明远生平著述考略
黄仁生
中国文学研究　1995：2　1995

六、贝琼（1314–1379）

中 10801790
贝琼的文学观
龚显宗
华学月刊　139　1983.7

中 10801791
送别诗中另一格——读贝琼《送扬九思赴广西都尉经历》
憨斋
阅读与写作　1991：10　1991

中 10801792
贝琼的题画诗——“桃花源”“潇湘”的象征
林美兰
中山中文学刊　2　1996.6

七、朱珪（1316？–1377）

中 10801793
元明之际朱珪编《名迹录》——读四库全书珍本
费海玑
东方杂志　15：9　1971.3

八、戴良（1317–1383）

中 10801794
金华之学的衍变与戴良的诗文成就
查洪德　李艳
杭州师范学院学报　2000：5　2000

九、刘崧（1321–1381）

中 10801795
刘崧与西江派
饶龙隼
西南师范大学学报　1997：4　1997

中 10801796
刘崧的诗学思想与诗歌创作
魏崇新
东南大学学报　2000：3　2000

一〇、王祎（1322–1374）

中 10801797
宋濂和王祎的史学成就
朱仲玉
史学史研究　1983：4　1983

中 10801798
王祎二题
何冠彪
香港大学中文系集刊　2　1987
明清人物与著述　香港教育图书公司　1996

一一、杨基（1326–1378）

中 10801799
杨基生年考及其诗中“木入斗”问题
翁同文
艺林丛考　联经出版事业公司　1977.6

中 10801800
杨基《天平山中》（名作赏析·《中国古代山水诗鉴赏辞典》专辑）
刘世德
古典文学知识　1989：3　1989

中 10801801
杨基生卒年考辨
杨隽
四川师范大学学报　1990：2　1990

中 10801802
清新流丽　生趣盎然——杨基《天平山中》诗赏析
钟尚钧
语文月刊　1994：3　1994

一二、叶子奇（1327–1390）

中 10801803
叶子奇的《草木子》
万方
文献　1983：4　1983

一三、朱元璋（1328–1398）

中 10801804
从太祖御笔看明初文字之祸
潜斋
畅流　7：2　1953

中 10801805
明太祖与日僧绝海
梁容若
“中央日报”　1953.3.9

中 10801806
朱元璋的文章
梁容若
联合报　1955.9.30

中 10801807
明太祖好学
陈中和
“中央日报”　1959.4.8–9

中 10801808
明太祖故事
姚石如
“中央日报”　1959.12.17–18

中 10801809
明太祖
陈中和
“中央日报”　1960.1.25–26

中 10801810
明太祖及其文章——为太祖御制文集影印出版作
包遵彭
新时代　6：2　1966.2
书目季刊　1：1　1966.9

中 10801811
明太祖风雅自况
陶怡
艺文志　14　1966.11

中 10801812
朱洪武逸事续谈
张元
艺文志　17　1967.2

中 10801813
明太祖的文字统治术
罗炳绵
中国学人　3　1971.6
明史研究论丛　2　大立出版社　1985.7

中 10801814
明太祖与故人田兴
杜负翁
东方杂志　9：11　1976.5

中 10801815
朱元璋：一个历史和人格的研究

黄小平
台湾师大学报　24　1979.6

中 10801816
朱元璋、太平天国与对联
余德泉
求索　1982：2　1982

中 10801817
明太祖也能做诗
杨仲揆
大华晚报　1982.2.21

中 10801818
尊孔重儒的朱洪武
司徒欣
孔孟月刊　21：7　1983.3

中 10801819
朱元璋游湖惩恶吏
刘建业
旅游天地　1986：6　1986

中 10801820
《千家诗》载明世宗《送毛伯温》与《全明诗》收朱元璋《赐都督佥事杨文广征南》的问题
苏兴
东北师大学报　1995：2　1995

中 10801821
朱洪武的"王道"
费振钟
北方文学　1995：9　1995

中 10801822
朱元璋之为君和宋濂之为文
郭预衡
北京师范大学学报　1996：3　1996

中 10801823
朱元璋诗文刍论
张德信
北方论丛　1996：4　1996

中 10801824
刘邦、朱元璋的两首诗
赵映林
古典文学知识　1996：4　1996

一四、卞元亨（1328–1419）

中 10801825
卞元亨为张士诚部下将领考辨
姚恩荣
明清小说研究　5　中国文联出版公司　1987.6

一五、常遇春（1330–1369）

中 10801826
关于常遇春之母的传说释疑
范金荣
民间文学论坛　1995：1　1995

一六、王行（1331–1395）

中 10801827
王行的诗论
龚显宗
华学月刊　145　1984.1

一七、俞本（1331–1403？）

中 10801828
元末明初俞本及其《纪事录》
陈学霖
故宫学术季刊　14：4　1997 夏

一八、徐达（1332–1385）

中 10801829
宋濂与徐达之死——明史中的两桩疑案
徐道邻
东方杂志　1：4　1967.10

一九、张羽（1333–1385）

中 10801830
张羽死于何处
钱振民
中国典籍与文化　1997：1　1997

二〇、徐贲（1335–1380）

中 10801831
明史徐贲传谬
陈学霖
大陆杂志　42：10　1972

二一、高启（1336–1374）

中 10801832
高启（1366–1374）
沈兼士
中国文学史论集　3　中华文化出版事业委员会　1958.4

中 10801833
一个十四世纪的诗人：高启
［美］Frederick W. Mote（牟复礼）
中国历史人物论集　正中书局　1973.4

中 10801834
明代不幸的诗人高青邱
沈兼士
中华国学　1：8　1977.8

中 10801835
《书博鸡者事》注析
南宁师院中文系古典文学教研组
南宁师院学报　1982：1　1982

中 10801836
发端沉郁・入趣幽远——试论高启心境之变迁
刘龙勋
幼狮学志　17：1　1982

中 10801837
读《书博鸡者事》
张庆
徐州师范学院学报　1983：1　1983

中 10801838
《书博鸡者事》浅析
朱其铠
山东师范大学学报　1983：1　1983

中 10801839
《书博鸡者事》两题
史谭
语文教学与研究　1983：2　1983

中 10801840
《书博鸡者事》讲评
白景实
承德师专学报　1983：2　1983

中 10801841

史笔叙事、缘事明理——《书博鸡者事》分析

徐应佩　周溶泉

北京师范大学学报　1983：3　1983

中 10801842

《书博鸡者事》评注

钱大宇

语文教学之友　1983：4　1983

中 10801843

《书博鸡者事》备课札记

张庆

中学语文教学参考　1983：5　1983

中 10801844

读《书博鸡者事》札记

董清洁

中学语文　1983：5　1983

中 10801845

《书博鸡者事》评注

夏兆亿

语文教学通讯　1983：6　1983

中 10801846

试论《书博鸡者事》的写作意图

陈治平

中学语文　1983：6　1983

中 10801847

《书博鸡者事》的写作特点

孟启明

中学语文　1983：6　1983

中 10801848

《书博鸡者事》试析

陆康权

语文战线　1983：6　1983

中 10801849

高启诗歌初探

张春山

运城师专学报　1984：2　1984

中 10801850

诗人高启之死及其诗歌评价

钱伯城

中华文史论丛　1984：2　1984

中 10801851

除害显身手　尺幅掀巨澜——《书博鸡者事》赏析

姜汉林

语言文学　1985：5　1985

中 10801852

于平淡中见深意：高启《牧中词》赏析

刘承训

教与学（怀化师专中文科）　1986：1　1986

中 10801853

高启诗文版本源流小考

张春山

运城师专学报　1986：3　1986

中 10801854
高启集外词
北山
词学　5　华东师范大学出版社　1986.10

中 10801855
真趣盎然，童心未泯：高启《牧朱词》赏析
李军
文史知识　1987：7　1987

中 10801856
高启诗文系年补正
陈建华
中国古典文学丛考　2　复旦大学出版社　1987.11

中 10801857
高启诗简论
尤振中
苏州大学学报　1989：1　1989

中 10801858
纵横跌宕　格高情深——读高启《登金陵雨花台望大江》
毛远明
语文月刊　1989：3　1989

中 10801859
明初诗哲高启与三教
王煋
中国文化月刊　118　1989.8

中 10801860
论高启的睡欲和诗癖：兼及元代文人的隐乐思潮
孙小力
广西师范大学学报　1990：1　1990

中 10801861
明词纪事·高启
尤振中
苏州大学学报　1990：4　1990

中 10801862
论青丘子其人其诗
徐永端
苏州大学学报　1991：3　1991

中 10801863
祖国统一的赞歌——高启《登金陵雨花台望大江》简析
王丽娜　李润芬
名作欣赏　1992：3　1992

中 10801864
高启的审美理想及其创作成就
傅憨强
杭州大学学报　1992：4　1992

中 10801865
高启生平二考
傅憨强
苏州大学学报　1993：1　1993

中 10801866
评宋谦、高启的诗文理论

刘宇
新东方　1997：1　1997

中 10801867
论刘基和高启的词创作
孙家政
南京师大学报　1998：2　1998

中 10801868
高启《青丘子歌》作年辨证
傅懋强
苏州大学学报　1998：3　1998

中 10801869
高启的悲剧人生与思想性格
李晓刚
重庆师范学院学报　1998：4　1998

中 10801870
高启诗歌用韵研究
尹戴忠
娄底师专学报　2000：1　2000

中 10801871
拊付缶而歌　自快其意——简论高启的诗歌理论
赵海岭
青岛大学师范学院学报　2000：2　2000

中 10801872
论高启的散文
张春山　张晓凯
运城高等专科学校学报　2000：4　2000

中 10801873
高启《青丘子歌》作于何年——与傅懋强先生商榷
房锐
四川师范大学学报　2000：5　2000

中 10801874
"四海永为家"的高亢颂歌：高启《登金陵雨花台望大江》解析
郑伯勤
名作欣赏　2000：5　2000

二二、孙蕡（1337–1393）

中 10801875
明初广东诗人孙蕡
寒操（梁均默）
羊城晚报　1981.5.11

二三、贾仲明（1343–1422？）

中 10801876
玉壶春（元明杂剧琐记三）
叶德均
戏曲小说丛考　中华书局　1979.5

中 10801877
小议《录鬼簿续编》的作者
吴晓铃
北国影剧 1981：2 1981

中 10801878
《录鬼簿》及其《续编》
杨沛超
文史知识 1982：5 1982

中 10801879
明初曲坛佼佼者——贾仲明
李锦山
大众日报 1983.9.21

中 10801880
有关贾仲明与天一阁本《录鬼簿》《录鬼簿续编》的异议
洪克夷
杭州大学学报 1984：2 1984

中 10801881
元明三大戏剧家（关汉卿、贾仲明、叶宪祖）
刘中玉
大华晚报 1984.7.15

中 10801882
元明之际的重要戏曲家贾仲明
何绵山
戏剧丛刊 1986：1 1986

中 10801883
《录鬼簿续编》与罗贯中种种
孟繁仁
三国演义学刊 2 四川省社会科学院出版社 1986.8

中 10801884
《录鬼簿续编》作者考辨
张志合
郑州大学学报 1988：6 1988

中 10801885
《录鬼簿续编》作者及成书年代考
刘孔伏
烟台师范学院学报 1990：1 1990

中 10801886
试论贾仲明的八十首《凌波仙》挽曲
颜天佑
中华学苑 42 1992.3

中 10801887
试论贾仲明《凌波仙》吊词
何绵山
扬州师院学报 1993：2 1993

二四、瞿佑（1347–1433）

中 10801888
读《剪灯新话》以后
华狷公
中国新书月报　1：9　1931.8

中 10801889
谈谈《剪灯新话》《剪灯余话》合刊本
农泉
中国新书月报　1：10/11　1931.11

中 10801890
从《绿衣人传》到《李慧娘》
冯其庸
北京文艺　1962：11　1962

中 10801891
瞿佑史料辑
叶德均
戏曲小说丛考　中华书局　1979.5

中 10801892
《剪灯二种》
赵景深（邹啸）
中国小说丛考　齐鲁书社　1980.10

中 10801893
瞿存斋诗词辑佚（按：瞿佑著）
任遵时
醒吾学报　6　1982.6

中 10801894
瞿佑事迹考略
张增元
文学遗产增刊　15　中华书局　1983.9

中 10801895
关于瞿佑的《香台集》:《剪灯新话》成书的一个侧面
［日］冈崎由美著　董德林　卢燕平译
许昌师专学报　1986：1　1986

中 10801896
“剪灯二种”与明初文人以文为戏的小说观
王先霈
华中师范大学学报　1986：2　1986

中 10801897
瞿佑翻案　织女诉冤
陈益源
“中央日报”　1988.2.22

中 10801898
瞿佑和《剪灯新话》
陈庆浩
汉学研究　6：1　1988.6

中 10801899
十二卷本《剪灯丛话》补考
程毅中

文献　1990：2　1990

中 10801900
《剪灯新话》简说
程毅中
古典文学知识　1992：2　1992

中 10801901
一个踏实的起步——读读陈益源的《剪灯新话与传奇漫录之比较研究》
薛洪勣
书目季刊　25：4　1992.3

中 10801902
《剪灯新话》价值的重估
石昌渝
古典文学知识　1992：3　1992

中 10801903
《金鳌新话》与《剪灯新话》之比较：论金时习的文学主体性
徐东日
延边大学学报　1992：4　1992

中 10801904
瞿佑的生卒年
寒操（梁均默）
古典文学知识　1993：2　1993

中 10801905
汉文化整体研究中的丰硕成果——评陈益源《剪灯新话与传奇漫录之比较研究》
梅庆吉
书目季刊　27：3　1993.12

中 10801906
瞿佑下狱谪戍原因考辨
薛洪勣
明清小说研究　1994：1　1994

中 10801907
瞿佑生平编年辑考
李庆
中国文哲研究通讯　4：2　1994.6

中 10801908
《剪灯新语》在海外的流传及影响
宋健
明清小说研究　1995：3　1995

中 10801909
关于《剪灯新话》的版本
[日]市成直子
上海大学学报　1995：3　1995

中 10801910
中国第一部禁毁小说《剪灯新话》摭谈
薛贞芳　林风
安徽大学学报　1995：4　1995

中 10801911
“剪灯二种”的价值评估
林骅
河北师范大学学报　1996：1　1996

中 10801912
《剪灯新话句解》“明嘉靖刻本”辨：兼论该书在朝鲜李朝的流传与影响
陈大康　漆瑗

文学遗产　1996：5　1996

中 10801913
一部曾影响亚洲国家的明代传奇小说：《剪灯新话》
周允中
书与人　1996：5　1996

中 10801914
瞿佑续考
李剑国　陈国军
南开学报　1997：3　1997

中 10801915
瞿佑年谱
徐朔方
小说考信编　上海古籍出版社　1997.10

中 10801916
瞿佑的《剪灯新话》及其在近邻韩、越和日本的回响
徐朔方
小说考信编　上海古籍出版社　1997.10

中 10801917
《天机余锦》见存瞿佑等明人词
黄文吉
书目季刊　32：1　1998.6

中 10801918
《剪灯新话》言鬼述异的叙事谋略
赖利明
海南大学学报　1999：1　1999

中 10801919
《剪灯新话》与唐人小说
程国赋
明清小说研究　1999：1　1999

中 10801920
宗教文化对《剪灯余话》的影响
赖利明
北京教育学院学报　1999：2　1999

中 10801921
《剪灯新话》的结构阐释
乔光辉
商丘师专学报　2000：1　2000
松辽学刊　2000：1　2000

中 10801922
由扬情到崇理："剪灯二神"之比较
乔光辉
南京师大学报　2000：2　2000

中 10801923
瞿佑《过苏州》诗与《秋香亭记》
杜贵晨
文学遗产　2000：3　2000

中 10801924
九十年代瞿佑及《剪灯新话》研究综述
乔光辉
古典文学知识　2000：3　2000

中 10801925
瞿佑词校勘辑佚及板本探究
黄文吉

国文学志　4　2000.12

二五、高棅（1350–1423）

中 10801926
从严羽的《沧浪诗话》到高棅的《唐诗品汇》
马茂元
中国文学研究丛编　2　1982.10

中 10801927
高棅《唐诗品汇》述评
黄炳辉
厦门大学学报　1992：4　1992

二六、赵谦（1351–1395）

中 10801928
“海南孔夫子”赵谦
周为民
羊城晚报　1963.5.7

二七、周是修（1354–1402）

中 10801929
刍荛集（明·周是修）
刘兆祐
台湾图书馆馆刊　4：2　1971.6

二八、方孝孺（1357–1402）

中 10801930
宋濂与方孝孺之文学理论（1–2）
高名凯
北平晨报　1935.9.10、13
中国古代文论研究论文集　上海古籍出版社　1989.2

中 10801931
方正学思想初探
王兆麟
新亚研究所月会报告题目 4 次　1962.1.25

中 10801932
方孝孺先生故里遗迹散记——悼念民族完人方正学先生

葛成朴
浙江月刊　9：2　1977.2

中 10801933
方孝孺的生平事迹和政治思想
邱德修
中华文化复兴月刊　11：18　1978

中 10801934
德学渊博的方孝孺
李清泉
中华日报　1982.3.8

中 10801935
方孝儒一门碧血
杜若
台肥月刊　23：4　1982.4

中 10801936
方孝儒的文学观
龚显宗
木铎　10　1984.6

中 10801937
寓幽默于夸张　于清晰见简奥——读方孝孺《戡巫》
江巨荣
语文学习　1986：6　1986

中 10801938
文彪百代，骨鲠千秋：方孝孺的散文理论与实践
张梦新
浙江学刊　1991：5　1991

中 10801939
方孝孺《深虑论》
江举谦
明道文艺　203　1993.2

中 10801940
方孝孺的文学思想及其散文艺术
尹恭弘
古典文学知识　1993：3　1993

中 10801941
方孝孺“指喻”
江举谦
明道文艺　205　1993.4

中 10801942
方孝孺的政治思想
孙广德
政治大学学报　67（下）　1993.10

中 10801943
方孝孺罪诛十族的真相
卢先志
明道文艺　247　1996.10

中 10801944
方孝孺《指喻》等文成语反思论
杨鸿铭
孔孟月刊　36：5　1998.1

中 10801945
试论方孝孺的《谈诗五首》
周益忠
国文学志　4　2000.12

二九、张宇初（1359–1410）

中 10801946
明初天师张宇初及其《岘泉集》
孙克宽
书目季刊　9：4　1976.3
寒原道论　联经出版事业公司　1977.12

三〇、陈完（1359–1422）

中 10801947
陈完和他的戏剧
江巨荣
中华文史论丛　2000：3　2000

三一、朱棣（1360–1424）

中 10801948
明成祖《御制佛曲》残本跋
胡适
胡适古典文学研究论集　上海古籍出版社　1988.8

三二、陈诚（1365–1458）

中 10801949
陈诚边塞诗论稿
杨富学
兰州学刊　1995：5　1995

中 10801950
谈陈诚的西域纪行诗
段海蓉
新疆大学学报　1996：2　1996

中 10801951
再论陈诚的西域纪行诗
段海蓉
西域研究　1996：3　1996

三三、杨士奇（1366–1444）

中 10801952
杨士奇与《文渊阁书目》
戴长江
重庆师范学院学报　1996：2　1996

三四、鲁提菲（1366–1465）

中 10801953
维吾尔族古典诗人鲁提菲和他的诗作
郝关中
西北民族学院学报　1982：3　1982

三五、夏原吉（1367–1430）

中 10801954
明初四代老臣夏原吉
丁永安
建设　10：10　1962.3

三六、苏复之（1368？–1398？）

中 10801955
读继志斋本《金印记》
孙崇涛
光明日报　1983.8.23

中 10801956
《金印记》的演化
孙崇涛
文学遗产　1984：3　1984

三七、解缙（1369–1415）

中 10801957
明初才子解缙
汇之
联合报　1971.3.30

中 10801958
天才诗人解缙
曾焜
畅流　45：11　1973

中 10801959
《解学士诗》考
程弘
文学遗产　1980：3　1980

中 10801960
解缙和《永乐大典》
王守勋　王陶麟
知识　1980：3　1980

中 10801961
解缙与《永乐大典》
黄庆来
江西日报　1980.10.29

中 10801962
解缙与《永乐大典》
耿实柯
江西社会科学　1981：4　1981

中 10801963
解缙的钓鱼诗
王学伟
南昌晚报　1981.5.7

中 10801964
明初文臣的奇葩——解缙
戴美玲
台湾师大史学会刊　26　1982.4

中 10801965
语近情遥赋赤壁——介绍解缙的《赤壁》
丁永淮
长江日报　1982.4.24

中 10801966
解缙传说察考
徐悦
文艺资料　1983：3　1983

中 10801967
解缙在湖南的四首佚诗考辨
周寅宾
明清诗文研究资料集　2　上海古籍出版社　1986.10

中 10801968
江南才子解缙
彭国远
文史知识　1988：9　1988

三八、杨黼（1370–？）

中 10801969
杨黼和他的《山花碑》
周祜
下关师专学报　1981：1　1981

中 10801970
明代白族诗人杨黼的家世、生平和思想
傅光宇　张福三
云南少数民族文学论集　2　中国民间文艺出版社（云南版）　1983.8

三九、吴讷（1372–1457）

中 10801971
从《文章辨体》看古典散文的研究范围
曾枣庄
文学遗产　1988：4　1988

四〇、黎澄（1374–1446）

中 10801972
明代《南翁梦录》撰著者黎澄身世考
郑永常
东方杂志　20：6　1986.12

四一、李昌祺（1376–1452）

中 10801973
谈谈《剪灯新话》《剪灯余话》合刊本
农泉
中国新书月报　1：10/11　1931.11

中 10801974
《剪灯二种》
赵景深（邹啸）
中国小说丛考　齐鲁书社　1980.10

中 10801975
"剪灯二种"与明初文人以文为戏的小说观
王先霈
华中师范大学学报　1986：2　1986

中 10801976
"剪灯二种"的价值评估
林骅
河北师范大学学报　1996：1　1996

中 10801977
《剪灯余话》简论
万晴川
零陵师专学报　2000：1　2000

四二、朱权（1378–1448）

中 10801978
《太和正音谱》的作者朱权
谷茀
新民报晚刊　1958.1.21

中 10801979
《太和正音》《北词广正》二谱引剧校录
郑骞
淡江学报　1　1958.8

中 10801980
略谈朱权的《卓文君》
曾平晖
安徽戏剧　1959：8　1959

中 10801981
关于朱权的小订正
蒋星煜（布谷、白甲）
羊城晚报　1962.11.30

中 10801982
宁献王及其杂剧
钟华
建设　12：4　1963.9

中 10801983
《太和正音谱》的重刊
贾亦棣
“中央日报”　1965.7.9

中 10801984
《太和正音谱》校记
朱尚文
大陆杂志　34：7　1967

中 10801985
《太和正音谱》的作者问题
曾永义
书目季刊　9：4　1976.3
说戏曲　联经出版事业公司　1976.9

中 10801986
《太和正音谱》的曲论
曾永义
说戏曲　联经出版事业公司　1976.9

中 10801987
宁献王朱权与宁王府的声伎
蒋星煜（布谷、白甲）
中国戏曲史钩沉　中州书画社　1982.9

中 10801988
朱权的《太和正音谱》
彭飞　朱建明
艺谭　1984：1　1984

中 10801989
《太和正音谱》和《乐律全书》
徐寿凯
古代文艺思想漫话　浙江文艺出版社

1984.2

中 10801990
谈《太和正音谱》
鲁虹
戏剧文艺　1986：5　1986

中 10801991
朱权评传
夏写时
戏剧艺术（上海戏剧学院学报）1988：1　1988

中 10801992
《太和正音谱》著作年代疑
洛地
江西社会科学　1989：2　1989

中 10801993
《太和正音谱》曲论部分与曲谱非作于同时
黄文实
文学遗产　1989：6　1989

中 10801994
《太和正音谱》成书考论
周维培
南京大学学报　1990：4　1990

中 10801995
论《琼林雅韵》的性质
张竹梅
陕西师范大学学报　1992：4　1992

中 10801996
《太和正音谱》校记（四二年七月）
冒广生
冒鹤亭词曲论文集　上海古籍出版社　1992.8

中 10801997
朱权"群英乐府格势"得失论
姚品文
江西师范大学学报　1993：2　1993

中 10801998
读《明代文学批评史·朱权和〈太和正音谱〉》
姚品文
文学遗产　1995：6　1995

中 10801999
朱权《太和正音谱》浅探
刘荫柏
河北师院学报　1997：3　1997

中 10802000
朱权的自我意识及其戏曲学贡献（之一）
姚品文
戏史辨　中国戏剧出版社　1999.11

中 10802001
审视《太和正音谱》在曲体史上的作用——朱权的自我意识及其戏曲学贡献（之二）
姚品文
戏史辨　2　中国戏剧出版社　2001.9

四三、朱有燉（1379–1439）

中 10802002
读《诚斋乐府》随笔
赵景深（邹啸）
小说戏曲新考　世界书局　1939.1
中国戏曲初考　中州书画社　1983.8

中 10802003
略谈朱有燉杂剧的思想性
朱君毅　孔嘉
光明日报　1957.12.1

中 10802004
朱有燉
谷苇
新民报晚刊　1958.1.25

中 10802005
述《文殊菩萨降狮子》杂剧
陈万鼐
"中央图书馆"馆刊　2：2　1968

中 10802006
周宪王及其诚斋杂剧
曾永义
图书季刊　2：2–3　1971.10；1972.1
明杂剧概论　学海出版社　1979.4

中 10802007
犹有金元风范　自得三昧之妙——评朱有燉《诚斋乐府》
王永健
中国古代戏曲论集　中国展望出版社　1986.4

中 10802008
"诚斋乐府"非为朱有燉杂剧总集名
廖奔
文献　1988：3　1988

中 10802009
齐唱宪王新乐府
韩德英
河南戏剧　1990：3　1990

中 10802010
马致远与朱有燉神仙道化戏异同辨
吴振国
青岛师专学报　1991：4　1991

中 10802011
论《曲江池杂剧》故事演变的内蕴意义
刘淑尔
勤益学报　12　1994.11

四四、林鸿（1383– ？）

中 10802012
林鸿的生平及其诗风的演变
蔡一鹏
漳州师院学报　1992：3　1992

四五、刘兑（1383– ？）

中 10802013
娇红记与娇红传
赵景深（邹啸）
读曲随笔　北新书局　1936.11
读曲随笔　上海文艺出版社　1999.1

四六、况钟（1383–1443）

中 10802014
记况钟
味甘
新民报晚刊　1956.6.10

中 10802015
冯梦龙笔下的况钟
秦抒
新民报晚刊　1956.7.3

中 10802016
况公祠和《十五贯》档案
范烟桥
新民报晚刊　1956.7.24

中 10802017
关于况公祠和《十五贯》事件——范烟桥《况公祠和〈十五贯〉档案》读后
蒋星煜（布谷、白甲）
新民报晚刊　1956.7.26

中 10802018
历史上的况钟
石珍
新观察　1956：16　1956

中 10802019
关于《历史上的况钟》
蒋星煜（布谷、白甲）
新观察　1956：16　1956

中 10802020
周传瑛谈况钟
戴不凡（柏繁）

百花集续编　新文艺出版社　1958.3

中 10802021
历史上的清官况钟
吴奈夫　王宏业
光明日报　1979.6.5

中 10802022
况公祠和“十五贯”事件——《况公祠和“十五贯”档案》读后
蒋星煜（布谷、白甲）
随笔　2　广东人民出版社　1979.7

四七、费信（1388–1436）

中 10802023
费信歌咏“西洋”诸国的诗歌
张善文
福建师范大学学报　1986：3　1986

四八、戴进（1388–1462）

中 10802024
明代浙派画家戴进的生平和他的作品
余城
中华文化复兴月刊　3：5　1970

中 10802025
戴进与新派
穆益劝
中国戏曲初考　中州书画社　1983.8

中 10802026
论戴进——明代浙派绘画开创者的生平和艺术
余城
华冈艺术学报　3　1983.12

四九、薛瑄（1389–1464）

中 10802027
薛文清公文集校勘记
李安纲
运城师专学报　1988：2　1988

中 10802028
薛瑄的政治思想
孙广德
社会科学论丛　42　1994.12

五〇、吴与弼（1391–1469）

中 10802029
吴康斋的生活与学术
钟彩钧
中国文哲研究集刊　10　1997.3

五一、杜琼（1396–1474）

中 10802030
风神淡雅与粉青红——比较杜琼与仇英的作品
柳青
雄狮美术　71　1971.1

五二、兰茂（1397–1476）

中 10802031
兰茂的《咏渔、樵、耕、牧》
黄越
云南日报　1962.11.8

中 10802032
博学多能的兰茂［云南艺林］
张士儒
滇池　1980：2　1980

中 10802033
滇南文人逸事——兰茂
马子华
滇池　1980：2　1980

中 10802034
《续西游记》作者推考
刘荫柏
云南社会科学　1984：3　1984

中 10802035
兰茂传
王重民
中华文史论丛　1985：1　1985

中 10802036
兰茂评传线索
群一
昆明师专学报　1985：2　1985

中 10802037
兰茂和他的诗
许福荣
云南师范大学学报　1985：2　1985

中 10802038
关于《通玄记》和《传奇八种》——《古本戏曲丛刊》第五辑编辑外记
吕薇芬　幺书仪
文学遗产　1985：2　1985

中 10802039
玄壶老诗人　古滇真名士
许福荣
云南日报　1993.1.27

中 10802040
空遗幽谷里，无人亦自香：明代诗人兰茂诗评兼及思想初探
岑魏华
昆明社科　1994：1　1994

中 10802041
海天波浪翻银屋　一缕焉能掣巨鳌——读兰茂的论诗诗
杨开达
云南师范大学学报　1997：3　1997

五三、张肯（1398– ?）

中 10802042
梦庵词跋
唐圭璋
词学季刊　2：1　1934.10
词学论丛　上海古籍出版社　1986.6
词学论丛　宏业书局　1988.9

五四、于谦（1398–1457）

中 10802043
于谦及其诗
老彭
联合报　1952.7.5

中 10802044
明中叶卫国战争中的伟大爱国者于谦
赖家度　李光璧
历史教学　1953：10　1953

中 10802045
于谦的才与死
孙甄陶
人生　7：12　1954.5

中 10802046
于谦的《咏煤炭》诗
朱仲玉
北京晚报　1960.11.27

中 10802047
于谦
徐飞
杭州日报　1961.5.7

中 10802048
于谦的冤狱
林舒　朔风
羊城晚报　1961.5.23

中 10802049
明代民族英雄于谦
吴晗（辰伯）
新建设　1961：6　1961

中 10802050
于谦和他的《石灰吟》
黄益庸
黑龙江日报　1961.7.23

中 10802051
于谦
张坚
贵州日报　1961.9.5

中 10802052
于谦
陈辞
吉林日报　1962.4.1

中 10802053
于谦的《咏石灰》
吴彰铃
贵州日报　1962.5.27

中 10802054
诗海一瓢——于谦《咏煤炭》
高友松
陕西日报　1962.8.7

中 10802055
诗海一瓢——于谦《阅武》
高友松
陕西日报　1962.8.15

中 10802056
于谦保卫北京
张习孔
工人日报　1962.8.24
古代爱国英雄故事　天津人民出版社　1964.2

中 10802057
粉骨碎身浑不怕的于谦
陈华新
羊城晚报　1963.9.28

中 10802058
民族英雄于谦的诗歌
于清远
畅流　31：5　1965

中 10802059
《明代民族英雄于谦》是又一株反党反社会主义的大毒草
朱绍坤　符尊文　崔振刚　杨国勇
新建设　1966：4　1966

中 10802060
为右倾机会主义分子招魂的一株毒草——批判吴晗《明代民族英雄于谦》一文
夏文
宁夏日报　1966.4.28

中 10802061
大义凛然的民族英雄于谦
方凤扬
浙江月刊　2：5　1970.6

中 10802062
扭转乾坤的于谦
景唐
生力月刊　4：47–48　1971

中 10802063
肯定于谦何罪之有?
刘重日
光明日报　1979.1.30

中 10802064
“要留清白在人间”
文立祥
黑龙江日报　1979.3.4

中 10802065
从于谦的诗看于谦
胡冠莹
南宁师院学报　1980：1　1980

中 10802066
“但愿苍生俱饱暖，不辞辛苦出山林”——于谦的诗篇和为人
王宏钧
文史知识　1982：3　1982
秋海堂叶集　中国社会科学出版社　1998.12

中 10802067
要留青白在人间——民族英雄于谦
祁念曾
人物　1982：6　1982

中 10802068
喜剩门前无贺客——读于谦拒贿诗
张毓
实践　1982：9　1982

中 10802069
《石灰吟》浅析
苍茫
中学语文教学　1982：10　1982

中 10802070
《石灰吟》作者的品格
单锦珩
中学语文教学　1982：10　1982

中 10802071
于谦和他的《石灰吟》
陈世明
教学通讯　1982：10　1982
古典文学名篇赏析　2　中州书画社　1983.2

中 10802072
《石灰吟》简析
王宇鸿
语文教学通讯　1982：11　1982

中 10802073
清白永在　浩歌长存——说于谦的《石灰

吟》
刘璞
语文教学　1982：11　1982

中 10802074
略谈于谦的《石灰吟》
谭家健
语文教学之友　1983：1　1983

中 10802075
《石灰吟》一诗的原貌
延河
语文学习　1983：9　1983

中 10802076
《石灰吟》与咏物诗
陈裕鸿
语文教学与研究　1983：11　1983

中 10802077
托物言志　永葆清白——于谦的《石灰吟》简介
孙连琦　贺庆升
辽宁日报　1984.2.18

中 10802078
试论于谦的思想及其诗歌的现实主义精神
张克　陈曼平
辽宁大学学报　1988：2　1988

中 10802079
廉洁坚贞的形象写真：谈明代于谦的咏志抒怀诗
铁石
长江开发报　1989.5.31

中 10802080
浅谈于谦的咏物诗
王孝礼
佳木斯师专学报　1990：3　1990

中 10802081
“清风两袖”见诗心——闲话于谦其人其诗
王朴
海南日报　1990.7.2

中 10802082
诗的曲与直：从两首《喜雨》佳作谈起
王敦洲
文史知识　1992：3　1992

中 10802083
于谦和他的诗
李月英
文科教学　1994：2　1994

中 10802084
于谦边塞诗论
孙正文
学术论丛　1995：2　1995

中 10802085
一曲凯歌动地哀——于谦《出塞》《入塞》赏析
同林　锦云
古典文学知识　1995：3　1995

中 10802086
论于谦的诗歌
钱国莲　项文惠
江苏社会科学　1998：2　1998

中 10802087
留得清白在人间
李晨光
山西日报　1998.7.31

中 10802088
几部描写于谦事迹的古代通俗小说考论
苗怀明
明清小说研究　2000：2　2000

五五、聂大年（1402–1455）

中 10802089
明代杭州诗坛的明星——聂大年
郑祺生
杭州研究　1990：6　1990

五六、永乐大典（1403–1408）

中 10802090
关于《永乐大典》
郑振铎（西谛、郭源新）
人民日报　1951.8.13
郑振铎古典文学论文集　上海古籍出版社　1984.1

中 10802091
《永乐大典》展览的意义
赵万里
文汇报　1951.8.18

中 10802092
《永乐大典》述略
昌彼得
大陆杂志　6：7　1953

中 10802093
《永乐大典》今昔观——“学原”旧存稿
祝文白
民主评论　4：19　1953

中 10802094
《永乐大典》和义和团团旗
南木
新观察　1956：2　1956

中 10802095
我国的第一部百科全书——《永乐大典》
仲笆
图书馆工作　1957：3　1957

中 10802096
《永乐大典》二三事

尚普
新民晚报　1958.12.11

中 10802097
记《永乐大典》
宗弼时
读书　1959：16　1959

中 10802098
谈谈《永乐大典》
赵万里
光明日报　1959.3.7

中 10802099
谈谈《永乐大典》(上、下)
尚普
新民晚报　1959.3.14–15

中 10802100
影印《永乐大典》序
郭沫若
光明日报　1959.9.8

中 10802101
《永乐大典》
士心
语言文学　1960：7　1960

中 10802102
《永乐大典》之今昔
刘咏娴
中兴评论　7：12　1960.12

中 10802103
《永乐大典》漫谈
刘盼遂
光明日报　1961.5.14

中 10802104
关于《永乐大典》的“谜”——谈刘盼遂先生文后提供一个线索
陈鼎卿
光明日报　1961.5.25

中 10802105
读影印本《永乐大典》记
胡道静
图书馆　1961：4　1961

中 10802106
《永乐大典》正本运存南京的问题
刘盼遂
北京师范大学学报　1961：4　1961

中 10802107
述现存《永乐大典》中的医书
范行准
中华文史论丛　1962：2　1962

中 10802108
书傅藏《永乐大典》本《南台备要》后
陈垣
北京师范大学学报　1963：1　1963

中 10802109
渤澥一勺——读影印本《永乐大典》存卷后记

王仲荦
中华文史论丛　1963：4　1963

中 10802110
《永乐大典》的编修与佛典
周云青
现代佛学　1964：2　1964

中 10802111
从《永乐大典》与《图书集成》说起
郑寿麟
"中央日报"　1965.3.18

中 10802112
《永乐大典》纂修人考
王重民
文史　4　中华书局　1965.6

中 10802113
述《永乐大典》著录元剧六大家二十三种杂剧
陈万鼐
大陆杂志　31：11　1965

中 10802114
《永乐大典》索引编辑刍议（日文）
苏振申
现代评论　46　1967

中 10802115
《永乐大典》年表初稿
苏振申
东西文化　1：5　1967.11

中 10802116
从《永乐大典》研究论中国典籍之整理（日文摘要）
苏振申
日本第十三届国际东方学者会议发表　1968

中 10802117
《永乐大典》纂修考
苏振申
天声杂志　1：1　1971

中 10802118
《永乐大典》录副考
苏振申
天声杂志　1：3　1971

中 10802119
记《永乐大典》的失散
泉达
中华日报　1972.3.6

中 10802120
《永乐大典》聚散考
苏振申
"中央图书馆"馆刊　4：2　1972

中 10802121
《永乐大典》卷目新查
苏振申
史化　5　1974

中 10802122
《永乐大典》年表（修订稿）

苏振申
“中央图书馆”馆刊　8：1　1975

中 10802123
《永乐大典》漫话
张忱石
读书　1979：3　1979.6

中 10802124
《永乐大典》的编纂及其价值
王重民
社会科学战线　1980：2　1980

中 10802125
古今书史上划时代之巨作——《永乐大典》绍评
顾力仁
中华文化复兴月刊　15：1　1982

中 10802126
《永乐大典及其辑佚书研究》提要
顾力仁
华学月刊　121　1982.1

中 10802127
国宝复出始末——《永乐大典》的编纂和孙洪林的献书
王文光
大众日报　1983.3.13

中 10802128
《永乐大典》佚卷的宝贵资料——读《纯常子枝语》札记
李伟国
文献　1983：3　1983

中 10802129
一部最早最大的百科全书——谈《永乐大典》
章回
书林　1984：1　1984

中 10802130
《永乐大典》和它的价值
张忱石
文史知识　1984：3　1984

中 10802131
《永乐大典》中发现的江湖集资料论析
费君清
杭州大学学报　1988：1　1988

中 10802132
《永乐大典》正本之谜
张忱石
百科知识　1988：6　1988

中 10802133
《永乐大典》戏文三种用韵考
汪天成
嘉义农专学报　18　1988.10

中 10802134
《永乐大典》戏文三种中的戏剧史料
康义勇
中国国学　16　1988.10

中 10802135
《永乐大典》戏文三种研究——张协状元、宦门子弟错立身、小孙屠
陈素英
万能学报　15　1993.6

中 10802136
永乐皇帝与《永乐大典》
王同喜
山西日报　1997.11.14

五七、马欢（1413–1431）

中 10802137
马欢与《瀛涯胜览》
霍升平
宁夏日报　1986.4.13

中 10802138
回族学者马欢及其《瀛涯胜览》
胡玉冰
宁夏大学学报　1996：2　1996

五八、王训（1417？–1497）

中 10802139
明代贵州诗人王训
李子和
贵州文史丛刊　1981：1　1981
贵州明清作家论丛　贵州人民出版社　1986.7

五九、段坚（1419–1484）

中 10802140
段坚生平及其诗文
春水
兰州学刊　1985：3　1985

六〇、叶盛（1420–1474）

中 10802141
《水东日记》杂谭
魏连科
学林漫录　3　中华书局　1981.5

中 10802142
强谏干练　文武兼备的一代奇才——叶盛
郑俊彬
明史研究专刊　5　大立出版社　1982.12

六一、丘浚（1421–1495）

中 10802143
明代大儒丘浚幼年故事
林光灏
畅流　13：2　1956

中 10802144
五伦全备与紫香囊的关系——流落于西班牙文献之三
罗锦堂
大陆杂志　14：2　1957

中 10802145
投笔记
郑振铎（西谛、郭源新）
中国文学研究（上）　作家出版社　1957.12

中 10802146
明代大儒丘琼山之著述与思想（1420–1495）
王万福
文史荟刊　2　1960.12

中 10802147
明代大儒丘琼山幼年趣事
林光灏
艺文志　6　1966.3

中 10802148
明儒丘琼台的思想概观
陈恒升
人生　31：5　1966.9

中 10802149
明代丘浚生卒年考
吴缉华
大陆杂志　35：2　1967

中 10802150
明史丘浚传补正
吴缉华
大陆杂志　35：9　1967

中 10802151
评介琼台先生的三种重要著作
陈恒升
革命思想　25：4–5　1968.11

中 10802152
丘琼山之著述与思想
王万福
广东文献　3：1　1973.3

中 10802153
丘琼山诗话
林光灏
畅流　50：5　1974
广东文献　7：2　1977.6

中 10802154
丘文庄公年谱
王万福
广东文献　6：4　1976.12

中 10802155
丘琼山之生平及其著作
温心园
广东文献　8：1　1978.3

中 10802156
明代大儒丘文庄公丛书序
钱穆
“中央日报”　1978.7.4

中 10802157
丘文庄公的孝思可风
丘式如
丘海学术研究汇编　2　1979.10

中 10802158
解剖一部封建道德教科书:《伍伦全备忠孝记》——驳封建道德可以批判继承论
冯其庸
春草集　上海文艺出版社　1979.10

中 10802159
丘浚《五指山诗》的艺术特色
范基民
海南师专学报　1980：1　1980

中 10802160
广东最早的剧作家丘浚
马明晓
南国戏剧　1980：2　1980

中 10802161
八股戏《五伦全备记》和《香囊记》
吴国钦
中国戏曲史漫话　上海文艺出版社　1980.6

中 10802162
丘浚的生平传说及其剧作
陈华新
戏剧艺术资料　4　1981.5

中 10802163
丘浚：一位遥从海外数中原的布衣卿相
苏云峰
丘海季刊　5：6　1982.9

中 10802164
丘浚《南溟奇甸赋》注析——为开发海南而作
范会俊
海南大学学报　1983：1　1983

中 10802165
丘浚的《五伦全备记》和《投笔记》——丘浚外传之一
蒋星煜（布谷、白甲）
海南日报　1984.2.12

中 10802166
丘浚的咏史诗
周济夫
海南日报　1986.1.19

中 10802167
诗与名山共不泯——丘浚的《题五指山》
周济夫
海南日报　1986.7.27

中 10802168
力表忠荩警人君——丘浚《沁园春·寄题岳王庙》
周济夫
海南日报　1987.6.21
椰荫诗话　三环出版社　1991.1

中 10802169
小说《钟情丽集》的作者不是邱浚
徐朔方
论金瓶梅的成书及其它　齐鲁书社　1988.1

中 10802170
雄奇瑰丽　戛然生新——丘浚《五指山》赏析
刘光前
写作　1990：3　1990

中 10802171
清梦时时到海南——读丘浚晚年思乡诗
任锦添
海南日报　1990.9.10

中 10802172
岂是巨灵伸一臂　遥从海外数中原——漫话丘浚《五指山》诗
周伟民
海南日报　1990.12.17

中 10802173
《钟情丽集》考
陈益源
复旦学报　1996：1　1996

中 10802174
丘浚的政治思想
孙广德
政治大学学报　73（下）　1996.10

中 10802175
关于奎章阁藏本《伍伦全备记》——致吴秀卿女士
孙崇涛
戏曲研究　54　文化艺术出版社　1998.5

六二、张弼（1425–1487）

中 10802176
疾如风雨　矫如龙蛇——介绍张弼及其草书
潘德熙
书法　1996：1　1996

六三、王越（1426–1499）

中 10802177
介绍王越的诗《过韦州》
杨继国
宁夏日报　1982.10.17

六四、沈周（1427–1509）

中 10802178
宋明两沈周以及沈括沈遘的行辈考
任长正
大陆杂志　11：5　1955

中 10802179
沈周轶事
姚石如
“中央日报”　1959.10.21

中 10802180
关于沈周的诗
夏静岩
人民日报　1962.1.17

中 10802181
沈周的人与画
吕佛庭
新天地　1：10　1962.12

中 10802182
画家高士沈石田
唐国桢
古今谈　16　1966.6

中 10802183
沈石田作画的年表初稿
丁念先
美术学报　2　1967.10

中 10802184
明代画家沈周与唐寅
陶怡
畅流　55：12　1977

中 10802185
沈石田故事
范桥
艺海杂志　4：3　1979.1
今日中国　128　1981.12

中 10802186
沈周与《淇园春雨图》
徐英章
辽宁日报　1979.2.11

中 10802187
吴派画坛领袖沈周
凌祖绵

书画家　5：2　1980

中 10802188
明代画坛巨擘沈周与诸友的茶癖
吴智和
华学月刊　119　1981.11

中 10802189
论沈周行书《赤壁赋》卷的真伪及其书风转变期的界定
葛鸿桢
书法研究　1992：1　1992

中 10802190
沈周作品简介
黄平
龙语文物艺术　13　1992.6-7

中 10802191
明代四大画家之一——山水画的代表人：沈周
崔咏雪
文物杂志　12　1993.8

中 10802192
沈周《夜坐记》与道家审美意识
刘梅琴　王祥龄
东吴中文学报　2　1996.5

中 10802193
沈周《仿黄公望富春山居图》解析
赵榆
雄狮美术　305　1996.7

中 10802194
沈周《夜坐图》与庄子《齐物论》思想研究
刘梅琴　王祥龄
故宫学术季刊　14：2　1996 冬

中 10802195
沈周《写意册》中物化审美思想研究——以"庄生梦蝶"为论旨
王祥龄
东吴中文学报　4　1998.5

中 10802196
沈周隐逸图作探讨
郑淑君
艺术论衡　5　1999.9

六五、陈献章（1428–1500）

中 10802197
陈白沙碧玉考
冼玉清
岭南学报　9：2　1947

中 10802198
陈白沙与王阳明
姜汉卿
国魂　153　1958.2

白沙学刊　1　1963.12

中 10802199
关于陈白沙学术地位和生平事迹的问题
闻峻（思）
理论与实践　1958：7　1958

中 10802200
从陈白沙的诗词论证他的哲学思想
闻峻（思）
理论与实践　1958：7　1958

中 10802201
白沙先生五百三十四年诞辰纪念会讲词
钱穆
白沙学刊　1　1963.12

中 10802202
读陈白沙禽兽说书后
潘学增
白沙学刊　1　1963.12

中 10802203
白沙文化教育基金会与发扬白沙学说之关系
梁天锡
白沙学刊　1　1963.12

中 10802204
白沙先生嘉言札记
黎晋伟
白沙学刊　1　1963.12

中 10802205
陈白沙与崔菊坡
陈本
白沙学刊　1　1963.12

中 10802206
读白沙先生禽兽说书后
李广辉
白沙学刊　1　1963.12

中 10802207
读白沙先生禽兽说书后
刘允中
白沙学刊　1　1963.12

中 10802208
读白沙先生禽兽说书后
唐悦灼
白沙学刊　1　1963.12

中 10802209
读白沙先生禽兽说书后
珠海逸民
白沙学刊　1　1963.12

中 10802210
读湛甘泉诗教解并申论白沙学说
王韶生
白沙学刊　1　1963.12

中 10802211
《白沙子研究》序
吴康
白沙学刊　1　1963.12

中 10802212
读白沙先生禽兽说书后
温中行
白沙学刊　1　1963.12

中 10802213
陈白沙在明代诗史的地位
饶宗颐
东方杂志　1：2　1967.8

中 10802214
简述陈白沙之理学
胡信田
幼狮　26：6　1967

中 10802215
明儒陈白沙先生
简又文
景风　15　1967.12

中 10802216
明儒陈白沙先生其人其学
简又文
东西文化　13　1968.7

中 10802217
融画学于理学的陈白沙
林斌
学园　5：4　1969.12

中 10802218
明儒陈白沙先生其人其事
简又文
广东文献　1：1　1971.1

中 10802219
陈白沙之教育思想
朱鸿林
珠海书院文史学报　13　1977.12

中 10802220
乡先贤陈白沙与江门学派——兼述姚江学派心即理
黄敦涵
广东文献　8：1　1978.3

中 10802221
岭南陈献章白沙先生书法
墨林外史
书画家　2：4　1978

中 10802222
明儒陈白沙生平学说概观
姜允明
辅仁大学人文学报　7　1978.6

中 10802223
新会学者陈白沙
亮父
岭南历史人物丛谈　香港上海书局　1978.7

中 10802224
先儒陈白沙先生
简又文
艺海杂志　4：1　1978.11

中 10802225
以儒学著名兼画墨梅的陈献章

王仲章
青年战士报　1980.1.2

中 10802226
略述崔与之和陈白沙的心学
陈本
广东文献　11：2　1981.6

中 10802227
陈白沙先生之理学与诗学
王韶生
怀冰室经学论集　志文出版社　1981.10

中 10802228
白沙学述
王韶生
怀冰室经学论集　志文出版社　1981.10

中 10802229
陈白沙学述
陈郁夫
国文学报　11　1982.6

中 10802230
白沙学说及其诗之研究（简介）
卓克华
明史研究季刊　5　1982.12

中 10802231
陈白沙思想研究
邱素云
台湾师范大学国文研究所集刊　27　1983.6

中 10802232
明儒陈白沙对熊十力的影响
姜允明
哲学与文化　13：3　1986.3

中 10802233
陈白沙的师友
陈郁夫
孔孟月刊　25：1　1986.9

中 10802234
自然风韵写天真：论陈白沙诗
陈郁夫
中国学术年刊　9　1987.6

中 10802235
陈白沙诗论探索
彭建康
学术研究　1991：6　1991

中 10802236
陈献章：诗与哲学的融通
张晶
华南师范大学学报　1994：1　1994

中 10802237
明代思想家陈献章著述版本介绍
赵惠芬
侨光学报　12　1994.9

中 10802238
粤诗诠粤学——翁山述白沙之学与诗
刘付靖
学术研究　1998：4　1998

中 10802239

明儒陈白沙学思探微——兼释心学言觉悟与自然之义

郑宗义

中国文哲研究集刊　15　1999.9

六六、王佐（1428–1512）

中 10802240

王桐乡及其回文诗《滩村四景》

韩林元

广东民族学院学报　1981：1　1981

中 10802241

海外五逐客　王桐乡诗五首（《鸡肋集》）

韩林元

天涯　1981：4　1981

中 10802242

壮族诗人王桐乡及其作品

韩林元

学术论坛　1984：3　1984

中 10802243

明代海南文学家王佐

柯宜

海南日报　1987.8.9

中 10802244

诗名逸句动京华——陈缵《相府咏梅》与王佐《太学解嘲》

晓舟

海南日报　1987.8.23

中 10802245

为爱潇湘片景幽——王佐《唐德光墨竹二首》

周济夫

海南日报　1987.11.29

中 10802246

绝句吟绝景　回文荡回音——读王佐的回文诗《滩村四景》

王修纲

海南日报　1990.11.3

六七、董越（1430–1502）

中 10802247

明人董越有关朝鲜著作与明人对朝鲜的认识

李庆龙

史原　19　1993.10

六八、胡居仁（1434–1484）

中 10802248
中国哲学家——胡居仁
《哲学与文化》编辑部
哲学与文化 8：12 1981.12

六九、金时习（1435–1493）

中 10802249
《金鳌新话》与《剪灯新话》之比较：论金时习的文学主体性
徐东日
延边大学学报 1992：4 1992

七〇、陆容（1436–1497）

中 10802250
谈《菽园杂记》十五卷本
伍跃
文献 1987：4 1987

七一、艾利・希尔・纳瓦依（1441–1501）

中 10802251
艾利・希尔・纳瓦依
［土耳其］法里特・热吉甫・童裘
新疆民族文学研究 1985：1 1985

中 10802252
中亚大诗人纳沃依
王晓建
新疆日报 1985.7.13

七二、陶辅（1441–1523）

中 10802253
《花影集》与陈经济故事
程毅中
文学遗产 1993：5 1993

七三、程敏政（1446–1499）

中 10802254
程篁墩学述
钱穆
东吴学报　4/5　1975.9

中 10802255
读《程篁墩文集》
钱穆
中国学术思想史论丛　7　东大图书有限公司　1979.7

中 10802256
词学秘籍《天机余锦》考述
王兆鹏
文学遗产　1998：5　1998

中 10802257
《天机余锦》见存瞿佑等明人词
黄文吉
书目季刊　32：1　1998.6

中 10802258
《天机余锦》“敏政识”探微
乔光辉
中国韵文学刊　1999：2　1999
书品　2000：2　2000

中 10802259
以《天机余锦》校证《山中白云词》
刘荣平
文献　2000：3　2000

七四、马中锡（1446–1512）

中 10802260
并非过时的寓言——重读《中山狼传》有感
张均
福建日报　1961.12.13

中 10802261
谈谈《中山狼传》的词类活用
郭志津
齐齐哈尔师范学院学报　1973：3　1973

中 10802262
打不尽豺狼　决不下战场——读《中山狼传》有感
郭双城
郑州大学学报　1975：1　1975

中 10802263
关于《中山狼传》的作者
程毅中
语言文学　1978：3　1978

中 10802264
有关《中山狼传》的几个问题
王迈　董志翘
语文战线　1978：4　1978

中 10802265
《中山狼传》简析
平慧善
语文战线　1978：4　1978

中 10802266
关于《中山狼传》的几个问题
薛祥生
破与立（齐鲁学刊）　1978：4　1978

中 10802267
《中山狼传》的情节安排与寓言形象
徐应佩　周溶泉　吴功正
四川师院学报　1979：2　1979
中国古典文学名著赏析　山西人民出版社　1982.5
阅读和欣赏（古典文学部分 4）　广播出版社　1983.6

中 10802268
《中山狼传》注解质疑
袁金麟
教学与研究（中学语文版 · 浙江师院）　1979：10　1979

中 10802269
《中山狼传》的浅析和教学
董泰华
教学与研究（中学语文版 · 浙江师院）　1979：10　1979

中 10802270
怎样分析《中山狼传》里的人物
王永星
辽宁教育（中学版）　1980：1　1980

中 10802271
略议《中山狼传》的“糟粕”问题
曹淑智
广西师范学院学报　1980：2　1980

中 10802272
关于《中山狼传》的主题
周仁　杨问春
语文教学（烟台师专）　1980：3　1980

中 10802273
《中山狼传》词语疑义试释
蓝锡麟
重庆师范学院学报　1980：4　1980

中 10802274
《中山狼传》的词法和句式
王应凯
陕西教育　1980：5　1980

中 10802275
对《关于〈中山狼传〉的主题》一文的浅见
解广敏
语文教学（烟台师专）　1980：6　1980

中 10802276
《中山狼传》中的暗典
洪成玉
教学与研究（中学语文版·浙江师院）
1980：7　1980

中 10802277
《中山狼传》中的三“笑”
钟顶
语文学习　1980：9　1980

中 10802278
谈《中山狼传》的艺术形象
许自强
中学语文教学　1981：1　1981

中 10802279
《中山狼传》的公案——明史杂谈
辛雨
学林漫录　2　中华书局　1981.3

中 10802280
稗乘胜记
刘世德
学林漫录　2　中华书局　1981.3

中 10802281
小说《中山狼传》作者考
蒋星煜（布谷、白甲）
学林漫录　2　中华书局　1981.3

中 10802282
《中山狼传》中的“伏质”辨
陈涛
天津师院学报　1981：5　1981

中 10802283
关于《中山狼传》注释中两个问题的商榷
赵芳远
语文教学之友　1981：6　1981

中 10802284
关于《中山狼传》的文风
张双棣
中学语文教学　1981：6　1981

中 10802285
“以俎豆于贵家”别解
鲍志伸
语文教学之友　1981：6　1981

中 10802286
也谈《中山狼传》的文风——与张双棣同志商榷
史楠
中学语文教学　1981：11　1981

中 10802287
浅谈《中山狼传》的寓意
刘人本
云南教育　1981：11　1981

中 10802288
“毛宝放龟”注释辨
艾昭禄
语文教学之友　1982：2　1982

中 10802289
康海《中山狼》杂剧并非为讥刺李梦阳而作——兼谈《中山狼传》小说之作者
蒋星煜（布谷、白甲）
中国戏曲史钩沉　中州书画社　1982.9

中 10802290
《中山狼传》作者考辨
景宏业
山西大学学报　1989：4　1989

中 10802291
《中山狼传》作者考辨
周国瑞
殷都学刊　1990：4　1990

中 10802292
《中山狼传》中的“毛宝放龟”献疑
李建永
山西师大学报　1991：1　1991

中 10802293
也谈《中山狼传》中的老杏老牸——兼与石昌渝先生商榷
景宏业
晋阳学刊　1995：4　1995

七五、宋端仪（1447–1501）

中 10802294
关于“明抄本《立斋闲录》”和“明刻本《宫闺秘典》”——为新版《鲁迅全集》的注释提供一些资料
张荣起
北京大学学报　1979：5　1979

七六、李东阳（1447–1516）

中 10802295
记李西涯
彭国栋
中国文化　1：4　1953.7

中 10802296
简远——读《麓堂诗话》札记
舒直
河北日报　1961.12.12

中 10802297
不经人道语——读《麓堂诗话》札记
舒直
河北日报　1961.12.14

中 10802298
李东阳的文学批评
张健
国语日报・书和人　446　1982.7

中 10802299
李东阳的诗论
郑毓瑜
中外文学　12：3　1983

中 10802300
论李东阳的《南行稿》
周寅宾
求索　1985：1　1985

中 10802301
明代茶陵诗派领袖李东阳
梅季坤
湖南日报　1985.2.27

中 10802302
李东阳诗论得失评
王英志
北京师范大学学报　1985：6　1985

中 10802303
记明李东阳自书《种竹诗卷》
朱家濂
文物　1985：10　1985

中 10802304
李东阳诗论
江惜美
东方杂志　20：3　1986.9

中 10802305
新发现的《怀麓堂诗文续稿》
钱振民
复旦学报　1987：2　1987

中 10802306
李东阳的散文与明代前期的文化思潮
周寅宾
中国文学研究　1987：4　1987

中 10802307
论李东阳的《拟古乐府》
周寅宾
船山学报　1988：1　1988

中 10802308
论诗自有独得处——《麓堂诗话》管窥
郑宪春
船山学报　1988：1　1988

中 10802309
试论明代文学家李东阳
刘明浩
社会科学战线　1989：4　1989

中 10802310
试谈李东阳的辞赋
顾易生　孙克强
文史哲　1990：5　1990

中 10802311
笔力矫健成一家——李东阳及其《李白诗二首草书卷》
承载
书法　1991：2　1991

中 10802312
李东阳《自书诗卷》
王启初

文物　1992：5　1992

中 10802313
李东阳融合台阁与山林的文学思想
阮国华
文学遗产　1993：4　1993

中 10802314
明代格调派诗论中的“杜诗集大成”说——以李东阳“怀麓堂诗话”为论述中心
连文萍
台湾编译馆馆刊　23：1　1994.6

中 10802315
李东阳依阿刘瑾论辨
简恩定
空大人文学报　4　1995.1

中 10802316
李东阳著述考
钱振民
中国文学研究　1995：4　1995

中 10802317
明代著名政治家李东阳
冯宪军
文史知识　1995：12　1995

中 10802318
《怀麓堂稿》探考
钱振民
复旦学报　1996：1　1996

中 10802319
李东阳《上孝宗疏》与有关古代诗文片断的比较
董连祥
语文学刊　1996：3　1996

中 10802320
试论李东阳的“格调说”
何懿
安徽教育学院学报　1999：2　1999

中 10802321
李东阳诗二首解析
陈公望　陈平
牡丹江师范学院学报　2000：2　2000

中 10802322
李东阳“以声论诗”说价值新探
陈卫华
株洲师范高等专科学校学报　2000：2　2000

中 10802323
由《寄彭民望》到李东阳的主情说
魏青
徐州教育学院学报　2000：3　2000

七七、邵灿（1450-？）

中 10802324
读《香囊记》
赵景深（邹啸）
读曲随笔　北新书局　1936.11
中国戏曲初考　中州书画社　1983.8
读曲随笔　上海文艺出版社　1999.1

中 10802325
八股戏《五伦全备记》和《香囊记》
吴国钦
中国戏曲史漫话　上海文艺出版社　1980.6

中 10802326
《香囊记》及其作者——有关邵璨生平的点滴发现
吴书荫
戏剧学习　1981：3　1981

中 10802327
《香囊记》零札
徐朔方
徐朔方说戏曲　上海古籍出版社　2000.12

七八、乳毕坚金（1452-1507）

中 10802328
史传文学及《米拉日巴传》——西藏文学巡礼之三
王尧
西藏文艺　1980：2　1980

中 10802329
真实的描写，精湛的艺术——谈谈《米拉日巴传》
张积诚
西藏文艺　1981：4　1981

中 10802330
评藏族文学名著《米拉日巴传》
佟锦华
中央民族学院学报　1982：2　1982

七九、林俊（1452-1527）

中 10802331
艺苑疑年偶得
汪世清
大公报　1999.2.12

八〇、沈龄（1454–？）

中 10802332
沈受先的《三元记》
赵景深（邹啸）
读曲随笔　北新书局　1936.11
中国戏曲初考　中州书画社　1983.8
读曲随笔　上海文艺出版社　1999.1

中 10802333
《商辂三元记》
赵景深（邹啸）
明清曲谈　古典文学出版社　1957.8

中 10802334
《三元记》作者沈寿卿生平事迹的发现
谭正璧
光明日报　1962.9.9

中 10802335
明代戏剧作家沈龄的生平及其作品考略
谭正璧　谭寻
曲海蠡测　浙江人民出版社　1983.1

中 10802336
沈寿卿及其《三元记》
徐志啸
中国典籍与文化　1999：2　1999

八一、杨一清（1454–1530）

中 10802337
杨一清在明代诗坛上的地位
余嘉华
云南师范大学学报　1994：2　1994

中 10802338
尊崇气节，致力于儒雅文学的复壮——由茶陵派向前七子过渡的杨一清
陈书录
南京师大学报　1996：4　1996

八二、蒋大器（1455–1530）

中 10802339
蒋大器及历史小说论
黄霖
古小说论概观　上海文艺出版社　1985.6

八三、张诩（1456–1515）

中 10802340
诗书街和张诩
麦默
羊城晚报　1958.12.23

八四、周礼（1457？–1525？）

中 10802341
《湖海奇闻》是明人周礼的作品
官桂铨
学术研究　1982：6　1982

八五、杨廷和（1459–1529）

中 10802342
谈杨廷和
廖远修　苟建丽
四川师院学报　1980：4　1980

八六、彭泽（1459–1530）

中 10802343
彭泽散曲（明）（读曲小纪十一）
叶德均
戏曲小说丛考　中华书局　1979.5

八七、洪楩（1460–？）

中 10802344
浅谈《清平山堂话本》
汪其楣
现代文学　33　1967.12

中 10802345
清平山堂话本
赵景深（邹啸）
中国小说丛考　齐鲁书社　1980.10

中 10802346
《清平山堂话本》及其在小说史上的地位
石昌渝
中国古典文学论丛　1　人民文学出版社　1984.12

中 10802347
《简帖和尚》里精彩的情节和人物描写
陈抱成
古代白话短篇小说鉴赏集　人民文学出版社　1986.1

中 10802348
洪楩嫁女等四则
陈大康
明清小说研究　1996：4　1996

中 10802349
抗拒性对话——试析《快嘴李翠莲记》的女性意识
陈翠英
汉学研究　14：2　1996.12

中 10802350
《清平山堂话本》三家校点商补
曾昭聪
贵州文史丛刊　1997：1　1997

中 10802351
《刎颈鸳鸯会》是话本而非鼓子词
于天池
文学遗产　1998：6　1998

中 10802352
《清平山堂话本》补校
曾昭聪
文教资料　1999：1　1999

中 10802353
读《清平山堂话本》札记
俞香顺
文教资料　1999：1　1999

中 10802354
从《清平山堂话本》谈民间文学的传承与传播
李志宏
台北师院语文集刊　5　2000.9

八八、祝允明（1460–1527）

中 10802355
祝氏诗文集（明・祝允明）
刘兆祐
“中央图书馆”馆刊　4：1　1971

中 10802356
祝枝山其人其事
林家治
文化娱乐　1981：8　1981

中 10802357
祝允明的书艺、书论及其美学思想
葛鸿桢
书法研究　1987：3　1987

中 10802358
祝枝山曾到广州作客
樵夫
广州日报　1988.2.22

中 10802359
祝允明及其书法艺术（上、下）
何传馨
台北故宫学术季刊　9：4、10：1　1992

中 10802360
书家及其作品的文献学研究——以祝允明的个案研究为例
陈麦青
书法研究　1993：3　1993

中 10802361
明清书法题跋选释——祝允明论书四则
夏咸淳　陶湘生　王镐
书法　1993：3　1993

中 10802362
介绍祝允明《句曲道中、虎丘诗》草书手卷
王新新
书法　1994：6　1994

八九、高友玑（1461–1546）

中 10802363
先贤高尚书友玑公——明代名臣
郑祥鼎
浙江月刊　11：4　1979.4.6

九〇、蒋冕（1462–1532）

中 10802364
读邱达民先生《琼台诗话评注》
冼心福　王翔海
海南大学学报　1995：1　1995

九一、陆震（1464–1519）

中 10802365
陆震和他的《虞美人·郑克柔述梦》
陈麟德
洛阳师专学报　1993：4　1993

九二、姚茂良（1465–1487）

中 10802366
也谈“扫秦”
伊兵
文艺月报　1955：1　1955

中 10802367
《疯僧扫秦》中的东窗诗
赵景深（邹啸）
戏剧报　1962：6　1962

中 10802368
对《东窗诗》的一个理解
梦斌
江汉学报　1962：10　1962

九三、罗钦顺（1465–1547）

中 10802369
罗近溪之理学
唐君毅
民主评论　5：5　1954.3

中 10802370
罗整庵学述
钱穆
图书季刊　2：1　1971.7

中 10802371
罗整庵的理气论
钟彩钧
中国文哲研究集刊　6　1995.3

中 10802372
上海复旦大学藏《整庵续稿》及其价值
钟彩钧
中国文哲研究通讯　5：3　1995.9

中 10802373
罗整庵的经世思想与其政治社会背景
钟彩钧
中国文哲研究集刊　8　1996.3

中 10802374
罗整庵的心性论与工夫论
钟彩钧
鹅湖学志　17　1996.12

中 10802375
承袭朱学或另辟新途？——罗钦顺政治思想定位思考
林嘉怡
中华学苑　53　1999.8

中 10802376
明中叶罗钦顺之禅学批评的时代意义
邓克铭

中国文哲研究集刊　16　2000.3

九四、沈采（1465？–1487？）

中 10802377
沈采的《千金记》
赵景深（邹啸）
小说戏曲新考　世界书局　1939.1
中国戏曲初考　中州书画社　1983.8

九五、湛若水（1466–1560）

中 10802378
明儒湛若水撰帝学用书《圣学格物通》的政治背景与内容特色
朱鸿林
“中央研究院”历史语言研究所集刊　62：3　1993

中 10802379
湛若水经学初探
张晓生
东吴中文研究集刊　3　1996.5

九六、陈缵（1466？–？）

中 10802380
诗名逸句动京华——陈缵《相府咏梅》与王佐《太学解嘲》
晓舟
海南日报　1987.8.23

九七、章玄梅（1467–1550）

中 10802381
明代乐清诗人章玄梅与李经敕
张如元
温州师范学院学报　1998：5　1998

九八、王九思（1468–1551）

中 10802382
王九思和康海
苏育生
陕西日报　1980.1.10

九九、唐寅（1470–1523）

中 10802383
唐宋词与唐寅《妒花歌》雷同
陈友琴
青年界　4：4　1933.11

中 10802384
江南第一风流才子唐伯虎
欧阳映红
畅流　13：2　1956

中 10802385
关于唐伯虎
陆珍年
新生报　1956.10.11

中 10802386
唐伯虎与“三笑弹词”
范烟桥
新闻日报　1956.11.15

中 10802387
论伯虎杂曲
赵景深（邹啸）
明清曲谈　古典文学出版社　1957.8

中 10802388
唐伯虎与莲花落（上、下）
向日
联合报　1958.5.10–11

中 10802389
唐寅（伯虎）与秋香事考
石如
“中央日报”　1959.10.6

中 10802390
苏州唐伯虎
周瘦鹃
光明日报　1961.11.25

中 10802391
唐伯虎葬花
陈迩冬
光明日报　1962.5.17

中 10802392
葬花诗事外记
陈迩冬
光明日报　1962.5.29

中 10802393
唐伯虎传奇
炎贤
自由太平洋　6：10　1962.10

中 10802394
唐伯虎的传说
欧阳网锁
民间文学　1963：3　1963

中 10802395
闲话唐伯虎
匣叟
反攻　257　1963.8

中 10802396
唐寅与江阴徐经
方骥龄
畅流　31：9　1965

中 10802397
六如居士之身世——关于唐寅的研究之一·二
江兆申
故宫季刊　2：4；3：1　1968.4；7

中 10802398
六如居士之师友与遭遇
江兆申
故宫季刊　3：1　1968.7

中 10802399
六如居士之游纵与诗文
江兆申
故宫季刊　3：2　1968.10

中 10802400
六如居士之书画与年谱
江兆申
故宫季刊　3：3　1969.1

中 10802401
唐伯虎疏狂得祸
雍叔
"中央日报"　1969.7.17-18

中 10802402
唐伯虎生平及其诗文
江兆申
大成　81　1970.2

中 10802403
唐伯虎的风流韵事及其时代背景
张汉雄
艺文志　61　1970.10

中 10802404
唐伯虎的"一上"诗
正国
联合报　1971.2.22

中 10802405
唐伯虎与郑板桥的共同悲哀
林慰君
联合报　1971.6.25

中 10802406
唐伯虎祈梦志异

苏文
艺文志　70　1971.7

中 10802407
唐六如画像并赞
郑骞
书目季刊　10：2　1976.9

中 10802408
唐伯虎与文征明（1–7）
庄练（苏同炳）
中国时报　1976.12.1–7

中 10802409
中国画家传（3）——唐寅《江山骤雨图》
伯苏
艺术家　25　1977.6

中 10802410
唐寅其人其事
文守仁
四川文献　143　1977.7

中 10802411
明代画家沈周与唐寅
陶怡
畅流　55：12　1977

中 10802412
豪宕不羁唐伯虎
钱济鄂
自立晚报　1977.9.12–16

中 10802413
风流才子唐伯虎
慧山居士
江苏文物　12　1978.6

中 10802414
唐伯虎的一首七言律诗
郑骞
台湾时报　1978.11.1–2

中 10802415
唐伯虎及其作品简介
赵德芳
绿野　1979：1　1979

中 10802416
唐伯虎与《三笑》
何浩
工人日报　1979.2.10

中 10802417
《三笑》与唐伯虎
孙宝发
天津日报　1979.3.11

中 10802418
唐伯虎其人
张朝清
吉林日报　1979.3.11

中 10802419
明代画家唐寅
左庄伟
新华日报　1979.3.18

中 10802420
电影《三笑》和历史上的唐伯虎
沙振宇　段军
福建日报　1979.4.1

中 10802421
撇开《三笑》话唐寅
章燕
湖南日报　1979.4.1

中 10802422
唐伯虎与《三笑》
素芳　慧升
山西日报　1979.4.15

中 10802423
“九分学力一分才”
集文
云南日报　1979.6.10

中 10802424
九分学力一分才——介绍明代画家唐寅
王学明
河北日报　1979.8.1

中 10802425
唐寅的悲剧
冷寅顺
河南日报　1979.10.14

中 10802426
唐寅三绝
谢孝思
名作欣赏　1980：1　1980

中 10802427
为唐伯虎一辩
张鹄
文汇增刊　1980：5　1980

中 10802428
唐伯虎与《四美图》
小弢
历史知识　1981：2　1981

中 10802429
唐伯虎其人
林家治
人物　1981：3　1981

中 10802430
唐伯虎惊魂未定画庐山
李国强　王自立
旅游天地　1981：3　1981

中 10802431
山水画家唐寅（附图版）
凌祖绵
书画家　7：6　1981

中 10802432
唐寅所绘宫妓图的定名问题
阎慰鹏
故宫博物院院刊　1981：3　1981

中 10802433
天地为牢夜不收——谈唐寅、杨慎的两首咏物诗
雷涛

滇池　1981：9　1981

中 10802434
“才子”是实，并不“风流”——唐伯虎小传
蹇公
湖北日报　1981.9.2

中 10802435
唐伯虎妙题祝寿诗
程雯
青年诗坛　1983：3　1983

中 10802436
唐寅二题
陈振濂
学林漫录　8　中华书局　1983.4

中 10802437
关于唐寅的代笔问题
劳继雄
文物　1983：4　1983

中 10802438
唐伯虎的诗文为书画所掩
云翁
艺坛　185　1983.8

中 10802439
吴门才子　画苑名流——唐寅诗歌表里
施宁
艺苑　1984：2　1984

中 10802440
唐伯虎与秋香
王耀庭
故宫文物月刊　1：12　1984.3

中 10802441
三笑故事的新探索
庄练（苏同炳）
青年战士报　1984.3.26

中 10802442
华灯烛影话“烂开”——唐寅《落花诗之一》讲谈
杨敬轩
名作欣赏　1984：4　1984

中 10802443
负才放诞的唐伯虎
石墨翰
东方杂志　18：6　1984.12

中 10802444
从唐寅的际遇来看他的诗书画
江兆申
台北故宫学术季刊　3：1　1985 秋

中 10802445
论唐寅诗歌的艺术特色
宋戈
辽宁大学学报　1985：3　1985

中 10802446
唐寅和他的《桃花庵歌》
洛民

中国广播电视　1985：3　1985

中 10802447
漫议唐伯虎
俞明仁
杭州大学学报　1986：4　1986

中 10802448
唐寅思想初探
王文钦
苏州大学学报　1987：3　1987

中 10802449
唐寅和他的两卷手书诗
孙宝发
书法　1987：6　1987

中 10802450
语谐情正　诗如其人——读唐伯虎《把酒对月歌》
李晋棠
海南日报　1987.8.6

中 10802451
唐寅和晚明的浪漫思潮
周月亮
读书　1987：12　1987

中 10802452
访《三笑姻缘》中的华太师别墅
吴新雷
古典文学知识　1988：1　1988

中 10802453
唐寅与《韩熙载夜宴图》
吕明
美苑　1988：4　1988

中 10802454
唐寅和他的日本友人
张希广
文史知识　1988：11　1988

中 10802455
唐寅
邵毅平
十大文学畸人　上海古籍出版社　1989.8

中 10802456
唐伯虎“行赌”
陈鹏举
解放日报　1989.8.24

中 10802457
一个文学史不该忘却的作家：唐伯虎文学创作试论
朱万曙
安徽大学学报　1990：3　1990

中 10802458
《金瓶梅》咏打秋千诗及唐寅原作
郑平昆
文献　1991：1　1991

中 10802459
唐伯虎诗歌臆说
张浩逊

吴中学刊　1991:1　1991

中 10802460
“江南第一风流才子”——唐寅
孟泽
古典文学知识　1991:6　1991

中 10802461
自号“江南第一风流才子”的唐寅
欧阳洲
传记文学　1993:6　1993

中 10802462
风流才子唐伯虎
宋戈
文史知识　1994:1　1994

中 10802463
唐伯虎其人及其书风
谭锦家
台北市师范学院学报　25　1994.6

中 10802464
论唐寅书风之演变
谭锦家
台北市师范学院学报　26　1995.6

中 10802465
论唐寅诗风对《红楼梦》诗词创作的影响
雷广平
社会科学战线　1996:2　1996

中 10802466
文学畸人唐寅传
邵毅平
中国古典文学论集　韩国蔚山大学校出版社　1996.9

中 10802467
狂放与悲凉交织的人生：唐寅的人生道路
彭茵
古典文学知识　1999:1　1999

中 10802468
论唐寅诗歌中的“畸人”特质
张春萍
学术交流　2000:1　2000

中 10802469
佛教与唐寅诗歌思想内涵
张春萍
河南师范大学学报　2000:2　2000

中 10802470
读唐寅咏花诗
戴诚　沈剑文
苏州铁道师范学院学报　2000:3　2000

中 10802471
佛教对唐寅诗歌的影响
张春萍
青海师专学报　2000:4　2000

中 10802472
唐寅诗作“畸人”特质的表征及渊源
张春萍
固原师专学报　2000:4　2000

中 10802473
论唐寅思想的多面性和整体性
王富鹏
嘉应大学学报 2000：4 2000

一〇〇、蔡羽（1470–1541）

中 10802474
明·蔡羽《辽阳海神传》考述
魏王妙樱
东吴中文研究集刊 2 1995.5

一〇一、文征明（1470–1559）

中 10802475
文征明氏的书画
刁抱石
中国一周 267 1955.6

中 10802476
文征明激励青年
金昆年
新民晚报 1960.3.4

中 10802477
文征明的诗书画
范烟桥
新民晚报 1961.1.19

中 10802478
关于文征明的为人
海清
天津晚报 1961.8.31

中 10802479
文征明手写《斗金牌》传奇
吴新雷
文汇报 1962.7.18

中 10802480
文征明行谊与明中叶以后之苏州画坛（1–6）
江兆申
故宫季刊 5：4–7：1 1971–1972

中 10802481
文征明年谱
江兆申
故宫季刊 5：4–7：1 1971–1972

中 10802482
唐伯虎与文征明（1–7）
庄练（苏同炳）
中国时报 1976.12.1–7

中 10802483
评介：文征明与苏州画坛（江兆申著）
吴智和

明史研究专刊　1　大立出版社　1978.7

中 10802484

文征明的诗书画

凌祖绵

书画家　6：1　1980

中 10802485

钱塘江头不平吼——文征明的《满江红》及其他

邹身城

西湖　1980：8　1980

中 10802486

文征明文嘉父子

江兆申

大成　88　1981.3

中 10802487

岳庙里的一首《满江红》（按：文征明）

凌家辉

解放日报　1985.3.17

中 10802488

文征明《满江红》

秦似

两间居诗词丛话　四川人民出版社　1985.7

中 10802489

文征明的品格

路工

访书见闻录　上海古籍出版社　1985.8

中 10802490

拙政诸园寄深眷——读文征明的《拙政园若墅堂》

沈鸿鑫

海南日报　1990.9.19

中 10802491

文征明及其《草书诗卷》简介

秦化江

书法　1993：6　1993

中 10802492

明代四大画家之一——吴派四家中多才的文征明

崔咏雪

文物杂志　13　1993.9

中 10802493

文征明小楷笔法析论

刘莹

中华书道　15　1997.2

中 10802494

“诗、书、画三绝”的文征明

周晓光

文史知识　1997：8　1997

中 10802495

文征明的行书艺术

刘莹

中华书道　18　1997.11

中 10802496

吴中地志书写——以文征明诗文为主的观

察
范宜如
中国学术年刊　21　2000.3

一〇二、王守仁（1472–1529）

中 10802497
王阳明的修身教育
陈代锷
教育通讯　5：6　1954.2

中 10802498
许怀彻与王阳明
王德昭
民主评论　5：19　1954.10

中 10802499
阳明先生及其为学
张文伯
三民主义半月刊　39　1954.12

中 10802500
从琐事上看王阳明
安宁
"中央日报"　1955.4.17

中 10802501
王阳明之才志学养及事功
黄建中
建设　5：6　1956.10

中 10802502
王守仁：瘗旅文
陈敬吾
古典文学作品分析　湖南人民出版社　1957.8

中 10802503
陈白沙与王阳明
姜汉卿
国魂　153　1958.2
白沙学刊　1　1963.12

中 10802504
王阳明的年青时代
管士怡
中兴评论　5：5　1958.5

中 10802505
王阳明的生平与思想
张起钧
新时代　3：11　1963.11

中 10802506
阳明居夷
吴蕤
人生　28：8　1964.9

中 10802507
文武兼资的阳明先生
陈恒升
畅流　33：11　1966

中 10802508
王阳明评传
张起钧
学园　3：3–4　1967.11–12
王阳明传记资料之一（王阳明生平及传略）天一出版社　1982.5

中 10802509
阳明先生事略
宋海屏
大学生　48　1968.5

中 10802510
王阳明与了庵和尚（日译中）
［日］铃木由次郎著　苏振申译
华学月报　3　1972.3

中 10802511
王阳明的修养论
吴爽熹
哲学论集　1　1972.12

中 10802512
封建专制的维护者王阳明
宋晓梅
西北大学学报　1974：2　1974

中 10802513
从王守仁的《喜雨诗》谈起
汪毅夫
厦门文艺　15　1975.10

中 10802514
从诗看阳明的风格
执中
"中央日报"　1975.10.15

中 10802515
王阳明年谱
周宪文
台湾教育　303　1976.3

中 10802516
《阳明学大系》评介（1–5）
戴瑞坤
华学月刊　59、62、63、65、72–73　1976.11–1978.1

中 10802517
《传习录》与王阳明的思想
陈弱水
书评书目　56　1977.12

中 10802518
王阳明之武功与学术
张永明
东方杂志　12：2　1978

中 10802519
王阳明之人格与风格
魏元珪
哲学与文化　5：10　1978

中 10802520
一个政治家的王阳明
徐复观
中华文化复兴月刊　12：5　1979

中 10802521
养心诗选——王守仁
瀠鋆
公保月刊　20：11　1979

中 10802522
师法王阳明的学养·人格与风范
傅俊杰
三军联合月刊　17：7　1979.9

中 10802523
记修文阳明洞
杨树檎
贵州日报　1979.11.25

中 10802524
顾宪成高攀龙对王阳明四句教之诤辨
傅武光
孔孟月刊　17：4　1979.12

中 10802525
与贺昌群书——谈王阳明与曾国藩
熊十力
天然　1：7　1980.7

中 10802526
简论王阳明的诗作
喻博文
甘肃师范大学学报　1981：4　1981

中 10802527
王阳明与教育
张奉箴
教育学刊　3　1981.6

中 10802528
民族伟人王阳明之生平
王大任
新出路　17：1　1981.7

中 10802529
阳明先生的智略
黄志民
孔孟月刊　20：2　1981.10

中 10802530
一代儒将王守仁
傅俊杰
三军联合月刊　19：11　1982.1

中 10802531
王守仁
王大任
中国历史人物广播讲座专集　1982.9

中 10802532
怨而不怒　哀而不伤——沁人肺腑的《瘗旅文》
赵仲邑
语文月刊　1983：4　1983

中 10802533
王守仁的一生
邓艾民
燕园论学集　北京大学出版社　1984.4

中 10802534
谪贬龙场的王阳明
杜若

台肥月刊　25：5　1984.5

中 10802535
从王阳明到袁中郎——明代散文发展的一种趋势
郭预衡
历代散文丛谈　山西人民出版社　1986.6

中 10802536
王守仁诗歌得失谈
周寅宾
光明日报　1986.9.23

中 10802537
读阳明先生咏良知诗
梁漱溟
社会科学战线　1988：2　1988

中 10802538
王阳明与道家哲学
［苏］A.N. 科布泽夫著　王德有译
哲学译丛　1988：2　1988

中 10802539
王阳明著述考
张克伟
书目季刊　21：4　1988.3

中 10802540
王阳明先生的武功与平贼诗乘
庞景隆
孔孟月刊　26：11　1988.7

中 10802541
王阳明之白话诗
胡适
胡适古典文学研究论集　上海古籍出版社　1988.8

中 10802542
阳明学研究论著目录
张克伟
书目季刊　22：2　1988.9

中 10802543
王守仁
蔡德贵　刘宗贤
十大思想家　上海古籍出版社　1989.8

中 10802544
王阳明先世及家世考实（上、下）
张克伟
浙江学刊　1991：3　1991
孔孟月刊　30：2–3　1991.10–11

中 10802545
王阳明知识学研究——学圣的全程理论
林丽珊
哲学论集　25　1991.7

中 10802546
阳明学说暨其重要理念之省思
林明德
国防管理学院学报　12：2　1991.7

中 10802547
从王阳明到刘宗周——志知之辨的历史演

进
杨国荣
孔孟月刊　29：11　1991.7

中 10802548
王阳明与道教
［澳］柳存仁
和风堂文集　上海古籍出版社　1991.10

中 10802549
王阳明与佛道二教
［澳］柳存仁
和风堂文集　上海古籍出版社　1991.10

中 10802550
论儒家工夫论的转向——从王阳明到王船山
曾昭旭
鹅湖　17：5　1991.11

中 10802551
从现代视觉认知过程观点探讨王阳明的宇宙观
王守益　王慧琴
新竹清华学报　22：1　1992

中 10802552
阳明思想中儒道的分际与融通
钟彩钧
鹅湖学志　8　1992.6

中 10802553
基于现代视觉认知观点检讨——关于王阳明天地万物为一体等哲思的批评
王守益　王慧琴
新竹清华学报　22：3　1992

中 10802554
王阳明谪官龙场与王学系统确立之关系
张克伟
哲学与文化　19：9　1992.9

中 10802555
拯救与道德：读王阳明《因雨和杜韵》
张放鸣
文史知识　1992：10　1992

中 10802556
文学家王阳明
张奉箴
中国国学　20　1992.11

中 10802557
阳明学的心学特质
［日］荒木见悟著　连清吉译
中国文哲研究通讯　2：4　1992.12

中 10802558
王阳明哲学的体系性分析
陶国璋
新亚学报　16（下）　1993.1

中 10802559
对王学学风的再认识
路新生
孔孟学报　65　1993.3

中 10802560
王守仁“致良知”教育体系论与理学社会化——兼与朱学比较
黄书光
孔孟学报　65　1993.3

中 10802561
王阳明思想中之存有与道德
郑灿山
台湾师范大学国文研究所集刊　37　1993.5

中 10802562
阳明先生“格物致知”思想之探微
詹哲裕
复兴岗学报　49　1993.6

中 10802563
阳明心学与文学复古运动
马美信
复旦学报　1993：6　1993

中 10802564
王阳明人生观阐微
徐平
中正岭学术研究集刊　12　1993.6

中 10802565
从“自知”的概念来了解王阳明的良知说
耿宁
中国文哲研究通讯　4：1　1994.3

中 10802566
从康德［Immanuel Kant］的实践哲学——论王阳明的“知行合一”说
李明辉
中国文哲研究集刊　4　1994.3

中 10802567
从“亭前格竹”到“龙场悟道”：王阳明思想转向新释
林乐昌
陕西师大学报　1994：4　1994
哲学与文化　22：4　1995.4

中 10802568
阳明对《孟子·尽心》章之诠释试探——兼论孟子原义与朱、王所解之比较
吴冠宏
中国文学研究　8　1994.5

中 10802569
从王阳明在龙场“为石墎”谈明儒的生死观
姜允明
哲学年刊　10　1994.6

中 10802570
王阳明与刘蕺山工夫论之比较
庄溎芬
台湾师范大学国文研究所集刊　38　1994.6

中 10802571
王阳明《传习录》的心学思想
简光明
人文及社会学科教学通讯　5：2　1994.8

中 10802572
阳明“知行合一”论之探讨
李相勋
鹅湖 20：2 1994.8

中 10802573
亦生亦友助新学：读王阳明居黔诗中有关诸生诗篇
张清河
贵阳师专学报 1995：1 1995

中 10802574
《王阳明年谱》订误
诸焕灿
鹅湖 20：8 1995.2

中 10802575
禅宗对阳明心学影响初探
李豫川
内明 277 1995.4

中 10802576
从王阳明到林兆恩——兼论心学与三一教
韩秉芳
宗教哲学 1：2 1995.4

中 10802577
《王阳明先生出身靖难录》虚实考
江巨荣
中西学术 1 学林出版社 1995.6

中 10802578
对着恶的良知：从恶的问题重估王阳明的心学理论
柯志明
基督书院学报 2 1995.6

中 10802579
论王阳明与道家的思想联系
吴光
道家文化研究 6 上海古籍出版社 1995.6

中 10802580
王阳明辨“心学与禅学”——《重修山阴县学记》之疏解
蔡仁厚
东海哲学研究集刊 2 1995.6

中 10802581
论王阳明关于成人之道的学说
吴国珍
孔孟学报 70 1995.9

中 10802582
从王阳明诗中的曾点典故论其精神风貌
林丽娟
黄埔学报 30 1995.12

中 10802583
论王阳明“良知”概念的演变及其双重涵义
耿宁
鹅湖学志 15 1995.12

中 10802584
阳明底世界观——由实践进路的探索
张一中

鹅湖　21：6　1995.12

中 10802585
王阳明的讲学生涯和社会教化使命——兼论明代儒教民间讲学的现代意义
林乐昌
哲学与文化　23：1　1996.1

中 10802586
随处看山随处乐——谈王阳明诗中闲适之乐
林丽娟
国文天地　11：10　1996.3

中 10802587
王阳明的龙场田园诗
张清河
贵阳师专学报　1996：3　1996

中 10802588
王阳明的良知观念及其工夫论
吴汝钧
哲学与文化　23：4　1996.4

中 10802589
“人生达命自洒落”——王阳明江西诗研究
林丽娟
黄埔学报　31　1996.6

中 10802590
论黄梨洲对王阳明“四句教”的辩析
马琇芬
中山中文学刊　2　1996.6

中 10802591
明代华夏民族主义与王阳明
庄万寿
国文学报　25　1996.6

中 10802592
谈王阳明诗中的悟道之乐
林丽娟
国文天地　12：1　1996.6

中 10802593
阳明心学中的人学思想
袁信爱
哲学论集　29　1996.6

中 10802594
“随处风波只晏然”——从龙场事变谈王阳明诗中的洒落胸怀
林丽娟
国文天地　12：2　1996.7

中 10802595
“吾心自有光明月”——王阳明晚年诗研究
林丽娟
孔孟月刊　35：1　1996.9

中 10802596
心性之辩：从孟子到王阳明——兼论王阳明重建心体的理论意蕴
杨国荣
孔孟学报　72　1996.9

中 10802597
知行合一的王阳明
宋裕
明道文艺　247　1996.10

中 10802598
王阳明“必为圣人之志”说析论
王崇峻
孔孟月刊　35：3　1996.11

中 10802599
何以当歌——谈王阳明诗中的歌谣观念
林丽娟
国文天地　12：7　1996.12

中 10802600
王阳明贬居贵州确切年代考：阳明诗作内证寻绎
张清河
贵阳师专学报　1997：2　1997

中 10802601
从王阳明对朱子“格物穷理”之反省论其致良知说
蔡淑闵
中文研究学报　1　1997.6

中 10802602
论王阳明的最后定见
刘述先
中国文哲研究集刊　11　1997.9
阳明学研究　上海古籍出版社　2000.1

中 10802603
王阳明心学之心
毛保华
孔孟月刊　36：3　1997.11

中 10802604
阳明学与民主政治
李明辉
政治大学哲学学报　4　1997.12

中 10802605
王阳明“无所依傍”的散文
张清河
贵州教育学院学报　1998：2　1998

中 10802606
王阳明教育思想简述
陈增辉
孔孟月刊　36：7　1998.3

中 10802607
《心学之思——王阳明哲学的阐释》
林久络
哲学杂志　24　1998.5

中 10802608
论阳明心学与禅学之异
杨菁
东吴中文研究集刊　5　1998.5

中 10802609
王阳明诗中的江鸥意象
林丽娟
中国语文（台北）　82：5　1998

中 10802610
从“兴观群怨”谈王阳明诗之境界
林丽娟
中国文化月刊　220　1998.7

中 10802611
王阳明提倡“古本大学”在经学史上的意义
凌超煌
兴大中文研究生论文集　3　1998.7

中 10802612
《阳明先生遗言录》
［日］水野实　［日］永富青地　［日］三泽三知夫校注　张文朝译
中国文哲研究通讯　8：3　1998.9

中 10802613
“平生忠赤有天知”——谈王阳明诗中的忠爱精神
林丽娟
国文天地　14：6　1998.11

中 10802614
阳明学派的建构与发展
吕妙芬
新竹清华学报　29：2　1999

中 10802615
人我之间——论王阳明对群己关系的思考
杨国荣
孔孟学报　77　1999.9

中 10802616
王阳明思想中的“言语”与“心”的关系
［日］柴田笃
阳明学研究　上海古籍出版社　2000.1

中 10802617
《遗言录》《稽山承语》与王阳明晚年思想
陈来
阳明学研究　上海古籍出版社　2000.1

中 10802618
程敏政和王阳明的朱、陆观及其历史影响
陈寒鸣
阳明学研究　上海古籍出版社　2000.1

中 10802619
论东林对王学的纠弹
何俊
阳明学研究　上海古籍出版社　2000.1

中 10802620
晚明心学的流变与居士佛学
陈永革
阳明学研究　上海古籍出版社　2000.1

中 10802621
王阳明诗中的美人意象
林丽娟
国文天地　15：10　2000.3

中 10802622
王阳明的著述观
黄开国
孔孟月刊　38：7　2000.3

中 10802623
王阳明“致良知”学说及其在教育上的意义
吴美瑶
鹅湖　25：10　2000.4

中 10802624
王阳明思想要义及反省
李元治
雄中学报　3　2000.4

中 10802625
儒学是否有神秘主义倾向——评冯友兰、陈来两先生对孟子及阳明之看法
唐经钦
鹅湖　26：3　2000.9

中 10802626
王阳明对孟子性善论之诠释与发展
林桐城
景文技术学院学报　11（上）　2000.9

中 10802627
王阳明与《周易》
戴琏璋
中国文哲研究集刊　17　2000.9

中 10802628
阳明后学的成员分析
黄文树
中国文哲研究集刊　17　2000.9

中 10802629
阳明心学与禅学的“体用”问题
邱敏捷
哲学与文化　27：12　2000.12

一〇三、李梦阳（1473–1530）

中 10802630
李梦阳
陈定山
畅流　16：12　1958

中 10802631
才思雄鹫的李梦阳
陈人之
甘肃日报　1962.1.24

中 10802632
关于李梦阳的生卒年代
唐景绅
社会科学（甘肃）　1980：3　1980

中 10802633
李梦阳的为人及其文学事业述评
陈志明
兰州大学学报　1980：4　1980

中 10802634
康海与李梦阳的深厚友谊
蒋星煜（布谷、白甲）
随笔　11　广东人民出版社　1980.9

中 10802635
为李梦阳辨诬——谈明杂剧《中山狼》
张中
西北师院学报　1982：2　1982

中 10802636
李梦阳年里考
黄长椿
江西师范学院学报　1982：2　1982

中 10802637
李梦阳的一个侧面——古文辞的平民性
[日]吉川幸次郎著　章培恒译
文艺理论研究　1982：2　1982

中 10802638
化美为媚——李梦阳《浮江》
李元洛
湖北日报　1982.2.3
楚诗词艺术欣赏　长江文艺出版社　1984.12

中 10802639
李梦阳与明代江西的文化教育
黄长椿
江西社会科学　1983：3　1983

中 10802640
李梦阳与《中山狼》种种
裴慎
甘肃日报　1983.7.10

中 10802641
李梦阳古文评价
南玉印
兰州大学学报　1984：3　1984

中 10802642
杂剧《中山狼》本事与李梦阳、康海关系考
田守真
西南师院学报　1985：1　1985

中 10802643
李梦阳与何景明论争时间初探
付瑛
信阳师范学院学报　1985：2　1985

中 10802644
黄鹤楼前惜别情
陈文新
长江日报　1985.2.16

中 10802645
李梦阳诗论述评
赵建新
兰州大学学报　1985：3　1985

中 10802646
略论李梦阳的“情真”说
侯毓信
古代文学理论研究丛刊　10　上海古籍出版社　1985.6

中 10802647
何景明与李梦阳
刘诚
信阳师范学院学报　1986：3　1986

中 10802648
李梦阳与晚明文学新思潮
章培恒
安徽师范大学学报　1986：3　1986

中 10802649
晚明文学的先驱——李梦阳
陈建华
学术月刊　1986：8　1986

中 10802650
李梦阳与古代民歌
元家桂
大学文科园地　1987：1　1987

中 10802651
李梦阳《秋望》“汉宫”考及其它：兼与裴效维同志商榷
曾良
内江师专学报　1987：2　1987

中 10802652
李梦阳何景明文学论战
黄锦珠
国语日报·书和人　581　1987.11

中 10802653
关于《中山狼传》的两个问题
范志新
明清小说研究　1988：4　1988

中 10802654
一场各说各话的论战：李（梦阳）何（景明）诗文论争底蕴的探究
黄锦珠
中国文学研究　2　1988.5

中 10802655
李梦阳小词（历代词选集叙录 6）
舍之
词学　6　华东师范大学出版社　1988.7

中 10802656
李、何与明代文学复古
张惠杰
北大研究生学刊　1989：4　1989

中 10802657
李梦阳《秋望》诗注释考辨
曾良
社会科学辑刊　1989：5　1989

中 10802658
宦海浮沉　刚直名世——士林领袖李梦阳的仕宦生涯
石麟
文史知识　1989：7　1989

中 10802659
李梦阳联难梦阳
朱恪超
甘肃日报　1990.1.14
古今巧联妙对趣话（1）（修订本）　中州

古籍出版社　1990.11

中 10802660
李梦阳故里考辨
王新亚
兰州学刊　1990：2　1990

中 10802661
李梦阳《弘德集》的编定年代
梁临川
上海大学学报　1990：2　1990

中 10802662
李梦阳文论管见
臧诗成
贵州师大学报　1990：3　1990

中 10802663
李梦阳文学思想简论
汪正章
兰州学刊　1990：3　1990

中 10802664
关于李梦阳的“晚年悔悟”问题——前七子文学理论研究之一
廖可斌
文艺理论研究　1991：2　1991

中 10802665
明代诗坛的复古倾向与复古派中坚李梦阳
万麟
湖北师范学院学报　1991：2　1991

中 10802666
论李梦阳诗学思想的理学倾向
黄果泉
河南师范大学学报　1991：3　1991

中 10802667
李梦阳《石将军战场歌》探讨
穆甲地
唐都学刊　1991：4　1991

中 10802668
李梦阳诗学思想的尚法观
黄果泉
河南师范大学学报　1993：1　1993

中 10802669
李梦阳《空同集》人名笺证（之一）
王公望
甘肃社会科学　1993：6　1993

中 10802670
李梦阳《禹庙碑》评析
张仁健
名作欣赏　1994：1　1994

中 10802671
李梦阳诗学思想辨析
于兴汉
山西师大学报　1994：1　1994

中 10802672
李梦阳诗学思想的格调说
黄果泉
河南师范大学学报　1994：2　1994

中 10802673
李梦阳《空同集》人名笺证（之二）
王公望
甘肃社会科学　1994：5　1994

中 10802674
江潮心潮共滔滔——说李梦阳《浮江》
陈志明
大公报　1994.11.27

中 10802675
李梦阳生平若干史实的考索辨误
王公望
社科纵横　1996：3　1996

中 10802676
李梦阳文学主张简论
吴世永
台州师专学报　1996：5　1996

中 10802677
李梦阳与康海
王公望
甘肃社会科学　1997：4　1997

中 10802678
李梦阳著作明代刻行述略
王公望
图书与情报　1998：3　1998

中 10802679
关于李梦阳与何景明的文学论争
杨德贵
中州学刊　1998：6　1998

中 10802680
文学与仕途的双重轨迹：薛正昌《李梦阳全传》读后
李凤畋
固原师专学报　1999：4　1999

中 10802681
李梦阳“复古”别议
程建忠
成都大学学报　2000：1　2000

一〇四、王济（1474–1540）

中 10802682
传奇剧《连环记》作者及创作年代斟疑
钟林斌
苏州大学学报　1997：3　1997

一〇五、何瑭（1474–1543）

中 10802683
柏斋先生乐府序（三五年）
冒广生
冒鹤亭词曲论文集　上海古籍出版社　1992.8

中 10802684
序《何瑭集》
何东成
光明日报　2000.2.17

一〇六、王廷相（1474–1544）

中 10802685
王廷相著作考
葛荣晋
吉林大学社会科学学报　1983：4　1983

中 10802686
王廷相家谱的发现——《仪封东王世族家谱》
葛荣晋
文献　1985：1　1985

中 10802687
王廷相的“文以阐道”论
葛荣晋
中州学刊　1985：5　1985

中 10802688
王廷相的“意象论”
葛荣晋
山东师范大学学报　1988：5　1988

中 10802689
王廷相文学思想探析
汪正章
南开学报　1988：6　1988

中 10802690
喜读《王廷相集》与《王廷相和明代气学》
张岱年
书品　1990：3　1990
张岱年全集　8　河北人民出版社　1996.12

中 10802691
一位气本论思想家——王廷相的文学观
林嘉怡
大陆杂志　97：1　1998

中 10802692
王廷相的文章和文章观
姬建敏
洛阳师专学报　2000：1　2000

一〇七、黄衷（1474–1553）

中 10802693
黄衷与他的《海语》
罗晃潮
南方日报　1980.8.22

一〇八、康海（1475–1540）

中 10802694
读《康对山文集》
赵景深（邹啸）
明清曲谈　古典文学出版社　1957.8

中 10802695
康海编的《武功县志》
谷苇
新民报晚刊　1957.10.9

中 10802696
《中山狼》杂剧扮演图
黎新
文汇报　1961.8.15

中 10802697
康海和他的《中山狼》杂剧
向隆重
陕西日报　1961.10.31

中 10802698
《中山狼》杂剧的幕后
肖剑周
羊城晚报　1962.2.16

中 10802699
《中山狼》和《沧县狼》
赵洛
天津晚报　1962.12.21

中 10802700
评《中山狼》中的一段对白
云光
光明日报　1966.4.17

中 10802701
王九思和康海
苏育生
陕西日报　1980.1.10

中 10802702
康海评传
焦文彬　张登第
陕西师范大学学报　1980：3　1980

中 10802703
康海与李梦阳的深厚友谊
蒋星煜（布谷、白甲）
随笔　11　广东人民出版社　1980.9

中 10802704
康海的《中山狼》
严敦易
元明清戏曲论集　中州书画社　1982.8

中 10802705
康海《中山狼》杂剧并非为讥刺李梦阳而作——兼谈《中山狼传》小说之作者
蒋星煜（布谷、白甲）
中国戏曲史钩沉　中州书画社　1982.9

中 10802706
康海及其剧作《中山狼》
杨忠
陕西戏剧　1983：2　1983

中 10802707
康海文学思想初探
穆甲地
西北大学学报　1984：1　1984

中 10802708
从《武功县志》的编纂义例探究康海的方志学思想
穆甲地　张世民
人文杂志　1984：6　1984

中 10802709
关于《中山狼传》中的老杏
石昌渝
光明日报　1986.1.28

中 10802710
《沜东乐府》散论
田守真
四川师范大学学报　1986：3　1986

中 10802711
关于《中山狼传》的两个问题
范志新
明清小说研究　1988：4　1988

中 10802712
康海与《沜东乐府》
朱自力
中华学苑　37　1988.10

中 10802713
“文章不是无情物”——康海［雁儿落带过得胜令］《饮中闲咏》赏析
林从龙
元明散曲鉴赏集　人民文学出版社　1989.1

中 10802714
《中山狼》杂剧与康、李关系考辨
马美信　韩结根
复旦学报　1989：1　1989

中 10802715
论康海及其杂剧创作
黄仁生
中国文学研究　1989：3　1989

中 10802716
康海作《中山狼》杂剧斟疑
朱迎平
文学遗产　1989：6　1989

古典文学与文献论集　上海财经大学出版社　1998.6

中 10802717
明代康海秦腔脸谱的发现
阎敏学
当代戏剧　1990：2　1990

中 10802718
戏曲史上难得的传世文物——明代康海秦腔脸谱发现纪实
白浪
陕西日报　1990.4.28

中 10802719
明代《中山狼》杂剧三题：兼与朱迎平同志商榷
黄仁生
中国文学研究　1991：2　1991

中 10802720
再谈《中山狼》杂剧的作者
朱迎平
文学遗产　1992：2　1992
古典文学与文献论集　上海财经大学出版社　1998.6

中 10802721
《中山狼》杂剧探究
谢胜价
传习　11　1993.6

中 10802722
康海事略
田守真
四川师范大学学报　1995：4　1995

中 10802723
康海《中山狼》杂剧的艺术特质
龚喜平
西北师大学报　1995：4　1995

中 10802724
李梦阳与康海
王公望
甘肃社会科学　1997：4　1997

中 10802725
杂剧《中山狼》思想实质剖析
穆甲地
唐都学刊　1998：2　1998

中 10802726
《明代小说史》中有关《中山狼传》问题的纠正
景宏业
学术论丛　1998：5　1998

一〇九、郭勋（1475–1542）

中 10802727
《雍熙乐府》探原
赵景深（邹啸）
出版周刊　1936：200　1936
小说戏曲新考　世界书局　1939.1
小说戏曲新考　世界书局　1943.10
中国戏曲初考　中州书画社　1983.8

中 10802728
《雍熙乐府》与南戏
赵景深（邹啸）
小说戏曲新考　世界书局　1939.1
中国戏曲初考　中州书画社　1983.8

中 10802729
《词林摘艳》与《雍熙乐府》
赵景深（邹啸）
小说戏曲新考　世界书局　1939.1
中国戏曲初考　中州书画社　1983.8

中 10802730
《〈雍熙乐府〉曲文作者考》序言
隋树森
北京师范大学学报　1982：6　1982

中 10802731
郭勋的生年有记载
金苏
中国社会科学　1983：2　1983

中 10802732
《〈雍熙乐府〉曲文作者考》后序
隋树森
文学遗产　1983：4　1983

中 10802733
《盛世新声》与臧贤：附说《雍熙乐府》与郭勋
王钢　王永宽
文学遗产　1991：4　1991

一一〇、边贡（1476–1532）

中 10802734
《文天祥祠联》补述
严霜
羊城晚报　1961.7.12

中 10802735
天上人间——边贡・嫦娥
黄永武
中华日报　1984.10.31

一一一、顾璘（1476–1545）

中 10802736
顾璘的诗说与文论
龚显宗
自立晚报　1980.7.15

一一二、陈霆（1477？–1550）

中 10802737
《渚山堂词话》跋
刘承幹
渚山堂词话　1916年嘉业堂刻《吴兴丛书》本　1916

中 10802738
陈霆的生平及思想
陈泗芬
湖州师专学报　1989：1　1989

中 10802739
略论陈霆的创作
陈泗芬
湖州师专学报　1989：4　1989

中 10802740
陈霆学术著作述评
陈泗芬
湖州师专学报　1990：1　1990

中 10802741
陈霆论词的绮靡蕴藉和风致
邱世友
词学　11　华东师范大学出版社　1993.11

一一三、崔铣（1478–1541）

中 10802742
漫说《记王忠肃公翱事》
陈英
语文学习　1982：5　1982

中 10802743
《记王忠肃公翱事》赏析
申士尧
教学通讯　1982：7　1982

中 10802744
朴质而自然——析《记王忠肃公翱事》语言风格
董梅蓉
语文教研　1983：11　1983

一一四、徐祯卿（1479–1511）

中 10802745
被周文宾冒名的才子
牛牛
文化娱乐　1981：10　1981

中 10802746
徐祯卿的《谈艺录》
王英志
江汉论坛　1983：10　1983

中 10802747
源流·轨度·纵横：徐祯卿《谈艺录》述评
祝峰
广西师范大学学报　1988：3　1988

中 10802748
徐祯卿诗歌风格探源
陈红
青海师范大学学报　1990：4　1990

中 10802749
徐祯卿的撰述及其版本谈
陈红
四川师范大学学报　1991：1　1991

中 10802750
徐祯卿年谱稿略
[日]市原亨吉编　郑宏译
福建图书馆学刊　1991：4　1991

中 10802751
徐祯卿的吴中交游及诗歌创作
陈红
四川师范大学学报　1992：5　1992

中 10802752
"因情立格"：徐祯卿在诗歌创作与理论批评上的追求
陈书录
南京师大学报　1993：3　1993

中 10802753
徐祯卿《谈艺录》作年新探
徐同林
苏州大学学报　1993：4　1993

中 10802754
明代吴中诗人徐祯卿
同林　利民
吴中学刊　1994：4　1994

中 10802755
徐祯卿年谱简编
王乙　陈红
云南教育学院学报　1995：4　1995

中 10802756
徐祯卿——一位开明的藏书家和目录学家
丁宏宣
福建图书馆学刊　1997：3　1997

一一五、韩邦奇（1479–1556）

中 10802757
《富春谣》作者考
王春瑜
中国古典文学研究论丛　1　吉林人民出版社　1980.9

一一六、胡缵宗（1480–1560）

中 10802758
明代诗人胡缵宗
刘大有
陇苗　1981：7　1981

一一七、严嵩（1480–1567）

中 10802759
严嵩与海瑞
陈则东
民族晚报　1979.4.18

中 10802760
严嵩父子——读《钤山堂集》
金性尧
学林漫录　1　中华书局　1980.6

中 10802761
从《鸣凤配》谈到严嵩的评价问题
李焯然
明史研究专刊　6　大立出版社　1983.6

中 10802762
严嵩与嘉靖中后期文坛
廖可斌
文史知识　1993：7　1993
诗稗鳞爪　浙江大学出版社　1999.10

中 10802763
身死从人说是非　诗史应留才者名——严嵩诗人杂摭
曹国庆
文史知识　1993：11　1993

中 10802764
蔡京贺表与严嵩的《庆云赋》
陈诏
金瓶梅六十题　上海书店出版社　1993.12

中 10802765
严嵩的生平及其诗文之研究
孟繁举
兰女学报　7　2000.4

一一八、夏言（1482–1548）

中 10802766
夏言的《安乡道中观妇人插田》诗
刘盼遂
哈尔滨晚报　1962.2.12

一一九、何景明（1483–1521）

中 10802767
何景明批评论述评
朱东润
武大文哲季刊　1：3　1930.10
中国文学论集　中华书局　1983.4

中 10802768
何景明简论
傅开沛
中州学刊　1983：6　1983

中 10802769
何景明问题初探
李叔毅
信阳师范学院学报　1984：1　1984

中 10802770
明朝诗人何景明
周桂林
河南日报　1984.6.10

中 10802771
何景明著述版刻述略
阳海清
信阳师范学院学报　1985：2　1985

中 10802772
何景明问题再探
李叔毅
信阳师范学院学报　1985：3　1985

中 10802773
"前七子"的"复古"与何景明的文风
郭预衡
信阳师范学院学报　1985：3　1985
历代散文丛谈　山西人民出版社　1986.6

中 10802774
读何景明《明月篇》
廖仲安
信阳师范学院学报　1985：4　1985
反刍集　北京师范学院出版社　1986

中 10802775
何景明简论
任访秋（任维焜）
信阳师范学院学报　1986：1　1986

中 10802776
论何景明的文艺思想
刘国盈
信阳师范学院学报　1986：2　1986

中 10802777
信阳俊逸人，中带含风流：论何景明的诗歌理论和创作
王立言
信阳师范学院学报　1986：3　1986

中 10802778
何景明与李梦阳
刘诚
信阳师范学院学报　1986：3　1986

中 10802779
学风复古与文风复古：再谈何景明
郭预衡
信阳师范学院学报　1988：2　1988

中 10802780
何景明的诗歌理论：兼论何、李之争
范志新
信阳师范学院学报　1988：3　1988

中 10802781
何景明文学思想简论
汪正章
平原大学学报　1989：4　1989

中 10802782
何景明诗略论
范志新
苏州大学学报　1991：1　1991

中 10802783
关于"何大复年谱"若干问题的考证
草木
信阳师范学院学报　1991：3　1991

中 10802784
何景明与明弘正信阳作家群
丁三省
信阳师范学院学报　1991：3　1991

中 10802785
昭烈庙诗的启示
容若
大公报　1994.10.20

中 10802786
何景明年谱新编
金荣权
信阳师范学院学报　1995：1　1995

中 10802787
何景明遗迹考
姚学贤　龙丽
信阳师范学院学报　1995：4　1995

中 10802788
师古会心　别出新意：何景明《秋江词》赏析
陈书录
古典文学知识　1995：6　1995

中 10802789
评白润德（Daniel Bryant）《何景明丛考》
周彦文
汉学研究　15：2　1997.12

中 10802790
谈何景明的一首逸诗
傅瑛
殷都学刊　1998：1　1998

中 10802791
何景明的复古理论与文学思想
金荣权
信阳师范学院学报　1998：2　1998

中 10802792
关于李梦阳与何景明的文学论争
杨德贵
中州学刊　1998：6　1998

一二〇、王艮（1483–1541）

中 10802793
读《明史・王艮传》
黄彰健
"中央研究院"历史语言研究所集刊　24　1953
明清史研究丛稿　台北商务印书馆　1977.9

中 10802794
论王龙溪王心斋之学对晚明学风之影响
郭锦樵
新亚书院中国文学系年刊　1　1953.7

中 10802795
王心斋安身论今诠
岑溢成
鹅湖学志　14　1995.6

中 10802796
心斋学述评
陈郁夫
东吴中文学报　2　1996.5

中 10802797
王心斋格物思想述评
朱书萱
语文学报　5　新竹师范学院语文教育学系编印　1998.12

一二一、孙一元（1484–1520）

中 10802798
陇人才情满蠡湖
郭友实
甘肃日报　1997.11.19

一二二、郑善夫（1485–1523）

中 10802799
“道南理窟”重围中的一次文化更新：试论郑善夫在明代中期福建文学中的地位和影响
陈广宏
福建论坛　1991：5　1991

一二三、霍韬（1487–1540）

中 10802800
一士谔谔之明代名宦——霍韬（1486–1540）
霍楚夫
广东文献　2：3　1972.9

一二四、顾元庆（1487–1565）

中 10802801
顾元庆研究
钟来因　朱亚平
明清小说研究　6　中国文联出版公司　1987.12

一二五、郎瑛（1487–1566）

中 10802802
郎瑛与《七修类稿》
左东岭
首都师范大学学报　1998 中国语言文学增刊　1998

一二六、陆娟（1488-？）

中 10802803
万点落花舟一叶，载得春色过江南：明・陆娟《代父送人之新安》
李延祜
人民日报（海外版） 1992.4.28

一二七、陈铎（1488-1521）

中 10802804
陈大声及其词
卢前（卢冀野）
青年界 7：1 1935.1
词学研究论文集 上海古籍出版社 1988.3

中 10802805
陈大声评记辑
卢前（卢冀野）
词学季刊 2：4 1935.7

中 10802806
乐王陈铎
卢前（卢冀野）
"中央日报"（南京） 1946.6.4、11

中 10802807
陈铎的《水仙子・瓦匠》
赵景深（邹啸） 陆树仑
文汇报 1962.12.20

中 10802808
陈铎（大声）及其词曲
郑骞
国语日报・书和人 118 1969.9
景午丛编（下编） 台北中华书局 1972.3

中 10802809
从《滑稽余韵》看明代中叶社会面貌
李永刚
历史知识 1981：5 1981

中 10802810
陈大声及其《草堂余意》（附作品）
施蛰存
词学 1 华东师范大学出版社 1981.11

中 10802811
明代市民文学的一朵鲜花：介绍陈铎的《滑稽余韵》
路工
访书见闻录 上海古籍出版社 1985.8

中 10802812
《词林韵释》谈略
林宝卿
辞书研究　1991：6　1991

中 10802813
明代市民文学的一朵鲜花：陈铎及其《滑稽余韵》
钱文华
南京史志　1992：1　1992

一二八、韩邦靖（1488–1523）

中 10802814
韩邦靖简论
焦文彬
陕西师范大学学报　1987：1　1987

一二九、杨慎（1488–1559）

中 10802815
盋群书校跋——词林万选
潘承弼
制言　3　1935.10

中 10802816
重刊升庵长短句正集序
杨崇焕
升庵长短句　新都杨氏小紫阳阁重刊本　1937.5

中 10802817
文学家杨升庵
冬尼
草地　1957：7　1957
杨慎研究资料汇编（上）"中央研究院"中国文哲研究所　1992.10

中 10802818
杨升庵三坐首席
陈钟颖
新民晚报　1959.8.9

中 10802819
明代文学家杨升庵
高文
成都日报　1961.5.31
杨慎研究资料汇编（上）"中央研究院"中国文哲研究所　1992.10

中 10802820
杨升庵的二三事
刘知渐
重庆日报　1961.7.12
杨慎研究资料汇编（上）"中央研究院"中国文哲研究所　1992.10

中 10802821

纪念明代大文学家杨升庵

《四川日报》报讯

四川日报　1961.9.13

中 10802822

明代大文学家杨升庵

川博

四川日报　1961.9.13

杨慎研究资料汇编（上）“中央研究院”中国文哲研究所　1992.10

中 10802823

谈杨慎批评杜甫

陈友琴

文汇报　1961.9.28

中 10802824

四川整理研究明人杨升庵著述和事迹

何熔　李桂海

光明日报　1961.10.11

杨慎研究资料汇编（上）“中央研究院”中国文哲研究所　1992.10

中 10802825

杨升庵在云南

王介藩

四川日报　1961.11.19

中 10802826

杨升庵与云南

白玛

云南日报　1962.2.15

中 10802827

杨慎的《滇程记》

路工

人民日报　1962.3.26

访书见闻录　上海古籍出版社　1985.8

中 10802828

杨升庵与民歌一则

碎石

人民日报　1962.5.3

中 10802829

关于“枫叶荻花秋瑟瑟”

陆成侯

天津日报　1962.5.9

中 10802830

杨升庵遗迹访问记

沈仲常

四川日报　1962.8.8

中 10802831

杨升庵诗里的云南风光

顾峰

云南日报　1962.11.15

中 10802832

《词品》补正

唐圭璋

南京师院学报　1963：1　1963

中华文史论丛　1964：5　1964

词学论丛　上海古籍出版社　1986.6

词学论丛　宏业书局　1988.9

杨慎研究资料汇编（下）“中央研究院”

中国文哲研究所　1992.10

中 10802833
杨慎生平与作品（1448–1559）
梁容若
国语日报·书和人　131　1970.3

中 10802834
谈杨升庵的作品
梁容若
国语日报·书和人　133　1970.4
杨慎研究资料汇编（下）“中央研究院”
中国文哲研究所　1992.10

中 10802835
读杨慎诗札记
王文才
四川师院学报　1978：3　1978

中 10802836
高峣十二景诗（云烟过眼新录）
黄裳
中华文史论丛　1979：1　1979

中 10802837
高峣探梅——谒升庵祠记
刘以行
盘江文艺　1979：1　1979

中 10802838
杨升庵和民间文学
于光
滇池　1979：2　1979

中 10802839
杨慎和他的《升庵诗话》
聂索
昆明师范学院学报　1979：4　1979

中 10802840
杨慎与黄峨
吴培德
滇池　1979：5　1979

中 10802841
杨升庵《滇南月节词》注释
于光
滇池　1980：1–4　1980
杨慎研究资料汇编（上）“中央研究院”
中国文哲研究所　1992.10

中 10802842
有关杨慎生平年代的订正
张增祺
昆明师范学院学报　1980：1　1980
成都市委党校学报　1987：1　1987
杨慎研究资料汇编（下）“中央研究院”
中国文哲研究所　1992.10

中 10802843
在放逐中潜心治学——杨升庵二三事
刘恩义
历史知识　1980：1　1980

中 10802844
《南诏野史》作者及其它
傅光宇
山茶　1980：3　1980

中 10802845
阿褴公主诗中夷语非蒙古语说
方龄贵
思想战线　1980：4　1980

中 10802846
杨慎
马子华
滇池　1980：5　1980

中 10802847
杨升庵诗墨拾遗
朱家修
滇池　1980：6　1980

中 10802848
杨升庵在大理
杨中兴
云南日报　1980.6.21

中 10802849
“议大礼”与杨升庵
万揆一
昆明师范学院学报　1981：1　1981

中 10802850
也谈杨慎生平年代的订正
穆药
昆明师范学院学报　1981：1　1981

中 10802851
杨慎诗论著述考（上、下）
张锡厚
四川师院学报　1981：2–3　1981

中 10802852
杨升庵犯颜直谏
曾祥寿
历史知识　1981：3　1981

中 10802853
何日金鸡下夜郎——游桂湖忆杨慎
钱学文　何承朴
边疆文艺　1981：9　1981

中 10802854
天地为牢夜不收——谈唐寅、杨慎的两首咏物诗
雷涛
滇池　1981：9　1981

中 10802855
杨慎笔下的云南之冬
张坤
云南日报　1981.12.27

中 10802856
简辑杨升庵著述评选书目
陈廷乐
昆明师范学院学报　1982：1　1982

中 10802857
杨慎杜诗学述评
王仲镛
草堂　1982：1　1982

中 10802858
流徙的啸歌——读杨升庵《月节词・滇中集》
闵子

个旧文艺　1982：5　1982

中 10802859
《杨升庵在云南的传说》简介
吴棠
云南日报　1982.7.28

中 10802860
对《杨升庵游鹤庆》一文的几点意见
黎早
边疆文艺　1982：8　1982

中 10802861
杨升庵的《游点苍山记》
叶余
滇池　1982：10　1982

中 10802862
杨升庵在澄江
杨应康
滇池　1982：12　1982

中 10802863
杨慎论李白评述
王仲镛
四川师院学报　1983：1　1983

中 10802864
杨升庵的一次误笔
韩振峰
社会科学辑刊　1983：2　1983

中 10802865
杨慎卒年新证
穆药
昆明师范学院学报　1983：3　1983

中 10802866
杨慎与杜诗
廖仲安
光明日报　1983.3.22
反刍集　北京师范学院出版社　1986

中 10802867
杨慎在巍山的轶闻逸事
王丽珠
民族文化　1983：5　1983

中 10802868
四川第一位剧作家杨升庵
谭韶华
四川日报　1983.11.12

中 10802869
《杨升庵丛书》首批编校任务已经落实
段文川
古籍整理出版情况简报　115　1983.12

中 10802870
试论杨慎的哲学思想
陈德述
哲学研究　1984：1　1984

中 10802871
杨慎与《罗甸曲》
罗绍书
贵州日报　1984.5.31

中 10802872
杨升庵和明七子
王仲镛
光明日报　1984.9.11

中 10802873
杨慎二、三事
李恩普
文史知识　1984：11　1984

中 10802874
时空变化——杨慎《宿金沙江》
李元洛
楚诗词艺术欣赏　长江文艺出版社　1984.12

中 10802875
杨升庵对云南文化的重大贡献
李锡恩
大理师专学报　1985：1　1985

中 10802876
杨慎的《历代史略十段锦词话》
周咏先
温江师专学报　1985：1　1985

中 10802877
谈谈《历代诗话续编》本《升庵诗话》
常振国
许昌师专学报　1985：2　1985

中 10802878
词林万选（历代词选集叙录 3）
舍之
词学　3　华东师范大学出版社　1985.2

中 10802879
关于《升庵长短句》——读《杨慎词曲集》
张朝范
文学遗产　1985：2　1985
杨慎研究资料汇编（下）"中央研究院"中国文哲研究所　1992.10

中 10802880
杨慎的文学批评
邬国平
文学遗产　1985：3　1985
杨慎研究资料汇编（下）"中央研究院"中国文哲研究所　1992.10

中 10802881
杨升庵的泸州山水诗
赵永康
西南师院学报　1985：4　1985

中 10802882
透过一层　宛转达情——从杨慎《宿金沙江》说起
蔡守湘
中国古典文学鉴赏　1985：5　1985

中 10802883
读杨慎游秀山的两首诗
张士儒
云南师范大学学报　1985：6　1985

中 10802884
杨升庵在文学史上的地位

张祖涌
桂湖　1986：1　1986
杨慎研究资料汇编（上）“中央研究院”中国文哲研究所　1992.10

中 10802885
杨升庵的咏柳诗词及其艺术造诣
李锡恩
大理师专学报　1987：1　1987

中 10802886
辨“瑟瑟”
林东海
古典文学知识　1987：1　1987

中 10802887
杨升庵宜宾戍旅诗所展现的意境
赵永康
云南师范大学学报　1987：4　1987

中 10802888
明代文学家杨慎
杨日出
教师之友　28：5　1987.12
杨慎研究资料汇编（上）“中央研究院”中国文哲研究所　1992.10

中 10802889
论杨慎的文学思想
贾顺先
四川师范大学学报　1988：1　1988

中 10802890
陶情于词曲，传咏于滇云——读升庵长短句及对它的争鸣
李锡恩
大理师专学报　1988：2　1988
杨慎研究资料汇编（下）“中央研究院”中国文哲研究所　1992.10

中 10802891
升庵词境说
刘锋晋
成都师专学报　1988：3　1988

中 10802892
杨慎的“求实”哲学
贾顺先
孔子研究　1988：4　1988

中 10802893
杨慎的文学思想
贾顺先
国文天地　3：12　1988.5
杨慎研究资料汇编（下）“中央研究院”中国文哲研究所　1992.10

中 10802894
杨升庵对俗文学的贡献
张祖涌
文史杂志　1988：5　1988

中 10802895
文学家、旅游家杨升庵
曾祥寿
旅游文化报　1988.8.30
杨慎研究资料汇编（上）“中央研究院”中国文哲研究所　1992.10

中 10802896
杨升庵研究述略
冯修齐
纪念杨升庵诞辰五百周年会刊 1988.9.27
杨慎研究资料汇编（上）“中央研究院”中国文哲研究所 1992.10

中 10802897
乘风直上银河畔——读杨慎［驻马听］《和王舜卿舟行之咏》
丰家骅
元明散曲鉴赏集 人民文学出版社 1989.1

中 10802898
试论杨升庵与李白
吴明贤
四川师范大学学报 1989：2 1989

中 10802899
优美的田园诗，生动的风俗画：杨慎“滇南月节词”十二阕略析
董广文
云南民族学院学报 1989：3 1989

中 10802900
《转应曲》（银烛）赏析
尤振中
金元明清词鉴赏辞典 江苏古籍出版社 1989.5
杨慎研究资料汇编（上）“中央研究院”中国文哲研究所 1992.10

中 10802901
《水调歌头》（春宵微雨后）赏析
尤振中
金元明清词鉴赏辞典 江苏古籍出版社 1989.5
杨慎研究资料汇编（上）“中央研究院”中国文哲研究所 1992.10

中 10802902
《浪淘沙》（春梦似杨花）赏析
蔡中民
金元明清词鉴赏辞典 江苏古籍出版社 1989.5
杨慎研究资料汇编（上）“中央研究院”中国文哲研究所 1992.10

中 10802903
《临江仙》（楚塞巴山横渡口）赏析
丰家骅
金元明清词鉴赏辞典 江苏古籍出版社 1989.5
杨慎研究资料汇编（上）“中央研究院”中国文哲研究所 1992.10

中 10802904
《临江仙》（滚滚长江东逝水）赏析
丰家骅
金元明清词鉴赏辞典 江苏古籍出版社 1989.5
杨慎研究资料汇编（上）“中央研究院”中国文哲研究所 1992.10

中 10802905
《临江仙》（滚滚长江东逝水）赏析

刘国辉
金元明清词鉴赏辞典　江苏古籍出版社　1989.5
杨慎研究资料汇编（上）“中央研究院”中国文哲研究所　1992.10

中 10802906
《如梦令》（云影月华穿过）赏析
蔡中民
金元明清词鉴赏辞典　江苏古籍出版社　1989.5
杨慎研究资料汇编（上）“中央研究院”中国文哲研究所　1992.10

中 10802907
《临江仙》（滚滚长江东逝水）赏析
王思宇
古代诗歌精华鉴赏辞典　北京燕山出版社　1989.8
中国历代诗歌名篇鉴赏辞典　农村读物出版社　1989.12
杨慎研究资料汇编（上）“中央研究院”中国文哲研究所　1992.10

中 10802908
《临江仙》（滚滚长江东逝水）赏析
王元明
中国历代诗歌名篇鉴赏辞典　农村读物出版社　1989.12
杨慎研究资料汇编（上）“中央研究院”中国文哲研究所　1992.10

中 10802909
《少年游》（红稠绿暗遍天涯）赏析
王元明
中国历代诗歌名篇鉴赏辞典　农村读物出版社　1989.12
杨慎研究资料汇编（上）“中央研究院”中国文哲研究所　1992.10

中 10802910
《水调歌头》（春宵微雨后）赏析
王元明
中国历代诗歌名篇鉴赏辞典　农村读物出版社　1989.12
杨慎研究资料汇编（上）“中央研究院”中国文哲研究所　1992.10

中 10802911
《转应曲》（银烛）赏析
王元明
中国历代诗歌名篇鉴赏辞典　农村读物出版社　1989.12
杨慎研究资料汇编（上）“中央研究院”中国文哲研究所　1992.10

中 10802912
杨慎论民间传说
董晓萍
四川师范大学学报　1990：6　1990

中 10802913
杨升庵诗论初探
黄宝华
上海师范大学学报　1991：1　1991

中 10802914
杨慎辑《赤牍清裁》叙论

邓元煊
青海民族学院学报　1991：4　1991

中 10802915
杨慎研究论著目录
贾顺先　林庆彰
“中央图书馆”馆刊　24：1　1991
杨慎研究资料汇编（下）“中央研究院”中国文哲研究所　1992.10

中 10802916
杨慎
梁容若
文学二十家传　中华书局　1991.10

中 10802917
升庵诗话斠理
朱学琼
台湾编译馆馆刊　20：2　1991.12
大同商专学报　6　1993.1

中 10802918
杨慎《词品》的审美情趣
金五德
长沙水电师院学报　1992：2　1992

中 10802919
杨慎的神话观
董晓萍
思想战线　1992：2　1992

中 10802920
桂蕊飘香说升庵
萧岩
人民日报（海外版）　1992.5.22

中 10802921
杨慎生平与著作
梁容若
杨慎研究资料汇编（下）“中央研究院”中国文哲研究所　1992.10

中 10802922
杨慎卒年新证
张增祺
杨慎研究资料汇编（下）“中央研究院”中国文哲研究所　1992.10

中 10802923
杨慎研究资料汇编
林庆彰　贾顺先
中国文哲研究通讯　2：4　1992.12

中 10802924
杨升庵泸州山水诗余墨
赵永康
西南师范大学学报　1993：2　1993

中 10802925
杨慎《词品》多纰漏
罗忼烈
重庆师范学院学报　1994：1　1994
两小山斋杂著　中国和平出版社　1994.10

中 10802926
杨慎与《滇程记》
宋剑祥

春城晚报　1994.2.15

中 10802927
关于杨慎的名联
缪开和
春城晚报　1994.4.23

中 10802928
题武侯庙诗的启示
容若
大公报　1994.10.18

中 10802929
杨慎及其《临江仙》——《三国演义》趣谈
沈默
随笔　1995：4　1995

中 10802930
杨慎研究论著目录续编
侯美珍
中国文哲研究通讯　5：2　1995.6

中 10802931
论杨升庵的散曲
刘益国
四川师范大学学报　1996：2　1996

中 10802932
杨升庵川黔戎旅诗的意境与特色
赵永康
贵州文史丛刊　1996：2　1996

中 10802933
杨慎描绘云南的诗歌
余嘉华
云南学术探索　1996：3　1996

中 10802934
痛古今之须臾，悲生死亡倏忽：读杨慎词《临江仙》（滚滚长江东逝水）
杜治国
语文函授　1996：4　1996

中 10802935
《词品》之内容及其评价
陈清茂
海军军官学校学报　6　1996.10

中 10802936
杨慎与明代中期的云南文学
陶应昌
云南民族学院学报　1998：1　1998

中 10802937
《词品》的词学贡献
龙慧萍
苏州大学学报　1999：2　1999

一三〇、沈仕（1488–1586）

中 10802938
沈仕《唾窗绒》研赏
朱自力
中华学苑　48　1996.7

一三一、魏良辅（1489–1566）

中 10802939
昆曲的创始者是否魏良辅（上、中、下）
豪雨
新民报晚刊　1953.2.21–23

中 10802940
魏良辅创始昆曲的商榷（上、下）
赵景深（邹啸）
新民报晚刊　1953.3.5–6
中国戏曲丛谈　齐鲁书社　1986.5

中 10802941
伟大的戏曲音乐家——魏良辅
傅雪漪
人民音乐　1960：3　1960

中 10802942
《南词引正》校注
钱南扬
戏剧报　1961：7–8　1961

中 10802943
魏良辅和他的著作《南词引正》
路工
戏剧报　1961：7–8　1961

中 10802944
谈《南词引正》中的几个问题——昆腔形成历史的新探索
蒋星煜（布谷、白甲）
文汇报　1961.7.19

中 10802945
关于《南词引正》
南扬
文汇报　1961.9.2

中 10802946
论魏良辅的新腔创立和他的《南词引正》——对钱南杨《南词引正校注》的商讨（1）
黄芝冈
中华文史论丛　1962：2　1962

中 10802947
关于魏良辅
苏兴
江海学刊　1962：12　1962

中 10802948
魏良辅之生平和昆腔的发展
蒋星煜（布谷、白甲）
戏剧艺术（上海戏剧学院学报） 1978：1 1978
中国戏曲史钩沉 中州书画社 1982.9

中 10802949
关于魏良辅——与蒋星煜同志讨论
顾笃璜
戏剧艺术（上海戏剧学院学报） 1979：1 1979

中 10802950
由《南词引正》说起——关于魏良辅、昆腔、昆山曲派
董每戡
学术研究 1979：6 1979

中 10802951
关于魏良辅与《骷髅格》《浣纱记》的几个问题
蒋星煜（布谷、白甲）
江西师范学院学报 1980：2 1980
中国戏曲史钩沉 中州书画社 1982.9

中 10802952
魏良辅创造了昆腔吗?
吴国钦
中国戏曲史漫话 上海文艺出版社 1980.6

中 10802953
魏良辅《南词引正》校注
钱南扬
汉上宧文存 上海文艺出版社 1980.8

中 10802954
驳昆山腔创自魏良辅或顾坚说
流沙
戏剧学习 1981：2 1981

中 10802955
魏良辅的生平及其它
流沙
江西师范学院学报 1981：2 1981

中 10802956
赞戏曲音乐革新家魏良辅
张文鸣
电视与戏剧 1982：6 1982

中 10802957
昆曲与魏良辅及其他
王染野
江苏戏剧 1982：6 1982

中 10802958
魏良辅身世略考
谢巍
中华文史论丛 1983：3 1983

中 10802959
探索艺术共同美感的大师——学习魏良辅的戏曲革新精神
薛若邻
河北戏剧 1983：9 1983

中 10802960
荆南左参政魏良辅
张九
戏曲研究　11　文化艺术出版社　1984.2

中 10802961
曲家魏良辅不是当官的魏良辅
徐朔方
戏曲研究　16　文化艺术出版社　1985.9

中 10802962
魏良辅生卒年蠡测
曹征明　周文康
曲苑　2　江苏古籍出版社　1986.5

中 10802963
魏良辅并未“配合创作《浣沙记》”
陈宏亮
苏州大学学报　1991：4　1991

中 10802964
关于明代魏良辅的曲论《南词引正》
吴新雷
河北师院学报　1993：1　1993

一三二、郑若庸（1489–1577）

中 10802965
郑若庸的《玉玦记》
赵景深（邹啸）
明清曲谈　古典文学出版社　1957.8

中 10802966
许自昌和郑若庸的生平
邓长风
文学遗产　1989：6　1989

中 10802967
郑若庸年谱引论：（1489–1577）
徐朔方
杭州师范学院学报　1993：2　1993

一三三、黄佐（1490–1566）

中 10802968
广东文献学者黄佐
冼玉清
羊城晚报　1963.5.3

一三四、金大车（1491–1536）

中 10802969
金陵“二金”
众毫
宁夏日报　1980.10.9

一三五、吴廷翰（1491–1559）

中 10802970
满湖风景弄清娱：吴廷翰《湖山小稿》谈
黄镇伟
艺谭　1986：3　1986

中 10802971
论吴廷翰及其诗歌创作
黄镇伟
苏州大学学报　1990：1　1990

一三六、常伦（1492–1525）

中 10802972
常伦诗曲创作叙论
王建堂
晋阳学刊　1996：2　1996

一三七、张经（1492–1555）

中 10802973
张经与《半洲诗集》
刘湘如
福建日报　1982.8.21

一三八、王廷陈（1493–1550）

中 10802974
王廷陈对明代文风的影响
贺亚先
黄冈师专学报　1997：3　1997

一三九、金大舆（1493？–1559）

中 10802975
金陵“二金”
众毫
宁夏日报　1980.10.9

一四〇、陆粲（1494–1551）

中 10802976
略论《庚巳编》
罗德荣
明清小说研究　1　中国文联出版公司　1985.8

一四一、金銮（1494–1587）

中 10802977
金銮与他的嘲调小曲
陈人之
甘肃日报　1963.8.28

中 10802978
金銮
李鼎文
甘肃文艺　1980：12　1980

中 10802979
金銮及其散曲
马铬
陇苗　1984：1　1984

一四二、木公（1495–1553）

中 10802980
明代纳西族诗人木公和木增
赵银棠
山茶　1980：2　1980

中 10802981
试谈明代纳西族诗人木公和木增的诗
张信
文学遗产　1981：4　1981

一四三、谢榛（1495–1575）

中 10802982
《四溟诗话》校补
王季欣
文学评论丛刊　3　中国社会科学出版社　1979.7

中 10802983
谢榛的文学观（上、下）
张健
"中央日报"　1981.9.13–14

中 10802984
《四溟诗话》初探
刘继才
辽宁教育学院学报　1983：1　1983

中 10802985
谢榛及其诗论
范建明
苏州大学学报　1983：1　1983

中 10802986
意得与主宾
张宏生
光明日报　1983.2.1

中 10802987
《诗家直说》校读札记
李庆立　孙慎之
聊城师范学院学报　1984：1/2　1984

中 10802988
谢榛的诗歌批评论
李庆立
东岳论丛　1985：1　1985

中 10802989
谢榛及其《诗家直说》
李庆立
聊城师范学院学报　1986：1　1986

中 10802990
论谢榛的美学思想
陈朝慧
云南师范大学学报　1986：2　1986

中 10802991
谢榛及其《四溟诗话》
朱恩彬
山东社会科学　1987：3　1987

中 10802992
《四溟诗话》及其诗论
魏仲佑
东海中文学报　7　1987.7

中 10802993
谢榛的"情景交融"说
李庆立
中国古典文学论丛　6　人民文学出版社　1987.10

中 10802994
《四溟诗话》论意境和意境的创造
蔡诗意
民族艺术研究　1988：1　1988

中 10802995
谈《诗家直说笺注》
贾炳棣
齐鲁学刊　1988：1　1988

中 10802996
谈"不可解"——谈《诗家直说》一得
王尚寿
西北师院学报　1988：4　1988

中 10802997
论谢榛"以盛唐为法"
李庆立
文学评论丛刊　30　中国社会科学出版社　1988.4

中 10802998
谢榛七绝初探
石麟
湖北师范学院学报　1989：1　1989

中 10802999
布衣未必叹飘零——读谢榛《诗家直说》
赵伯陶
文史知识　1989：11　1989

中 10803000
谢榛文学思想论析
汪正章
德州师专学报　1990：3　1990

中 10803001
谢榛之考
李庆立
山东社会科学　1991：6　1991

中 10803002
谢榛的诗歌继承与创新观散点透视
李庆立
山东师范大学学报　1992：5　1992

中 10803003
论谢榛的诗学思想
张晶
吉林大学社会科学学报　1994：1　1994

中 10803004
关于《谢榛研究》的一封信
程千帆
聊城师范学院学报　1994：2　1994

中 10803005
读《谢榛研究》
赵伯陶
聊城师范学院学报　1994：2　1994

中 10803006
谢榛行实考二则
李庆立
阜阳师范学院学报　1995：1　1995

中 10803007
再论谢榛"以盛唐为法"

李庆立
中国文学研究　1996：2　1996

中 10803008
谢榛《四溟山人全集》诗作补遗（待续）
李庆立
古籍整理研究学刊　1996：3　1996

中 10803009
谢榛《四溟山人全集》诗作补遗（续完）
李庆立
古籍整理研究学刊　1996：4　1996

中 10803010
谢榛生卒年代考辨
李庆立
文学遗产　1996：6　1996

中 10803011
《四溟诗话》的修辞技巧
何永清
中国语文（台北）　79：6　1996

中 10803012
有关谢榛的历史成见辨正
李庆立
文献　1997：1　1997

中 10803013
从诗和禅联姻的流变解读谢榛的禅悟说
李庆立
苏州大学学报　1997：1　1997

中 10803014
谢榛诗歌审美体验方式论
王顺贵
文史杂志　1997：2　1997

中 10803015
论谢榛诗学
孙学堂
华侨大学学报　2000：3　2000

中 10803016
谢榛诗歌审美主体建构论
王顺贵
喀什师范学院学报　2000：3　2000

中 10803017
谢榛《四溟诗话》创作方法论评析
陈静莹
辅大中研所学刊　10　2000.10

一四四、刘玠（1496–？）

中 10803018
“刘一丈”其人考略
关真　黄岩柏（黄衍伯）
光明日报　1985.6.18

中 10803019
《贻安堂集》与刘一丈
夏咸淳
光明日报　1985.7.30

一四五、钱德洪（1496–1574）

中 10803020
钱绪山及其整理阳明文献的贡献
钟彩钧
中国文哲研究通讯　8：3　1998.9

一四六、陆治（1496–1576）

中 10803021
谈明人陆治及其交游
陈永贤
美育　105　1999.3

一四七、陆采（1497–1537）

中 10803022
论《南西厢》的叙述性
平海南
戏曲艺术　1985：3　1985

中 10803023
《虞初志》的编者和版本
程毅中
文献　1988：2　1988

中 10803024
《存孤记》的作者是陆采
董如龙
文学遗产　1988：3　1988

中 10803025
“虞初”续志四种述略
蔡国梁
明清小说研究　1988：4　1988

中 10803026
《虞初志》三家评略论
孔庆茂
明清小说研究　1999：1　1999

一四八、李元阳（1497–1580）

中 10803027
白族文化与李元阳
杨美清
民族文化　1983：5　1983

一四九、张綖（1498– ? ）

中 10803028
略论张綖及其《诗余图谱》
曹济平
1984 年中国韵文学会成立大会学术论文 1984.11
汕头大学学报 1988：1/2 1988

一五〇、翁万达（1498–1552）

中 10803029
谈翁万达的诗
张伯铨 庄青
韩山师专学报 1994：1 1994

一五一、黄峨（1498–1569）

中 10803030
女曲家黄峨
赵景深（邹啸）
小说戏曲新考 世界书局 1939.1
中国戏曲初考 中州书画社 1983.8

中 10803031
杨慎与黄峨
吴培德
滇池 1979：5 1979

中 10803032
黄峨的佚诗
蔡忠
妇女生活 1984：9 1984

中 10803033
明代女诗人黄峨
冯修齐
大西南文学 1985：1 1985

中 10803034
黄峨［罗江怨］二首赏析
杨雁
元明散曲鉴赏集 人民文学出版社 1989.1

中 10803035
明代女诗人黄峨
陈廷乐
文史知识 1989：9 1989

一五二、王畿（1498–1583）

中 10803036
泛论明儒王龙溪的工夫和境界
程兆熊
大学杂志　2：4　1956

中 10803037
王龙溪良知四无说析论
王财贵
鹅湖学志　6　1991.6
台湾师范大学国文研究所集刊　35　1991.6

中 10803038
王龙溪对王阳明良知说的继承与发展
杨祖汉
鹅湖学志　11　1993.12

中 10803039
王龙溪哲学与道德教育
杨祖汉
鹅湖　20：3　1994.9

中 10803040
王畿的心体论及其佛老思想渊源
方祖猷
鹅湖学志　16　1996.6

中 10803041
王龙溪"现成论"的考察
郑址郁
鹅湖　23：5　1997.11

中 10803042
王龙溪先生年谱
彭高翔
中国文哲研究通讯　7：4　1997
原学　6　广播出版社　1998.4

中 10803043
王龙溪的先天学及其定位
彭国翔
鹅湖学志　21　1998.12

中 10803044
王畿思想在日本的受用与评价
钱明
中国文哲研究通讯　9：1　1999

中 10803045
明刊《龙溪会语》及王龙溪文集佚文——王龙溪文集明刊本略考（上、中、下）
彭国翔
鹅湖　24：10–12　1999.4–6

中 10803046
论王畿对唐宋派文学思想的影响
周群
齐鲁学刊　2000：5　2000

一五三、仇英（1498？–1552）

中 10803047
风神淡雅与粉青红——比较杜琼与仇英的作品
柳青
雄狮美术　71　1971.1

一五四、西游记（1500–1582）

（一）综论

中 10803048
《西游记》新考
汉镛
联合报　1952.1.6

中 10803049
严肃地对《西游记》的改编和演出——《西游记》座谈会小结
飔苓
新闻日报　1952.8.30

中 10803050
《西游记》与明代社会
李辰冬
畅流　6：11　1953

中 10803051
谈《西游记》
张默生
西南文艺　1953：8　1953
西游记研究论文集　作家出版社　1957.4
名家解读西游记　山东人民出版社　1998.1

中 10803052
《西游记》
朱猛
文艺报　1954：15　1954

中 10803053
《西游记》札记
张天翼
人民文学　1954：2　1954
新华月报　1955：6　1955
西游记研究论文集　作家出版社　1957.4

中 10803054
《西游记》和古典戏曲的关系
严敦易
文学书刊介绍　1954：8　1954
西游记研究论文集　作家出版社　1957.4
元明清戏曲论集　中州书画社　1982.8

中 10803055
《水浒传》《西游记》和武侠神怪小说有什么区别?
张侠生
文艺学习　1955：6　1955

中 10803056
《西游记》是怎样的一部小说?
胡念贻
读书月报　1956：1　1956
西游记研究论文集　作家出版社　1957.4
名家解读西游记　山东人民出版社　1998.1

中 10803057
读《西游记》的几点心得
李大春
解放军文艺　1956：1　1956
西游记研究论文集　作家出版社　1957.4

中 10803058
《西游记》试论
沈仁康
新建设　1956：2　1956
西游记研究论文集　作家出版社　1957.4
名家解读西游记　山东人民出版社　1998.1

中 10803059
略谈《西游记》
霍松林
语文学习　1956：2　1956
西游记研究论文集　作家出版社　1957.4

中 10803060
有关《西游记》的一个问题
秦勣
光明日报　1956.5.6
西游记研究论文集　作家出版社　1957.4

中 10803061
怎样理解《西游记》的意义
杜滢
青岛日报　1956.10.10

中 10803062
论《西游记》
李祜
湖南师院学报　1957：2　1957

中 10803063
谈"三国水浒与西游"
黄兆吉
新思潮月刊　1：3　1957.10

中 10803064
《西游记》与"罗摩延"书
吴晓铃
文学研究　1958：1　1958

中 10803065
《西游记》的演化及其神话浪漫精神的特色
李希凡
论中国古典小说的艺术形象　上海文艺出版社　1961.4

中 10803066
《西游记》的地方色彩
苏兴
江海学刊　1961：11　1961
西游记及明清小说研究　上海古籍出版社　1989.12

中 10803067
《西游记》的源流考证
谷怀
联合报　1962.5.26
西游记撷微及其故事　菩提文艺出版社　1964

中 10803068
关于《西游记》的几个问题
苏兴
文学遗产增刊　10　中华书局　1962.7

中 10803069
《西游记》的地方色彩
钟凤
天津晚报　1963.3.17

中 10803070
谭《西游》寓意
谢云飞
文海　1：3　1963.5

中 10803071
《西游记》
赵聪
中国四大小说之研究　友联出版社有限公司　1964.2

中 10803072
说《西游》
赵聪
文学世界　43　1964.9

中 10803073
《西游记》小议
陈推之
光明日报　1965.12.19

中 10803074
《西游记》闲话
令琛
公教智识　351　1968.3

中 10803075
《西游记平话》的发现
罗锦堂
文艺复兴　1–3　1970.3

中 10803076
《西游记》与中国古代政治
沈成添
创新月刊　7　1970.12.26

中 10803077
中国水浒传说与《西游记》
陈炳良
国语日报·书和人　177　1971.12

中 10803078
论《西游记》
上海师范大学中文系《论西游记》写作小组

四部古典小说评论　人民文学出版社　1973.7

中 10803079
英雄诗——《西游记》的另一个观察（上、下）
［美］余国藩
中国时报　1973.12.13–14

中 10803080
英雄行——《西游记》的另一个观察
［美］余国藩
中国时报　1974.1.14

中 10803081
欲望的妖精——也谈《西游记》
罗龙治
中国时报　1974.2.7

中 10803082
关于“火眼金睛”——《孙悟空三打白骨精》教学笔记
章启迪
语文战线　1976：3　1976

中 10803083
《西游记》札记
文辑
中国古典小说讲话　上海书局有限公司　1976.10

中 10803084
略论《西游记》
文辑
中国古典小说讲话　上海书局有限公司　1976.10

中 10803085
《西游记》的象征世界
黄庆萱
幼狮　46：3　1977

中 10803086
论《西游记》——一个智慧的喜剧（上、下）
方瑜
中外文学　6：5、7　1977

中 10803087
《西游记》·《红楼梦》的寓意探讨
［美］浦安迪（Andrew H. Plaks）著　孙康宜译
中外文学　8：2　1979
中国文学论著译丛（上册·小说之部）学生书局　1985.4

中 10803088
从唐玄奘和孙悟空的籍贯问题看淮海民间传说对《西游记》的影响
张传藻　颜景常
淮阴师专学报　1980：2　1980

中 10803089
《西游记》琐谈
苏兴
文学遗产　1980：3　1980
西游记及明清小说研究　上海古籍出版社　1989.12

中 10803090
少年新书《西游记》
张仲
天津日报 1980.5.22

中 10803091
从《西游记》所想起的
顾尔镡
文艺报 1980：6 1980

中 10803092
谈《西游记》
三山老人
青年战士报 1980.12.11

中 10803093
《西游记》与《罗摩衍那》——读书札记
季羡林
文学遗产 1981：3 1981
比较文学与民间文学 北京大学出版社 1991.8

中 10803094
《西游记》的历史背景
刘蕙孙
古典文学论丛 2 齐鲁书社 1981.9

中 10803095
陈光蕊、江流儿故事与《西游记》
郑明娳
古典文学 3 学生书局 1981.12
古典小说艺术新探 时报文化出版企业有限公司 1987.12.1

中 10803096
《大唐三藏取经诗话》成书时代考辨
李时人 蔡镜浩
徐州师范学院学报 1982：3 1982
西游记考论 浙江古籍出版社 1991.3

中 10803097
《西游记》“附录”考
蔡铁鹰
南京师院学报 1982：4 1982

中 10803098
《西游记》不是“破心中贼”的“政治小说”——云大中文系古典文学研究会讨论综述
曾明（殷光熹）
思想战线 1982：4 1982

中 10803099
《西游记》与西游戏
刘荫柏
徐州师范学院学报 1982：4 1982

中 10803100
《水浒传》与《西游记》分析比较——中国古典小说的藩篱
［匈牙利］Barnabas Csongor 著 胡复熊译
中外文学 11：2 1982.7

中 10803101
中韩两国共同熟悉的小说——《西游记》小考证
黄永武

文学思潮　13　1982.11

中 10803102
引人深思的《西游记》
刘烈茂
羊城晚报　1982.11.15

中 10803103
水帘洞前显身手　花果山中称猴王——《美猴王》试析
徐士荣　赫崇政
语文学习　1982：12　1982

中 10803104
《西游记》与社会现实
李希凡
江海学刊　1983：1　1983
西游记研究　江苏古籍出版社　1984.3

中 10803105
《美猴王》备课指要
冯起德
语文教学通讯　1983：1　1983

中 10803106
《西游记》究竟是怎样的一部小说？——兼评对《西游记》的几种误解
陈辽
安徽大学学报　1983：1　1983

中 10803107
端在一“美”字——《美猴王》小析
王鸿芦
中学语文　1983：1　1983

中 10803108
《美猴王》赏读
戈铮
语文战线　1983：1　1983

中 10803109
《美猴王》教学构思
宏笙
语文教学　1983：2　1983

中 10803110
杨志和《西游记》摭谈
苏兴
文学遗产　1983：2　1983

中 10803111
读《美猴王》
韩秀琪
教学通讯　1983：4　1983

中 10803112
《西游记》的激进思想和局限
刘荫柏
齐鲁学刊　1983：4　1983

中 10803113
《西游记》论
巴人
晋阳学刊　1983：5　1983

中 10803114
《西游记》的思想与艺术
平慧善
中国古代通俗小说阅读提示　江苏人民

出版社　1983.6

中 10803115
《西游记》的接纳与流传：以明代正统到崇祯年间为中心
［日］矶部彰著　王孝廉注
中国古典小说研究专集　6　联经出版事业公司　1983.7

中 10803116
有关《西游记》的几个问题（上、下）
张静二
中外文学　12：5-6　1983

中 10803117
《西游记》故事探源
曹仕邦
香港佛教　281　1983.10

中 10803118
论观音与《西游记》故事
张静二
政治大学学报　48　1983.12

中 10803119
《西游记》成因考
刘荫柏
厦门大学学报　1983 增刊　1983

中 10803120
《西游记》是一本大书
马叔礼
台湾新闻报　1983.12.9

中 10803121
从《西游记》的神权系统和宗教之争看它的现实主义倾向
杨桂森
天津师专学报　1984：2　1984

中 10803122
《西游记》闹天宫故事形成考辨
李时人
徐州师范学院学报　1984：2　1984
西游记考论　浙江古籍出版社　1991.3

中 10803123
《西游记》对明世宗的隐寓批判和嘲讽
苏兴
西游记研究　江苏古籍出版社　1984.3
西游记及明清小说研究　上海古籍出版社　1989.12
名家解读西游记　山东人民出版社　1998.1

中 10803124
《西游记》和童话
金燕玉
西游记研究　江苏古籍出版社　1984.3

中 10803125
今本《西游记》袭用《封神演义》说辨正
黄永年
陕西师范大学学报　1984：3　1984

中 10803126
《西游记》的成书过程和孙悟空形象的渊源

李时人
西游记研究——首届《西游记》学术讨论会论文选　江苏古籍出版社　1984.3

中 10803127
印度神话对《西游记》的影响
巴人
晋阳学刊　1984：3　1984

中 10803128
《西游记》与《莺莺传》的内容比较
李炳杰
中国语文（台北）　54：4　1984

中 10803129
再说《西游记》和孙悟空
王寒枫
泉州历史研究通讯　1984：7　1984

中 10803130
神话小说《西游记》
宁宗一
中国建设　1985：1　1985

中 10803131
《西游记》的形成及其思想意义
刘维俊
河北大学学报　1985：1　1985

中 10803132
论《西游记》
郭豫适
中国古代小说论集　华东师范大学出版社　1985.1

中 10803133
社科院民研所王静如教授发现现存最早的唐僧取经壁画
李蔚
光明日报　1985.1.13

中 10803134
《西游记》中的“西梁女国”考略
江慰庐
西藏研究　1985：1　1985

中 10803135
宗教故事题材包孕了嘲谑宗教的内容——简议《西游记》的特点
袁世硕
文科月刊　1985：4　1985

中 10803136
究竟是主张制约“童心”，还是鼓吹放纵“童心”？——《红楼梦》与《西游记》人性观的比较研究
张锦池
北方论丛　1985：4　1985
新华文摘　1986：2　1986
社会科学研究参考资料　1986：11　1986

中 10803137
论“心经”与西游故事
张静二
政治大学学报　51　1985.5

中 10803138
全真教和小说《西游记》（1–5）
［澳］柳存仁

明报　20：5–9　1985.5–9

中 10803139
《西游记》遐想（随笔）
周尝棕
文学　1985：6　1985
西游故事　江西教育出版社　1999.1

中 10803140
《西游记》《封神演义》"因袭"说证实
方胜
光明日报　1985.8.27

中 10803141
《西游记》或成书于蕲州
祝和忠
长江日报　1985.10.22

中 10803142
《西游记》溯源（1）——龙马的来源
曹仕邦
中国时报　1985.10.29

中 10803143
《西游记》溯源（2）——五庄观地硬如铁的来源
曹仕邦
中国时报　1985.11.4

中 10803144
《西游记》溯源（3）——鼠精拜托塔天王为义父的来源
曹仕邦
中国时报　1985.11.9

中 10803145
《西游记》溯源（4）——泉井中的龙宫
曹仕邦
中国时报　1985.11.17

中 10803146
《西游记》溯源（5）——猪八戒
曹仕邦
中国时报　1985.11.25

中 10803147
启示深邃　耐于寻味——论《西游记》的哲理性
吴圣昔（吴胜昔）
明清小说研究　2　中国文联出版公司　1985.12

中 10803148
陈批《西游记》零拾
蔡国梁
明清小说探幽　浙江文艺出版社　1985.12

中 10803149
《西游记》溯源（6）——孙悟空跟虎力大仙比赛求雨
曹仕邦
中国时报　1985.12.17

中 10803150
《西游原旨》成书年代及版本源流考（附《西游原旨》资料补订）
王守泉
兰州大学学报　1986：1　1986

中 10803151
《西游记》溯源（7）——乌巢禅师传授心经和预言求法
曹仕邦
中国时报　1986.1.4

中 10803152
《西游记》溯源（9）——孙悟空跟车迟国三大仙比赛“隔板猜枚”
曹仕邦
中国时报　1986.1.20

中 10803153
论《西游记》的思想与主题
钟婴
文史哲　1986：2　1986

中 10803154
由重出诗探讨《西游记》与《封神演义》的关系
［美］康士林（Nicholas Koss）著　吕健忠注
中外文学　14：11　1986

中 10803155
《西游记》的秘密
金文京
中国时报　1986.4.13

中 10803156
《西游记》：一部以象征主义为主要特色的作品
姜云
文学遗产　1986：6　1986

中 10803157
《西游记》不是宣扬封建迷信的作品
国秀
山西日报　1986.6.6

中 10803158
俳谐话西游
郑明娳
联合文学　2：10　1986.8

中 10803159
《西游记》“三教合一”说质疑
李谷鸣
西游记研究　1　淮安《西游记》研究会编　1986.10

中 10803160
《西游记》和《红楼梦》中的寓意
［美］浦安迪（Andrew H. Plaks）
红楼梦研究集刊　13　上海古籍出版社　1986.10

中 10803161
试论神话小说《西游记》——《中国神话史》的一小节
袁珂
西游记研究　1　淮安《西游记》研究会编　1986.10

中 10803162
以容取心　神形兼具
吴圣昔（吴胜昔）
西游记研究　1　淮安《西游记》研究会编　1986.10

中 10803163

葫芦不屑依样描——论《西游记》与《聊斋》的想象

林同

西游记研究　1　淮安《西游记》研究会编　1986.10

中 10803164

《西游记》玄奘弟子故事之演变

陈寅恪

中印文学关系源流　湖南文艺出版社　1987.2

中 10803165

“深沙神”的唐朝的盛行

胡适

胡适论中国古典小说　长江文艺出版社　1987.2

中 10803166

《西游记》和《罗摩延书》

吴晓玲

中印文学关系源流　湖南文艺出版社　1987.2

中 10803167

《西游记》里面的印度成分

季羡林

中印文学关系源流　湖南文艺出版社　1987.2

比较文学与民间文学　北京大学出版社　1991.8

朗润琐言　上海文艺出版社　1997.12

中 10803168

《西游记》的主旋律和创作方法

冷铨清

求是学刊　1987：3　1987

清泉集　红旗出版社　2000

中 10803169

论《西游记》的民族文学性

杨俊

云南社会科学　1987：4　1987

中 10803170

《西游记》与元明清宝卷

刘荫柏

文献　1987：4　1987

中 10803171

李政道博士讲《西游记》

木禾

自学　1987：7　1987

中 10803172

关于《西游记》

吴组缃

说稗集　北京大学出版社　1987.8

中国小说研究论集　北京大学出版社　1998.1

中 10803173

戏说《西游记》中的“责任事故”

沈苇

杂文报　1987.12.25

中 10803174
《西游记》是一部游戏之作
方胜
文学评论　1988：2　1988

中 10803175
浅议文学上的象征和象征主义：兼谈《西游记》是否象征主义作品的问题
余维钦
四川教育学院学报　1988：2　1988

中 10803176
《西游记》系仙话小说述论
龚维英
明清小说研究　1988：2　1988

中 10803177
《西游记》与道教
刘荫柏
河北师范大学学报　1988：2　1988

中 10803178
《西游记》新议三题
赵庆元
安徽师范大学学报　1988：3　1988

中 10803179
《西游记》——游戏笔墨的艺术结晶
吴圣昔（吴胜昔）
贵州文史丛刊　1988：3　1988

中 10803180
对《西游记》总体认识之歧见综述
方胜
社科信息　1988：3　1988

中 10803181
我想腰斩《西游记》
伊人
解放日报　1988.3.12

中 10803182
再开一扇窗——看《西游记》的“天地不全”
花方平
“中央日报”　1988.3.12

中 10803183
整体的世界幻灭，彻底的情缘悟空：对《西游记》幻空感的把握
陈立君
湖南教育学院社会科学学报　1988：4　1988

中 10803184
《西游记》漫话
王世和
电视月刊　1988：5　1988

中 10803185
论三国故事对《西游记》的影响
张强
明清小说研究　1989：1　1989

中 10803186
《西游记》简说
谈凤梁
古小说论稿　浙江古籍出版社　1989.2

中 10803187
《西游记》与云南民歌
姚政
明清小说研究　1989：3　1989

中 10803188
戏墨寓至理，幻笔抒奇思：论《西游记》的总体特性
吴圣昔（吴胜昔）
江海学刊　1989：5　1989

中 10803189
怎样读百回本小说《西游记》
苏兴
古典文学知识　1989：5　1989

中 10803190
《西游记》——求正果女性无门
陈幼石
中国时报　1989.8.21

中 10803191
《西游记》故事的雏形——《唐三藏西游传》
刘广定
“中央日报”　1989.11.17

中 10803192
淮河水神与《西游记》
刘怀玉
明清小说研究　1990：3　1990

中 10803193
吴本《西游记》的又一借镜：《四游记》中《北游记》述评
赵伯英
盐城师专学报　1990：4　1990

中 10803194
《西游记》乃是游戏之作（文摘）
李时人
报刊文摘　1990：4　1990

中 10803195
《西游记》中的“压帖儿”
徐传武
读写月报　1990：9　1990

中 10803196
《西游记》是科学巨著说辨正
吴圣昔（吴胜昔）
淮阴教育学院学报　1991：1　1991

中 10803197
恣情纵笔任横行——《西游记》读札
王星琦
明清小说研究　1991：1　1991

中 10803198
《西游记》三论
贺学君
西北师大学报　1991：2　1991

中 10803199
杨志和《西游记传》的思考
赵伯英
盐城师专学报　1991：2　1991

中 10803200
《西游记》论略
李时人
西游记考论　浙江古籍出版社　1991.3

中 10803201
《西游记》成书过程和孙悟空形象的渊源
李时人
西游记考论　浙江古籍出版社　1991.3

中 10803202
《西游记》: 奇特的精神漫游
刘勇强
文史知识　1991：4　1991

中 10803203
"精魔皆有人情，精魅亦通世故"——谈《西游记》的现实性
李希凡
漫话明清小说　中华书局　1991.7

中 10803204
全真教和小说《西游记》
［澳］柳存仁
和风堂文集　上海古籍出版社　1991.10

中 10803205
论《西游记》中的观音形象——兼谈作品本旨及其他
张锦池
文学评论　1992：1　1992
中国古典小说心解　黑龙江人民出版社　2000.1

中 10803206
文化走向上的《西游记》
谭旻
中国人民警官大学学报　1992：1　1992

中 10803207
《西游记》源流别考：以敦煌文学为例
汪泛舟
思想战线　1992：2　1992

中 10803208
论《西游记》的成书
徐朔方
社会科学战线　1992：2　1992
小说考信编　上海古籍出版社　1997.10

中 10803209
《西游记》产生的历史条件和文学前提
［美］安东尼 .C.Y 著　赵鑫虎译
西部学坛（昌吉师专·昌吉教育学院）　1992：2　1992

中 10803210
《西游记》与宋明理学
王齐洲
天津社会科学　1992：4　1992

中 10803211
神魔小说《西游记》概说
何满子
古典小说十讲　中华书局　1992.4

中 10803212
胸中磨损斩邪刀——由历史论评线路来看

《西游记》
戈壁
明道文艺　198　1992.9

中 10803213
天上人间总不平——由社会文化论批评线路来看《西游记》
戈壁
明道文艺　199　1992.10

中 10803214
升天成佛我何能——由心理学批评及神话原型批评线路来看《西游记》
戈壁
明道文艺　200　1992.11

中 10803215
读《西游记》漫语
王希杰
明清小说研究　1992：3/4　1992

中 10803216
从须菩提看《西游记》的创作思路
陈洪
文学遗产　1993：1　1993

中 10803217
奇人奇想的孙悟空:《西游记》前七回研究兼与"造反说"商榷
杨俊才
丽水师范专科学校学报　1993：1　1993

中 10803218
试论《西游记》与心学
杨俊
云南社会科学　1993：1　1993

中 10803219
《西游记》考证（三题）
马旷源
楚雄师专学报　1993：4　1993

中 10803220
《西游记》四题
竺洪波
宁波师院学报　1993：4　1993

中 10803221
浪漫主义的艺术风格，现实主义的批判精神——论《西游记》的双重价值
任蒙
江汉大学学报　1993：4　1993

中 10803222
杨景贤与《西游记》杂剧论考
刘荫柏　张淑珍
河北师院学报　1993：4　1993

中 10803223
试论《西游记》中神话与现实的矛盾
胡小林　刘宏伟
齐鲁学刊　1993：5　1993

中 10803224
道士笔下的《西游记》
伍伟民　蒋见元
道教文学三十谈　上海社会科学院出版社　1993.5

中 10803225
《西游记》质疑
张静二
中外文学　21：12　1993

中 10803226
《西游记》中的“力”与“术”
张静二
汉学研究　11：2　1993.12

中 10803227
我国古典小说中的赞、赋——以《西游记》《封神演义》为主的讨论
高桂惠
新亚学术集刊　13　1994

中 10803228
敦煌壁画与《西游记》创作
谢生保
敦煌学辑刊　1994：1　1994

中 10803229
《西游记》中的养生学
张正春
阳关　1994：1–4　1994

中 10803230
透视《西游记》
罗盘
中国文学研究　1994：1　1994

中 10803231
《三国演义》《西游记》与天台山文化
洪显周　周琦
东南文化　1994：2　1994

中 10803232
“大闹天宫”非吴承恩创作考：《西游记》成书过程新探之一
刘振农
中国人民警官大学学报　1994：3　1994

中 10803233
福建与《西游记》漫论
陈闵
福建师范大学学报　1994：3　1994

中 10803234
《西游记》和《红楼梦》之比较
张训
连云港教育学院学报　1994：4　1994

中 10803235
浪漫主义的艺术风格，现实主义的批判精神——论《西游记》的双重价值兼述几个有争议的论点
任蒙
国际关系学院学报　1994：4　1994

中 10803236
《西域记》与《西游记》
薛克翘
南亚研究　1994：4　1994

中 10803237
百回本《西游记》“典实”考述：《四大奇书考辨录》之九
王辉斌

吉安师专学报　1994：5　1994

中 10803238
《西游记》与明代道教
张桥贵
道教学探索　8　1994.12

中 10803239
两部神魔小说成书先后考：《西游记》成书过程新探之二
刘振农
中国人民警官大学学报　1995：1　1995

中 10803240
《西游记》：中国神话文化的大器晚成
杨义
中国社会科学　1995：1　1995

中 10803241
《西游证道书》杂考二题
吴圣昔（吴胜昔）
文教资料　1995：2　1995

中 10803242
“八公之徒”斯人考：《西游记》成书过程新探之三
刘振农
中国人民警官大学学报　1995：2　1995

中 10803243
《西游记》——一个完整的道教内丹修炼过程
王岗
新竹清华学报　25：1　1995

中 10803244
《西游记》与蕲春
郑伯成
理论月刊　1995：7　1995

中 10803245
《西游记》内外读
王希杰
明清小说研究　1996：1　1996

中 10803246
《西游记》前言
袁世硕
西游记　山东文艺出版社整理本　1996.2

中 10803247
《西游记》札丛（之一）（之二）
吴圣昔（吴胜昔）
文教资料　1996：3、5　1996

中 10803248
为天地立心：《西游记》与中国的第一次“西化”
金岱
随笔　1996：3　1996
春华秋实　广东高等教育出版社　2000.3

中 10803249
《西游记平话》成书年代补证
曹炳建
河南师范大学学报　1996：4　1996

中 10803250
《性命圭旨》是《西游记》的文化原型

李安纲
山西大学学报　1996：4　1996
西游记文化学刊　1　1996

中 10803251
人间妖孽，多通天上神仙——读《西游记》杂记
刘鉴平
明道文艺　248　1996.11

中 10803252
名教对自然的胜利：《西游记》寓意新解
孙美堂
湖北大学学报　1997：2　1997

中 10803253
也论《西游记》
张绪通
宗教学研究　1997：2　1997

中 10803254
《封神演义》成书年代考实：兼及《西游记》成书的一个侧面
刘振农
中国人民警官大学学报　1997：2　1997

中 10803255
自由的隐喻：《西游记》的一种解读
梁归智
河东学刊　1998：1　1998

中 10803256
《西游记》与"心学"新论
杨俊
河东学刊　1998：1　1998

中 10803257
论《西游记》的世俗化
刘勇强
名家解读西游记　山东人民出版社　1998.1

中 10803258
略说《西游记》与道教
张乘健
明清小说研究　1998：2　1998

中 10803259
论《西游记》幽默诙谐的美学风格及其所蕴含的民族文化内涵
宋子俊
河东学刊　1998：2　1998

中 10803260
《西游记》宗教修行内景探微
陈金宽
郑州大学学报　1998：2　1998

中 10803261
《西游记》小话
吴圣昔（吴胜昔）
明清小说研究　1998：2　1998

中 10803262
在文本与历史之间——重读《西游记》
李春青
学习与探索　1998：6　1998

中 10803263
谈《西游记》的象征意义
李成辉　龙利花
益阳师专学报　1998 增刊　1998

中 10803264
《西游记》与明律
林鸿雁　贺晓霞　徐鸿修
文史哲　1999：2　1999

中 10803265
论魔怪问题：试解《西游记》创作原旨之谜
郭子冉
聊城师范学院学报　1999：3　1999

中 10803266
《西游记》是中国传统文化的自觉载体
李安纲
湖北大学学报　1999：3　1999

中 10803267
《西游记》·目连故事·江淮傩歌
朱恒夫
古典文学知识　1999：4　1999

中 10803268
四方民物俱昭融——论《西游记》对人与自然美好关系的向往
欧阳健
古典文学知识　1999：4　1999

中 10803269
从“西天取经”故事到《西游记》
李忠明
古典文学知识　1999：4　1999

中 10803270
《西游记》的喜剧性：兼谈接受心理
萧兵
古典文学知识　1999：4　1999

中 10803271
《西游记》——浪漫主义的人生历程
崔蕴华
古典文学知识　1999：4　1999

中 10803272
谈《西游记》故事的演变
陈辽
古典文学知识　1999：4　1999

中 10803273
《西游记》与医学文化
李金松
古典文学知识　1999：4　1999

中 10803274
江流儿：多出来的一段文字——《西游记》拾趣之一
林冠夫
海南日报　1999.7.16

中 10803275
为齐天大圣喊声冤——《西游记》拾趣之二
林冠夫
海南日报　1999.8.6

中 10803276
齐王大圣庙——《西游记》拾趣之三
林冠夫
海南日报　1999.8.30

中 10803277
说《西游记》
袁世硕
文学史学的明清小说研究　齐鲁书社　1999.12

中 10803278
妖魔与后台靠山——《西游记》拾趣之四
林冠夫
海南日报　2000.1.31

中 10803279
《西游记》小说与话本果真“基本相同”吗?
周中明
明清小说研究　2000:3　2000

中 10803280
“西游”故事的历史演变
刘直
运城高等专科学校学报　2000:4　2000

中 10803281
《西游记》与三教合流观
毛晓阳　金甦
运城高等专科学校学报　2000:4　2000

中 10803282
河西走廊三处取经图画与《西游记》故事演变的关系
杨国学
西北师大学报　2000:4　2000

中 10803283
读懂《西游记》
蔡铁鹰
运城高等专科学校学报　2000:5　2000

中 10803284
《西游记》的文化研究应该突围而出
李安纲
运城高等专科学校学报　2000:5　2000

中 10803285
天魔怎么来到人间——《西游记》拾趣之五
林冠夫
海南日报　2000.6.12

中 10803286
红孩儿、善财童子——《西游记》拾趣之六
林冠夫
海南日报　2000.6.21

中 10803287
论《西游记》的成书经过和版本源流——《西游证道书》点校前言
黄永年
文史探微　中华书局　2000.10

（二）作者

1. 综论

中 10803288
古典小说常识——《西游记》一书和它的作者
葛思
吉林日报　1956.12.11

中 10803289
《西游记》的作者及其误文
谷怀
联合报　1962.6.9

中 10803290
《西游记》的作者是谁?
陈志滨
道教文化　1：3　1977.11

中 10803291
《西游记》的作者考证
张易克
台湾新闻报　1979.3.15

中 10803292
《西游记》作者之谜的揭晓
柳和城
书林　1981：5　1981

中 10803293
《西游记》及其作者简介
陈大庆
语文教学　1983：2　1983

中 10803294
《西游记》的作者是谁?
张兵
文汇报　1984.11.2

中 10803295
《西游记》校者“华阳洞天主人”新考
陈澉
明清小说研究　2　中国文联出版公司　1985.12

中 10803296
介绍、简介国外及我国台湾学术界对《西游记》作者问题的论述
苏兴
东北师大学报　1986：3　1986

中 10803297
近几年来国内学术界关于百回本《西游记》作者的争论
慕闲
西游记研究　1　淮安《西游记》研究会编　1986.10

中 10803298
百回本《西游记》作者再研究——与章培恒同志商榷

谢巍
西游记研究　1　淮安《西游记》研究会编　1986.10

中 10803299
《西游记》诗歌韵类和作者问题
颜景常
明清小说研究　1988：3　1988

中 10803300
覆拙哉的信
胡适
胡适古典文学研究论集　上海古籍出版社　1988.8

中 10803301
《西游记》作者新证
钟扬
安庆师范学院学报　1989：2　1989

中 10803302
谈《西游记》作者的宏观、中观和微观
陈辽
明清小说研究　1989：3　1989

中 10803303
百回本《西游记》作者臆断
陈君谋
苏州大学学报　1990：1　1990

中 10803304
欲解疑团，新增疑团：评金有景《关于〈西游记〉的作者问题》
吴圣昔（吴胜昔）
南通师专学报　1990：2　1990

中 10803305
关于百回本《西游记》作者之争的思考和辩证
蔡铁鹰
明清小说研究　1990：3　1990

中 10803306
邱处机写过《西游记》吗？——虞集《西游记序》真伪辨之一
吴圣昔（吴胜昔）
复旦学报　1990：4　1990

中 10803307
《百回本〈西游记〉作者臆断》质疑
廉旭
苏州大学学报　1991：1　1991

中 10803308
陈元之不可能是《西游记》作者：评《百回本（西游记）作者臆断》
吴圣昔（吴胜昔）
苏州大学学报　1991：3　1991

中 10803309
《西游证道书》"原序"是虞集所撰吗？——虞集《西游记序》真伪探考
吴圣昔（吴胜昔）
明清小说研究　1991：8　1991

中 10803310
一百回本《西游记》作者辨证
张秉健

中南民族学院学报　1993：4　1993

中 10803311
“华阳洞天主人”与《西游记》
杨俊
明清小说研究　1995：3　1995

中 10803312
再论《西游记》的作者与性质：兼评当前西游研究中的一种“新说”
刘振农
中国人民警官大学学报　1997：1　1997

中 10803313
关于《西游记》的作者和主要精神
黄霖
复旦学报　1998：2　1998

中 10803314
《西游记》作者之谜
华唐
明道文艺　264　1998.3

中 10803315
谈《圣教序》的窜改：兼论《西游记》的最后写定者
唐松波
河东学刊　1998：3　1998

中 10803316
《西游记》作者问题的回顾与反思
李舜华
古典文学知识　1999：4　1999

中 10803317
《西游记》作者及其创意初探
孙国中
运城高等专科学校学报　2000：1　2000

中 10803318
《西游记》作者不懂佛学么？
李安纲
晋阳学刊　2000：2　2000

中 10803319
关于《西游记》作者的追寻及其文化现象问题
李舜华
运城高等专科学校学报　2000：4　2000

2. 吴承恩

中 10803320
读吴承恩《射阳文存》
胡适
猛进　4　1924
胡适文存三集　卷六　亚东图书馆　1924.11
胡适论中国古典小说　长江文艺出版社　1987.2
胡适古典文学研究论集　上海古籍出版社　1988.8
胡适文集　4　胡适文存三集　北京大学出版社　1998.11
西游故事　江西教育出版社　1999.1

中 10803321
吴承恩的手迹
宇文西林
新民报晚刊　1957.4.9

中 10803322
吴承恩的《西游记》
邓潭洲
中国古典文学论稿　湖南人民出版社　1957.10

中 10803323
吴承恩所书的石碑
宇文西林
新民报晚刊　1957.12.8

中 10803324
吴承恩
郑冠英
中国文学史论集　3　中华文化出版事业委员会　1958.4

中 10803325
吴承恩交游考
刘修业
古典小说戏曲丛考　作家出版社　1958.5

中 10803326
吴承恩论著杂事考
刘修业
古典小说戏曲丛考　作家出版社　1958.5

中 10803327
吴承恩著述考
刘修业
古典小说戏曲丛考　作家出版社　1958.5

中 10803328
吴承恩年谱
刘修业
古典小说戏曲丛考　作家出版社　1958.5
周叔弢先生六十生日纪念论文集　1958.5

中 10803329
吴承恩咏杨柳青诗
王树村
天津晚报　1961.11.5

中 10803330
吴承恩
李荆
雨花　1962：5　1962

中 10803331
吴承恩《禹鼎志》的下落
陈留
新民晚报　1963.12.11

中 10803332
《西游记》作者之诗文
燧公
中华杂志　2：10　1964.9

中 10803333
吴承恩与《西游记》
潘寿康
话本与小说（黎明文丛 18）黎明文化事业股份有限公司　1973.12

中 10803334
神化文学的作者——吴承恩
林宗霖
励进 341 1974

中 10803335
吴承恩的男女平等观
姚咏萼
中国时报 1974.7.10

中 10803336
吴承恩撰书的《先府宾墓志铭》在淮安出土
南波
文物 1975：10 1975

中 10803337
云台山、吴承恩与《西游记》
李洪甫
徐州师范学院学报 1978：3 1978
群众论丛 1980：1 1980

中 10803338
吴承恩一生坎坷
若圆
古今谈 110 1978.9

中 10803339
追踪《西游记》作者吴承恩南行考察报告
苏兴
吉林师大学报 1979：1 1979

中 10803340
论吴承恩的思想
朱彤
学习与探索 1979：2 1979

中 10803341
吴承恩书写的扇面
章里
文物 1979：3 1979

中 10803342
十年沉碑 重放光彩——长兴县展出吴承恩书写的两块碑文
黄福根 谢文柏
光明日报 1979.3.21

中 10803343
采拓吴承恩书写的碑文散记
高子
书法 1979：4 1979

中 10803344
长兴县所藏赵孟頫、吴承恩书写的碑刻
黄福根 谢文柏
文物 1979：5 1979

中 10803345
关于两位小说作家
阿英
小说三谈 上海古籍出版社 1979.8

中 10803346
追访吴承恩的踪迹
苏兴
随笔 3 广东人民出版社 1979.10

中 10803347
吴承恩及所写碑文
夏星南
新华日报　1979.12.5

中 10803348
吴承恩对农民起义的态度
陈澉
求是学刊　1980：2　1980

中 10803349
吴承恩在长兴县书写的两块碑文
夏星南
吉林师大学报　1980：2　1980

中 10803350
写在孙悟空出世的地方——访吴承恩旧居遗址
王文忠
希望（合肥）　1980：9　1980

中 10803351
《西游记》作者吴承恩年谱
赵景深（邹啸）
中国小说丛考　齐鲁书社　1980.10

中 10803352
陆西星、吴承恩事迹补考
［澳］柳存仁
中华文史论丛　1981：2　1981
和风堂文集　上海古籍出版社　1991.10

中 10803353
吴承恩的一篇佚文——《淮安路医学教授古逸先生潘公讳思诚传》
蒋文野　丁乃迟
群众论丛　1981：2　1981

中 10803354
吴承恩、谈迁、朱彝尊在天津——流寓天津的前代文人
朱泽　张仲
天津日报　1981.4.8

中 10803355
吴承恩书《圣井铭》碑
夏星南
文化娱乐　1981：6　1981

中 10803356
吴承恩
江山
湖南日报　1981.9.6

中 10803357
喜笑悲歌气傲然——访吴承恩"射阳簃"遗址
秦九凤
文学报　1981.12.31

中 10803358
新发现的与吴承恩有关的几块墓志铭考略
刘怀玉
东北师大学报　1982：1　1982

中 10803359
跋吴承恩书《甲午秋宿金山寺》诗
徐沁君

扬州师院学报　1982：1　1982

中 10803360
读《新发现的与吴承恩有关的几块墓志铭考略》
苏兴
东北师大学报　1982：1　1982

中 10803361
吴承恩写《西游记》的故事（四则　黄全昌插图）
姜威　吉星
民间文学　1982：2　1982
文汇报　1982.3.7

中 10803362
略谈吴承恩的文艺思想
钟扬
安徽师范大学学报　1982：3　1982

中 10803363
吴承恩与淮安
陈民牛
新华日报　1982.3.28

中 10803364
吴承恩《后围棋歌》所赠小李是谁
蒋文野　丁乃迟
活页文史丛刊　149　1982：5　1982

中 10803365
吴承恩与水帘洞
李洪甫
文汇报　1982.7.26

中 10803366
《西游记》与吴承恩
张健
中国文学与文学家　时报文化出版事业有限公司　1982.10

中 10803367
吴承恩的故居
梦是飞
新华日报　1982.10.10

中 10803368
神鹅画——《西游记》作者吴承恩的故事
陈民牛
新华日报　1982.10.16

中 10803369
访吴承恩故居
秦九凤
文汇报　1982.11.3

中 10803370
吴承恩的身后种种——首届《西游记》学术讨论会侧记
高空蔚
新观察　1982：23　1982

中 10803371
谈淮安的吴承恩传说
高国藩　陈民牛
民间文学　1982：12　1982

中 10803372
吴承恩传说——砚台村

江希露
民间文学　1982：12　1982

中 10803373
关于吴承恩写《西游记》的民间传说
曹晋杰　朱步楼　洪家璧
民间文学　1982：12　1982

中 10803374
吴承恩与淮安
刘怀玉
江海学刊　1983：1　1983

中 10803375
吴承恩故居介绍
李觉生
教学通讯　1983：1　1983

中 10803376
《云台山、吴承恩与〈西游记〉》补证
李洪甫
徐州师范学院学报　1983：2　1983

中 10803377
跋吴承恩《云湖画菊跋》
刘怀玉
中华文史论丛　1983：3　1983

中 10803378
略论吴承恩创作《西游记》的动机
吕思源
古典文学专号　《齐鲁学刊》编辑部编　1983.3

中 10803379
吴承恩思想管窥
许灏
北方论丛　1983：3　1983

中 10803380
关于吴承恩生平思想及《西游记》研究中的不同意见
蔡毅
文学研究动态　1983：3　1983

中 10803381
百回本《西游记》是否吴承恩所作
章培恒
社会科学战线　1983：4　1983
献疑集　岳麓书社　1993.1

中 10803382
明代杰出的小说家——吴承恩
赵淮
辽宁日报　1983.10.20

中 10803383
吴承恩仕长兴考
李云飞
嘉兴师专学报　1984：1　1984

中 10803384
论吴承恩
钟扬
安庆师范学院学报　1984：2　1984

中 10803385
吴承恩的“荆府纪善之补”和《西游记》

的写作刊刻
陈澈
西游记研究　江苏古籍出版社　1984.3

中 10803386
为吴承恩塑像记
李洪甫
群众　1984：3　1984

中 10803387
从《射阳先生存稿》看吴承恩的思想
白坚
盐城师专学报　1984：3　1984

中 10803388
吴承恩墓地调查散记
刘怀玉
西游记研究　江苏古籍出版社　1984.3

中 10803389
吴承恩《禹鼎志序》中的“老洪”是谁？
李正民
山西大学学报　1984：3　1984

中 10803390
吴承恩《西游记》成于晚年说新证
陈毓罴
光明日报　1984.3.27

中 10803391
吴承恩长兴为官思想新探
许虔东
文科教学　1984：4　1984

中 10803392
吴承恩的传说
陈民牛
山茶　1984：5　1984

中 10803393
也谈百回本《西游记》是否吴承恩所作
苏兴
社会科学战线　1985：1　1985
西游记及明清小说研究　上海古籍出版社　1989.12

中 10803394
章回小说《西游记》疑非吴承恩作
杨秉祺
内蒙古师大学报　1985：2　1985

中 10803395
吴承恩曾当过河阴知县——河南荥阳县发现吴承恩撰写的碑文
靳今
许昌师专学报　1985：3　1985

中 10803396
吴承恩等神幻小说论
黄霖
古小说论概观　上海文艺出版社　1985.6

中 10803397
吴承恩胸像的科学复原
张建军
明清小说研究　1　中国文联出版公司　1985.8

中 10803398
访问吴承恩故居
叶宗翰
广西日报　1985.9.17

中 10803399
吴承恩跋朱曰藩书诗歌字卷
徐伟达　石兆麟
文物　1985：10　1985

中 10803400
河阴知县吴承恩不是《西游记》作者吴承恩
欧阳健
许昌师专学报　1986：1　1986

中 10803401
吴承恩《西游记》与泰山
张宏梁　彭海
泰安师专学报　1986：1　1986

中 10803402
再谈百回本《西游记》是否吴承恩所作
章培恒
复旦学报　1986：1　1986
献疑集　岳麓书社　1993.1

中 10803403
吴承恩作《西游记》二证
刘怀玉
东北师大学报　1986：6　1986

中 10803404
关于吴承恩的生平及《花草新编》三则
刘修业
西游记研究　1　淮安《西游记》研究会编　1986.10

中 10803405
吴承恩出仕荆府记善考略
张宏梁　彭海
西游记研究　1　淮安《西游记》研究会编　1986.10

中 10803406
《西游记》作者是吴承恩吗
达观
解放日报　1986.12.3

中 10803407
论吴承恩《西游记》对《取经诗话》的继承和发展
周中明
安徽大学学报　1987：2　1987

中 10803408
吴承恩获贡入京时间辨正
刘孔伏
广州师院学报　1987：2　1987

中 10803409
吴承恩著《西游记》详证
杨子坚
南京大学学报　1987：4　1987
名家解读西游记　山东人民出版社　1998.1

中 10803410
吴承恩生平二事考
刘怀玉
明清小说研究　6　中国文联出版公司　1987.12

中 10803411
吴承恩荆府纪善官职考
彭海
文学评论丛刊　30　中国社会科学出版社　1988.4

中 10803412
孙悟空的悲剧和吴承恩的悲剧——《西游记》札记
刘洛
明清小说研究　1989：3　1989

中 10803413
吴承恩的得失悲欢
董国炎
古典文学知识　1989：6　1989

中 10803414
吴承恩
宁宗一
十大小说家　上海古籍出版社　1989.8

中 10803415
吴承恩"荆府纪善"之任与《西游记》
蔡铁鹰
江汉论坛　1989：10　1989

中 10803416
有关吴承恩考辨三题
苏兴
西游记及明清小说研究　上海古籍出版社　1989.12

中 10803417
关于《西游记》的写作时间及吴承恩经历中若干问题
苏兴
西游记及明清小说研究　上海古籍出版社　1989.12

中 10803418
论吴承恩从政治国的哲学思想
陈民牛
宜宾师专学报　1990：1　1990

中 10803419
吴承恩作《西游记》的内证
陈澉
北方论丛　1990：2　1990

中 10803420
吴承恩：作家的诞生
徐保卫
明清小说研究　1990：3　1990

中 10803421
吴承恩疑年考
谢巍
纪念顾颉刚学术论文集　巴蜀书社　1990.4

中 10803422
吴承恩生平述略
刘修业
文史知识　1990：9　1990

中 10803423
论《西游记》的著作权问题（上、下）——兼说世德堂本的思想性质与杨本和朱本及《吴承恩诗文集》的不同
张锦池
北方论丛　1991：1–2　1991

中 10803424
两个吴承恩
杨俊
人民日报　1991.3.30

中 10803425
吴承恩的手迹
周雪荣
人民日报（海外版）　1991.8.15

中 10803426
吴承恩《夏日》诗当写于蕲州
郑伯成
江汉大学学报　1992：1　1992

中 10803427
三谈百回本《西游记》是否吴承恩所作
章培恒
献疑集　岳麓书社　1993.1

中 10803428
天才的选择——吴承恩文学道路新探
钟扬
安庆师范学院学报　1993：2　1993

中 10803429
从《射阳存稿》看《西游记》的创作思想
毛忠贤
宜春师专学报　1993：3　1993

中 10803430
吴氏著《西游记》众说源考
黄祯翔
华声报　1993.11.30

中 10803431
吴承恩《西游记》与傩歌“唐忏”之关系
朱恒夫
明清小说研究　1994：4　1994

中 10803432
吴承恩不是《西游记》的作者
李安纲
山西大学学报　1995：3　1995
高等学校文科学报文摘　1995：6　1995
社会科学动态　1996：2/3　1996

中 10803433
《西游记》的作者吴承恩任过新野知县：兼述《西游记》中的新野方言
张成立
南都学坛　1995：4　1995

中 10803434
吴承恩在河南新野做过知县：兼述《西游记》与新野习俗方言

张成立
中州今古　1995：6　1995

中 10803435
吴承恩与明代的心学思潮及《西游记》的著作权问题
宋克夫
漳州师院学报　1996：1　1996

中 10803436
吴承恩不是《西游记》作者
李安纲
文史知识　1996：11　1996
西游记文化学刊　1　1996

中 10803437
《西游记》作者确为吴承恩辨
蔡铁鹰
晋阳学刊　1997：2　1997

中 10803438
从泰州学派看吴承恩的创作思想
周利生
云南学术探索　1997：4　1997

中 10803439
我说《西游记》作者吴承恩
吴圣昔（吴胜昔）
社会科学报　1997.8.28

中 10803440
吴承恩与邱处机
［日］中野美代子著　王红　李安钢译
河东学刊　1998：1　1998

中 10803441
吴承恩与南京国子监
戴萌
南京史志　1998：5　1998

中 10803442
迂疏漫浪茕寂身，滑稽雄文千秋名：《西游记》作者吴承恩
汪长林
古典文学知识　1999：4　1999

中 10803443
女儿国的两个系统：兼论吴承恩与李汝珍的女性审美观
毛志勇
明清小说研究　2000：1　2000

中 10803444
再论吴承恩不是《西游记》作者
李安纲
唐都学刊　2000：4　2000

（三）思想内容

中 10803445
不应该把《西游记》当作“迷信”小说
萧萱
西南文艺　1953：2　1953

中 10803446
《西游记》里的道教和道士
高熙曾
文学书刊介绍　1954：8　1954
西游记研究论文集　作家出版社　1957.4

中 10803447
《西游记》的现实性
刘樱村
文艺学习　1955：5　1955
西游记研究论文集　作家出版社　1957.4
中国古典小说评论集　北京出版社　1957.12

中 10803448
《西游记》中对佛教的批判态度
彭海
光明日报　1955.10.30
西游记研究论文集　作家出版社　1957.4

中 10803449
试论《西游记》的主题思想
童思高
西南文艺　1956：2　1956
西游记研究论文集　作家出版社　1957.4

中 10803450
《西游记》的主题研究
谷怀
联合报　1962.5.2
西游记撷微及其故事　菩提文艺出版社　1964

中 10803451
《西游记》的内容分析
谷怀
联合报　1962.5.10
西游记撷微及其故事　菩提文艺出版社　1964

中 10803452
《西游记》与道家
拙哉
“中央日报”　1962.6.18

中 10803453
取得“真经”首在一个“诚”字
戈弩
北京日报　1962.8.9

中 10803454
《西游记》《聊斋志异》中宗教迷信、神仙鬼怪思想的批判
刘大　张碧波
哈尔滨师范学院学报　1964：2　1964

中 10803455
试论《西游记》的思想政治倾向
朱式平
山东师院学报　1978：6　1978

中 10803456
从孙悟空看《西游记》的思想倾向
苗壮
辽宁师范学院学报　1979：1　1979

中 10803457
试论《西游记》的思想倾向
罗东升
华南师院学报　1979：2　1979

中 10803458
也谈《西游记》的思想倾向——与罗东升同志商榷
朱继琢
华南师院学报　1980：1　1980

中 10803459
对《西游记》主题思想的再认识
胡光舟
江汉论坛　1980：1　1980

中 10803460
试论《西游记》前七回的思想倾向
陈澉
北方论丛　1980：3　1980

中 10803461
来看《西游记》的微言大义
朱西宁
台湾新闻报　1980.9.18

中 10803462
浅谈《西游记》的主题思想
佘德余
绍兴师专学报　1981：4　1981

中 10803463
试论《西游记》的思想倾向
刘远达
思想战线　1982：1　1982

中 10803464
《西游记》是王阳明“心学”的艺术化
刘远达
解放日报　1982.3.19

中 10803465
天地不全——《西游记》主题试探
吴达芸
中外文学　10：11　1982

中 10803466
关于《西游记》的思想倾向——与刘远达同志商榷
彭荣生
思想战线　1982：5　1982

中 10803467
论《西游记》的宗教批判
朱彤
北方论丛　1982：5　1982

中 10803468
从神魔关系论《西游记》的主题思想
丁黎
学术月刊　1982：9　1982

中 10803469
把艺术从社会学的框子里解放出来——谈神魔小说《西游记》的社会内容
何满子
社会科学　1982：11　1982

中 10803470
《西游记》主题思想浅论
罗东升
古典文学论丛 2 陕西人民出版社 1982.12

中 10803471
关于《西游记》的主题思想——与丁黎同志商榷
周中明
学术月刊 1983：2 1983

中 10803472
也谈《西游记》的主题
任守春
中州学刊 1983：3 1983

中 10803473
也谈《西游记》的主题
金紫千
文史哲 1984：2 1984

中 10803474
论《西游记》的美学价值和宗教观念的关系问题
吴圣昔（吴胜昔）
西游记研究 江苏古籍出版社 1984.3

中 10803475
《西游记》思想倾向琐议——兼谈评价《西游记》的方法
赵明政
西游记研究 江苏古籍出版社 1984.3

中 10803476
《西游记》的玩世主义和现实精神
欧阳健
西游记研究 江苏古籍出版社 1984.3

中 10803477
从孙悟空的道路看《西游记》的主题
章皆淳
昭通师专学报 1984：4 1984

中 10803478
论《西游记》的思想政治倾向
周中明
安徽大学学报 1984：4 1984

中 10803479
《西游记》主题简说
刘毓忱
论西游记及其他 百花文艺出版社 1984.5

中 10803480
试论《西游记》的主题思想
王燕萍
广西师范大学学报 1985：1 1985

中 10803481
从《西游记》透视小说的现代观
罗盘
"中央日报" 1985.2.14

中 10803482
世间岂谓无英雄——《西游记》主题思想新探

曾广文
成都大学学报　1985：3　1985

中 10803483
《西游记》的主题意识
罗盘
中国语文（台北）　56：3　1985

中 10803484
巫术·神话·宗教——《西游记》中所反映的宗教观念
姚政
明清小说研究　1　中国文联出版公司　1985.8

中 10803485
花灯与弹性：论《西游记》的一则主题寓言
吕健忠
中外文学　14：5　1985

中 10803486
单一性，哲理性，积极性：《西游记》主题论辨
方胜
宁波师院学报　1986：4　1986

中 10803487
《西游记》里的政治意境
刘光华
联合月刊　60　1986.7

中 10803488
“神魔皆有人情，精魅亦通世故”——谈《西游记》的现实性
李希凡
文史知识　1986：8　1986

中 10803489
谈谈《西游记》主题的基本性质
方胜
光明日报　1986.10.21

中 10803490
宗教与中国文学：论《西游记》的“玄道”
［美］余国藩著　李奭学译
中外文学　15：6　1986
美学研究——台港及海外中文报刊资料专辑　1987：1　1987

中 10803491
《西游记》与佛教
殷以聪
贵州教育学院学报　1987：2　1987

中 10803492
《西游记》主题思想新探
冯杨
思想战线　1987：3　1987

中 10803493
论《西游记》与宗教的关系
钟婴
世界宗教研究　1987：3　1987

中 10803494
关于《西游记》主题讨论的几种意见
吴圣昔（吴胜昔）

建国以来古代文学问题讨论举要　齐鲁书社　1987.4

中 10803495
《西游记》主题思想新探
冯杨著　伊波摘录
社会科学　1987：5　1987

中 10803496
试揭《西游记》大旨“求放心”说之谜
钟扬
明清小说研究　5　中国文联出版公司　1987.6

中 10803497
《西游记》系儒佛道思想互补之作
陈辽
明清小说研究　1988：1　1988

中 10803498
《西游记》与佛教
刘荫柏
明清小说研究　1988：1　1988

中 10803499
论《西游记》的宗教思想
张乘健
社会科学战线　1988：1　1988
名家解读西游记　山东人民出版社　1998.1

中 10803500
论《西游记》的整体意识及其对宗教神学的揶揄
宁宗一　罗德荣
天津师大学报　1988：3　1988

中 10803501
“讽刺揶揄则取当时世态”——略论《西游记》的现实精神
朱步楼　曹晋杰
盐城教育学院学刊　1988：3/4　1988

中 10803502
《西游记》主题思想研究摘述
宋进兴
中学语文教学参考（陕西师大）　1988：6　1988

中 10803503
《西游记》的三教合一和佛道轩轾
吴承学
汕头大学学报　1989：2　1989

中 10803504
“宝贝”——昨天留给今天的思考:《西游记》武器观概论
吴九成　吴星光
宁夏教育学院・银川师专学报　1989：4　1989

中 10803505
中西人生之路的立交桥:《西游记》理性思维探索
刘伯奎
明清小说研究　1990：1　1990

中 10803506
试谈《西游记》的五行说思想
顾易生　孙克强
山东大学学报　1990：1　1990

中 10803507
《西游记》的主题思想
吕晴飞
北京社会科学　1990：4　1990
名家解读西游记　山东人民出版社　1998.1

中 10803508
“神魔皆有人情，精魅亦通世故”——再谈《西游记》与社会现实性
李希凡
文艺漫笔续编　文化艺术出版社　1990.10

中 10803509
人类未来的预见者:《西游记》理性思维新论
杨俊
明清小说研究　1991：1　1991

中 10803510
《西游记》主题思想新论
诸葛志
浙江师范大学学报　1991：2　1991

中 10803511
论《西游记》的哲理性
刘耿大
绥化师专学报　1991：4　1991

中 10803512
如来佛形象和《西游记》主题
章立
信阳师范学院学报　1991：4　1991

中 10803513
取经：一个多重互补的意义结构——关于《西游记》思想蕴涵的解读
冯文楼
明清小说研究　1992：1　1992

中 10803514
《西游记》的超前意识未来观
刘小微　周全国
潜科学　1992：3　1992

中 10803515
论《西游记》的人生哲理启迪
王庆芳
孝感师专学报　1992：3　1992

中 10803516
试论《西游记》的现实批判精神
贾富德
菏泽师专学报　1992：3　1992

中 10803517
《西游记》中反映的长生不老是永恒的社会意识
夏兴仁
明清小说研究　1992：3/4　1992

中 10803518
两部殊途同归的小说:《西游记》《金瓶梅》

主旨新探
朱邦国
淮阴教育学院学报　1993：2　1993

中 10803519
明尊暗砭神道儒，中兴佛教成大道：《西游记》主题辨析
周克良
大庆师专学报　1993：2　1993

中 10803520
心路历程：《西游记》主题新论
李安纲
晋阳学刊　1993：5　1993

中 10803521
《西游记》主题管见
阚小琴
内蒙古电大学刊　1993：6　1993

中 10803522
《西游记》题旨探秘
王辉斌
荆门大学学报　1994：1　1994

中 10803523
《西游记》是部情理小说：《西游记》主题新论
田同旭
山西大学学报　1994：2　1994
名家解读西游记　山东人民出版社　1998.1

中 10803524
佛表道里儒骨髓：《西游记》管窥再得
花三科
宁夏大学学报　1994：2　1994

中 10803525
论《西游记》的崇佛倾向
克珠群佩　王意如
宗教学研究　1995：1–2　1995

中 10803526
论《西游记》的主旨
王志尧　仝海天
南都学坛　1995：2　1995

中 10803527
心猿意马的放纵与收来：《西游记》主题新探
石麟
湖北师范学院学报　1995：2　1995

中 10803528
《西游记》主旨辨析
李安纲
烟台师范学院学报　1995：4　1995

中 10803529
“大道之行也，天下为公”：《西游记》主题思考
王显春
西南民族学院学报　1995：6　1995

中 10803530
自由：《西游记》主题新论

竺洪波
上海大学学报　1996：2　1996

中 10803531
论《西游记》诗词韵文的金丹学主旨
李安纲
晋阳学刊　1996：3　1996

中 10803532
宗教与中国文学:《西游记》的“玄道”
［美］余国藩
北美中国古典文学研究名家十年文选　江苏人民出版社　1996.5

中 10803533
宗教光环下的尘俗治平求索——论世本《西游记》的文化特征
张锦池
文学评论　1996：6　1996
名家解读西游记　山东人民出版社　1998.1

中 10803534
西游：厚德载物与自强不息的精神漫游——《西游记》寓意浅释
郭明志
北方论丛　1996：6　1996

中 10803535
苦难现实中的辉煌理想：别论《西游记》中的“女儿国”
刘丽珈
明清小说研究　1997：1　1997

中 10803536
《西游记》的文化信息与主题思想
金声
山西大学学报　1997：1　1997

中 10803537
《西游记》的佛教思想
李建东
河南社会科学　1997：2　1997

中 10803538
理性之光:《西游记》的科学精神和未来意识
竺洪波
明清小说研究　1999：2　1999

中 10803539
禅门心法——也谈《西游记》的主题
贾三强
咸阳师范专科学校学报　1999：4　1999

中 10803540
对于自我价值和人性美的追求：关于《西游记》的主要精神
黄霖
古典文学知识　1999：4　1999

中 10803541
《西游记》思想性的再认识
赵梅英
明清小说研究　2000：1　2000

中 10803542
《西游记》养生思想内儒外佛术道的特点

杨国学
运城高等专科学校学报　2000：1　2000

中10803543
《西游记》中的儒释道观
单继刚
明清小说研究　2000：1　2000

中10803544
今本《西游记》的“密谛”：佛耶道耶儒耶
朱迪光
衡阳师范学院学报　2000：1　2000

中10803545
宗教光环下的治平求索——论《西游记》的思想意蕴与文化特征
张锦池
中国古典小说心解　黑龙江人民出版社　2000.1

中10803546
石头的天路历程与尘世历劫：《西游记》与《红楼梦》石头原型的文化阐释
崔小敬
红楼梦学刊　2000：2　2000

中10803547
《西游记》与佛教文化
李安纲
运城高等专科学校学报　2000：4　2000

中10803548
天界佛国的入世情怀：《西游记》儒家思想论略
曹炳建
运城高等专科学校学报　2000：5　2000

中10803549
《西游记》与佛教文化
方立天
运城高等专科学校学报　2000：5　2000

中10803550
祇用文章供一笑：论《西游记》的玩世精神
郭云
咸阳师范专科学校学报　2000：5　2000

中10803551
关于《西游记》所包含宗教思想成分的探源
王桂宏
广西大学学报　2000增刊　2000

（四）情节结构

中10803552
论《西游记》的第九回问题
黄肃秋
文学书刊介绍　1954：8　1954
西游记研究论文集　作家出版社　1957.4

中10803553
关于“大闹天宫”的故事情节

林庚
文艺报 1956：13 1956

中 10803554
《西游记》“大闹天宫”
河南省洛阳市第一高中语文组
语文教学通讯（合并版） 1957：3/4 1957

中 10803555
《西游记》中的地名
朱偰
新民报晚刊 1957.6.12

中 10803556
吴承恩：大闹天宫（节选《西游记》）
王昃衡
古典文学作品分析 湖南人民出版社 1957.8

中 10803557
《西游记》的“大闹天宫”
刘衍文
语文教学 1957：9 1957

中 10803558
牛呞病与紧箍咒
谷怀
联合报 1958.6.30
西游记撷微及其故事 菩提文艺出版社 1964

中 10803559
《西游记》中的金光寺
陈鸣钟
光明日报 1959.12.13

中 10803560
《西游记》本事考
罗锦堂
学粹 2：3 1960

中 10803561
木鱼的故事
谷怀
香港佛教月刊 12 1961.5
西游记撷微及其故事 菩提文艺出版社 1964

中 10803562
玄奘取经
张习孔
工人日报 1962.7.13

中 10803563
关于《西游记》中“难”的性质的分析
李国生
甘肃师范大学学报 1963：1 1963

中 10803564
从《过火焰山》看吴承恩对情节的处理
陈毓罴
光明日报 1963.5.12
名家解读西游记 山东人民出版社 1998.1

中 10803565
从《过火焰山》看吴承恩对情节的处理（续）

陈毓罴
光明日报　1963.5.19

中 10803566
《西游记》中若干情节本源的探讨——读《慈恩传》札记
曹仕邦
中国学人　1　1970.3

中 10803567
《三打白骨精》分析
顾岱祖
北京大学学报　1973：1　1973

中 10803568
《西游记》的第八十一难（上、中、下）
竹轩
中国时报　1973.3.17–19

中 10803569
瓷枕与《西游记》
郁博文
光明日报　1973.10.8

中 10803570
白骨精"斋僧"小议
侯定乾
开封师院学报　1975：2　1975

中 10803571
今日欢呼孙大圣——读《孙悟空三打白骨精》
周启成
语文战线　1976：1　1976

中 10803572
《孙悟空三打白骨精》分析
江苏省淮安淮阴师范函授教材编写组
教研资料　1976：5　1976

中 10803573
口腹之累——《西游记》里吃的故事
姚咏萼
中国时报　1977.12.21

中 10803574
《孙悟空三打白骨精》讲析
霍旭东
甘肃师范大学学报　1978：3　1978

中 10803575
《孙悟空三打白骨精》浅析
赵星景
语文教学参考（初中版·开封师院）　1978：3　1978

中 10803576
《孙悟空三打白骨精》浅析
王志武
中学语文教学参考　1979：8　1979

中 10803577
《西游记》里的花果山
李洪甫
新华日报　1979.12.5

中 10803578
论《西游记》的结构与主题
张静二

中华文化复兴月刊　13：3　1980

中 10803579
《西游记》若干情节的本源三探
曹仕邦
幼狮学志　16：2　1980
集萃　1981：5　1981

中 10803580
“孙悟空三打白骨精”故事探源
谭家健
文学遗产　1981：3　1981

中 10803581
吴承恩《西游记》第九回问题
苏兴
北方论丛　1981：4　1981

中 10803582
人物安排与故事情节——从“调芭蕉扇”谈故事情节的构成
罗宪敏
名作欣赏　1981：5　1981

中 10803583
《西游记》若干情节的本源四探
曹仕邦
书目季刊　15：3　1981.12

中 10803584
火焰山故事的形成
郑明娳
中外文学　10：11　1982

中 10803585
《西游记》的女儿国
苏兴
江海学刊　1982：6　1982
西游记及明清小说研究　上海古籍出版社　1989.12

中 10803586
《孙悟空三打白骨精》的情节示意图
陈华
中学语文教学参考　1983：2　1983

中 10803587
《西游记》若干情节的本源五探
曹仕邦
书目季刊　16：4　1983.3

中 10803588
《西游记》若干情节的本源六探
曹仕邦
书目季刊　17：2　1983.9

中 10803589
试论《西游记》神魔斗争的性质
韩文志
沈阳教育学院学刊　1984：3　1984

中 10803590
谈谈“孙行者三调芭蕉扇”
刘毓忱
论西游记及其他　百花文艺出版社　1984.5

中 10803591
《西游记》的时间空间结构
［苏］C. 尼科里斯卡娅
国外社会科学　1984：11　1984

中 10803592
《西游记》若干情节的本源七探
曹仕邦
书目季刊　19：1　1985.6

中 10803593
《西游记》本事摭录
姚政
明清小说研究　2　中国文联出版公司　1985.12

中 10803594
《西游记》的四圣试禅心事
苏兴
明清小说研究　2　中国文联出版公司　1985.12

中 10803595
雄奇恢恑，寓真于诞：“大闹天宫”论析
朱彤
名作欣赏　1986：2　1986

中 10803596
拙中藏巧，别具一格：论《西游记》的结构艺术
吴圣昔（吴胜昔）
殷都学刊　1986：3　1986

中 10803597
“大话西游”还是“史实西游”：谈谈小说《西游记》中若干情节的来源
曹仕邦
香港佛教　311　1986.4

中 10803598
“大话西游”还是“史实西游”：谈谈小说《西游记》中若干情节的来源（续）
曹仕邦
香港佛教　312　1986.5

中 10803599
巧妙编织故事，生动塑造人物：《西游记》三调芭蕉扇的的艺术特色
刘毓忱
武汉大学学报　1986：5　1986

中 10803600
“大话西游”还是“史实西游”：谈谈小说《西游记》中若干情节的来源（3 续）
曹仕邦
香港佛教　313　1986.6

中 10803601
《西游记》第八十一难“生硬”“累赘”说考辨
马济中
西游记研究　1　淮安《西游记》研究会编　1986.10

中 10803602
简论《西游记》前七回
王明发

西游记研究　1　淮安《西游记》研究会编　1986.10

中 10803603
从饮食习俗看《西游记》的淮海色彩
颜景常
淮阴师专学报　1987：1　1987

中 10803604
《西游记》若干情节的本源八探
曹仕邦
书目季刊　20：4　1987

中 10803605
论《西游记》的深层结构
楼含松
杭州大学学报　1987：4　1987

中 10803606
“大闹天宫”是佛、道斗争的产物
周亮
贵州大学学报　1988：2　1988

中 10803607
《西游记》若干情节的本源九探
曹仕邦
书目季刊　21：4　1988.3

中 10803608
《西游记》的叙事结构与第九回的问题
[美] 余国藩著　李奭学译
中外文学　16：10　1988

中 10803609
点石成金：从“大闹天宫”看吴承恩对情节的处理
钟扬
文艺学习　1988：5　1988

中 10803610
漫说《西游记》中的“女儿国”创作
陆鸿飞
文史知识　1989：1　1989

中 10803611
《西游记》第九回问题
苏兴
西游记及明清小说研究　上海古籍出版社　1989.12

中 10803612
《西游记》若干情节的本源十探
曹仕邦
书目季刊　24：3　1990.12

中 10803613
孙悟空大闹天宫新论
诸葛志
浙江师范大学学报　1992：1　1992

中 10803614
《西游记》第七回研究
苏兴
社会科学战线　1992：2　1992

中 10803615
试论《西游记》的结构艺术

张强
淮阴教育学院学报　1992：3　1992

中 10803616
《西游记》的炉中天地（续）
林韵梅
人文及社会学科教学通讯　3：1　1992.6

中 10803617
《西游记》若干情节的本源十一探
曹仕邦
中华佛学学报　5　1992.7

中 10803618
话说蟠桃
智雄
阳关　1994：2　1994

中 10803619
灵山无钱非灵山，如来少贿欠如来：《西游记》第九十八回赏析
马忠
名作欣赏　1994：3　1994

中 10803620
流沙河在哪里
钱伯泉
新疆日报　1994.10.31

中 10803621
试论《西游记》的主题结构
孙德喜
绥化师专学报　1996：1　1996

中 10803622
百回本《西游记》的"叙事矛盾"之一——两张"取经文牒"
谢明勋
静宜人文学报　8　1996.7

中 10803623
《西游记》：神圣的解构
孙德喜
淮阴师专学报　1997：2　1997

中 10803624
百回本《西游记》的"叙事矛盾"之二——"芭蕉扇"到底有几把？
谢明勋
静宜人文学报　9　1997.6

中 10803625
花果山、火焰山的原型与背景
华唐
明道文艺　257　1997.8

中 10803626
《西游记》西天取经故事的构成——对称性的原理
［日］中野美代子著　王秀文译
汉学研究　3　中国和平出版社　1999.1

中 10803627
柔情绵如水，法性冷似冰：《西游记》第五十四回赏析
刘水云
古典文学知识　1999：4　1999

中 10803628
扣人心弦，发人深省：孙悟空“大闹天宫”赏析
周中明
古典文学知识　1999：4　1999

中 10803629
金睛火眼无容赦，那怕妖精亿度来：“三打白骨精”赏析
金望　志军
古典文学知识　1999：4　1999

（五）艺术

1. 综论

中 10803630
略论《西游记》的结构形式和语言工具的成就
魏建功
文学书刊介绍　1954：8　1954
西游记研究论文集　作家出版社　1957.4
名家解读西游记　山东人民出版社　1998.1

中 10803631
谈《西游记》浪漫精神的时代特色
李希凡
光明日报　1961.1.1

中 10803632
论《西游记》的浪漫主义
南开大学中文系《西游记》研究小组
光明日报　1961.2.5、16

中 10803633
《孙悟空三打白骨精》的艺术性
埝任
齐齐哈尔师院学报　1978：3　1978
四川师范学院学报　1978：4　1978

中 10803634
漫说《孙悟空三打白骨精》的艺术手法
蒋松源
语文教学通讯　1981：1　1981

中 10803635
论《西游记》的神奇性
裴树海
雷州师专学报　1982：1　1982

中 10803636
《西游记》赏析——主题的欣赏之一
郑明娳
新文艺　311–314　1982.2–5

中 10803637
从幽默说《西游记》
杜若
台肥月刊　23：2　1982.2

中 10803638
三段法——《西游记》的重要表现手法
潘寿全
学术论坛　1982：4　1982

中 10803639
线索错综　对比鲜明——《孙悟空三打白骨精》的艺术性
徐应佩　周溶泉　吴功正
中国古典文学名著赏析　山西人民出版社　1982.5

中 10803640
《西游记》赏析——《西游记》中的喜剧风格
郑明娳
新文艺　315　1982.6

中 10803641
《西游记》赏析——《西游记》对情关的描写
郑明娳
新文艺　316　1982.7

中 10803642
《西游记》赏析——《西游记》的文字特色
郑明娳
新文艺　317　1982.8

中 10803643
《西游记》赏析——特写人物的描绘
郑明娳
新文艺　318　1982.9

中 10803644
《西游记》赏析——速写人物的描写
郑明娳
新文艺　319　1982.10

中 10803645
《西游记》赏析——《西游记》与神话传说
郑明娳
新文艺　320　1982.11

中 10803646
《西游记》赏析——《西游记》中三教混融
郑明娳
新文艺　321　1982.12

中 10803647
《西游记》艺术风格初探
吴圣昔（吴胜昔）
江海学刊　1983：1　1983

中 10803648
从《西游记》的社会反响看它的艺术特色
王永生
扬州师院学报　1983：2　1983

中 10803649
精当，增一人废全篇——《西游记》取经人物设置的艺术
潘寿全
广西民族学院学报　1983：2　1983

中 10803650
也谈《西游记》的审美认识价值
李欣复
文史哲　1983：4　1983

中 10803651
论《西游记》的幻想艺术
刘烈茂
西游记研究　江苏古籍出版社　1984.3
名家解读西游记　山东人民出版社　1998.1

中 10803652
风云谲诡　神与物游——略论《西游记》奇特的艺术构思
郑云波
西游记研究　江苏古籍出版社　1984.3
名家解读西游记　山东人民出版社　1998.1

中 10803653
梦的艺术与《西游记》
潘寿全
广西民族学院学报　1984：3　1984

中 10803654
谐中寓庄　情趣盎然——论《西游记》艺术辩证法之一
吴圣昔（吴胜昔）
广州师院学报　1984：3–4　1984

中 10803655
《西游记》艺术特色三题
周中明
社会科学战线　1984：3　1984

中 10803656
论《西游记》的童话特征
白盾
光明日报　1984.5.8

中 10803657
也谈《西游记》中神话和童话的交融
汪瑰曼
光明日报　1984.6.26

中 10803658
谈《西游记》的俳谐色彩
周寅宾
光明日报　1984.7.17

中 10803659
《西游记》是神话和童话的交融吗？——也谈《西游记》的构成原料
陶思炎
光明日报　1984.8.7

中 10803660
《西游记》的文学体裁特征
李欣复
光明日报　1984.9.11

中 10803661
《西游记》的艺术特色管窥
刘国辉
电大文科园地　1985：3　1985

中 10803662
以奇取胜　师心独见——论《西游记》的传奇性
吴圣昔（吴胜昔）
明清小说研究　1　中国文联出版公司　1985.8

中 10803663
《西游记》的审美特征
萧小红
中山大学研究生学刊　1986：3　1986

中 10803664
真幻参半　奇正相生——略谈《西游记》的艺术技巧
龚斌
中文自修　1986：10　1986

中 10803665
论《西游记》的滑稽诙谐
朱其铠
山东师范大学学报　1987：1　1987

中 10803666
涉笔成趣　妙在自然——论《西游记》的诙谐性
吴圣昔（吴胜昔）
文学遗产　1987：3　1987
名家解读西游记　山东人民出版社　1998.1

中 10803667
论《西游记》的浪漫主义精神——兼谈“大闹天宫”和“西天取经”的统一性
刘耿大
青海师范大学学报　1987：4　1987

中 10803668
论《西游记》艺术结构的完整性与独创性
张锦池
文学遗产　1987：5　1987

中 10803669
《西游记》的若干艺术特点
［苏］A. 罗加乔夫著　李勤译
明清小说研究　5　中国文联出版公司　1987.6

中 10803670
《西游记》的喜剧风格：谈丑角
郑明娳
文艺月刊　221　1987.11

中 10803671
嬉笑怒骂　皆成文章——论《西游记》的讽刺性
方胜
明清小说研究　6　中国文联出版公司　1987.12

中 10803672
《西游记》的主题·诗美及其他——射阳山人答笔者问
方牧
明清小说研究　1988：1　1988

中 10803673
《西游记》正面喜剧形象塑造的艺术手法
霍有明
中国文学研究　1988：1　1988

中 10803674
论唐僧的演变及《西游记》的内部艺术结构
蔡铁鹰
淮阴师专学报　1988：2　1988

中 10803675
论《西游记》“幻中见真”的浪漫主义艺术特征
刘耿大
毕节师专学报　1988：3　1988

中 10803676
试论《西游记》的喜剧意识
叶祖帅
华南师范大学学报　1988：3　1988
春华秋实　广东高等教育出版社　2000.3

中 10803677
因幻求真　虚实结合——《西游记》美学辩证法初探
吴圣昔（吴胜昔）
文学评论丛刊　30　中国社会科学出版社　1988.4

中 10803678
《西游记》法宝运用艺术谈
戚玉成
文学知识　1988：6　1988

中 10803679
论《西游记》的戏谑和超越
朱其铠
新疆社会科学　1988：6　1988

中 10803680
《西游记》幽默美初探
刘耿大
文学研究丛刊　4　上海社会科学院出版社　1989.8

中 10803681
《西游记》艺术形象的多重组合
李建国
明清小说研究　1991：2　1991

中 10803682
略论《西游记》中的讽刺
刘耿大
五邑大学学报　1991：4　1991

中 10803683
对传统人物塑造方法的超越：读《西游记》黄袍怪故事
朱彤
名作欣赏　1992：1　1992

中 10803684
《西游记》赏析
郑明娳
书评　1　1992.12

中 10803685
略论《西游记》写“变”的旨趣
李德身
连云港教育学院学报　1993：1　1993

中 10803686
“忘怀得失，独存赏鉴”：论动物性因素在《西游记》神魔形象构成中的审美作用
宋常立
安庆师范学院学报　1993：3　1993

中 10803687
论《西游记》的幽默艺术风格

柳宏雷
新疆师范大学学报　1994：3　1994

中 10803688
《西游记》和《白鹿原》的神话运用
王璞
岭南学院中文系系刊　3　1996

中 10803689
“身外身法”及其联想——《西游记》中的变术研究举一
金家兴
孝感师专学报　1996：2　1996

中 10803690
浅析《西游记》的幽默
朱益民
南昌职业技术师范学院学报　1997：2　1997

中 10803691
开心一笑，独存赏鉴:《西游记》艺术探微
郭明志
学术交流　1997：2　1997

中 10803692
《西游记》的风格与礼乐文化的转型
王齐洲
湖北大学学报　1997：2　1997

中 10803693
《西游记》的风格与乐文化的转型
王齐洲
运城高等专科学校学报　1997：2　1997

中 10803694
设象比喻，形神皆妙——《西游记》语言与艺术形象初探
唐松波
运城高等专科学校学报　1997：2　1997

中 10803695
略论讽刺及《西游记》的讽刺艺术
霍有明
文艺的复古与创新　中国戏剧出版社　1997.3

中 10803696
再论《西游记》的讽刺艺术——《西游记》正面喜剧形象塑造的艺术手法
霍有明
文艺的复古与创新　中国戏剧出版社　1997.3

中 10803697
《西游记》艺术手法新探
冯巧英　张小慰
河东学刊　1998：2　1998

中 10803698
《西游记》艺术层次论
徐子方
明清小说研究　1999：1　1999

2. 人物形象

中 10803699
《西游记》人物分析
李辰冬
畅流　6：10　1953

中 10803700
《西游记》中的几个人物（上、中、下）
竹咸
新民报晚刊　1953.9.17、19–20

中 10803701
谈猪八戒
方白
文学书刊介绍　1954：8　1954
西游记研究论文集　作家出版社　1957.4
名家解读西游记　山东人民出版社　1998.1

中 10803702
谈《西游记》中的猪八戒
方白
大公报　1954.9.4

中 10803703
谈孙悟空
曾凡巨
河北日报　1955.5.15

中 10803704
谈《西游记》中的神魔问题
胡念贻
文学研究集刊　3　人民文学出版社　1956.9
中国古典文学论丛　古典文学出版社　1957.11
中国古代文学论稿　上海古籍出版社　1987.10

中 10803705
悟空姓车不姓孙
蒋星煜（布谷、白甲）
新民晚报　1958.5.2

中 10803706
真假孙悟空
谷怀
联合报　1958.11.4
西游记撷微及其故事　菩提文艺出版社　1964

中 10803707
漫谈《西游记》的主题和孙悟空的形象
李希凡
人民文学　1959：7　1959
名家解读西游记　山东人民出版社　1998.1

中 10803708
猪八戒是一个什么样的"典型"
李希凡
新港　1959：12　1959
论中国古典小说的艺术形象　上海文艺出版社　1961.4

中 10803709
孙悟空并非光棍汉
山鹰
新民晚报　1960.2.19

中 10803710
漫谈孙悟空和《西游记》的时代特色
袁世硕
山东大学学报　1961：1　1961

中 10803711
《西游记》的主题和孙悟空的形象
李希凡
论中国古典小说的艺术形象　上海文艺出版社　1961.4

中 10803712
孙悟空的性格是怎样的?
必胜　冠芳　阿之
羊城晚报　1961.6.20

中 10803713
六字真经与齐天大圣
谷怀
无尽灯　13　1962.4.10
西游记撷微及其故事　菩提文艺出版社　1964

中 10803714
孙悟空为什么用金箍棒
毛瓜
天津晚报　1963.6.16

中 10803715
关于孙悟空反抗的性质和目的
殷光熹
光明日报　1966.4.17

中 10803716
闲话孙悟空（1–4）
姚咏萼
中国时报　1973.3.20–23

中 10803717
《西游记》行角及其他（1–4）
姚咏萼
中国时报　1973.3.24–27

中 10803718
牛魔王的悲剧
姚咏萼
中国时报　1973.5.8

中 10803719
盘丝洞里的蜘蛛精
姚咏萼
中国时报　1973.7.28

中 10803720
林黛玉与唐三藏——曹雪芹、吴承恩的诗人化身
关云
时报周刊　14　1973.10

中 10803721
谈唐三藏
罗龙治

中国时报　1974.6.19

中 10803722
唐三藏眼泪婆娑映大圣
姚咏萼
中国时报　1975.7.11

中 10803723
笑谈猪八戒
赵滋蕃
"中央日报"　1976.4.7

中 10803724
《西游记》中五圣的关系
傅述先
中华文化复兴月刊　9：5　1976
中国古典小说研究（文化丛刊 3）　中华文化复兴月刊社　1977.11

中 10803725
猪八戒的礼赞
姚咏萼
中国时报　1977.11.4

中 10803726
《西游记》里的"不良少年"
关关
中华日报　1977.12.30

中 10803727
论孙悟空
朱彤
安徽师范大学学报　1978：1　1978

中 10803728
《西游记》中唐僧师徒四众与身心性命
陈剑霞
道教文化　1：7　1978.3

中 10803729
孙悟空是"新兴市民"的典型形象吗？——与朱彤同志商榷
赵明政
安徽师范大学学报　1978：3　1978

中 10803730
孙悟空形象剖析
邢治平
开封师院学报　1978：3　1978

中 10803731
孙悟空形象谈略
郝世峰
南开大学学报　1978：4/5　1978
名家解读西游记　山东人民出版社　1998.1

中 10803732
孙悟空形象的阶级属性
简茂森
安徽师范大学学报　1978：4　1978

中 10803733
试论猪八戒的形象塑造
刘毓忱　杨志杰
南开大学学报　1978：4　1979

中 10803734
理想与现实——透视唐三藏的内心世界
姚咏萼
中国时报　1978.4.2
海潮音　59：12　1978.12

中 10803735
论孙悟空
刘烈茂
中山大学学报　1978：6　1978

中 10803736
孙行者形象的再塑造
林建宏
中兴文苑　9　1978.6

中 10803737
孙悟空与印度史诗
顾子欣
人民日报　1978.11.13

中 10803738
猪八戒的滑稽形象
郑明娳
台湾时报　1978.12.20

中 10803739
孙悟空形象分析的几个问题
严云受
安徽师范大学学报　1979：2　1979

中 10803740
浅谈《孙悟空三打白骨精》中孙悟空艺术形象的塑造
陈宏遂
教学与进修　1979：2　1979

中 10803741
孙悟空登堂入庙
郭立诚
中国时报　1979.5.19

中 10803742
悟空可能不姓孙（蜗庐漫笔）
赵仲邑
随笔　1　广东人民出版社　1979.6

中 10803743
孙行者与猿猴故事
郑明娳
古典文学　1　学生书局　1979.12
主题学研究论文集　东大图书有限公司　1983.11

中 10803744
吴承恩《西游记》典型人物论
苏兴
中国古典文学论集　吉林师范大学学报编辑部　1979.12

中 10803745
论沙僧
张静二
中外文学　9：1　1980
主题学研究论文集　东大图书有限公司　1983.11
中国古代小说研究——台湾香港论文选辑　上海古籍出版社　1983.5

中 10803746
孙悟空的故乡
夏振亚
文汇报　1980.6.28

中 10803747
《西游记》里的神魔问题
高明阁
文学遗产　1981：2　1981
名家解读西游记　山东人民出版社　1998.1

中 10803748
孙悟空是进口货吗?
孙红昺
广州日报　1981.2.22

中 10803749
孙悟空的血统
蔡国梁
学林漫录　2　中华书局　1981.3

中 10803750
论《西游记》中神佛与妖魔的对立
陈澉
文史哲　1981：5　1981

中 10803751
关于孙悟空"国籍"问题的争论和辨析
刘毓忱
作品与争鸣　1981：8　1981

中 10803752
猪八戒的由来
黄永武
中国时报　1981.11.15

中 10803753
一个并不虔诚的佛教徒——谈孙悟空的形象并和刘远达同志商榷
何思玉
思想战线　1982：3　1982

中 10803754
历史上的玄奘和小说中的唐僧
李遵义　刘明
历史知识　1982：3　1982

中 10803755
论《西游记》故事中的孙悟空
张静二
中外文学　10：11　1982

中 10803756
《西游记》中的孙悟空（初稿）
那宗训
中外文学　10：11　1982

中 10803757
试论孙悟空形象的演变
胡金望
艺谭　1982：4　1982

中 10803758
孙悟空的故事是外来的吗?
那宗训
中华日报　1982.4.23

中 10803759

也谈《西游记》中神佛与妖魔的关系——兼答陈澉同志

赵明政

文史哲　1982：5　1982

中 10803760

无支祁哈奴曼孙悟空通考

萧兵

文学评论　1982：5　1982

中 10803761

闲话猪八戒

旷源

山茶　1982：5　1982

中 10803762

也谈《西游记》中的孙悟空形象——兼评研究《西游记》的方法

刘士昀

思想战线　1982：5　1982

中 10803763

自足与自赎——谈孙悟空的学道与取经

傅述先

中国时报　1982.5.27

中 10803764

牛魔王是孙悟空的替身

郑明娳

中国时报　1982.5.27

中 10803765

应该怎样看待孙悟空

周中明

文史哲　1982：6　1982

中 10803766

论西游故事中的龙马

张静二

中外文学　11：6　1982

中 10803767

略论吴承恩《西游记》中的唐僧出世故事

李时人

文学遗产　1983：1　1983

名家解读西游记　山东人民出版社　1998.1

中 10803768

为有源头活水来——《西游记》孙悟空形象探源

萧相恺

贵州文史丛刊　1983：2　1983

中 10803769

孙悟空艺术形象新探

罗宪敏

古典文学专号　《齐鲁学刊》编辑部编　1983.3

中 10803770

孙悟空形象的演化——兼评“化身”论

刘毓忱

天津市语文学会 1982 年年会论文选　1983.6

中 10803771
论《西游记》故事的八戒
张静二
中华文化复兴月刊　16：8　1983

中 10803772
猪八戒艺术形象的渊源
龚维英
文学遗产增刊　15　中华书局　1983.9

中 10803773
孙悟空人物考
刘荫柏
文学评论丛刊　18　中国社会科学出版社　1983.10

中 10803774
试论猪八戒
杨俊
未定稿　18　中国社会科学杂志社　1984

中 10803775
说沙僧
钟婴
杭州师范学院学报　1984：1　1984

中 10803776
孙悟空“受招安”说质疑
邢治平
殷都学刊　1984：1　1984

中 10803777
呆子形象面面观——猪八戒剖析
吴圣昔（吴胜昔）
福建师范大学学报　1984：2　1984

中 10803778
斗战胜佛礼赞
吴野
探艺录　四川人民出版社　1984.2

中 10803779
论《西游记》故事中的三藏
张静二
文学评论　8　1984.2

中 10803780
论《西游记》塑造人物的艺术特色
刘毓忱
西游记研究　江苏古籍出版社　1984.3
名家解读西游记　山东人民出版社　1998.1

中 10803781
取经路上的孙悟空——再论《西游记》的思想政治倾向
朱其铠
西游记研究　江苏古籍出版社　1984.3

中 10803782
孙悟空形象的演化——再评“化身论”
刘毓忱
文学遗产　1984：3　1984

中 10803783
关于孙悟空“国籍”问题的辨析
刘毓忱

论西游记及其他　百花文艺出版社　1984.5

中 10803784
喜剧人物猪八戒
刘毓忱
论西游记及其他　百花文艺出版社　1984.5

中 10803785
论《西游记》中的沙僧形象
刘士昀
思想战线　1984：5　1984

中 10803786
从玄奘到唐僧
刘毓忱
论西游记及其他　百花文艺出版社　1984.5

中 10803787
《西游记》塑造人物的艺术特色
刘毓忱
论西游记及其他　百花文艺出版社　1984.5

中 10803788
孙悟空形象的演化
刘毓忱
论西游记及其他　百花文艺出版社　1984.5

中 10803789
孙悟空与神魔世界
王齐洲
学术月刊　1984：7　1984

中 10803790
孙悟空与夏启
龚维英
学术月刊　1984：7　1984

中 10803791
“混血”的孙悟空
冯并
北京日报　1984.8.10

中 10803792
孙悟空、猪八戒形象塑造的艺术经验
孙逊
文学评论　1985：1　1985

中 10803793
再谈《西游记》中神魔的对立
陈澉
文史哲　1985：2　1985

中 10803794
论孙悟空的国籍
杨桂森　贾锡信
河北大学学报　1985：2　1985

中 10803795
猪八戒形象新论
杨俊
云南社会科学　1985：2　1985

中 10803796
孙悟空演义
尹雪曼
“中央日报” 1985.2.1

中 10803797
孙悟空“模特儿”是什么?
华叶
文汇报 1985.2.25

中 10803798
“齐天大圣”的由来和发展——孙悟空与白申公两个人物形象比较
周中明
艺谭 1985：3 1985

中 10803799
论孙悟空的英雄形象
罗盘
中国语文（台北） 56：4 1985

中 10803800
孙悟空在儿童文学的形象：以访问六种儿童《西游记》为初学研究
关关
新书月刊 20 1985.5

中 10803801
元本《西游记》中孙行者的形成——从猴行者到孙行者
［日］矶部彰著 赵博源译
中国古典小说戏曲论集 上海古籍出版社 1985.6

中 10803802
论猪八戒
刘士昀
思想战线 1985：6 1985

中 10803803
孙悟空形象原型研究综述
朱迎平
文史知识 1985：8 1985

中 10803804
试论两个神猴的渊源关系：印度神猴哈奴曼与中国神猴孙悟空的比较
陈邵群 连文光
暨南学报 1986：1 1986

中 10803805
贾宝玉与孙悟空
姜超
红楼梦学刊 1986：1 1986

中 10803806
《西游记》中孙悟空原型新论
李谷鸣
安徽教育学院学报 1986：3 1986

中 10803807
猪八戒形象的喜剧性
杨俊
明清小说研究 3 中国文联出版公司 1986.4

中 10803808
孙悟空与唐僧

王齐洲
荆州师专学报　1986：4　1986

中 10803809
改写本《西游记》人物造型之比较分析：兼论忠实性与角色强化
洪文珍
台东师专学报　14　1986.4

中 10803810
关于孙悟空形象的艺术渊源问题争论的回顾
倪长康
上海师范大学学报　1986：4　1986

中 10803811
《西游记》人物溯源：沙悟净与密教中的深沙大将
萧登福
东方杂志　19：11　1986.5

中 10803812
孙悟空原型又一说
史双元
文学遗产　1986：6　1986

中 10803813
论《西游记》悟空、八戒形象塑造的艺术经验
孙逊
明清小说论稿　上海古籍出版社　1986.9

中 10803814
从“胡闹小儿”的角度看孙悟空
魏淑珠
中外文学　15：4　1986

中 10803815
二郎神故事的外来因素——《从神话到小说》断片
萧兵
西游记研究　1　淮安《西游记》研究会编　1986.10

中 10803816
《西游记》孙悟空对妖精要自称“外公”问题
苏兴
西游记研究　1　淮安《西游记》研究会编　1986.10

中 10803817
从孙悟空杯酒化雨说开去
杨桂森
河北大学学报　1987：4　1987

中 10803818
论孙悟空形象的演化与《西游记》的主题
张锦池
学术交流　1987：5　1987

中 10803819
论孙悟空的血统问题
张锦池
北方论丛　1987：5　1987

中 10803820
《西游记》的玉皇大帝、如来佛、太上老

君探考
苏兴
东北师大学报　1988：1　1988

中 10803821
唐僧形象简析
李伟实
零陵师专学报　1988：1　1988

中 10803822
试论《西游记》取经集团人物性格的互补
王允立
湖南教育学院学报　1988：1　1988

中 10803823
理想的斗士——孙悟空与吉诃德之比较
于洪笙　胡小伟
明清小说研究　1988：1　1988

中 10803824
孙悟空形象的审美层次
草夫
零陵师专学报　1988：2　1988

中 10803825
孙悟空的血统问题（文摘）
蔡铁鹰
文学遗产　1988：2　1988

中 10803826
孙悟空的"血缘"——《西游记》摭谈之一
顾鸣塘
解放日报　1988.2.11

中 10803827
唐僧艺术形象探源——《西游记》摭谈之二
顾鸣塘
解放日报　1988.2.14

中 10803828
猪八戒与佛、道的渊源——《西游记》摭谈之三
顾鸣塘
解放日报　1988.2.25

中 10803829
从毗沙门天到沙和尚——《西游记》摭谈之四
顾鸣塘
解放日报　1988.2.28

中 10803830
孙悟空形象的系统思考
陈应祥
明清小说研究　1988：3　1988

中 10803831
孙悟空试论
孙未艾
成都师专学报　1988：3　1988

中 10803832
论孙悟空与哈奴曼是并无渊源关系的平行性形象
吴全韬
宁波师院学报　1988：4　1988

中 10803833
唐僧三徒的出身之谜
柳上惠
联合报　1988.5.16

中 10803834
犯中见避——《西游记》对孙悟空五次钻腹的艺术描写
陈中复
古典文学知识　1988：6　1988

中 10803835
孙悟空与贾宝玉（上、下）
张锦池
联合报　1988.6.28–29

中 10803836
《西游记》的沙和尚的来历
胡适
胡适古典文学研究论集　上海古籍出版社　1988.8

中 10803837
《取经诗话》的成书及故事系统——孙悟空形象探源
蔡铁鹰
明清小说研究　1989：3　1989

中 10803838
整合的历程——论唐僧形象的演变：兼及中国小说演变过程的理论意义
蔡铁鹰
汉中师范学院学报　1989：3　1989

中 10803839
孙悟空来源诸说质疑——孙悟空形象探源之一
蔡铁鹰
淮阴师专学报　1989：3　1989

中 10803840
孙悟空不是"舶来品"
李晓阳
西部学坛（昌吉师专・昌吉教育学院）1989：3　1989

中 10803841
猴行者与佛教密典中的猴形神将——孙悟空形象探源之六
蔡铁鹰
淮阴师专学报　1989：4　1989

中 10803842
孙悟空的救星与克星
典言
"中央日报"　1989.4.18

中 10803843
论《西游记》的滑稽美——猪八戒滑稽形象探析
刘耿大
青海社会科学　1989：6　1989

中 10803844
取经路上的凡夫俗子——猪八戒
侯光复
文史知识　1989：7　1989

中 10803845
孙悟空姓氏名号的来历
滑天稽
阅读与写作　1989：11　1989

中 10803846
徘徊在“入世”与“出世”之间：对孙悟空形象的模糊性思索
陆一飞
徐州师范学院学报　1990：1　1990

中 10803847
猪八戒形象新解：《西游记》新论之一
魏崇新
徐州师范学院学报　1990：1　1990

中 10803848
孙行者形象来源的五个层次
拾水
古典文学知识　1990：1　1990

中 10803849
调和人际关系的典型：谈《西游记》中的沙僧形象
文启宇
贵州教育学院学报　1990：2　1990

中 10803850
孙悟空形象的美感效应
罗宪敏
长沙水电师院学报　1990：2　1990

中 10803851
金色猪与河伯——也谈猪八戒形象的原型
姚立江
文史知识　1990：2　1990

中 10803852
关羽的儿子与孙悟空
［韩］金文京著　陈月娥　周国良译
中国文学研究　1990：2　1990

中 10803853
猴行者与古羌人的氏族图腾及祖先传说——孙悟空形象探源之四
蔡铁鹰
宁夏大学学报　1990：3　1990

中 10803854
以文为戏　意味深长——孙行者三调蕉扇欣赏
吴圣昔（吴胜昔）
名作欣赏　1990：3　1990

中 10803855
论孙悟空的宗教意识
周寅宾
湖南师范大学社会科学学报　1990：6　1990

中 10803856
亦幻亦真　亦神亦人——《西游记》人物论
啸马（马萱剑）
中国古典小说人物审美论　华东师范大学出版社　1990.6

中 10803857
元明之际取经故事系统的流向和影响——孙悟空形象探源之三
蔡铁鹰
明清小说研究　1991：1　1991

中 10803858
从目连戏到《西游记》的人物演变
黄笙闻
新疆艺术　1991：1　1991

中 10803859
湖北蕲春“孙大圣”形象刍议
郑伯成
明清小说研究　1991：1　1991

中 10803860
钱塘君和孙悟空形象渊源简论
吴华宝
阜阳师范学院学报　1991：1　1991

中 10803861
论《西游记》对观音形象的重塑
刘勇强
民间文学论坛　1991：1　1991

中 10803862
论孙悟空的神话演变——《西游记》考证之三
马旷源
楚雄师专学报　1991：2　1991

中 10803863
猴行者与麝香之路上《罗摩衍那》的传播——孙悟空形象探源之五
蔡铁鹰
淮阴师专学报　1991：2　1991

中 10803864
《西游记》人物谈及其他
于丁
苏州大学学报　1991：3　1991

中 10803865
日本学者关于孙悟空形象来源的探索
李时人
西游记考论　浙江古籍出版社　1991.3

中 10803866
《西游记》中的唐僧出世故事
李时人
西游记考论　浙江古籍出版社　1991.3

中 10803867
论孙悟空形象的心态描写
践各
明清小说研究　1991：4　1991

中 10803868
论福建的猴神崇拜：兼论其与《西游记》中孙悟空的关系
林蔚文
民间文学论坛　1992：2　1992

中 10803869
美猴王探源
李安纲
山西大学学报　1992：3　1992

中 10803870
牛魔王佛门渊源考论
陈洪
南开学报　1992：5　1992

中 10803871
孙悟空释名
钟扬
阜阳师范学院学报　1993：1　1993

中 10803872
哪吒形象的原型分析
温存超
河池师专学报　1993：1　1993

中 10803873
试论孙悟空的重生问题：兼论《西游记》的主题
刘宏伟
枣庄师专学报　1993：1　1993

中 10803874
关于孙悟空原型的符号美学思索
刘宏彬
中州学刊　1993：2　1993

中 10803875
美猴王与易卦
李安纲
山西大学学报　1993：3　1993

中 10803876
美猴王的嬗变
李晓阳
西部学坛（昌吉师专·昌吉教育学院）1993：3　1993

中 10803877
人类超我意识的集中体现：论《西游记》中的孙悟空形象
邹少雄
学术交流　1993：6　1993

中 10803878
《西游记》的人物塑造——活宝猪八戒
王秋香
坊商学报　1　1993.8

中 10803879
一个求生存的典型形象：关于《西游记》中猪八戒形象的探讨
陈荣林　周应堂
上海师范大学学报　1994：1　1994

中 10803880
试论猪八戒的交际艺术
秦洪梅
牡丹江师范学院学报　1994：2　1994

中 10803881
《西游记》土地神形象的民俗考察
吴南滨
民俗研究　1994：3　1994

中 10803882
从孙悟空的形象塑造看《西游记》对悲剧和喜剧的超越
赵红娟

湖州师专学报　1994：3　1994

中 10803883
从二郎神形象略窥《西游记》创作心态
王平
求是学刊　1994：4　1994

中 10803884
英雄的悲剧，悲剧的英雄：孙悟空悲剧形象再探
李靖国
名作欣赏　1994：5　1994

中 10803885
孙悟空人格剖析
陈光宪
北市师院语文学刊　1　1994.5

中 10803886
孙悟空是国货、舶来品、还是混血猴？——《西游记》中孙悟空的原型试析
华唐
明道文艺　221　1994.8

中 10803887
沙僧形名与西域民族
夏敏
明清小说研究　1995：2　1995

中 10803888
一个虔诚执著的追求者形象：孙悟空形象新说
刘锋焘
宝鸡文理学院学报　1995：2　1995

中 10803889
《西游记》神魔形象论
刘松涛
许昌师专学报　1995：3　1995

中 10803890
贾宝玉和孙悟空形象悲剧意蕴探微
李彬霞　李德恒
陕西师范大学学报　1995：3　1995

中 10803891
论《西游记》中的孙悟空形象
程淑华
函授教育　1995：3　1995

中 10803892
唐三藏探源
李安纲
晋阳学刊　1995：3　1995

中 10803893
论唐僧形象的演进
张锦池
学习与探索　1995：5　1995

中 10803894
阿 Q 的远祖——猪八戒形象漫论
张锦池
北方论丛　1995：6　1995

中 10803895
目连与小说《西游记》之孙悟空

刘祯
明清小说研究　1996：1　1996

中 10803896
《还源篇》是唐僧八十一难原型
李安纲
山西大学学报　1996：2　1996

中 10803897
谈《西游记》小说猪八戒的形象及意义
江亚玉
勤益学报　13　1996.2

中 10803898
论孙悟空典型形象的寓意：试解《西游记》创作原旨之谜
郭子冉
聊城师范学院学报　1996：3　1996

中 10803899
孙悟空的人格与明代中后期人文主义思潮
张晓
明清小说研究　1996：3　1996

中 10803900
论沙和尚形象的演化
张锦池
文学遗产　1996：3　1996

中 10803901
民族精神的英雄颂歌：孙悟空英雄气质辨析
蒋松源
高等函授学报　1996：4　1996

中 10803902
孙悟空形象的深层意蕴与民族精神
曹炳建
河南大学学报　1996：5　1996

中 10803903
论《西游记》中唐僧之形象塑造
张曼娟
明道文艺　248　1996.11

中 10803904
孙悟空原型形象新论
刘祯
文艺报　1996.12.6

中 10803905
论猪八戒的血统问题
张锦池
明清小说研究　1997：2　1997

中 10803906
人类追求实现自我价值的光辉典范：孙悟空形象新论
李新灿
咸宁师专学报　1997：2　1997

中 10803907
刀圭与《西游记》人物的别名代称
郭明志
求是学刊　1997：2　1997

中 10803908
从孙行者到孙悟空
华唐

明道文艺　252　1997.3

中 10803909
猪八戒外传
华唐
明道文艺　254　1997.5

中 10803910
从孙悟空形象看小说家如何化用佛经故事
华唐
明道文艺　258　1997.9

中 10803911
从哪吒形象看小说家“点石成金”
华唐
明道文艺　261　1997.12

中 10803912
孙悟空为何跳不出如来佛的手掌心?
华唐
明道文艺　263　1998.2

中 10803913
牛魔王:初民心灵世界的回光返照
夏敏
明清小说研究　1998:2　1998

中 10803914
《西游记》中法术之变形——以孙悟空之七十二变为考察
陈昱珍
大仁学报　16　1998.3

中 10803915
试论《西游记》中沙僧形象的塑造
单良
中山大学学报　1998:3　1998

中 10803916
试论宋江与唐僧形象之可比性
马宇辉
明清小说研究　1998:4　1998

中 10803917
从语用学看《西游记》中猪八戒话语中的笑点
李顺慧
东海中文学报　12　1998.12

中 10803918
《西游记》中孙悟空对妖精自称“外公”试析
苏兴
古籍整理研究学刊　1999:1　1999

中 10803919
人文主义观照下的猪八戒形象的厚度
付琼
明清小说研究　1999:2　1999

中 10803920
“白骨精”寓意浅析
张永军
名作欣赏　1999:2　1999

中 10803921
宋江与唐僧的相似性及其原因

徐文君
济宁师专学报　1999：4　1999

中 10803922
“醇儒”人格的反思与批判——唐僧新论
曹炳建
中州学刊　1999：4　1999

中 10803923
《西游记》主人公形象的原型精神
宁稼雨
南开学报　1999：4　1999

中 10803924
孙悟空形象的文化哲学意义
萧相恺
古典文学知识　1999：4　1999

中 10803925
文化选择与生命格局：论孙悟空形象的文化内涵
马力
沈阳师范学院学报　1999：4　1999

中 10803926
须菩提、孙悟空与唐三藏：读《西游记》札记
林冠夫
华侨大学学报　1999：4　1999

中 10803927
猪首人身的成功典型——猪八戒形象谈片
沈新林
古典文学知识　1999：4　1999

中 10803928
百回本《西游记》之唐僧“十世修行”说考论
谢明勋
东华人文学报　1　1999.7

中 10803929
千变万化神通大　指物腾那手段高——谈《西游记》中孙悟空之七十二变
赖滢宇
人文及社会学科教学通讯　10：3　1999.10

中 10803930
主体意识的弘扬与人格的自我完善：孙悟空形象塑造新论
宋克夫
湖北大学学报　2000：2　2000

中 10803931
超越者的光辉——论《西游记》中的仙佛形象及其佛教渊源
宋珂君
北京科技大学学报　2000：4　2000

中 10803932
孙悟空与混世魔王
李安纲
十堰职业技术学院学报　2000：4　2000

中 10803933
喜耶，悲耶：孙悟空的心路历程
李舜华
明清小说研究　2000：4　2000

中 10803934
“孙悟空”的原型是山西娄烦人
李国城
运城高等专科学校学报 2000：5 2000

中 10803935
孙悟空生命历程的精神启示
刘戈
运城高等专科学校学报 2000：5 2000

中 10803936
孙悟空与李逵
高建民
运城高等专科学校学报 2000：5 2000

中 10803937
百回本《西游记》之“叙事矛盾”——孙悟空到底赢了谁的“瞌睡虫”
谢明勋
东华人文学报 2 2000.7

3. 语言

中 10803938
谈《西游记》中的一种对偶句
张成材
青海师范学院学报 1981：1 1981

中 10803939
《西游记》方言词注释问题
王开扬
淮阴师专学报 1983：1 1983

中 10803940
《西游记》方言词语释例
陈午楼
中国语文通讯（北京） 1983：3 1983

中 10803941
《西游记》注释淮安方言疑误隅见
花文斋
淮阴师专学报 1983：3 1983

中 10803942
《西游记》的语言隐藏
野渡
中国语文（台北） 54：3 1984

中 10803943
浅谈《西游记》的语言艺术
朱茂汉
大学语文 1984：5 1984

中 10803944
吴承恩写定百回本《西游记》的语言标志
彭海 张宏梁
贵州文史丛刊 1985：3 1985

中 10803945
《西游记》小说语词补释
王恺
淮阴师专学报 1986：2 1986

中 10803946
《西游记》中的淮安方言
刘怀玉
明清小说研究 3 中国文联出版公司

1986.4

中 10803947
从《西游记》“嘴脸”一语说起——略谈古代白话中的简省词语
袁宾
字词天地　1986：7　1986

中 10803948
《西游记》语词补释
王包
西游记研究　1　淮安《西游记》研究会编　1986.10

中 10803949
《西游记》中见到的“者”字
吴昌大
内蒙古民族师院学报　1989：1　1989

中 10803950
《西游记》词语补释
梅季
古汉语研究　1990：1　1990

中 10803951
关于《西游记》中的方言问题
黄敏
明代文学研究　江西人民出版社　1990.4

中 10803952
简论《西游记》中的动词重叠式
王临惠
山西师大学报　1990：4　1990

中 10803953
《西游记》叙述语法：从事件到表层叙述结构
傅修延
北京社会科学　1991：2　1991

中 10803954
《西游记》韵文的用韵
杨载武
四川师范大学学报　1992：2　1992

中 10803955
谈谈《西游记》的谚语
江健
淮阴教育学院学报　1992：3　1992

中 10803956
《西游记》中淮安方言臆札
王毅　朱德慈
明清小说研究　1995：3　1995

中 10803957
谈谈《西游记》中成语、俗语的运用与儒家传统
高思嘉
文史杂志　1996：4　1996

中 10803958
《西游记》的逗乐语言
王永场
西南民族学院学报　1999：2　1999

（六）文献

中 10803959
关于《西游记》的版本——兼论第九回问题
张左
文学书刊介绍　1954：8　1954

中 10803960
《西游记》的校订和注释工作
黄肃秋
文学书刊介绍　1954：8　1954
西游记研究论文集　作家出版社　1957.4

中 10803961
《西游记》的演化
郑振铎（西谛、郭源新）
中国文学研究（上）　作家出版社　1957.12
名家解读西游记　山东人民出版社　1998.1

中 10803962
校订《西游记·胖姑》折书后
俞平伯
戏剧报　1961：2　1961
论诗词曲杂著　上海古籍出版社　1983.10

中 10803963
谈《西游记评话》残文
赵景深（邹啸）
文汇报　1961.7.8

中 10803964
关于《西游记》版本的源流及其异同
赵聪
新亚学报　1963：2　1963
华侨日报　1964.8.23

中 10803965
再谈《西游记》的版本（1–4）
赵聪
新亚学报　1964：2　1964
华侨日报　1964.10.14、28；11.11、28

中 10803966
《西游记》的明刻本——伦敦所见中国小说书目提要之一
［澳］柳存仁
新亚学报　5：2　1964

中 10803967
《西游记》祖本考的再商榷
杜德桥
新亚学报　6：2　1964.8
中国古代小说研究——台湾香港论文选辑　上海古籍出版社　1983.5

中 10803968
《西游记》亦有所本
令琛
公教智识　371　1968.8

中 10803969
谈《西游记》《红楼梦》等的改写
黎亮
国语日报　1973.10.7

中 10803970
百回本《西游记》及其早期版本
［英］达布列契（Dudbridge G.）著　苏正隆译
中外文学　5：9–10　1977
中国文学论著译丛（上册·小说之部）　学生书局　1985.4

中 10803971
新译《西游记》
傅述先
中国时报　1978.1.8

中 10803972
谈余国藩英译《西游记》
何沛雄
书目季刊　12：3　1978.12

中 10803973
余国藩译的《西游记》
桑鲁卿
联合报　1978.12.20

中 10803974
《西游记》研究的资料
叶德均
戏曲小说丛考　中华书局　1979.5

中 10803975
漫谈《西游记》中的渔樵诗唱
郑志明
文风　35　1979.12

中 10803976
谈谈《西游记》注释中的问题
娄书武　于蕴生
淮阴师专学报　1980：1　1980

中 10803977
国内发现明刊李卓吾评《西游记》
蓼南
文学遗产　1980：2　1980

中 10803978
《西游记》外文译本概述
王丽娜
文献　1980：4　1980

中 10803979
一部英译本《西游记》
魏龙泉
世界图书　1980：7　1980

中 10803980
明刻李卓吾评本《西游记》简介
古丁
今昔谈　1981：2　1981

中 10803981
现行改写本《西游记》之比较分析——兼论改写古典小说的情节取舍
洪文珍

台东师专学报　9　1981.4

中 10803982
儿童文学园地开新花——介绍改写本《西游记》
徐宗才
人民日报　1981.5.26

中 10803983
百回本《西游记》的版本及其流传
郑明娳
书目季刊　15：3　1981.12

中 10803984
把我国古典名著介绍给国外读者——英译本《西游记》年内出版
包明廉
文汇报　1982.4.17

中 10803985
失而复得倍觉亲——李卓吾评本《西游记》简介
邓平　式宁
江海学刊　1983：1　1983

中 10803986
一部值得重视的《西游记》刻本
陈新
书林　1983：2　1983

中 10803987
《西游记》明清两代出版史考
刘荫柏
华东师范大学学报　1983：3　1983

中 10803988
论《西游记》三版本之关系
郑明娳
中国古典小说研究专集　6　联经出版事业公司　1983.7

中 10803989
四部《西游记》
高阳
中华日报　1983.9.3

中 10803990
两部《西游记》比较谈
李忠昌
社会科学辑刊　1984：1　1984

中 10803991
《西游记》版本源流的一个假设
陈新
西游记研究　江苏古籍出版社　1984.3

中 10803992
改写本《西游记》跋
龚鹏程
中国小说史论丛　学生书局　1984.6

中 10803993
新发现的古彝文《西游记》
张菊玲　伍佳
民族文学研究　1985：3　1985

中 10803994
关于《西游记》祖本问题的不同意见
方胜

语文导报　1985：4　1985

中 10803995
《朴通事谚解》所引《西游记》考
[日]太田辰夫著　章培恒译
中国古典文学丛考　1　复旦大学出版社　1985.7

中 10803996
《西游记》的原本及其改作
[日]小川环树著　赵博源译
中国古典文学丛考　1　复旦大学出版社　1985.7

中 10803997
《西游记》的原本及其改作
[日]小川环树著　胡天民译
明清小说研究　1　中国文联出版公司　1985.8

中 10803998
《西游原旨》并非新发现
韦航
书林　1986：3　1986

中 10803999
再论《西游记》的版本源流
陈新
明清小说研究　3　中国文联出版公司　1986.4

中 10804000
新说《西游记》图像
郑明娳
国文天地　2：2　1986.7

中 10804001
吴本、杨本、朱本《西游记》关系考辨
李时人
西游记研究　1　淮安《西游记》研究会编　1986.10
西游记考论　浙江古籍出版社　1991.3

中 10804002
《西游记》三种版本的新检讨
朱德慈
西游记研究　1　淮安《西游记》研究会编　1986.10

中 10804003
《西游记》祖本问题新论
方胜
贵州文史丛刊　1987：1　1987

中 10804004
围绕着元本《西游记》的问题——《西游证道书》所载虞集撰的“原序”及丘处机的传记
[日]矶部彰著　赵博源译　吴明校
中国古典文学丛考　2　复旦大学出版社　1987.11

中 10804005
重论《西游记》的简本
黄永年
中国古典文学丛考　2　复旦大学出版社　1987.11

中 10804006
善取善创、别开生面——《西游记》续书略论
陈惠琴
明清小说研究　1988：3　1988

中 10804007
《西游记》版本源流探幽
陈澉
北方论丛　1988：6　1988

中 10804008
《西游记》简本阳、朱二本之先后及简繁本之先后
［澳］柳存仁
汉学研究　6：1　1988.6

中 10804009
《西游记》祖本新探
邢治平　曹炳建
新疆社会科学　1988：6　1988
中国古典文学论考　河南大学出版社　1998.1

中 10804010
《西游记》的源流、版本、史诗与寓言（上、下）
［美］余国藩著　李奭学译
中外文学　17：6–7　1988

中 10804011
关于《西游记》的祖本和主旨问题
金有景
南都学坛　1989：4　1989

中 10804012
略论《西游记》续书三种——《续西游记》《西游补》《后西游记》考略
石麟
明清小说研究　1990：2　1990

中 10804013
《西游记》陈序称"旧有叙"是指虞序吗？——虞集《西游记序》真伪辨之一
吴圣昔（吴胜昔）
南京社会科学　1990：4　1990

中 10804014
回目对读的发现和启示：《西游记》版本研究之一
吴圣昔（吴胜昔）
明清小说研究　1991：2　1991

中 10804015
《西游记》阳本是吴本"雏型"吗
吴圣昔（吴胜昔）
盐城师专学报　1991：2　1991

中 10804016
《西游记》版本考
李时人
西游记考论　浙江古籍出版社　1991.3

中 10804017
《西游记》版本叙略
李时人
西游记考论　浙江古籍出版社　1991.3

中 10804018
《西游记》注释订误
卢甲文
中州学刊　1991：5　1991

中 10804019
世德堂本《西游记》的夹批及其版本意义
吴圣昔（吴胜昔）
淮阴师专学报　1992：4　1992

中 10804020
新校《西游记》札记
刘兴汉
古籍整理研究学刊　1993：3　1993

中 10804021
《西游记》注释勘误
卢甲文
南都学坛　1993：3　1993

中 10804022
《西游记》祖本新探
王辉斌
宁夏大学学报　1993：4　1993

中 10804023
似曾相识：谈《西游记》诗词
姚政
明清小说研究　1994：1　1994

中 10804024
《西游记》校注匡补
王恺
南京师大学报　1994：2　1994

中 10804025
《西游记》周邸抄本探秘
吴圣昔（吴胜昔）
宁波师院学报　1995：1　1995

中 10804026
《证道书》白文是《西游记》祖本吗——与王辉斌《〈西游记〉祖本新探》商榷
吴圣昔（吴胜昔）
宁夏大学学报　1995：2　1995

中 10804027
李评本二探：《西游记》版本秘录之一
吴圣昔（吴胜昔）
明清小说研究　1995：2　1995

中 10804028
世本陈《序》的信息价值和疑歧透视：《西游记》版本研究之一
吴圣昔（吴胜昔）
明清小说研究　1995：3　1995

中 10804029
《西游记》世本三题
吴圣昔（吴胜昔）
古籍整理研究学刊　1995：5　1995

中 10804030
《朴通事谚解》与《西游记》平话
李伟实
零陵师专学报　1996：1　1996

中 10804031
新发现的两种《西游宝卷》考辨

陈毓罴
中国文化　13　1996.6

中 10804032
从“乌鸡国”的增插看《西游记》早期刊本的演变
侯会
文学遗产　1996：4　1996

中 10804033
《西游记》补出来的问题
罗元信
明道文艺　248　1996.11

中 10804034
阿日那与他的蒙译本《西游记》
扎拉嘎
内蒙古民族师院学报　1997：1　1997

中 10804035
关于《西游记》祖本的再探讨：吴圣昔《评》文驳论
王辉斌
宁夏大学学报　1997：1　1997

中 10804036
说朱本是晚于世本和杨本的三缀本：《西游记》版本源流考论之二
张锦池
北方论丛　1997：1　1997

中 10804037
《西游记》“世补本”补说
侯会
文学遗产　1997：2　1997

中 10804038
关于《西游记平话》的几点考辨
李正民　宋俊玲
晋阳学刊　1997：3　1997

中 10804039
《西游记》版本探索
程毅中　程有庆
文学遗产　1997：3　1997
名家解读西游记　山东人民出版社　1998.1

中 10804040
由“龙华会”一词论《西游记》的流传——对日人矶部彰说法的一点商榷
谢明勋
大陆杂志　95：1　1997

中 10804041
《西游记》版本浅说
吴圣昔（吴胜昔）
古典文学知识　1999：4　1999

中 10804042
从怀疑到确证——《西游记》的版本完整性问题
赵大军
古籍整理研究学刊　2000 古文献与古文化研究专刊　2000

中 10804043
《西游记》版本源流考论

张锦池
中国古典小说心解　黑龙江人民出版社　2000.1

中 10804044
《西游记》鲁府本揭秘：兼谈登州府本之真相
吴圣昔（吴胜昔）
明清小说研究　2000：2　2000

中 10804045
论《西游记》鲁本和周本信息的异同性
吴圣昔（吴胜昔）
上海大学学报　2000：2　2000

中 10804046
“祖本”探讨的演变与错位：《西游记》版本问题世纪回眸之一
吴圣昔（吴胜昔）
中华文化论坛　2000：3　2000

中 10804047
《西游记》源流版本问题之我见：致陈新先生
吴圣昔（吴胜昔）
文教资料　2000：4　2000

（七）研究史与评介

中 10804048
《西游记》考
赵苕狂
西游记　世界书局　1934.12

中 10804049
西南文艺发表的关于《红楼梦》和《西游记》的评介中的问题
何牧
西南文艺　1955：1　1955

中 10804050
《西游记》读后的一些体会
萧歌　竞华
光明日报　1955.3.13
西游记研究论文集　作家出版社　1957.4

中 10804051
胡适在《西游记考证》中的诡计
董每戡
作品　1955：5　1955

中 10804052
批判胡适的《西游记考证》
冯沅君
青岛日报　1955.5.10

中 10804053
介绍《说唱西游记》
陶钝
民间文学　1955：9　1955

中 10804054
读《西游记札记》
沈玉成　李厚基

光明日报　1955.10.23
西游记研究论文集　作家出版社　1957.4

中 10804055
评《西游记试论》
傅正谷
光明日报　1956.7.29

中 10804056
《西游记》研究
张默生
四川大学学报　1957：1　1957

中 10804057
著名的神话小说《西游记》——中国古典小说介绍之三
张荣起
图书馆工作　1957：5　1957

中 10804058
《西游记》研究
李辰冬
读书月报　23　1957.7

中 10804059
从张默生《谈〈西游记〉》到他的《西游记研究》
袁珂
草地　1957：9　1957

中 10804060
《西游记》研究
［美］夏志清著　何欣译
现代文学　45　1971.12

中 10804061
读《西游记》随笔
何志云
图书评论　1972：8　1972

中 10804062
《西游记》评介
顾岱祖
北京大学学报（试刊）　1973：1　1973

中 10804063
胡适的考证与《西游记》
张易克
中华日报　1974.5.20

中 10804064
评《西游记》
徐应佩　周溶泉
书评（南京）　1979：4　1979

中 10804065
《西游记》考证
胡适
中国章回小说考证　上海书店出版社　1979.12
胡适论中国古典小说　长江文艺出版社　1987.2
胡适古典文学研究论集　上海古籍出版社　1988.8

中 10804066
《西游记》与《镜花缘》之比较研究——两种神怪小说的心理分析
周芬伶

东海大学中文研究所硕士论文　1980

中 10804067

谈谈《西游记》的一些问题——一九五五年三月二十七日在北京图书馆的讲演（提纲）

严敦易

文献　1981：2　1981

中 10804068

鲁迅与胡适关于《西游记》的通信及争论

顾农

晋阳学刊　1981：3　1981

中 10804069

日本学者小野忍谈编译《西游记》

韩文达

文学研究动态　1981：11　1981

中 10804070

鲁迅论《西游记》

王永生

天津社会科学　1982：3　1982

中 10804071

首届《西游记》学术讨论会发言摘编

《淮阴师专学报》编辑部代表记录整理

淮阴师专学报　1982：4　1982

中 10804072

我对《西游记》的一些看法

傅继俊

文史哲　1982：5　1982

中 10804073

《西游记》研究

袁珂

神话论文集　上海古籍出版社　1982.7

中 10804074

溯源寻迹探“西游”——《西游记》学术讨论会侧记

张泾德

新华日报　1982.10.20

文教资料简报　1982：12　1982

中 10804075

《西游记》研究的不协和音——纪念吴承恩逝世四百周年

何满子

江海学刊　1983：1　1983

西游记研究　江苏古籍出版社　1984.3

中 10804076

《西游记》首届学术讨论会简介

方胜

江海学刊　1983：1　1983

中 10804077

矶部彰对《西游记》的研究

允平

文学遗产　1983：2　1983

中 10804078

必须进一步肃清极左思潮的流毒——从对《西游记》的评论谈起

周中明

艺谭　1983：2　1983

中 10804079
建国以来《西游记》讨论问题综述
寇养厚
文史哲　1983：1　1983

中 10804080
《西游记》的文心之微与研究方法——学习鲁迅关于《西游记》的论述
寇养厚
广西师范学院学报　1983：4　1983

中 10804081
评郑明娳著《西游记探源》
吴达芸
汉学研究　1：1　1983.6

中 10804082
中国古典小说研究书目（7）《西游记》论著目录
郑明娳
中国古典小说研究专集　6　联经出版事业公司　1983.7

中 10804083
《西游记》在英语世界
殷鼎
人民日报　1983.7.18

中 10804084
论著简介：笑谈《西游记》（姚咏萼著）
《明史研究专刊》编辑部
明史研究专刊　2　大立出版社　1983.9

中 10804085
《西游记》西渐记
殷陆君
读书　1983：10　1983

中 10804086
《西游记》在欧美
向维汁
四川日报　1984.2.25

中 10804087
近几年的《西游记》研究综述
刘耿大
西游记研究　江苏古籍出版社　1984.3

中 10804088
《西游记》研究论著目录
刘耿大　王丽娜
西游记研究　江苏古籍出版社　1984.3

中 10804089
近年的《西游记》研究
刘耿大　未晓
光明日报　1984.3.27

中 10804090
我研究西游情节出处的因缘和方法
曹仕邦
香港佛教　288　1984.5

中 10804091
《西游记》研究一议
林岗
光明日报　1984.5.29

中 10804092
《西游记人物研究》序
张静二
书目季刊　18：2　1984.9

中 10804093
重新认识和评价《西游记》
孟繁仁
光明日报　1984.11.20

中 10804094
鲁迅研究《西游记》的三部参考书
顾农
文科通讯　1985：1　1985

中 10804095
台湾学者郑明娳对《西游记》的探讨
容熔
中外文学研究参考　1985：1　1985

中 10804096
陈士斌对《西游记》人物和情节结构的批评
蔡国梁
文献　1985：1　1985

中 10804097
《西游记》在国外
卞斋
文科月刊　1985：4　1985

中 10804098
1984 年《西游记》研究概观
林零
语文导报　1985：5　1985

中 10804099
《西游记研究》出版
华
明清小说研究　1　中国文联出版公司　1985.8

中 10804100
谈《李卓吾先生批评西游记》的板刻
苏兴
文献　1986：1　1986

中 10804101
百回本《西游记》的前驱——评朱鼎臣《西游释厄传》
陈君谋
上海师范大学学报　1986：4　1986

中 10804102
李卓吾先生批评《西游记》简说
蔡铁鹰　王国书
西游记研究　1　淮安《西游记》研究会编　1986.10

中 10804103
挣脱政治图解式的束缚，《西游记》研究重提胡适论点
应雯民
浙江日报　1986.11.29

中 10804104
《西游记》考证（节录）
胡适

中印文学关系源流　湖南文艺出版社　1987.2

中 10804105
"神魔""神话"二说之起伏消长——"西游学"史片面观
钟扬
安庆师范学院学报　1987：3　1987

中 10804106
近几年来《西游记》研究综述
陈澉
文史哲　1987：3　1987

中 10804107
胡适《西游记》考证述评
胡晓
徽州师专学报　1988：2　1988

中 10804108
第三届全国《西游记》学术讨论会综述
张宏超
新疆社会科学　1988：6　1988

中 10804109
《西游记》在国外
王丽娜
文学知识　1988：6　1988
西游记研究　江苏古籍出版社　1984.3
名家解读西游记　山东人民出版社　1998.1

中 10804110
读《西游记考证》
董作宾
胡适古典文学研究论集　上海古籍出版社　1988.8

中 10804111
四十年来《西游记》研究状况简评
郝浚
文史知识　1989：1　1989
古典文学研究动态　中华书局　1993.3

中 10804112
第三届全国《西游记》研讨会概述
田荣
文史知识　1989：1　1989

中 10804113
开拓《西游记》研究新蹊径——刘荫柏《西游记研究资料》评述
邓韶玉
社会科学辑刊　1989：5　1989

中 10804114
开拓《西游记》研究新蹊径——评《西游记研究资料》
邓韶玉
明清小说研究　1990：1　1990

中 10804115
《西游记》不亚于《红楼梦》：谈该书研究 40 年
杨俊
社会科学报　1990.2.8

中 10804116
排云破雾探《西游》：读吴圣昔《西游新解》
吴调公
学海　1990：2　1990

中 10804117
建立科学的“西游学”势在必行
杨俊
学术界　1990：4　1990

中 10804118
评《关于〈西游记〉的祖本和主旨问题》
吴圣昔（吴胜昔）
南都学坛　1991：1　1991

中 10804119
读《西游记及明清小说研究》
石平
东北师大学报　1991：1　1991

中 10804120
异军突起　别树一帜：蔡铁鹰“《西游记》成书史研究”系列评述
冯保善
淮阴师专学报　1991：2　1991

中 10804121
西北万里行：艰难欣喜两心知——谈我《西游记》成书史研究的形成
蔡铁鹰
淮阴师专学报　1991：2　1991

中 10804122
“西游学”的兴起：未来学在中国古典文学领域内的运用
杨俊
云南社会科学　1991：2　1991

中 10804123
鲁迅与胡适《西游记》研究比较
陈澉
北方论丛　1991：2　1991

中 10804124
《大唐三藏取经诗话》发微
李时人
西游记考论　浙江古籍出版社　1991.3

中 10804125
近年《西游记》研究综述
沈荣英
中文自修　1991：3　1991

中 10804126
我之研究《西游记》杂笔
苏兴
古典文学知识　1992：1　1992

中 10804127
喜读李时人《西游记考论》
李伟实
明清小说研究　1992：2　1992

中 10804128
汪象旭和《西游证道书》
顾青
古典文学知识　1992：2　1992

中 10804129
对《西游记》研究中的浪漫主义理论提出质疑：评《西游新解》
陈文新
书刊导报　1992.6.19

中 10804130
关于《西游记》研究的几个问题
杨俊
社科信息　1993：6　1993

中 10804131
评《全真教和小说西游记》
徐朔方
文学遗产　1993：6　1993
小说考信编　上海古籍出版社　1997.10

中 10804132
不为浮云遮望眼：吴圣昔的《西游记》研究
含松　方抒
宁波师院学报　1994：4　1994

中 10804133
《大唐三藏取经诗话》研究
高思嘉
四川师范大学学报　1994：4　1994

中 10804134
我看《西游记》
陈辽
中国古代小说十二讲　中州古籍出版社　1994.8

中 10804135
有新意的考证：评马旷源《西游记考证》
彭荆风
楚雄师专学报　1995：2　1995
边疆文学　1996：3　1996

中 10804136
关于《西游记》研究的几个问题
袁珂
汉学研究之回顾与前瞻（上册：文学、语言卷）中华书局　1995.9

中 10804137
再论《西游记》的祖本为《西游释厄传》：对吴圣昔《商榷》一文的质疑
王辉斌
宁夏大学学报　1996：1　1996

中 10804138
评《再论〈西游记〉的祖本是〈西游释厄传〉》
吴圣昔（吴胜昔）
宁夏大学学报　1996：3　1996

中 10804139
《西游记》论坛的新收获：读《西游记考证》
吴圣昔（吴胜昔）
楚雄师专学报　1996：4　1996

中 10804140
万水千山：《西游记》研究的现状和走向
吴圣昔（吴胜昔）
社会科学报　1996.9.26

中 10804141
是奥义发明，还是老调重弹？——评李安纲教授的《西游记》研究
宋谋玚
山西师大学报　1997：2　1997

中 10804142
评刘耿大对《西游记》审美意蕴和修辞艺术的研究
郭豫适
文艺理论研究　1998：1　1998

中 10804143
《西游记》的文化透视：评《苦海与极乐》
丛晓眉
中国图书评论　1999：1　1999

中 10804144
评李安纲《西游记》论的版本基础
吴圣昔（吴胜昔）
山西大学学报　1999：2　1999

中 10804145
新时期《西游记》研究回顾
张强
古典文学知识　1999：4　1999

中 10804146
西游学小史
李舜华
北京社会科学　2000：1　2000

中 10804147
九十年代《西游记》研究综述
陈金枝
运城高等专科学校学报　2000：2　2000

中 10804148
20 世纪 90 年代《西游记》研究综述
陈金枝
湖北大学学报　2000：4　2000

（八）续书

中 10804149
论《后西游》——《后西游》校后记
于植元
文学评论丛刊　16　中国社会科学出版社　1982.10

中 10804150
《后西游记》的思想与艺术
张南泉
明清小说论丛　1　春风文艺出版社　1984.5

中 10804151
试论《后西游记》
苏兴
明清小说论丛　1　春风文艺出版社　1984.5
西游记及明清小说研究　上海古籍出版社　1989.12

中 10804152
《后西游记》的社会意义
王民求
明清小说论丛　1　春风文艺出版社　1984.5

中 10804153
《后西游记》的思想艺术及其他
陈美林
文学评论　1985：5　1985

中 10804154
《后西游记》略论
林保淳
中外文学　14：5　1985.10

中 10804155
谈《西游记》与《后西游记》中的牛魔王家族
钟婴
明清小说论丛　4　春风文艺出版社　1986.6

中 10804156
《后西游记》版本考述
张颖　陈速
明清小说论丛　4　春风文艺出版社　1986.6

中 10804157
论《西游记》续书
郭明志
学习与探索　1997：2　1997

一五五、朱曰藩（1501–1561）

中 10804158
朱曰藩诗一首（出《山带阁集》）
朱曰藩
南京文献　1947：1　1947

中 10804159
吴承恩跋朱曰藩书诗歌字卷
徐伟达　石兆麟
文物　1985：10　1985

一五六、文嘉（1501–1583）

中 10804160
百年明日能几何　努力请从今日始——文嘉和他的《明日》歌
智明辉
社会科学战线　1982：1　1982

中 10804161
《明日歌》的作者究竟是谁?
刘恒
语文教学之友　1983：4　1983

中 10804162
《明日歌》和它的作者
高福生
语文教学　1984：6　1984

一五七、李开先（1502–1568）

中 10804163
读《词谑》
苦水
天津益世报　1937.6.17

中 10804164
《宝剑记》中的林冲故事
严敦易
文学遗产增刊　1　作家出版社　1955.9
元明清戏曲论集　中州书画社　1982.8

中 10804165
读《林冲宝剑记》
仲弘
光明日报　1956.3.18
元明清戏曲研究论文集　作家出版社　1957.7

中 10804166
李开先和他的《林冲宝剑记》
徐扶明（辅民）
文史哲　1957：10　1957
元明清戏曲研究论文集　人民文学出版社　1959.2
元明清越曲探索　浙江古籍出版社　1986.7

中 10804167
评《李开先的生平及其著作》
徐朔方
文学遗产增刊　9　中华书局　1962.6

中 10804168
词山曲海数中麓
纪根垠
大众日报　1979.11.5

中 10804169
明代文学家李开先
刘加林
群众艺术（山东）　1980：7　1980

中 10804170
李开先及其曲论
郑传寅
上海戏剧　1981：2　1981

中 10804171
《宝剑记》辨考
王文俊
济宁师专学报　1984：2　1984

中 10804172
一本别具一格的水浒戏——浅谈李开先的《宝剑记》

王永健
苏州大学学报　1984：3　1984

中 10804173
试论《宝剑记》
张蕾
柳泉　1984：4　1984

中 10804174
李开先及其文学主张
宁茂昌
山东师范大学学报　1984：4　1984

中 10804175
《李氏族谱》的发现——李开先生平事迹考略
卜键
戏剧学习　1985：1　1985

中 10804176
论李开先罢官
黄维若
戏曲研究　14　文化艺术出版社　1985.1

中 10804177
论李开先与唐宋派
曾远闻
上海师范大学学报　1985：1　1985

中 10804178
关于李开先生平几个史实的考辨——兼与宁茂昌同志商榷
卜键
山东师范大学学报　1985：2　1985

中 10804179
新发现的李开先敕命三则考引
卜键
徐州师范学院学报　1985：3　1985

中 10804180
李开先妻王氏墓志铭考引
卜键
戏曲艺术　1985：3　1985

中 10804181
李开先及其《宝剑记》
刘新文
戏剧丛刊　1985：4　1985

中 10804182
李开先及其《宝剑记》的再认识
卜键
汉中师范学院学报　1986：1　1986

中 10804183
论《宝剑记》的曲牌声腔与柳子戏
卜键
戏剧丛刊　1986：2　1986

中 10804184
李开先疑事考（上、下）
卜键
戏曲艺术　1986：4；1987：1　1986.4；1987.1

中 10804185
专心投水浒　回首望天朝——《宝剑记·林冲夜奔》品鉴

谢柏梁（谢柏良）
中文自学指导　1987：12　1987
古典名篇欣赏（下）　学林出版社　1988.2

中 10804186
《宝剑记》与《金瓶梅》的再比较——李开先作《金瓶梅》探考之二
卜键
金瓶梅研究集　齐鲁书社　1988.1

中 10804187
李开先与元杂剧——兼论明代嘉靖隆庆年间元杂剧之演唱与流传
林录雄
汉学研究　6：1　1988.6

中 10804188
李开先与民间文艺
任远
民间文学论坛　1989：5　1989

中 10804189
《金瓶梅词话》和李开先的家世与交游——《金瓶梅词话》研究之二
吴晓铨
中外文学　18：7　1989

中 10804190
李开先及其同仁的戏剧理论——嘉靖隆庆五十年的剧论走向
谢柏梁（谢柏良）
齐鲁学刊　1990：2　1990

中 10804191
烈烈轰轰做一场——李开先《宝剑记》和无名氏《鸣凤记》
颜长珂
古典戏曲名作纵横谈　知识出版社　1990.7

中 10804192
李开先
金曾琴
十大戏曲家　上海古籍出版社　1990.7

中 10804193
所见明刻本李开先《闲居集》及其他
卜键
文献　1991：4　1991

中 10804194
从《宝剑记》与《水浒传》的比较谈剧本改编
王晓家
齐鲁艺苑（山东艺术学院学报）　1992：4　1992

中 10804195
李开先文学创作新议
黄治
烟台师范学院学报　1994：2　1994

中 10804196
《宝剑记》述评
祝肇年
名家论名剧　首都师范大学出版社　1994.6

祝肇年戏曲论文选　文化艺术出版社　1998.10

中 10804197
李开先和《金瓶梅》
孟凡模
青年思想家　1995：4　1995

中 10804198
李开先文学思想嬗变管窥
黄洽
烟台师范学院学报　1996：4　1996

中 10804199
李开先曲论的二重性
黄洽
戏文　1996：6　1996

中 10804200
《金瓶梅词话》和《宝剑记》语言风格的差异：兼论词话写定者不是李开先
章一鸣
中国语文（北京）　1997：5　1997

中 10804201
由《水浒传》改编的《宝剑记》《义侠记》
韩鑫
明清小说研究　1998：1　1998

中 10804202
《宝剑记》：忠奸剧的定型——《明清传奇史》选载（1）
郭英德
佳木斯大学社会科学学报　1998：2　1998

中 10804203
李开先与通俗文学
黄洽
烟台师范学院学报　1998：3　1998

中 10804204
《词谑》的价值
黄洽
古典文学知识　1998：6　1998

一五八、吕得胜（？–1568）

中 10804205
我国第一部儿歌专集《小儿语》
刘饶民
今昔谈　1981：3　1981

一五九、颜容（1502–1569）

中 10804206
颜容
阿广
江苏戏曲　1980：8　1980

一六〇、俞大猷（1503–1579）

中 10804207
俞大猷评传
吴吟世
福建文献　5　1969.3

中 10804208
平倭儒将俞大猷
吴吟世
中国国学　4　1975.12

中 10804209
剿匪平倭、忠诚许国的俞大猷
守真
华文世界　19　1980.4

一六一、徐阶（1503–1583）

中 10804210
海瑞与徐阶的斗争
陈祖修
史苑　31　1979.1

中 10804211
董其昌与徐阶
缪振鹏
社会科学　1984：3　1984

一六二、桑绍良（1504–？）

中 10804212
明代戏剧作家桑绍良生平创作考略
孙步忠
零陵师专学报　1998：4　1998

一六三、罗洪先（1504–1564）

中 10804213
论江右王门罗念庵之思想
刘桂光
鹅湖学志　14　1995.6

一六四、郦琥（1505–1578）

中 10804214
谈谈明代短篇韵文小说《会仙女志》
陈飞
明清小说研究　1988：3　1988

一六五、归有光（1506–1571）

中 10804215
归有光《先妣事略》
宋云彬
人民日报　1956.9.7

中 10804216
归有光二三事
李刚宾
新华日报　1956.12.19

中 10804217
归有光《项脊轩志》
吴鹤九
语文教学通讯（高中版）　1957：14–15　1957

中 10804218
《项脊轩志》
武汉一师语文组
语文教学通讯（合并版）　1957：3/4　1957

中 10804219
归有光的《项脊轩志》
逊言
语文教学　1957：7　1957
古典文学名篇赏析　上海教育出版社　1982.7

中 10804220
归有光的《项脊轩志》
黄兰波
语文学习　1957：8　1957

中 10804221
归有光：项脊轩志
陈敬吾
古典文学作品分析　湖南人民出版社　1957.8

中 10804222
谈《项脊轩志》
宋文灏
语文教学　1957：9　1957

中 10804223
关于《归有光的〈项脊轩志〉》的我见
徐希靖
语文教学　1957：11　1957

中 10804224
归有光
许世瑛
中国文学史论集　3　中华文化出版事业委员会　1958.4

中 10804225
归有光和他的记叙文、抒情文
许世瑛
文学杂志　4：2　1958.4
中国古典文学论文精选丛刊（文学批评·散文与赋类）幼狮文化事业公司　1979.7

中 10804226
归有光和苏州河
朱素臣
新民晚报　1958.12.17

中 10804227
“贾董重生”的归有光
醒园
人生　19：2　1959.12

中 10804228
从《寒花葬志》谈古典作品的批判继承
张九峰
扬州师院学报　19　1964.4

中 10804229
读《项脊轩志》札记
燕思齐
光明日报　1965.4.11

中 10804230
归有光评传
梁容若
国语日报·书和人　125　1969.12

中 10804231
归有光的考运与文运
梁容若
文坛　115　1970.1

中 10804232
校点归震川全集前言
周本淳
淮阴师专学报　1979：2　1979
读常见书札记　江苏教育出版社　1990.3

中 10804233
归有光——命定论的改革主义者
卢建荣
食货月刊　9：1/2　1979

中 10804234
归有光与明代文坛
龚道明
台湾编译馆馆刊　8：2　1979.12
中国文学研究　1992：2　1992

中 10804235
归有光的文学观
龚道明
台湾编译馆馆刊　9：1　1980.6

中 10804236
归有光文析评

范文芳
新竹师专学报　6　1980.6

中 10804237
纡徐平淡，悱恻动人——读《项脊轩志》
柴墩村
语文教学通讯　1980：6　1980
古典文学名篇赏析　上海教育出版社　1982.7

中 10804238
归有光和他的记事小品
洪克夷
语文战线　1980：10　1980

中 10804239
至情言语即无声——读归有光《项脊轩志》
黄秋耘（黄秋云）
名作欣赏　1981：1　1981

中 10804240
轻毫淡墨寄深思——介绍明代散文《寒花葬志》
子青
知识　1981：3　1981

中 10804241
不事雕饰　自有风味——《寒花葬志》赏析
张汉清　方弢
上饶师专学报　1981：4　1981

中 10804242
事细情深　形散神聚——读《项脊轩志》
常林炎
散文　1981：4　1981

中 10804243
质朴自然　情思绵邈——读归有光《项脊轩志》
周先慎
大学生丛刊　1981：5　1981

中 10804244
王世贞与归有光之争
韦行
作品与争鸣　1981：11　1981

中 10804245
《项脊轩志》作于十八岁考
黄岩柏（黄衍伯）
社会科学辑刊　1982：1　1982

中 10804246
归有光 ·《项脊轩志》· 明清小品
刘兆清　陈麟德
语文教学与研究　1982：2　1982

中 10804247
一往情深　疏而不散——也谈《项脊轩志》
艾岩
名作欣赏　1982：2　1982

中 10804248
不事雕饰　情韵深长——读《项脊轩志》
叶百丰
语文学习　1982：7　1982

中 10804249
归有光散文的“人情”
马卫中
明清诗文研究丛刊　2　苏州大学中文系明清诗文研究室　1982.12

中 10804250
归有光和他的《项脊轩志》
韩振西
宁夏大学学报　1983：2　1983

中 10804251
平淡自然　真挚感人——读《项脊轩志》
罗星明
承德师专学报　1983：3/4　1983

中 10804252
数瓣春兰　一丛秋菊——重读《项脊轩志》
桂心仪
宁波师专学报　1983：4　1983

中 10804253
不事雕饰　一往情深——谈归有光《项脊轩志》的艺术特色
田璞
安阳师专学报　1983：4　1983

中 10804254
归有光简论
章铸
艺谭　1983：4　1983

中 10804255
情真辞切　别有风韵——《项脊轩志》艺术四题
黄建宏
山东师范大学学报　1983：4　1983

中 10804256
情之至者　其文必至——《寒花葬志》片谈
文朴
写作　1983：4　1983

中 10804257
浅谈归有光的散文
蒋哲伦
语文学习　1983：5　1983

中 10804258
浅谈《项脊轩志》的写作特色
姜汉林
语言文学　1983：5　1983

中 10804259
笔墨疏淡　情意缠绵——《项脊轩志》赏析
周济人
教学通讯　1983：6　1983

中 10804260
不事雕饰而自有风味
陈世明
教学通讯　1983：6　1983

中 10804261
细腻精妙　娓娓动人——《项脊轩志》的艺术特色

方伯荣
承德师专学报　1983 增刊　1983

中 10804262
《项脊轩志》的附记究竟作于何时
黄建宏　朱千波
中学语文教学参考　1983：8　1983

中 10804263
《项脊轩志》的抒情
王为民
中学语文教学参考　1983：8　1983

中 10804264
不事雕琢偏感人——浅谈《项脊轩志》的叙事特点
王明
中学语文教学参考　1983：8　1983

中 10804265
风韵疏淡　情辞并得——读归有光《项脊轩志》
尚永亮
中学语文教学参考　1983：8　1983

中 10804266
疏淡的笔墨　真挚的感情——谈《项脊轩志》的写作技巧
李奇永
语文教学之友　1983：8　1983

中 10804267
《项脊轩志》的写作特色
黎见明
中学语文教学　1983：9　1983

中 10804268
情真意切　平中见奇——读归有光的《项脊轩志》
铁中
内蒙古日报　1983.9.25

中 10804269
不事雕饰　自有风味——《项脊轩志》简析
甘其勋
语文月刊　1983：10　1983

中 10804270
《项脊轩志》备课指要
李春芳
语文教学通讯　1983：10　1983

中 10804271
纡徐中见层次　平淡中蕴真情——读归有光《项脊轩志》
林家英
教学通讯　1983：11　1983
古典文学名篇赏析 3　中州书画社　1984.3

中 10804272
浅谈《项脊轩志》的抒情特色
刘本善
语文教学与研究　1983：11　1983

中 10804273
《项脊轩志》备课札记二则

韦正谷
语文教学 1983：12 1983

中 10804274
径寸之木 曲尽其态——读《寒花葬志》
缉熙
语文月刊 1984：1 1984

中 10804275
《项脊轩志》的艺术手法浅说
张志善
语文学刊 1984：1 1984

中 10804276
情真意切 朴素感人——《项脊轩志》赏析
王玉水
文科教学 1984：2 1984

中 10804277
气象不大 意趣不高——读归有光散文
赵列安
语文教学与研究 1984：2 1984

中 10804278
说《项脊轩志》
赵仁珪
文史知识 1984：3 1984

中 10804279
描写日常生活的优美篇章——介绍归有光的《项脊轩志》
周寅宾
文艺生活 1984：4 1984

中 10804280
明代散文大家归有光
陈庆惠
文史知识 1984：4 1984

中 10804281
归有光政论散文探
张啸虎
江汉论坛 1984：5 1984

中 10804282
归有光文章别解
郭预衡
文史知识 1984：6 1984
历代散文丛谈 山西人民出版社 1986.6

中 10804283
谈归有光的《项脊轩志》
赵仁珪
自修大学 1984：8 1984

中 10804284
《项脊轩志》借题发挥的艺术
仲伟功
语文战线 1984：9 1984

中 10804285
《项脊轩志》中的迭音词
胡道吾
语文战线 1984：10 1984

中 10804286
归有光的作品及其风格
孟繁举

大华晚报　1984.10.7

中 10804287
论《项脊轩志》中的叠字
桂心仪
教学通讯　1984：11　1984

中 10804288
论归有光的文学创作
周成平
文学评论丛刊　22　中国社会科学出版社　1984.11

中 10804289
《项脊轩志》赏析
姜汉林
云南师范大学学报　1985：1　1985

中 10804290
不事雕饰而自有风味——读《项脊轩志》
张曙
中文自学考试辅导　1985：2　1985

中 10804291
于淡泊中见深情——归有光《项脊轩志》赏析
胡士明
文科月刊　1985：4　1985

中 10804292
形散神聚　文淡情浓——归有光《项脊轩志》欣赏
韩传达
文科月刊　1985：5　1985

中 10804293
小荷才露尖尖角——归有光《寒花葬志》美学鉴赏
皇甫修文
名作欣赏　1985：5　1985

中 10804294
清水出芙蓉　天然去雕饰——谈《项脊轩志》的语言朴素美
郑荣馨
名作欣赏　1985：5　1985

中 10804295
读归有光《项脊轩志》
吴小如
中国古典文学鉴赏　1985：5　1985

中 10804296
文辞质朴见真情——归有光《项脊轩志》讲解
李如鸾
古代诗文名篇赏析　北京出版社　1985.6

中 10804297
温润典丽，淡泊清新：论归有光散文的抒情艺术
雅翔
盐城师专学报　1986：1　1986

中 10804298
谈中设色　悱切动人——《项脊轩志》赏析
洪本健
中文自学指导　1986：6　1986

中 10804299
于细微处见深情——《项脊轩志》在散文方面的突破
谭赤子
语文学刊　1987：1　1987

中 10804300
析论归有光的散文
蔡信发
中华文化复兴月刊　20：3　1987

中 10804301
写景状物，言志怀人：读归有光《项脊轩志》
夏业昌
语文　1987：4　1987

中 10804302
试论归震川的文章风格
余崇生
古典文学　9　学生书局　1987.4

中 10804303
《项脊轩志》解读
华正茂
中文自学指导　1987：8　1987

中 10804304
论归有光的《项脊轩志》
郭兴良
曲靖师专学报　1988：1　1988

中 10804305
《项脊轩志》的写作时间及主题考辨
田干生
盐城师专学报　1988：1　1988
扬州师院学报　1989：3　1989

中 10804306
归有光的文论
王开富
重庆师范学院学报　1988：1　1988

中 10804307
归有光——明代杰出的古文家
沈新林
古典文学知识　1988：5　1988

中 10804308
《项脊轩志》的笔法
许文亮
阅读与写作　1988：10　1988

中 10804309
《项脊轩志》浅析
胡乐平
中文自学指导　1988：11　1988

中 10804310
欢愉惨恻之思　溢于言语之外——《项脊轩志》的抒情艺术
玉叶　玉声
写作　1989：3　1989

中 10804311
世事沧桑　余韵悠然——归有光《沧浪亭记》赏析
步武尘

散文　1989：7　1989

中 10804312
事细情深　形散神聚——读归有光的《项脊轩志》
常林炎
宿莽集　花山文艺出版社　1990.1

中 10804313
从归有光被忽视的文章中看归有光
刘璞
昆明师专学报　1990：2　1990

中 10804314
归有光
吴鸿春
十大散文家　上海古籍出版社　1990.7

中 10804315
归有光卒于何地
吴鸿春
复旦学报　1991：1　1991

中 10804316
简论归有光“全人”
刘璞　王立秋
西南师范大学学报　1991：4　1991

中 10804317
归有光散文的变异与影响
屈小玲
江海学刊　1991：6　1991

中 10804318
归有光的学术思想
陈志明
台北故宫学术季刊　11：1　1993 秋

中 10804319
从古代散文发展史上看归有光的《项脊轩志》
孔庆常
语文函授　1994：5　1994

中 10804320
归有光论
于中俊
中国国学　22　1994.10

中 10804321
归有光生平三考——兼与王勉、曹明纲、张传元商榷
姚玉光
山西师大学报　1995：1　1995

中 10804322
归有光“人文”探微
徐煜昌
天津教育学院学报　1995：1　1995

中 10804323
归有光《项脊轩志》
江举谦
明道文艺　235　1995.10

中 10804324
承先启后，文新情真：读《项脊轩志》

刘发辉　邓腾燕
黔东南民族师专学报　1996：4　1996

中 10804325
是"题材狭窄"，还是对题材的拓宽：论明代散文大家归有光的创作
马鸿盛
国际关系学院学报　1996：4　1996

中 10804326
一枝一叶总关情——归有光散文《项脊轩志》赏析
吴冰
写作　1996：11　1996

中 10804327
归有光是唐宋派作家吗?
黄毅
中国典籍与文化　1997：1　1997

中 10804328
归有光《文章指南》选文试探
何永清
中国语文（台北）80：6　1997

中 10804329
说《项脊轩志》
顾农
昌潍师专学报　1998：3　1998

中 10804330
归有光《项脊轩志》等文文源论
杨鸿铭
孔孟月刊　36：12　1998.8

中 10804331
论《项脊轩志》的语言艺术
魏焕玲
许昌师专学报　1999：3　1999

中 10804332
归有光抒情散文析论
余昭闵
中国文化月刊　231　1999.6

中 10804333
朴实无华的人间至情：试析归有光《项脊轩志》的情感描写
赵明丽
天中学刊　2000 增刊　2000

一六六、何良俊（1506–1573）

中 10804334
何良俊的《曲论》
黄天骥
南国戏剧　1982：10　1982

中 10804335
何良俊《曲论》发义
金宁芬
中国古典文学论丛　3　人民文学出版社　1985.12

一六七、熊大木（1506–1578）

中 10804336
“岳传”的演化
郑振铎（西谛、郭源新）
文学周刊　9：1　1929.11

中 10804337
从杨家将故事的演变谈到《四郎探母》的改编
徐筱汀
戏曲报　1951：6　1951

中 10804338
谈谈《杨家将》
豪雨
新民报晚刊　1953.2.4

中 10804339
谈谈《杨家将》(2–5)
豪雨
新民报晚刊　1953.2.5–8

中 10804340
杨家将故事的演变（上、中、下）
赵景深（邹啸）
新民报晚刊　1953.9.25–27
中国小说丛考　齐鲁书社　1980.10

中 10804341
用历史唯物主义的眼光看待历史人物——评《谈水浒戏及其他》一书中对杨家将的错误看法
文坚
新民报晚刊　1953.10.9

中 10804342
《杨家府》与《宋传续集》
赵景深（邹啸）
新民报晚刊　1953.10.23
中国小说丛考　齐鲁书社　1980.10

中 10804343
《杨家将》爱国思想的本质和“穆柯寨”山寨的性质
范朴斋
光明日报　1956.10.30

中 10804344
穆柯寨考
范朴斋
四川日报　1957.1.8

中 10804345
是不是真有“杨家将”
谭道德
大众日报　1957.1.9

中 10804346
天门阵考
范朴斋
四川日报　1957.1.24

中 10804347
杨家庙和杨家将的传说
弓山仁
北京晚报　1961.5.26

中 10804348
谈杨业
郝树侯
山西日报　1961.5.27

中 10804349
熊大木是何许人
李诗
光明日报　1962.5.19

中 10804350
《武穆精忠传》的编者问题
阎崇璩　李诗
光明日报　1962.5.19

中 10804351
《武穆精忠传》的编者问题——答阎崇璩先生
朱偰
光明日报　1962.6.16

中 10804352
杨业与杨家将
罗继祖
吉林日报　1962.7.3

中 10804353
从穆桂英的籍贯想到的
许彰孝
青海日报　1962.7.7

中 10804354
历史上的《潘杨讼》
王业猷
工人日报　1962.7.14

中 10804355
关于杨家将的传说和历史
张天麟
天津日报　1962.10.24

中 10804356
文学艺术上的杨家将和历史上的杨家将
运生
哈尔滨晚报　1963.1.28

中 10804357
关于杨四郎
君奭
吉林日报　1963.6.16

中 10804358
穆桂英其人
郝树侯
山西大学学报　1978：1　1978

中 10804359
“杨家将”与“杨家戏”
张效禹
山西日报　1979.1.21

中 10804360
《杨家将》的故事是否符合历史真实?

刘光胜
历史教学　1979：4　1979

中 10804361
佘太君的年纪
蒋星煜（布谷、白甲）
随笔　1　广东人民出版社　1979.6

中 10804362
《杨门女将》与壮族
邢凤麟
广西日报　1980.9.12

中 10804363
关于《杨家将演义》
秦瘦鸥
小说纵横谈　花城出版社　1986.12

中 10804364
关于熊大木字、名的辨正及其他
陈大康
明清小说研究　1991：8　1991

中 10804365
有关《南宋志传》书名问题的一点线索
石麟
文学遗产　1993：2　1993

中 10804366
《唐书志传》《两朝志传》的史传倾向分析
罗陈霞
盐城师专学报　1998：1　1998

一六八、李诩（1506–1593）

中 10804367
《戒庵漫笔》杂谭
魏连科
学林漫录　4　中华书局　1981.10

中 10804368
李诩其人
张耀宗
读书　1984：1　1984

一六九、陈罴斋（1506？–？）

中 10804369
《芦林会》的推陈出新
冯其庸
戏剧研究　1960：1　1960
春草集　上海文艺出版社　1979.10

一七〇、唐顺之（1507–1560）

中 10804370
文武双全的唐顺之
梁容若
中国一周　287　1955.10

中 10804371
懂文不一定懂诗
弓也
古代文学理论研究丛刊　8　上海古籍出版社　1983.10

中 10804372
评唐顺之的文学观
黄毅
明代文学研究　江西人民出版社　1990.4

中 10804373
唐顺之诗文的艺术成就
马美信
中国典籍与文化　1997：1　1997

中 10804374
唐荆川先生文集版本考
［日］田口一郎
书目季刊　31：4　1998.3

中 10804375
浅论唐顺之的本色论
陈怀利
黔东南民族师专学报　2000：4　2000

一七一、徐文昭（1507–1567）

中 10804376
《风月锦囊》
罗锦堂
大陆杂志　13：4　1956

中 10804377
海外戏曲孤本《风月锦囊》的新发现
彭飞　朱建明
上海艺术家　1988：2　1988

中 10804378
《风月锦囊》疏辨
彭飞　朱建明
戏剧艺术（上海戏剧学院学报）1989：1　1989

中 10804379
《风月锦囊》所辑南戏佚曲述略
俞为民
文献　1992：1　1992

中 10804380
《风月锦囊》所收四大南戏版本考
俞为民
文学研究　1　南京大学出版社　1992.5

中 10804381
《风月锦囊》刊印考
黄仕忠
学术研究　1998：3　1998

中 10804382
《风月（全家）锦囊》的来龙去脉
孙崇涛
徐州教育学院学报　1999：1　1999

中 10804383
《风月（全家）锦囊》的来龙去脉（续完）
孙崇涛
徐州教育学院学报　1999：2　1999

一七二、朱厚熜（1507–1567）

中 10804384
《千家诗》载明世宗《送毛伯温》与《全明诗》收朱元璋《赐都督佥事杨文广征南》的问题
苏兴
东北师大学报　1995：2　1995

一七三、熊过（1507–1568）

中 10804385
熊南沙的文学活动及其对四川文化的影响
李朝正
文史杂志　1988：5　1988

一七四、莫如忠（1508–1588）

中 10804386
艺苑疑年偶得
汪世清
大公报　1999.2.19

一七五、王慎中（1509–1559）

中 10804387
试论王慎中及其山水诗
朱守道
泉州文史　5　1981.10

一七六、赵时春（1509–1567）

中 10804388
歌咏陇东山河的明代诗人赵时春
姚学礼
甘肃日报　1983.10.16

一七七、黄姬水（1509–1574）

中 10804389
《贫士传》选译
马葵
羊城晚报　1961.12.11

一七八、李春芳（1510–1584）

中 10804390
读《海刚峰先生居官公案》
程弘
光明日报　1963.4.28

中 10804391
对"海公大红袍"的抗议（张居正）
刘道平
艺文志　42　1969.3

中 10804392
明代小说史上的三个李春芳
黄俶成
明清小说研究　1990：3/4　1990

一七九、冯惟敏（1511–1578）

中 10804393
海浮山堂词稿（读曲纪要之十六）
罗锦堂
大陆杂志　15：12　1957

中 10804394
冯惟敏
袁世硕
大众日报　1961.11.19

中 10804395
论冯惟敏的散套《骷髅诉冤》
韩伟
文苑纵横谈　3　山东人民出版社

1982.7

中 10804396
山东古代文学家评传——冯惟敏
袁世硕
文苑纵横谈　8　山东人民出版社　1983.7

中 10804397
冯惟敏及其散曲简论
韩伟
文学评论丛刊　22　中国社会科学出版社　1984.11

中 10804398
冯惟敏散曲的艺术成就
韩伟
文史哲　1985：2　1985

中 10804399
冯惟敏及其杂剧《僧尼共犯》
汤书昆
戏剧丛刊　1986：5　1986

中 10804400
冯惟敏《海浮山堂词稿》的内容与风格
朱自力
中华学苑　36　1988.4

中 10804401
心怀济世志　喜看桑麻长——读冯惟敏［玉芙蓉］《喜雨》
赵慧文
元明散曲鉴赏集　人民文学出版社　1989.1

中 10804402
从旁逸出独擘大：冯惟敏《僧尼共犯》传奇赏析
凌迅
文史知识　1990：9　1990

中 10804403
论冯惟敏的杂剧《不伏老》
韩伟
烟台师范学院学报　1992：4　1992

中 10804404
老龙湾畔的散曲家冯惟敏
冯思昌
大众日报　1993.5.11

中 10804405
明杂剧《僧尼共犯》的时代意蕴
韩伟
烟台大学学报　1994：4　1994

中 10804406
散曲家冯惟敏的家世与生平
钟林斌
辽宁大学学报　1995：4　1995

中 10804407
明杂剧《僧尼共犯》简论
郑树平
泰安师专学报　1998：1　1998

中 10804408
论冯惟敏对散曲题材的拓展与开掘
郑树平
昌潍师专学报　1998：3　1998

中 10804409
冯惟敏散曲风格论
郑树平
齐鲁学刊　1998：4　1998

中 10804410
冯惟敏的思想与文艺观初探
郑树平　朱晓江
杭州师范学院学报　1998：4　1998

中 10804411
冯惟敏散曲题材论
郑树平
山东师范大学学报　1998 增刊　1998

一八〇、严讷（1511–1584）

中 10804412
严文靖公集（明·严讷）
刘兆祐
“中央图书馆”馆刊　6：2　1973

一八一、谢谠（1512–1569）

中 10804413
《四喜记》与《红楼梦》比较点滴
钟明奇
红楼梦学刊　1990：1　1990

一八二、茅坤（1512–1601）

中 10804414
凌霞阁内外编（曲目杂识二）
叶德均
戏曲小说丛考　中华书局　1979.5

中 10804415
论茅坤
张大芝　张梦新
杭州大学学报　1988：2　1988

中 10804416
茅坤文论刍议
张梦新
浙江学刊　1989：6　1989

中 10804417
茅坤《唐宋八大家文钞》述评
黄毅
古典文学知识　1997：4　1997

中 10804418
论茅坤的散文创作
张梦新
浙江学刊　2000：2　2000

中 10804419
茅坤年谱
张梦新
中国文学研究　2　江西教育出版社　2000.2

一八三、李经敕（1513–1562）

中 10804420
明代乐清诗人章玄梅与李经敕
张如元
温州师范学院学报　1998：5　1998

一八四、冯惟讷（1513–1572）

中 10804421
《古诗纪》补正叙例
逯钦立
汉魏六朝文学论集　陕西人民出版社　1984.11

一八五、马自强（1513–1578）

中 10804422
马文庄公文集选
刘兆祐
“中央图书馆”馆刊　6：2　1973

一八六、李攀龙（1514–1570）

中 10804423
李攀龙与唐诗选
容天圻
“中央日报”　1965.6.29
画馀随笔　台北商务印书馆　1974

中 10804424
李攀龙与钟惺选唐诗格的异同——两本明人选唐诗的比较
许建昆
幼狮　46：4　1977

中 10804425
燕赵名胜诗词析——隆兴寺
傅经顺
河北日报　1980.4.20

中 10804426
李攀龙及其《古今诗删》研究
杨松年
中外文学　9：9　1981

中 10804427
李攀龙之名犯忌
普庚
泉城　1981：11　1981

中 10804428
山东古代文学家评传——李攀龙
袁世硕
文苑纵横谈　8　山东人民出版社　1983.7

中 10804429
李攀龙的文学主张
许建昆
东海中文学报　7　1987.7

中 10804430
析李攀龙《于郡城送明卿之江西》
陈书录
名作欣赏　1989：2　1989

中 10804431
李攀龙评传
许建昆
国语日报·书和人　621　1989.5

中 10804432
明代"诗必盛唐"的一面旗帜——介绍李攀龙《唐诗选》
孙琴安
古典文学知识　1990：3　1990

中 10804433
登临揽胜　一骋思情——读李攀龙《杪秋登太华山绝顶》诗
唐嗣德
语文月刊　1997：6　1997

中 10804434
登临揽胜　一骋思情——李攀龙《杪秋登太华山绝顶》赏析
唐嗣德
修辞学习　1999：1　1999

中 10804435
李攀龙诗歌艺术散论
吴微
安徽师范大学学报　1999：3　1999

中 10804436
试论李攀龙绝句的艺术特色
陈卓
四川师范大学学报　2000：5　2000

一八七、海瑞（1514–1587）

中 10804437
明朝第一廉吏海瑞
林光灏
文史荟刊　1　1959.6

中 10804438
骂皇帝还是爱皇帝——对海瑞《治安疏》的剖析
霍松林
光明日报　1965.12.26

中 10804439
海瑞传统形象的反动实质
王水照
光明日报　1966.3.27

中 10804440
略谈海瑞
毛一波
“中央日报”　1966.6.5

中 10804441
“海瑞罢官”引起的话
毛一波
畅流　33：12　1966

中 10804442
海瑞其人其事
林光灏
畅流　33：12　1966

中 10804443
海瑞的著作考
遥白
华侨日报　1967.3.1

中 10804444
明代廉吏——海瑞
林光灏
广东文献　2：4　1973

中 10804445
海瑞有偏激之嫌
庄练（苏同炳）
人物与掌故丛谈紫禁城出版社　1973.12

中 10804446
补记海瑞史事
庄练（苏同炳）
人物与掌故丛谈紫禁城出版社　1973.12

中 10804447
海青天
郭兆华
广东文献　4：3　1974

中 10804448
清官海瑞
刘重日　曹贵林
中国史研究　1979：1　1979

中 10804449
海瑞与徐阶的斗争
陈祖修
史苑　31　1979.1

中 10804450
海瑞、海瑞戏、海瑞精神
蒋星煜（布谷、白甲）
解放日报　1979.1.3

中 10804451
漫话“南包公”海瑞
艾耶
解放军报　1979.2.12

中 10804452
海瑞与海瑞戏
君奭
吉林日报　1979.3.22

中 10804453
严嵩与海瑞
陈则东
民族晚报　1979.4.18

中 10804454
海瑞
张迎胜
宁夏日报　1979.5.16

中 10804455
海忠介公思想及其政事作为的时代意义
詹尊泮
丘海学术研究汇编　2　1979.10

中 10804456
海瑞非纯儒论
谢湘
人生　30：10　1980.2

中 10804457
明代忠臣海瑞
骆志伊
国语日报·书和人　536　1986.2

中 10804458
志存高远济苍生——海瑞的《送诸生小试遇雨》诗
周济夫
海南日报　1986.10.19

中 10804459
《海瑞上疏》中的嘉靖皇帝、黄锦、何以尚
蒋星煜（布谷、白甲）
中国戏曲史索隐　齐鲁书社　1988.10

中 10804460
本真在我，因触而诗：海瑞诗歌的思想艺术特色初探
刘菊英
海南大学学报　1992：3　1992

中 10804461
海瑞诗歌的写景艺术
罗彦运
宁夏大学学报　1995：3　1995

中 10804462
海瑞的文艺理论及其文学价值观
罗彦莲
宁夏大学学报　2000：1　2000

一八八、许潮（1514？–1574？）

中 10804463
湖南最早的剧作家许潮
魏杰
湖南日报　1980.10.8

中 10804464
关于许潮杂剧四种的发现——兼谈许潮及《阳春奏》的若干问题
麻国钧
戏剧学习　1981：4　1981
中国戏剧年鉴（1982）　中国戏剧出版社　1983.6

中 10804465
明代戏曲家许潮是湖南靖州人
张增元
辽宁大学学报　1983：5　1983

一八九、陆楫（1515–1552）

中 10804466
也谈《古今说海》
王义耀
图书馆杂志　1985：2　1985

一九〇、罗汝芳（1515–1588）

中 10804467
罗近溪与晚明王学的发展
龚鹏程
阳明学研究　上海古籍出版社　2000.1

一九一、杨继盛（1516–1555）

中 10804468
杨继盛之上疏与遗嘱——明代士大夫之政治观及教育观（上、下）
高炳翊著　林秋山译
华学月刊　87–88　1979.3–4

一九二、杨椒山（1516–1555）

中 10804469
杨椒山的一首诗
徐敏
北京晚报　1959.9.23

中 10804470
坚持正义的杨椒山——读《杨忠愍集》后
涂宗涛
天津日报　1963.3.20

中 10804471
铁肩辣手　浩气丹心——杨椒山的人格力量及诗文精蕴
李洪程
北京社会科学　1989：4　1989

一九三、洪朝选（1516–1581）

中 10804472
洪芳洲先生诗文交谊考
许建昆
东海中文学报　12　1998.12

一九四、欧大任（1516–1596）

中 10804473
南国才子欧大任
欧裔明
广东文献　10：2　1980.6

一九五、林兆恩（1517–1598）

中 10804474
从王阳明到林兆恩——兼论心学与三一教
韩秉芳
宗教哲学　1：2　1995.4

一九六、李时珍（1518–1593）

中 10804475
李时珍的诗
黄华
新民报晚刊　1957.8.30

中 10804476
从《封神演义》谈到《本草纲目》
谷苇
新民报晚刊　1958.3.25

中 10804477
李时珍
郭荣赵
中国历史人物广播讲座专集　1982.9

一九七、郑之珍（1518–1595）

中 10804478
再谈《思凡・下山》的来历（文力来信）
赵景深（邹啸）
曲论初探　上海文艺出版社　1980.7

中 10804479
《思凡・下山》的来历和演变（附文力来信）
赵景深（邹啸）
曲论初探　上海文艺出版社　1980.7

中 10804480
从《下山》到《僧尼会》
赵景深（邹啸）
曲论初探　上海文艺出版社　1980.7

中 10804481
关于《思凡》的来历（附《词林一枝》本《尼姑下山》）
程毅中
曲论初探　上海文艺出版社　1980.7

中 10804482
郑之珍籍贯及生卒年考
倪国华
民俗曲艺　77　1992.5

中 10804483
论《劝善记》与南本“目连戏”的主旨
茆耕茹
民俗曲艺　77　1992.5

中 10804484
明刻本新编目连救母劝善戏文
吴建之
民俗曲艺　93　1995.1

一九八、沈明臣（1518–1596）

中 10804485
江南初夏白描图（按：明沈明臣竹枝词）
诸葛穗
中国青年报　1981.6.7

中 10804486
“布衣诗人”沈明臣：兼考其生卒年代
金儒宗
宁波师院学报　1987：1　1987

中 10804487
浙东布衣歌手沈明臣
桂心仪
宁波大学学报　1994：1　1994

一九九、颜廷榘（1519–1611）

中 10804488
《杜律意笺》评介
陈香
东方杂志　19：11　1986.5

二〇〇、陆西星（1520–1606）

中 10804489
陆西星、吴承恩事迹补考
［澳］柳存仁
中华文史论丛　1981：2　1981
和风堂文集　上海古籍出版社　1991.10

中 10804490
陆长庚西星的年岁
胡适
胡适论中国古典小说　长江文艺出版社　1987.2
胡适古典文学研究论集　上海古籍出版社　1988.8

二〇一、徐渭（1521–1593）

中 10804491
徐文长的故事
朴念仁
晨报副刊　1924：158　1924

中 10804492
徐文长的故事（续）
朴念仁
晨报副刊　1924：159　1924

中 10804493
徐文长的故事
林兰
晨报副刊　1924：160　1924

中 10804494
再谈徐文长的故事
青人
晨报副刊　1924：162　1924

中 10804495
徐文长的故事
李小阿
晨报副刊　1924：163　1924

中 10804496
徐文长的故事
吴福保
少年　1926：7　1926

中 10804497
《四声猿》
胡叔磊
人间世　30　1935.6

中 10804498
《英烈传》本事考证
赵景深（邹啸）
小说论丛　日新出版社　1947.6
中国小说丛考　齐鲁书社　1980.10

中 10804499
徐渭
陶蓬仙
中国文学史论集　3　中华文化出版事业委员会　1958.4

中 10804500
对赵景深先生整理《英烈传》的一些意见
李鲁人
光明日报　1958.5.18

中 10804501
徐文长的故事
徐诏
民间文学　1959：12　1959

中 10804502
徐文长的灯谜
知更
新民晚报　1961.3.11

中 10804503
青藤书屋——徐文长故居
大雁
北京晚报　1961.3.11

中 10804504
徐文长的写意花卉
松年
北京晚报　1961.3.23

中 10804505
自辟蹊径的徐青藤
王友石
光明日报　1961.4.1

中 10804506
试谈徐渭对写意画的影响
亦鸣
北京日报　1961.4.20

中 10804507
绍兴青藤书屋
谢德铣
新民晚报　1961.4.21

中 10804508
博学多能的徐文长
于风
羊城晚报　1961.4.22

中 10804509
徐渭——我国古代十大画家之一
德铣　空庵
浙江日报　1961.5.7

中 10804510
古代画家徐文长
可田
杭州日报　1961.5.11

中 10804511
作为戏剧家的徐渭
杨溢
新民晚报　1961.5.14

中 10804512
徐渭生平与其绘画成就
李松
文物　1961：6　1961

中 10804513
天才的泼墨画家徐渭
朗轩
甘肃日报　1961.7.8

中 10804514
徐渭和他的故居——青藤书屋
世远
文汇报　1962.1.28

中 10804515
《南词叙录》和《花部农谭》
陈赓平
光明日报　1962.3.11

中 10804516
徐渭的《歌代啸》
陈瘦石
江海学刊　1962：6　1962

中 10804517
明代抗倭战争的诗人徐文长
徐仑
学术月刊　1962：8　1962

中 10804518
引《南词叙录》
李安恒
哈尔滨晚报　1962.9.2

中 10804519
记“青藤书屋”
和平
文物　1962：10　1962

中 10804520
徐渭的《牡丹蕉石图》
孙祖白
文汇报　1962.10.24

中 10804521
从徐渭的“人民立场”谈起
郭荷
文艺报　1963：12　1963

中 10804522
徐文长与青藤书屋
娄子匡
国语日报・书和人　112　1969.6

中 10804523
徐渭的生平和著作
梁一成
国语日报・书和人　117　1969.9

中 10804524
徐文长关系人物考（上、下）
梁一成
国语日报・书和人　141–142　1970.8

中 10804525
读徐文长三集
钟山佣
国语日报・书和人　143　1970.9

中 10804526
徐渭及其杂剧《四声猿》
曾永义
思与言　8：6　1971.3

中 10804527
徐文长年谱
梁一成
国语日报・书和人　157　1971.3

中 10804528
盖棺论不定的悲剧艺术家徐文长（1521–1593）
王家诚
中国文人画家传　大江出版社　1971.6

中 10804529
论徐文长的诗文
梁一成
国语日报・书和人　190　1972.7

中 10804530
徐文长的家庭生活
梁一成
国语日报・书和人　175　1971.11

中 10804531
徐渭绘画之研究
宋宇
中华文化复兴月刊　5：12　1972

中 10804532
徐渭著述考
蔡营源

中华学苑　11　1973.3

中 10804533
词坛飞将徐文长
林光灏
畅流　51：2　1975

中 10804534
《英烈传》与郭英的关系
罗振民
中国古典小说研究　黎明文化事业股份有限公司　1975.10

中 10804535
徐渭著作考
梁一成
书目季刊　9：3　1975

中 10804536
评徐渭研究书四种
梁一成
国语日报・书和人　284　1976.4

中 10804537
徐文长《四声猿校注序》
梁一成
国语日报・书和人　284　1976.4

中 10804538
序徐渭的文学与艺术
［美］李田意
国语日报・书和人　284　1976.4

中 10804539
论《四声猿》
高大鹏
中华文化复兴月刊　9：11　1976

中 10804540
《月明和尚度柳翠》之表演雏型及其演变
胡可立
中华文化复兴月刊　10：1　1977

中 10804541
徐文长其人其事
春郎
今日生活　125　1977.2

中 10804542
徐渭《蕉石梅竹图》
伯和
艺术家　23　1977.4

中 10804543
徐渭与《四声猿》
罗秋昭
台北师专学报　7　1978

中 10804544
评介：徐渭的文学与艺术（梁一成著）
吴智和
明史研究专刊　1　大立出版社　1978.7

中 10804545
读《南词叙录》札记
李林生
沈阳师范学院学报　1979：1/2　1979

中 10804546
徐文长的故事
李韩林
故事会　1979：2　1979
中国通俗文艺　1981：5　1981

中 10804547
徐文长与其作品
春江
浙江月刊　11：2　1979.2

中 10804548
徐渭的选择
张魁
安徽戏剧　1979：4　1979

中 10804549
青天高一尺（徐文长的故事）
李韩林
故事会　1979：6　1979

中 10804550
徐文长吟诗
孟驰
浙江日报　1979.8.12

中 10804551
徐文长的故事（四则）
谢德铣
西湖　1979：9　1979.9

中 10804552
谈徐渭剧作的语言风格
罗斯宁
中山大学研究生学刊　1980：2　1980

中 10804553
“光芒夜半惊鬼神”——徐渭的剧作
吴国钦
中国戏曲史漫话　上海文艺出版社　1980.6

中 10804554
话说徐文长
孔耀珊　刘轻轻
青年一代　1980：6　1980

中 10804555
徐渭《南词叙录》
赵景深（邹啸）
曲论初探　上海文艺出版社　1980.7

中 10804556
徐渭的戏剧见解——评《南词叙录》
孙崇涛
文艺研究　1980：5　1980

中 10804557
关于《英烈传》的插画
赵景深（邹啸）
中国小说丛考　齐鲁书社　1980.10

中 10804558
《英烈传》
赵景深（邹啸）
中国小说丛考　齐鲁书社　1980.10

中 10804559
徐文长作《玉禅师》非自喻
肖罗
上海师范学院学报　1981：2　1981

中 10804560
徐文长的传说（六篇）
李韩林　穆灵　谢德铣　寿能仁
山海经　1981：4　1981

中 10804561
徐渭杂剧《四声猿》的艺术独创性
敬元沭
绍兴师专学报　1981：4　1981

中 10804562
徐渭《女状元》之研究（明史研究硕士论文提要）
曾西霸
华冈硕士论文提要　2　中国文化大学出版部　1981.6
明史研究专刊　2　大立出版社　1983.9

中 10804563
《南词叙录》贵在公允
齐森华
上海戏剧　1981：6　1981

中 10804564
《南词叙录》发微
齐森华
古典文学论丛　2　齐鲁书社　1981.9
曲论探胜　华东师范大学出版社　1985.4

中 10804565
《徐文长的故事》序
赵景深（邹啸）
西湖　1982：1　1982

中 10804566
徐渭《四声猿》杂剧的本事和写作缘由
钟海
上海师范学院学报　1982：2　1982

中 10804567
关于《四声猿》
徐朔方
戏文　1982：4　1982

中 10804568
徐文长和木兰戏
卢大中
戏文　1982：5　1982

中 10804569
徐渭《四声猿》浅谈
周中明
戏曲研究　7　文化艺术出版社　1982.12

中 10804570
眼空千古　独立一时——论徐渭诗歌的思想倾向
史金城
艺苑　1983：4　1983

中 10804571
徐渭的《南词叙录》
黄天骥

南国戏剧　1983：5　1983

中 10804572
徐渭的喜剧艺术
叶长海
中国古典悲剧喜剧论集　上海文艺出版社　1983.5

中 10804573
访青藤书屋
冯其庸
人民日报　1983.5.9

中 10804574
一代畸人徐文长
骆玉明　贺圣遂
文史知识　1983：7　1983

中 10804575
徐渭评批李贺诗歌
尤振中
文学遗产增刊　15　中华书局　1983.9

中 10804576
徐渭及其《四声猿》
程毅中
文学遗产　1984：1　1984

中 10804577
《四声猿》写作时间小议
吴方
戏曲研究　11　文化艺术出版社　1984.2

中 10804578
徐渭家世考略
骆玉明　贺圣遂
复旦学报　1984：2　1984

中 10804579
论明代喜剧作家徐渭
王耕夫
戏曲艺术　1984：3　1984

中 10804580
《歌代啸》初探
许金榜
山东师范大学学报　1984：4　1984

中 10804581
明宫所画民族英雄常遇春像
常任侠
东方艺术丛谈　上海文艺出版社　1984.6

中 10804582
读徐渭剧作散记
王耕夫
艺谭　1985：2　1985

中 10804583
徐渭与汤显祖
王耕夫
戏文　1985：2　1985

中 10804584
关于徐文长故事
吕洪年
杭州大学学报　1985：3　1985

中 10804585
嬉笑怒骂皆文章——徐渭《狂鼓史渔阳三弄》简析
申孟
文科月刊　1985：4　1985

中 10804586
徐渭与《南词叙录》
熊澄宇
地方戏艺术　1985：4　1985

中 10804587
有关徐文长的生平和传说
王骧
民间文学　1985：6　1985

中 10804588
谈徐渭的剧作《狂鼓史》
王起　罗斯宁
阅读和欣赏（古典文学部分 9）北京出版社　1985.11

中 10804589
“作戏逢场，原属人生本色”——谈徐渭的戏曲本色观
吴方
戏曲研究　17　文化艺术出版社　1985.12

中 10804590
徐文长论
魏际昌
河北大学学报　1986：2　1986

中 10804591
徐渭《四声猿》源流探
卢大中　钟海
齐鲁学刊　1986：4　1986

中 10804592
徐渭的文学艺术成就
胡锦贤
湖北大学学报　1986：5　1986

中 10804593
徐文长其人其事
曹正文
文学报　1986.5.8

中 10804594
《英烈传》的作者
秦瘦鸥
小说纵横谈　花城出版社　1986.12

中 10804595
从格式搭心理学看徐渭《四声猿》奇气异力的美学特征
胡天成
文艺研究　1987：2　1987

中 10804596
论述南戏的专著《南词叙录》
鲁虹
戏剧文学　1987：2　1987

中 10804597
徐谓诗文理论初探
宫源曾

上饶师专学报　1987：4　1987

中 10804598
《南词叙录》非徐渭作
骆玉明　董如龙
复旦学报　1987：6　1987

中 10804599
《四声猿》写作年代考
骆玉明
中国古典文学丛考　2　复旦大学出版社　1987.11

中 10804600
试论徐渭的文学革新精神
宫源曾
洛阳师专学报　1988：1　1988

中 10804601
桀骜不驯的奇人——徐渭和他的《四声猿》
金宁芬
古典文学知识　1988：2　1988

中 10804602
徐渭戏剧思想浅谈:《南词叙录》阅读札记
全景长
南都学坛　1988：3　1988

中 10804603
论徐渭“本色”的多层构建
王长安
戏剧艺术（上海戏剧学院学报）　1988：3　1988

中 10804604
明代文艺启蒙运动的开拓者：徐渭美学思想简论
赵有声
学术月刊　1988：4　1988

中 10804605
徐渭笔下的西方传教士
徐朔方
文学遗产　1988：5　1988

中 10804606
两个世界的一对狂人——关于徐渭和凡高的联想
兆平
文汇报　1988.10.22

中 10804607
徐渭文学的个性精神
贺圣遂
复旦学报　1989：1　1989

中 10804608
评《徐渭集》的编辑和校点
徐朔方
杭州大学学报　1989：1　1989

中 10804609
徐渭的生平及其《四声猿》刍议
张志合
河南师范大学学报　1989：2　1989

中 10804610
论徐渭的美学思想

潘运告
求索　1989：2　1989

中 10804611
论徐渭——汤显祖同时代的作家论之一
徐朔方
浙江学刊　1989：2　1989

中 10804612
徐渭《四声猿》的整理问题
徐沁君
扬州师院学报　1989：3　1989

中 10804613
徐文长《西厢记题辞》真伪辨
张新建
南京大学学报　1989：4　1989

中 10804614
徐渭
徐建融
十大画家　上海古籍出版社　1989.8

中 10804615
徐渭
贺圣遂
十大文学畸人　上海古籍出版社　1989.8
十大戏曲家　上海古籍出版社　1990.7

中 10804616
论徐渭《四声猿》及明杂剧之复兴
黄爱华　高利华
绍兴师专学报　1990：1　1990

中 10804617
《南词叙录》折射的反传统精神
陈怀利
黔东南民族师专学报　1990：2　1990

中 10804618
《英烈传》：历史向故事倾斜
陈文新
明清小说研究　1990：2　1990

中 10804619
论徐渭的审美历程与古典精神的自足轮回
孟泽
湘潭大学学报　1990：4　1990

中 10804620
论徐渭的民俗文艺观
董晓萍
文艺理论研究　1990：6　1990

中 10804621
风急天高猿啸哀——徐渭《四声猿》
颜长珂
古典戏曲名作纵横谈　知识出版社　1990.7

中 10804622
《英烈传》作者考
郑平昆
明清小说研究　1991：1　1991

中 10804623
徐渭《四声猿》人物思想辨
金宁芬

徐州师范学院学报　1991：4　1991

中 10804624
《南词叙录》与徐渭的戏曲本色论
李咏吟
戏文　1991：5　1991

中 10804625
徐渭之曲学及剧作研究
易怡玲
台湾师范大学国文研究所集刊　35　1991.6

中 10804626
《续英烈传》简论
王星琦　袁华
明清小说研究　1992：1　1992

中 10804627
徐渭《南词叙录》的戏剧美学思想
游友基
殷都学刊　1992：3　1992

中 10804628
渲泄：融苦痛于狂放——从情感看徐渭的“疯狂”
王长安
文艺理论家　1992：3　1992

中 10804629
《四声猿》《歌代啸》及其他
叶长海
戏剧艺术（上海戏剧学院学报）1992：4　1992

中 10804630
徐渭的文学批评观
侯淑娟
中国文化月刊　150　1992.4

中 10804631
自纵：发真性于佯狂——从人格看徐渭的“疯狂”
王长安
地方戏艺术　1992：4　1992
徐渭三辨　中国戏剧出版社　1995.10

中 10804632
权术的产物——《英烈传》
顾青
古典文学知识　1992：5　1992

中 10804633
荒剧诞演　狂歌当哭——试论我国明代“荒诞剧”《歌代啸》
李春甫
云南教育学院学报　1992：5　1992

中 10804634
《玉禅师》对宗教禁欲主义的抨击：兼评同一题材话本小说《月明和尚》
龚维英
贵州社会科学　1992：9　1992

中 10804635
明代性灵派戏曲家徐渭的文学理论与创作
王颂梅
屏东商专学报　1　1993.1

中 10804636
一得轩读书札记
张香还
春城晚报　1993.10.14

中 10804637
眼空千古　独立一时——徐渭人格论
刘彦君
戏剧（中央戏剧学院学报）　1994：2　1994

中 10804638
盛明才子徐渭的戏剧成就
徐之卉
艺术学报　54　1994.6

中 10804639
论徐渭——一个在缺失的人生中崛起的书法伟人
胡志平
中华书道研究　2　1994.11

中 10804640
关于《英烈传》的作者演变与它的艺术性
朱恒夫
明清小说研究　1995：1　1995

中 10804641
恣肆狂怪的心理与艺术中的悲剧——略论徐渭与宋人“尚意”书风
梁少膺
书法研究　1995：2　1995

中 10804642
论徐渭的抗倭诗
尹向东
四川师范大学学报　1995：2　1995

中 10804643
任诞中的人格显现：徐渭“疯狂”辨
王长安
戏剧艺术（上海戏剧学院学报）　1995：3　1995

中 10804644
试论徐渭戏剧的批判理性精神
王金钢
戏曲艺术　1995：4　1995

中 10804645
论徐渭的美学思想
朱朴
艺坛　322　1995.10

中 10804646
略论徐渭在戏剧文化史上的艺术贡献
谢涌涛
东南文化　1996：2　1996

中 10804647
徐渭“吾书第一”臆解
马洪
吉林日报　1996.4.12

中 10804648
近年来徐渭研究述要
戚世隽

文史知识　1996：6　1996

中 10804649
用文心读徐渭
朱万曙
读书　1996：6　1996

中 10804650
徐渭其人及其文学艺术观
余淑瑛
嘉义农专学报　50　1997.2

中 10804651
从《四声猿》看徐渭的民主思想
周薇
淮阴师专学报　1997：2　1997

中 10804652
面向“大地众生”，反映“人生本色”：徐渭戏曲“本色”说略论
樊文忠
江西师范大学学报　1997：2　1997

中 10804653
“光芒夜半惊鬼神”——谈徐渭杂剧《狂鼓史》
张梦新
文史知识　1997：7　1997

中 10804654
《英烈传》文化意蕴探微
关四平　陈砚平
明清小说研究　1998：1　1998

中 10804655
徐渭“四声猿”新论
徐明安
绍兴文理学院学报　1998：3　1998

中 10804656
论徐渭杂剧的审美意蕴
徐明安
上海师范大学学报　1998：4　1998

中 10804657
《四声猿》发微
戚世隽
戏曲研究　54　文化艺术出版社　1998.5

中 10804658
《金瓶梅》文本与徐渭文字相关性比较
潘承玉
金瓶梅新证　黄山书社　1999.1

中 10804659
试论徐渭的文艺本质观
徐明安
绍兴文理学院学报　1999：1　1999

中 10804660
《金瓶梅》的女性观与徐渭的“祟”疾
潘承玉
金瓶梅新证　黄山书社　1999.1

中 10804661
论徐渭的散文创作及其对公安派的影响
何天杰
华南师范大学学报　1999：2　1999

中 10804662
试论徐渭的生活经历对其文艺创作的影响
韩昌洋
安徽广播电视大学学报　2000：2　2000

中 10804663
徐渭的文艺价值观和风格论
徐明安
绍兴文理学院学报　2000：3　2000

中 10804664
《四声猿》本事考补
徐湘霖
天府新论　2000：3　2000

二〇二、梁辰鱼（1521–1594）

中 10804665
关于《浣纱记》的一些问题
薄坚石
山西师院学报　1957：1　1957
元明清戏曲研究论文集　2　人民文学出版社　1959.2

中 10804666
梁辰鱼《浣纱记》改编本前言
陈中凡
南京大学学报　1958：1　1958

中 10804667
论《吴越春秋》为汉晋间说部及其在艺术上的成就
陈中凡
文学遗产增刊　7　中华书局　1959.12

中 10804668
梁辰鱼和昆曲
朱顺德
江苏戏曲　1960：3　1960

中 10804669
梁辰鱼的生平及其创作《浣纱记》的意图
徐扶明（辅民）
文学遗产增刊　9　中华书局　1962.6
元明清越曲探索　浙江古籍出版社　1986.7

中 10804670
西施故事志疑
曾永义
现代文学　44　1971.9

中 10804671
梁辰鱼的生平及作品
朱昆槐
现代学苑　10：11　1973.11

中 10804672
《浣纱记》传奇分场派角及情节配套初探
许清云
中华文化复兴月刊　9：11　1976

中 10804673
梁辰鱼
高国藩
江苏戏曲　1980：2　1980

中 10804674
西施女的爱情和《浣纱记》的格调
吴国钦
中国戏曲史漫话　上海文艺出版社　1980.6

中 10804675
谈《浣纱记》中西施的爱情
孟进厚
郧阳师范高等专科学校学报　1981：1　1981

中 10804676
“草木犹闻翰墨香”
嗣仪
散文　1981：12　1981

中 10804677
梁辰鱼和他的《浣纱记》
高国藩
固原师专学报　1985：1　1985

中 10804678
梁辰鱼生平探索
陈其湘
中国文学研究　1987：3　1987

中 10804679
推动昆曲发展的功臣梁辰鱼
燕生
古典文学知识　1988：4　1988

中 10804680
借男女离合之情、抒国家兴亡之感——浅谈梁辰鱼的《浣纱记》
刘斌
文史知识　1988：12　1988

中 10804681
南曲正音——昆山腔
俞为民
古典文学知识　1989：4　1989

中 10804682
关于梁辰鱼的《鹿城诗集》
吴书荫
文献　1991：1　1991

中 10804683
从《浣纱记》到《桃花扇》：论“借离合之情，写兴亡之感”创作模式的演进
王全力
江汉论坛　1992：2　1992

中 10804684
伤心全寄词锋——《浣纱记》述评
祝肇年
名家论名剧　首都师范大学出版社　1994.6

中 10804685
论传奇征实风气之兴起——从《浣纱记》《鸣凤记》加以探讨

林立仁
辅仁国文学报　11　1995.5

中 10804686
《浣纱记》：历史剧的新篇
郭英德
佳木斯大学社会科学学报　1998：3　1998

中 10804687
《浣纱记》述评
祝肇年
祝肇年戏曲论文选　文化艺术出版社　1998.10

中 10804688
从《浣纱记校注》之商榷谈传奇新校的问题（上、下）
侯淑娟
大陆杂志　98：2-3　1999

中 10804689
梁辰鱼散曲论
黎国韬
中国韵文学刊　2000：2　2000

二〇三、潘季驯（1521–1595）

中 10804690
明代治水名臣潘季驯传略
章光彩
台湾水利　23：4　1975.11

二〇四、端淑卿（1522–1566）

中 10804691
端淑卿的两首词
张思齐
吉首大学学报　1993：1　1993

二〇五、汪瑗（1522？–1566）

中 10804692
明人汪瑗在楚辞研究中的贡献
熊良智
四川师范大学学报　1993：3　1993

中 10804693
明汪瑗《楚辞集解》述评
高秋凤
国文学报　22　1993.6

二〇六、朱期（1522？–1596）

中 10804694
《玉丸记》是余姚腔吗？——戴不凡先生文章读后
洛地
戏曲研究　6　文化艺术出版社　1982.7

二〇七、王玉峰（1522？–1619？）

中 10804695
王玉峰的《焚香记》
赵景深（邹啸）
读曲随笔　北新书局　1936.11
中国戏曲初考　中州书画社　1983.8
读曲随笔　上海文艺出版社　1999.1

中 10804696
《焚香记》与《琵琶记》
李健吾
戏剧报　1957：23　1957

中 10804697
谈川剧《焚香记》的改编
亦然
新民报晚刊　1957.8.10

二〇八、黄吾野（1524–1590）

中 10804698
黄吾野
林祖茂　蔡永喆
泉州文史　1980：2/3　1980

二〇九、吴国伦（1524–1593）

中 10804699
“宏襟宇而发其才情”：吴国伦诗文创作与理论批评的互补
陈书录
南京大学学报　1993：1　1993

中 10804700
吴国伦里籍考辨

魏崇新
文学遗产　1998：5　1998

二一〇、耿定向（1524–1596？）

中 10804701
李贽同耿定向的一场论争
舒焚
光明日报　1963.3.8

中 10804702
明代儒法斗争的一个缩影——李贽和耿定向的斗争
郑良
文汇报　1975.2.4

中 10804703
耿、李之争与李贽晚年的人格心态巨变
左东岭
北方论丛　1994：5　1994

二一一、居节（1524？–1585？）

中 10804704
萧条图画　绵邈情思——读居节《晚坐》诗
钟尚钧
语文月刊　1995：6　1995

二一二、宗臣（1525–1560）

中 10804705
宗臣评传
许建昆
国语日报·书和人　383　1980.2

中 10804706
宗臣和他的《报刘一丈书》
陈麟德　刘兆清
扬州师院学报　1980：4　1980

中 10804707
一篇优秀的讽刺小品——读《报刘一丈书》
闵庚尧
阅读和欣赏（古典文学部分 4）　北京出版社　1982.7

中 10804708
冷语峻辞　穷形尽相——宗臣的《报刘一丈书》
吕萍

宁波师专学报　1983：3　1983

中 10804709
绘趋炎附势图　明洁身自好志——《报刘一丈书》的思想和艺术
黄建宏
教学研究　1983：4　1983

中 10804710
宗臣《报刘一丈书》简析
尚永亮
中学语文教学参考　1983：7　1983

中 10804711
《报刘一丈书》简析
鲍志伸
语文教学之友　1983：8　1983

中 10804712
读宗臣《报刘一丈书》
张慕勋
名作欣赏　1983：8　1983

中 10804713
《报刘一丈书》中的“即”字
孙民立
语文学习　1983：10　1983

中 10804714
《报刘一丈书》备课刍议
赫崇政
语文学习　1983：10　1983

中 10804715
《报刘一丈书》备课指要
吕志范
语文教学通讯　1983：10　1983

中 10804716
讽刺文学中的一颗明珠——读《报刘一丈书》
鲁志杏
中学语文　1983：11　1983

中 10804717
宗臣与《报刘一丈书》
任祖镛
语文教学　1983：12　1983

中 10804718
《报刘一丈书》的讽刺手法
吴开文　周本述
语文教学　1984：1　1984

中 10804719
一幅官场现形图——介绍宗臣的《报刘一丈书》
张广智
殷都学刊　1984：3　1984

中 10804720
《报刘一丈书》艺术管窥
李海潮
古典文学名篇赏析　3　中州书画社　1984.3

中 10804721
宗臣生平及其创作
夏咸淳
文学研究丛刊 1 上海社会科学院出版社 1984.5

中 10804722
在散文中如何刻划人物——名篇《报刘一丈书》的启示
贺立华
散文 1984：7 1984

中 10804723
爱国文学家宗臣
任祖镛
语文月刊 1984：11 1984

中 10804724
《报刘一丈书》的语言艺术
葛文元
语文教研 1984：12 1984

中 10804725
一幕官场现形的喜剧——宗臣《报刘一丈书》赏析
周慧珍
文科月刊 1985：5 1985

中 10804726
“刘一丈”其人考略
关真 黄岩柏（黄衍伯）
光明日报 1985.6.18

中 10804727
说宗臣《报许性之》——历代小品析粹之二
吴小如
名作欣赏 1990：2 1990

中 10804728
《报刘一丈书》语言三题
刘德强
修辞学习 1992：1 1992

二一三、张翀（1525–1579）

中 10804729
明人张翀《鹤楼集》介绍
朱鸿林
大陆杂志 25：5 1987

二一四、张居正（1525–1582）

中 10804730
明代大政治家张居正
林治平
畅流 7：4 1953

中 10804731
张居正的公忠体国与其功业
白如初
建设　5：6　1956.10

中 10804732
张居正抄家的原因
张哲
民主宪政　12：15　1957.7

中 10804733
读明史论张居正
祝秀侠
史笔　1：1　1958.2

中 10804734
张居正之救弊
陈寿恒
“中央日报”　1959.3.15

中 10804735
张江陵论
罗有为
现代政治　8：3　1961.3

中 10804736
张江陵（居正）
赵英敏
政治评论　7：1　1961.9
古今谈　169　1979.6

中 10804737
张居正评传
陈则东
人生　29：4　1965.1
建设　21：6　1973.11
湖北文献　27　1974.7

中 10804738
崇法务实的张居正
朱如松
古今谈　10　1965.12

中 10804739
明张居正综核名实的辉煌成就
鲁文
图书月刊　1：6　1966.9

中 10804740
张居正的吏治与法治
梁一毅
自立晚报　1966.12.16

中 10804741
先贤张文忠公传略
钱江潮
湖北文献　7　1968.4

中 10804742
张居正是权相是奸臣
杜松柏
艺文志　45　1969.6

中 10804743
张居正的志业——供建国复国的参考
林灏
财政经济月刊　19：11　1969.11

中 10804744
为张居正辩诬
刘道平
湖北文献季刊　14　1970.1

中 10804745
张居正的是非与恩怨
庄练（苏同炳）
人事与掌故丛谈（南窗随笔甲集）　好士出版社　1973.12

中 10804746
张居正事略
范叔寒
湖北文献　26　1974.1

中 10804747
张江陵传略
钱江潮
湖北文献　35　1975.4

中 10804748
张江陵后人轶事三则
罗森林
湖北文献　35　1975.4

中 10804749
张居正二三事
戚宜君
国魂　414　1980.5

中 10804750
试谈几部明史中的《张居正传》
万明
文献　1983：4　1983

中 10804751
张居正和“一条鞭”
王春瑜
文史知识　1984：3　1984

中 10804752
“宰相之杰”张居正
王世华
文史知识　1984：10　1984

中 10804753
张居正“十五为诸生”辩
叶伟强
江汉论坛　1985：9　1985

中 10804754
空灵绮丽　韵味悠深——析张居正《满江红·望黄鹤楼》
苏者聪
名作欣赏　1986：6　1986

中 10804755
张居正思想新论
陈宝良
江汉论坛　1988：11　1988

中 10804756
力挽危亡张居正
蒋凡
十大名相　上海古籍出版社　1989.8

中 10804757
如入火聚　得清凉门——记张居正敦本务实的吏治思想
李宝臣
北京社会科学　1992：4　1992

中 10804758
隆庆末张居正冯保矫诏辨正
荣真
杭州师范学院学报　1994：5　1994

二一五、汪道昆（1525–1593）

中 10804759
汪道昆及其《洛水悲》简说
曾平晖
安徽戏剧　1979：6　1979

中 10804760
勇于创新的汪道昆
张大为
戏剧界　1980：2　1980

中 10804761
汪道昆——明代安徽剧作家简介之一
朱泽　皖生
艺谭　1980：2　1980

中 10804762
《东郭记》是汪道昆的作品吗？
吴书荫
戏剧界　1980：6　1980

中 10804763
关于天都外臣——汪道昆
汪效倚
光明日报　1983.12.20

中 10804764
关于汪道昆的几个问题
金宁芬
文学遗产　1985：4　1985

中 10804765
论汪道昆：汤显祖同时代的曲家论之一
徐朔方
杭州大学学报　1988：1　1988

中 10804766
东郭记研究
汪志勇
汉学研究　6：1　1988.6

中 10804767
汪道昆在明杂剧史上的意义
李惠绵
幼狮学志　20：4　1989

二一六、阿曼尼莎汗（1526–1560）

中 10804768
阿曼尼莎汗和十二木卡姆
阿不都秀库尔·穆罕默德·依明著　杨金祥译
新疆艺术　1982：2　1982

中 10804769
十六世纪维吾尔族女音乐家和诗人阿曼尼莎汗
李吟屏
新疆日报　1982.4.10

二一七、王世贞（1526–1590）

中 10804770
王世贞的文章观及其文章
［日］桥本循著　江馥泉译
青年界　4：4　1933.1

中 10804771
王元美的论诗——《艺苑卮言》立论之一斑
笙雯
庸报　1938.8.14

中 10804772
明人文学批评家王元美的论诗
刚宓
庸报　1938.9.18

中 10804773
王世贞
王寿康
中国文学史论集　3　中华文化出版事业委员会　1958.4

中 10804774
古代的现代剧
蒋星煜（布谷、白甲）
新民晚报　1958.4.10

中 10804775
王世贞
杨溢
江苏戏曲　1960：12　1960

中 10804776
王世贞的《艺苑卮言》——读书札记之一
马茂元
学术月刊　1962：3　1962
晚照楼论文集　上海古籍出版社　1981.4
马茂元说唐诗　上海古籍出版社　1999.7

中 10804777
《鸣凤记》初探
徐扶明（辅民）
文学遗产增刊　12　中华书局　1963.2

中 10804778
不能这样“拔高”古人
拱辰
光明日报　1965.1.31

中 10804779
王世贞及其史学——为《弇山堂别集》影印版作
包遵彭
新时代　5：8　1965
史苑　7　1966.5

中 10804780
王世贞评传
梁容若
国语日报·书和人　128　1970.1

中 10804781
王世贞的文学评论
施隆民
台湾女师专学报　7　1975.5

中 10804782
浅论明史家王世贞
姜公韬
“中央日报”　1975.11.14

中 10804783
反儒的闯将与尊孔的奴才——评李贽和王世贞的两首诗
培文
思想战线　1976：3　1976

中 10804784
明王世贞作序介绍李时珍先生
刘韵石
湖北文献　51　1979

中 10804785
关于《鸣凤记》的几个问题
王永健
江苏师院学报　1980：3　1980

中 10804786
关于《鸣凤记》的作者问题
苏寰中
中山大学学报　1980：3　1980

中 10804787
王伯舆不是王世贞的别号
刘世南
文学评论　1980：4　1980

中 10804788
嘉靖年间的“现代剧”《鸣凤记》
吴国钦
中国戏曲史漫话　上海文艺出版社　1980.6

中 10804789
王世贞《曲藻》
赵景深（邹啸）
曲论初探　上海文艺出版社　1980.7

中 10804790
《剑侠传》
赵景深（邹啸）

中国小说丛考　齐鲁书社　1980.10

中 10804791
《鸣凤记》的时代精神浅析
应麟
辽宁省戏剧学校学报　1981：1　1981

中 10804792
王世贞与归有光之争
韦行
作品与争鸣　1981：11　1981

中 10804793
王世贞和戏曲批评
夏写时
上海戏剧　1982：4　1982

中 10804794
王世贞的《曲藻》
黄天骥
南国戏剧　1983：2　1983

中 10804795
从《鸣凤记》谈到严嵩的评价问题
李焯然
明史研究专刊　6　大立出版社　1983.6

中 10804796
论《鸣凤记》塑造反面形象的笔法
董上德
中山大学研究生学刊　1984：1　1984

中 10804797
王世贞的文学批评
赵永纪
苏州大学学报　1984：4　1984

中 10804798
隆庆刻本《剑侠传》叙录
刘荫柏
文学遗产　1985：2　1985

中 10804799
王世贞美学思想评议
陈永标　刘伟林
苏州大学学报　1985：3　1985

中 10804800
《鸣凤记》非王世贞作
徐扶明（辅民）
曲苑　2　江苏古籍出版社　1986.5
元明清越曲探索　浙江古籍出版社　1986.7

中 10804801
《鸣凤记》创作年代初探
张军德
文学遗产　1986：6　1986

中 10804802
试论《鸣凤记》的艺术构思
徐扶明（辅民）
元明清越曲探索　浙江古籍出版社　1986.7

中 10804803
《鸣凤记》的特技及其他
杨秉城

戏剧电影报　1987.6.7

中 10804804
弇洲山人文学论
王梦鸥
传统文学论衡　时报文化出版企业有限公司　1987.6.30

中 10804805
《鸣凤记》札记
冯沅君
中国古典小说戏曲论集　2　上海古籍出版社　1987.8

中 10804806
论王世贞
徐朔方
浙江学刊　1988：1　1988

中 10804807
《鸣凤记》情节结构新探
张军德
中国文学研究　1988：1　1988

中 10804808
评明人《鸣凤记》兼论其作者
王达津
文学评论丛刊　30　中国社会科学出版社　1988.4

中 10804809
主复古与反模拟——《艺苑卮言》研究之一
罗仲鼎
浙江学刊　1988：6　1988

中 10804810
论王世贞的文学批评
郑利华
复旦学报　1989：1　1989

中 10804811
从《艺苑卮言》看王世贞的诗论
罗仲鼎
文史哲　1989：2　1989

中 10804812
王世贞的作家评论——《艺苑卮言》研究之三
罗仲鼎
杭州师范学院学报　1989：5　1989

中 10804813
《艺苑卮言》辨
蓬山
广西师范大学学报　1990：1　1990

中 10804814
王世贞年谱
郑利华
明代文学研究　江西人民出版社　1990.4

中 10804815
烈烈轰轰做一场——李开先《宝剑记》和无名氏《鸣凤记》
颜长珂
古典戏曲名作纵横谈　知识出版社　1990.7

中 10804816
莫把史书当文集——谈王世贞《弇山堂别集》
仓修良
书品　1991：3　1991

中 10804817
王世贞与《鸣凤记》
田桂民
古典文学知识　1993：6　1993

中 10804818
《金瓶梅》中有王世贞的诗句
陈诏
金瓶梅六十题　上海书店出版社　1993.12

中 10804819
王世贞不爱喝金华酒
陈诏
金瓶梅六十题　上海书店出版社　1993.12

中 10804820
王世贞撰写世情小说和明刊《金瓶梅词话》的差别
叶玉华
华东师范大学学报　1995：1　1995

中 10804821
王世贞文学思想论析
汪正章
广西大学学报　1995：4　1995

中 10804822
论传奇征实风气之兴起——从《浣纱记》《鸣凤记》加以探讨
林立仁
辅仁国文学报　11　1995.5

中 10804823
陶凯《长平戈头歌》与王世贞《过长平作长平行》
陈麟德
江海学刊　1996：1　1996

中 10804824
明代杰出史家王世贞
徐彬
文史知识　1997：1　1997

中 10804825
王世贞词学著作之版本概述
黄慧祯
大陆杂志　95：2　1997

中 10804826
《鸣凤记》：时事剧的发轫
郭英德
佳木斯大学社会科学学报　1998：4　1998

中 10804827
王世贞述评《西厢记》之价值评估
张世宏
湖北大学学报　1998：4　1998

中 10804828
从《鸣凤记》折子戏剧本比较——论明传奇舞台表演艺术之重要
刘万青
健行学报　19：1　1999.12

中 10804829
试论王世贞的史学思想（上、下）
孙卫国
大陆杂志　101：6；102：1　2000—2001

二一八、潘允端（1526–1601）

中 10804830
从《玉华堂日记》看明代上海的戏曲演出
朱建明
戏曲论丛　甘肃人民出版社　1986.5

二一九、丁鸣春（1526？–1612？）

中 10804831
邹知县萧山湘湖记（曲目杂识四）
叶德均
戏曲小说丛考　中华书局　1979.5

二二〇、孙应鳌（1527–1586）

中 10804832
孙应鳌诗歌创作刍议
张亚新
贵州社会科学　1981：1　1981
贵州明清作家论丛　贵州人民出版社　1986.7

中 10804833
孙应鳌咏庐山诗
杨文学
贵州日报　1983.9.8

中 10804834
孙应鳌和他的《学孔精舍诗稿》
张亚新
黔东南社会科学　1987：4　1987

中 10804835
孙应鳌华山诗的思想性和艺术特色
龙光沛
贵州文史丛刊　1988：4　1988

中 10804836
孙应鳌《督学文集》初论
张亚新

贵州文史丛刊　1990：3　1990

中 10804837
“讲罢典谟因讽劝”：孙应鳌《讲筵》诗试解
杨再将
黔东南民族师专学报　1994：2　1994

中 10804838
论孙应鳌的诗歌创作
王强模
黔南民族师专学报　1997：3　1997

二二一、李贽（1527–1602）

（一）综论

中 10804839
小说评点家李卓吾
于时夏
申报　1933.1.1

中 10804840
李卓吾与新文学
朱维之
福建文化　8：18　1933.4
中国古代文论研究论文集　上海古籍出版社　1989.2

中 10804841
廊下漫笔（注：本文中有李卓吾论杜甫）
危之
大公报（上海）　1948.5.29

中 10804842
李卓吾与李宗吾
伍稼青
畅流　8：6　1953

中 10804843
谈李温陵与金圣叹——才名千古不沉沦
胖僧
畅流　20：5–8　1959

中 10804844
从李贽说起——中国哲学史中唯物主义和唯心主义互相转化的一个例证
冯友兰
新建设　1961：2/3　1961
三松堂全集　12　河南人民出版社　2000.12

中 10804845
王船山与李卓吾
嵇文甫
历史研究　1961：6　1961
王船山学术论丛　中华书局　1962.10

中 10804846
李卓吾——明代进步思想家
德清　滇生　焕阅

福建日报　1961.12.17

中 10804847
李贽的求学和著述
怀治
文汇报　1962.1.3

中 10804848
李贽谈学习
其相
光明日报　1962.1.25

中 10804849
李贽
国卿
吉林日报　1962.10.21

中 10804850
李贽——明代著名的进步思想家
唐宇元
北京日报　1962.12.12

中 10804851
傅山和李贽
王守义
学术通讯　1963：3　1963

中 10804852
李贽同耿定向的一场论争
舒焚
光明日报　1963.3.8

中 10804853
泰州学派的杰出思想家李贽
丘汉生
历史研究　1964：1　1964

中 10804854
李卓吾集评
陈允洛
福建文献　4：1　1971.3

中 10804855
李卓吾的为人及其历史观（上、下）
黎正甫
现代学苑　9：4–5　1972.4–5

中 10804856
李贽反理学、叛“圣道”的斗争
庆思
光明日报　1973.11.13

中 10804857
我国封建社会后期杰出的法家李贽
钟明元
中央民族学院学报　1974：1　1974

中 10804858
评价历史人物必须为现实斗争服务——学习鲁迅在斗争中评论李贽的一点体会
吴锡河
福建师范大学学报　1974：4　1974

中 10804859
关于李贽
陈惠翔
语文战线　1974：6　1974

中 10804860

明代反对封建道德的进步思想家——李贽

万斌

青海日报　1974.7.30

中 10804861

论李贽——兼论明代后期儒法斗争和整个阶级斗争的关系

樊树志

文汇报　1974.10.27

中 10804862

略论李贽

叶显恩

南方日报　1974.11.7

中 10804863

略谈李贽阶级属性的几个问题——兼论晚明时期的儒法斗争

福建省三明市纺织厂工人理论小组　福建师范大学中文系 73 级李贽研究小组

福建师范大学学报　1975：1　1975

中 10804864

变革有理，还是变革有罪？——试论明末李贽与耿定向的大论战

中央民族学院大批判组

中央民族学院学报　1975：1　1975

中 10804865

反映市民阶层要求的杰出思想家——李贽

赵沈萍

哈尔滨师范学院学报　1975：1　1975

中 10804866

对李贽所处时代资本主义萌芽问题的探讨

闽佐

福建师范大学学报　1975：1　1975

中 10804867

研究李贽问题的新史料——《清源林李宗谱》（部分）简介

福建省泉州市文物管理委员会

教育革命通讯　1975：1　1975

人民教育　1975：1　1975

中 10804868

李贽对文学复古派的批判

李世宁

郑州大学学报　1975：1　1975

中 10804869

明代儒法斗争的一个缩影——李贽和耿定向的斗争

郑良

文汇报　1975.2.4

中 10804870

略谈李贽对儒家反动历史观的批判

林其泉

厦门大学学报　1976：2　1976

中 10804871

李贽鼓励人们向封建主义进行斗争吗？

谢本书

哲学社会科学文集　1977：1　1977

中 10804872
重论李贽
王文才
四川师院学报　1977：4　1977

中 10804873
李卓吾：其人其事
金恒炜
中国时报　1978.9.10

中 10804874
战斗的文学思想家李贽
南石
文学评论　1979：3　1979

中 10804875
“糟粕所传非粹美”——李卓吾是怎样对待农民起义的?
马成生
杭州师范学院学报　1980：1　1980

中 10804876
李贽谈戏
永成
广州日报　1980.4.20

中 10804877
中国思想史上的一位巨人——明代著名思想家李贽
黄岩柏（黄衍伯）
理论与实践　1980：10　1980

中 10804878
李贽
唐自健
湖南日报　1981.8.6

中 10804879
李贽
傅同钦
历史教学　1982：2　1982

中 10804880
李贽“非孔反儒”辨
孙官生
思想战线　1982：2　1982

中 10804881
明代回族作家李贽
胥惠民
博格达（文艺季刊）　1983：3　1983

中 10804882
续论从李卓吾到金圣叹
马成生
杭州师范学院学报　1983：3　1983

中 10804883
李贽——封建末世的异端
徐寿凯
古代文艺思想漫话　浙江文艺出版社　1984.2

中 10804884
李贽——明末反封建启蒙思想的先驱
陈世昭
湖北大学学报　1985：3　1985

中 10804885
李贽——中国古典小说理论的奠基人
马成生
杭州师范学院学报　1985：4　1985

中 10804886
小说评点的奠基人李贽与叶昼
黄霖
古小说论概观　上海文艺出版社　1985.6

中 10804887
傅山与李贽
李明友
晋阳学刊　1987：2　1987

中 10804888
冯梦龙与李贽
王凌
福建论坛　1987：4　1987

中 10804889
李贽研究学术讨论会在泉州召开
庄炳章
哲学研究　1988：4　1988

中 10804890
李贽评朱熹与道学
林其泉
福建图书馆学刊　1989：1　1989

中 10804891
李贽生平及其著作谭要
李国庭
福建图书馆学刊　1989：1　1989

中 10804892
论李贽亦佛亦儒非佛非儒的双重价值取向
刘兴邦
湘潭大学学报　1989：4　1989

中 10804893
李贽对社会心理的洞察
自在
上饶师专学报　1990：1　1990

中 10804894
《李贽研究》余论
陈曼平
牡丹江师范学院学报　1990：2　1990

中 10804895
《红楼梦》与李贽
陈瑞生
红楼　1990：2　1990

中 10804896
“由儒入释”的思想家——李卓吾
毛始平
内明　228　1991.3

中 10804897
李贽的禅心与童心
孙长军
信阳师范学院学报　1991：3　1991

中 10804898
评福兰阁教授的李贽研究
冯至
冯至学术论著自选集　北京师范学院出

版社　1992.6

中 10804899
“象截急流，雷开蛰户”——李贽是小说评点的奠基者
黄霖　万君宝
古代小说评点漫话　辽宁教育出版社　1992.10

中 10804900
李贽和思想解放
苏双碧
天津社会科学　1993：4　1993
李贽学术国际研讨会论文集　首都师范大学出版社　1994.10

中 10804901
《李贽评传》读后［张建业著］
郭芳美
台北商专学报　40　1993.6

中 10804902
异端也在传统中——祭童心大侠李卓吾
周月亮
河北学刊　1994：2　1994

中 10804903
论李贽对专制社会文化空间的拓展
谭邦和
李贽学术国际研讨会论文集　首都师范大学出版社　1994.10

中 10804904
李贽与中国文化的走向
张立文
李贽学术国际研讨会论文集　首都师范大学出版社　1994.10

中 10804905
李贽“发愤著书”说的再思考
张俊　余继军
李贽学术国际研讨会论文集　首都师范大学出版社　1994.10

中 10804906
李卓吾名闻新加坡
林昌如
李贽学术国际研讨会论文集　首都师范大学出版社　1994.10

中 10804907
从《红楼梦》看李贽对曹雪芹的影响
张新洲
李贽学术国际研讨会论文集　首都师范大学出版社　1994.10
首都师范大学学报　1995：1　1995

中 10804908
南丝路上李贽桥
郭开云
李贽学术国际研讨会论文集　首都师范大学出版社　1994.10

中 10804909
近百年李贽研究综述
白秀芳
李贽学术国际研讨会论文集　首都师范大学出版社　1994.10

中 10804910
近百年李贽研究论文、著作目录索引
白秀芳
李贽学术国际研讨会论文集　首都师范大学出版社　1994.10

中 10804911
李贽研究在日本
［日］疋田启佑著　李燕波译
李贽学术国际研讨会论文集　首都师范大学出版社　1994.10

中 10804912
李贽研究的新成果
张辛州
北京日报　1994.10.5

中 10804913
李贽研究在国外
白秀芳
首都师范大学学报　1996：1　1996

中 10804914
李贽史论评析
马兴东
云南教育学院学报　1996：3　1996

中 10804915
李贽其人及其文学思想
余淑瑛
嘉义农专学报　52　1997.6

中 10804916
辨析精微　神交古人——读《李贽的真与奇》
梅珍生
中国图书评论　1998：12　1998

中 10804917
“虽好之，不学之”：试论公安三袁对李贽的矛盾态度
王承丹
临沂师范学院学报　2000：2　2000

中 10804918
李贽专题研究 1. 李贽与公安三袁
张建业
北京科技大学学报　2000：3　2000

中 10804919
李贽专题研究 2. 前卫与先锋——论李贽思想对曹雪芹的影响
梁归智
北京科技大学学报　2000：3　2000

中 10804920
李贽专题研究 3. 李贽的文学理念及其学术启蒙
李超
北京科技大学学报　2000：3　2000

中 10804921
“‘中国李贽研究学会筹委会’成立大会暨学术研讨会”综述
李超
史学集刊　2000：4　2000
福建论坛　2000：5　2000
云南民族学院学报　2000：6　2000

江汉论坛　2000：11　2000

中 10804922
李贽在中国散文史上的位置
郭预衡
首都师范大学学报　2000：4　2000

中 10804923
李贽论
盛瑞裕
江汉大学学报　2000：4　2000

中 10804924
中国李贽研究学会学术研讨会在北京举行
雨橦
文学遗产　2000：5　2000

中 10804925
公安三袁与李贽
孟祥荣
孔孟月刊　38：12　2000.8

（二）传记

1. 生平

中 10804926
李贽先世考
叶国庆
历史研究　1958：2　1958

中 10804927
李贽反道学和反封建礼教的一生
容肇祖
光明日报　1962.4.8

中 10804928
老而勤学的李卓吾
史向沁
天津晚报　1962.8.2

中 10804929
李卓吾是怎样一个人?
容肇祖
北京日报　1962.8.30

中 10804930
李贽离滇的年代及其在滇时期的一些活动
砚孙　乘潮
学术研究（云南）　1963：7　1963

中 10804931
李贽传
施达
教育革命　1974：2　1974

中 10804932
李贽生平斗争事迹片断
党石怀
陕西师范大学学报　1974：4　1974

中 10804933
尊法反儒的不屈战士李贽
龙哲
黑龙江日报　1974.7.25

中 10804934
从李贽挨骂谈起
吕晓明
解放日报　1974.9.7

中 10804935
不容“圣人之徒”诬蔑李贽
邱雄华
文汇报　1974.10.18

中 10804936
李贽在麻城讲学著书的故事
麻城师范理论学习小组
湖北日报　1974.11.9
李贽　福州市人民广播电台等编印　1975

中 10804937
李贽刺孔
郭颖文
安徽文艺　1974：12　1974

中 10804938
李贽传
陕西省西安机务段工厂车间理论小组　陕西师大中文系三年级第四组
陕西师范大学学报　1975：1　1975

中 10804939
李贽的家世、故居及其妻墓碑——介绍新发现的有关李贽的文物
福建省泉州市文物管理委员会　福建省泉州市海外交通博物馆陈泗东执笔
文物　1975：1　1975

中 10804940
李卓吾妻黄氏墓葬碑刻——墓碑、墓表、宪牌
福建省晋江地区文物管理委员会　晋江县文化馆
文物　1976：6　1976

中 10804941
关于李贽的民族成份问题
廖渊泉
泉州文史　1979：1　1979

中 10804942
李贽家世杂谈
陈自强
泉州文史　1979：1　1979

中 10804943
谁说的“天上的语言”
邓玉
学术研究　1979：1　1979

中 10804944
通县李贽墓
张耶
北京日报　1979.8.27

中 10804945
白眼谁能识，疏狂一老身——李贽生平简介
孟坡
回族文学丛刊　1980：1　1980

中 10804946
明代思想家李贽在山西
张建业
山西师院学报　1980：1　1980

中 10804947
杂论——李卓吾事实辨正
黄云眉
史学杂稿订存　齐鲁书社　1980.4

中 10804948
李贽的世系及先世改姓探原
林海权
福建师范大学学报　1980：4　1980

中 10804949
李贽族属考
陆树仑
朔方　1980：8　1980

中 10804950
李贽族籍浅谈
王学甫
民族文学研究　1981：1/2　1981

中 10804951
李贽与利玛窦的几次会见
钱杭
学林漫录　3　中华书局　1981.5

中 10804952
李贽下狱事探微
周祖譔
苏州大学学报　1982：1　1982

中 10804953
明代进步思想家李贽在河北
张建业
河北师范大学学报　1982：1　1982

中 10804954
天中山在哪里？李贽初入天中山是在哪一年？
林海权
福建师范大学学报　1982：1　1982

中 10804955
李贽的回族身世及其宗教信仰
禹克坤
少数民族文艺研究　1　中央民族学院少数民族文学艺术研究所　1982.10

中 10804956
李贽的仕履、政绩及其行踪考略
陈曼平　张克
克山师专学报　1984：1　1984

中 10804957
李贽故居小记
周焜民
旅游天地　1984：6　1984

中 10804958

李贽弃官与出家新探

林其泉

社会科学战线　1994：2　1994

中 10804959

论李贽寓居黄安麻城的原因及其影响

陈瑞生

李贽学术国际研讨会论文集　首都师范大学出版社　1994.10

中 10804960

李贽与闽学——李贽晚年不归故乡管见

陈桂炳

李贽学术国际研讨会论文集　首都师范大学出版社　1994.10

中 10804961

李卓吾自杀原因试探

林其贤

李贽学术国际研讨会论文集　首都师范大学出版社　1994.10

2. 思想

中 10804962

李卓吾的文学思想

吴泽

春秋　1949：4　1949.3

中 10804963

从《红楼梦》中的叛逆思想谈到李贽的叛逆思想

任访秋（任维焜）

河南师范学院教学研究汇刊　1955：8　1955

中国古典文学研究论集　长江文艺出版社　1956.12

中 10804964

李贽的进步思想

侯外庐　邱汉生

历史研究　1959：7　1959

明清人物论集　四川人民出版社　1983.8

中 10804965

李卓吾对通俗小说的卓见

复旦大学中文系 1955 级中国文学批评史明清小组

文汇报　1961.4.15

中 10804966

李卓吾的性行和思想（上、下）

韩道诚（寒爵）

反攻　243-244　1962.6-7

寒爵自选集　黎明文化事业股份有限公司　1978.6

中 10804967

李贽的封建叛逆思想——为纪念李贽逝世 360 年而作

侯外庐　李学勤

人民日报　1962.12.13

中 10804968

李卓吾思想新评价

汤承业
学园　3：2　1967.10

中 10804969
略论李贽的文艺思想
龚济民
辽宁大学学报　1974：6　1974

中 10804970
李贽的“童心说”
曲诗
大众日报　1974.7.15

中 10804971
李贽尊法反儒的文学主张
钟文斌
广西文艺　1974：8　1974

中 10804972
介绍李贽尊法反儒的文艺观
柴广润　吕兆康
解放日报　1974.9.7

中 10804973
从明末社会论李贽思想的时代特点
傅衣凌
厦门大学学报　1975：1　1975

中 10804974
李贽的文学思想
伍法
海洋文化　2：1　1975.1

中 10804975
略论李贽尊法反儒的文艺观
石彤
黑龙江文艺　1975：1　1975

中 10804976
评李贽反封建道学的文艺思想
华思理
华中师范学院学报　1975：1　1975

中 10804977
儒家文人画必须批判——读李贽论画札记
王伯敏
美术学报（杭州）　1975：1　1975

中 10804978
李贽思想座谈简介
福建省李贽著作注释组厦门小组
厦门大学学报　1975：1　1975

中 10804979
李贽文艺思想简介
田琦
安徽日报　1975.1.12

中 10804980
论李贽的文艺观——兼论明朝晚期的文艺斗争
戎为今
福建师范大学学报　1975：2　1975

中 10804981
李贽的晚明反复古文艺的斗争
伍法

海洋文艺　2：2　1975.2

中 10804982
从晚明文艺领域的一场大辩论看李贽的文艺观
殷光熹
思想战线　1976：2　1976

中 10804983
李贽与《水浒》——李贽思想杂谈
陈旭麓
水浒评论集　上海人民出版社　1976.4

中 10804984
李贽的文艺思想
李茂肃
山东师院学报　1979：1　1979

中 10804985
李卓吾杂揉儒道法佛四家思想
王煜
香港中文大学中国文化研究所学报　10：2　1979
明清思想家论集　联经出版事业公司　1981.5

中 10804986
李贽的"童心说"与"顺其性"论
敏泽
文艺论丛　9　上海文艺出版社　1980.1

中 10804987
杰出的回族思想家李贽
刘德仁
西南民族学院学报　1982：1　1982

中 10804988
"以自然之为美"——李贽文艺思想评述
蒋志雄
学习与思考　1982：1　1982

中 10804989
李贽的"化工"说
苏国荣
戏曲研究　6　文化艺术出版社　1982.7

中 10804990
李卓吾和小说理论中的发愤著书说
王先霈
华中师范学院学报　1983：1　1983

中 10804991
李贽的"童心"说和曹雪芹的《红楼梦》
张锦池
红楼梦学刊　1983：1　1983

中 10804992
李卓吾小说创作论评述
陈洪　沈福身
天津社会科学　1983：2　1983

中 10804993
李贽的美学思想
陈曼平　张克
延边大学学报　1983：4　1983

中 10804994
李贽论文学创作

黄高宪
文学评论丛刊　18　中国社会科学出版社　1983.10

中 10804995
李贽的思想与容与堂一百回刻本《水浒传》评点
朱恩彬
古代文学理论研究丛刊　9　上海古籍出版社　1984.4

中 10804996
从童心说看李贽的美学思想
刘健芬
江汉论坛　1984：6　1984

中 10804997
谈回族文学家李贽的小说理论
张菊玲
朔方　1984：10　1984

中 10804998
李贽和他的《童心说》
迅飞
自修大学　1984：11　1984

中 10804999
李贽"童心说"及其在明清文学史上的意义
朱泽吉
河北师院学报　1985：1　1985

中 10805000
李贽"非圣无法"思想分析
张文生
内蒙古师大学报　1985：1　1985

中 10805001
李贽与晚明思想解放及文学革新运动
任访秋（任维焜）
河南大学学报　1985：2　1985

中 10805002
曹雪芹的小说观和李贽的"童心"文学观
白坚
中国古代小说理论研究　华中工学院出版社　1985.6

中 10805003
李贽的"童心说"与龚自珍的文学思想
张兵
古代文学理论研究丛刊　10　上海古籍出版社　1985.6

中 10805004
评李贽的文艺美学思想
彭胜云
四川师范大学学报　1986：6　1986

中 10805005
论李贽、王船山思想异同
李行之
船山学报　1987：1　1987

中 10805006
论李贽对农民起义的态度
白坚
明清小说研究　6　中国文联出版公司

1987.12

中 10805007

简析李贽的文学创作论

黎启全

贵州大学学报　1988：2　1988

中 10805008

自主意识的新觉醒——略论李贽思想的时代色彩

孙明章

厦门大学学报　1988：3　1988

中 10805009

论李贽入世与出世思想的矛盾统一

李锦全

江汉论坛　1988：3　1988

中 10805010

李贽思想新探

苏双碧

山东社会科学　1988：4　1988

视野内的历程　光明日报出版社　1990.6

中 10805011

“童心说”和人文主义

黄炳辉

浙江学刊　1988：6　1988

中 10805012

李贽美学思想的近代倾向

姚文放

学术月刊　1988：11　1988

中 10805013

绝假纯真　笃实生辉——论李卓吾的文学观

李振龙

江汉大学学报　1989：1　1989

中 10805014

中国古代文学理论观念的质变——李贽的“童心说”新探

王建疆

中国古代文学理论名著探索　广西师范大学出版社　1989.2

中 10805015

试论李贽思想对日本的影响

林其泉

长沙水电师院学报　1990：1　1990

中 10805016

李贽、冯梦龙论文学的“教”

郑兴发

求是学刊　1990：3　1990

中 10805017

从李贽到金圣叹：市民性的浪漫戏曲美学思潮

杜卫

西北师大学报　1991：1　1991

中 10805018

试论李贽“不以孔子之是非为是非”的观念史意义

池胜昌

历史学报（师大）　19　1991.6

中 10805019
李贽美学思想片论
杨志恒
福建论坛　1991：6　1991

中 10805020
异端的悲剧——李贽的美学思想论
吕孝龙
云南师范大学学报　1992：6　1992

中 10805021
李卓吾之文学理论探究
谢金美
台南师院学报　25　1992.7

中 10805022
李卓吾之文论
陈清辉
健行学报　12　1992.12

中 10805023
李贽、龚自珍童心思想的多向辨析
孙长军　杨德贵
信阳师范学院学报　1993：1　1993

中 10805024
“异端”的别一层意义——李贽思想在中国学术文化史上的理论方位
王育济
山东大学学报　1994：1　1994
李贽学术国际研讨会论文集　首都师范大学出版社　1994.10

中 10805025
论李贽的“以自然之为美”
蔡钟翔
中国人民大学学报　1994：2　1994
李贽学术国际研讨会论文集　首都师范大学出版社　1994.10

中 10805026
李贽的思想根源
黄文树
孔孟月刊　32：6　1994.2

中 10805027
李贽自然人性论美学初探
杨金洲
中南民族学院学报　1994：3　1994

中 10805028
李贽的伦理思想（上、下）
陈增辉
孔孟月刊　32：7–8　1994.3–4

中 10805029
一代狂狷——李贽的狂狷性格与民主思想及其历史意义
张建业
北京社会科学　1994：4　1994
李贽学术国际研讨会论文集　首都师范大学出版社　1994.10

中 10805030
李贽和晚明新文艺思潮
盛瑞裕
传统文学新论　华中理工大学出版社

1994.5

中 10805031
耿、李之争与李贽晚年的人格心态巨变
左东岭
北方论丛　1994：5　1994

中 10805032
李贽“童心”说辨析
杨铸
李贽学术国际研讨会论文集　首都师范大学出版社　1994.10

中 10805033
顺流击浪　逆水扬波——李贽杂文的艺术理趣
张善文
李贽学术国际研讨会论文集　首都师范大学出版社　1994.10

中 10805034
试论李贽的人生价值取向与终极关怀
李锦全
李贽学术国际研讨会论文集　首都师范大学出版社　1994.10

中 10805035
略论庄子、李贽“以自然之为美”的异同
孙以昭　周威兵
李贽学术国际研讨会论文集　首都师范大学出版社　1994.10

中 10805036
李贽思想对日本的影响
李甦平
李贽学术国际研讨会论文集　首都师范大学出版社　1994.10

中 10805037
李贽思想的进步性
任继愈
李贽学术国际研讨会论文集　首都师范大学出版社　1994.10

中 10805038
简论李贽的思想及其杰出的历史性贡献
敏泽
李贽学术国际研讨会论文集　首都师范大学出版社　1994.10

中 10805039
李贽的小说观
段启明
李贽学术国际研讨会论文集　首都师范大学出版社　1994.10

中 10805040
李贽——晚明人文主义新思潮的先驱者
邱少华
首都师范大学学报　1995：4　1995

中 10805041
禅宗思想与李贽的童心说
左东岭　杨雷
郑州大学学报　1995：5　1995

中 10805042
论李贽自然观的突破

赵海梅
首都师范大学学报　1995：5　1995

中 10805043
李贽审美理想管窥
刘支宇
杭州大学学报　1996：1　1996

中 10805044
明代异端思想家李贽
魏崇新
文史知识　1996：2　1996

中 10805045
李贽与王国维文学观念之比较——文学上的童心与赤子之心
谢明阳
中国文化月刊　197　1996.3

中 10805046
简析李贽对人的认识及其意义
徐芳维
贵州民族学院学报　1996：4　1996

中 10805047
李卓吾美学思想析论
陈清辉
侨生大学先修班学报　4　1996.7

中 10805048
论回族思想家李贽的戏剧审美观
彭书麟
青海社会科学　1997：1　1997

中 10805049
袁宏道性灵说研究：兼与李贽比较
［韩］金庭希
中国人民大学学报　1997：5　1997

中 10805050
李贽“童心说”微旨初探
陈清辉
侨生大学先修班学报　5　1997.7

中 10805051
论李贽与明中后期散文新变
张建业　张绍梅
首都师范大学学报　1998：2　1998

中 10805052
论李贽“童心说”在其文艺思想中的作用与意义
［韩］朴钟学
中国文学研究　1998：3　1998

中 10805053
泰州学派与中国通俗文学的繁荣：兼论李贽的“异端”学说
和向朝
云南师范大学学报　1999：1　1999

中 10805054
李贽和他的“童心说”
徐孝先
沈阳教育学院学报　1999：2　1999

中 10805055
以情为思想标帜，以情为艺术立法：论李

贽的情感美学观
黄南珊
武汉教育学院学报　1999：2　1999

中 10805056
李贽禅学的内涵与实践
陈清辉
侨生大学先修班学报　7　1999.7

中 10805057
左东岭《李贽与晚明文学思想》序
罗宗强
罗宗强古代文学思想论集　汕头大学出版社　1999.11

中 10805058
李贽的文艺美学思想
卞尊昌
青岛大学师范学院学报　2000：2　2000

中 10805059
李贽佛学思想初探
纪华传
宗教研究　2000：2　2000

中 10805060
从“童心说”看李贽的美学思想
唐丽娟
云南师范大学学报　2000：4　2000

中 10805061
李贽“童心说”的再诠释及其在美学史上的意义
萧义玲
东华人文学报　2　2000.7

（三）作品

中 10805062
关于李卓吾评批的曲本
吴新雷
江海学刊　1963：4　1963

中 10805063
李贽批评《三国演义》辨伪
陆联星
光明日报　1963.4.7

中 10805064
试论李卓吾对《水浒传》的评点
萧伍
学术月刊　1964：5　1964

中 10805065
评李贽《童心说》
黄海章
中山大学学报　1965：3　1965
中国文学批评论文集　岳麓书社　1983.4

中 10805066
评李贽《忠义水浒传序》
黄海章
学术研究（广东）　1965：2　1965
中国文学批评论文集　岳麓书社　1983.4

中 10805067
关于李卓吾对《水浒传》的评点问题
刘致中
光明日报　1965.3.28

中 10805068
一篇颂法扬秦的历史述评——读李贽《史纲评要・后秦记》
翁光宇
广东师院学报　1974：2　1974

中 10805069
试评李贽的《藏书》
郑乃臧　唐再兴
江苏师院学报　1974：3　1974

中 10805070
李贽《藏书・世纪列传总目前论》[法家著作选读]
福建省福州二化工人理论学习小组　福建师范大学中文系七二级工农兵学员
福建师范大学学报　1974：3　1974

中 10805071
李贽两篇短文注译
伊兰
西北大学学报　1974：3　1974

中 10805072
反理学的一面旗帜——读李贽的《童心说》
广东省广州市新滘公社凤和大队贫下中农理论学习小组　中山大学历史系一年级工农兵学员
中山大学学报　1974：4　1974

中 10805073
百犬吠“圣”　一样下场——从李贽《圣教小引》谈起
马先义　潘友林
山东师院　1974：5　1974

中 10805074
读李贽《忠义水浒传》序和评点
华师中文系评论组
武汉文艺　1974：5　1974

中 10805075
明代著名的法家代表李贽——读《藏书》笔记
包遵信
文物　1974：6　1974

中 10805076
读《赞刘谐》
严伦祖
贵州日报　1974.7.8

中 10805077
敢于蔑视孔孟之道的战斗篇章——读李贽的《焚书・答耿中丞》
天津橡胶工业公司工人理论研究小组
天津日报　1974.7.20

中 10805078
从《史纲评要》看李贽的尊法反儒思想
傅家麟　林其泉
福建日报　1974.7.27

中 10805079
从《藏书》看李贽尊法反儒的战斗精神
史文
重庆日报　1974.7.29

中 10805080
从《史纲评要》看李贽的尊法反儒思想
王荣刚　严同明　韩天宇
学习与批判　1974：8　1974
李贽思想评介　福建人民出版社　1974.12

中 10805081
叛“圣道”反“理学”的宣言书——李贽的《答耿中丞》
北京大学哲学系七三级工农兵学员
北京日报　1974.8.22

中 10805082
介绍李贽的一部重要著作——明刻本《史纲评要》
福建省泉州市文物管理委员会　厦门大学历史系
文物　1974：9　1974

中 10805083
跋上海博物馆所藏李贽手迹
汪庆正
文物　1974：10　1974

中 10805084
剥下“孔圣人”的画皮——读李贽《题孔子像于芝佛院》
天津列车段 91/92 次妇女包乘组　天津市东郊区潘庄中学
天津日报　1974.11.27
李贽　福州市人民广播电台等编印　1975

中 10805085
评《李卓吾批点皇明通纪》
司徒季
学习与批判　1974：12　1974

中 10805086
李贽《焚书》题名的由来
温静宇
广西教育　1974：12　1974

中 10805087
巧戏孔“大圣”——读李贽《题孔子像于芝佛院》
孙宪周
河南日报　1974.12.8

中 10805088
李贽笔下的孔孟之徒
余元豹　洪正光
福建日报　1974.12.10

中 10805089
李贽诗歌三首译注
山东师院中文系写作组
山东师院　1975：1　1975

中 10805090
刺向儒家的利剑——读李贽《斥耿篇》
蔡义和　章仞彪
解放军报　1975.1.18

中 10805091
掷向孔老二及封建道学的一支投枪——谈李贽的《题孔子像于芝佛院》
许兴良　徐采石
新华日报　1975.1.18

中 10805092
猛烈抨击儒家圣人、圣学、圣徒的战斗作品——读李贽的《四书评》
潘瓯
光明日报　1975.1.31

中 10805093
讨伐孔老二的战斗檄文——读李贽《题孔子像于芝佛院》
赵良智　顾申洁　张待德　陈清梅
福建文艺　1975：2　1975

中 10805094
李贽反对封建道学的文艺批评
华思理
解放军文艺　1975：2　1975

中 10805095
一反千年骂曹逆流——李贽是怎样评点《三国演义》的
李万钧
福建师范大学学报　1975：2　1975

中 10805096
李贽:《过雁门》
黑龙江大学中文系《历代尊法反儒诗选》编写组
黑龙江大学学报　1975：2　1975

中 10805097
李贽戏曲批语中的反儒精神
洪途
文汇报　1975.2.18

中 10805098
让历史为现实的阶级斗争路线斗争服务——读李贽的《藏书》《续藏书》
余怀彦
贵阳师院学报　1975：3　1975

中 10805099
批判"男尊女卑"的一篇战斗檄文——谈李贽《答以女人学道为见短书》
解放军某部医院理论小组
安徽日报　1975.3.10

中 10805100
一支非礼反儒的锐利投枪——读李贽的《童心说》
华新水泥厂工人理论学习小组
湖北日报　1975.3.31

中 10805101
痛斥"女人短见"的战斗檄文——读李贽《答以女人学道为见短书》
陕西省西安市妇联三结合理论小组　陕西省图书馆历史文献部
陕西日报　1975.3.31

中 10805102
从李贽《赞刘谐》说起
胡华丁
浙江日报　1975.5.19

中 10805103
李贽为什么写《藏书》？
汤啸
北京日报　1975.6.9

中 10805104
刺向孔丘的利剑——读李贽的《赞刘谐》
王里　李仑柱
天津日报　1975.6.10

中 10805105
刺向孔孟之徒的匕首——读李贽《赞刘谐》
李先著
新疆日报　1975.8.3

中 10805106
刺向儒家的一柄利剑——读李贽的《书能误人》
王凤礼
天津日报　1975.8.18

中 10805107
评李贽批点《忠义水浒传》
王安全　赵爱国
甘肃师范大学学报　1976：1　1976

中 10805108
是拆庙还是补天？——李贽与《水浒》及其他
陈旭麓
学习与批判　1976：2　1976

中 10805109
反儒的闯将与尊孔的奴才——评李贽和王世贞的两首诗
培文
思想战线　1976：3　1976

中 10805110
论李贽与《水浒传》
许玉琢
吉林师大学报　1977：5/6　1977

中 10805111
评李贽的《忠义水浒传叙》
贵州大学历史系科研组
思想战线　1977：6　1977

中 10805112
试论李卓吾对《水浒传》的批评
马成生
杭州师范学院学报　1979：1　1979

中 10805113
李卓吾评点小说的贡献
陈谦豫
上海师范大学学报　1979：3　1979

中 10805114
李贽《四书评》真伪辨
崔文印
文物　1979：4　1979

中 10805115
从《孙子参同》看李贽的军事思想——李贽研究之三
张建业
福建师范大学学报　1980：2　1980

中 10805116
“穿衣吃饭即是人伦物理”——浅谈李贽戏曲批评的道
苏国荣
戏剧界　1980：3　1980

中 10805117
《四书评》不是李贽著作的考证
崔文印
哲学研究　1980：4　1980

中 10805118
李贽的戏曲批评及其他
赵景深（邹啸）
曲论初探　上海文艺出版社　1980.7

中 10805119
天下至文，出自真心——读李贽《童心说》和《杂说》
姚崇实
承德师专学报　1981：1　1981

中 10805120
评李贽的《童心说》
王肇亨
零陵师专学报　1981：1　1981

中 10805121
《四书评》并未嘲笑孔子
叶朗
北京大学学报　1981：2　1981

中 10805122
《史纲评要》基本上是李贽所评纂
陈泗东
泉州文史　5　1981.10

中 10805123
论李卓吾的戏剧批评
夏写时
古代文学理论研究丛刊　4　上海古籍出版社　1981.10

中 10805124
李卓吾批本《西厢记》的特征、真伪与影响
蒋星煜（布谷、白甲）
戏曲研究　4　文化艺术出版社　1981.12

中 10805125
师俭堂刊汤显祖本《西厢记》与李卓吾本的关系
蒋星煜（布谷、白甲）
戏剧学习　1982：1　1982

中 10805126
《史纲评要》是吴从先假李卓吾之名以行
王利器
社会科学战线　1982：3　1982

中 10805127
李卓吾本《西厢记》对明末孙月峰本魏仲雪本的影响
蒋星煜（布谷、白甲）
学术月刊　1982：5　1982

中 10805128
李卓吾的戏剧批评及其它

夏写时
福建戏剧　1982：5　1982

中 10805129
李卓吾评点《三国》
丘振声
《三国演义》纵横谈　漓江出版社　1983.1

中 10805130
也谈李贽《四书评》的真伪问题
刘建国
贵州社会科学　1983：3　1983

中 10805131
评李贽《杂说》
黄海章
中国文学批评论文集　岳麓书社　1983.4

中 10805132
试论李卓吾对《水浒传》的评点
郑公盾
水浒传论文集　宁夏人民出版社　1983.5

中 10805133
李贽在姚安的诗文一瞥
周应新
云南日报　1983.8.7

中 10805134
李贽评点的《水浒传》版本辨析
朱恩彬
山东师范大学学报　1984：1　1984

中 10805135
是志士，也是勇士——李贽著《焚书》和《藏书》
金荣
书林　1984：6　1984

中 10805136
李贽的文学思想与小说批评
董国炎
山西大学学报　1985：2　1985

中 10805137
容与堂本《水浒》李卓吾评非叶昼伪托辨
马成生
中国古代小说理论研究　华中工学院出版社　1985.6

中 10805138
略谈李贽的《忠义水浒传》序
程毅中
电大文科园地　1985：7　1985

中 10805139
《童心论》与写作的真实
洪珉
蒲峪学刊　1987：4　1987

中 10805140
略谈李贽著作的焚毁与流布
陈秀娘
福建图书馆学刊　1989：1　1989

中 10805141
析李贽《独坐》

孟泽
名作欣赏　1989：2　1989

中 10805142
李贽和他的散文艺术
张凡
北京师范学院学报　1990：5　1990

中 10805143
兀傲冷峻　情韵悠远——读李贽《独坐》
钟尚钧
阅读与写作　1991：4　1991

中 10805144
“自当与天地相终始”——摭谈李贽划时代的戏剧理论批评
赵建新
李贽学术国际研讨会论文集　首都师范大学出版社　1994.10

中 10805145
从《焚书》看李贽与道家思想
宋珂君
李贽学术国际研讨会论文集　首都师范大学出版社　1994.10

中 10805146
混世不妨狂作态　绝弦肯与俗为名？——李贽诗歌刍论
王玫
李贽学术国际研讨会论文集　首都师范大学出版社　1994.10

中 10805147
李卓吾的小说理论与《水浒传》的评点
张少康
李贽学术国际研讨会论文集　首都师范大学出版社　1994.10

中 10805148
浅谈李贽《水浒》评点中的小说人物论
李燕波
李贽学术国际研讨会论文集　首都师范大学出版社　1994.10

中 10805149
李贽《初潭集》评介
林正三
德明学报　11　1996.3

中 10805150
《李卓吾先生批评三国志》真伪及评点的进步思想
李富生
首都师范大学学报　1996：4　1996

中 10805151
《山中一夕话》初探
侯淑娟
东吴中文研究集刊　3　1996.5

中 10805152
治学之疑——读李贽《答僧心如》
张绍梅
北京日报　1997.1.15

中 10805153
论“李卓吾评点四书笑”之谐拟性质
黄庆声
中华学苑　51　1998.2

中 10805154
一代思想家的落寞情怀——析李贽《独坐》
孟泽
古典文学知识　1998：5　1998

中 10805155
《初潭集》与李贽出家小议
任冠文
广西师范大学学报　1999：3　1999

中 10805156
读李贽《童心说》
孟昭燕
华夏文化　1999：3　1999

二二二、张凤翼（1527–1613）

中 10805157
关于张凤翼的《水浒传序》
试得
光明日报　1965.5.9

中 10805158
明戏曲家张凤翼（读曲小纪二）
叶德均
戏曲小说丛考　中华书局　1979.5

中 10805159
张凤翼
高国藩
江苏戏曲　1980：5　1980

中 10805160
论张凤翼及其《红拂记》
谭正璧　谭寻
河北大学学报　1981：3　1981
曲海蠡测　浙江人民出版社　1983.1

中 10805161
读张凤翼《水浒传序》
试得
光明日报　1983.1.4

中 10805162
关于张凤翼和天都外臣的《水浒传序》
徐朔方
光明日报　1983.5.10
小说考信编　上海古籍出版社　1997.10

中 10805163
论张凤翼：汤显祖同时代的曲家论之一
徐朔方
艺术百家　1988：2　1988

中 10805164
略论张凤翼及其戏剧创作
杨海中
中州学刊　1990：6　1990

二二三、戚继光（1528–1588）

中 10805165
未敢忘危负岁华——读戚继光的一首诗
曲树程
语文教学（烟台师专） 1980：5　1980

中 10805166
《明经世文编》与戚继光研究
陈抗生
中国历史文献研究集刊　2　湖南人民出版社　1981.12

中 10805167
戚继光
朱鸿
中国历史人物广播讲座专集　1982.9

中 10805168
民族英雄的豪迈诗章——戚继光《盘山绝顶》浅析
王彦永
语文学习　1986：5　1986

中 10805169
将帅诗人戚继光和他的爱国主义诗篇
曲树程
山东社会科学　1988：6　1988

二二四、邓子龙（1528？–1598）

中 10805170
名将邓子龙和他的诗
张竹邦
民族文化　1982：4　1982

二二五、王圻（1530–1615）

中 10805171
《稗史汇编》“院本”条非元人记元事——与周村同志商榷
李修生
江海学刊　1963：2　1963

中 10805172
《稗史汇编》“院本”条仍是元人记元事
王骧
江海学刊　1963：4　1963

二二六、陈有年（1531–1598）

中 10805173
陈有年生卒辨:《明人传记资料索引》补正
何冠彪
书目季刊 19：2 1985.9

二二七、薛论道（1531–1600）

中 10805174
薛论道的《黄莺儿·塞上重阳》——小令欣赏之五
赵景深（邹啸） 陆树仑
文汇报 1962.12.21

中 10805175
关于“王庭”的理解
杨白桦 赵景深（邹啸） 陆树仑
文汇报 1963.2.5

中 10805176
赋得豪情满太行——读薛论道［黄莺儿］《塞上重阳》
黄竹三
元明散曲鉴赏集 人民文学出版社 1989.1

中 10805177
从战场到诗坛的猛将——薛论道
邹豪生
不残辑——中国古今残疾文艺家评传 华夏出版社 1990.2

二二八、史槃（1531–1630）

中 10805178
《樱桃记》与《打樱桃》
赵景深（邹啸）
小说戏曲新考 世界书局 1939.1
中国戏曲初考 中州书画社 1983.8

中 10805179
史槃及其戏曲创作
佘德余
戏文 1999：1 1999

二二九、袁黄（1533–1606）

中 10805180
袁黄的生平
毛一波
华学月刊　20　1973.8

中 10805181
《四书人物演义》选评
龚维英
合肥教育学院学报　1999：3　1999

二三〇、释袾宏（1535–1615）

中 10805182
明代吾浙大和尚——莲池大师
朴庵
浙江月刊　9：2　1977.2

二三一、朱载堉（1536–1611）

中 10805183
朱载堉与《乐律全书》
秦佩珩
人民音乐　1963：4　1963

中 10805184
《太和正音谱》和《乐律全书》
徐寿凯
古代文艺思想漫话　浙江文艺出版社　1984.2

中 10805185
朱载堉的《醒世词》
路工
访书见闻录　上海古籍出版社　1985.8

中 10805186
《律学新说》及其作者——纪念朱载堉诞辰 450 周年
冯文慈
律学新说　人民音乐出版社　1986.9

中 10805187
朱载堉〔黄莺儿〕《骂钱》赏析
赵山林
古典文学知识　1989：6　1989

中 10805188
朱载堉律学之研究
陈万鼐
东吴文史学报　8　1990.3

中 10805189
朱载堉和他的《醒世词》
范沛潍
河南大学学报　1992：2　1992

中 10805190
炎凉世态的真实写照——朱载堉〔中吕·山坡羊〕《富不可交》曲赏析
俞为民
古典文学知识　1998：2　1998

中 10805191
朱载堉和他的《醒世词》
康华
南都学坛　1998：5　1998

二三二、潘之恒（1536–1621）

中 10805192
潘之恒——明代戏曲表演艺术评论家
路工
戏剧报　1961：14　1961

中 10805193
明代戏曲表演艺术评论家——潘之恒
路工
人民日报　1961.8.9
访书见闻录　上海古籍出版社　1985.8

中 10805194
被忽略了的优秀戏曲评论家——谈潘之恒和他的作品
汪效倚
戏剧界　1982：6　1982

中 10805195
潘之恒生卒考
汪效倚
戏曲研究　9　文化艺术出版社　1983.3

中 10805196
潘之恒卒年·洪升生年
汪效倚
戏曲研究　14　文化艺术出版社　1985.1

中 10805197
《鸾啸小品》钩沉
齐森华
曲论探胜　华东师范大学出版社　1985.4

中 10805198
世说体小说的上乘之作：读《舌华录》和《明语林》
李灵年
明清小说研究　1996：2　1996

中 10805199
潘之恒评传
赵山林
戏剧艺术（上海戏剧学院学报） 1996：4　1996

中 10805200
潘之恒生平考述
郑志良
文献　2000：3　2000

二三三、张元忭（1538–1588）

中 10805201
论浙中王门学者张元忭之思想内涵与学术倾向
张克伟
哲学与文化　18：10　1991.10

二三四、顾大典（1540–1596）

中 10805202
顾大典生平事迹补正
金宁芬
河北师院学报　1995：2　1995

二三五、焦竑（1540–1620）

中 10805203
焦竑《国史经籍志》的评价
昌彼得
屈万里先生七秩荣庆论文集　联经出版事业公司　1978.10

中 10805204
焦竑及其《玉堂丛语》
李焯然
文献　1982：2　1982
食货月刊　12：6　1982

中 10805205
焦竑的隐居、交游与其别号“龙洞山农”
卜键
文学遗产　1986：1　1986

中 10805206
融通儒佛的焦竑文论
周群
苏州大学学报　1999：3　1999

二三六、王骥德（1540–1623）

中 10805207
可歌·可读·可解——读王骥德《曲律》札记
颜长珂
文汇报　1962.4.12

中 10805208
王骥德曲学述评
曾永义
说戏曲　联经出版事业公司　1976.9

中 10805209
论王骥德的戏剧批评
夏写时
戏剧艺术（上海戏剧学院学报）1979：1　1979

中 10805210
王骥德是吴江派吗？
夏写时
学术月刊　1979：4　1979

中 10805211
王骥德和吴江派
徐扶明（辅民）
学术月刊　1979：5　1979

中 10805212
王骥德传略考辨
姚柯夫
文献　1980：3　1980

中 10805213
王骥德《曲律》
赵景深（邹啸）
曲论初探　上海文艺出版社　1980.7

中 10805214
王骥德《曲律》漫议
齐森华
古代文学理论研究丛刊　3　上海古籍出版社　1981.2

中 10805215
王骥德与吴江派问题的再探讨——与夏写时先生商榷
陈建华
学术月刊　1981：6　1981

中 10805216
王骥德论戏曲创作结构
孙崇涛
戏剧界　1982：1　1982

中 10805217
王骥德《曲律》的戏曲创作论
叶长海
上海戏剧　1982：2　1982

中 10805218
王骥德论戏曲结构的美学特征
蓝凡
陕西戏剧　1982：3　1982

中 10805219
王骥德戏曲理论简评
俞为民
南京大学学报　1983：2　1983

中 10805220
王骥德的戏曲创作论——评《曲律》
孙崇涛　叶长海
中国社会科学　1983：3　1983
文学探讨撷英（上册）　陕西人民出版社　1988.7

中 10805221
《曲律·论剧戏》简析
叶长海
河南戏剧　1983：6　1983

中 10805222
秉炬入谷　光耀百世——简评《王骥德曲律》
张自文
光明日报　1983.11.29
湘版书评三集　湖南人民出版社　1988.2

中 10805223
王骥德《曲律》的创作论
叶长海
戏曲艺术　1983 增刊　1983

中 10805224
论王骥德的《曲律》
陈长义
古代文学理论研究丛刊　9　上海古籍出版社　1984.4

中 10805225
论王骥德的散曲理论
黄强
文学研究丛刊　1　上海社会科学院出版社　1984.5

中 10805226
王骥德的本色说再探
许祥麟
戏曲研究　12　文化艺术出版社　1984.6

中 10805227
《曲律》管窥
齐森华
曲论探胜　华东师范大学出版社　1985.4

中 10805228
王骥德的《曲律》简介
袁震宇
文学知识　1986：2　1986

中 10805229
从沈、汤之争看王骥德的艺术观
王秋贵
安徽师范大学学报　1987：2　1987

中 10805230
我国最早全面论述戏曲修辞的著作：明王

骥德的《曲律》
宗廷虎
淮北煤师院学报　1988：2　1988

中 10805231
王骥德及其影响下的晚明剧论
谢柏梁（谢柏良）
中山大学学报　1989：2　1989

中 10805232
王骥德的戏曲风格论
游友基
求是学刊　1989：6　1989

中 10805233
试析王骥德的南曲音韵论与实际运用
李惠绵
大陆杂志　79：5　1989

中 10805234
王骥德在曲论上的贡献
张增元
天津社会科学　1990：2　1990

中 10805235
从浪漫主义到古典主义的逆转——王骥德的戏剧美学思想
姚文放
求是学刊　1991：3　1991

中 10805236
王骥德吕天成年谱引论
徐朔方
艺术百家　1992：1　1992

中 10805237
王骥德《曲律》：主客兼顾的"体系"初构
李培坤　王政
武陵学刊　1996：5　1996

二三七、陈第（1541–1617）

中 10805238
关于陈第及其《东番记》之研究
方豪
"中央日报"　1955.9.26

中 10805239
《东番记》作者连江陈第二三遗事
陈必康
台湾新生报　1955.10.2

中 10805240
《东番记》与沈有容
毛一波
"中央日报"　1956.3.18

中 10805241
最先渡台之学者——陈第
朱玖莹
文史荟刊　1　1959.6

中 10805242
明代学者陈第的生平
高啸云
国语日报·书和人　453　1982.10

中 10805243
陈第及其《毛诗古音考》
康瑞琮
天津师大学报　1985：3　1985

二三八、王弘诲（1541–1617）

中 10805244
千年往事空啼鸟——王弘诲的《建州城怀古》
周济夫
海南日报　1987.5.31

二三九、王同轨（1541？–？）

中 10805245
《耳谈》整理小记
孙顺霖
殷都学刊　1990：3　1990

中 10805246
细微之处见精神：孙顺霖校注《耳谈》读后
东英
许昌师专学报　1992：4　1992

二四〇、屠隆（1543–1605）

中 10805247
屠隆的传奇
赵景深（邹啸）
小说戏曲新考　世界书局　1939.1
中国戏曲初考　中州书画社　1983.8

中 10805248
修文记跋
郑振铎（西谛、郭源新）
中国文学研究（上）　作家出版社　1957.12

中 10805249
屠隆的艺术风格论
陈永标
华南师院学报　1979：3　1979

中 10805250
关于《彩毫记》及其它
茅盾

读书　1980：3　1980
茅盾古典文学论文集　上海古籍出版社　1986.12

中 10805251
屠隆的文学批评
张健
“中央日报”　1981.4.7

中 10805252
屠隆的文学理论
周志文
幼狮学志　17：4　1982

中 10805253
屠隆的《白榆集》
魏子云
“中央日报”　1983.11.2

中 10805254
明代剧作家屠隆
马美信
戏曲论丛　甘肃人民出版社　1986.5

中 10805255
虚实相生　诗文臻妙
肖洪林
文学知识　1987：8　1987

中 10805256
明代后期文学思想演变的一个侧面：从屠隆到竟陵派
谈蓓芳
复旦学报　1989：1　1989

中 10805257
屠隆与文学解放思潮
李燃青　郑闰
宁波师院学报　1992：2　1992

中 10805258
屠隆著作考述
袁慧
宁波师院学报　1993：3　1993

中 10805259
一朝才子传屠隆
桂心仪
宁波师院学报　1993：3　1993

中 10805260
屠隆生平著述考
隗芾
社会科学战线　1993：6　1993

中 10805261
《昙花记》的创作时间与《词林一枝》的刊刻年代
马美信
中西学术　1　学林出版社　1995.6

中 10805262
以传奇阐佛理，采史料为戏曲：论屠隆的《昙花记》
田同旭
山西大学学报　2000：2　2000

中 10805263
适意为美，畅抒情灵：屠隆文学批评一瞥

张静秋
连云港教育学院学报　2000：2　2000

中 10805264
屠隆的文学思想及其“性灵”论的学术渊源
周群
南京师大学报　2000：6　2000

二四一、陈与郊（1544–1611）

中 10805265
高漫卿
严敦易
元明清戏曲论集　中州书画社　1982.8

中 10805266
陈与郊及其剧作
张人和
东北师大学报　1989：1　1989

中 10805267
陈与郊年谱引论
徐朔方
艺术百家　1991：2　1991

二四二、于慎行（1545–1608）

中 10805268
略论于慎行及其诗文创作
赵琪　尧唐
聊城师范学院学报　1998：4　1998

二四三、冯梦祯（1546–1605）

中 10805269
晚明文人戏曲生活的记录——读《快雪堂日记》
赵山林
戏剧艺术（上海戏剧学院学报）1987：3　1987

二四四、钱一本（1546–1617）

中 10805270
《万历邸钞》述评（连载）
庄练（苏同炳）
“中央日报” 1969.1.10–13
东方杂志 3：10 1970.4

中 10805271
《万历邸钞》作者问题的商榷
庄练（苏同炳）

中 10805272
略论《万历邸钞》
尹韵公
新闻与传播研究 1989：1 1989
新闻研究资料 1989：45 1989

二四五、释德清（1546–1623）

中 10805273
读晚明诸师遗集——憨山大师
晓云
文艺复兴 43 1973.7

二四六、王士性（1547–1598）

中 10805274
王士性诗歌概论
朱汝略
东南文化 1994：2 1994

二四七、华善述（1547–1609）

中 10805275
等你三千——华善述·蟠桃恩
黄永武
中华日报 1984.12.5

二四八、李维桢（1547–1626）

中 10805276
李维桢对明代格调论的突破与创新
查清华
中国韵文学刊　2000：1　2000

二四九、周汝澄（1547–1629）

中 10805277
周汝澄生平及其著述论略
张克伟
书目季刊　22：4　1989.3

二五〇、梅鼎祚（1549–1615）

中 10805278
《玉合记》的三个印象
赵景深（邹啸）
读曲随笔　北新书局　1936.11
中国戏曲初考　中州书画社　1983.8
读曲随笔　上海文艺出版社　1999.1

中 10805279
梅鼎祚——明代安徽剧作家简介之二
茆耕茹
艺谭　1980：2　1980

中 10805280
读梅鼎祚的《玉合记》
王卫民
光明日报　1984.2.28

中 10805281
梅鼎祚和他的剧作
王卫民
艺谭　1984：3　1984

中 10805282
鬼之董史与鬼之精英：谈梅鼎祚和他的《才鬼记》
田璞　查洪德
殷都学刊　1988：3　1988

中 10805283
梅鼎祚和他纂辑的《才鬼记》
田璞　查洪德
信阳师范学院学报　1988：4　1988

中 10805284
《青泥莲花记》摭谈

魏东朝
殷都学刊　1990：1　1990

中 10805285
论梅鼎祚：汤显祖的同时代曲家论之一
徐朔方
浙江学刊　1990：5　1990

中 10805286
论梅鼎祚的早期戏曲创作——兼论明中叶“骈绮派”戏曲的价值
朱万曙
文学遗产　1998：6　1998

中 10805287
梅鼎祚与《青泥莲花记》
陆林
中国典籍与文化　1999：1　1999

中 10805288
汤显祖、梅鼎祚剧作的腔调问题：兼与徐朔方先生商榷
苏子裕
艺术百家　1999：1　1999

中 10805289
论梅鼎祚及其《玉合记》
陈桂声
苏州大学学报　2000：3　2000

二五一、肖崇业（1550–1579）

中 10805290
云南出洋文学第一人：肖崇业及其诗赋
余嘉华
思想战线　1995：6　1995

二五二、顾宪成（1550–1612）

中 10805291
顾泾阳高景逸学述（上、下）
钱穆
东方杂志　8：11–12　1975.5–6

中 10805292
顾泾阳先生的教育思想
张高评
中华文化复兴月刊　12：5　1979

中 10805293
顾泾阳、高景逸学行述要
古清美
台湾编译馆馆刊　12：1　1983.6

中 10805294
“风声、雨声、读书声，声声入耳；家事、国事、天下事，事事关心。”——关于原存东林书院旧址的一副抱对的来历、作

者和传世年代问题
赵承中
书目季刊　29：3　1995.12

二五三、汤显祖（1550–1616）

（一）综论

中 10805295
汤显祖和他的传奇
徐朔方
浙江师范学院学报　1955：1　1955
戏曲杂记　上海古典文学出版社　1956.7
元明清戏曲研究论文集　作家出版社　1957.7

中 10805296
试论汤显祖和其剧作
石凌鹤
江西日报　1957.11.12

中 10805297
汤显祖和他的传奇
周玑璋
解放日报　1957.12.7

中 10805298
汤显祖
李曰刚
中国文学史论集　3　中华文化出版事业委员会　1958.4

中 10805299
传奇大家汤显祖
东靖
亚洲文学　30　1961

中 10805300
“未入其室”
路工
人民日报　1961.12.12

中 10805301
明代伟大的戏剧家汤显祖
流沙　万叶
星火　1962：2　1962

中 10805302
广东的亭
曹岩
南方日报　1963.6.23

中 10805303
传奇作家汤显祖
蔡爱仁
江西文献　24　1968.3

中 10805304
汤显祖——阳明学派的文学家
费海玑

学园　8：10　1973.8

中 10805305
明代戏曲史上的一场儒法斗争——评汤沈之争
史延
文艺研究　1976：1　1976

中 10805306
沈璟与汤显祖之曲论比较
孙小英
中华文化复兴月刊　10：1　1977

中 10805307
口念“赏花时”　心藏杀人刀
赵大民
天津日报　1977.1.20

中 10805308
由汤显祖的文学观看其曲论
孙小英
华夏学报　6　1978.5

中 10805309
我国导演学的拓荒人汤显祖
高宇
戏剧艺术（上海戏剧学院学报）　1979：1　1979

中 10805310
关于汤显祖的导演活动和剧作腔调——与高宇同志商榷
詹慕陶
戏剧艺术（上海戏剧学院学报）　1980：1　1980

中 10805311
新发现的汤显祖家传全集残版
赵景深（邹啸）
文学遗产　1980：3　1980

中 10805312
沧桑兴废玉茗堂
王冰泉
艺术世界　1980：4　1980

中 10805313
再论我国导演学的拓荒人汤显祖——答詹慕陶
高宇
戏剧艺术（上海戏剧学院学报）　1980：4　1980

中 10805314
汤显祖与戏曲导演学——一个戏曲导演的看法
黄其道
戏剧艺术（上海戏剧学院学报）　1980：4　1980

中 10805315
戏曲史上的“沈汤之争”
黄天骥
学术研究　1980：5-6　1980

中 10805316
杰出的戏曲家汤显祖
周悦文　罗传奇　龚重谟

江西日报　1980.9.24

中 10805317
对汤显祖研究中若干问题的看法
罗传奇
江西社会科学　1981：1　1981

中 10805318
汤显祖与海盐腔——兼与高宇、詹慕陶二同志商榷
叶长海
戏剧艺术（上海戏剧学院学报）1981：2　1981

中 10805319
也谈戏曲史上的"汤沈之争"
周育德
学术研究　1981：3　1981
汤显祖论稿　文化艺术出版社　1991

中 10805320
汤显祖和沈璟
徐朔方
文学评论丛刊　9　中国社会科学出版社　1981.5
论汤显祖及其他　上海古籍出版社　1983.8

中 10805321
汤显祖家传全集残版在其故乡发现
中国新闻社南昌电
光明日报　1981.5.19

中 10805322
汤显祖和《金瓶梅》
徐朔方
群众论丛　1981：6　1981
论金瓶梅　文化艺术出版社　1984.12
论金瓶梅的成书及其它　齐鲁书社　1988.1

中 10805323
明代大戏剧家汤显祖
玉莹
中国青年报　1981.9.20

中 10805324
汤显祖在国外
龚传文
争鸣　1982：1　1982

中 10805325
临川才子宜黄戏
万作义
戏曲艺术　1982：2　1982

中 10805326
"清远道人"释
纪勤
戏文　1982：3　1982

中 10805327
汤沈之争散论
张家英
克山师专学报　1982：3　1982

中 10805328
“凡文以意趣神色为主”——汤显祖的戏曲创作理论
蓝凡
新剧作　1982：4　1982

中 10805329
汤显祖研究开创了新局面
蒋星煜（布谷、白甲）
光明日报　1982.11.16

中 10805330
近几年的汤显祖研究
黄强
资料与研究　1983：2　1983

中 10805331
“汤沈之争”外论
张秀莲
戏曲艺术　1983：2　1983
汤显祖研究论文集　中国戏剧出版社　1984.5

中 10805332
龙涎·鸦片·红丸——兼与徐朔方先生商榷
方长
文史　18　中华书局　1983.7

中 10805333
汤显祖和他的创作
徐朔方
论汤显祖及其他　上海古籍出版社　1983.8

中 10805334
关于汤氏家藏《玉茗堂集》板片
徐朔方
论汤显祖及其他　上海古籍出版社　1983.8

中 10805335
戏曲史上的“汤沈之争”
黄天骥
冷暖集　花城出版社　1983.9

中 10805336
追求新的突破——汤显祖学术讨论记略
黄文锡
戏曲研究　10　文化艺术出版社　1983.9

中 10805337
文章超海内，品节冠临川——大戏剧家汤显祖故里纪行
赵相如
散文　1983：10　1983

中 10805338
《临川梦》与汤显祖
蒋星煜（布谷、白甲）
光明日报　1983.11.22

中 10805339
重评汤沈之争
俞为民
学术月刊　1983：12　1983

中 10805340
汤显祖——格韵高绝的戏曲家

江巨荣
文史知识　1984：3　1984

中 10805341
汤显祖和晚明文艺思潮
徐朔方
汤显祖研究论文集　中国戏剧出版社　1984.5

中 10805342
厌逢人世懒生天——汤显祖晚年思想及“二梦”创作刍议
杨忠　张贤蓉
汤显祖研究论文集　中国戏剧出版社　1984.5

中 10805343
汤显祖・沈璟・叶堂
何为
汤显祖研究论文集　中国戏剧出版社　1984.5

中 10805344
汤显祖研究资料索引
余悦
汤显祖研究论文集　中国戏剧出版社　1984.5

中 10805345
汤显祖杂考三则
龚重谟
汤显祖研究论文集　中国戏剧出版社　1984.5

中 10805346
徐渭与汤显祖
王耕夫
戏文　1985：2　1985

中 10805347
简评汤显祖的诗文理论与诗文创作
俞为民
江西社会科学　1986：4　1986

中 10805348
“汤学”研究的新篇章
舒瑛
人民日报（海外版）　1986.11.22

中 10805349
汤显祖学术讨论会综述
刘彦君
光明日报　1986.12.2

中 10805350
光芒四射的汤显祖
吴祖光
光明日报　1986.12.4

中 10805351
汤显祖研究的反思
蒋星煜（布谷、白甲）
上海戏剧　1987：1　1987

中 10805352
汤显祖学术讨论会综述
张新建
人民日报　1987.1.20

中 10805353
汤显祖忠君思想之衍变及汤剧皇帝形象
万斌生
抚州师专学报　1987：3　1987
江西社会科学　1994：10　1994

中 10805354
汤沈论争之我见
朱建明
上海艺术家　1987：4　1987

中 10805355
评《汤显祖研究资料汇编》
徐朔方
浙江学刊　1987：4　1987

中 10805356
关于汤沈之争的新探索
张增元
文学评论丛刊　30　中国社会科学出版社　1988.4

中 10805357
明代戏曲的发展与汤沈之争
黄仕忠
文学遗产　1989：6　1989

中 10805358
近年“汤沈之争”研究综述
陆林
文史知识　1989：7　1989

中 10805359
沈汤之争的历史渊源及其流变发展
谢柏梁（谢柏良）
广东社会科学　1990：1　1990

中 10805360
剧中之梦·梦中之情·梦外之意：汤显祖和他的剧梦
吴凤雏
文艺理论家　1990：2　1990

中 10805361
汤显祖手书两块匾额考
纪勤
戏文　1990：5　1990

中 10805362
“汤沈之争”的美学意义
杜卫
晋阳学刊　1990：5　1990

中 10805363
汤显祖
黄毅
十大戏曲家　上海古籍出版社　1990.7

中 10805364
试论汤显祖对曹雪芹的影响
徐又良
红楼梦学刊　1992：1　1992

中 10805365
东方的莎士比亚——汤显祖
俞为民
古典文学知识　1993：3　1993

中 10805366
世间只有情难诉——试论汤显祖的情观与他剧作的关系
华玮
大陆杂志 86：6 1993

中 10805367
汤显祖戏曲的腔调和他的时代
徐朔方
中国文哲研究通讯 6：1 1996.3
徐朔方说戏曲 上海古籍出版社 2000.12

中 10805368
汤显祖：在政治与艺术之间
周明初
中州学刊 1996：4 1996

中 10805369
玉茗堂开春翠屏——《红楼梦》与汤显祖
胡晓明
红楼梦与中国传统文化 武汉测绘科技大学出版社 1996.5

中 10805370
情的探险：从汤显祖到曹雪芹
过常宝 郭英德
红楼梦学刊 1997：1 1997

中 10805371
汤显祖与唐代文学
赵山林
文史哲 1998：3 1998

中 10805372
"汤、沈之争"与雅俗文化选择
吴建国
中国文学研究 1998：3 1998

中 10805373
浅说钱维乔与汤显祖的文风及机遇——竹初研究系列之十三
朱达艺
戏文 1999：1 1999

中 10805374
汤显祖与魏晋风度及文学
赵山林
戏剧艺术（上海戏剧学院学报） 1999：4 1999

中 10805375
汤显祖与《红楼梦》
邹自振
福州大学学报 2000：3 2000

中 10805376
阳明心学与汤显祖的言情说
左东岭
文艺研究 2000：3 2000

中 10805377
汤显祖与晚明社会思潮
陈寒鸣
天津社会科学 2000：3 2000

中 10805378
汤显祖与公安派关系论略

王承丹

齐鲁学刊　2000：4　2000

（二）传记

中 10805379

纪念汤显祖

戴不凡（柏繁）

戏剧报　1957：22　1957

戴不凡戏曲研究论文集　浙江人民出版社　1982.2

中 10805380

汤显祖年谱

黄芝冈

戏曲研究　1957：2–4　1957

中 10805381

汤显祖先生二三事

孟波　贵明

江西日报　1957.2.10

中 10805382

玉茗堂

谷苇

新民报晚刊　1957.4.18

中 10805383

汤显祖的玉茗堂

蒋星煜（布谷、白甲）

解放日报　1957.4.22

中 10805384

汤显祖轶事

柳熙文

辽宁文艺　1957：6　1957

中 10805385

读汤显祖

赵景深（邹啸）

明清曲谈　古典文学出版社　1957.8

中 10805386

汤显祖墓碑及其它

林钟美

新民报晚刊　1957.9.20

中 10805387

汤显祖谈“梦”——纪念汤显祖逝世三百四十周年

蒋星煜（布谷、白甲）

新民报晚刊　1957.10.7

中 10805388

汤显祖逝世 340 周年　汤氏故乡集会纪念并晋谒墓地

杨佐经　陈嗣沅

江西日报　1957.11.22

中 10805389

纪念汤显祖忽然想到

俞振飞

解放日报　1957.12.8

中 10805390
纪念汤显祖　学习汤显祖
俞振飞
文汇报　1957.12.8

中 10805391
汤显祖轶事（上、下）
谷茀
新民报晚刊　1957.12.8–9

中 10805392
汤显祖二三事
建伦
新民报晚刊　1957.12.16

中 10805393
不应该用资产阶级的观点、方法来编写年谱——评徐朔方编著的《汤显祖年谱》
丹溪
光明日报　1960.6.5

中 10805394
对《汤显祖年谱》的批评的答覆
徐朔方
光明日报　1960.7.10

中 10805395
《汤显祖年谱》再批判
杭州大学中文系 1956 级汤显祖研究小组
光明日报　1960.10.16

中 10805396
为《汤显祖年谱》再说几句话
徐朔方
光明日报　1961.3.5

中 10805397
曲坛巨匠——汤显祖
万马
江西日报　1961.4.16

中 10805398
临川行——访戏剧家汤显祖的故乡
曲六乙
人民日报　1961.8.20

中 10805399
“此正吾讲学”
路工
人民日报　1961.12.6

中 10805400
汤显祖与徐闻的第一间学校
郁华
羊城晚报　1962.7.7

中 10805401
汤显祖的文学思想——意、趣、神、色
黄天骥
中山大学学报　1963：1/2　1963

中 10805402
汤显祖莎士比亚同年卒
郑骞
书目季刊　7：2　1972.12

中 10805403
谈汤显祖和他的妻子

费海玑
民主宪政　45：2　1973.11

中 10805404
汤显祖是我们的骄傲
龚传文
艺术世界　1980：4　1980

中 10805405
汤显祖传
赵景深（邹啸）
曲论初探　上海文艺出版社　1980.7

中 10805406
汤显祖赴考
孟斐
知识窗　1981：1　1981

中 10805407
汤显祖失踪
艾平
南宁晚报　1981.3.10

中 10805408
关于汤显祖、沈璟关系的一些事实
徐朔方
戏文　1981：4　1981
论汤显祖及其他　上海古籍出版社　1983.8

中 10805409
汤显祖和利玛窦
徐朔方
文史　12　中华书局　1981.9
论汤显祖及其他　上海古籍出版社　1983.8

中 10805410
汤显祖文艺思想初探
周育德
江西师范学院学报　1982：1　1982

中 10805411
汤显祖在浙江遂昌
苏振元
杭州大学学报　1982：2　1982

中 10805412
遂昌知县汤显祖
张石泉
戏文　1982：2　1982

中 10805413
无情未必真豪杰——汤显祖的情怀
徐翔
江西戏曲论坛　1982：3　1982

中 10805414
汤显祖巧对惊主考
萧源锦
青年作家　1982：3　1982

中 10805415
寻其吐属　如获美剑——纪念汤显祖逝世三百六十五周年
蒋星煜（布谷、白甲）
上海戏剧　1982：4　1982

中 10805416
尚留遗爱在人间——纪念汤显祖逝世三百六十六周年
石凌鹤
争鸣　1982：4　1982

中 10805417
汤显祖与玉茗树
伍成列
文化娱乐　1982：4　1982

中 10805418
有感"东方莎翁"之称
黄文锡
戏剧界　1982：6　1982

中 10805419
杰出的明代戏剧家汤显祖
邓禄田
戏剧电影报　1982.9.26

中 10805420
汤显祖的自我解剖
黄文锡
星火　1982：10　1982

中 10805421
汤显祖轶闻
陈勉吾
江西日报　1982.10.3

中 10805422
直把歌场当战场——纪念汤显祖逝世三百六十六周年
汤显祖纪念馆
江西日报　1982.10.28
中国戏剧年鉴（1983）　中国戏剧出版社　1983.12

中 10805423
纪念我国明代大戏剧家汤显祖逝世三百六十六周年
《人民戏剧》报讯
人民戏剧　1982：12　1982

中 10805424
在汤显祖的家乡
谭君实
湖南日报　1982.12.15

中 10805425
汤显祖在遂昌
张石泉
浙江师范学院学报　1983：3　1983

中 10805426
意、趣、神、色——汤显祖的文学思想
黄天骥
冷暖集　花城出版社　1983.9

中 10805427
关于汤显祖的世界观——在纪念汤显祖逝世 366 周年学术讨论会上的报告
徐朔方
汤显祖纪念集　南昌市印刷三厂　1983.10

中 10805428

异曲同工——在纪念汤显祖逝世 366 周年学术讨论会上的报告

陈瘦竹

汤显祖纪念集　南昌市印刷三厂　1983.10

中 10805429

从汤显祖“失踪”说起

彭骏

光明日报　1984.1.14

中 10805430

略论汤显祖的审美观

黄天健

南昌师专学报　1984：3　1984

中 10805431

试论汤显祖哲学伦理思想的内在矛盾

杨忠　张贤蓉

江西大学学报　1984：4　1984

中 10805432

汤显祖哲学思想初探

楼宇烈

汤显祖研究论文集　中国戏剧出版社　1984.5

中 10805433

汤显祖在遂昌

王馨一

汤显祖研究论文集　中国戏剧出版社　1984.5

中 10805434

关于汤显祖的弃官

郑闰

汤显祖研究论文集　中国戏剧出版社　1984.5

中 10805435

简论汤显祖的社会改良理想

杨忠　张贤蓉

江西社会科学　1985：2　1985

中 10805436

汤显祖与广西

昭民

语文园地　1985：6　1985

中 10805437

汤显祖的三件事

路工

访书见闻录　上海古籍出版社　1985.8

中 10805438

汤显祖与本色说

许祥麟

天津师大学报　1986：1　1986

中 10805439

汤显祖和他的时代——“纪念汤显祖逝世三百七十周年活动周”感言

徐朔方

人民日报　1986.11.24

中 10805440

让更多的人了解汤显祖

何为
光明日报　1986.12.11

中 10805441
汤显祖宇宙观、人性论及社会观新探
周育德
戏剧艺术（上海戏剧学院学报）1987：1　1987

中 10805442
略述汤祖晚年在临川奋战的事迹
罗传奇
抚州师专学报　1987：3　1987

中 10805443
戏曲家汤显祖的人生乐章
傅水
古典文学知识　1987：3　1987

中 10805444
汤显祖与龙游
洪波
浙江日报　1987.3.25

中 10805445
简论汤显祖的美学思想
潘运告
江西社会科学　1987：6　1987

中 10805446
汤显祖谪徐闻小记
拾得
广州日报　1987.8.16

中 10805447
论汤显祖文化意识的悲剧冲突
郭英德　李真瑜
戏曲研究　24　文化艺术出版社　1987.12

中 10805448
呼唤真情的理想之歌——论汤显祖的美学思想
姚文放
文史哲　1988：5　1988

中 10805449
论汤显祖“情”的美学观
宋绵有
南开学报　1988：6　1988

中 10805450
汤显祖的儒释道三问
王煌
中国文化月刊　12　1989.2

中 10805451
我国戏剧史上富有纪念价值的文化遗址——玉茗堂
邹自振
文史知识　1989：10　1989

中 10805452
汤显祖哲学思想初探（下）
楼宇烈　水野实
中国古典研究　34　1989.12

中 10805453

论汤显祖的情感美学观

黄南珊

江汉论坛　1990：2　1990

中 10805454

论汤显祖的情与梦

赖大仁

争鸣　1990：4　1990

中 10805455

汤显祖拒游徽州之我见

潘明志

徽州社会科学　1991：1　1991

中 10805456

论汤显祖的二重文学观

饶龙隼

江西社会科学　1991：1　1991

中 10805457

汤显祖美学思想刍论

宋炜

锦州师范学院学报　1991：3　1991

中 10805458

夹缝中的困惑：汤显祖心态裂变追踪

张成全

殷都学刊　1991：4　1991

中 10805459

汤显祖的情哲学及其展开

韦海英　张见

戏曲艺术　1991：4　1991

中 10805460

试论汤显祖曲律思想的文化成因

程华平

抚州师专学报　1993：3　1993

中 10805461

汤显祖心目中的情与理：汤氏“以情抗理”说辨证

杨忠

中国典籍与文化　1993：3　1993

中 10805462

也谈汤显祖的“情”

龚重谟

海南师范学院学报　1993：3　1993

中 10805463

汤显祖到过澳门

李习文

人民日报（海外版）　1993.6.7

中 10805464

从汤显祖的尺牍看其文学家个性精神

孙爱玲

宁夏社会科学　1994：1　1994

中 10805465

汤显祖与乌程董家交游考

傅承洲

江海学刊　1995：1　1995

中 10805466

汤显祖的“真”和“情”：两个筋斗，一个冤案

陈西汀
艺术百家　1995：2　1995

中 10805467
论曹雪芹与汤显祖
王湜华
红楼梦学刊　1995：2　1995

中 10805468
气机：在情与梦游的畸人灵性背后——汤显祖的文学思想与理学文化的嬗变势态
韩经太
天津社会科学　1996：3　1996

中 10805469
平生与德邻，有书不为贫：汤显祖 380 周年祭
苏子裕
江西日报　1996.8.1

中 10805470
论汤显祖的自由生命意识
刘彦君
文学遗产　1997：1　1997

中 10805471
赤诚情怀汤显祖
熊晓萍
古今艺文　23：4　1997.8
中国典籍与文化　1999：2　1999

中 10805472
汤显祖“唯情说”的美学内涵
［韩］朴钟学
宁德师专学报　1998：1　1998

中 10805473
论汤显祖“师讲性，某讲情”传闻之不可信
程芸
殷都学刊　1999：1　1999

中 10805474
汤显祖金陵圆初梦
乐华云
南京史志　1999：1　1999

中 10805475
论汤显祖人格的深层内涵
孙爱林
曲靖师专学报　1999：4　1999

中 10805476
抗争专制礼教，求索民主改良：述论汤显祖的政治理想
朱城
影剧新作　2000：4　2000

中 10805477
从“狂狷”取向看汤显祖美学思想及其对《红楼梦》的影响
张皓
武汉教育学院学报　2000：5　2000

（三）作品

1. 综论

中 10805478
汤显祖的画像和手卷
黄华
新民报晚刊　1957.11.15

中 10805479
玉茗堂全集及其他
黄华
新民报晚刊　1957.11.21

中 10805480
汤显祖和他的“四梦”
南扬
杭州日报　1957.12.31

中 10805481
《玉茗新词》四种
刘修业
古典小说戏曲丛考　作家出版社　1958.5

中 10805482
读汤显祖传奇札记之一
赵景深（邹啸）
语言文学　1959：5　1959

中 10805483
汤显祖流寓广东的抒情诗
郁华
羊城晚报　1959.5.15

中 10805484
汤显祖戏剧本事的历史探溯
谭正璧
戏剧研究　1960：1　1960
曲海蠡测　浙江人民出版社　1983.1

中 10805485
谈汤显祖传奇札记之二
赵景深（邹啸）
语言文学　1960：1　1960

中 10805486
《玉茗新词》
郑骞
从诗到曲　科学出版社　1961

中 10805487
汤显祖的生活、思想和创作——《汤显祖全集》前言
徐朔方
人民日报　1962.3.21

中 10805488
汤显祖著作的人民性和思想性——序《汤显祖全集》
侯外庐
光明日报　1962.6.25

中 10805489
读汤显祖剧随笔
赵景深（邹啸）
戏曲笔谈　中华书局　1962.11

中 10805490
汤显祖剧作的腔调问题
钱南扬
南京大学学报　1963：2　1963
汉上宧文存　上海文艺出版社　1980.8

中 10805491
试论汤显祖的戏剧创作
龙传仕（龙华）
光明日报　1965.3.21

中 10805492
汤显祖作品研究
高于华
文学世界　46　1965.6

中 10805493
坚决铲除侯外庐论汤显祖剧作的三株大毒草
王恩宇　唐宇元　孟祥才
红旗　1966：10　1966

中 10805494
汤显祖笔下的时间与人生
［美］夏志清
纯文学　1：3　1967.3

中 10805495
玉茗四梦的作者与作品
吴锡泽
东方杂志　5：12　1971.6

中 10805496
汤显祖的“玉茗四梦”
徐作圣
艺文志　79　1972.4

中 10805497
汤显祖与四梦传奇（1–18）
吴锡泽
中华日报　1972.6.16–7.3

中 10805498
汤显祖和他的“四梦”
黄丽贞
中华文化复兴月刊　9：11　1976

中 10805499
从汤显祖的一首删题诗谈起
顾小虎
青春　1980：1　1980

中 10805500
汤显祖和他的玉茗堂四梦
徐露
“中央日报”　1980.3.14

中 10805501
读汤偶记
周育德
戏剧学习　1980：4　1980

中 10805502

汤显祖与“临川四梦”

沈尧

戏剧艺术论丛 2 中国戏剧出版社 1980.4

中 10805503

汤显祖的“临川四梦”

吴国钦

中国戏曲史漫话 上海文艺出版社 1980.6

中 10805504

艺海拾零

马肖华

宁夏戏剧 1981：2 1981

中 10805505

王实甫和汤显祖血泪写戏曲

寿生

艺谭 1981：3 1981

中 10805506

再论汤显祖戏曲的腔调问题

徐朔方

戏剧论丛 1981：3 1981

论汤显祖及其他 上海古籍出版社 1983.8

中 10805507

江西召开汤显祖剧本讨论会

易林炳 刘鲁闽

光明日报 1981.9.4

中 10805508

浅谈《临川四梦》的非佛道思想

万斌生

江西大学学报 1982：2 1982

中 10805509

汤显祖的戏曲美学思想

蓝凡

江西大学学报 1982：2 1982

中 10805510

汤显祖创作思想的伟大飞跃

怀玉

争鸣 1982：3 1982

中 10805511

莫道情深无处诉

王蕴明

戏剧电影报 1982.4.18

中 10805512

临川剧作的美学思想

蒋志雄

学习与思考 1982：6 1982

抚州地方史志通讯 1983：7 1983

中国戏剧年鉴（1983） 中国戏剧出版社 1983.12

中 10805513

汤显祖的戏剧理论

龙传仕（龙华）

古代文学理论研究丛刊 6 上海古籍出版社 1982.9

中 10805514
郁达夫与汤显祖的一首佚诗
龚重谟
江西日报　1982.10.31

中 10805515
《临川四梦》善本重版——兼与赵景深同志议暖红室二刻《牡丹亭》
元亢　张励
江苏戏剧　1982：11　1982

中 10805516
汤显祖剧作讨论会在南昌举行
赵相如
人民日报　1982.11.10

中 10805517
有感于“四梦”的浪漫主义
黄文锡
江西日报　1982.11.24

中 10805518
汤显祖诗歌选评
邹自振
明清诗文研究丛刊　2　苏州大学中文系明清诗文研究室　1982.12

中 10805519
汤显祖剧作的明清改本
周育德
文献　1983：1　1983

中 10805520
汤显祖的戏曲理论
叶长海
戏剧艺术（上海戏剧学院学报）1983：1　1983

中 10805521
汤显祖的思想发展和他的《四梦》
徐朔方
抖擞　52　1983.1
戏曲研究　9　文化艺术出版社　1983.3
论汤显祖及其他　上海古籍出版社　1983.8

中 10805522
试论汤显祖戏剧中的“梦幻”
董如龙
资料与研究　1983：1　1983

中 10805523
汤显祖传奇在明遗民中
顾启　姜光斗
盐城师专学报　1983：2　1983

中 10805524
《汤显祖诗文集》杂考
徐朔方
中华文史论丛　1983：3　1983

中 10805525
也谈汤显祖剧作的腔调问题——与徐朔方先生商榷
俞为民
江苏戏剧　1983：4　1983

中 10805526

简述汤显祖诗歌艺术

彭德纬（彭德伟） 钱贵成

江西社会科学 1983：4 1983

中 10805527

从《紫钗记》到《牡丹亭》——汤显祖创作思想的飞跃

王河

江西社会科学 1983：5 1983

中 10805528

汤显祖和他的“临川四梦”——在纪念汤显祖逝世 366 周年学术讨论会上的报告

郭汉城

汤显祖纪念集 南昌市印刷三厂 1983.10

中 10805529

《汤显祖诗文集外编》前言

徐朔方

文学遗产 1984：1 1984

中 10805530

论汤显祖戏曲艺术表现方法的特点及其形成

姚莽 阎铸

戏曲学习 1984：1 1984

中 10805531

反衬艺术手法的妙用——读曲札记

张侠生

河南戏剧 1984：2 1984

中 10805532

试论汤显祖“四梦”中的佛学禅宗思想——兼论汤显祖的思想倾向

蓝凡

河北大学学报 1984：3 1984

中 10805533

《汤显祖诗文集》徐笺补正

［美］马泰来

文学遗产 1984：4 1984

中 10805534

广昌发现戏剧家汤显祖的轶文

《江西日报》广昌讯

江西日报 1984.4.12

中 10805535

我国舞台史上的“临川四梦”

张发颖

汤显祖研究论文集 中国戏剧出版社 1984.5

中 10805536

汤显祖对张居正之认识及其在剧作中的曲折反映

蒋星煜（布谷、白甲）

汤显祖研究论文集 中国戏剧出版社 1984.5

中 10805537

汤显祖的创作道路

钱英郁

汤显祖研究论文集 中国戏剧出版社 1984.5

中 10805538
略论汤显祖笔下的“理想国”
刘云
汤显祖研究论文集　中国戏剧出版社
1984.5

中 10805539
让中国戏剧古典名著活在舞台上——关于汤显祖“四梦”改编的浅见
郭汉城　章诒和
汤显祖研究论文集　中国戏剧出版社
1984.5

中 10805540
酌奇而不失其真　玩华而不坠其实 ——简论汤显祖剧诗中的心理描写
彭德纬（彭德伟）钱贵成
汤显祖研究论文集　中国戏剧出版社
1984.5

中 10805541
“临川四梦”中真善美的统一
陈仰民
汤显祖研究论文集　中国戏剧出版社
1984.5

中 10805542
关于“临川四梦”的改译
凌鹤
汤显祖研究论文集　中国戏剧出版社
1984.5

中 10805543
从梦幻意识看汤显祖的“二梦”
郭纪金
汤显祖研究论文集　中国戏剧出版社
1984.5

中 10805544
汤显祖尺牍的思想内涵与审美价值
张啸虎
江西社会科学　1984：5　1984

中 10805545
论汤显祖创作思想的发展
黄文锡
汤显祖研究论文集　中国戏剧出版社
1984.5

中 10805546
“临川四梦”和明代社会
周育德
汤显祖研究论文集　中国戏剧出版社
1984.5

中 10805547
汤显祖的诗文观
陆永工
江海学刊　1984：6　1984

中 10805548
汤显祖诗赞秦声
咏梅客
西安晚报　1984.7.25

中 10805549
试论汤显祖诗
吴凤雏

文学评论丛刊 22 中国社会科学出版社 1984.11

中 10805550
汤显祖的诗文理论
邬国平
复旦学报 1985：1 1985

中 10805551
汤显祖的世界观和《临川四梦》
周续赓
北京师范学院学报 1985：1 1985

中 10805552
汤显祖爱情剧一解
孙玫
苏州大学学报 1985：2 1985

中 10805553
“临川四梦”和明清舞台
周育德
中国艺术研究院首届研究生硕士学位论文集（戏曲卷） 文化艺术出版社 1985.12

中 10805554
新发现的汤显祖三篇轶文
姚澄清 张天岳
争鸣 1986：3 1986

中 10805555
主体精神的自由体现——汤显祖的剧作观
王长安
文艺理论家 1986：4 1986

中 10805556
临川戏剧神话形象的哲学依据
蒋志雄 程鹏
中国古代戏曲论集 中国展望出版社 1986.4

中 10805557
《临川四梦》与汤显祖梦境心理分析
徐保卫
华东师范大学学报 1987：1 1987

中 10805558
试临川剧作艺术表现的独创性及其成因
黄仁生
中国文学研究 1987：1 1987

中 10805559
论汤显祖的文学观
周启成
东疆学刊 1987：1 1987

中 10805560
颖异不群，遐清高厉：汤显祖戏剧理论评略
刘彦君
戏剧（中央戏剧学院学报） 1987：2 1987

中 10805561
论“临川四梦”关于人的哲学思考
黄仁生
江西师范大学学报 1987：3 1987

中 10805562
遂昌发现汤显祖三篇佚文

纪勤　单松林　程章
戏曲研究　24　文化艺术出版社　1987.12

中 10805563
关于汤剧的改编演出及其它
周续赓
戏曲研究　24　文化艺术出版社　1987.12

中 10805564
“因情成梦，因梦成戏”——试论《临川四梦》的梦境构思和描写
王永健
戏曲研究　24　文化艺术出版社　1987.12

中 10805565
论临川戏剧的时空结构
程鹏　蒋志雄
中国社会科学院研究生院学报　1988：4　1988

中 10805566
汤显祖佚文摭拾
朱达艺
戏文　1989：2　1989

中 10805567
临川四梦的剧诗系统
沈鸿鑫
艺术百家　1989：2　1989

中 10805568
汤显祖“四梦”二题
饶仲林
江西大学学报　1989：4　1989

中 10805569
戏曲札记二则
季国平
文学遗产　1989：6　1989

中 10805570
幽默诙谐　妙趣横生——赏析汤显祖的一首小诗
曲日
语文月刊　1989：8　1989

中 10805571
生死梦幻的奇情异彩：汤显祖与洪升剧作比较论
邹自振
文艺理论家　1990：2　1990

中 10805572
析汤显祖“梦”的艺术含义
高亚森
安徽师范大学学报　1990：3　1990

中 10805573
汤显祖的戏剧创作
马质彬
内蒙古民族师院学报　1990：3　1990

中 10805574
明代传奇创作的高峰——汤显祖“玉茗堂

四梦”
颜长珂
古典戏曲名作纵横谈　知识出版社　1990.7

中 10805575
浪漫主义戏剧美学的崛起：汤显祖的戏剧美学思想
姚文放
扬州师院学报　1991：4　1991

中 10805576
汤显祖戏曲创作主张
龚重谟
江西社会科学　1992：1　1992

中 10805577
“临川四梦”：奇幻艺术与写实艺术的完美融合
陈金泉
抚州师专学报　1992：2　1992

中 10805578
汤显祖剧作与《红楼梦》
邹自振
抚州师专学报　1992：2　1992

中 10805579
汤显祖创作思想管见
范国明
国际关系学院学报　1992：4　1992

中 10805580
曲意：透视汤显祖创作心态的关捩
万陆
赣南师范学院学报　1993：3　1993

中 10805581
简论汤显祖和李渔的辞赋
袁震宇
新亚学术集刊　13　1994

中 10805582
论汤显祖的戏剧观
黄寅
浙江大学学报　1994：2　1994

中 10805583
汤显祖剧作的评价
金登才
戏曲艺术　1994：2　1994

中 10805584
《玉茗堂四梦》与《红楼梦》
邹自振
红楼梦学刊　1994：2　1994

中 10805585
汤显祖及其“四梦”
李啸仓
李啸仓戏曲曲艺研究论集　中国戏剧出版社　1994.10

中 10805586
汤显祖佚文一则
范志新
文学遗产　1995：1　1995

中 10805587
汤显祖剧作运用唐小说的再创作历程——从《紫箫记》至《邯郸梦记》
周文玲
辅大中研所学刊　4　1995.3

中 10805588
临川四梦和汤显祖的悲剧意识
王建科　张义光
汉中师范学院学报　1995：5　1995

中 10805589
论汤显祖戏曲的腔调问题
徐朔方
复兴剧艺学刊　14　1995.10

中 10805590
汤显祖全集两题
徐朔方
书目季刊　29：4　1996.3

中 10805591
汤显祖佚词二首及其他
王永健
抚州师专学报　1996：4　1996

中 10805592
汤显祖的戏曲观与晚明心学思潮
陈永标
复旦学报　1996：5　1996
春华秋实　广东高等教育出版社　2000.3

中 10805593
梦的诗学：因情成梦、因梦成戏——汤显祖戏剧理论的心理学阐释
胡玉萍
湖北师范学院学报　1998：5　1998

中 10805594
汤显祖与他的四大名剧（上）
谢柏梁（谢柏良）
佳木斯大学社会科学学报　1998：5　1998

中 10805595
汤显祖与“临川四梦”
杨忠
中华文明之光　北京大学出版社　1999.1

中 10805596
汤显祖、梅鼎祚剧作的腔调问题：兼与徐朔方先生商榷
苏子裕
艺术百家　1999：1　1999

中 10805597
汤显祖诗赋（赞）用韵考
杜爱英
徐州师范大学学报　1999：2　1999

中 10805598
《汤显祖诗文集》韵文的标点问题
杜爱英
古籍整理研究学刊　2000：1　2000

中 10805599
“东方莎士比亚”汤显祖笔下的澳门风情
邹自振
古典文学知识　2000：2　2000

中 10805600
汤显祖与《红楼梦》
邹自振
福州大学学报　2000：3　2000

中 10805601
汤显祖“情观”及相关戏曲思想
刘君□
问学　3　2000.7

2. 牡丹亭

中 10805602
看《牡丹亭》有感
集文
新闻日报　1951.12.12

中 10805603
汤显祖与《牡丹亭》
李汉英
文学遗产增刊　1　作家出版社　1955.9

中 10805604
谈《牡丹亭》
温凌
光明日报　1956.4.29
元明清戏曲研究论文集　作家出版社　1957.7

中 10805605
像仙女一般的鬼——谈《牡丹亭》里的鬼魂
李抒
新民报晚刊　1956.8.19

中 10805606
《牡丹亭》
陈志宪
草地　1956：11　1956

中 10805607
《牡丹亭》的作者汤显祖
建伦　伯轩
江西日报　1956.11.29

中 10805608
论《牡丹亭》
陈赓平
兰州大学学报　1957：1　1957

中 10805609
杂记三则
知任
光明日报　1957.2.3

中 10805610
论《牡丹亭》
邓魁英
文学遗产增刊　4　作家出版社　1957.3

中 10805611
谈柳梦梅
白云生
戏剧论丛　1957：3　1957

中 10805612
谈杜丽娘
梅兰芳

戏剧论丛　1957：3　1957

中 10805613
杂谈《牡丹亭・惊梦》
俞平伯
戏剧论丛　1957：3　1957
论诗词曲杂著　上海古籍出版社　1983.10

中 10805614
《牡丹亭》中的蒙古语
阿难
新民报晚刊　1957.6.2

中 10805615
《牡丹亭》中的几个人物形象
梅溪
文史哲　1957：7　1957
元明清戏曲研究论文集　2　人民文学出版社　1959.2

中 10805616
《牡丹亭》的新姿
双慧
新民报晚刊　1957.8.18

中 10805617
谈昆曲《游园惊梦》
姬传
甘肃日报　1957.9.11

中 10805618
从《牡丹亭》说到昆剧复兴
赵景深（邹啸）
文汇报　1957.12.8

中 10805619
汤显祖与《牡丹亭》的故事
林钟美
文汇报　1957.12.8

中 10805620
性、情、礼——关于杜丽娘
黎文
新民报晚刊　1957.12.15

中 10805621
谈《牡丹亭》的改编
赵景深（邹啸）
戏剧（中央戏剧学院学报）　1958：1　1958

中 10805622
试论《牡丹亭》的改编
钱英郁
戏剧（中央戏剧学院学报）　1958：1　1958

中 10805623
话说《牡丹亭》改编本
流诏
新民报晚刊　1958.1.11

中 10805624
关于《牡丹亭》的改编
赵景深（邹啸）
光明日报　1958.1.12

中 10805625
《牡丹亭》的浪漫主义色彩和现实主义精神
陈志宪
光明日报　1958.1.26
文学遗产选集　3　中华书局　1960.5

中 10805626
从《牡丹亭》看传统剧目的主题思想
郭汉城
戏曲研究　1958：2　1958
戏曲剧目论文选　上海文化出版社　1958.6

中 10805627
看昆剧《牡丹亭》
仲平
戏剧报　1958：4　1958

中 10805628
传奇《牡丹亭》和话本《杜丽娘记》
谭正璧
光明日报　1958.4.27
曲海蠡测　浙江人民出版社　1983.1

中 10805629
读《牡丹亭》
李爱冬
内蒙师院学报　1959：1　1959

中 10805630
从吕硕园订的《牡丹亭》谈到考证工作
吴晓铃
光明日报　1959.6.7

中 10805631
《还魂记》及其他
田汉
人民日报　1959.6.8

中 10805632
谈弋腔《还魂记》的剧本
俞平伯
北京晚报　1959.6.10

中 10805633
谈赣剧弋阳腔《还魂记》
孟超
戏剧报　1959：12　1959

中 10805634
小评昆曲《牡丹亭》的演出
于非
新民晚报刊　1959.12.10

中 10805635
喜听弋阳翻新声——看江西省赣剧院演出《还魂记》
张一了
辽宁日报　1960.5.24

中 10805636
《牡丹亭》的插图
黄华
文汇报　1961.1.16

中 10805637
《牡丹亭》的背景故事
黄华

新民晚报　1961.1.23

中 10805638
《牡丹亭》外传
侯外庐
人民日报　1961.5.3

中 10805639
汤显祖及其《还魂记》(上、中、下)
欧缬芳
大陆杂志　22：9–11　1961

中 10805640
《牡丹亭》二三事
颜慧云
奔流　1961：8　1961

中 10805641
《牡丹亭》的演出
路工
人民日报　1961.11.23

中 10805642
关于《牡丹亭》的传说
丛林
天津晚报　1962.3.22

中 10805643
汤显祖《牡丹亭》简论
陈中凡
文学评论　1962：4　1962

中 10805644
试论《牡丹亭》"闺塾"
杨白桦
江海学刊　1962：5　1962

中 10805645
汤显祖《牡丹亭还魂记》外传
侯外庐
论汤显祖剧作四种　中国戏剧出版社　1962.6

中 10805646
"啼"与"题"——读书札记一则
宋涛
天津晚报　1962.7.19

中 10805647
情景交融
易牧
天津晚报　1962.8.29

中 10805648
汤显祖与《牡丹亭》
黄清泉
湖北日报　1962.9.12

中 10805649
《牡丹亭》杜丽娘的形象
方步瀛
长江文艺　140　1962.10

中 10805650
释感情(从《牡丹亭》的作者和庄子一些文章谈创作感情)
高天星
甘肃日报　1962.11.4

中 10805651
怎样探索汤显祖的曲意——和侯外庐同志论《牡丹亭》
王季思
文学评论　1963：3　1963
玉轮轩曲论　中华书局　1980.1
王季思学术论著自选集　北京师范学院出版社　1991.8

中 10805652
一个有关《牡丹亭》传奇的话本
姜志雄
北京大学学报　1963：6　1963

中 10805653
汤显祖《牡丹亭》思想倾向试探——兼谈《牡丹亭》评论中的问题
程学颐
浙江师范学院学报　1964：1　1964

中 10805654
略谈对于《牡丹亭》的评价问题
陈推之
光明日报　1965.5.9

中 10805655
商小玲故事说明了什么?
傅继馥
光明日报　1965.10.17

中 10805656
亘古恋曲《牡丹亭》
王止峻
中外杂志　15：6　1974.6

中 10805657
汤显祖和他的《牡丹亭》
《中国文选》编辑部
中国文选　88　1974.8

中 10805658
从《春香闹学》看劳动人民的反儒精神
韩天宇　王荣刚
文汇报　1974.8.30

中 10805659
《牡丹亭》妙文共赏
南轩
大成　12　1974.11

中 10805660
论汤显祖的《牡丹亭》
陈慧桦
幼狮　41：4　1975

中 10805661
汤若士《牡丹亭还魂记》情节配套之分析
张敬
东吴文史学报　1　1976.3

中 10805662
点唱《赏花时》，醉心女皇梦
齐水
天津文艺　1977：4　1977

中 10805663
《牡丹亭》
三山老人
青年战士报　1978.5.28

中 10805664
论《牡丹亭》之游园惊梦及冥判
胡耀恒
幼狮　48：5　1978

中 10805665
汤显祖和《牡丹亭》
陈美林
沈阳师范学院学报　1979：1/2　1979

中 10805666
汤显祖和他的《牡丹亭》
木公
星火　1979：2　1979

中 10805667
汤显祖卧薪
浪花
山花　1979：2　1979

中 10805668
试论《牡丹亭》
顾杰善
齐齐哈尔师范学院学报　1979：3　1979

中 10805669
“拗折天下人嗓子”辨
王永宽
陕西戏剧　1979：3　1979

中 10805670
汤显祖怎样给杜丽娘以艺术生命——《惊梦》《寻梦》的人物塑造，兼及冯梦龙的删改本《风流梦》
王一纲
破与立（齐鲁学刊）　1979：4　1979
观水集　花城出版社　1983.1

中 10805671
“拗折天下人嗓子”再辨——与王永宽同志商量
邓运佳
陕西戏剧　1979：5　1979

中 10805672
从杜丽娘的典型形象谈《牡丹亭》的思想意义
赵永茂
边塞文艺丛刊　2　新疆人民出版社　1979.8

中 10805673
汤显祖的《牡丹亭还魂记》
思严
海洋文艺　6：10　1979.10
集萃　1981：3　1981

中 10805674
汤显祖卧薪与商小玲殉戏
汪文科
陕西戏剧　1980：1　1980

中 10805675
《牡丹亭》的反封建主题
陈中凡
书林　1980：1　1980

中 10805676
谈《还魂记》的“冥判”
董每戡
南国戏剧　1980：2　1980

中 10805677
肯綮在死生之际——《还魂记》的思想艺术特色
董每戡
文学遗产　1980：2　1980

中 10805678
《批点〈牡丹亭记〉序》
茅元仪原著　李平　江巨荣　黄强注释
艺谭　1980：3　1980

中 10805679
以情感人情自深——《牡丹亭·游园》析
隗芾
戏剧创作　1980：3　1980

中 10805680
论《牡丹亭》的浪漫主义特色
吴志达
江汉论坛　1980：3　1980

中 10805681
论吴吴山三妇合评本《牡丹亭》及其批语
王永健
南京大学学报　1980：4　1980

中 10805682
挑灯闲话《牡丹亭》
逸叟
青年战士报　1980.4.14

中 10805683
折子戏《春香闹学》
吴国钦
中国戏曲史漫话　上海文艺出版社　1980.6

中 10805684
论《牡丹亭》的创作思想——兼谈作品的思想艺术成就
张贤蓉
赣南师专学报　试刊号　1980.6

中 10805685
《牡丹亭》与妇女轶闻
吴国钦
中国戏曲史漫话　上海文艺出版社　1980.6

中 10805686
从《牡丹亭》谈中国文学的浪漫精神
陈惠玲
青年战士报　1980.6.25

中 10805687
汤显祖和他的《牡丹亭》
郭文瑞
晋阳文艺　1980：11　1980

中 10805688
《牡丹亭》是悲剧
赵景深（邹啸）
江苏戏剧　1981：1　1981

中国古典悲剧喜剧论集　上海文艺出版社　1983.5

中 10805689
《皂罗袍》曲文释义——读《牡丹亭》随笔
祝肇年
河北戏剧　1981：1　1981.1
祝肇年戏曲论文选　文化艺术出版社　1998.10

中 10805690
汤显祖和他的《牡丹亭》
方丹
福建戏剧　1981：1　1981

中 10805691
汤显祖和他的《牡丹亭》
倪复贤
青海师范学院学报　1981：2　1981

中 10805692
惊梦、离魂、再生
石麟
黄石师院学报　1981：2　1981

中 10805693
《牡丹亭》散论
周先慎
文史知识　1981：3　1981

中 10805694
绝妙的心理描写——《牡丹亭・惊梦》片断欣赏
许金榜
戏剧界　1981：3　1981

中 10805695
从《牡丹亭・劝农》谈起——关于杜宝形象
周月亮
文科教学　1981：4　1981

中 10805696
举重若轻　妙趣横生——《牡丹亭・闺塾》赏析
徐凤生　于雷
上海戏剧　1981：4　1981

中 10805697
如花美眷　似水流年——漫谈《牡丹亭・游园惊梦》
吴翠芬
江苏戏剧　1981：5　1981

中 10805698
《牡丹亭》中石道姑形象略辨
黄德荣
江西社会科学　1981：5/6　1981

中 10805699
汤显祖和《牡丹亭》
张秀莲
人民戏剧　1981：6　1981

中 10805700
《牡丹亭》趣闻拾遗
邓小秋

辽宁戏剧　1981：6　1981

中 10805701
“长亭送别”浅析
唐永德
阅读和欣赏（古典文学部分 3）北京出版社　1980.8

中 10805702
魂离·梦遇——浅谈《倩女离魂》和《牡丹亭》情节的提炼
陈美琳
江苏戏剧　1981：7　1981

中 10805703
一颗颤动的心在倾诉——谈《牡丹亭》“惊梦”和“寻梦”
洪云
广州文艺　1981：7　1981

中 10805704
《牡丹亭》上三生路　写到罗裙哭当歌
马少波
北京艺术　1981：8　1981

中 10805705
汤显祖卧薪的启迪
鲍德明　韩静波
文汇报　1981.9.23

中 10805706
《牡丹亭》的因袭和创新
徐朔方
剧本　1981：10　1981
论汤显祖及其他　上海古籍出版社　1983.8

中 10805707
关于《牡丹亭》的批评与反批评
顾乐真
陕西戏剧　1981：10　1981

中 10805708
亭外的旁白——看北方昆曲剧院新排《牡丹亭》
陈朗
人民戏剧　1981：11　1981

中 10805709
梦柳得柳及其它
墨遗萍
陕西戏剧　1981：11　1981

中 10805710
“肠断《牡丹亭》”别解
郭踪
四川日报　1981.12.2

中 10805711
汤显祖与《牡丹亭》
赵知人
大华晚报　1981.12.13

中 10805712
独创放异彩——《牡丹亭》与《西厢记》的比较
齐裕焜
名作欣赏　1982：1　1982

中 10805713
《牡丹亭》的艺术魅力
龚维英
黑龙江戏剧　1982：2　1982

中 10805714
丽曲清词　情思绵邈——介绍《牡丹亭》“游园”片断
许自强
阅读和欣赏（古典文学部分 5）　广播出版社　1982.2

中 10805715
汤显祖和《牡丹亭》
周育德
文学知识　1982：2　1982

中 10805716
意、趣、神、色——整理《牡丹亭》浅识，兼谈臧晋叔改本
傅雪漪
戏剧学习　1982：2　1982

中 10805717
《牡丹亭》社会意义刍探
南风
文史知识　1982：3　1982

中 10805718
借言题曲论还魂
洛地
戏剧艺术（上海戏剧学院学报）　1982：4　1982

中 10805719
从三妇评《牡丹亭》谈起——读曲随笔
刘辉
长江戏剧　1982：4　1982

中 10805720
也谈杜丽娘的性格发展
江夏
争鸣　1982：4　1982

中 10805721
从杜丽娘的形象看对人性复归的追求
张文霞
武汉师范学院学报　1982：5　1982

中 10805722
《牡丹亭》的改编演出和现实意义
陆树仑　李平
上海戏剧　1982：5　1982

中 10805723
《牡丹亭》脱稿年月小议
纪勤
戏文　1982：5　1982

中 10805724
略谈《牡丹亭》改编的“意趣”问题
陈多
上海戏剧　1982：5　1982

中 10805725
人鬼幻化　奇思异想——谈《牡丹亭》的浪漫主义特色
徐应佩　周溶泉　吴功正

中国古典文学名著赏析　山西人民出版社　1982.5

中 10805726
《牡丹亭》曲词漫议
叶长海
剧坛　1982:6　1982

中 10805727
青春的觉醒——《牡丹亭·游园》曲词的赏析
彭德纬（彭德伟）
南苑　1982:6　1982

中 10805728
从杜丽娘故事的由来说起
马钝
福建戏剧　1982:6　1982

中 10805729
《牡丹亭》断想
秦瘦鸥
解放日报　1982.6.6

中 10805730
释"卖查梨"
[美]郑培凯（程步奎）
抖擞　51　1982.9

中 10805731
独创与窠臼——《牡丹亭》艺术刍议
高建中
文艺论丛　16　上海文艺出版社　1982.11

中 10805732
《牡丹亭》"游园"片断分析
李震
语文学习　1982:11　1982
中国古典小说戏剧欣赏　岳麓书社　1984.5
古典文学名篇赏析（续篇）　上海教育出版社　1985.3

中 10805733
杜丽娘形象的艺术光辉——《牡丹亭》学习札记
薛宝琨
古典文学论丛　2　陕西人民出版社　1982.12

中 10805734
汤显祖写《牡丹亭》的小故事
荀强
北京艺术　1982:12　1982

中 10805735
杜丽娘性格发展初探
石经纶
艺谭　1983:1　1983

中 10805736
"理之所必无，情之所必有"——《牡丹亭》一解
成柏泉
读书　1983:1　1983

中 10805737
谈《牡丹亭》的改编问题

夏写时
戏剧艺术（上海戏剧学院学报） 1983：1 1983

中 10805738
崔张结局辨
董上德
中山大学研究生学刊 1983：1 1983

中 10805739
和上昆同志谈《牡丹亭》
张庚
戏剧报 1983：1 1983

中 10805740
纪念杰出的戏曲作家汤显祖——谈上演《牡丹亭》的现实意义
吴白匋
江苏戏剧 1983：1 1983

中 10805741
汤显祖和他的《牡丹亭》
以农
语文教学 1983：2 1983

中 10805742
汤显祖与《牡丹亭》传奇
吴夫
黑龙江戏剧 1983：2 1983

中 10805743
再谈《牡丹亭》的创作年代
徐朔方
戏文 1983：2 1983

中 10805744
简论《牡丹亭》的思想性与艺术性
刘维俊
唐山师专学报 1983：2 1983

中 10805745
从《西厢记》《牡丹亭》看《桃花扇》中爱情主题的发展
秦文兮
武汉大学学报 1983：2 1983

中 10805746
正确对待文学遗产——汤显祖《牡丹亭》以及昆剧的整编
赵清阁
社会科学 1983：2 1983

中 10805747
杨葆光及其《牡丹亭》手批本
赵山林
江西大学学报 1983：3 1983

中 10805748
汤显祖和《牡丹亭》
高峰
辽宁日报 1983.3.29

中 10805749
《牡丹亭·惊梦》中“晴丝”“烟丝”非“游丝”辨
刘儒贤
四川师院学报 1983：4 1983

中 10805750
“姹紫嫣红”曲句琐谈——读《牡丹亭》笔记
祝肇年
戏剧学习　1983：4　1983
祝肇年戏曲论文选　文化艺术出版社　1998.10

中 10805751
《牡丹亭》的悲喜剧因素
叶长海
中国古典悲剧喜剧论集　上海文艺出版社　1983.5

中 10805752
从《牡丹亭》的改编演出看昆曲的前途
王季思
玉轮轩曲论新编　中国戏剧出版社　1983.5
王季思学术论著自选集　北京师范学院出版社　1991.8

中 10805753
论《牡丹亭》
徐朔方
论汤显祖及其他　上海古籍出版社　1983.8
徐朔方说戏曲　上海古籍出版社　2000.12

中 10805754
汤显祖在《牡丹亭》里表现的恋爱观和生死观——在纪念汤显祖逝世366周年学术讨论会上的报告
王季思
汤显祖纪念集　南昌市印刷三厂　1983.10

中 10805755
说“借”字古今音读与《牡丹亭·惊梦》
俞平伯
论诗词曲杂著　上海古籍出版社　1983.10

中 10805756
《牡丹亭》赞
俞平伯
论诗词曲杂著　上海古籍出版社　1983.10

中 10805757
《牡丹亭》“丹”字的用法（附说英文“狗”字）
俞平伯
论诗词曲杂著　上海古籍出版社　1983.10

中 10805758
“诗无邪”与“涂嫩鸭”——读《牡丹亭·闺塾》的戏剧冲突
孙占琦
朝阳师专学报　1984：1　1984

中 10805759
论臧晋叔对《牡丹亭》的改编
邓瑞琼　吴敢
黄石师院学报　1984：1　1984

中 10805760
《牡丹亭》引出的故事
李实
内蒙古日报　1984.1.28

中 10805761
《冬天的故事》与《牡丹亭》
［美］白之（Birch Cyril）著　龚文庠译
读书　1984：2　1984

中 10805762
感人至深的《牡丹亭》
李松寒
戏剧与电影　1984：2　1984

中 10805763
“尚趣”与“守法”——关于《牡丹亭》的一场纠葛
徐寿凯
古代文艺思想漫话　浙江文艺出版社　1984.2

中 10805764
汤显祖与《西厢记》——有关崔莺莺、杜丽娘比较研究的一些看法
蒋星煜（布谷、白甲）
江西师范大学学报　1984：3　1984

中 10805765
《牡丹亭》的主题是肯定人欲，反对理学
陈庆惠
复旦学报　1984：4　1984

中 10805766
“还魂”之后有精华
张齐
汤显祖研究论文集　中国戏剧出版社　1984.5

中 10805767
读《牡丹亭》札记
陈多
汤显祖研究论文集　中国戏剧出版社　1984.5

中 10805768
关于《牡丹亭》的几件小事
吴小如
汤显祖研究论文集　中国戏剧出版社　1984.5

中 10805769
俗本《牡丹亭》引起的讨论
怀玉
汤显祖研究论文集　中国戏剧出版社　1984.5

中 10805770
试论《牡丹亭》的戏剧冲突及其社会意义
陆雨培
曲苑　1　江苏古籍出版社　1984.7

中 10805771
唱尽新词欢不见——《牡丹亭》的曲意新探
金名
曲苑　1　江苏古籍出版社　1984.7

中 10805772
读《牡丹亭·闺塾》
张俊
自修大学 1984：8 1984

中 10805773
汤显祖卧薪哭丽娘
刘文峰
晋阳文艺 1984：9 1984

中 10805774
《牡丹亭》中的爱与死
白先勇
联合报 1984.9.8

中 10805775
读汤显祖的《惊梦·步步娇》
何东平
诗探索 1984：10 1984

中 10805776
《牡丹亭》的梦情与梦境
胡志毅
艺谭 1985：1 1985

中 10805777
杜丽娘论
冰篁
湘西自治州教师进修学院院刊 1985：1 1985

中 10805778
生生死死皆情缘——试论《牡丹亭》的美学价值
杨绍波
贵州民族学院学报 1985：1 1985

中 10805779
《牡丹亭》的一个漏洞
贾百卿
文学遗产 1985：2 1985

中 10805780
精神出现留与后人标——漫谈《牡丹亭》中“写真”
彭德纬（彭德伟）
影剧新作 1985：3 1985

中 10805781
谈《牡丹亭》的戏剧冲突
陈庆惠
浙江师范大学学报 1985：4 1985

中 10805782
情真境幻意趣生——论《牡丹亭》的积极浪漫主义精神
宋绵有
文科园地 1985：4 1985

中 10805783
《牡丹亭》的主要创作特色
周锡山
文科月刊 1985：4 1985

中 10805784
浅析杜丽娘形象及其意义
许祥麟
文科园地 1985：4 1985

中 10805785
论《牡丹亭》
聂石樵　邓魁英
古代小说戏曲论丛　中华书局　1985.5

中 10805786
关于《牡丹亭》札记三则
吴小如
学林漫录　10　中华书局　1985.5

中 10805787
《牡丹亭》和《罗密欧与朱丽叶》
吴金夫
宝鸡师范学院学报　1986：2　1986

中 10805788
“有情人皆成眷属”之外：《牡丹亭》主题小议
宋子俊
争鸣　1986：2　1986

中 10805789
杜丽娘形象的心理学分析
华耀祥
扬州教育学院学报　1986：2　1986

中 10805790
以情立意　委婉空灵——《牡丹亭》“游园”片断赏析
周荷初
文学知识　1986：3　1986

中 10805791
试谈杜丽娘的心理机制
魏崇新
名作欣赏　1986：3　1986

中 10805792
一曲“锦屏人”的幽怨之歌——《牡丹亭·惊梦》之《皂罗袍》赏析
周慧珍
名作欣赏　1986：3　1986

中 10805793
读《牡丹亭·惊梦》
李真瑜
名作欣赏　1986：3　1986

中 10805794
《牡丹亭》轶事两则
纪勤
福建戏剧　1986：4　1986

中 10805795
略说《牡丹亭·惊梦》
高建中
中文自修　1986：5　1986

中 10805796
高情传唱牡丹亭，纵使西厢亦减价：《牡丹亭》感应力之我见
黄幼珍
社会科学（甘肃）　1986：5　1986
包头教育学院学报　1987：1　1987

中 10805797
《牡丹亭》与妇女
徐扶明（辅民）

元明清越曲探索　浙江古籍出版社
1986.7

中 10805798
渗透于筋节髓窍的喜剧气氛——《牡丹亭·闺塾》赏析
黄天骥
文史知识　1986：8　1986

中 10805799
《牡丹亭》是怎样以情反理的
许金榜
中文自学指导　1986：11　1986

中 10805800
《牡丹亭》与《红楼梦》小议
朱光荣
红楼　1987：1　1987

中 10805801
论杜宝形象的复杂性和杜丽娘的悲剧命运
陆力
锦州师院学报　1987：1　1987

中 10805802
为《牡丹亭》殉情的女子
俞为民
古典文学知识　1987：1　1987

中 10805803
缘情造境、以色传情:《牡丹亭》抒情艺术论（之二）
李成
农垦师专学报　1987：2　1987

中 10805804
从“情”抗“理”，还是归“情”入“理”:《牡丹亭》新论之一
莫雍中
宜春师专学报　1987：3　1987

中 10805805
从明清经济与学术发展的趋势上评杜丽娘与林黛玉形象的意义
陈玉兰
理论学习　1987：5　1987

中 10805806
美丑都在情和欲之间:《牡丹亭》与《金瓶梅》比较谈片
卜键
文学评论　1987：5　1987

中 10805807
《惊梦》曲意:《牡丹亭》新论之二
莫雍中
宜春师专学报　1987：6　1987

中 10805808
从汤显祖用泪水写《牡丹亭》说起
杨桦
语文月刊　1987：7–8　1987

中 10805809
动人的思春迎春伤春曲：浅析《牡丹亭·游园》
宁平
中文自学指导　1987：10　1987

中 10805810
《牡丹亭》语言琐谈
张燕瑾
文史知识　1987：11　1987

中 10805811
黄宗羲与《牡丹亭》
徐定宝
宁波师院学报　1988：1　1988

中 10805812
谈《牡丹亭》中的杜丽娘
范有盛
佳木斯教育学院学报　1988：1　1988

中 10805813
徐注本《牡丹亭》和《长生殿》曲律上的疏误
胡晨
齐鲁学刊　1988：1　1988

中 10805814
一首情思凄婉的游春曲：《牡丹亭》“游园”片断译析
李良华
文科月刊　1988：2　1988

中 10805815
《牡丹亭》故事根源
刘苹
“中央日报”　1988.3.28

中 10805816
蓦地里怀人幽怨——《牡丹亭》的情与梦
杨振良
“中央日报”　1988.3.28

中 10805817
评《牡丹亭》的明清改本
俞为民
文学评论丛刊　30　中国社会科学出版社　1988.4

中 10805818
崔莺莺与杜丽娘
王德亚
河北大学学报　1988：4　1988

中 10805819
《牡丹亭・惊梦》新说
金志仁
名作欣赏　1988：5　1988

中 10805820
落第文人　酸腐秀才——陈最良
王平
古典文学知识　1988：5　1988

中 10805821
禁锢与觉醒——《牡丹亭・闺塾・惊梦》简析
文之
中文自学指导　1988：10　1988

中 10805822
一个走不出去的圆圈：《牡丹亭》情理建构的文化心理批判
冯文楼

陕西师范大学学报　1989：1　1989

中 10805823
试论《牡丹亭》的浪漫主义性质
李曼立
中国文学研究　1989：3　1989

中 10805824
《牡丹亭》及其三妇合评本
任亮直
河南大学学报　1989：5　1989
中国古典文学论考　河南大学出版社　1998.1

中 10805825
《牡丹亭》创作方法初探
李孝堂
齐齐哈尔师范学院学报　1989：6　1989

中 10805826
《牡丹亭》之创作美学
杨振良
逢甲学报　22　1989.11

中 10805827
《牡丹亭·冥判》发微
万斌生
文艺理论家　1990：2　1990

中 10805828
满园春色启芳心：《牡丹亭》“惊梦”赏析
吴孟君
自贡师专学报　1990：3　1990

中 10805829
赞俞平伯《牡丹亭赞》
万云骏
戏剧艺术（上海戏剧学院学报）1990：3　1990

中 10805830
情之所钟　正在此辈——从杜丽娘到林黛玉
单世联
广东社会科学　1990：4　1990

中 10805831
《牡丹亭》中的特殊人物——论陈最良
王仁铭
江汉论坛　1990：10　1990

中 10805832
从《关雎》接受史看《牡丹亭》的时代意义
萧华荣
齐鲁学刊　1991：2　1991

中 10805833
论《牡丹亭》的时代精神与历史定位
吴根友
江西社会科学　1991：3　1991

中 10805834
自然天性对封建礼教的胜利：崔莺莺与杜丽娘形象比较谈
付明居
牡丹江社会科学　1991：4　1991

中 10805835
貌似而神离　形近而实远——《牡丹亭》与《长生殿》爱情描写的比较
刘孝严
东北师大学报　1991：5　1991

中 10805836
万艳同悲奈何天：杜丽娘、林黛玉比较谈片
陈清芳
福建学刊　1991：6　1991

中 10805837
爱情题材：从发展层次上观照（上、下）——兼论《西厢记》与《牡丹亭》之异同
宁宗一
戏曲艺术　1992：1–2　1992

中 10805838
《牡丹亭》和明代狂禅风潮
王树海
齐鲁学刊　1992：1　1992

中 10805839
“春归”漫话——谈《牡丹亭·惊梦》与诗词曲中之“春归”
金志仁
南通师专学报　1992：2　1992

中 10805840
《牡丹亭》对时弊的讽刺
牛凤昀
北方论丛　1992：2　1992

中 10805841
略论《西厢记》与《牡丹亭》的团圆结局
陆力
锦州师范学院学报　1992：3　1992

中 10805842
《游园·惊梦》的意境
艾岩
名作欣赏　1992：5　1992

中 10805843
“鬼可虚情，人须实礼”：杜丽娘形象的心理学分析
朱伟明
湖北大学学报　1992：5　1992

中 10805844
从天理、国法、人情看《牡丹亭》
胡耀恒
复兴剧艺学刊　1　1992.7

中 10805845
崔莺莺、杜丽娘、林黛玉之比较研究
梅凌
江汉大学学报　1993：1　1993

中 10805846
论杜丽娘
秦效成
徽州师专学报　1993：1　1993

中 10805847
《西湖二集》与《牡丹亭》
陈皆平

浙江大学学报　1993：1　1993

中 10805848
《牡丹亭》的双重文化题旨
张海鸥
殷都学刊　1993：1　1993

中 10805849
针锋相对，旗帜鲜明：《牡丹亭》“游园惊梦”与《琵琶记》“牛氏规奴”
陆联星
淮北煤师院学报　1993：2　1993

中 10805850
杜丽娘艺术形象的独特性
刘靖安
衡阳师专学报　1993：2　1993

中 10805851
杜丽娘性格发展上下篇
黄文锡
抚州师专学报　1993：3　1993

中 10805852
杜丽娘形象浅议
刘月嵚
内蒙古电大学刊　1993：4　1993

中 10805853
明清《牡丹亭》曲律研究述论
程华平
戏剧艺术（上海戏剧学院学报）1993：4　1993

中 10805854
中国古典戏曲中的两朵奇葩：谈《西厢记》与《牡丹亭》的结构
董玉琦
江汉大学学报　1993：5　1993

中 10805855
论明清《牡丹亭》创作心理研究
程华平
齐齐哈尔师范学院学报　1993：6　1993

中 10805856
论《牡丹亭》研究中的影射问题
程华平
烟台师范学院学报　1994：1　1994

中 10805857
论崔莺莺和杜丽娘性格的差异
董玉琦
江汉大学学报　1994：1　1994

中 10805858
再说《牡丹亭》
何寅
山西师大学报　1994：2　1994

中 10805859
良辰美景奈何天——说汤显祖《牡丹亭·惊梦》曲文
赖汉屏
明道文艺　216　1994.3

中 10805860
明传奇的结构——《琵琶记》与《牡丹亭》

析论
[美]孙康宜著　王瑷玲译
中国文哲研究通讯　4：1　1994.3

中 10805861
汤显祖的模糊语言和想象天地——《游园》中的心理学分析
骆正
戏曲艺术　1994：3　1994

中 10805862
《牡丹亭》与《长生殿》
邹自振
抚州师专学报　1994：4　1994

中 10805863
《牡丹亭》解说
徐朔方
名家论名剧　首都师范大学出版社　1994.6
徐朔方说戏曲　上海古籍出版社　2000.12

中 10805864
汤显祖的文艺观与《牡丹亭》曲文的艺术成就
[美]郑培凯（程步奎）
九州学刊　6：3　1994.12

中 10805865
汤显祖和他的《牡丹亭》
张秀芬
高师函授学刊　1995：3　1995

中 10805866
试析《牡丹亭》中的杜丽娘
张再菊
荆门大学学报　1995：3　1995

中 10805867
非梦不足表其情，非梦不足达其意：释“梦”重论杜丽娘
郭海鹰
韶关大学学报　1995：3　1995

中 10805868
“偏，宜贴翠花钿”解证——《西厢》偶谈
傅义
中国典籍与文化　1995：3　1995

中 10805869
痴情才子　血性男儿：谈谈汤显祖《牡丹亭》中的柳梦梅
孔瑾
戏剧（中央戏剧学院学报）　1995：3　1995

中 10805870
形非似，神更异：《牡丹亭》《长生殿》爱情描写之比较
徐人忠
东岳论丛　1995：5　1995

中 10805871
人欲的赞歌：对《牡丹亭》主题的再认识
孙书磊
江西教育学院学报　1996：1　1996

中 10805872
游园惊梦里的“梦境”舞台呈现
刘信成
复兴剧艺学刊　15　1996.1

中 10805873
形象结构理论与杜丽娘的形象创造
姚莽
戏剧（中央戏剧学院学报）　1996：2　1996

中 10805874
杜丽娘心态探析
汤春华
武汉教育学院学报　1996：2　1996

中 10805875
年龄·欲·情——杜丽娘与崔莺莺品较
黄毓文　郭晶
吉林师范学院学报　1996：4　1996

中 10805876
试析《牡丹亭》的浪漫主义特色
伏绍金
云南教育学院学报　1996：4　1996

中 10805877
评《牡丹亭》的大团圆结局
孟庆茹
吉林师范学院学报　1996：7　1996

中 10805878
文学与戏剧结合的教学设计——以汤显祖《牡丹亭·闺塾》为例
丁肇琴
世界新闻传播学院人文学报　5　1996.7

中 10805879
《牡丹亭·游园·步步娇》之改编蓝调
王怡瑜
剧说·戏言　1　台湾大学戏剧研究所学会　1996.12

中 10805880
试论《牡丹亭》中自我之追寻
郑淑花
剧说·戏言　1　台湾大学戏剧研究所学会　1996.12

中 10805881
《牡丹亭》与《红楼梦》：一次跨越体裁和时间界限的比较研究所取得的认识
姚莽
戏剧（中央戏剧学院学报）　1997：1　1997

中 10805882
谈三妇评《牡丹亭》
赵苗
文史知识　1997：7　1997

中 10805883
试论《牡丹亭》之艺术成就——以戏剧结构和人物形象塑造为主
彭寿绮
兴大中文研究生论文集　2　1997.9

中 10805884
《牡丹亭》中的生死情愫
吕蓓蓓
台北技术学院学报　30：2　1997.9

中 10805885
《牡丹亭》在中国文学史上的地位
傅修延　叶树发
文史知识　1998：1　1998

中 10805886
《牡丹亭》中“情”的变化与表现手法差异
尚永亮
淮阴师范学院学报　1998：2　1998

中 10805887
《牡丹亭》的悲剧意识
韩鑫
艺术百家　1998：3　1998

中 10805888
新词催泪落情场，情种传来《牡丹亭》：明、清对杜丽娘之“情”的阐释与评价
程华平
抚州师专学报　1998：3　1998

中 10805889
《牡丹亭》的评点
赵山林
艺术百家　1998：4　1998

中 10805890
《牡丹亭》是悲剧又是喜剧
范华群
剧影月报　1998：4　1998

中 10805891
《牡丹亭》三论
罗丽容
复兴剧艺学刊　24　1998.7

中 10805892
《牡丹亭》主题与明中叶美学嬗变
叶树发
江西社会科学　1998：8　1998

中 10805893
《才子牡丹亭》作者考述——兼及《笠阁批评旧戏目》的作者问题
华玮
中国文哲研究集刊　13　1998.9
戏曲研究　55　文化艺术出版社　2000.7

中 10805894
释“袅晴丝……”——读《牡丹亭·惊梦》札记
祝肇年
祝肇年戏曲论文选　文化艺术出版社　1998.10

中 10805895
《牡丹亭·惊梦》之花神演出考
陈凯莘
台湾编译馆馆刊　27：2　1998.12

中 10805896
《牡丹亭·惊梦》的修辞艺术（1–3）

林佳桦
中国语文（台北） 85：3-5 1999

中 10805897
浅析杜丽娘的性格矛盾
王晓顺
剧作家 2000：3 2000

中 10805898
寻寻觅觅温旧梦，生生死死为多情:《牡丹亭》第十二出《寻梦》赏析
席红
语文学刊 2000：5 2000

中 10805899
《牡丹亭·惊梦》——谁的欲望谁的梦?
丁珍珍
文明探索丛刊 22 2000.7

中 10805900
封建制度下的女性欲望——《牡丹亭》
郑慧思
文明探索丛刊 22 2000.7

中 10805901
杜丽娘与林黛玉形象之比较
王应龙
宝鸡文理学院学报 2000 增刊 2000

中 10805902
汤显祖笔下的女性形象——谈霍小玉和杜丽娘
林秀珍
中国语文（台北） 88：2 2001

3. 紫钗记

中 10805903
汤显祖的《紫钗记》
赵景深（邹啸）
读曲随笔 北新书局 1936.11
中国戏曲初考 中州书画社 1983.8
读曲随笔 上海文艺出版社 1999.1

中 10805904
《紫玉钗》和《紫钗记》
戴不凡（柏繁）
戏剧报 1959：20 1959
百花集三编 浙江文艺出版社 1983.7

中 10805905
论汤显祖《紫钗记》和《南柯记》的思想性——从歌颂自然情景的“春天”到政治倾向的乌托邦
侯外庐
新建设 1961：7 1961
论汤显祖剧作四种 中国戏剧出版社 1962.6

中 10805906
玉茗堂四梦之《紫钗记》杂评
林华标
文史学报（香港珠海文史学会） 11 1975.5

中 10805907
从《紫箫》到《紫钗》

黄文锡
知识窗　1981：6　1981

中 10805908
“情”以格“权”“情”终胜“权”——改编《紫钗记》的一点认识
黄文锡
南昌晚报　1982.9.15

中 10805909
读《紫钗记》与《南柯梦记》的札记
钱英郁
艺谭　1983：1　1983

中 10805910
《紫钗记》思想初探
姚品文
江西师范学院学报　1983：3　1983

中 10805911
汤显祖《紫钗记》成年考
夏写时
学术月刊　1984：1　1984

中 10805912
《紫钗记》中的风尘三侠
金宁芬
光明日报　1984.1.10

中 10805913
《紫钗记》中的李益形象
金宁芬
光明日报　1984.1.17

中 10805914
从《霍小玉传》到《紫钗记》的得失
万斌生
汤显祖研究论文集　中国戏剧出版社　1984.5

中 10805915
一个打着时代烙印的悲剧：论《紫钗记》的大团圆结局
邓长风
四川大学学报　1986：3　1986

中 10805916
从《紫箫记》到《紫钗记》：汤显祖的一次自我超越
拾风
上海戏剧　1987：2　1987

中 10805917
《紫钗记》浅析：谈汤显祖对《霍小玉传》的改造
陈宗琳
贵州大学学报　1987：4　1987

中 10805918
汤显祖的《紫箫记》与《紫钗记》
罗秋昭
台北师专学报　14　1987.6

中 10805919
论汤显祖的《紫钗记》
朱捷
江海学刊　1995：3　1995

中 10805920
善与恶的冲突——论《紫钗记》中的霍小玉和卢太尉
陈美雪
世界新闻传播学院人文学报　4　1996.1

中 10805921
论《紫钗记》的思想价值及其意义
李秋新
甘肃社会科学　1997：3　1997

中 10805922
论汤显祖的人生道路与《紫钗记》
曲家源　白照芹
社会科学战线　1997：4　1997

4. 邯郸记

中 10805923
略谈汤显祖和他的《邯郸记》
谭行
中山大学学报　1958：2　1958

中 10805924
汤显祖《邯郸记》的思想与风格
侯外庐
人民日报　1961.8.16

中 10805925
明代的《陞官图》
左明
雨花　1961：9　1961

中 10805926
论汤显祖《邯郸记》的思想与风格
侯外庐
论汤显祖剧作四种　中国戏剧出版社　1962.6

中 10805927
试论汤显祖剧作《邯郸记》的主题及思想
陈凤翔
华侨日报　1972.4.21

中 10805928
试论汤显祖和他的《邯郸记》
王缵叔
宝鸡师范学院学报　1979：2/3　1979

中 10805929
汤显祖《邯郸梦》
逸叟
"中央日报"　1980.12.9

中 10805930
《邯郸梦》与《红楼梦》
徐扶明（辅民）
红楼梦学刊　1981：4　1981
红楼梦与戏曲比较研究　上海古籍出版社　1984.12

中 10805931
论《邯郸记》中的丑角
孙小英
中外文学　10：9　1982

中 10805932
《南柯记》《邯郸记》思想倾向辨
刘云
江西社会科学　1983：6　1983

中 10805933
《邯郸记》新探
郁华　萍生
戏曲艺术　1983 增刊　1983
汤显祖研究论文集　中国戏剧出版社　1984.5

中 10805934
论《邯郸梦》
曾献平
汤显祖研究论文集　中国戏剧出版社　1984.5

中 10805935
应当重新评价《南柯梦》与《邯郸梦》
何苏仲
汤显祖研究论文集　中国戏剧出版社　1984.5

中 10805936
《邯郸记》的喜剧情调
陈芳英
中外文学　13：1　1984
中国文学研究　1986：4　1986

中 10805937
《“邯郸记”的喜剧意识》（陈芳英作）读后
汪志勇
中外文学　13：2　1984

中 10805938
汤显祖《邯郸记》的道化思想和明代中叶以后之社会
吕凯
汉学研究　6：1　1988.6

中 10805939
“等为梦境，何处生天”——《南柯梦》《邯郸梦》荒诞意识谈
郭英德
文史知识　1990：12　1990

中 10805940
《南柯记》《邯郸记》对明代官场的批判
刘靖安
衡阳师专学报　1991：5　1991

中 10805941
《邯郸记》排场研究
李佩玲
东吴中文研究集刊　3　1996.5

中 10805942
《邯郸记》本事考及主要版本
李晓
艺术百家　1999：3　1999

5. 南柯记

中 10805943

论汤显祖《紫钗记》和《南柯记》的思想性——从歌颂自然情景的“春天”到政治倾向的乌托邦

侯外庐

新建设　1961：7　1961

论汤显祖剧作四种　中国戏剧出版社　1962.6

中 10805944

关于《南柯记》第二十四出《风谣》及其他

徐朔方

光明日报　1962.2.18

论汤显祖及其他　上海古籍出版社　1983.8

中 10805945

《南柯记》的思想内容及倾向

吴凤雏

江西戏曲论坛　1982：3　1982

中 10805946

读《紫钗记》与《南柯梦记》的札记

钱英郁

艺谭　1983：1　1983

中 10805947

谈《南柯梦记》的讽世和寓意

钱英郁

光明日报　1983.3.8

中 10805948

《南柯记》《邯郸记》思想倾向辨

刘云

江西社会科学　1983：6　1983

中 10805949

“乌托邦”，还是“封建保守主义”——关于《南柯记·风谣》的性质

怀玉

争鸣　1984：4　1984

中 10805950

《南柯梦》的思想倾向

吴凤雏

汤显祖研究论文集　中国戏剧出版社　1984.5

中 10805951

应当重新评价《南柯梦》与《邯郸梦》

何苏仲

汤显祖研究论文集　中国戏剧出版社　1984.5

中 10805952

“等为梦境，何处生天”——《南柯梦》《邯郸梦》荒诞意识谈

郭英德

文史知识　1990：12　1990

中 10805953

《南柯记》《邯郸记》对明代官场的批判

刘靖安

衡阳师专学报　1991：5　1991

中 10805954
《南柯梦》曲意管窥
程建忠　贾鹏
许昌师专学报　1992：1　1992

6. 紫箫记

中 10805955
从《紫箫》到《紫钗》
黄文锡
知识窗　1981：6　1981

中 10805956
《紫箫记》散论
段启明
西南师院学报　1984：1　1984

中 10805957
《紫萧记》未成与政治纠纷有关——与徐朔方同志商榷
邓长风
浙江学刊　1986：1/2　1986

中 10805958
再论《紫箫记》未成与政治纠纷无关——答邓长风同志的批评
徐朔方
浙江学刊　1986：4　1986

中 10805959
从《紫箫记》到《紫钗记》：汤显祖的一次自我超越
拾风
上海戏剧　1987：2　1987

中 10805960
汤显祖的《紫箫记》与《紫钗记》
罗秋昭
台北师专学报　14　1987.6

中 10805961
读《紫箫记》札记
张家英
哈尔滨师专学报　1988：1　1988

中 10805962
《紫箫记》与汤显祖的戏剧创作道路
段庸生
重庆师范学院学报　1995：1　1995

7. 其他作品

中 10805963
闲话《三醉》
黄华
新民报晚刊　1957.12.9

中 10805964
汤显祖《五传》创作思想浅探
张清华
学术研究辑刊　1980：2　1980

中 10805965
汤显祖的《诀世语》值得一读
李少一
北京日报　1980.11.9

中 10805966
露冷流萤——读汤显祖的《江宿》
白云奇
名作欣赏　1981：5　1981
诗词曲赋名作赏析　2　山西人民出版社　1985.8

中 10805967
汤显祖的南行诗草
王离之
岭南文史　1983：1　1983

中 10805968
《玉茗堂批订董西厢》辨伪
徐朔方
社会科学战线　1984：2　1984

中 10805969
汤显祖《庙记》中的演剧理论初探
陈东有
江西大学学报　1984：3　1984

中 10805970
汤显祖的《黎女歌》
周济夫
海南日报　1984.10.28

中 10805971
郁江秋暖衣芙蓉——读汤显祖《送武陵陈判之郁林》
韦向学
广西日报　1986.2.18

中 10805972
读汤显祖《宜黄县戏神清源师庙记》
徐朔方
戏曲研究　18　文化艺术出版社　1986.4

中 10805973
满目悲伤事　行前两首诗——试析汤显祖《送赵大归齐》及《别平昌吏民》二绝句
雷树田
大学文科园地　1988：1　1988

中 10805974
“无梦到徽州”褒贬意析
白盾　敬行
徽州社会科学　1991：1　1991

中 10805975
汤显祖《王镃月洞诗序》写作年代考
欧阳光
广州日报　1995.7.15

中 10805976
汤显祖与《月洞吟序》
祝尚书
文学遗产　1998：5　1998

中 10805977
说《皆春园集叙》
江巨荣

复旦学报　1999：4　1999

中 10805978
汤显祖《论辅臣科臣疏》的历史意义与深广影响
蒋星煜（布谷、白甲）
上海师范大学学报　2000：8　2000

二五四、臧懋循（1550–1620）

中 10805979
关于对《元曲选》的评价
戴不凡（柏繁）
人民日报　1956.5.12
元明清戏曲研究论文集　作家出版社　1957.7
百花集续编　新文艺出版社　1958.3

中 10805980
臧懋循与《元曲选》
徐扶明（辅民）
光明日报　1956.12.2
元明清戏曲研究论文集　2　人民文学出版社　1959.2
元杂剧论集（上）　百花文艺出版社　1985.5
元明清越曲探索　浙江古籍出版社　1986.7

中 10805981
泛论《元曲选》的价值
卢元骏
文海　1：6　1965.1

中 10805982
《元曲选》无名氏杂剧十八本考证
朱尚文
幼狮学志　8：1　1969

中 10805983
《元曲选》
宋祥瑞
文史知识　1982：2　1982

中 10805984
《元曲选・音释》校订
忌浮
学术研究丛刊　1982：4　1982

中 10805985
臧懋循和《元曲选》
傅晓航
河南戏剧　1982：6　1982

中 10805986
臧懋循和他的《元曲选》
徐朔方
论汤显祖及其他　上海古籍出版社　1983.8
中国古典小说戏曲论集　上海古籍出版社　1985.6

中 10805987
《元曲选·音释》平声字切语不定被切字之阴阳调说
金周生
辅仁学志（文学院之部） 14 1985.6

中 10805988
《元曲选·音释》处理宾白韵语入声押韵字方法之探讨
金周生
辅仁国文学报 1 1985.6

中 10805989
元杂剧作家之身分与地位（附：杂剧作家地域官历表）
耿湘沅
中华学苑 35 1987.8

中 10805990
《元曲选》简说
赵山林
语文学习 1987：11 1987

中 10805991
从《元曲选》四本杂剧论所讲“爱情神剧”
张火庆
鹅湖 13：8 1988.2

中 10805992
臧晋叔改订《元曲选》考
郑尚宪
文献 1989：2 1989

中 10805993
《元曲选·音释》探微
龙庄伟
文献 1992：3 1992

中 10805994
明人臧晋叔整理编选《元曲选》工作中的得失初探
顾学颉
河北师院学报 1994：3 1994

中 10805995
《元曲选》点校之误举隅
邓兴锋
晋阳学刊 1994：4 1994

中 10805996
评《元曲选校注》
李修生
河北师院学报 1995：4 1995

中 10805997
元剧名刻 精光奂焉——读《元曲选校注》
袁世硕
河北师院学报 1996：1 1996

中 10805998
《元曲选》中的差比句式
张全真
南京大学学报 1996：4 1996

中 10805999
《元曲选》的历史命运
邓绍基（邓允建）

社会科学战线　1998：3　1998

中 10806000
臧懋循“笔削”元剧小议：元杂剧校读记之一
邓绍基（邓允建）
阴山学刊　1998：3　1998

中 10806001
《元曲选校注》匡补
左鹏军
文献　1999：3　1999

二五五、谢三秀（1550–1624）

中 10806002
谢三秀和他的诗
石延寿
贵州社会科学　1981：1　1981
贵州明清作家论丛　贵州人民出版社　1986.7

中 10806003
谢三秀和他的《雪鸿堂诗集》
朱光荣
贵州社会科学　1986：4　1986

二五六、赵南星（1550–1627）

中 10806004
明朝清官——赵南星
林光灏
畅流　11：1　1955

中 10806005
一部短小精悍的笑话集——赵南星的《笑赞》
宋平
羊城晚报　1961.5.30

中 10806006
赵南星和他的《芳茹园乐府》
赵云林
河北师范大学学报　1980：3　1980

中 10806007
善用俚语民歌的赵南星
杨振喜
河北日报　1980.12.21

中 10806008
试论《笑赞》的逗笑艺术
陈建森
华南师范大学学报　1988：4　1988
春华秋实　广东高等教育出版社　2000.3

二五七、林章（1551–1599）

中 10806009
明代戏剧家林章所作《观灯记》《青虬记》与福州儒林班之兴起
［日］田仲一成
汉学研究　6：1　1988.6

二五八、胡应麟（1551–1602）

中 10806010
胡应麟《诗薮》的辨体论
简锦松
古典文学　1　学生书局　1979.12

中 10806011
胡应麟的小说理论
王先霈
华中师范学院学报　1981：3　1981

中 10806012
胡应麟的诗学
张健
“中央日报”　1983.4.9

中 10806013
胡应麟之生平及《诗薮》产生之背景
郑亚薇
台北市专学报　4　1983.6

中 10806014
悟与法——胡应麟的诗学实践论
陈国球
台北故宫学术季刊　1：2　1983 冬

中 10806015
变中求不变：论胡应麟对诗史的诠释
陈国球
中外文学　12：8　1984
中国文学研究　1986：4　1986

中 10806016
“兴象风神”析义：胡应麟诗论研究之一
陈国球
幼狮学志　18：1　1984

中 10806017
胡应麟在中国文献史研究上的贡献
谢灼华
武汉大学学报　1986：2　1986

中 10806018
典范的冲击：评陈国球著《胡应麟诗论研究》
李顺媚
文讯月刊　30　1987.6

中 10806019
胡应麟的诗歌史观
宏欣
古典文学知识　1988：5　1988

中 10806020
胡应麟与古书辨伪
戴建庭
浙江师范大学学报　1990：3　1990

中 10806021
简论胡应麟《诗薮》的诗歌理论
冯仲平
学术论坛　1993：5　1993

中 10806022
论胡应麟的诗学思想
张晶
学术月刊　2000：9　2000

二五九、江盈科（1553–1605）

中 10806023
晚明诗文运动的一员主将：江盈科——为黄仁生博士点校《雪涛阁集》而作
陈蒲清
衡阳师专学报　1996：4　1996

中 10806024
江盈科生平、著述考
黄仁生
中国文学研究　1997：2　1997

中 10806025
论公安派副将江盈科的文学思想
黄仁生
湖南师范大学社会科学学报　1997：3　1997

中 10806026
《江盈科集》序
章培恒
书屋　1997：4　1997

中 10806027
江盈科论
黄仁生
文学评论　1998：2　1998

中 10806028
论江盈科参与创立公安派的过程及其地位
黄仁生
复旦学报　1998：5　1998

中 10806029
公安派副将江盈科的“吏隐”心态论
何国平
常德师范学院学报　2000：5　2000

中 10806030
《亘史钞》中的《雪涛小书》与《雪涛小说》
郑志良
中国文学研究　3　江西教育出版社　2001.5

二六〇、沈璟（1553–1610）

中 10806031
沈璟
赵景深（邹啸）
读曲随笔　北新书局　1936.11
中国戏曲初考　中州书画社　1983.8
读曲随笔　上海文艺出版社　1999.1

中 10806032
桃符记传奇
赵景深（邹啸）
明清曲谈　古典文学出版社　1957.8

中 10806033
沈璟传奇辑逸
赵景深（邹啸）
明清曲谈　古典文学出版社　1957.8

中 10806034
《博笑记》跋
郑振铎（西谛、郭源新）
中国文学研究（上）　作家出版社　1957.12

中 10806035
沈璟
朱顺德
江苏戏曲　1959：12　1959

中 10806036
关于沈璟及其剧作的评价
徐扶明（辅民）
文学遗产增刊　7　中华书局　1959.12
元明清越曲探索　浙江古籍出版社　1986.7

中 10806037
吴江沈氏世家
周绍良
文学遗产增刊　12　中华书局　1963.2

中 10806038
明代戏曲大家沈璟
应裕康
南洋大学学报（人文科学）　7　1973

中 10806039
明代戏曲史上的一场儒法斗争——评汤沈之争
史延
文艺研究　1976：1　1976

中 10806040
沈璟与汤显祖之曲论比较
孙小英
中华文化复兴月刊　10：1　1977

中 10806041
沈璟
沛民
江苏戏曲　1980：3　1980

中 10806042
戏曲史上的“沈汤之争”
黄天骥
学术研究 1980：5-6 1980

中 10806043
应当为沈璟恢复名誉
吴国钦
中国戏曲史漫话 上海文艺出版社 1980.6

中 10806044
也谈戏曲史上的“汤沈之争”
周育德
学术研究 1981：3 1981
汤显祖论稿 文化艺术出版社 1991

中 10806045
沈璟曲学辩争录
叶长海
文学遗产 1981：3 1981

中 10806046
关于汤显祖、沈璟关系的一些事实
徐朔方
戏文 1981：4 1981
论汤显祖及其他 上海古籍出版社 1983.8

中 10806047
汤显祖和沈璟
徐朔方
文学评论丛刊 9 中国社会科学出版社 1981.5
论汤显祖及其他 上海古籍出版社 1983.8

中 10806048
汤沈之争散论
张家英
克山师专学报 1982：3 1982

中 10806049
沈璟及其主要著作
徐朔方
江苏戏剧 1982：3 1982

中 10806050
“汤沈之争”外论
张秀莲
戏曲艺术 1983：2 1983
汤显祖研究论文集 中国戏剧出版社 1984.5

中 10806051
《楼居小草》作者沈璟
徐朔方
中华文史论丛 1983：3 1983

中 10806052
沈璟和他的创作
徐朔方
论汤显祖及其他 上海古籍出版社 1983.8

中 10806053
戏曲史上的“汤沈之争”
黄天骥

冷暖集　花城出版社　1983.9

中 10806054
重评汤沈之争
俞为民
学术月刊　1983：12　1983

中 10806055
两部《水浒戏》剧作——《义侠记》《翠屏山》辨考
常明
济宁师专学报　1984：3　1984

中 10806056
汤显祖·沈璟·叶堂
何为
汤显祖研究论文集　中国戏剧出版社　1984.5

中 10806057
沈璟就学唐一庵考
李真瑜
戏曲研究　12　文化艺术出版社　1984.6

中 10806058
《博笑记》和沈璟的戏曲创作
叶长海
艺术研究资料　9　浙江省艺术研究所　1984.12
中国文学研究　1987：2　1987
曲学与戏剧学　学林出版社　1999.11

中 10806059
沈璟戏曲创作的再认识
李真瑜
文学遗产　1985：4　1985

中 10806060
明代一个引人注目的文学世家
李真瑜
光明日报　1986.1.28

中 10806061
沈璟年谱
李真瑜
中国古代戏曲论集　中国展望出版社　1986.4

中 10806062
关于沈璟戏曲理论若干问题的断想
李真瑜
中华戏曲　2　山西人民出版社　1986.10

中 10806063
沈璟三考
朱万曙
戏曲研究　21　文化艺术出版社　1986.12

中 10806064
汤沈论争之我见
朱建明
上海艺术家　1987：4　1987

中 10806065
关于汤沈之争的新探索
张增元
文学评论丛刊　30　中国社会科学出版

社　1988.4

中 10806066
明代戏曲的发展与汤沈之争
黄仕忠
文学遗产　1989：6　1989

中 10806067
明代“曲坛盟主”——沈璟
朱万曙
文史知识　1989：7　1989

中 10806068
近年“汤沈之争”研究综述
陆林
文史知识　1989：7　1989

中 10806069
沈汤之争的历史渊源及其流变发展
谢柏梁（谢柏良）
广东社会科学　1990：1　1990

中 10806070
“汤沈之争”的美学意义
杜卫
晋阳学刊　1990：5　1990

中 10806071
北图藏吴梅跋抄本《双鱼记》
寒冬虹
文献　1992：1　1992

中 10806072
一代曲学宗师沈璟
李真瑜
古典文学知识　1992：6　1992

中 10806073
沈璟传奇本事考略
郭英德
文献　1993：4　1993

中 10806074
创作观念对于剧作家成就的制约：记沈璟
刘彦君
艺术百家　1993：4　1993

中 10806075
沈璟曲谱及其裔派制作
周维培
文学遗产　1994：4　1994

中 10806076
沈璟曲律理论的成因与评价
程华平
松辽学刊　1994：4　1994

中 10806077
沈璟曲论在晚明曲坛的实践
［韩］文盛哉
艺术百家　1997：2　1997

中 10806078
沈璟之戏剧美学思想浅探
罗丽容
中国国学　25　1997.10

中 10806079
由《水浒传》改编的《宝剑记》《义侠记》
韩鑫
明清小说研究　1998：1　1998

中 10806080
“汤、沈之争”与雅俗文化选择
吴建国
中国文学研究　1998：3　1998

中 10806081
《吴江诗粹》所收沈璟轶诗辨析
陆林
书目季刊　34：3　2000.12

二六一、张萱（1553–1636）

中 10806082
《疑耀》著作权之“张”冠“李”戴
毛庆其（毛庆耆）
中国典籍与文化　1998：3　1998

二六二、张大复（1554–1630）

中 10806083
元代南戏剧目和佚曲的新发现——介绍张大复的《寒山堂曲谱》
赵景深（邹啸）
复旦学报　1959：6　1959.6

中 10806084
醉菩提（张大复）——善本书志
张棣华
“中央图书馆”馆刊　8：2　1975

中 10806085
论张大复的散文小品
吴承学
中山大学学报　1996：2　1996

中 10806086
《九宫正始》与《寒山堂曲谱》的发现与研究
李舜华
学术研究　2000：10　2000

二六三、邓志谟（1554？–1624？）

中 10806087
邓志谟道教小说的谪仙结构——兼论中国传统小说的神话结构
李丰楙
明清小说研究　1990：3/4　1990

中 10806088
邓志谟乡里、名号、生年探考
吴圣昔（吴胜昔）
明清小说研究　1992：2　1992

中 10806089
论邓志谟的游戏小说
吴圣昔（吴胜昔）
明清小说研究　1996：2　1996

中 10806090
邓志谟《铁树记》的另一版本与来源
汪小洋
明清小说研究　2000：4　2000

二六四、董其昌（1555–1636）

中 10806091
董其昌研究
吴因明
新亚书院学术年刊　1　1959.10

中 10806092
民抄董其昌一案述略
治秋
人民日报　1964.6.2

中 10806093
淡于政治而热衷艺术的董其昌（1555–1636）
［美］吴讷逊（NeLson I. Wu）
中国历史人物论集　正中书局　1973.4

中 10806094
董其昌与其画禅说
释明复
美术学报（台北）　13　1979.1

中 10806095
董其昌回禄之变
商羽
青年战士报　1979.1.13

中 10806096
董其昌的书画艺术
凌祖绵
书画家　3：1　1979

中 10806097
明代陈继儒董其昌书画齐名
王仲章
青年战士报　1980.1.28

中 10806098
董其昌与徐阶
缪振鹏
社会科学　1984：3　1984

中 10806099
董其昌的毁誉
牧惠
北京日报　1986.5.2

中 10806100
董其昌书法美学论
王岗
书法研究　1989：2　1989

中 10806101
“东吴弄珠客”系董其昌考
徐恭时
上海师范大学学报　1990：2　1990

中 10806102
从董其昌的题跋看他的书风
周正平
书法研究　1990：4　1990

中 10806103
董其昌的书画论与明季诗文评
刘晞仪
香港中文大学中国文化研究所学报　22　1991

中 10806104
略谈禅宗对董其昌书论书风的影响
王伟
书法研究　1991：1　1991

中 10806105
董其昌、黄道周书法之比较
金琤
美苑　1993：5/6　1993
书法研究　1994：2　1994

中 10806106
董其昌《婉娈草堂图》及其革新画风
石守谦
“中央研究院”历史语言研究所集刊　65：2　1994

中 10806107
冷泉亭楹联趣话
颜逸卿
青海日报　1994.10.23

中 10806108
董其昌的画论和王渔洋的诗论
张少康
苏州大学学报　1995：2　1995

中 10806109
董其昌的书学
傅申著　董寿琪译
书法研究　1996：2　1996

中 10806110
董其昌的文艺美学思想——兼谈山水画的南北宗问题
张少康
夕秀集　华文出版社　1999.1

二六五、赵钦（？–1559）

中 10806111
《鹖林子》的借鉴作用及其他
陈璟树
复旦学报　1979：6　1979

中 10806112
《九夷古事》校注
赵钦著　李孝友校注
文献　1983：1　1983

二六六、公鼐（1558–1626）

中 10806113
诗坛巨擘　词林宿望——明代蒙阴诗人公鼐
李芳元
东岳论丛　1998：3　1998

中 10806114
《公鼐诗文辑注》评介
云飞
东岳论丛　1999：4　1999

中 10806115
论明万历时期山左诗人公鼐的诗歌：兼论晚明万历山左诗风
李圣华
泰安师专学报　2000：4　2000

二六七、郝敬（1558–1629）

中 10806116
郝敬的诗序论
［日］西口智也著　李寅生译
贵州文史丛刊　2000：4　2000

二六八、何乔远（1558–1631）

中 10806117
何乔远的生平与台湾方志
毛一波
台湾风物　15：3　1965.8

中 10806118
史学家何乔远传略及其著述
高春缎
黄埔学报　30　1995.12

中 10806119
何乔远《名山藏》初探
高春缎
黄埔学报　31　1996.6

中 10806120
何乔远《闽书》初探
高春缎
黄埔学报　32　1996.12

二六九、朱国桢（1558–1632）

中 10806121
读朱国桢《涌幢小品》
朱介凡
联合报　1963.2.23

二七〇、陈继儒（1558–1639）

中 10806122
陈继儒纂辑的《国朝名公诗选》
路工
文汇报　1962.10.21
访书见闻录　上海古籍出版社　1985.8

中 10806123
明代陈继儒董其昌书画齐名
王仲章
青年战士报　1980.1.28

中 10806124
陈眉公评本《西厢记》的学术价值——明代上海地区文学家评注的明刊本《西厢记》
蒋星煜（布谷、白甲）
上海社会科学院学术季刊　1986：4　1986
西厢记考证　上海古籍出版社　1988.8
西厢记的文献学研究　上海古籍出版社　1997.11

中 10806125
黄鹄游寥廓　赤子仰岱宗——读徐霞客陈眉公两件往来书信
夏咸淳
文学研究丛刊　2　上海社会科学院出版社　1986.5

中 10806126
眉公“岩栖幽事”所反映之处世态度
耿湘沅
中华学苑　48　1996.7

中 10806127
晚明小品作家陈继儒论
牛鸿恩
北京社会科学　1999：3　1999

中 10806128
明陈继儒《虎荟》研究
黄大宏　张天莉

文献　1999：3　1999

中 10806129
论晚明大山人陈继儒小品创作成就
张静秋
安庆师范学院学报　1999：3　1999

二七一、冯琦（1559–1603）

中 10806130
壮丽的居庸关
傅经顺
河北日报　1981.1.15

二七二、叶向高（1559–1627）

中 10806131
叶向高《苍霞草全集》散论
林桦
贵州文史丛刊　1997：1　1997

中 10806132
《苍霞草全集》散论
林桦
福建论坛　1997：1　1997

二七三、袁宗道（1560–1600）

中 10806133
袁伯修和公安文学
周木斋
申报　1936.9.8

中 10806134
喜读《袁伯修小品》
孙永都
聊城师范学院学报　1997：1　1997

二七四、龙膺（1560–1622）

中 10806135
明代曲家龙膺（读曲小纪四）
叶德均
戏曲小说丛考　中华书局　1979.5

中 10806136
龙膺散曲（读曲小纪五）
叶德均
戏曲小说丛考　中华书局　1979.5

二七五、徐复祚（1560–1629）

中 10806137
《投梭记》乃徐复祚作
赵景深（邹啸）
读曲随笔　北新书局　1936.11
中国戏曲初考　中州书画社　1983.8
读曲随笔　上海文艺出版社　1999.1

中 10806138
徐复祚与凌濛初
赵景深（邹啸）
曲论初探　上海文艺出版社　1980.7

中 10806139
“三家村老”有卓识——略谈明代常熟戏曲家徐复祚
王永健
江苏师院学报　1981：2　1981

中 10806140
徐复祚与卡斯忒尔维屈罗的戏剧功用论比较
姚文放
学术论坛　1993：5　1993

中 10806141
明杂剧《一文钱》本事考述
陆林
中国典籍与文化　1998：1　1998

中 10806142
《红梨记》传奇思想艺术新探
陈绍华
扬州大学学报　1998：1　1998

中 10806143
《投梭记》论
孙京荣
西北师大学报　2000：5　2000

二七六、许仲琳（1560–1630）

中 10806144
“封神榜”考
虞怡
联合报　1952.11.28

中 10806145
《封神演义》是一本怎样的书
秋云
文艺学习　1955：10　1955

中 10806146
略谈《封神演义》
黄秋耘（黄秋云）
新建设　1956：4　1956.4
古今集　作家出版社　1962.9
琐谈与断想　花山文艺出版社　1983.7
黄秋耘自选集　花城出版社　1986.3

中 10806147
《封神演义》拉杂谈
柳碧
文学书刊介绍　1956：6　1956

中 10806148
评《略谈封神演义》
李骞
新建设　1956：7　1956

中 10806149
《封神演义》的精华和糟粕何在？
可永雪
光明日报　1956.7.1
文学遗产选集　2　作家出版社　1957.4
中国古典小说评论集　北京出版社　1957.12

中 10806150
《封神演义》没有糟粕吗？
黄秋耘（黄秋云）
新建设　1956：9　1956

中 10806151
《封神演义》与许仲琳——读稗杂识
一丁
新民报晚刊　1956.11.29

中 10806152
《封神演义》的思想内容和艺术描写
刘世德
光明日报　1956.12.9
文学遗产选集　3　中华书局　1960.5

中 10806153
《封神演义》是怎样的一本书？
辛夷
大公报　1957.1.30

中 10806154
《封神演义》简介——中国古典小说介绍之四
张荣起
图书馆工作　1957：7　1957

中 10806155
从《封神演义》谈到《本草纲目》
谷苇
新民报晚刊　1958.3.25

中 10806156
谈谈《封神演义》
曹道衡
文学知识　1958：12　1958

中 10806157
试谈《封神演义》
汪绮
文艺世纪　1959：6　1959

中 10806158
从“莲花化身”说起《封神演义》
杨步飞
广西日报　1962.12.25

中 10806159
关于哪吒的两首诗
刘清芬
天津晚报　1963.4.28

中 10806160
姜太公不算卦
易牧
天津晚报　1963.7.12

中 10806161
关于《封神演义》的考证问题
刘家璧
“中央日报”　1964.11.16

中 10806162
透视《封神演义》创作的时代背景
周燕谋
“中央日报”　1965.11.1

中 10806163
《封神传》之暴君放伐论
陶希圣
食货月刊　2：11　1973

中 10806164
从我的初恋《封神演义》(许仲琳著)谈起
黄美序
幼狮　40：3　1974
文人小说与中国文化(劲草丛书 2)　劲草文化事业有限公司　1975.2
中国古典小说论集　2　幼狮文化公司期刊部　1975.12

中 10806165
《封神传》的新评价
杜若
台肥月刊　19：7　1978.7

中 10806166
《封神演义》里的政治讽喻——从“炮格”谈起
金恒炜
书评书目　65　1978.9

中 10806167
《封神演义》闲话
刘伯涵
书林　1979：1　1979

中 10806168
封神诠解(小说琐谈六)
叶德均
戏曲小说丛考　中华书局　1979.5

中 10806169
《封神演义》浅谈
操戈
长江日报　1980.3.17

中 10806170
以哪吒为定位看《封神演义》的天命世界

龚鹏程
中外文学　9：4　1980
中国小说史论丛　学生书局　1984.6

中 10806171
《武王伐纣平话》与《封神演义》
赵景深（邹啸）
中国小说丛考　齐鲁书社　1980.10

中 10806172
论哪吒
张强
淮阴师专学报　1981：4　1981

中 10806173
《封神演义》
李知文
北京日报　1981.5.14

中 10806174
《封神传》人物之二——妲己（1–4）
姚咏萼
中国时报　1981.11.16–19

中 10806175
关于《封神演义》的几个人名
王维堤
书林　1982：2　1982

中 10806176
漫谈《封神演义》
罗秋水
滇池　1982：9　1982

中 10806177
《封神演义》
张政烺
世界宗教研究　1982：4　1982.11

中 10806178
今本《西游记》袭用《封神演义》说辨正
黄永年
陕西师范大学学报　1984：3　1984

中 10806179
《封神演义》谈
封苇
读书　1984：7　1984

中 10806180
《西游记》《封神演义》“因袭”说证实
方胜
光明日报　1985.8.27

中 10806181
由重出诗探讨《西游记》与《封神演义》的关系
［美］康士林（Nicholas Koss）著　吕健忠注
中外文学　14：11　1986

中 10806182
从“法宝”谈到《封神榜》
秦瘦鸥
小说纵横谈　花城出版社　1986.12

中 10806183
谈姜太公

章四
书林　1987：1　1987

中 10806184
《封神演义》的作者《通信》
胡适
胡适论中国古典小说　长江文艺出版社　1987.2

中 10806185
漫谈《封神演义》
何满子
文史知识　1987：4　1987

中 10806186
道教和《封神演义》
陈辽
吉林大学社会科学学报　1987：5　1987

中 10806187
《封神演义》里的幻想
顾学颉
顾学颉文学论集　中国社会科学出版社　1987.8

中 10806188
再论《封神演义》因袭《西游记》：与徐朔方同志商榷
方胜
徐州师范学院学报　1988：4　1988

中 10806189
从天意与人力的冲突论《封神演义》
张静二
汉学研究　6：1　1988.6

中 10806190
《封神演义》序
蒋和森
社会科学辑刊　1989：2　1989

中 10806191
浅谈《封神演义》的思想内容
谈凤梁
古小说论稿　浙江古籍出版社　1989.2

中 10806192
《封神演义》的拟史诗性及其生成
萧兵
明清小说研究　1989：2　1989

中 10806193
《封神演义》与神仙、道教思想
罗永麟
民间文艺季刊　1989：3　1989

中 10806194
剔骨还父　剜肉还母——哪吒的生命性格
蚁昭护
“中央日报”　1989.4.1

中 10806195
《封神演义》与神权
张颖　陈速
明清小说研究　1990：1　1990

中 10806196
“车王府曲本”中的史诗式作品——《封

神演义》
中山大学“车王府曲本”整理组
中山大学学报　1990：2　1990

中 10806197
《封建演义》是怎样一部作品
陈辽
古典文学知识　1990：6　1990

中 10806198
《封神演义》的成书及作者
陆三强
陕西师范大学学报　1991：2　1991

中 10806199
女娲·妲己·性畏恋——对《封神演义》一个基本情节的解析
梁归智
明清小说研究　1991：2　1991

中 10806200
“以神道设教而天下服”——漫谈《封神演义》
何满子
漫话明清小说　中华书局　1991.7

中 10806201
元至治本全相武王伐纣平话明刊本列国志传卷一与《封神演义》之关系
［澳］柳存仁
和风堂文集　上海古籍出版社　1991.10

中 10806202
《封神演义》·《易》·汉文化
林为进
北方文学　1992：2　1992

中 10806203
宋评《封神演义》解题
王利器
徐州师范学院学报　1992：2　1992

中 10806204
我看《封神演义》
刘冬
明清小说研究　1992：2　1992

中 10806205
《封神演义》作者补考
章培恒
复旦学报　1992：4　1992
献疑集　岳麓书社　1993.1

中 10806206
《封神榜》与五华竹马舞（文摘）
刘尧文
人民日报（海外版）　1992.4.13

中 10806207
《封神演义》的神话结构——两世姻缘
张火庆
兴大中文学报　6　1993.1

中 10806208
《封神演义》的性质、时代和作者
章培恒
献疑集　岳麓书社　1993.1

中 10806209
《封神演义》中几个与印度有关的人物
金鼎汉
南亚研究　1993：3　1993

中 10806210
怪、力、乱、神：《封神演义》的文化品位
潘承玉
池州师专学报　1994：3　1994
晋阳学刊　1995：5　1995

中 10806211
我国古典小说中的赞、赋——以《西游记》《封神演义》为主的讨论
高桂惠
新亚学术集刊　13　1994

中 10806212
《封神演义》中"三妖"的社会意蕴
王志尧　仝海天
河南教育学院学报　1995：4　1995

中 10806213
神魔巨著《封神演义》简评：兼论《封神》为何不能和《水浒》《西游记》鼎足而三
龚维英
合肥教院学报　1996：3　1996

中 10806214
《金瓶梅》的构思——《金瓶梅》与《封神演义》《三国志演义》的关系
[日]大塚秀高作　胡德友译
明清小说研究　1996：4　1996

中 10806215
《封神演义》漫议
龚维英
贵州社会科学　1996：5　1996

中 10806216
神魔小说与《封神演义》
何满子
博览群书　1996：9　1996

中 10806217
《封神演义》成书年代考实：兼及《西游记》成书的一个侧面
刘振农
中国人民警官大学学报　1997：2　1997

中 10806218
论《封神演义》的成书
徐朔方
小说考信编　上海古籍出版社　1997.10

中 10806219
《封神演义》世界观剖析——生活世界的异化及复归之道
萧凤娴
鹅湖　24：6　1998.12

中 10806220
《封神演义》主题的再思考
才让南杰
青海师范大学学报　2000：2　2000

中 10806221
天命观：神话与谎言——论《封神演义》

魏文哲
明清小说研究　2000：3　2000

中 10806222
《封神演义》神王合一观论析
赵章超
西北民族学院学报　2000：4　2000

二七七、王衡（1561–1609）

中 10806223
王衡和他的《郁轮袍》
徐扶明（辅民）
文学遗产增刊　12　中华书局　1963.2
元明清戏曲探索　浙江古籍出版社　1986.7

中 10806224
王衡与沈自征的生平及其剧作（上、下）
曾永义
现代学苑　8：12、9：1　1971.12；1972.1

中 10806225
杂剧《真傀儡》非王衡所作
王永健
社会科学战线　1982：1　1982

中 10806226
我国古代的一出戏中戏——简介明代杂剧《真傀儡》
程钧
江苏戏剧　1984：5　1984

中 10806227
试论《再生缘》之书写特征与相关意涵
许丽芳
中山人文学报　5　1997.1

二七八、满朝荐（1561–1629）

中 10806228
明末苗族爱国诗人满朝荐创作初论
王秀盈
贵州民族学院学报　1996：1　1996

二七九、余象斗（1561–1637）

中 10806229
读《四游记》
赵景深（邹啸）
文艺书刊　1956：4　1956

中国小说丛考　齐鲁书社　1980.10

中 10806230
《四游记》杂识
赵景深（邹啸）
中国小说丛考　齐鲁书社　1980.10

中 10806231
明小说家余象斗及余刻小说戏曲
官桂铨
文学遗产增刊　15　中华书局　1983.9

中 10806232
《四游记》版本考
李时人
徐州师范学院学报　1986：2　1986

中 10806233
明代小说家、刻书家余象斗
肖东发
明清小说论丛　4　春风文艺出版社　1986.6

中 10806234
跋《四游记》本的《西游记传》
胡适
胡适论中国古典小说　长江文艺出版社　1987.2
胡适古典文学研究论集　上海古籍出版社　1988.8

中 10806235
明出版家——余象斗传奇
朱传誉
中外文学　16：4　1987

中 10806236
吴本《西游记》的又一借镜：《四游记》中《北游记》述评
赵伯英
盐城师专学报　1990：4　1990

中 10806237
《四游记》的明刻本
［澳］柳存仁
和风堂文集　上海古籍出版社　1991.10

中 10806238
《四游记》与民间信仰：兼论神魔小说的文化心理依据
王平
文史哲　1994：6　1994

中 10806239
稀见小说《传奇雅集》考
陈益源
明清小说研究　1995：2　1995

中 10806240
略论余象斗与其批评三国志传
陈翔华
明清小说研究　1995：3　1995

中 10806241
神魔小说《四游记》漫评
龚维英
合肥教育学院学报　1997：2　1997

中 10806242
邪神的碑传：从民间信仰看《南游记》《北游记》
［美］黄艳梅
明清小说研究　1998：4　1998

二八〇、陶望龄（1562–1609）

中 10806243
文道并焕，儒释兼综：论陶望龄的学术与文学
周群
南京大学学报　2000：4　2000

二八一、高攀龙（1562–1626）

中 10806244
顾泾阳高景逸学述（上、下）
钱穆
东方杂志　8：11–12　1975.5–6

中 10806245
顾泾阳、高景逸学行述要
古清美
台湾编译馆馆刊　12：1　1983.6

中 10806246
高忠宪年谱
顾毓琇
中国文哲研究通讯　5：3　1995.9

二八二、徐光启（1562–1633）

中 10806247
明贤徐文定三百周年纪念
徐景贤
人文月刊　4：7　1933
磐石杂志　1：4　1933
南星杂志　2：8　1933

中 10806248
中国科学的先驱徐光启
刘咏娴
建设　11：3　1951.8

中 10806249
徐光启与御倭
方豪

中国一周　263　1955.5

中 10806250
徐文定公诞生四百年周年纪念
张其昀
“中央日报”　1962.9.30

中 10806251
怀念前贤徐光启
赵雅博
新生报　1962.9.30

中 10806252
徐光启家书考释（上、下）
方豪
大陆杂志　25：8-9　1962

中 10806253
徐光启和《几何原本》
毛子水
“中央日报”　1962.10.1

中 10806254
徐文定公家书考释之一
方豪
恒毅　12：4　1962.11

中 10806255
《徐文定公墨迹》的价值
包遵彭
恒毅　12：4　1962.11

中 10806256
徐文定公与先贤汤若望神父
赵宾实
恒毅　12：4　1962.11

中 10806257
关于《徐文定公墨迹》刊布问题
包遵彭
恒毅　12：4　1962.11

中 10806258
关于《徐文定公墨迹》
方豪
恒毅　12：4　1962.11

中 10806259
《皇明经世文编》与《徐文定集》
方豪
大陆杂志　25：11　1962

中 10806260
徐文定公家书画墨迹序
蔡丹治
“中央日报”　1963.4.24

中 10806261
论徐光启《除蝗疏》
邹树文
科学史集刊　6　1963.10

中 10806262
徐光启小传
张奉箴
辅仁学志（法商学院之部）3　1970

中 10806263
徐光启
李乔华
"中央日报" 1970.4.26–28

中 10806264
谈《甘薯疏序》
李悔吾 张国光
中学语文（武汉师院） 1979：1 1979

中 10806265
《甘薯疏序》标点注释小议
敖玲
语文战线 1979：2 1979

中 10806266
《甘薯疏序》讲析
姜光斗 顾启
语文战线 1979：2 1979

中 10806267
《甘薯疏序》的出处
潘树广
江苏师院学报 1979：3 1979

中 10806268
《甘薯疏序》译文·分析
焦文彬
中学语文教学参考 1979：3/4 1979

中 10806269
徐光启和他的《甘薯疏序》
程益丰
语文学习丛刊 8 1979.6

中 10806270
生命不息 自强不已——徐光启逝世前要完成的几件事
施宣圆
光明日报 1982.8.2

中 10806271
试论徐光启的宗教信仰与西学输入者的理想
吴德铎
社会科学战线 1983：4 1983

中 10806272
徐光启与《诗经》研究
徐小蛮
文汇报 1983.10.11

中 10806273
论徐光启的《诗经》研究
程俊英
中华文史论丛 1984：3 1984

中 10806274
一篇简明平实的书序——徐光启《甘薯疏序》讲解
李如鸾
古代诗文名篇赏析 北京出版社 1985.6

中 10806275
"会通"与"超胜"——试析徐光启的科技思想
盖瑞忠
嘉义师院学报 7 1993.11

二八三、何白（1562–1642）

中 10806276
何白的生平及其《汲古堂集》
朱烈
温州师专学报　1984：1　1984

二八四、许学夷（1563–1633）

中 10806277
许学夷《诗源辩体》评议
汪泓
江海学刊　1996：2　1996
江西师大文学院建院六十周年纪念学术论文集　江西高校出版社　2000.10

中 10806278
《诗源辩体》论陶诗
谢明阳
中国文学研究　13　1999.5

二八五、孙承宗（1563–1638）

中 10806279
忠烈双全的孙督师承宗
李宗侗
中国一周　315　1956.5

中 10806280
江上风波险　渔家岁月难——读孙承宗的《渔家》诗
宋学中
语文月刊　1994：11　1994

二八六、田宗文（1564？–1592？）

中 10806281
明代土家族诗人田宗文和他的《楚骚馆诗集》
祝注先
广西民族研究　1987：3　1987
中南民族学院学报　1999：2　1999

二八七、李之藻（1565–1630）

中 10806282
李之藻研究天主教之经过
方豪
恒毅　15：2　1965.9

中 10806283
李之藻对于明季修历之贡献
方豪
现代学苑　2：7　1965.10

中 10806284
李之藻奉教之虔诚与对教会之贡献
方豪
恒毅　15：3　1965.10

中 10806285
李之藻挽救明朝危亡之努力——李之藻诞生四百年纪念
方豪
新时代　5：10　1965.10

中 10806286
李之藻先生简谱
方豪
李之藻研究　台北商务印书馆　1966.3

中 10806287
李之藻诞生四百年纪念志盛
方豪
出版月刊　11　1966.4

二八八、李日华（1565–1635）

中 10806288
四景记（曲目杂识三）
叶德均
戏曲小说丛考　中华书局　1979.5

中 10806289
明代李日华《味水轩日记》刍议
霍有明
文艺的复古与创新　中国戏剧出版社　1997.3

二八九、程嘉燧（1565–1643）

中 10806290
松圆诗老程嘉燧
孙之梅
古典文学知识　1996：4　1996

二九〇、邓云霄（1566–1632）

中 10806291
《竹林小记》作者考
吴书荫
文献　1992：1　1992

二九一、叶宪祖（1566–1641）

中 10806292
叶宪祖的《鸾镍记》
赵景深（邹啸）
读曲随笔　北新书局　1936.11
中国戏曲初考　中州书画社　1983.8
读曲随笔　上海文艺出版社　1999.1

中 10806293
琴心雅调的作者（读曲小纪三）
叶德均
戏曲小说丛考　中华书局　1979.5

中 10806294
元明三大戏剧家（关汉卿、贾仲明、叶宪祖）
刘中玉
大华晚报　1984.7.15

中 10806295
叶宪祖《鸾镍记》论考
魏奕祉
中国古代戏曲论集　中国展望出版社　1986.4

中 10806296
叶宪祖剧作的现实精神
汪超宏
华中理工大学学报　1995：3　1995

二九二、王嗣奭（1566–1648）

中 10806297
王嗣奭和他的《杜臆》——为纪念杜甫诞生 1250 周年而写
刘开扬
光明日报　1962.4.1
杜甫研究论文集　3　中华书局　1963.9

中 10806298
关于《杜臆》的作者王嗣奭
柴德赓
光明日报　1962.6.17
杜甫研究论文集　3　中华书局　1963.9

中 10806299
《杜臆》前言
顾廷龙
中华文史论丛 1963：3 1963

中 10806300
关于《杜臆》的一条解释——杜甫《醉时歌》句“灯前细雨檐花落”
刘开扬
文史哲 1981：6 1981

中 10806301
《杜臆》前言
刘开扬
柿叶楼存稿 上海古籍出版社 1983.3

二九三、吴元泰（1566？–？）

中 10806302
道教影响之下的“闾巷间意”——略谈《东游记》
原田
宁夏教育学院·银川师专学报 1991：2 1991

中 10806303
试谈《东游记》刊行年代
刘绍智
宁夏大学学报 1992：1 1992

中 10806304
《东游记》的八仙故事和《列仙全传》
周晓薇
古代文献研究集林 3 陕西师范大学出版社 1995.8

二九四、余邵鱼（1566？–？）

中 10806305
漫步书林——余象斗:《列国志传》
郑振铎（西谛、郭源新）
人民日报 1956.9.3

中 10806306
《列国志传》的片鳞只爪
王古鲁
文汇报 1957.2.8

中 10806307
坊刊本《列国志传》
刘修业
古典小说戏曲丛考 作家出版社 1958.5

中 10806308
《列国志传》
郑振铎（西谛、郭源新）
郑振铎古典文学论文集 上海古籍出版

社　1984.1

中 10806309
跋陈眉公先生批评《列国志传》
孙楷第
沧州后集　中华书局　1985.8

中 10806310
《列国志传》与《武王伐纣平话》
曾良
明清小说研究　1997：1　1997

中 10806311
《列国志传》的艺术得失
曾良
贵州文史丛刊　1998：2　1998

中 10806312
《新列国志》与《列国志传》的比勘
聂付生
明清小说研究　2000：1　2000

二九五、吴从先（1566？–1644？）

中 10806313
《史纲评要》是吴从先假李卓吾之名以行
王利器
社会科学战线　1982：3　1982

二九六、谢肇淛（1567–1624）

中 10806314
论谢肇淛《金瓶梅跋》
魏子云
中外文学　8：7　1979

中 10806315
论《金瓶梅》谢跋书
［美］马幼垣
中国古典小说研究专集　2　联经出版事业公司　1980.6

中 10806316
谢肇淛与《金瓶梅》
蔡国梁
学术评论　1982：4　1982
福建论坛　1982：4　1982
论金瓶梅　文化艺术出版社　1984.12

中 10806317
谢肇淛评《金瓶梅》
刘绍智
固原师专学报　1992：1　1992

中 10806318
谢肇淛的生年及其他
冯保善

徐州师范学院学报 1993：2 1993

中 10806319
谢肇淛《虞初志序》及其小说集《麈馀》
［美］白亚仁（Allan Barr）
文献 1995：3 1995

中 10806320
谢肇淛在闽东的诗文创作
田聿月
宁德师专学报 1995：4 1995

中 10806321
《五杂俎》研究
蔡景康
厦门大学学报 1996：2 1996

二九七、陈际泰（1567–1641）

中 10806322
读《大乙山房文集》
游国恩
民国日报 1948.4.2
游国恩学术论文集 中华书局 1989.1

二九八、吴世美（1567？–1573）

中 10806323
谈昆曲《醉写》
赵景深（邹啸）
新民报晚刊 1955.10.14

中 10806324
关于《惊鸿记》作者的新材料
康保成（宝城）
戏曲艺术 1999：1 1999
文学遗产 2000：5 2000

二九九、朱鼎臣（1567？–1592）

中 10806325
重评朱鼎臣《唐三藏西游释厄传》的地位和价值
陈新
江海学刊 1983：1 1983

中 10806326
明刊朱鼎臣《唐三藏西游释厄传》
李时人
明清小说论丛 3 春风文艺出版社 1985.6

中 10806327
略谈《唐三藏西游释厄传》
程弘
光明日报　1985.6.4

中 10806328
百回本《西游记》的前驱——评朱鼎臣《西游释厄传》
陈君谋
上海师范大学学报　1986：4　1986

中 10806329
《鼎镌全相唐三藏西游释厄传》自身所揭示的几个问题
姚政
明清小说研究　3　中国文联出版公司　1986.4

中 10806330
明刊朱鼎臣《西游释厄传》考
李时人
西游记考论　浙江古籍出版社　1991.3

中 10806331
"大略堂《释厄传》古本"之谜试解
吴圣昔（吴胜昔）
明清小说研究　1992：3/4　1992

中 10806332
《西游释厄传》综考辨证录：兼谈王辉斌的"西游释厄传"论
吴圣昔（吴胜昔）
宁夏大学学报　1997：1　1997

三〇〇、葛应秋（1568–？）

中 10806333
葛应秋的"意象合"
徐寿凯
古代文艺思想漫话　浙江文艺出版社　1984.2

三〇一、袁宏道（1568–1610）

中 10806334
袁中郎评传
任访秋（任维焜）
师大月刊　1932：2　1932

中 10806335
袁中郎评传（二、三、四）
任访秋（任维焜）
师大国学丛刊　1：3　1932

中 10806336
重印《袁中郎全集》序
郁达夫
人间世　7　1934.7.5
郁达夫文集（国内版）第六卷·文论　花城出版社　1983.1

中 10806337
关于《袁中郎集》
周劭
人言　1：4　1934.8

中 10806338
袁中郎的诗文观——《中郎全集序》
刘大杰
袁中郎全集（有不为斋丛书）　时代图书公司　1934.10
人间世　1935：13　1935
中国古代文论研究论文集　上海古籍出版社　1989.2

中 10806339
明代公安文坛主将袁中郎先生诗文论辑
魏紫铭
北强月刊　1：6　1934.11

中 10806340
重刊《袁中郎集》序
周作人（知堂）
大公报　1934.11.17
苦茶随笔　北新书局　1935.10
周作人文选　广州出版社　1995.12
周作人代表作　华夏出版社　1997.12
周作人文类编·千百年眼　湖南文艺出版社　1998.9

中 10806341
《袁中郎集》
周木斋
文学　4：4　1935.4

中 10806342
袁中郎之文章及文学批评
吴奔星
师大月刊　30　1936.10

中 10806343
袁中郎的创造思想
李彬华
新生月刊　6：8　1944.8

中 10806344
袁宏道
杜新吾
中国文学史论集　3　中华文化出版事业委员会　1958.4

中 10806345
袁宏道评传
蔡丽英
文学集刊　1968：1　1968

中 10806346
袁宏道生平和作品
梁容若
国语日报·书和人　123　1969.11

中 10806347
论依托的袁宏道作品
梁容若
国语日报·书和人　131　1970.3

中 10806348
袁宏道徐文长传正误
梁容若
文坛　123　1970.9

中 10806349
袁中郎与花道
林章新
华国　6　1971.7

中 10806350
袁中郎文学观的剖析
邵红
台湾编译馆馆刊　2：1　1973

中 10806351
袁宏道（1568–1610）
王序
中国文学作家小传　友联出版社有限公司　1974.10

中 10806352
袁中郎与《金瓶梅》
魏子云
中国古典小说论集　1　幼狮文化公司期刊部　1975.12
金瓶梅探原　巨流图书公司　1979.4

中 10806353
一脉相承三百年——袁中郎与胡适之文学观的比较
周质平
“中央日报”　1976.3.1

中 10806354
袁中郎的诗
周质平
“中央日报”　1976.9.24

中 10806355
袁中郎《觞政》之作
魏子云
中外文学　5：9　1977

中 10806356
袁中郎的小品文
周质平
“中央日报”　1977.4.8

中 10806357
抒写性灵的袁中郎及其散文的造诣
蔡义忠
中国八大散文家　南京出版公司　1977.12
中国八大散文家　志明出版社　1977

中 10806358
袁中郎的思想与作品
陈宗敏
国语日报·书和人　352　1978.12

中 10806359
好茶成癖的袁中郎
吴智和
台湾日报　1979.3.10

中 10806360
《觞政》与《野获编》(上、下)
魏子云
中华日报　1979.6.11–12

中 10806361
试论袁宏道文学思想的阶级实质
震宇
文艺学研究论丛　吉林人民出版社　1979.8

中 10806362
鲁迅论袁中郎
徐重庆
文科教学　1980：1　1980

中 10806363
袁宏道和他的游记
洪克夷
语文战线　1980：1　1980

中 10806364
关于袁中郎和他所倡导的文学革新运动
任访秋（任维焜）
文学遗产　1980：2　1980
中国古典文学论文集　河南人民出版社　1981.3

中 10806365
袁中郎和《水浒传》
寒操（梁均默）
羊城晚报　1980.3.14

中 10806366
读袁宏道诗文集随笔
辛雨
学林漫录　1　中华书局　1980.6

中 10806367
渔妇的怨歌
唐富龄
长江日报　1980.10.25

中 10806368
别开生面，情意绵邈——谈袁宏道的《晚游六桥待月记》
方铭
散文　1981：1　1981

中 10806369
清新的画面，欣喜的心情——浅谈《满井游记》的艺术特色
龚德芽
宜春师专学报　1981：3　1981

中 10806370
袁中郎文学理论的形成
田叶兰
国文学报　10　1981.6

中 10806371
“公安派”代表人物袁宏道

顾萱
湖北日报　1981.9.17

中 10806372
“当看他趋向之大体”——关于鲁迅对袁中郎的论述
马成生
杭州师范学院学报　1982：1　1982

中 10806373
“明人小品”与《袁宏道集笺校》
枕书
人民日报　1982.1.5

中 10806374
论一封伪造的袁宏道信
魏子云
国语日报·书和人　434　1982.2

中 10806375
晚明小品一例——介绍袁宏道的《游高梁桥记》
李爱冬
语言文学　1982：3　1982

中 10806376
情寓于景　含而不露——读袁宏道的《满井游记》
杜海军
安阳师专学报　1982：4　1982

中 10806377
“性灵说”的功过
忻路
读书　1982：6　1982

中 10806378
假若没石之羽　秀若出水之花——读袁宏道《满井游记》
马瑞芳
散文　1982：8　1982

中 10806379
袁宏道“性灵说”溯源
［日］松下忠著　李汉超译
古代文学理论研究丛刊　6　上海古籍出版社　1982.9

中 10806380
评袁宏道的《满井游记》
孙顺霖
许昌师专学报　1983：2　1983

中 10806381
茗赏至上　嗜茶成癖的袁中郎
吴智和
华学月刊　135　1983.3

中 10806382
官场痛悔的自诉状——读袁宏道《与丘长孺书》
吴战垒
阅读和欣赏（古典文学部分 7）　广播出版社　1983.5

中 10806383
空灵幻变　引人入胜——读袁宏道《晚游六桥待月记》

吴战垒
阅读和欣赏（古典文学部分 7） 广播出版社 1983.5

中 10806384
袁中郎的文学理论研究
杨淑丽
台南师专学刊（学生专题研究报告） 5 1983.6

中 10806385
城中桃李愁风雨，春在溪头荠菜花——《满井游记》赏析
崔承运
语文教学之友 1983：7 1983

中 10806386
春在郊田旷野中——读袁宏道《满井游记》
吴战垒
阅读和欣赏（古典文学部分 8） 广播出版社 1983.9

中 10806387
袁宏道美学思想片论
皮朝纲
四川师院学报 1984：1 1984

中 10806388
一幅初春的优美风景画——读袁宏道的《满井游记》
成志伟
文学知识 1984：2 1984
阅读与欣赏 1 河南人民出版社 1985.12

中 10806389
光艳的轻盈的诗的早春——《满井游记》赏析
王玉璋
青年文摘 1984：3 1984

中 10806390
《袁宏道集笺校》补正
钱伯城
中华文史论丛 1984：3 1984

中 10806391
袁中郎著作非“禁书”考
李健章
武汉大学学报 1984：5 1984

中 10806392
袁宏道与吴歌
王骧
民间文学 1984：7 1984

中 10806393
袁宏道的山水癖及其游记
周质平
中外文学 13：4 1984
中国文学研究——台港及海外中文报刊资料专辑 3 书目文献出版社 1987.3

中 10806394
气韵生动 感受真切——袁宏道《观第五泄记》赏析
娄元华 谢国平
语文学习 1984：11 1984

中 10806395
论袁中郎文学
林章新
能仁学报　2　1984.12

中 10806396
袁宏道的徽州之行
张君宝
艺谭　1985：3　1985

中 10806397
袁宏道文学思想中的辩证因素
张良志
武汉大学学报　1986：1　1986

中 10806398
袁中郎与《金瓶梅》
周钧韬
徐州师范学院学报　1986：1　1986

中 10806399
袁宏道游记散文的思想与艺术
温至孝
西北师院学报　1986：2　1986

中 10806400
凝结着明代山水游记的审美特征：读袁宏道《虎丘记》
吴功正
名作欣赏　1986：2　1986

中 10806401
从王阳明到袁中郎——明代散文发展的一种趋势
郭预衡
历代散文丛谈　山西人民出版社　1986.6

中 10806402
山容水意　别是一番趣味——袁宏道《满井游记》赏析
李庆海
海南日报　1986.6.12

中 10806403
袁宏道《满井游记》的艺术特色
方伯荣
读写月报　1986：7-8　1986

中 10806404
胜境如画　笔清韵长——袁宏道《虎丘记》简析
陈玉麟
中文自修　1986：7　1986

中 10806405
袁宏道文艺思想初探："公安派"试论之一
孙建模
湖北社会科学　1987：4　1987

中 10806406
浅谈袁宏道的游记散文
傅德林
北京师院学报　1987：4　1987

中 10806407
袁宏道文学观的哲学根据
刘绍智
宁夏社会科学　1987：4　1987

中 10806408
略论“独抒性灵、不拘格套”
高峰　王汝宾
松辽学刊　1987：4　1987

中 10806409
晚明双慧、辉映荆南——也谈袁中郎与钟伯敬
魏际昌
竟陵派与晚明文学革新思潮　武汉大学出版社　1987.5

中 10806410
《袁宏道集笺校》志疑
李健章
武汉大学学报　1988：4　1988

中 10806411
袁宏道的山水美学观
丘振声
广西社会科学　1988：4　1988

中 10806412
袁宏道与江、浙文化
邬国平
学术月刊　1988：6　1988

中 10806413
谈袁宏道山水游记的审美特点
王锡臣
天津师大学报　1989：4　1989

中 10806414
《满井游记》的景与情
乔中兴
语文教学与研究　1989：5　1989

中 10806415
独抒性灵　趣味盎然——袁宏道游记散文的“趣”
姚文放
古典文学知识　1990：2　1990

中 10806416
独抒性灵　不拘格套——读袁宏道《虎丘记》
徐匋
文史知识　1990：2　1990

中 10806417
文笔秀逸　不拘格套——《虎丘记》赏析
张增坤
散文选刊　1990：2　1990

中 10806418
袁宏道“性灵说”剖析
章培恒　谈蓓芳
明代文学研究　江西人民出版社　1990.4

中 10806419
论袁宏道的思想变迁
李庆
明代文学研究　江西人民出版社　1990.4

中 10806420
论袁宏道、钟惺创作个性的异同
王恺
南京师大学报　1990：4　1990

中 10806421

中国十七世纪的“忏悔录”——袁宏道美学观念的蜕变解析

姚文放

江汉论坛　1990：4　1990

美学　1990：6　1990

中 10806422

袁宏道

钱伯城

十大散文家　上海古籍出版社　1990.7

中 10806423

淡妆浓抹　独具情趣——读袁宏道《西湖二》

王英志

文史知识　1991：1　1991

中 10806424

袁中郎与晚明人文精神

何大猷

华中师范大学学报　1991：3　1991

中 10806425

袁宏道尺牍散文的艺术特色

温至孝

西北师大学报　1991：3　1991

中 10806426

妙笔写意　勾勒风情——读袁宏道《西湖一》

王英志

古典文学知识　1991：3　1991

中 10806427

从理想的人格到理想的文格——论袁宏道对人生价值观念和文学观念的变革

宋克夫

湖北大学学报　1991：3　1991

中 10806428

袁宏道的游记

朱明

浙江学刊　1991：4　1991

中 10806429

理在情内　率性而行　任性而发——袁宏道“任性而发”创作思想的哲学探讨

宋克夫

古典文学知识　1991：6　1991

中 10806430

亦景亦情　如诗如画——袁宏道《虎丘记》赏析

林小英

阅读与写作　1991：7　1991

中 10806431

新见袁宏道佚文《涉江诗序》

［美］白亚仁（Allan Barr）

文献　1992：1　1992

中 10806432

屠本畯《觞政》跋的史实启示

魏子云

复旦学报　1992：2　1992

中 10806433
袁宏道的矛盾人格
孟祥荣
文学遗产　1992：3　1992

中 10806434
论袁宏道的生活观念
刘再华
求索　1992：5　1992

中 10806435
袁宏道《答梅客生》一文的欣赏与考证
王新霞
首都师范大学学报　1993：2　1993

中 10806436
袁宏道“西方合论”的净土思想
邱敏捷
谛观　73　1993.4

中 10806437
取花如取友、兑酒向东篱——说袁宏道《瓶史》与《瓶花斋集》
朱易安
古典文学知识　1993：5　1993

中 10806438
袁宏道的文学与禅
邱敏捷
中国文化月刊　170　1993.12

中 10806439
论袁宏道的游记
李剑锋
烟台师范学院学报　1994：1　1994

中 10806440
袁宏道记游散文唯美倾向分析
吴非
中国文学研究　1994：1　1994

中 10806441
袁中郎的通俗文学观
盛瑞裕
传统文学新论　华中理工大学出版社　1994.5

中 10806442
独抒性灵　不拘格套——袁宏道《晚游六桥待月记》赏析
杨薛华
阅读与写作　1994：7　1994

中 10806443
论袁宏道“性灵”说的美学特质
景延安
中国人民警官大学学报　1995：3　1995

中 10806444
格式塔心理学与袁宏道游记散文的美学特征
张智辉
陕西师范大学学报　1995：3　1995

中 10806445
读袁宏道《满井游记》
缪庆贺
中文自修　1995：4　1995

中 10806446
袁宏道与民间文化
何大猷
华中师范大学学报　1995：4　1995

中 10806447
袁中郎的“性灵”说及其小品文创作
张国儒
四川师范大学学报　1995：4　1995

中 10806448
万人空巷　彻夜笙歌——袁宏道《虎丘记》导读
陈雪军
中文自修　1995：9　1995

中 10806449
袁宏道《晚游六桥待月记》等文释义论
杨鸿铭
孔孟月刊　34：6　1996.2

中 10806450
重读袁中郎
老鹰
人民日报（海外版）1996.5.10

中 10806451
荆棘丛中的灵肉自适——论袁宏道的世界感与幸福观
沈金浩
江苏社会科学　1996：6　1996
岭南文论　2　广东高等教育出版社　1996.10

中 10806452
袁宏道《晚游六桥待月记》等文歧义论
杨鸿铭
孔孟月刊　34：10　1996.6

中 10806453
袁宏道《晚游六桥待月记》等文描景论
杨鸿铭
孔孟月刊　34：11　1996.7

中 10806454
袁宏道：适意与避世
周明初
中国文学研究　1997：1　1997

中 10806455
率性的艺术家——袁宏道《西湖杂记》新诠
蔡丽玲
国文天地　12：12　1997.5

中 10806456
袁宏道性灵说研究：兼与李贽比较
［韩］金庭希
中国人民大学学报　1997：5　1997

中 10806457
袁宏道《晚游六桥待月记》等文描写论
杨鸿铭
孔孟月刊　36：3　1997.11

中 10806458
袁宏道文学观简论
黄春莲

天中学刊　1998：1　1998

中 10806459
袁中郎论
任亮直
中国古典文学论考　河南大学出版社　1998.1

中 10806460
佛学与袁宏道的诗歌创作
周群
南京大学学报　1998：1　1998

中 10806461
袁宏道性灵说论评
刘再华
长沙电力学院学报　1998：2　1998

中 10806462
“盖天盖地”与“蕴藉风流”——浅析袁宏道与袁枚“性灵”之不同
廖文婷
上海大学学报　1998：3　1998

中 10806463
试论袁宏道的传记文
林虹
东南学术　1998：4　1998

中 10806464
儒佛心性论与袁宏道的“性灵说”
周群
镇江师专学报　1999：2　1999

中 10806465
评析《晚游六桥待月记》一文的虚实之美
谢素燕
国文天地　14：12　1999.5

中 10806466
袁宏道年谱
沈维藩
中国文学研究　1　江西教育出版社　1999.9

中 10806467
袁宏道的《瓶史》与望月义想的“宏道流”
[日]顾春芳
中国学研究　3　中国书籍出版社　1999.9

中 10806468
论袁宏道的自然观与自我意识
岑玉
古代文学研究集刊　1　南方出版社　1999.12

中 10806469
袁宏道：从性情到文学的自适
易闻晓
齐鲁学刊　2000：1　2000

中 10806470
袁宗道文艺观之心性基础
李展
昌潍师专学报　2000：1　2000

中 10806471
论袁宏道的审美观及其游记艺术
贺付开
中国文学研究　2000：2　2000

中 10806472
从“独抒性灵”到无欲无我：论袁宏道思想的转变
傅小凡
华东师范大学学报　2000：2　2000

中 10806473
袁中郎尺牍之修辞特色——列举、排比与层递
孙淑芳
侨光学报　18　2000.11

三〇二、许筠（1569–1618）

中 10806474
明季朝鲜文人许筠之北游及其诗学
李德超
华冈文科学报　18　1991.11

中 10806475
许筠与中国明代小说
漆瑗　陈大康
明清小说研究　1995：4　1995

三〇三、熊廷弼（1569–1625）

中 10806476
传首九边的悲剧英雄——熊廷弼
喻蓉蓉
历史月刊　125　1998.6

三〇四、叶昼（？–1625？）

中 10806477
托名作伪的专家叶昼
崔文印
书林　1981：3　1981

中 10806478
叶昼评点《水浒传》考证
叶朗
古代文学理论研究丛刊　5　上海古籍出版社　1981.10

中 10806479
小说评点的奠基人李贽与叶昼
黄霖
古小说论概观　上海文艺出版社　1985.6

中 10806480
醉眼觑世，托笔批书——叶昼对小说评点的拓展
黄霖　万君宝
古代小说评点漫话　辽宁教育出版社　1992.10

三〇五、释湛然（？–1626）

中 10806481
《鱼儿佛》作者
毛一波
“中央日报”　1959.6.11

中 10806482
《鱼儿佛》原作者及改编者新考
陆林
戏剧（中央戏剧学院学报）　1989：2　1989

三〇六、西湖渔隐主人（？–1640？）

中 10806483
《欢喜冤家》断句举误
阜东
山西大学学报　1994：2　1994

中 10806484
《欢喜冤家》与《杜骗新书》
潘建国
明清小说研究　1996：2　1996

中 10806485
风月乡里写世情——略论《欢喜冤家》的选材视角与构思模式
胡金望
古籍研究　1996：3　1996
中国文化月刊　210　1997.9

中 10806486
从《欢喜冤家》看晚明文人价值观念的变更
吴建国
湖南师范大学社会科学学报　1998：1　1998

中 10806487
《欢喜冤家》对《寻芳雅集》《钟情丽集》的辑采
潘建国
上海师范大学学报　1998：4　1998

三〇七、胡震亨（1569–1645）

中 10806488
胡震亨和他的《唐音癸签》——《唐音癸签》校点后记
周本淳
淮阴师专学报 1979：1 1979

中 10806489
胡震亨的家世生平及其著述考略
周本淳
杭州大学学报 1979：4 1979

中 10806490
胡震亨研究资料集刊
周本淳
文教资料简报 1981：11 1981

中 10806491
《唐音癸签》校例及记
袁庆述
古汉语研究 2000：3 2000

三〇八、呼文如（1570–？）

中 10806492
依依惜别长送行
苏者聪
长江日报 1984.3.26

三〇九、邱禾实（1570–1614）

中 10806493
读邱禾实的山水诗文
张亚新
贵州明清作家论丛 贵州人民出版社 1986.7

三一〇、宋懋澄（1570–1622）

中 10806494
《负情侬传》中的杜十娘
刚主
天津晚报 1962.2.14

中 10806495
《九龠集》——最早收入小说作品的文集
王利器
社会科学战线　1981：1　1981

中 10806496
《负情侬传》与《杜十娘怒沉百宝箱》
蔡国梁
明清小说探幽　浙江文艺出版社　1985.12

中 10806497
宋懋澄生卒年考
欧阳世昌
文学遗产　1987：2　1987

中 10806498
记宋懋澄《九龠集》
朱鸿林
汉学研究　5：2　1987.12

中 10806499
论宋懋澄在中国文言小说史上的地位
包绍明
明清小说研究　1988：2　1988

中 10806500
宋懋澄生卒年考
郑平昆
文学遗产　1989：2　1989

中 10806501
《珠衫》《负情侬传》的艺术成就及冯梦龙改编之得失
包绍明
福建师范大学学报　1992：3　1992

中 10806502
宋懋澄年谱
徐朔方
明清小说研究　1997：1　1997
小说考信编　上海古籍出版社　1997.10

三一一、戴君恩（1570–1636）

中 10806503
戴君恩的“格法”说与《读风臆评》
刘毓庆
中国典籍与文化　2000：2　2000

三一二、彭天锡（1571–？）

中 10806504
晚明戏剧家彭天锡之生平及其表演艺术
蒋星煜（布谷、白甲）
戏剧艺术（上海戏剧学院学报）1986：4　1986

三一三、王征（1571–1644）

中 10806505
王征之事迹及其输入西洋学术之贡献
方豪
台湾大学文史哲学报　13　1964.12

三一四、潘润民（1572–1641）

中 10806506
潘润民诗歌浅析
张亚新
贵州文史丛刊　1982：1　1982

中 10806507
潘润民其人其诗
张亚新
贵州明清作家论丛　贵州人民出版社　1986.7

三一五、韩上桂（1572–1644）

中 10806508
跋重钞孤本明传奇《凌云记》
罗忼烈
东方文化　13：2　1964.7
词曲论稿　中华书局香港分局　1982

中 10806509
韩上桂及其《朵云山房遗稿》《凌云记》传奇
罗忼烈
词曲论稿　中华书局香港分局　1977.8

中 10806510
跋明孤本传奇《凌云记》
罗忼烈
两小山斋杂著　中国和平出版社　1994.10

三一六、邢慈静（1573–？）

中 10806511
明代女诗人邢慈静
高松石
东岳论丛　1990：2　1990

三一七、周朝俊（1573–？）

中 10806512
关于《江梅阁》的几点意见
李传鉴
戏曲报　1950：1　1950

中 10806513
归还李慧娘的原有性格
风野
陕西日报　1957.4.2

中 10806514
揃死贾似道——略谈改编《红梅记》中的胆识
景孤血
北京晚报　1959.4.1

中 10806515
《红梅记》与贾似道
傅真
羊城晚报　1961.5.1

中 10806516
假戏真做——顾曲枝语之一
李大珂
光明日报　1961.6.10

中 10806517
从《李慧娘》看戏曲的推陈出新
程弘
北京晚报　1961.9.15

中 10806518
红梅旧曲喜新翻——昆曲《李慧娘》观后感
杨宪益
剧本　1961：10　1961

中 10806519
川剧的宝贵遗产——《红梅记》
周裕祥
重庆日报　1961.11.17

中 10806520
一朵鲜艳的"红梅"——从《红梅记》的改编谈到昆曲《李慧娘》
陶君起　李大珂
人民日报　1961.12.28

中 10806521
《西湖阴配》和《红梅阁》
赵燕侠
北京晚报　1962.1.28

中 10806522
跋《李慧娘》
孟超
文学评论　1962：3　1962

中 10806523
《李慧娘》——一株毒草
邓绍基（邓允建）

文学评论　1964：6　1964

中 10806524
重评孟超新编《李慧娘》
齐向群
人民日报　1965.3.1
新华月报　1965：5　1965

中 10806525
鬼话·神话·人话——从昆曲《李慧娘》平反谈起
张真
人民戏剧　1979：2　1979

中 10806526
写在《李慧娘》再版的时候
孟健
光明日报　1979.3.18

中 10806527
彻底洗雪《李慧娘》之冤案
康群
河南日报　1979.6.17

中 10806528
从《李慧娘》的重演谈到鬼魂戏
王春元
人民日报　1979.6.25

中 10806529
《红梅记》传奇浅识
王星琦
中山大学研究生学刊　1980：2　1980

中 10806530
从《红梅记》说到鬼戏
吴国钦
中国戏曲史漫话　上海文艺出版社　1980.6

中 10806531
川剧旧本《红梅阁》与明末传奇剧本《红梅记》之比较
周子瑜
西南民族学院学报　1994：2　1994

三一八、朱名世（1573–1605？）

中 10806532
谈北图所藏明版《牛郎织女传》
程有庆
文献　1986：3　1986

三一九、陈耀文（1573–1619）

中 10806533
《花草粹编》跋
柳诒徵
江苏省立国学图书馆年刊　7　1934.10

中 10806534
《花草粹编》十二卷（词籍提要）
赵尊岳
词学季刊　3：1　1936.3

中 10806535
劫中得书记——《花草粹编》
郑振铎（西谛、郭源新）
西谛书话　三联书店　1983.10

中 10806536
《花草粹编》（历代词选集叙录 3）
舍之
词学　3　华东师范大学出版社　1985.2

中 10806537
《花草粹编》误收误题唐五代词考辨
王兆鹏
中国韵文学刊　1994：2　1994

中 10806538
《花草粹编》版本源流考
黄慧祯
大陆杂志　93：6　1996

三二〇、汪廷讷（1573–1619）

中 10806539
《狮吼记》杂采诸小说
赵景深（邹啸）
小说戏曲新考　世界书局　1939.1
中国戏曲初考　中州书画社　1983.8

中 10806540
汪廷讷——应该编入《安徽历代文学家小传》
子铮
安徽日报　1961.11.26

中 10806541
京剧《变羊记》整理漫谈
张艾丁
北京文艺　1962：4　1962

中 10806542
汪廷讷——明代安徽剧作家简介之三
史衡
艺谭　1981：2　1981

中 10806543
读古典喜剧《狮吼记》

曹炳建
河南师范大学学报　1981：6　1981

中 10806544
坐隐先生（按：汪廷讷）
施蛰存
词学　2　华东师范大学出版社　1983.10

中 10806545
汪廷讷所作传奇考辨
蒋星煜（布谷、白甲）
中国戏曲史索隐　齐鲁书社　1988.10

中 10806546
《环翠堂乐府》与晚明文学精神
朱万曙
艺术百家　1999：1　1999

三二一、高濂（1573–1620）

中 10806547
高濂的《玉簪记》
赵景深（邹啸）
小说戏曲新考　世界书局　1939.1
中国戏曲初考　中州书画社　1983.8

中 10806548
《玉簪记》的演变
赵景深（邹啸）
明清曲谈　古典文学出版社　1957.8

中 10806549
读《玉簪记》看川剧团的演出
珠天
新文化报　1959.3.25

中 10806550
《玉簪记》作者高濂
蒋星煜（布谷、白甲）
新民晚报　1961.10.19

中 10806551
《女贞观》与《玉簪记》
罗锦堂
大陆杂志　48：6　1974
台湾中国古代文学研究文选　人民文学出版社　1988.1

中 10806552
《击楫题跋》选录——明刊清印本《玉簪记》
李一氓
社会科学战线　1978：2　1978

中 10806553
妙趣横生的艺术描绘——读《秋江》偶得
孟毓华
江苏戏曲　1980：8　1980

中 10806554
《玉簪记》《绿牡丹》《娇红记》的思想意义和艺术特征

中山大学戏曲史师资培训班
文艺理论研究　1981：3　1981

中 10806555
以细腻心理刻画展现人性美——从《琴挑》看《玉簪记》的艺术特色
穆月
文科园地　1985：4　1985

中 10806556
试论杂剧《女贞观》和传奇《玉簪记》
陈美林
文学遗产　1986：1　1986
复兴剧艺学刊　9　1994.7

中 10806557
高濂和他的《玉簪记》
徐扶明（辅民）
中国文学研究　1990：1　1990

中 10806558
《玉簪记》的艺术特色
项小玲
社会科学辑刊　1990：2　1990

中 10806559
《玉簪记》的“哀境”功能
周国雄
语文辅导　1991：3　1991

中 10806560
《玉簪记》的作者、故事演变及版本流传
李中耀
新疆大学学报　1991：3　1991

中 10806561
高濂的生平和他的《玉簪记》传奇
徐朔方
杭州师范学院学报　1993：5　1993

中 10806562
冰清玉润　丰姿动人——谈《玉簪记》中的陈妙常
宋道基
文史知识　1994：9　1994

中 10806563
养生书中的隽永小品：谈谈高濂的散文艺术
尹恭弘
古典文学知识　1996：5　1996

三二二、罗懋登（1573–1620）

中 10806564
《西洋记》与《西洋朝贡》
赵景深（邹啸）
小说论丛　日新出版社　1947.6
中国小说丛考　齐鲁书社　1980.10

中 10806565
论《三宝太监下西洋演义》与天后故事的

影响
包遵彭
幼狮　3：6　1955
文艺评论集（2版）　正中书局　1966

中 10806566
“三宝太监”姓名谈
阿苏
羊城晚报　1959.9.7

中 10806567
《三宝太监西洋记通俗演义》——一个方法的实验
侯健
中外文学　2：1　1973

中 10806568
《三宝太监西洋记》
赵景深（邹啸）
中国小说丛考　齐鲁书社　1980.10

中 10806569
《西洋记通俗演义》的金碧峰长老与张天师
苏兴
明清小说论丛　4　春风文艺出版社　1986.6

中 10806570
三保太监下西洋
秦瘦鸥
小说纵横谈　花城出版社　1986.12

中 10806571
评《西洋记》
周华斌
明清小说研究　5　中国文联出版公司　1987.6

中 10806572
《西洋记》发微
冯汉镛
明清小说研究　1988：1　1988

中 10806573
《西洋记》的主旨及其与明代神魔小说中的扬佛贬道倾向
毛忠贤
宜春师专学报　1988：1　1988

中 10806574
《三宝太监西洋记通俗演义》新版序
季羡林
比较文学与民间文学　北京大学出版社　1991.8

中 10806575
《西洋记》里金碧峰的本来面目
黄永年
中国典籍与文化论丛　2　中华书局　1995.2
文史探微　中华书局　2000.10

中 10806576
《三宝太监西洋记》所受的其他小说的影响
善弘

古典文学 13 学生书局 1995.9

中 10806577
《三宝太监西洋记通俗演义》主人公金碧峰本事考
廖可斌
文献 1996：1 1996

中 10806578
《西洋记》版本的文化学研究
李春香
明清小说研究 1998：4 1998

诗稗鳞爪 浙江大学出版社 1999.10

三二三、张应俞（1573–1620）

中 10806579
《杜骗新书》与晚明世风
黄霖
文学遗产 1995：1 1995

中 10806580
《欢喜冤家》与《杜骗新书》
潘建国
明清小说研究 1996：2 1996

三二四、赵左（1573–1644）

中 10806581
评介:《赵左研究》(朱惠良著)
吴智和
明史研究专刊 3 大立出版社 1983.9

三二五、汪云鹏（1573？–？）

中 10806582
《东游记》的八仙故事和《列仙全传》
周晓薇
古代文献研究集林 3 陕西师范大学出版社 1995.8

三二六、沈鲸（1573？–？）

中 10806583
沈鲸的《双珠记》
赵景深（邹啸）
读曲随笔 北新书局 1936.11

中国戏曲初考　中州书画社　1983.8

读曲随笔　上海文艺出版社　1999.1

三二七、孙高亮（1573？–？）

中 10806584

于神奇处见人杰:《于少保萃忠全传》述评

赵伯英

盐城师专学报　1986：3　1986

中 10806585

谈《于少保萃忠全传》

孙一珍

明清小说研究　5　中国文联出版公司　1987.6

三二八、朱鼎（1573？–？）

中 10806586

历史剧《玉镜台记》

赵景深（邹啸）

读曲随笔　北新书局　1936.11

中国戏曲初考　中州书画社　1983.8

读曲随笔　上海文艺出版社　1999.1

三二九、孙钟龄（1573？–1630）

中 10806587

《击楫题跋》选录——十一、逵羽亭本《东郭记》

李一氓

社会科学战线　1978：2　1978

中 10806588

孙仁孺笔下的官场及人情世态

郑宇宏

通什教育学院学报　1987：2　1987

中 10806589

《东郭记》——一部借古讽今的谐谑剧

叶九如

电大教学　1995：3　1995

三三〇、钟惺（1574–1624）

中 10806590
李攀龙与钟惺选唐诗格的异同——两本明人选唐诗的比较
许建昆
幼狮　46：4　1977

中 10806591
关于《钟伯敬先生批评水浒忠义传》
陈曦钟
文献　1983：1　1981
小说论稿合集　北京大学出版社　1989.10

中 10806592
从钟惺《诗归序》看他的诗学观点
周子瑜
南充师院学报　1985：3　1985
竟陵派与晚明文学革新思潮　武汉大学出版社　1987.5

中 10806593
读钟、谭小品的一点感受
殷翔
艺谭　1985：4　1985
竟陵派与晚明文学革新思潮　武汉大学出版社　1987.5

中 10806594
钟惺生卒年辨
张业茂
中南民族学院学报　1986：3　1986

中 10806595
钟惺生卒年考辨
祝诚
镇江师专学报　1986：3　1986
竟陵派与晚明文学革新思潮　武汉大学出版社　1987.5

中 10806596
“清物”“情物”“孤物”“活物”：钟惺、谭元春的诗歌理论述评
刘泰山
武汉大学学报　1986：5　1986

中 10806597
钟惺生卒年及谭元春卒年考辨
张业茂
华中师范大学学报　1986：5　1986
竟陵派与晚明文学革新思潮　武汉大学出版社　1987.5

中 10806598
钟、谭《诗归》的风格理论浅述
王恺
南京师大学报　1987：2　1987

中 10806599
简论《诗归》选诗与评价诗人的标准
刘建国

中国文学研究　1987：4　1987

中 10806600
从《评史记》看钟惺的人材观
何明新
竞陵派与晚明文学革新思潮　武汉大学出版社　1987.5

中 10806601
从《诗归》看钟、谭的真诗观
叶松林
竞陵派与晚明文学革新思潮　武汉大学出版社　1987.5

中 10806602
关于"幽深孤峭"的思考
孙建模
竞陵派与晚明文学革新思潮　武汉大学出版社　1987.5

中 10806603
钟谭提倡"幽深孤峭"风格的思想探微
胡恒永
竞陵派与晚明文学革新思潮　武汉大学出版社　1987.5

中 10806604
钟、谭遗迹、遗物简介
刘安国
竞陵派与晚明文学革新思潮　武汉大学出版社　1987.5

中 10806605
钟谭的山水文学理论
喻学才
竞陵派与晚明文学革新思潮　武汉大学出版社　1987.5

中 10806606
《诗归》文艺观探索
欧阳代发
竞陵派与晚明文学革新思潮　武汉大学出版社　1987.5

中 10806607
钟惺墓
欧阳勋
竞陵派与晚明文学革新思潮　武汉大学出版社　1987.5

中 10806608
钟惺诗学思想简论
张弘
竞陵派与晚明文学革新思潮　武汉大学出版社　1987.5

中 10806609
钟惺、谭元春与晚明党争的关系
邬国平
竞陵派与晚明文学革新思潮　武汉大学出版社　1987.5

中 10806610
钟惺的散文艺术说略
方先江
竞陵派与晚明文学革新思潮　武汉大学出版社　1987.5

中 10806611
钟、谭诗歌意境论
王恺
竟陵派与晚明文学革新思潮　武汉大学出版社　1987.5

中 10806612
晚明双慧、辉映荆南——也谈袁中郎与钟伯敬
魏际昌
竟陵派与晚明文学革新思潮　武汉大学出版社　1987.5

中 10806613
钟惺卒年辨正
李先耕
文学遗产　1987：6　1987

中 10806614
《古诗归》选评特色初探
陈庆元
辽宁大学学报　1988：3　1988

中 10806615
钟惺文学思想浅论
薛屹峰
徐州师范学院学报　1989：4　1989

中 10806616
论袁宏道、钟惺创作个性的异同
王恺
南京师大学报　1990：4　1990

中 10806617
瑕瑜互见　毁誉参半——介绍钟惺、谭元春的《唐诗归》
孙琴安
古典文学知识　1992：3　1992

中 10806618
时代精神的开放:《混唐后传》点校前言
曲沐
贵州社会科学　1995：1　1995

中 10806619
钟惺万历己未在吴越交游考述
陈广宏
复旦学报　1995：1　1995

中 10806620
竟陵派的诗经学——以钟惺的评价为中心
［日］村山吉广著　林庆彰译
中国文哲研究通讯　5：1　1995.3

中 10806621
简论钟惺：兼论竟陵派在文学史上的地位
李先耕
文学评论　1995：6　1995

中 10806622
《诗归》成书考
邬国平
中西学术　1　学林出版社　1995.6

中 10806623
论钟惺《诗论》
陈和娣

韶关大学学报　1996：1　1996

中 10806624
钟伯敬《诗经钟评》及其相关问题
［日］村山吉广著　林庆彰译
中国文哲研究通讯　6：1　1996.3

中 10806625
竟陵派领袖钟惺
陈广宏
古典文学知识　1997：4　1997

中 10806626
论钟惺散文的艺术特色
陈少松
南京师大学报　1997：4　1997

中 10806627
钟惺“批点诗经”析论
陈文采
台南女子技术学院学报　17　1998.6

三三一、曹学佺（1574–1646）

中 10806628
素节犹存傲霜菊　丹心空吟紫玉钗——明末戏曲家曹学佺生平事略
邹宝璋
福建戏剧　1985：6　1985

中 10806629
一幅玲珑剔透的风景小品——说曹学佺《春风楼记》
诸天寅
名作欣赏　1989：4　1989

中 10806630
书《蜀中广记》近钞本后
李一氓
存在集续篇　三联书店　1998.8

中 10806631
《石仓十二代诗选》全帙探考
朱伟东
中国典籍与文化　2000：1　2000
文献　2000：3　2000

三三二、冯梦龙（1574–1646）

（一）综论

中 10806632
冯梦龙和他编撰的“三言”
范宁
文学遗产增刊　2　作家出版社　1956.1

中 10806633
小树繁花阁笔记——冯梦龙
石珍
新民报晚刊　1956.8.20

中 10806634
通俗小说作家冯梦龙
范烟桥
新华日报　1956.8.22

中 10806635
冯梦龙简论
杨国祥
吉林大学文学论文集　2　吉林人民出版社　1959.9

中 10806636
冯梦龙
心侬
江苏戏曲　1960：1　1960

中 10806637
冯梦龙论戏曲表演艺术
陆树仑　李平
戏剧报　1961：13　1961

中 10806638
两位俗文学的主师——张南庄和冯梦龙（张南庄《何典》）
娄子匡
联合报　1963.5.19

中 10806639
冯梦龙与晚明文艺思潮
朱泽吉
河北师院学报　1979：1　1979

中 10806640
笑话的针砭
张鹄
光明日报　1979.2.11

中 10806641
冯梦龙与复社人物
胡万川
中国古典小说研究专集　1　联经出版事业公司　1979.8

中 10806642
戏曲必须案头、场上两擅其美——冯梦龙的戏曲主张
陆树仑
文学遗产　1980：3　1980

中 10806643
冯梦龙及其对民间文学的贡献
路工
民间文学论丛　中国民间文艺出版社　1981.6
访书见闻录　上海古籍出版社　1985.8

中 10806644
冯梦龙与明代的民歌俗曲
龚笃清
民间文学　1982：10　1982

中 10806645
关于冯梦龙

[日]小野四平著　魏人佑译
中国古典小说研究专集　5　联经出版事业公司　1982.11

中 10806646
冯梦龙与通俗文学
吕美中
中国通俗文艺　1982：12　1982

中 10806647
曹雪芹与冯梦龙——《红楼梦》继承古典文学遗产一例
曹小芳
红楼梦学刊　1983：1　1983

中 10806648
应该有一个大的突破——对冯梦龙研究的一点看法
王凌
文学报　1984.11.15

中 10806649
冯梦龙与《老门生》
苑坪玉
贵州社会科学　1985：1　1985

中 10806650
戏曲导演学的珍贵遗产——综论冯梦龙“重定”的导演剧本
高宇
地方戏艺术　1985：2　1985

中 10806651
冯梦龙及其创作
马兴荣
华东师范大学学报　1985：4　1985

中 10806652
中世纪文坛巨星冯梦龙
缪咏禾
苏州大学学报　1985：4　1985

中 10806653
反封建启蒙思想家冯梦龙
薛宗正　龚允怡
学术研究　1985：5　1985

中 10806654
晚明世情小说论与冯梦龙
黄霖
古小说论概观　上海文艺出版社　1985.6

中 10806655
全国首次冯梦龙学术讨论会综述
冯研
福建论坛　1985：6　1985

中 10806656
试论冯梦龙对我国民歌搜集整理的贡献
朱健
民间文艺季刊　1986：1　1986

中 10806657
冯梦龙与李贽
王凌
福建论坛　1987：4　1987

中 10806658
四个冯梦龙及冯学
姚荣铨
人民日报（海外版） 1987.7.7

中 10806659
冯梦龙与《金瓶梅》
魏子云
汉学研究 6：1 1988.6

中 10806660
冯梦龙的戏曲创作和戏曲理论——江苏古代戏曲家研究之三
俞为民
艺术百家 1989：2 1989

中 10806661
冯梦龙在保存和发扬民族文化方面所作的贡献
蔚家麟
湖北大学学报 1989：3 1989

中 10806662
冯梦龙与东林、复社：兼与胡万川先生等商榷
胡小伟
文学遗产 1989：3 1989

中 10806663
冯梦龙
魏同贤
十大小说家 上海古籍出版社 1989.8

中 10806664
冯梦龙在中国小说理论史上的地位
王庆云
聊城师范学院学报 1990：2 1990

中 10806665
冯梦龙研究六十年
傅承洲
文史知识 1991：4 1991

中 10806666
冯梦龙研究的可喜收获——评《畸人・情种・七品官》
齐裕焜 包绍明
福建论坛 1992：5 1992

中 10806667
冯梦龙与《忠义水浒全传》
傅承洲
明清小说研究 1992：3/4 1992

中 10806668
晚明文坛巨擘——冯梦龙
周王纯
古典文学知识 1993：1 1993

中 10806669
冯梦龙研究的一个突破——王凌《畸人・情种・七品官》荐介
陈侣白
福建学刊 1993：1 1993

中 10806670
冯梦龙研究七十年

袁志
福建论坛　1993：5　1993

中 10806671
冯学研究 70 年
袁志
中国俗文学七十年：纪念北京大学《歌谣》周刊创刊七十周年暨俗文学学术研讨会文集　北京大学出版社　1994.1
通俗文学评论　1994：4　1994

中 10806672
冯梦龙与明代哲学思潮
傅承洲
南京师大学报　1995：2　1995

中 10806673
市俗化的读书人
伏漫戈
明清小说研究　1996：2　1996

中 10806674
冯梦龙与丁宏度
陈居渊
中国典籍与文化　1997：1　1997

（二）传记

中 10806675
冯梦龙的身世——读稗杂识一
一丁
新民报晚刊　1956.11.18

中 10806676
关于冯梦龙的身世
野儒
光明日报　1957.11.3

中 10806677
冯梦龙的"以言得罪"和"属籍钩党"
陆树仑
辽宁大学学报　1981：6　1981

中 10806678
漫论冯梦龙的文学观
郭晓飞
江西大学学报　1982：3　1982

中 10806679
冯梦龙生平新探
钊君　陈煜奎
福建师范大学学报　1982：4　1982

中 10806680
冯梦龙和徐𤊹
林英　陈煜奎
福建日报　1982.10.13

中 10806681
冯梦龙知寿宁
林英
福建论坛　1983：2　1983

中 10806682
冯梦龙凌濛初在福建
官桂铨
福建戏剧　1983：3　1983

中 10806683
简论冯梦龙的文学观
游友基
宁德师专学报　1984：1　1984

中 10806684
冯梦龙生平拾遗
高洪钧
天津师大学报　1984：1　1984

中 10806685
冯梦龙与文震孟
[美]马泰来
中华文史论丛　1984：1　1984

中 10806686
论冯梦龙的文学观
力文
中州学刊　1984：2　1984

中 10806687
冯梦龙在寿宁
王凌
中国建设　1984：12　1984

中 10806688
冯梦龙社籍考
金德门
中华文史论丛　1985：1　1985

中 10806689
冯梦龙之生卒年
王重民
中华文史论丛　1985：1　1985

中 10806690
在纪念冯梦龙大会上的讲话
黄寿祺
福建师范大学学报　1985：2　1985

中 10806691
论冯梦龙的“情教”观
方胜
文学遗产　1985：4　1985

中 10806692
冯梦龙与寿宁
韦希成
福建日报　1985.11.20

中 10806693
论冯梦龙的“适俗”观
方胜
宁德师专学报　1986：1　1986

中 10806694
冯梦龙生平事迹考略
龚笃清
中国文学研究　1986：2　1986

中 10806695
明清著名文学世家：临朐冯氏
孔繁信
山东师范大学学报　1987：2　1987

中 10806696
试论冯梦龙的“情真说”
张建川
南充师院学报　1987：2　1987
高等学校文科学报文摘　1987：5　1987

中 10806697
冯梦龙“司训丹徒”考
易名
学术研究　1987：4　1987

中 10806698
冯梦龙师友录（选摘）
朱泽吉
河北师院学报　1988：1　1988

中 10806699
也考冯梦龙的“社”籍
王凌
汕头大学学报　1988：1　1988

中 10806700
冯梦龙阮大铖交游小考
冯保善
江海学刊　1988：1　1988
苏州大学学报　1990：2　1990

中 10806701
论冯梦龙的民歌俗曲观
龚笃清
中国文学研究　1988：3　1988

中 10806702
冯梦龙同名异人辨正
易名
学术研究　1988：3　1988

中 10806703
冯梦龙的“情教”思想及其渊源
张志合
许昌师专学报　1988：4　1988

中 10806704
冯梦龙麻城之行——冯梦龙生平及思想探幽之二
王凌
福建论坛　1988：4　1988
畸人·情种·七品官——冯梦龙探幽
海峡文艺出版社　1992.3

中 10806705
冯梦龙“情教说”试论
陈万益
汉学研究　6：1　1988.6

中 10806706
一个文学家的仕途——冯梦龙生平和思想探幽之五
王凌
福建论坛　1989：1　1989
畸人·情种·七品官——冯梦龙探幽
海峡文艺出版社　1992.3

中 10806707
“畸人”冯梦龙的创作高峰期——冯梦龙生平和思想探幽之四
王凌
汕头大学学报　1989：2　1989

畸人·情种·七品官——冯梦龙探幽
海峡文艺出版社　1992.3

中 10806708
冯梦龙与侯慧卿——冯梦龙生平和思想探幽之一
王凌
文学评论　1989：4　1989
畸人·情种·七品官——冯梦龙探幽
海峡文艺出版社　1992.3

中 10806709
冯梦龙论“情”
游友基
福建论坛　1989：5　1989

中 10806710
冯梦龙交游探微
杨晓东
文学遗产　1989：5　1989

中 10806711
冯梦龙的情教：封建礼教的补充
张载轩
淮阴师专学报　1990：2　1990

中 10806712
冯梦龙交游考补
高洪钧
天津师大学报　1990：2　1990

中 10806713
冯梦龙晚年的匡时济世思想
魏全胜
沈阳师范学院学报　1990：4　1990

中 10806714
明代苏州府的两个冯梦龙
木易
新华文摘　1990：6　1990

中 10806715
冯梦龙与董斯张的交往
高洪钧
天津师大学报　1991：2　1991

中 10806716
冯梦龙生平简编
王凌
福建论坛　1991：3　1991

中 10806717
冯梦龙交游录
姚政
明清小说研究　1991：8　1991

中 10806718
从风流才子到清廉知县——冯梦龙生平与性格述要
傅承洲
文史知识　1992：1　1992

中 10806719
冯梦龙的青少年时代——冯梦龙生平和思想探幽之三
王凌
畸人·情种·七品官——冯梦龙探幽
海峡文艺出版社　1992.3

中 10806720
冯梦龙年谱引论
徐朔方
浙江学刊　1992：6　1992

中 10806721
冯梦龙身世新探
杨晓东
文史杂志　1993：2　1993

中 10806722
智的内涵、功用、来源及表现形态：冯梦龙论“智”（之一）
尤其
宁德师专学报　1994：1　1994

中 10806723
冯梦龙的政治思想
陶青　熊笃
重庆师范学院学报　1994：1　1994

中 10806724
冯梦龙的情学观——冯梦龙启蒙主义思想片论之一
詹丹
上海师范大学学报　1994：2　1994

中 10806725
冯梦龙之政事观
蒋美华
醒吾学报　18　1994.6

中 10806726
冯梦龙论“智”
游友基
福建学刊　1995：3　1995

中 10806727
冯梦龙保护女婴
兰殿君
黑龙江日报　1995.9.30

中 10806728
对徐朔方先生《冯梦龙年谱》的几点质疑
赵荔红
上海师范大学学报　1996：1　1996

中 10806729
冯梦龙家世探秘
高洪钧
明清小说研究　1996：1　1996

中 10806730
冯梦龙之戏剧美学思想及其实践
罗丽容
东吴中文学报　3　1997.5

中 10806731
冯梦龙任丹徒训导考
龚笃清
中国文学研究　1998：2　1998

中 10806732
冯梦龙妇女观析论
蒋美华
国文学志　2　1998.6

中 10806733
论心学思潮与冯梦龙的情教思想
赵维国
华东师范大学学报　1999：1　1999

中 10806734
冯梦龙卒地考辨
高洪钧
明清小说研究　2000：2　2000

中 10806735
冯梦龙的文学思想及其儒学根源
周群
宁波大学学报　2000：4　2000

（三）作品

1. 综论

中 10806736
冯梦龙的画
谷茀
新民报晚刊　1957.4.13

中 10806737
冯梦龙著述考补
谢巍
文献　1982：4　1982

中 10806738
婺源发现冯梦龙诗笺真迹
詹祥生
江西日报　1983.5.22

中 10806739
论冯梦龙对话本的编撰
苑坪玉
贵州文史丛刊　1984：1　1984

中 10806740
漫谈冯梦龙的小说理论
陈太山
宁德师专学报　1984：1　1984

中 10806741
试论冯梦龙的小说理论
陆树仑
复旦学报　1984：3　1984
高等学校文科学报文摘　1984：3　1984
中国古代小说理论研究　华中工学院出版社　1985.6

中 10806742
重编笑林广记序
龚鹏程
中国小说史论丛　学生书局　1984.6

中 10806743
关于《冯梦龙著述考补》:《冯梦龙著述考补》补正
易名
文献　1985：2　1985

中 10806744
冯梦龙“情真”说新探
布鲁南
宁夏社会科学　1985：2　1985

中 10806745
冯梦龙论戏剧情节
游友基
福建戏剧　1985：2　1985

中 10806746
关于冯梦龙戏剧理论的特征
王政
学术月刊　1985：3　1985

中 10806747
冯梦龙的戏剧改编理论
游友基
江苏戏剧　1985：6　1985

中 10806748
论冯梦龙的小说理论
潘世秀
文学遗产　1986：6　1986

中 10806749
评桔君辑注《冯梦龙诗文·初编》
［美］马泰来
文学遗产　1987：6　1987

中 10806750
论冯梦龙的戏曲美学观
洪欣
戏剧文学　1988：12　1988

中 10806751
李渔小说与冯梦龙小说
崔子恩
李渔小说论稿　中国社会科学出版社　1989.3

中 10806752
冯梦龙戏曲创作理论简论
徐世丕
戏曲研究　31　文化艺术出版社　1989.12

中 10806753
“乱点鸳鸯谱”是非辨：兼谈冯梦龙创作思想的矛盾
夏琼瑶
湖南教育学院学报　1990：1　1990

中 10806754
冯梦龙戏曲理论刍议
傅承洲
烟台大学学报　1991：1　1991

中 10806755
民间情歌果然好
苗棣
吉林日报　1993.4.10

中 10806756
冯梦龙时小说理论中“虚”“实”观的继承与发展
薛丽云
云南民族学院学报　1994：1　1994

中 10806757
冯梦龙祭乡贤佚文的发现及其他
叶明生
宁德师专学报　1994：2　1994

中 10806758
从《牡丹亭》到《风流梦》：冯梦龙戏剧理论初探
陈富容
兴大中文研究生论文集　1　1996.1

中 10806759
略谈冯梦龙的诗歌创作
施润梓
宁德师专学报　1996：1　1996

中 10806760
冯梦龙中期通俗文学思想略论
卓连营
信阳师范学院学报　1996：3　1996

中 10806761
阴骘与人生：从冯梦龙小说看中西命运观的差异
汪相燕
学术论丛　1996：3　1996

中 10806762
冯梦龙史籍著作考述
蒋美华
彰化师范大学国文系集刊　1　1996.6

中 10806763
冯梦龙的俗文学著作及其编年
高洪钧
天津师大学报　1997：1　1997

中 10806764
《情史》与“三言二拍”关系考补
欧阳代发
文献　1999：1　1999

中 10806765
论冯梦龙的情感美学观
黄南珊
江汉论坛　1999：10　1999

中 10806766
从《滕大尹鬼断家私》看冯梦龙的进步文学观
方绪平
理论月刊　2000：3　2000

中 10806767
整理明代古籍的一大收获——江苏古籍版《冯梦龙全集》评介
大江
江苏古籍序跋与书评　江苏古籍出版社　2000.9

2. 三言

（1）综论

中 10806768
论明之小说“三言”及其他
［日］盐谷温著　孙俍工译
中国文学概论讲话　开明书店　1929.6
中国文学概论　台湾开明书店　1970.12

中 10806769
关于明代小说“三言”
［日］盐谷温著　汪馥泉译
中国文学研究译丛　北新书局　1930.4
中国文学研究译丛　上海文艺出版社　1992.9

中 10806770
三言谚话
朱介凡
联合报　1955.12.21

中 10806771
从“三言”所写的知识分子看他的现实主义精神
刘锦
南京大学学报　1956：3　1956

中 10806772
《三言》作者的疑问
一丁
新民报晚刊　1956.10.8

中 10806773
冯梦龙和三言
尤炳圻
陇花　1957：4　1957

中 10806774
“梁园”商榷
逸生
光明日报　1957.4.21

中 10806775
细节一例
逸生
南方日报　1957.6.13

中 10806776
关于“三言”的纂辑者
野儒
光明日报　1957.6.23

中 10806777
关于《三言》和《两拍》的今刊本
王知伊
新民报晚刊　1957.12.1

中 10806778
和青年读者谈《三言》《二拍》
辛夷
北京日报　1958.2.26

中 10806779
“三言”“二拍”与市民文学——读书札记
郭贺
羊城晚报　1958.3.12

中 10806780
谈在《三言》《二拍》中所反映的市民生活的两个特色
邓绍基（邓允建）
光明日报　1958.3.30
文学遗产选集　3　中华书局　1960.5

中 10806781
“三言”中的友谊主题
郭荧
羊城晚报　1958.4.7

中 10806782
王古鲁肆意歪曲现实
王士豪
读书　1958：8　1958

中 10806783
“三言”“二拍”的精华和糟粕
刘世德
文学知识　1959：3　1959

中 10806784
论“三言”里的明代小说
邢治平
开封师院学报　1960：1　1960

中 10806785
试论《三言》中明代“拟话本”的思想特征
徐仲元
内蒙古大学学报　1960：2　1960

中 10806786
小说旁证三则
孙楷第
文学评论　1961：4　1961

中 10806787
小说旁证四则
孙楷第
文学评论　1961：5　1961

中 10806788
小说旁证二则
孙楷第
文学评论　1961：6　1961

中 10806789
小说旁证二则
孙楷第
文学评论　1962：1　1962

中 10806790
小说旁证五则
孙楷第
文学评论　1962：2　1962

中 10806791
《三言》的版本及其他
陆树仑
复旦大学学报　1963：1　1963

中 10806792
三言二拍源流考
孙楷第
沧州集　中华书局　1965.12

中 10806793
冯梦龙所编话本小说“三言”的版本与流传
胡万川
中华文化复兴月刊　9：6　1976

中 10806794
三言二拍话黑白
朱铭源
大华晚报　1977.9.17

中 10806795
小论“三言”
张健
诗与小说　台北德馨室　1978

中 10806796
浅析《三言》和《聊斋》
张健
书评书目　58　1978.2

中 10806797
《小说旁证》十题
孙楷第
文献　1979：2　1979

中 10806798
三言二拍来源考小补
叶德均
戏曲小说丛考　中华书局　1979.5

中 10806799
《三言》《二拍》反映的明代后期物价和市民经济生活
周舸岷
浙江师范学院学报　1980：1　1980

中 10806800
冯梦龙《三言》新证——记明刊《小说》（五种）残本
袁行云
社会科学战线　1980：1　1980

中 10806801
“三言”及其它
杨文光
宁夏日报　1980.3.15

中 10806802
《三言》的评校者和作序者都是冯梦龙
谢征
光明日报　1980.4.2

中 10806803
从“说话”到“三言二拍”
顾先
广州日报　1980.4.22

中 10806804
谭正璧及其《三言两拍资料》
穆尼
解放日报　1980.12.23

中 10806805
我国古代短篇白话小说的珍品——《三言》
宁宗一
文史知识　1981：3　1981

中 10806806
“三言”
曾保泉
北京日报　1981.7.16

中 10806807
《三言》中的冯梦龙作品考辨
徐朔方
杭州大学学报　1982：1　1982
论汤显祖及其他　上海古籍出版社　1983.8

中 10806808
苏三遗迹与轶事
刘郁瑞　郭灵声
山西民间文学　1982：1　1982

中 10806809
略谈滕大尹鬼断家私
裴效维
中国通俗文艺　1982：4　1982

中 10806810
“三言”的价值
宁宗一
古典小说戏曲探艺录　天津人民出版社　1982.9

中 10806811
三言二拍与善书
［日］小川阳一著　孔宪富译
语文教学与研究　1983：2　1983

中 10806812
《三言两拍资料》
王稼句
读书　1983：3　1983

中 10806813
《三言》人物塑造的艺术特色
杨国祥
北方论丛　1983：3　1983

中 10806814
“三言”市民意识浅探
林樟杰
上海师范学院学报　1983：3　1983

中 10806815
中国的《十日谈》——试论“三言二拍”对宗教的批判
胡邦炜
未定稿　5　中国社会科学杂志社　1983
中国古典小说艺术的思考　重庆出版社、华夏出版社　1986.2

中 10806816
明代短篇白话小说的繁荣——兼析《三言》《二拍》
柳向春
语文学习　1983：5　1983

中 10806817

论《三言》中的明代作品

徐朔方

论汤显祖及其他　上海古籍出版社　1983.8

中 10806818

《三言》《二拍》与资本主义萌芽

王齐明

南昌师专学报　1984：1　1984

中 10806819

资本主义萌芽时期的“人曲”——乔叟《坎特伯雷故事集》与冯梦龙“三言”之比较

林永珉

宁德师专学报　1984：1　1984

中 10806820

“三言”“二拍”所表现的明代历史的新变迁

冯天瑜　涂文学

史学集刊　1984：2　1984

中 10806821

“三言”“二拍”表现的明代历史变迁

冯天瑜

明清文化史散论　华中工学院出版社　1984.2

中 10806822

借男女之真情，发名教之伪药——略论“三言”关于爱情婚姻题材的作品

韩黎范

明清小说论丛　1　春风文艺出版社　1984.5

中 10806823

入乎其内与出乎其外——读《三言》主观思想与客观形象的结合

黄泽新

文学评论丛刊　22　中国社会科学出版社　1984.11

小说艺术的流变　百花文艺出版社　1990.3

中 10806824

“三言”“二拍”对商人的描写及其反映的经济思想

张稼仁　杨仁蓉

齐齐哈尔师范学院学报　1985：1　1985

中 10806825

明代哲学思潮与《三言》中的明代拟话本

何寅

山西师大学报　1985：2　1985

中 10806826

三言两拍本事源流述考

谭正璧　谭寻

话本与古剧（重订本）　上海古籍出版社　1985.4

中 10806827

《三言》中的爱情、婚姻观

康萍

文科月刊　1985：4　1985

中 10806828
“三言”的体式特点
马玉峰
春风小说　1985：4　1985

中 10806829
试谈《三言》中“拟话本”的艺术特色
倪长康
文科月刊　1985：4　1985

中 10806830
“三言”“二拍”中“发迹变泰”主题新说
欧阳健
文史哲　1985：5　1985

中 10806831
《三言》对《红楼梦》的影响
林锦鸿
求是学刊　1985：5　1985

中 10806832
反映市民意识的人物——转运汉文若虚形象的社会意义
陈体津
文科月刊　1985：5　1985

中 10806833
从“三言”看明代奴仆
南炳文
历史研究　1985：6　1985

中 10806834
冯梦龙与“三言”
洪欣
人物　1985：6　1985

中 10806835
关于《三言》作品写作年代的若干问题
戚仁
中国古典文学丛考　1　复旦大学出版社　1985.7

中 10806836
文学作品是社会历史的一面镜子：从《珍珠衫》《金玉奴》二文中看明代社会
张健　徐东升
北京钢铁学院学报　1986：1　1986

中 10806837
冯梦龙、凌濛初和“三言”“二拍”
魏同贤
文史知识　1986：2　1986
漫话明清小说　中华书局　1991.7

中 10806838
“三言”为文学史提供了哪些新东西
王凌
福建论坛　1986：2　1986

中 10806839
“三言”“二拍”的价值
宁宗一
中国古典小说戏曲探艺录　中州古籍出版社　1986.2

中 10806840
一代名臣属酒人——论《三言》中“发迹变泰”的故事

杨国祥
社会科学战线 1986：2 1986

中 10806841
《三言》序的作者问题
陆树仑
古典文学论丛 5 齐鲁书社 1986.6

中 10806842
万种情怀得自由——《三言》中爱情小说的思想特色
杨国祥
古典文学论丛 5 齐鲁书社 1986.6

中 10806843
试从《三言》看明末社会商人形象
唐任伍
江苏商专学报 1987：3 1987

中 10806844
“浇手”解
王利器
文学遗产 1987：5 1987

中 10806845
论《三言》对通俗文学与文人文学的融合
宁稼雨
南开学报 1987：5 1987

中 10806846
从《三言》看冯梦龙的儒释道思想
陈辽
社会科学研究 1987：6 1987

中 10806847
从《三言》看冯梦龙的小说美学观
赵慧文
吉安师专学报 1988：1 1988

中 10806848
“三言”中明代公案小说的新风貌：中国公案小说试探之六
孟犁野
中国人民警官大学学报 1988：1 1988

中 10806849
从爱情暨友情题材谈“三言”思想性
张志合
西南师范大学学报 1988：1 1988

中 10806850
“三言”俚俗美谈片
周广秀
思茅师专学报 1988：2 1988

中 10806851
“三言”题材的审美特征
周广秀
江苏教育学院学报 1988：3 1988

中 10806852
《三言二拍》与宋史研究
漆侠
河北大学学报 1988：3 1988

中 10806853
试谈“三言”“二拍”中几类妇女形象的社会意义

田国梁
西北民族学院学报　1988：4　1988

中 10806854
冯梦龙的小说理论与《三言》
张志合
四川师范大学学报　1988：4　1988

中 10806855
“三言”“二拍”、《聊斋》与明清之际的进步思潮
王显春
社会科学研究　1988：5　1988

中 10806856
“三言”二题
缪咏禾
文学评论　1988：5　1988

中 10806857
触扪晚明社会的大众心声——读《从“三言”“二拍”看中国市民心态》
廖奔
光明日报　1989.1.10

中 10806858
浅谈《夜雨秋灯录》与“三言”
苏兴
社会科学战线　1989：2　1989

中 10806859
“三言”的市民文学特色
汪玢玲　罗丛秀
东北师大学报　1989：4　1989

中 10806860
“三言两拍”在日本的流传及影响
马兴国
日本研究　1989：4　1989

中 10806861
从“三言”“两拍”看中国市民的心态
毛德富
学术百家　1989：5　1989

中 10806862
短篇白话小说“三言”中的恋爱
［日］小野四平著　邵毅平　张兵译
明清小说研究　1990：1　1990

中 10806863
“寓教于乐”的小说模式——谈儒家思想对“三言”艺术的制约
游友基
山西师大学报　1990：4　1990

中 10806864
《三言》与佛教
李雪涛
内明　226　1991.1

中 10806865
中和之美与诗的渗入：谈儒家思想对“三言”艺术的制约
游友基
中州学刊　1991：2　1991

中 10806866
试论“三言”中的妇女主题

王引萍
西北第二民族学院学报　1991：2　1991

中 10806867
封建妻妾论——以《三言》为例：小说与妇女之三
周俐
贵州大学学报　1991：3　1991

中 10806868
小说旁证（八则）
孙楷第
文学遗产　1991：3　1991

中 10806869
《三言》《二拍》故事来源考补正：读王同轨《耳谈》和《耳谈类增》后
吕友仁　米格智
河南师范大学学报　1991：4　1991

中 10806870
冯梦龙的情教观在“三言”编纂中的体现
张丹飞
新疆师范大学学报　1991：4　1991

中 10806871
“三言”与明代商人的思想意识
晋云
社会科学研究　1991：4　1991

中 10806872
从《情史》到“三言”
王凌
理论学习月刊　1991：5　1991

中 10806873
古代短篇白话小说的珍品——“三言”
宁宗一
漫话明清小说　中华书局　1991.7

中 10806874
三言二拍短篇小说里的社会性和艺术性
［澳］柳存仁
和风堂文集　上海古籍出版社　1991.10

中 10806875
读《三言》随笔（4 则）
观之
中华文史论丛　1991：12　1991

中 10806876
宿香亭张浩遇莺莺——读《三言》随笔
观之
文汇报　1991.12.4

中 10806877
掷百宝箱与烧卢布——读《三言》随笔之二
观之
解放日报　1991.12.17

中 10806878
白娘子永镇雷峰塔——读《三言》随笔之三
观之
解放日报　1991.12.29

中 10806879
《三言》的序评者“可一居士”是谁

官桂铨
文献　1992：2　1992

中 10806880
“三言”的美学理想
潜明兹
民间文学论坛　1992：2　1992

中 10806881
双重超越：聊斋与三言、二拍之比较
王平
山东大学学报　1992：2　1992
蒲松龄研究　1992：2　1992

中 10806882
“三言”对封建官吏描写的新贡献
欧阳代发
湖北大学学报　1992：2　1992

中 10806883
重评冯梦龙对《三言》的贡献
周中明
明清小说研究　1992：2　1992

中 10806884
论“三言”情教观的市民色彩
张丹飞
新疆大学学报　1992：3　1992

中 10806885
《三言》词语札记
周志锋
宁波师院学报　1992：3　1992

中 10806886
《珠衫》《负情侬传》的艺术成就及冯梦龙改编之得失
包绍明
福建师范大学学报　1992：3　1992

中 10806887
“三言”和“二拍”
宁宗一
古典小说十讲　中华书局　1992.4

中 10806888
三言二拍研究综述（上、下）（1949–1989）
王立言　荀人民
中国文学研究　1992：4；1993：1　1992–1993

中 10806889
洞察世情，以言醒人——冯梦龙与“三言”的评点
黄霖　万君宝
古代小说评点漫话　辽宁教育出版社　1992.10

中 10806890
“三言”的“天理报”思想研究
周广秀
徐州教育学院学报　1993：1　1993

中 10806891
“可一居士”辨析
杨晓东
苏州大学学报　1993：2　1993

中 10806892
《三言》《二拍》与民俗
陈辽
南通师专学报　1993：2　1993

中 10806893
三言二拍与中晚明社会思潮
张义光
汉中师范学院学报　1993：3　1993

中 10806894
"三言两拍"与仙道
伍伟民　蒋见元
道教文学三十谈　上海社会科学院出版社　1993.5

中 10806895
《三言二拍》中的情感世界——一种"心态史"趣味的尝试
王鸿泰
史原　19　1993.10

中 10806896
近十余年三言二拍研究之回顾
王立言　荀人民
文史知识　1993：10　1993

中 10806897
"三言"中妇女形象与冯梦龙的情教观
张琏
汉学研究　11：2　1993

中 10806898
婚恋观念的嬗变及其启示："三言""二拍"名篇心解
刘敬圻
北方论丛　1994：2　1994

中 10806899
主题的拓展与人物性格的"市民化"：市民意识对"三言"艺术的冲击（之一）
施润梓
宁德师专学报　1994：2　1994

中 10806900
"三言""二拍"话台州
周琦
东南文化　1994：2　1994

中 10806901
《三言精华》选评简记
高晓声
明清小说研究　1994：3　1994

中 10806902
"三言"人物性格的复合之美
周广秀
徐州师范学院学报　1994：4　1994

中 10806903
"三言"对人性的张扬和表现
欧阳代发
湖北大学学报　1994：5　1994

中 10806904
论冯梦龙《三言》中的冤假错案
王定璋
天府新论　1994：5　1994

中 10806905
从《三言》的三篇故事看明代的娼妓
郑冠荣
史化　23　1994.6

中 10806906
“三言”“二拍”摭谈
刘敬圻
中国古代小说十二讲　中州古籍出版社　1994.8

中 10806907
“三言”中的宋代公案小说
［日］小野四平著　邵毅平　张兵译
明清小说研究　1995：1　1995

中 10806908
浪漫主义形象：梦境中的“才子佳人”——释析冯梦龙《三言》中妓女们的梦
［美］襟勇义著　李云飞译
呼兰师专学报　1995：1　1995

中 10806909
事有真赝，情理皆真：谈“三言”小说的艺术美
周广秀
徐州师范学院学报　1995：1　1995

中 10806910
《三言》中的人情伦理
王定璋
西南师范大学学报　1995：2　1995

中 10806911
儒家思想同市民意识的冲突和融合：冯梦龙“三言”之本来面貌说要
贾利亚
黄冈师专学报　1995：2　1995

中 10806912
动荡的现实，混乱的社会：《三言》反映的社会秩序
王定璋
青海民族学院学报　1995：3　1995

中 10806913
千古痴情女　情奇事亦奇——周胜仙形象简论
张苌
呼兰师专学报　1995：3　1995

中 10806914
论“三言二拍”对《夷坚志》的继承与改造
刘勇强
文学遗产　1995：4　1995

中 10806915
“三言”的思想和艺术
张兵
烟台师范学院学报　1995：4　1995

中 10806916
经商亦是善业，不是贱流：谈“三言”“二拍”中的商业题材小说
朱全福
铁道师院学报　1995：4　1995

中 10806917
从“三言”“二拍”看作者的妇女观
黄焕新
天中学刊　1995 增刊　1995

中 10806918
略论冯梦龙的“三言”
张传信
淮北煤师院学报　1995 增刊　1995

中 10806919
“三言”中的冯梦龙作品
欧阳代发
湖北大学学报　1996：1　1996

中 10806920
论“三言”中的市民意识
蔡孝莲
佳木斯教育学院学报　1996：1　1996

中 10806921
略述“三言”中商人的婚姻及家庭
王桂清
学术交流　1996：1　1996

中 10806922
谈两个近似的女性形象
王义祥
绥化师专学报　1996：1　1996

中 10806923
略论“三言”对中国古代小说的影响
游友基
宁德师专学报　1996：2　1996

中 10806924
融合与碰撞：释道思想对“三言”思想艺术的渗透
游友基
山西师大学报　1996：2　1996

中 10806925
“三言”校注的新成果
王峰
中国图书评论　1996：3　1996

中 10806926
论“三言”“二拍”中的商贾之道
朱全福
明清小说研究　1996：4　1996

中 10806927
“三言”中妇女的情欲世界及其意蕴
康韵梅
台大中文学报　8　1996.4

中 10806928
桃花流水窅然去——《灌园叟晚逢仙女》《卢太学诗酒傲王侯》中的花园与园主
骆水玉
中国文学研究　10　1996.5

中 10806929
“三言”与《型世言》礼教观
金孝真
辅大中研所学刊　6　1996.6

中 10806930
“三言”中“情欲类”女性人格结构探微：

兼论男权话语下的女性命运
孙旭
社会科学探索　1997：1　1997

中 10806931
冯梦龙的世界观与“三言”对商人的描写
王桂清
学术交流　1997：1　1997

中 10806932
从“三言”看冯梦龙的贡献
涂秀虹
明清小说研究　1997：1　1997

中 10806933
从文言到白话：古典叙事的演变——论“三言”对神道小说的改编
周绚隆
山东大学学报　1997：1　1997

中 10806934
从元杂剧与《三言》《二拍》的情变故事看商人形象的变化
霍现俊
河北师院学报　1997：1　1997

中 10806935
生命意识的浮沉：“三言”“二拍”两性公案题材小说文化论
吴光正　赖琼玉
求是学刊　1997：2　1997

中 10806936
《三言》中的科场众生相
王定璋
西南民族学院学报　1997：2　1997

中 10806937
对传统“贱商”观念的重大突破：论“三言二拍”的重商意识
周健自
贵州文史丛刊　1997：3　1997

中 10806938
论“三言”
徐朔方
小说考信编　上海古籍出版社　1997.10

中 10806939
冯梦龙“情教观”与“三言”中的女性形象
刘军华
陕西师范大学学报　1998：1　1998

中 10806940
“三言”的悲剧冲突
刘鹤岩
锦州师范学院学报　1998：1　1998

中 10806941
从贱商到重商：论《三言二拍》对传统观念的冲击
周健自
黔南民族师专学报　1998：1　1998

中 10806942
试论“三言”的入话
危砖黄

福建论坛　1998：3　1998

中 10806943

历史的盲点："三言""二拍"两性公案题材小说文化论证之二

吴光正　赖琼玉

海南师范学院学报　1998：4　1998

中 10806944

从《三言》《二拍》看王学左派思潮对晚明文学的影响

李涓

云南民族学院学报　1998：4　1998

中 10806945

"三言"因果报应与编撰意图论析

王引萍

固原师专学报　1998：5　1998

中 10806946

《三言》《两拍》中所见的明代官吏

［美］李田意

古今论衡　1　1998.10

中 10806947

"三言""二拍"中的吝啬鬼

纪德君

广州师院学报　1999：1　1999

中 10806948

平凡生命的赞歌——论"三言"的女性意识

杨剑影

萍乡高等专科学校学报　1999：2　1999

中 10806949

《三言》中的妓院爱情及其意蕴

黄崇期

国文天地　14：10　1999.3

中 10806950

功利观的萌发与市民道德观的升值："三言二拍"思想新变阐释

吴明　葛卫东

齐齐哈尔大学学报　1999：3　1999

中 10806951

理学与《三言》《二拍》中的道德说教

段江丽

湖南师范大学社会科学学报　1999：3　1999

中 10806952

"三言""二拍"所显示的男女平等意识

王引萍

西北第二民族学院学报　2000：1　2000

中 10806953

矛盾冲突中的左右逢源——浅论"三言"两性题材对矛盾的积极处理

吴东　刘红梅

滨州师专学报　2000：1　2000

中 10806954

从"三言""二拍"看明代商人的心理

康清莲

广西教育学院学报　2000：2　2000

中 10806955
论“三言”“两拍”的角色设计
李桂奎
贵州师大学报　2000：2　2000

中 10806956
《三言》《二拍》与雅俗文化选择
吴建国
中国文学研究　2000：2　2000

中 10806957
从宋元话本到“三言”中的拟话本
张稔穰
古典文学知识　2000：3　2000

中 10806958
论“三言”“二拍”的科举观与门策观
沈金浩
明清小说研究　2000：4　2000

中 10806959
越界现身的异类——“三言二拍”中女性神仙鬼怪角色探究
林丽美
南台工商专校学报　24　2000.11

中 10806960
就文体演变论“三言”的叙事特质
陈器文
兴大中文学报　13　2000.12

（2）喻世明言

中 10806961
和严敦易先生商榷《古今小说》四十篇的撰述时代问题
周妙中
光明日报　1956.12.23

中 10806962
《校注古今小说》前言
许政扬
南开大学学报　1957：1　1957
许政扬文存　中华书局　1984.11

中 10806963
《古今小说》与《喻世明言》
王古鲁
新建设　1958：3　1958

中 10806964
冯梦龙的《古今小说》分类考证
郑骞
新生报　1959.6.12

中 10806965
从《蒋兴哥重会珍珠衫》看覆水重收的爱情
赖芳伶
中国时报　1976.8.17

中 10806966
《古今小说》探原三则
叶德均
戏曲小说丛考　中华书局　1979.5

中 10806967
《蒋兴哥重会珍珠衫》与《杜十娘怒沉百宝箱》撰述考
［美］帕特里克·D·韩南（Patrick Hanan）著　吴璧婉译
韩南中国古典小说论集　联经出版事业公司　1979.9

中 10806968
《金玉奴棒打薄情郎》简析
任申润
中国古代短篇小说选析　花溪文艺编辑部编印　1979.10

中 10806969
一串闪光的珍珠——读《金玉奴棒打薄情郎》
谈凤梁
青春　1980：9　1980

中 10806970
《喻世明言》的来源和影响
赵景深（邹啸）
中国小说丛考　齐鲁书社　1980.10

中 10806971
冯梦龙《古今小说》研究
徐文助
国文学报　12　1983.6

中 10806972
细腻传神　生动准确——《蒋兴哥重会珍珠衫》的心理描写
张永芳
电大语文　1985：4　1985

中 10806973
《古今小说》的编纂方法——关于它的对偶结构
［日］福满正博著　马振方译　陈曦钟校
文艺论丛　22　上海文艺出版社　1985.9

中 10806974
内涵丰富　引人入胜——《滕大尹鬼断家私》赏析
马振方
古代白话短篇小说鉴赏集　人民文学出版社　1986.1

中 10806975
略谈《宋四公大闹禁魂张》的细节描写
程毅中
古代白话短篇小说鉴赏集　人民文学出版社　1986.1

中 10806976
过程写得何等精彩——《蒋兴哥重会珍珠衫》赏析
杨子坚
古代白话短篇小说鉴赏集　人民文学出版社　1986.1

中 10806977
洞察世情　嘲讽不义——《金玉奴棒打薄情郎》赏析
袁世硕
古代白话短篇小说鉴赏集　人民文学出版社　1986.1

中 10806978
《陈御史巧勘金钗钿》艺术探胜
刘文忠
古代白话短篇小说鉴赏集　人民文学出版社　1986.1

中 10806979
《沈小霞相会出师表》的人物塑造
周妙中
古代白话短篇小说鉴赏集　人民文学出版社　1986.1

中 10806980
谈《蒋兴哥重会珍珠衫》的结构艺术
周王纯
文史知识　1986：4　1986

中 10806981
试论《蒋兴哥重会珍珠衫》的思想和艺术成就
张永芳
辽宁大学学报　1987：2　1987

中 10806982
试论《蒋兴哥重会珍珠衫》思想和艺术成就
洛伊
社会科学　1987：4　1987

中 10806983
从语言角度看《古今小说》中冯梦龙的创作
［日］佐滕晴彦著　胡昌合译
云南教育学院学报　1988：1　1988

中 10806984
试析《蒋兴哥重会珍珠衫》的冲突结构
陈葆文
中外文学　18：2　1989

中 10806985
《古今小说》与冯梦龙的创作：从语言特征方面进行探讨
［日］佐藤晴彦著　张志合译
青海民族学院学报　1990：3　1990

中 10806986
《古今小说》各篇的来源和影响
吴晓铃
河北师院学报　1991：1　1991

中 10806987
《古今小说》序作者考辨
杨晓东
文学遗产　1991：2　1991

中 10806988
略谈冯梦龙《金玉奴棒打薄情郎》的思想内容
曾学燕
南昌教育学院学报　1991：2　1991

中 10806989
艺术的娱心作用：对于《古今小说》的探讨
［美］蒂莫西 .C. 黄著　夏伯言译　包振南校
金瓶梅及其他　吉林文史出版社　1991.3

中 10806990
冯梦龙《古今小说》中的梁祝故事——兼谈江苏省民间梁祝故事
高国藩
民俗曲艺　72/73　1991.7-9

中 10806991
历史的真实和艺术的真实——《沈小霞相会出师表》鉴赏
周先慎
古典小说鉴赏　北京大学出版社　1992.1

中 10806992
曲折为文　精微深细——《蒋兴哥重会珍珠衫》鉴赏
周先慎
古典小说鉴赏　北京大学出版社　1992.1

中 10806993
月黑风寒壮士心——《宋四公大闹禁魂张》鉴赏
周先慎
古典小说鉴赏　北京大学出版社　1992.1

中 10806994
市井悲喜剧，巧合成文章：谈《蒋兴哥重会珍珠衫》中的“巧合”与“误会”
韩振玉
内蒙古电大学刊　1992：3　1992

中 10806995
《死生交范张鸡黍》杂剧与同名拟话之比较
梁燕
戏曲艺术　1993：1　1993

中 10806996
《喻世明言》校注札记
陈曦钟
国学研究　2　北京大学出版社　1994.7
红楼疑思录　新华出版社　2000.1

中 10806997
譬如积薪　后来居上——读陈曦钟《喻世明言》新注本
哥舒
北京大学学报　1996：1　1996
红楼疑思录　新华出版社　2000.1

中 10806998
关于《古今小说叙》的作者问题
傅承洲
明清小说研究　1996：1　1996

中 10806999
略论冯梦龙对《珍珠衫》故事的加工与发挥
崔成前
徐州教育学院学报　1996：2　1996

中 10807000
士与乞丐结了缘：漫谈《金玉奴棒打薄情郎》
毛展新
明清小说研究　1996：2　1996

中 10807001
一篇写法奇特的短篇小说——《喻世明

言·杨思温燕山逢故人》读后
赵俪生
文史知识　1999：4　1999

中 10807002
乱世悲歌:《杨思温燕山逢故人》的思想内涵和叙事艺术
段江丽
名作欣赏　1999：4　1999

中 10807003
清官乎？赃官乎？——析《滕大尹鬼断家私》中滕大尹形象
任晓燕
黑龙江农垦师专学报　2000：3　2000

中 10807004
在心理描写中见出的人物性格：说小说《金玉奴棒打薄情郎》
孟祥荣
名作欣赏　2000：3　2000

中 10807005
意蕴丰富的命名：评《蒋兴哥重会珍珠衫》
冉红音
涪陵师专学报　2000：3　2000

（3）警世通言

中 10807006
《警世通言》三种
［日］辛岛生著　汪馥泉译
中国文学研究译丛　北新书局　1930.4
中国文学研究译丛　上海文艺出版社　1992.9

中 10807007
《警世通言》的来源和影响
赵景深（邹啸）
小说戏曲新考　世界书局　1939.1
中国小说丛考　齐鲁书社　1980.10

中 10807008
《警世通言》里的白蛇故事出于宋话本的可能性（上、中、下）
石珍
新民报晚刊　1953.8.11–13

中 10807009
《警世通言》中的爱情故事
程弘
光明日报　1956.3.25

中 10807010
有关《杜十娘怒沉百宝箱》问题的商榷
徐仲元
光明日报　1956.8.19

中 10807011
我国古代的短篇小说集——《警世通言》
傅璇琮
读书月报　1956：9　1956

中 10807012
《杜十娘怒沉百宝箱》分析
胡士莹
浙江日报　1957.1.27

宛春杂著　浙江文艺出版社　1984.8

中 10807013
杜十娘故事的演变
胡士莹
浙江日报　1957.2.22
宛春杂著　浙江文艺出版社　1984.8

中 10807014
《杜十娘怒沉百宝箱》
张侠生
语文教学通讯　1957：5–6　1957

中 10807015
读两篇古典爱情小说——《杜十娘怒沉百宝箱》和《卖油郎独占花魁》札记
徐士年
文艺学习　1957：6　1957

中 10807016
冯梦龙：杜十娘怒沉百宝箱
萧润娟
古典文学作品分析　湖南人民出版社　1957.8

中 10807017
《杜十娘怒沉百宝箱》
刘叶秋
语文学习（北京）71　1957.8
古典小说论丛　中华书局　1959.5
古典小说笔记论丛　南开大学出版社　1985.3

中 10807018
《王安石三难苏学士》
王荀
杭州日报　1958.4.20

中 10807019
白娘子永镇雷峰塔——自然面貌
李健吾
人民日报　1961.8.12

中 10807020
杜十娘为何投江
唐致
文汇报　1962.4.22

中 10807021
杜十娘是“自恨”投江的吗？
吴玲如
文汇报　1962.5.12

中 10807022
谈杜十娘的投江
王凌寒
文汇报　1962.5.18

中 10807023
《杜十娘怒沉百宝箱》评价中的两个问题
陈潄渝
光明日报　1965.7.18

中 10807024
唐解元一笑姻缘
潘寿康
话本与小说（黎明文丛 18）　黎明文化事

业股份有限公司　1973.12

中 10807025
《杜十娘怒沉百宝箱》中的定时钟
董挽华
中国时报　1976.6.25

中 10807026
在生活的波澜中刻画人物——读《杜十娘怒沉百宝箱》札记
刘世德
十月　1979：4　1979

中 10807027
《蒋兴哥重会珍珠衫》与《杜十娘怒沉百宝箱》撰述考
［美］帕特里克·D·韩南（Patrick Hanan）著　吴璧婉译
韩南中国古典小说论集　联经出版事业公司　1979.9

中 10807028
《白娘子永镇雷峰塔》简析
袁昌文
中国古代短篇小说选析　花溪文艺编辑部编印　1979.10

中 10807029
《玉堂春落难逢夫》简析
丁家顺
中国古代短篇小说选析　花溪文艺编辑部编印　1979.10

中 10807030
《杜十娘怒沉百宝箱》简析
王梧
中国古代短篇小说选析　花溪文艺编辑部编印　1979.10

中 10807031
悲歌一曲"杜十娘"——读《杜十娘怒沉百宝箱》
裴显生
青春　1979：12　1979

中 10807032
在"儿女情"的抒发中刻划人物——谈明代话本小说《杜十娘怒沉百宝箱》
周溶泉　徐应佩
长安　1980：2　1980
中国古典文学名著赏析　山西人民出版社　1982.5

中 10807033
《杜十娘》的主题思想究竟是什么
杨明洁
内蒙古民族师院学报　1980：2　1980

中 10807034
也谈《杜十娘》的主题思想——与杨明洁同志商榷
赵淳
内蒙古民族师院学报　1981：1　1981

中 10807035
论李甲的悲剧性格
石育良

研究生学报（华中师范） 1981：2 1981

中 10807036
宝箱虽沉 十娘犹在——琐谈《杜十娘怒沉百宝箱》
高光地
布谷鸟 1981：5 1981

中 10807037
关于《千里送京娘》
吴晓铃
中国通俗文艺 1981：7 1981

中 10807038
杜十娘的怒——《杜十娘怒沉百宝箱》
吴羊璧（双翼）
今古奇观杂谈 百花文艺出版社 1981.8

中 10807039
冯梦龙之生平及其《警世通言》
徐文助
台湾师大学报 27 1982.6

中 10807040
关于三桂堂本《警世通言》第四十卷
胡万川
中国古典小说研究专集 5 联经出版事业公司 1982.11

中 10807041
《杜十娘怒沉百宝箱》的由来
徐朔方
社会科学战线 1983：1 1983
论汤显祖及其他 上海古籍出版社 1983.8
小说考信编 上海古籍出版社 1997.10

中 10807042
略论杜十娘形象的社会意义
张立新
下关师专学报 1983：1 1983

中 10807043
《杜十娘怒沉百宝箱》论析
张学忠
天津师大学报 1983：3 1983

中 10807044
“单单情字费人参”——从《杜十娘》评论中的庸俗社会学倾向
潘铭药
明报 18：8 1983.8

中 10807045
《警世通言》
郑振铎（西谛、郭源新）
郑振铎古典文学论文集 上海古籍出版社 1984.1

中 10807046
杜十娘形象的社会意义
胡熙绩
写作学习 1984：1 1984

中 10807047
《杜十娘怒沉百宝箱》塑造人物的艺术
杨子坚
文史知识 1984：3 1984

中 10807048
曲线结构　对比手法——《杜十娘怒沉百宝箱》艺术赏析
阮温凌
名作欣赏　1984：3　1984

中 10807049
哀莫大于心死——试析杜十娘投江前的心理活动
温梁华
大理师专学报　1985：1　1985

中 10807050
悲剧时代中的悲剧性格——读《杜十娘怒沉百宝箱》
郑天刚
电大文科园地　1985：3　1985

中 10807051
酒仙诗伯见风神——略谈《李谪仙醉草吓蛮书》
刘叶秋
古典小说笔记论丛　南开大学出版社　1985.3
古代白话短篇小说鉴赏集　人民文学出版社　1986.1

中 10807052
椟中有玉——杜十娘内心世界简析
张国庆
文史知识　1985：6　1985

中 10807053
旧章翻新曲　故苑吐清香——谈《杜十娘怒沉百宝箱》的艺术再创造
姜云
社会科学评论　1985：7　1985

中 10807054
妙笔生光采　宝箱寄深情
魏东朝
语文教学之友　1985：9　1985

中 10807055
《负情侬传》与《杜十娘怒沉百宝箱》
蔡国梁
明清小说探幽　浙江文艺出版社　1985.12

中 10807056
文理自然　姿态横生——谈《杜十娘怒沉百宝箱》的情节、结构
赵齐平　马晓光
古代白话短篇小说鉴赏集　人民文学出版社　1986.1

中 10807057
读《白娘子永镇雷峰塔》
周振甫
古代白话短篇小说鉴赏集　人民文学出版社　1986.1

中 10807058
新奇别致——读《唐解元一笑姻缘》
均地
古代白话短篇小说鉴赏集　人民文学出版社　1986.1

中 10807059

有情遇无意　悲剧故自生——略谈《赵太祖千里送京娘》的人物描写

陆永品

古代白话短篇小说鉴赏集　人民文学出版社　1986.1

中 10807060

知音说与知音听——读《俞伯牙摔琴谢知音》随想

蓝翎

古代白话短篇小说鉴赏集　人民文学出版社　1986.1

中 10807061

相同的遭遇，不同的结局——杜十娘与玛丝洛娃之比较

林永珉

外国文学研究　1986：12　1986

中 10807062

试论《警世通言》爱情悲剧小说的审美特征

张恒海

社会科学辑刊　1987：6　1987

中 10807063

中世纪女性追求的最后历程：《杜十娘怒沉百宝箱》意蕴与符号探析

刘上生

湖南教育学院学报　1988：1　1988

中 10807064

唐解元一笑姻缘研究

郑阿财

汉学研究　6：1　1988.6

中 10807065

情节是性格的历史——浅谈拟话本中杜十娘形象塑造

杨子坚

阅读和欣赏（古典文学部分 12）　广播出版社　1988.8

中 10807066

关于《警世通言》的版本

［日］大塚秀高著　黄霖译

明清小说研究　1989：1　1989

中 10807067

论杜十娘爱情悲剧的时代特质

许建中

盐城师专学报　1991：2　1991

中 10807068

在“情”与“礼”的冲突中刻画人物——《杜十娘怒沉百宝箱》鉴赏

周先慎

古典小说鉴赏　北京大学出版社　1992.1

中 10807069

“百宝箱”：一个多重功能和意义的符号：《杜十娘恕沉百宝箱》本文解读

冯文楼

枣庄师专学报　1992：3　1992

中 10807070

不尽滔滔葬遗恨——重读《杜十娘怒沉百

宝箱》
卢兴基
名作欣赏　1992：4　1992

中 10807071
论《警世通言》里的王安石
申屠平
浙江经专学报　1992：4　1992

中 10807072
杜十娘与尤三姐
林锦鸿
中国俗文学七十年　北京大学出版社　1994.1

中 10807073
污泥中开放的圣洁花——杜十娘、辛瑶琴和茶花女比较
宋改新
阴山学刊　1994：2　1994

中 10807074
论杜十娘
张中
明清小说研究　1994：3　1994

中 10807075
杜十娘与爱情负节论
李奉戬　黄晓霞
殷都学刊　1994：3　1994

中 10807076
崔莺莺与杜十娘的悲剧命运及其文化内涵
王瑜
黑龙江教育学院学报　1995：3　1995

中 10807077
冯梦龙《庄子休鼓盆成大道》故事试探
金荣华
黄淮学刊　1996：2　1996

中 10807078
关于《警世通言》的版本（补）
［日］大塚秀高著　张大为译
明清小说研究　1996：2　1996

中 10807079
《杜十娘怒沉百宝箱》艺术特色
唐达晋
哈尔滨师专学报　1996：2　1996

中 10807080
《三献身包龙图断冤》的写作艺术
徐君慧
明清小说研究　1996：3　1996

中 10807081
交相辉映，各领风骚：《李娃传》与《杜十娘怒沉百宝箱》之比较
欧阳修刚
黔东南民族师专学报　1996：3　1996

中 10807082
《警世通言》中的一出“无声戏”：《玉堂春落难逢夫》的戏曲因素
石麟
明清小说研究　1996：4　1996

中 10807083

冯梦龙《李谪仙醉草吓蛮书》加工整理略论

崔成前

淮阴师专学报　1996：4　1996

中 10807084

“百宝箱”的魅力：《杜十娘怒沉百宝箱》中的经济因素

周健自

黔南民族师专学报　1996：4　1996

中 10807085

醒人进而醒世：评杜十娘的“怒”和李甲的“狂”

崔积宝

学习与探索　1997：1　1997

中 10807086

杜十娘、莘瑶琴悲喜结局之成因

李德弟　黄小蓉

宜春师专学报　1997：1　1997

诗刊　1997：9　1997

中 10807087

红颜一怒为哪般：杜十娘形象浅析

陈雪军

文史知识　1997：5　1997

中 10807088

由《庄子休鼓盆成大道》看晚明自由精神之呈现

张紫君

辅大中研所学刊　7　1997.6

中 10807089

杜十娘悲剧形象的美学价值

温斌

阴山学刊　1998：1　1998

中 10807090

试论《警世通言》中的市民妇女形象

孙书蝶

洛阳师专学报　1998：3　1998

中 10807091

杜十娘与莘瑶琴悲喜剧的内在成因

赵志成

锦州师范学院学报　1999：1　1999

中 10807092

论杜十娘之死的美学意义

单立勋

佳木斯大学社会科学学报　1999：3　1999

中 10807093

《白娘子永镇雷峰塔》析论

赖芳伶

兴大中文学报　12　1999.6

中 10807094

一样烟花两样“命”，古今谁与说真情——《杜十娘怒沉百宝箱》与《玉堂春落难逢夫》识小

张锦池

中国古典小说心解　黑龙江人民出版社　2000.1

中 10807095

同一故事，不同时代的不同写法：从《崔尉子》到《苏知县》

赵俪生

文史知识　2000：1　2000

中 10807096

浅谈杜十娘悲剧的社会意义

裴贵强　李贵杰

山东教育学院学报　2000：1　2000

中 10807097

悲怜・痛惜・疾恶：茶花女与杜十娘悲剧之比较

李本红

安徽教育学院学报　2000：2　2000

中 10807098

对美好人生的觉悟呼唤：浅析《杜十娘怒沉百宝箱》的悲剧意蕴

薛海燕

名作欣赏　2000：2　2000

中 10807099

滔滔江水葬遗恨——读《杜十娘怒沉百宝箱》

黄雅莉

中国文化月刊　240　2000.3

（4）醒世恒言

中 10807100

《醒世恒言》的来源和影响

赵景深（邹啸）

小说戏曲新考　世界书局　1939.1

中国小说丛考　齐鲁书社　1980.10

中 10807101

漫谈《醒世恒言》

黄玉可

文学书刊介绍　1956：6　1956

中 10807102

读两篇古典爱情小说——《杜十娘怒沉百宝箱》和《卖油郎独占花魁》札记

徐士年

文艺学习　1957：6　1957

中 10807103

《醒世恒言》中的答语

潜莽

南方日报　1957.7.14

中 10807104

《醒世恒言》

刘修业

古典小说戏曲丛考　作家出版社　1958.5

中 10807105

乔太守与朱存斋

易牧

天津晚报　1962.4.18

中 10807106

错斩崔宁新释

吴达芸

宜园（静宜文理学院宜园社） 16
1977.6

中 10807107
《卖油郎独占花魁》简析
罗方新
中国古代短篇小说选析　花溪文艺编辑部编印　1979.10

中 10807108
《灌园叟晚逢仙女》简析
丁家顺
中国古代短篇小说选析　花溪文艺编辑部编印　1979.10

中 10807109
浅谈《卖油郎独占花魁》的人物形象和艺术特点
李伟实
学术研究丛刊　1981：2　1981

中 10807110
写人以情　感人至深——谈话本小说《卖油独占花魁》
何芳梅
广州文艺　1981：5　1981

中 10807111
崔宁——三言小说里的凡躯俗体
刘绍铭
中华日报　1981.6.10

中 10807112
“苏小妹”为苏东坡之姊而非妹
韩振峰
社会科学辑刊　1983：3　1983

中 10807113
说《卖油郎》
王春瑜
读书　1983：11　1983

中 10807114
关于《醒世恒言》
郑振铎（西谛、郭源新）
郑振铎古典文学论文集　上海古籍出版社　1984.1

中 10807115
《灌园叟晚逢仙女》在《三言》中的地位
马玉铎
中学语文教学　1984：2　1984

中 10807116
《灌园叟晚逢仙女》艺术特色
阿华
中学语文教学　1984：2　1984

中 10807117
“灌园叟晚逢仙女”教学问答
刘清涌　黎雪芬
语文战线　1984：3　1984

中 10807118
浅谈秋先形象的塑造——读《灌园叟晚逢仙女》
傅治同
语文教学之友　1984：4　1984

中 10807119
《卖油郎独占花魁》试论
胡士莹
宛春杂著　浙江文艺出版社　1984.8

中 10807120
从小说的角度设计看卖油郎与花魁娘子的爱情
张淑香
论中国古典小说的艺术　南开大学出版社　1984.11

中 10807121
善与恶、美与丑的斗争——评明代小说《灌园叟晚逢仙女》
郭豫适
中国古代小说论集　华东师范大学出版社　1985.1

中 10807122
话说苏小妹
王稼句
书林　1985：2　1985

中 10807123
世俗生活的真实与情趣——《卖油郎独占花魁》漫析
侯文正
名作欣赏　1985：2　1985

中 10807124
卢楠的文学形象和卢楠其人
王永宽
中州学刊　1985：5　1985

中 10807125
话说《乔太守乱点鸳鸯谱》情节的“乱”
李汉秋　潘茂群
古代白话短篇小说鉴赏集　人民文学出版社　1986.1

中 10807126
奇情奇事　痴女痴郎——《闹樊楼多情周胜仙》赏析
周先慎
古代白话短篇小说鉴赏集　人民文学出版社　1986.1
古典小说鉴赏　北京大学出版社　1992.1

中 10807127
描摹世态　曲尽其妙——谈《卢太学诗酒傲王侯》
孟祥照
古代白话短篇小说鉴赏集　人民文学出版社　1986.1

中 10807128
《张廷秀逃生救父》赏析
李永昶
古代白话短篇小说鉴赏集　人民文学出版社　1986.1

中 10807129
谈《钱秀才错占凤凰俦》的情节与人物
毕桂发
古代白话短篇小说鉴赏集　人民文学出版社　1986.1

中 10807130

市井寻常事　巧合成文章——谈《错斩崔宁》中的“巧”与“错”

张燕瑾

古代白话短篇小说鉴赏集　人民文学出版社　1986.1

中 10807131

善与恶、美与丑的斗争——读《灌园叟晚逢仙女》

郭豫适　荀茵

古代白话短篇小说鉴赏集　人民文学出版社　1986.1

中 10807132

市人爱情颂歌的工笔细描——试析《卖油郎独占花魁》

马瑞芳

古代白话短篇小说鉴赏集　人民文学出版社　1986.1

中 10807133

漫谈《施润泽滩阙遇友》

张稔穰

古代白话短篇小说鉴赏集　人民文学出版社　1986.1

中 10807134

读《灌园叟晚逢仙女》

王立言

北京师范大学学报　1986：3　1986

中 10807135

略谈《醒世恒言》——兼谈话本内容与市民文学

顾学颉

顾学颉文学论集　中国社会科学出版社　1987.8

中 10807136

《灌园叟晚逢仙女》难词集解

张宏星

语文知识　1987：8　1987

中 10807137

论《醒世恒言》在思想和艺术上的新发展

周中明

明清小说研究　1991：4　1991

中 10807138

谈世界文库《醒世恒言》的底本

李金泉

明清小说研究　1991：8　1991

中 10807139

市民爱情理想的颂歌——《卖油郎独占花魁》鉴赏

周先慎

古典小说鉴赏　北京大学出版社　1992.1

中 10807140

《醒世恒言》中的冯梦龙创作：来自语言特征的研究

［日］佐藤晴彦著　王欣译

河北师院学报　1992：2　1992

中 10807141

寓有近代精神的一个爱情故事——谈谈

《卖油郎独占花魁女》
卢兴基
古典文学知识　1992：5　1992

中 10807142
从《刘宾客嘉话录》的虎报恩“话”到《醒世恒言・大树坡义虎送亲》
苏兴
明清小说研究　1995：2　1995

中 10807143
从晚明社会思潮看《灌园叟晚逢仙女》的真义
冯保善
社会科学研究　1997：2　1997

中 10807144
士与商贾结了缘：论《钱秀才错占凤凰俦》中的士商关系
朱全福
铁道师院学报　1997：2　1997

中 10807145
《乔太守乱点鸳鸯谱》探析
吴惠珍
台中商专学报　29　1997.6

中 10807146
古代小说中的神仙及其自由与异化——《薛录事鱼服证仙》主题探微
冯汝常
云南师范大学学报　2000：3　2000

中 10807147
从《金海陵纵欲亡身》谈通古斯民族与汉族的交流
伊永文
黑龙江社会科学　2000：5　2000

3. 情史

中 10807148
从《情史》看冯梦龙进步的妇女观
程颖
华中师院研究生学报　1985：2　1985

中 10807149
冯梦龙的《情史》及其人情说
夏咸淳
明清小说研究　4　中国文联出版公司　1986.12

中 10807150
冯梦龙《情史类略》一则探幽：谈林鸿与张红桥的爱情关系
蔡一鹏
宁德师专学报　1993：1　1993

中 10807151
《情史》论略
严云受
学术界　1994：3　1994

中 10807152
冯梦龙非《情史》编者考
张丹飞
新疆师范大学学报　1996：1　1996

4. 智囊

中 10807153
从《智囊》《智囊补》看冯梦龙
胡万川
中国古典小说研究专集 1 联经出版事业公司 1979.8
台湾中国古代文学研究文选 人民文学出版社 1988.1

中 10807154
《智囊》研究正误二则
金苏
学术研究 1987：2 1987

中 10807155
从《智囊全集》看与冯梦龙的智慧观
魏全胜
沈阳师范学院学报 1992：4 1992

中 10807156
冯梦龙的《智囊》与《智囊补》
韩锡铎
辽宁日报 1993.6.8

5. 挂枝儿

中 10807157
挂枝儿
赵景深（邹啸）
小说戏曲新考 世界书局 1939.1

中 10807158
挂枝儿
郑振铎（西谛、郭源新）
中国文学研究（上） 作家出版社 1957.12

中 10807159
跋《挂枝儿》
郑振铎（西谛、郭源新）
中国文学研究（上） 作家出版社 1957.12

中 10807160
冯梦龙辑集的《挂枝儿》
关德栋
曲艺论集 上海古籍出版社 1958.12

中 10807161
三百五十年前苏州一带吴语一斑——《山歌》和《挂枝儿》所见的吴语
胡明扬
语文研究 1981：2 1981.2

中 10807162
真情真声——谈冯梦龙辑《挂枝儿》曲
胡小伟
名作欣赏 1984：4 1984

中 10807163
读冯梦龙的《挂枝儿》《山歌》

吴章胜
文学评论丛刊　22　中国社会科学出版社　1984.11

中 10807164
《挂枝儿》成书考及冯梦龙、侯慧卿恋离原委
高洪钧
天津师大学报　1992：2　1992

中 10807165
俗而不滥　淡而有味　拙而亦巧——读冯梦龙辑《挂枝儿》《山歌》
刘永翔　李露蕾
华东师范大学学报　1992：2　1992

中 10807166
谈《挂枝儿》《山歌》的批评
聂付生
云梦学刊　2000：4　2000

中 10807167
《挂枝儿》的由来及成书时间
聂付生
文教资料　2000：5　2000

6. 山歌

中 10807168
冯梦龙和他的《山歌》
李南
新民报晚刊　1956.8.23

中 10807169
山高月低情意长——明代《山歌 · 月上》
薛雪
天津晚报　1962.1.6

中 10807170
读冯梦龙的《挂枝儿》《山歌》
吴章胜
文学评论丛刊　22　中国社会科学出版社　1984.11

中 10807171
论冯梦龙的《山歌》
李宁
民间文艺季刊　1986：1　1986

中 10807172
《山歌》所见若干吴语语汇试释
章一鸣
语文研究　1986：2　1986

中 10807173
冯梦龙《山歌》与歌谣学史
巫瑞书
中国文学研究　1988：1　1988

中 10807174
俗而不滥　淡而有味　拙而亦巧——读冯梦龙辑《挂枝儿》《山歌》
刘永翔　李露蕾
华东师范大学学报　1992：2　1992

中 10807175
冯梦龙《山歌》中“箇”字的用法
张洪年
中国古代近代文学研究　1992：6　1992

中 10807176
从冯梦龙《山歌》看明后期吴中社会风尚
徐建华
上海师范大学学报　1993：3　1993

中 10807177
谈《挂枝儿》《山歌》的批评
聂付生
云梦学刊　2000：4　2000

7. 寿宁待志

中 10807178
《寿宁待志》——一份珍贵的资料
梅君
读书　1982：9　1982

中 10807179
冯梦龙四年知县生活的实录——《寿宁待志》评介
林英　陈煜奎
中华文史论丛　1983：1　1983

中 10807180
读冯梦龙《寿宁待志》
王凌
福建论坛　1983：2　1983

中 10807181
冯梦龙寿宁咏怀
一帆
福建日报　1983.4.19

中 10807182
《寿宁待志》和《蛟湖诗钞》
梅君
福建日报　1983.9.20

中 10807183
冯梦龙和《寿宁待志》
林英
光明日报　1983.9.20

中 10807184
谈谈冯梦龙的《寿宁待志》
袁志
文献　1983：4　1983

中 10807185
跋《寿宁待志》
朱泽吉
河北师院学报　1986：1　1986

中 10807186
冯梦龙与《寿宁待志》
范韩生
华声报　1990.11.6

8. 三遂平妖传

中 10807187
论四十回本《三遂平妖传》的引首
魏子云
畅流 65：4 1982

中 10807188
也谈《平妖传》
刘昭晴
畅流 65：12 1982

中 10807189
《三遂平妖传》的妖异人物
魏子云
古典文学 4 学生书局 1982.12

中 10807190
神魔小说《平妖传》
李灵年
中国古代通俗小说阅读提示 江苏人民出版社 1983.6

中 10807191
《平妖传》版本初探
陆树仑
中国古典文学丛考 1 复旦大学出版社 1985.7

中 10807192
略论《平妖传》的艺术得失
陈作林
求是学刊 1986：3 1986

中 10807193
《平妖传》之主题研究
徐贞姬
中外文学 16：8 1988

中 10807194
《平妖传》在日本的流传及影响
马兴国
日本研究 1988：4 1988

中 10807195
《平妖传》散论
段春旭
明清小说研究 1999：2 1999

9. 新列国志

中 10807196
读《东周列国志》
雨辰
读书月报 1956：7 1956

中 10807197
《东周列国志》散论
万松
常德师专教学与研究 1979：1 1979
古典文学论文选 湖南人民出版社 1984.5

中 10807198
读《东周列国志》
吴敢
中国古代通俗小说阅读提示　江苏人民出版社　1983.6
曲海说山录　文化艺术出版社　1996.12

中 10807199
富于知识性的《列国志》
秦瘦鸥
小说纵横谈　花城出版社　1986.12

中 10807200
在历史与艺术碰撞中:《三国演义》与《东周列国志》比较
魏文哲
明清小说研究　1994:3　1994

中 10807201
《东周列国志》校注记要
张启成
贵州文史丛刊　1996:4　1996

中 10807202
《东周列国志》前言
袁世硕
东周列国志　山东文艺出版社整理本　1997.4

中 10807203
《东周列国志》的史实与虚构
曾良
明清小说研究　1998:1　1998

中 10807204
冯梦龙辑演《新列国志》的思想艺术成就
曾良
社会科学研究　1998:2　1998

中 10807205
《新列国志》与《列国志传》的比勘
聂付生
明清小说研究　2000:1　2000

中 10807206
历史演义的佼佼者——《东周列国志》
龚维英
合肥教育学院学报　2000:3　2000

10. 其他作品

中 10807207
太霞新奏(读曲纪要之廿二)
罗锦堂
大陆杂志　17:11　1958

中 10807208
冯梦龙的《春秋衡库》及其遗文佚诗
范烟桥
江海学刊　1962:9　1962

中 10807209
冯梦龙的《甲申纪事》
谢伏琛
文汇报　1962.10.16

中 10807210
冯梦龙墨憨斋词谱辑佚
钱南扬
中华文史论丛　1962：12　1962
汉上宧文存　上海文艺出版社　1980.8

中 10807211
冯梦龙的《绅志略》及其他
伏琛
江海学刊　1963：1　1963

中 10807212
冯梦龙评纂本《太平广记钞》初探
庄葳　郭群一
社会科学（上海）　1980：5　1980

中 10807213
冯梦龙的《太平广记钞小引》
庄葳　郭群一
学林漫录　2　中华书局　1981.3

中 10807214
冯梦龙评纂本《太平广记钞》批语选辑
郭群一　庄葳
古典文学论丛　2　齐鲁书社　1981.9

中 10807215
古典戏曲的导演脚本——《墨憨斋详定酒家佣》新探
高宇
戏剧艺术（上海戏剧学院学报）　1982：2　1982

中 10807216
从《太平广记钞》看冯梦龙
王鸿芦
语文园地　1982：5　1982

中 10807217
跋《孟子塞五种曲序》
刘辉
江苏戏剧　1983：10　1983

中 10807218
从《精忠旗》看古典悲剧的民族特色
王永健
江苏戏剧　1984：11　1984

中 10807219
冯梦龙"京本通俗小说"
蒋维铁
宁德师专学报　1986：1　1986

中 10807220
墨憨斋定本传奇杂考
陆树仑
戏曲论丛　甘肃人民出版社　1986.5

中 10807221
冯梦龙《西堂初稿序》考
高洪钧
天津师大学报　1987：3　1987

中 10807222
试析冯梦龙与《双雄记》
叶明生
戏曲艺术　1987：3　1987

中 10807223
未必然与何必不然——说《古今笑》
闰无忌
读书　1988：3　1988

中 10807224
试论冯梦龙的《桐城时兴歌》
李晖
东南文化　1989：1　1989

中 10807225
冯梦龙《万事足》简论
徐世丕
戏曲艺术　1990：2　1990

中 10807226
“浪仙”钩沉
杨晓东
学术研究　1991：5　1991

中 10807227
《广笑府》作者不是冯梦龙
祝普文
枣庄师专学报　1993：1　1993
艺圃（吉林艺术学院学报）　1993：3/4　1993

中 10807228
《冯犹龙文钞》作者考
胡小伟
明清小说研究　1996：1　1996
’93 中国古代小说国际研讨会论文集　开明出版社　1996.7

中 10807229
冯梦龙《笑府》研究
黄庆声
中华学苑　48　1996.7

中 10807230
《墨憨斋三笑》刍论
白岭
中州学刊　1997：2　1997

中 10807231
《双雄记》《万事足》创作论略
聂付生
湘潭大学社会科学学报　2000：2　2000

三三三、王思任（1574–1646）

中 10807232
无相庵断残录——王谑庵《秋水轩诗词》
施蛰存
文饭小品　3　1935.4

中 10807233
王遂东的严正与谐趣
觉堂
新生报　1970.8.13、17

中 10807234
王思任年谱
陈飞龙
政治大学学报　46　1982.12

中 10807235
王思任散文的创作风格
尹恭弘
文学遗产　1985：4　1985

中 10807236
嘻笑怒骂　酣畅淋漓——王思任《致马士英书》赏析
唐张新
名作欣赏　1989：4　1989

中 10807237
论王思任的散文
徐志啸
文学遗产　1993：4　1993
比较文学与中国古典文学　学林出版社　1995.8

中 10807238
论王思任文学思想的时代意义
尹恭弘
文学遗产　1995：4　1995

中 10807239
一幅瑰丽雄奇的山川落日图：读王思任的《小洋》
程翔章
语文教学与研究　1996：3　1996

中 10807240
王思任序文说
俞晓红
安庆师范学院学报　2000：1　2000

三三四、郑瑄（？–1646）

中 10807241
以事写人——读郑瑄《钱若水》
赵光文
艺苑聚光灯——古诗文赏析　重庆出版社　1984.8

三三五、安遇时（1574？–？）

中 10807242
“包公案”里的包公
李育中
羊城晚报　1964.7.25

中 10807243
从《龙图公案》看“包公”形象的反动性
傅继馥
光明日报　1966.2.20

中 10807244
明刊《包公传》内容述略
阿英
小说三谈　上海古籍出版社　1979.8

中 10807245
明代公案小说的版本传统——龙图公案考
［美］马幼垣著　宏建燊译
中国古典小说研究专集　2　联经出版事业公司　1980.6
中国文学论著译丛（上册·小说之部）学生书局　1985.4

中 10807246
《全像包公演义》补释
［美］马幼垣
中国古典小说研究专集　5　联经出版事业公司　1982.11
中国文学论著译丛（上册·小说之部）学生书局　1985.4

中 10807247
简评《龙图公案》
林骅
天津师大学报　1983：6　1983

中 10807248
天涯海角访包公
［美］马幼垣
明报　18：11　1983.11

中 10807249
论小说、戏曲中包公形象的演变
齐裕焜
福建师范大学学报　1985：4　1985

中 10807250
《龙图公案》新论
黄岩柏（黄衍伯）
明清小说论丛　3　春风文艺出版社　1985.6

中 10807251
连续体公案类讲唱文学的先驱——明成化本“包公图公案词话”初探
张登文
东岳论丛　1986：5　1986

中 10807252
《百家公案》与戏剧考论（上）
萧相恺
海峡两岸明清小说论文集　河海大学出版社　1991

中 10807253
《百家公案》与戏曲——《百家公案》考论之一（下）
萧相恺
明清小说研究　1991：3　1991

中 10807254
《百家公案》《龙图公案》合论
朱万曙
安徽大学学报　1993：2　1993

中 10807255
演为说唱，继往开来——明成化刊包公故事说唱词话八种述评

杨芷华
河南大学学报　1993：2　1993

中 10807256
包公故事在明代的发展和演变
朱万曙
江淮论坛　1994：2　1994

中 10807257
谈石玉昆与《龙图公案》以及《三侠五义》的来源
陈锦钊
书目季刊　27：4　1994.3

中 10807258
《龙图公案》试析——以金鲤鱼、玉面貓、桑林镇为讨论范围
何慧俐
书评　20　1996.2

中 10807259
《认金梳》《剔目记》与明代包公戏
朱万曙
戏曲艺术　1999：1　1999

三三六、蒋一葵（1574？–？）

中 10807260
谈蒋一葵的《尧山堂外纪》
谢国桢（谢刚主）
学林漫录　6　中华书局　1982.6

三三七、杨尔曾（1575–？）

中 10807261
《东西晋演义》
刘兆祐
“中央图书馆”馆刊　4：2　1971

中 10807262
《韩湘子全传》探源
王若　韩锡铎
明清小说研究　1990：2　1990

中 10807263
评道教小说《韩湘子全传》
方胜
明清小说研究　1990：2　1990

中 10807264
《韩湘子全传》漫议
皋于厚
明清小说研究　1992：1　1992

中 10807265
《韩湘子全传》的情节模式与佛教故事渊源辨析
宋珂君

明清小说研究　2000：3　2000

三三八、袁中道（1575–1630）

中 10807266
袁小修与《金瓶梅》
魏子云
国语日报·书和人　272　1975.10

中 10807267
买看山水兴犹清——读袁中道《再游黄鹤楼》
唐富龄
长江日报　1984.5.25

中 10807268
摄取诗与画的精魂——读袁中道江行日记二则
吴战垒
阅读和欣赏（古典文学部分 8）广播出版社　1984.12

中 10807269
袁小修与《金瓶梅》
周钧韬
徽州师专学报　1987：1　1987

中 10807270
袁小修与《金瓶梅》的早期面貌
周钧韬
金瓶梅新探　百花文艺出版社　1987.4

中 10807271
境界静美　格调清新——读袁中道《夜泉》
钟尚钧
语文月刊　1990：8　1990

中 10807272
浩大奇瑰　自然文工——袁中道《黄山》（二首其二）赏析
胡延
古典文学知识　1991：2　1991

中 10807273
论袁中道——晚明诗文与文化研究
沈金浩
中国文学研究　1992：4　1992

中 10807274
儒释兼综与小修诗论
周群
南京社会科学　1998：8　1998

三三九、马之骏（1578–1617）

中 10807275
马之骏和他的《妙远堂集》
杨运鹏
回族研究　2000：4　2000

三四〇、许自昌（1578–1623）

中 10807276
许自昌的《水浒记》
赵景深（邹啸）
小说戏曲新考　世界书局　1939.1
中国戏曲初考　中州书画社　1983.8

中 10807277
许自昌的《橘浦记》
赵景深（邹啸）
小说戏曲新考　世界书局　1939.1

中 10807278
读《水浒记》
张罗
新民报晚刊　1951.12.13

中 10807279
关于《水浒记》的作者
赵景深（邹啸）
明清曲谈　古典文学出版社　1957.8

中 10807280
梅花墅
范莱
新民报晚刊　1957.8.19

中 10807281
《水浒记》传奇中的宋江形象
李永先
戏剧丛刊　1983：2　1983

中 10807282
许自昌的《桔浦记》
赵景深（邹啸）
中国戏曲初考　中州书画社　1983.8

中 10807283
许自昌和郑若庸的生平
邓长风
文学遗产　1989：6　1989

中 10807284
许自昌家世生平著述刻书考
刘致中
文献　1991：1　1991